Lernbücher Jura
Öffentliches Baurecht
Stollmann/Beaucamp

Öffentliches Baurecht

von

Dr. Frank Stollmann

Leitender Ministerialrat in Düsseldorf

und

Prof. Dr. Guy Beaucamp

Professor an der Fakultät Wirtschaft und Soziales,
Department Public Management,
HAW Hamburg

12. Auflage 2020

C.H.BECK

www.beck.de

ISBN 978 3 406 75861 4

Wilhelmstraße 9, 80801 München
Druck: Druckhaus Nomos
In den Lissen 12, 76547 Sinzheim

Satz und Umschlaggestaltung: Druckerei C. H. Beck, Nördlingen

CO_2 neutral
chbeck.de/nachhaltig

Gedruckt auf säurefreiem, alterungsbeständigem Papier
(hergestellt aus chlorfrei gebleichtem Zellstoff)

Vorwort

Für die Neuauflage haben wir Literatur und Rechtsprechung auf den neuesten Stand gebracht. Zu berücksichtigen waren insbesondere Aktivitäten der Landesgesetzgeber. Umfangreiche Änderungen der Landesbauordnungen gab es in Baden-Württemberg, Brandenburg, Hessen und Nordrhein-Westfalen.

Unverändert bleibt es das Ziel des vorliegenden Buches das Öffentliche Baurecht in seinen Normstrukturen und Zusammenhängen systematisch darzustellen, um eine solide Erfassung und Einordnung baurechtlicher Fälle zu ermöglichen. Wissensvermittlung und Fallbearbeitung sollen dabei Hand in Hand gehen.

Wir bedanken uns bei Lionel Beaucamp für seinen Einsatz als studentische Hilfskraft. Anregungen und Verbesserungsvorschläge können Leserinnen und Leser gern an guy.beaucamp@haw-hamburg.de senden.

Hamburg/Hattingen, im April 2020

Guy Beaucamp
Frank Stollmann

Inhaltsverzeichnis

Verzeichnis der Fälle

Verzeichnis der Prüfungsschemata

Verzeichnis der Schaubilder

Abkürzungsverzeichnis

a. A. .... anderer Ansicht
a. a. O. .... am angegebenen Ort
ABl. .... Amtsblatt
abl. .... ablehnend
Abs. .... Absatz
Abschn. .... Abschnitt
abw. .... abweichend
a. E. .... am Ende
a. F. .... alte Fassung
AgrarR .... Agrarrecht
AL .... Ad Legendum (Ausbildungszeitschrift)
allg. .... allgemein
allg. M. .... allgemeine Meinung
Alt. .... Alternative
a. M. .... andere Meinung
amtl. .... amtlich
Anh. .... Anhang
Anm. .... Anmerkung
AöR .... Archiv des öffentlichen Rechts
apf .... Ausbildung Prüfung Fortbildung (Zeitschrift)
Art. .... Artikel
AS .... Amtliche Sammlung
Aufl. .... Auflage
ausf. .... ausführlich
AVR .... Allgemeines Verwaltungsrecht

BauGB .... Baugesetzbuch
BauGBMaßnG ..... Maßnahmengesetz zum Baugesetzbuch (BauGB-MaßnahmenG)
BauNVO .... Baunutzungsverordnung
BauO .... Bauordnung (der Länder)
BauR .... Baurecht (Zeitschrift)
Bay. .... Bayern
BayBO .... Bayerische Bauordnung
BayObLG .... Bayerisches Oberstes Landesgericht
BayVBl .... Bayerische Verwaltungsblätter
BbgBO .... Brandenburgische Bauordnung

BBauBl	Bundesbaublatt
BBauG	Bundesbaugesetz
BBergG	Bundesberggesetz
Bd.	Band
Bearb.	Bearbeiter
bes.	besonders
betr.	betreffend
BezG	Bezirksgericht
BGB	Bürgerliches Gesetzbuch
BGBl.	Bundesgesetzblatt
BGH	Bundesgerichtshof
BGHZ	Entscheidungen des Bundesgerichtshofes in Zivilsachen (Amtliche Sammlung)
BImSchG	Bundes-Immissionsschutzgesetz
BImSchV	Bundes-Immissionsschutz-Verordnung
BJagdG	Bundesjagdgesetz
Bln	Berlin
BNatSchG	Bundesnaturschutzgesetz
BR-Drs.	Bundesratsdrucksache
Brem	Bremen
BRS	Baurechtssammlung
BT-	Bundestags-...
BT-Drs.	Bundestagsdrucksache
BVerfG	Bundesverfassungsgericht
BVerfGE	Entscheidungen des Bundesverfassungsgerichts (Amtliche Sammlung)
BVerwG	Bundesverwaltungsgericht
BVerwGE	Entscheidungen des Bundesverwaltungsgerichts (Amtliche Sammlung)
BW	Baden-Württemberg
BWaldG	Bundeswaldgesetz
bzgl.	bezüglich
bzw.	beziehungsweise
ders.	derselbe
d.h.	das heißt
DÖV	Die öffentliche Verwaltung
DVBl	Deutsches Verwaltungsblatt
ebda.	ebenda
Einl.	Einleitung
entspr.	entsprechend
Erl.	Erläuterungen

EU .... Europäische Union
EuGH .... Gerichtshof der Europäischen Gemeinschaften

f. .... folgende Seite
ff. .... folgende Seiten
Fn. .... Fußnote
FS .... Festschrift
FStrG .... Bundesfernstraßengesetz

G .... Gesetz
GastG .... Gaststättengesetz
GBl. .... Gesetzblatt
GbR .... Gesellschaft bürgerlichen Rechts
geänd. .... geändert
gem. .... gemäß
GewArch .... GewArch (Zeitschrift)
GFZ .... Geschossflächenzahl
GG .... Grundgesetz
ggf. .... gegebenenfalls
GR .... Grundfläche
grdl. .... grundlegend
GRZ .... Grundflächenzahl
GVBl. .... Gesetz- und Verordnungsblatt

Hess .... Hessen
h.M. .... herrschende Meinung
Hmb. .... Hamburg
HOAI .... Honorarordnung für Architekten und Ingenieure
Hrsg. .... Herausgeber
Hs. .... Halbsatz

i.d.F. .... in der Fassung
i.d.R. .... in der Regel
i.d.S. .... in diesem Sinne
i.E. .... im Einzelnen
i.e.S. .... im engeren Sinne
incl. .... inclusive
insb. .... insbesondere
i.S. .... im Sinne
i.Ü. .... im Übrigen
i.V.m. .... in Verbindung mit

JA .... Juristische Arbeitsblätter (Zeitschrift)
Jura .... Juristische Ausbildung (Zeitschrift)

JuS .... Juristische Schulung (Zeitschrift)
JZ .... Juristenzeitung

KrWG .... Kreislaufwirtschaftsgesetz

LB(au)O .... Landesbauordnung
Lit. .... Literatur
LKV .... Landes- und Kommunalverwaltung (Zeitschrift)
LT- .... Landtags-…
LT-Drs. .... Landtags-Drucksache
LuftVG .... Luftverkehrsgesetz

m. Anm. .... mit Anmerkung
MBO .... Musterbauordnung
MDR .... Monatsschrift für Deutsches Recht (Zeitschrift)
M-V .... Mecklenburg-Vorpommern
m. w. N. .... mit weiteren Nachweisen

Nds .... Niedersachsen
NdsVBl. .... Niedersächsische Verwaltungsblätter (Zeitschrift)
NJW .... Neue Juristische Wochenschrift (Zeitschrift)
Nr(n). .... Nummer(n)
NuR .... Natur und Recht (Zeitschrift)
NVwZ .... Neue Zeitschrift für Verwaltungsrecht (Zeitschrift)
NVwZ-RR .... Neue Zeitschrift für Verwaltungsrecht – Rechtsprechungsreport
NW .... Nordrhein-Westfalen
NWVBl .... Nordrhein-Westfälische Verwaltungsblätter (Zeitschrift)

OLG .... Oberlandesgericht
OVG .... Oberverwaltungsgericht
OVGE .... Entscheidungen der Oberverwaltungsgerichte Münster und Lüneburg (Amtliche Sammlung)

PBefG .... Personenbeförderungsgesetz
PlanzVO .... Planzeichenverordnung

qm .... Quadratmeter

RdL .... Recht der Landwirtschaft (Zeitschrift)
RegE .... Regierungsentwurf
RGBl. .... Reichsgesetzblatt
Rh.-Pf. .... Rheinland-Pfalz
RL .... Richtlinie

Rn.	Randnummer
ROG	Raumordnungsgesetz
Rspr.	Rechtsprechung
s.	siehe
S.	Seite
SA	Sachsen-Anhalt
Saarl.	Saarland
Sachs	Sachsen
SächsBO	Bauordnung für Sachsen
SH	Schleswig-Holstein
sog.	sogenannt
StBauFG	Städtebauförderungsgesetz
str.	streitig
st. Rspr.	ständige Rechtsprechung
ThVBl	Thüringer Verwaltungsblätter (Zeitschrift)
ThürBO	Thüringer Bauordnung
tlw.	teilweise
Tz.	Textziffer
u. a.	und andere, unter anderem
u. Ä.	und ähnlich(e, es)
u. a. m.	und andere mehr
UP	Umweltprüfung
UPR	Umwelt- und Planungsrecht (Zeitschrift)
usw.	und so weiter
u. U.	unter Umständen
UVP	Umweltverträglichkeitsprüfung
UVPG	Gesetz über die Umweltverträglichkeitsprüfung
VBlBW	Verwaltungsblätter für Baden-Württemberg – Zeitschrift für öffentliches Recht und öffentliche Verwaltung
VerwArch	Verwaltungsarchiv (Zeitschrift)
VG	Verwaltungsgericht
VGH	Verwaltungsgerichtshof
vgl.	vergleiche
VO	Verordnung
VOB	Verdingungsordnung für Bauleistungen
VR	Verwaltungsrundschau (Zeitschrift)
VwGO	Verwaltungsgerichtsordnung
VwVfG	Verwaltungsverfahrensgesetz
VwVG	Verwaltungsvollstreckungsgesetz

WaStrG .... Wasserstraßengesetz
WHG .... Wasserhaushaltsgesetz
WiVerw .... Wirtschaft und Verwaltung (Zeitschrift)

z. B. .... zum Beispiel
ZfBR .... Zeitschrift für deutsches und internationales Baurecht
Ziff. .... Ziffer
z. T. .... zum Teil
ZUR .... Zeitschrift für Umweltrecht
zust. .... zustimmend

Verzeichnis der abgekürzt zitierten Literatur

Battis/Krautzberger/Löhr, BauGB, 14. Auflage 2019 (zit.: *B/K/L,* BauGB)

Bracher/Reidt/Schiller, Bauplanungsrecht, 8. Auflage 2014 (zit.: *B/R/S,* BauPlR)

Detterbeck, Allgemeines Verwaltungsrecht (mit Verwaltungsprozessrecht), 17. Auflage 2019 (zit.: *Detterbeck,* AVR)

Erbguth/Guckelberger, Allgemeines Verwaltungsrecht, 10. Auflage 2020 (zit.: *Erbguth/Guckelberger,* AVR)

Erbguth/Mann/Schubert, Besonderes Verwaltungsrecht, 13. Auflage 2020 (zit.: *E/M/S,* BesVwR)

Erbguth/Schubert, Öffentliches Baurecht, 6. Auflage 2015 (zit.: *Erbguth/Schubert,* ÖffBauR)

Finkelnburg/Dombert/Kühlmann, Vorläufiger Rechtsschutz im Verwaltungsstreitverfahren, 7. Auflage 2017 (zit.: *F/D/K,* Vorläufiger Rechtsschutz)

Finkelnburg/Ortloff/Kment, Öffentliches Baurecht – Band I: Bauplanungsrecht, 7. Auflage 2017 (zit.: *F/O/K,* ÖffBauR I)

Finkelnburg/Ortloff/Otto, Öffentliches Baurecht – Band II: Bauordnungsrecht, Nachbarschutz, Rechtsschutz, 7. Auflage 2018 (zit.: *F/O/O,* ÖffBauR II)

Hoppe/Bönker/Grotefels, Öffentliches Baurecht, 4. Auflage 2010 (zit.: *H/B/G,* ÖffBauR)

Hornmann, Hessische Bauordnung (HBO) – Kommentar, 3. Auflage 2018 (zit.: *Hornmann,* HessBO)

Hufen, Verwaltungsprozessrecht, 11. Auflage 2019 (zit.: *Hufen,* VwProzessR)

Koch/Hendler, Baurecht, Raumordnungs- und Landesplanungsrecht, 6. Auflage 2015 (zit.: *Koch/Hendler,* BRL)

König/Roeser/Stock, Baunutzungsverordnung, 4. Auflage 2019 (zit.: *K/R/S,* BauNVO)

Kopp/Ramsauer, Verwaltungsverfahrensgesetz – Kommentar, 20. Auflage 2019 (zit.: *Kopp/Ramsauer,* VwVfG)

Kopp/Schenke, Verwaltungsgerichtsordnung – Kommentar, 25. Auflage 2019 (zit.: *Kopp/Schenke,* VwGO)

Kröniger/Aschke/Jeromin, Baugesetzbuch mit Baunutzungsverordnung Handkommentar, 4. Aufl. 2018 (zit.: HK-BauGB-*Bearb.*)

Lütkes/Ewer, BNatSchG, Kommentar, 2. Aufl. 2018 (zit.: *L/E,* BNatSchG)

Muckel/Ogorek, Öffentliches Baurecht, 3. Auflage 2018 (zit.: *Muckel/Ogorek,* ÖffBauR)

Muckel/Stemmler, Fälle zum öffentlichen Baurecht, 7. Auflage 2013 (zit.: *M/S,* Fälle)

Schmidt, Öffentliches Baurecht, 17. Auflage 2019 (zit.: *Schmidt,* ÖffBauR)

Schönenbroicher/Kamp, Bauordnung Nordrhein-Westfalen (BauO NRW), Kommentar, 2012 (zit.: *Bearb.,* in: S/K, BauO NRW)

Schroedter, Baugesetzbuch, 9. Auflage 2019 (zit.: Schroedter-*Bearb.* BauGB)

Schwarzer/König, Bayerische Bauordnung – Kommentar, 4. Auflage 2012

Stüer, Der Bebauungsplan, 5. Auflage 2015 (zit.: *Stüer,* Bebauungsplan)

1. Teil. Grundlagen des öffentlichen Baurechts

Literatur: *Beaucamp,* Der Einfluss der Eigentumsfreiheit des Art. 14 GG auf das öffentliche Baurecht, JA 2018, 487; *Erbguth,* Raumordnung und Fachplanung: ein Dauerthema, DVBl 2013, 274; *Erbguth/Stollmann,* Entwicklung im Bauordnungsrecht, JZ 2007, 868; *Krautzberger,* 50 Jahre Städtebaurecht des Bundes, NVwZ 2010, 729; *Krautzberger/Stüer,* Städtebaurecht: Gestaltung des demographischen Wandels als Verwaltungsaufgabe, DVBl 2014, 1085; *dies.,* Städtebaurechtsnovelle 2017, DVBl 2018, 7; *Schenke,* Der Rechtsschutz von Nachbargemeinden im Bauplanungsrecht, VerwArch 2007, 448 u. 561; *Tillmanns,* Die Abgrenzung des Bauplanungsrechts vom Bauordnungsrecht, AöR 132 (2007), 582; *Wickel,* Bestandsschutz im Baurecht, Jura 2019, 268.

§ 1. Einführung

A. Begriffe

Der Begriff des **Baurechts** umfasst diejenigen Vorschriften des Privat- und Verwaltungsrechts, die sich auf Art und Ausmaß der baulichen Nutzung eines Grundstücks, die Ordnung der Bebauung und die Rechtsverhältnisse der an der Erstellung eines Bauwerks Beteiligten beziehen (*F/O/K,* ÖffBauR I vor § 1, Rn. 1). Dieses Baurecht i. w. S. wird in unserer Rechtsordnung in das öffentliche und das private Baurecht unterteilt. 1

Das den Gegenstand dieses Buches bildende **öffentliche Baurecht** enthält dabei die Regeln und Beschränkungen, denen die bauliche Nutzung der Grundstücke im öffentlichen Interesse unterworfen ist. Es umfasst die Vorschriften über die Zulässigkeit und Grenzen, Ordnung und Förderung der Nutzung von Grund und Boden durch bauliche Anlagen, und zwar vornehmlich im Hinblick auf deren Errichtung, bestimmungsgemäße Nutzung, wesentliche Veränderung und Beseitigung (*B/K/L,* BauGB, Einl. Rn. 1; *Gaentzsch,* NVwZ 2001, 990 [991]). Die Regelungen reichen dabei von der Planung über die Bodenordnung, Enteignung usw. bis zur Ausführung der einzelnen baulichen Anlage auf dem Grundstück (zur Grundstücksbezogenheit explizit BVerwG, BauR 2006, 480f.). In diesem Sinne stellt das öffentliche Baurecht einen Teil des Besonderen Verwaltungsrechts dar. 2

Das **private Baurecht** behandelt demgegenüber die zivilrechtlichen Rechtsbeziehungen insbesondere hinsichtlich des Baugeschehens, der Nutzung des Eigentums an Grund und Boden sowie der Frage, ob und in welchen Grenzen ein Grundstück privaten Dritten gegenüber baulich genutzt werden darf (weiterführend *F/O/K,* ÖffBauR I, § 1 Rn. 3f.). Zum privaten Baurecht gehören vor allem Vorschriften des BGB (etwa die §§ 903f. BGB), die Nachbarrechtsgesetze der Länder (Art. 124 EGBGB), die HOAI und die VOB. 3

B. Das private Baurecht

4 Einige Gesichtspunkte des privaten Baurechts sind auch für das Verständnis des öffentlichen Baurechts von Bedeutung. Dies gilt vor allem, weil Abgrenzungsprobleme dann entstehen, wenn Abwehransprüche (etwa gegen den Nachbarn) geltend gemacht werden. Eine **saubere Trennung** zwischen beiden Rechtsbereichen ist aus diesem Grund schon wegen der unterschiedlichen Rechtswege unumgänglich.

I. Bürgerlich-rechtliche Baufreiheit und Beschränkungen

5 Das private Baurecht wird von dem aus § 903 BGB abzuleitenden Grundsatz der **bürgerlich-rechtlichen Baufreiheit** beherrscht. Dieser Norm zufolge kann der Eigentümer einer Sache mit ihr nach Belieben verfahren, soweit nicht Gesetz oder Rechte Dritter entgegenstehen. Die bürgerlichrechtliche Baufreiheit wird durch das bürgerliche Recht begrenzt.

Beispiele:
- So ist es bspw. gemäß § 907 BGB verboten, auf einem Grundstück gefährliche Anlagen (dazu BGHZ 113, 384 [386]; 120, 239 [250]) zu errichten.
- Nach § 909 BGB darf ein Grundstück nicht in der Weise vertieft werden (dazu BGHZ 101, 106 [109]), dass der Boden des Nachbargrundstückes seine Stütze verliert.
- Ein Überbau (§ 912 I BGB) muss nicht geduldet werden, wenn er den Regeln der Baukunst nicht entspricht und deshalb über die Grenzverletzung hinausreichende Beeinträchtigungen des Nachbarn besorgen lässt (BGH, NJW-RR 2009, 24).
- Das Schikaneverbot (§ 226 BGB) verbietet den Neidbau, der nicht dem eigenen Wohl dient, sondern allein die Schädigung des Nachbarn bezweckt.

Wichtig: Das Schikaneverbot kann auch im öffentlichen Bau(nachbar)recht Bedeutung erlangen (dazu unten *§ 21 Rn. 37*).

6 Von einiger Relevanz sind auch die **Schranken des Landesprivatrechts.** So finden sich in allen Bundesländern Nachbarrechtsgesetze, die Bestimmungen über Licht-, Fenster- und Traufrechte, über Grenzwände, Bodenerhöhungen, Einfriedungen oder Grenzabstände enthalten.

Beispiele:
- Bauliche Anlagen sind nach § 27 I NachbG NRW so einzurichten, dass Niederschlagwasser nicht auf das Nachbargrundstück tropft, auf dieses abgeleitet wird oder übertritt.
- Gem. § 32 I 1 NachbG NRW ist innerhalb eines im Zusammenhang bebauten Ortsteils der Eigentümer eines bebauten oder gewerblich genutzten Grundstücks auf Verlangen des Eigentümers des Nachbargrundstücks verpflichtet, sein Grundstück an der gemeinsamen Grenze einzufriedigen.

– Wer den Boden seines Grundstücks über die Oberfläche des Nachbargrundstücks erhöhen will, muss gem. § 9 I 1 BWNRG einen solchen Abstand von der Grenze einhalten oder solche Vorkehrungen treffen und unterhalten, dass eine Schädigung des Nachbargrundstücks durch Absturz oder Pressung des Bodens ausgeschlossen ist.

Die **Schranken,** die das bürgerliche Recht der privaten Baufreiheit zieht, müssen vom Berechtigten geltend gemacht werden. Den materiell-rechtlichen Beschränkungen der Baufreiheit entsprechen daher (nachbarliche) Beseitigungs- und Unterlassungsansprüche bei Beeinträchtigungen des Eigentums (§ 1004 BGB i. V. mit § 906 BGB). Es sind dies Ansprüche, die ein Nachbar etwa gegen ein Bauvorhaben, eine Sportanlage o. Ä. geltend macht (zum Verhältnis zum öffentlichen Recht s. u. *Rn. 8f.*). Will der Berechtigte die Ansprüche durchsetzen, muss er im Zivilrechtsweg auf Unterlassung der Nutzung oder Beseitigung der Bebauung klagen und das erstrittene Urteil ggf. nach §§ 887, 890 ZPO vollstrecken. Er kann aber auch von der Wahrnehmung seiner Rechte absehen und das privatrechtswidrige Bauvorhaben hinnehmen. Insoweit ist die **private Baurechtsordnung** eine nur **relative Ordnung** (*F/O/K,* ÖffBauR I, § 1 Rn. 8). 7

Achtung: Von diesem privaten Baurecht im engeren Sinne zu trennen ist das Bauvertragsrecht, bei dem es im Wesentlichen um vertragliche Ansprüche der am Baugeschehen Beteiligten (Bauherren, Unternehmer, Architekten usw.) nach HOAI, VOB, BGB u. Ä. geht.

II. Verhältnis zum öffentlichen Baurecht

Privates und öffentliches Baurecht stehen einander weitgehend **selbstständig gegenüber.** Weder kann die Bauaufsichtsbehörde durch Verwaltungsakt die Einhaltung des privaten Baurechts erzwingen, noch darf sie eine Baugenehmigung wegen entgegenstehender privater Rechte versagen. Die Baugenehmigung ergeht nach den Bauordnungen „unbeschadet der privaten Rechte Dritter" (s. z. B. § 74 IV BauO NRW; Art. 68 IV BayBO), geprüft wird also nur die Vereinbarkeit des Vorhabens mit dem öffentlichen Recht. Und auch die Eingriffsbefugnisse, die sich für die zuständigen Behörden aus dem öffentlichen Recht ergeben, stellen insgesamt darauf ab, ob das Vorhaben mit öffentlichem Recht im Einklang steht. Nur wenn feststeht, dass ein Vorhaben aus zivilrechtlichen Gründen nicht ausgeführt werden kann, ist die Baugenehmigungsbehörde berechtigt, die Baugenehmigung zu versagen (BVerwGE 42, 115; dazu auch VGH München, BayVBl 2009, 507; *Schröder,* BayVBl 2009, 495). 8

Beispiel: Für ein Bauvorhaben auf fremdem Baugrundstück wird ein Bauantrag eingereicht. Der Eigentümer erklärt indes, er werde das Bauvorhaben nicht zulassen.

9 Dem entspricht es, dass die Normen des öffentlichen Baurechts im privaten Baurecht weitgehend ohne Bedeutung sind. Die öffentlich-rechtliche Zulässigkeit eines Bauvorhabens, insbesondere die Erteilung der Baugenehmigung, schließt es etwa grundsätzlich nicht aus, das Vorhaben mit Mitteln des Privatrechts zu unterbinden (BGH, UPR 2001, 440f.). Nach der zivilgerichtlichen Ansicht entfaltet vielmehr nur die rechtskräftig bestätigte Baugenehmigung gegenüber privatrechtlichen, auf öffentlich-rechtliche Schutznormen gestützten Abwehransprüchen des Nachbarn Bindungswirkung. Auch die Festsetzungen eines Bebauungsplans werden von den Zivilgerichten – etwa für die Bestimmung der Ortsüblichkeit i.S. des § 906 II 1 BGB – als weitgehend unbeachtlich eingeordnet (BGH, DVBl 1968, 51; BauR 1983, 181; *Bönker,* in: H/B/G, ÖffBauR, § 18 Rn. 32 m.N. auch zu den jeweiligen Gegenauffassungen; s.a. *§ 20 Rn. 10*).

10 Eine **Verbindung** zwischen öffentlichem Baurecht und bürgerlichem (Delikts)recht ergibt sich indes, wenn Vorschriften des öffentlichen Rechts nicht nur der Allgemeinheit, sondern auch dem Schutz einzelner dienen und deshalb Schutzgesetze i.S. des § 823 II BGB sind (BGH, NJW 1997, 55). Zudem gibt es in der Rechtsordnung vorgesehene Situationen, in denen sich das öffentliche Baurecht des Zivilrechts bedient.

Beispiele:
- Das gemeindliche Vorkaufsrecht der §§ 24f. BauGB (s.u. *§ 12*) wird durch Verwaltungsakt ausgeübt, aber mit den Mitteln des privaten Rechts umgesetzt.
- Die Enteignung (§§ 85f. BauGB) ist nur zulässig, wenn der Antragsteller sich zuvor ernsthaft um den freihändigen Erwerb des zu enteignenden Grundstücks zu angemessenen Bedingungen bemüht hat (§ 87 II BauGB).

Wichtig: Privates und öffentliches Baurecht verhalten sich zueinander wie zwei sich teilweise überschneidende Kreise.

11 Darüber hinaus gibt es zudem zahlreiche **gegenseitige Beeinflussungen** und **wechselseitige Verknüpfungen** zwischen den verschiedenen Rechtsgebieten. Dies zeigt sich insbesondere im Baunachbarrecht.

Beispiel: So knüpft etwa § 906 I BGB zur Bestimmung der Wesentlichkeit bzw. Unwesentlichkeit von Beeinträchtigungen nunmehr an die Grenz- oder Richtwerte der technischen Regelwerke an, die im öffentlichen Baunachbarrecht bereits seit längerem als Orientierungshilfe zur Beurteilung der Erheblichkeit von Belästigungen dienen (*Mampel,* Nachbarschutz, Rn. 1103ff.).

12 Dies wirft andererseits die Frage nach dem **Verhältnis** öffentlicher und privater baurechtlicher **Nachbaransprüche** auf. Dabei muss im Grundsatz davon ausgegangen werden, dass die Rechtsordnung in beiden Rechtsmaterien den Nachbarschutz anbietet. Die h.M. geht denn auch von einem unbeschränkten Nebeneinander der zivilrechtlichen und der öffentlich-rechtlichen Ansprüche

und damit von einer **Zweispurigkeit des Rechtsschutzes** aus (*Bock,* DVBl 2006, 12 [16f.]; *Voßkuhle/Kaufhold,* JuS 2018, 764, [767]). Der Nachbar kann hiernach im Grundsatz nacheinander oder gleichzeitig seine privaten und seine öffentlich-rechtlichen Abwehransprüche geltend machen, sich aber auch auf die Verfolgung nur der privaten oder nur der öffentlichen Rechte beschränken (*Mampel,* Nachbarschutz, Rn. 91f. m.w.N.).

Beispiel: Will sich ein betroffener Nachbar etwa gegen Lärmeinwirkungen einer Gaststätte zur Wehr setzen, so steht es ihm nach seinem Belieben frei, Abwehransprüche neben- oder nacheinander sowohl gegen den privaten Inhaber der Gaststätte als auch gegen die Bauaufsichtsbehörde zu richten.

Achtung: Zivilrechtsschutz und Verwaltungsrechtsschutz sind nebeneinander möglich.

C. Das öffentliche Baurecht

Das öffentliche Baurecht umfasst die Gesamtheit der Rechtsvorschriften, die die Zulässigkeit und die Grenzen, die Ordnung und die Förderung der baulichen Nutzung des Bodens, insbesondere durch Errichtung, bestimmungsgemäße Nutzung, wesentliche Veränderung und Beseitigung baulicher Anlagen, betreffen (s.o. *Rn. 1;* zur historischen Entwicklung *F/O/K,* ÖffBauR I, § 2, Rn. 2ff.). Diese Rechtsmaterie verwirklicht somit das öffentliche Interesse an der Ordnung und Lenkung der Grundstücksnutzung und des Baugeschehens. 13

Im Rahmen des öffentlichen Baurechts lässt sich eine weitere Unterscheidung in **Bauplanungs-** und **Bauordnungsrecht** sowie die **sonstigen baurechtsrelevanten Vorschriften** treffen. 14

Innerhalb des öffentlichen Baurechts kommt dem **Bauplanungsrecht** die Aufgabe zu, die rechtliche Qualität des Bodens und seine Nutzbarkeit festzulegen (BVerfGE 3, 407 [423f.]). Bauplanungsrechtliche Normen bereiten die bauliche und sonstige Nutzung der Grundstücke vor und lenken diese, insbesondere durch Pläne, welche die Rechtsqualität des Bodens festlegen. Begrifflich wird insoweit auch von Städtebaurecht bzw. Stadtplanungsrecht gesprochen (*Erbguth/Schubert,* ÖffBauR, § 1 Rn. 2). 15

Demgegenüber umfasst das **Bauordnungsrecht** die Anforderungen baukonstruktiver, baugestalterischer und bauwirtschaftlicher Art an Bauwerk und Baustoffe, das Baugenehmigungsverfahren, die Ordnung des Bauvorgangs, die Unterhaltung und Instandsetzung baulicher Anlagen und die Bekämpfung der von ihnen ausgehenden Gefahren. Insoweit regelt das Bauordnungsrecht die Ausführung der baulichen Anlagen auf dem Grundstück. Das **materielle Bauordnungsrecht** umfasst Vorschriften über die Errichtung, Erhaltung, Änderung, Nutzung und den Abbruch baulicher Anlagen. Demgegenüber schafft 16 das **formelle Bauordnungsrecht** vor allem die Grundlagen für das bauaufsichtliche Genehmigungsverfahren (*Erbguth/Schubert,* ÖffBauR, § 1 Rn. 9f.; umfassend *Schönenbroicher,* in: S/K, BauO NRW, Einl. Rn. 7ff.).

Verklammert werden Bauplanungsrecht und Bauordnungsrecht im Baugenehmigungsverfahren. Denn in diesem Verfahren muss die Bauaufsichtsbehörde überprüfen, ob einem Vorhaben Vorschriften des öffentlichen Rechts entgegenstehen (s. z.B. § 58 I 1 LBO BW, Art. 60, 68 I 1 BayBO, § 62 I HmbBauO, § 74 I BauO NRW). Zu diesen zu kontrollierenden Regeln des öffentlichen Rechts zählen auch die bauplanungsrechtlichen Vorschriften der §§ 29ff. BauGB.

17 Die bisher aufgezählten Gegenstände bilden den „Kern" des öffentlichen Baurechts. Es gibt darüber hinaus auch in anderen Rechtsgebieten, die nicht zum eigentlichen Baurecht gezählt werden können, Normen, die regeln, wie ein Grundstück baulich genutzt werden darf (dazu mit Bsp. unten *§ 3 Rn. 12*). Sie sind daher in dem hier verstandenen Sinne „Baurecht" und deshalb zu prüfen, wenn es um die Bebaubarkeit eines Grundstücks geht (s.a. § 29 II BauGB: „... andere öffentlich-rechtliche Vorschriften ...").

18 Ausgehend von diesen Grundsätzen lässt sich das Baurecht in die folgenden Teilbereiche unterscheiden, die im Folgenden noch näher untergliedert werden können:

Schaubild 1: Öffentliches und Privates Baurecht

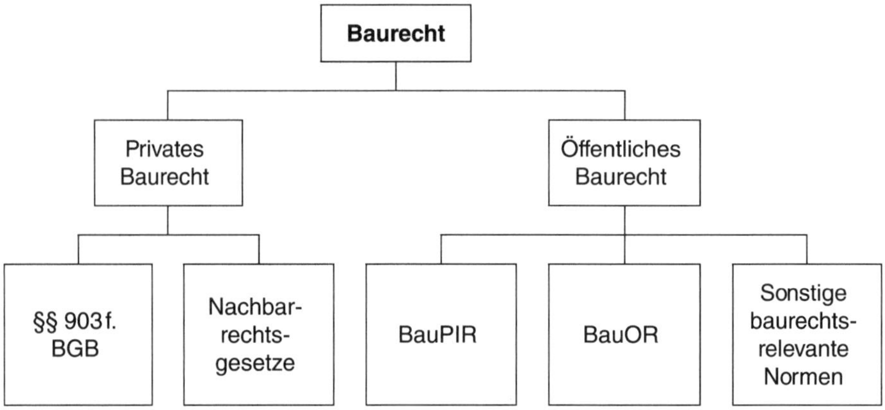

D. Basisinformationen zur Raumplanung

19 Nach § 1 IV BauGB sind die Bauleitpläne den Zielen der Raumordnung anzupassen. Das Verhältnis der Bauleitplanung zur Raumordnung ist im Raumordnungsgesetz (ROG) geregelt. Dabei bestimmt § 4 I 1 ROG, dass die Ziele der Raumordnung von öffentlichen Stellen bei ihren raumbedeutsamen Planungen und Maßnahmen zu beachten sind. Damit ist die örtliche Planung in überörtliche, raumbezogene Gesamtplanungen eingebunden und muss deren Vorgaben beachten. (*Scheidler,* UPR 2019, 494; *Thiel,* UPR 2020, 50 [54]) Da das Recht der Raumordnung – als Teil des öffentlichen Baurechts in einem weit verstandenen Sinne – in Studium und Prüfung eine eher untergeordnete Rolle spielt, wird es hier nur im Überblick behandelt (zur Vertiefung etwa *Stüer,* Bebauungsplan, Rn. 1453ff.; *Erbguth/Schubert,* ÖffBauR, § 3 Rn. 1f.; *Hoppe,* in: H/B/G, ÖffBauR, §§ 3 und 4).

§ 1 I ROG fasst die wesentlichen Aufgaben der Raumordnung zusammen: **20**
Der Gesamtraum der Bundesrepublik Deutschland und seine Teilräume sind durch zusammenfassende, übergeordnete Raumordnungspläne und durch Abstimmung raumbedeutsamer Planungen und Maßnahmen zu entwickeln, zu ordnen und zu sichern (§ 1 I 1 ROG); dabei sind unterschiedliche Anforderungen an den Raum aufeinander abzustimmen und die auf der jeweiligen Planungsebene auftretenden Konflikte auszugleichen (§ 1 I 2 Nr. 1 ROG) sowie Vorsorge für einzelne Raumfunktionen und Raumnutzungen zu treffen (§ 1 I 2 Nr. 2 ROG). Die Raumordnung soll also konkurrierende Ansprüche an den Raum zu einem sinnvollen Ausgleich bringen (BVerwG, NVwZ 2018, 507 [508]).

Das überörtliche Raumplanungsrecht betrifft die **raumbedeutsamen,** d.h. **21**
raumwirksamen oder raumbeanspruchenden **Planungen** (§ 3 I Nr. 6 ROG), die in ihren Zielsetzungen über die örtlichen Belange hinausgehen.

Neben dem ROG sind die **Landesplanungsgesetze der Länder** von Re- **22**
levanz (z.B. Landesplanungsgesetz NRW; dazu umfassend *von Kraack,* APF 2010, 289f.). Zur Raumplanung lassen sich insbesondere die raumbezogenen Gesamtplanungen rechnen, die fachlich übergreifend die vielfältigen Bodennutzungen flächendeckend regeln. Bei der überörtlichen Raumplanung lassen sie sich nach den zuständigen Planungsträgern in die Bundesraumordnung und die Landesplanung einteilen. Das Raumordnungsgesetz des Bundes wendet sich im Wesentlichen an die Länder und verpflichtet diese, eine Landesplanung durchzuführen und Regionalpläne aufzustellen (13 I 1 ROG). Vor allem verpflichtet es die zuständigen Stellen, die raumbedeutsamen Planungen und Maßnahmen in einem besonderen Verfahren untereinander und mit den Erfordernissen der Raumordnung abzustimmen (Raumordnungsverfahren nach § 15 I 1 ROG; dazu *Stüer,* Bebauungsplan, Rn. 1494ff.). In diesem Verfahren ist seit 2017 die Öffentlichkeit umfassend zu beteiligen (§ 15 III ROG). Raumordnungspläne des Bundes bilden seltene Ausnahmen, etwa nach § 17 ROG (*Hager,* BauR 2018, 188 [191f.]).

Auf Landesebene erfolgt die Raumordnung durch einen landesweiten **23**
Raumordnungsplan und daraus entwickelte Regionalpläne (§ 13 I 1 Nr. 1 u. Nr. 2 ROG). Die letztgenannten konkretisieren die Landesplanung für Teilräume. Sowohl die genaue Bezeichnung der landesweiten Pläne als auch die Form ihres Erlasses und der Rechtscharakter variieren. Besonderheiten gelten für die Stadtstaaten, bei denen die Aufgabe der Landesplanung von der Flächennutzungsplanung erfüllt wird (§ 13 I 2 ROG).

24 Von besonderer Relevanz für die Bauleitplanung der Gemeinden sind die Ziele der Raumordnung. Diese stellen nach § 3 I Nr. 2 ROG räumlich und fachlich verbindliche raumplanerische Letztentscheidungen dar (BVerwG, DVBl 2008, 1511; ZfBR 2004, 272 [273]; NVwZ 2003, 742 [745]; *Erbguth/Schubert,* ÖffBauR, § 5 Rn. 79). Sie sind nicht Maßstab, sondern Ergebnis der Abwägung und damit – ähnlich wie Festsetzungen eines Bebauungsplanes – zwingend zu beachten. Mit den Worten des BVerwG gesprochen entfalten sie eine Bindung, die „keinen Raum für Elemente des Abwägens lässt" (BVerwGE 90, 329ff.; BVerwG, NVwZ 2018, 507; *Scheidler,* UPR 2019, 494 [495]; *Hoppe,* in: H/B/G, ÖffBauR, § 4 Rn. 10f.; *Stüer,* Bebauungsplan, Rn. 1464f.).

25 **Adressaten** der **Bindungswirkung** der Ziele sind primär die in § 3 I Nr. 5 ROG genannten öffentlichen Stellen. Diese haben die konkretisierten landesplanerischen Ziele bei Planungen und allen sonstigen Maßnahmen, durch die Grund und Boden in Anspruch genommen oder die räumliche Entwicklung eines Gebiets beeinflusst wird, zu beachten (§ 4 I 1 ROG). Adressaten der Ziele der Raumordnung sind damit sämtliche Träger der öffentlichen Verwaltung im Rahmen ihres raumbedeutsamen Tuns (zu dessen Legaldefinition § 3 I Nr. 6 ROG). Gegenüber raumbedeutsamen Planungen und Maßnahmen Privater (z.B. bei einer Kiesgewinnung o.ä.) sind die Ziele der Raumordnung zu berücksichtigen, soweit die anzuwendenden Fachgesetze dafür Raum lassen (§ 4 I 2, II und III ROG).

26 Demgegenüber stellen die **Grundsätze der Raumordnung** lediglich grundsätzliche raumpolitische Entscheidungen zu typischen raumordnerischen Problemen dar (§ 3 I Nr. 3 ROG). Sie müssen bei der zu konkreten Zielfestlegungen führenden Planung in die Abwägung eingestellt und im Rahmen der planerischen Abwägung zum Ausgleich gebracht werden (BVerwG, BauR 2005, 434; VGH Kassel, NVwZ-RR 2005, 11; *Hager,* BauR 2018, 188 [191]; *Hoppe,* in: H/B/G, ÖffBauR, § 4 Rn. 25ff.). Dabei entfalten sie keine unmittelbare Bindungswirkung, sondern lassen ihrem Adressaten einen Ermessensspielraum, innerhalb dessen dieser die einzelnen Grundsätze untereinander und gegeneinander abzuwägen hat (§ 4 I 1, II ROG). Alle in Betracht kommenden Belange stehen gleichrangig nebeneinander, so dass im Einzelfall nach gründlicher Bestandsaufnahme und sachgerechter Abwägung zu entscheiden ist, welchem der miteinander konkurrierenden Belange der Vorrang gebührt. Soweit gewichtige andere Belange dies rechtfertigen, sind die Grundsätze aber – anders als die Ziele – überwindbar (*Scheidler,* UPR 2019, 494 [495]; weiterführend *Stüer,* Bebauungsplan, Rn. 1460).

27 **Adressaten** der **Grundsätze** sind die in § 3 I Nr. 5 ROG genannten Stellen. Dazu gehören nicht nur die Träger der Landesplanung, sondern alle Behörden des Landes, die Gemeinden und Gemeindeverbände, die öffentlichen Planungsträger im Landesbereich sowie die der Aufsicht des Landes unterstehenden juristischen Personen. Das gilt z.B. für die gemeindliche Bauleitplanung, aber auch für die Fachplanungen z.B. straßen- oder abfallrechtlicher Art.

Zur Raumplanung im weiteren Sinne kann auch die **raumbedeutsame Fachplanung** gerechnet werden, die – wie etwa die Festlegung von Bundesfernstraßen oder Eisenbahnlinien – einzelne Fachfragen betrifft und insbesondere mittels Planfeststellungsbeschlüssen und Plangenehmigungen verbindlich wird (etwa § 17 I FStrG, § 18 AEG). Eine Aufzählung der bedeutsamsten Fachplanungen findet sich in § 38 BauGB (dazu *E/M/S,* BesVwR, Rn. 879; *B/K/L,* BauGB, § 38 Rn. 3ff.). Dabei ist diese Fachplanung unter bestimmten Voraussetzungen privilegiert gegenüber der Bauleitplanung (OVG Hamburg, ZfBR 2020, 72 [74]; *Stüer,* DVBl 2010, 333 [344]). Dies hat seinen Grund vor allem darin, dass es überörtliche Planungs- und Nutzungsziele gibt, die im gesamtstaatlichen Interesse liegen und deshalb nicht unter Berufung auf einzelne lokale Belange verhindert werden dürfen. 28

E. Öffentliches Baurecht in der Fallbearbeitung

Baurechtliche Fallgestaltungen spitzen sich regelmäßig auf die Fragestellung zu, ob das konkrete Vorhaben mit öffentlich-rechtlichen Vorschriften im Einklang steht bzw. wie das Vorhaben durch den Erlass öffentlich-rechtlicher Verfügungen oder Maßnahmen ermöglicht oder verhindert werden kann. Für eine gelungene Fallbearbeitung ist es daher unerlässlich, die möglicherweise anwendbaren **einschlägigen baurechtlichen Normen** zu kennen. Denn wenn jemand Lebenssachverhalte baurechtlich bearbeiten soll, muss er das Instrumentarium beherrschen, mit dem solche Situationen geregelt werden können. Auf diesen Erkenntnissen beruhen Auswahl und Darstellung der folgenden Themenbereiche. 29

Durch die vermittelten **Grundzüge des Städtebau- und Bauordnungsrechts** sollen die Leserin/der Leser sensibilisiert werden, um im Einzelfall die in Betracht zu ziehenden Normkomplexe genauer zu untersuchen. Es soll vor allem gezeigt werden, mit welchen rechtlichen Mitteln man einen baurechtlich ausgerichteten Sachverhalt „in den Griff" bekommt. Dementsprechend verstehen sich die Ausführungen vor allem als **Handlungsanleitung** für eine **gelungene Fallbearbeitung.** 30

Die Zielrichtung des Buches bedingt zugleich eine gewisse Einschränkung der Themenvielfalt. So gehören zum öffentlichen Baurecht natürlich an sich das ganze Baugesetzbuch und die jeweilige (Landes-)Bauordnung. Indes wird man in der Vorbereitung wohl ohne allzu große Bedenken auf das Besondere Städtebaurecht – also das frühere Städtebauförderungsgesetz – verzichten können. Auch ist es wohl eher unwahrscheinlich, dass Fälle über Umlegung und Grenzregelung, Städtebauliche Vorkaufsrechte oder die Erschließungsbeiträge klausurmäßig geprüft werden. 31

Gründlich beschäftigen sollte sich der Prüfling freilich mit den beiden **Kernbereichen des Bauplanungsrechts,** dem **Recht der Bauleitplanung** (§§ 1f. BauGB) einschließlich ihrer Sicherung (§§ 14f. BauGB) und der pro- 32 zessualen Ergänzung, der verwaltungsgerichtlichen Normenkontrolle gem. § 47 VwGO, sowie der **bauplanungsrechtlichen Zulässigkeit von Vorhaben** (§§ 29f. BauGB). In ähnlicher Weise lässt sich das Bauordnungsrecht auf eine vertretbare Dimension beschränken. Neben den Grundbegriffen sollte man mit den Fragen der **Genehmigungspflicht** und des **Genehmigungsverfahrens** umgehen können. Häufig geprüft werden zudem Standardprobleme des **Rechts der bauaufsichtlichen Maßnahmen.** Abgerundet wird das Ganze durch die Darstellung prüfungsrelevanter Fallkonstellationen aus dem öffentlichen **Baunachbarrecht.**

33 Zu diesen baurechtsspezifischen materiell-rechtlichen Problemen treten freilich in vielen Fällen Probleme aus anderen Rechtsmaterien. Dies sind vor allem solche aus dem allgemeinen Verwaltungsverfahrensrecht, dem Verwaltungsvollstreckungsrecht, dem Kommunalrecht sowie aus dem Verwaltungsprozessrecht. Als eine klassische Materie des besonderen Verwaltungsrechts lassen sich baurechtliche Fälle mit solchen Fragestellungen besonders gut verknüpfen. Die Einzelheiten dieser Rechtsgebiete können indes in diesem Buch nicht dargestellt werden. Soweit es allerdings zum Verständnis des Baurechts und zur Lösung baurechtlicher Fallgestaltungen unerlässlich ist (etwa *§ 9* oder *§ 21* bzgl. des Rechtsschutzes sowie *§ 19* bezüglich des Verwaltungsvollstreckungsrechts), werden auch die diesbezüglichen Grundzüge erläutert.

F. Kontrollfragen

1. Beschreiben Sie den Grundsatz der bürgerlich-rechtlichen Baufreiheit!
2. Inwieweit stellt die private Baurechtsordnung eine nur relative Ordnung dar?
3. Wie lässt sich das Verhältnis zwischen öffentlichem und privatem Baurecht beschreiben?
4. Wie sind Bauplanungs- und Bauordnungsrecht miteinander verknüpft?

(Antworten auf S. 352)

§ 2. Verfassungsrechtliche Grundlagen

A. Relevanz des Art. 14 GG für das öffentliche Baurecht

I. Baufreiheit?

1 Zum Inhalt des von Art. 14 I 1 GG als Rechtsinstitut und als Individualrecht gewährleisteten Eigentums rechnen viele die sogenannte Baufreiheit

(*F/O/K,* ÖffBauR I, § 4 Rn. 16f.; *Just,* in: H/B/G, ÖffBauR, § 2 Rn. 56; 41ff.; *B/K/L,* BauGB, § 1 Rn. 7f.; *Thiel,* BauR 2020, 41 [42f.]). Diese soll die Befugnis des Grundeigentümers umfassen, sein Grundstück im Rahmen der Gesetze zu bebauen. Aus dem Text des Art. 14 I 1 GG lässt sich die Baufreiheit nicht ableiten. Eigentum als normgeprägtes Grundrecht ist auf gesetzgeberische Ausgestaltung angewiesen (BVerfGE 58, 300 [330, 336]; BVerfG, NVwZ 2010, 771 [772]). Auch das Planungsrecht des BauGB enthält die Baufreiheit jedoch nicht. Existiert ein Bebauungsplan, muss der Grundstückseigentümer wegen § 30 I BauGB dessen Regeln einhalten. Im unbeplanten Innenbereich hat sich das Bauvorhaben in die Eigenart der näheren Umgebung einzufügen (§ 34 BauGB). Schließlich ist der Außenbereich des § 35 BauGB typischerweise von Bebauung ganz freizuhalten (BVerwG, NVwZ 2019, 802 [803]; BayVerfGH, DVBl 2016, 1259, 1263 m.w.N.; *Schröer,* NVwZ 2019, 803 [804]; *Schmidt,* ÖffBauR, Rn. 237; *B/K/L,* BauGB, § 35, Rn. 1). Hält man sich vor Augen, dass die Grundfläche Deutschlands zu ca. 31 % bewaldet ist, zu ca. 51 % landwirtschaftlich genutzt wird, während Wasser- und Verkehrsflächen weitere 7 % beanspruchen (alle Zahlen von 2018 auf umweltbundesamt.de), wird klar, dass es für rund 90 % der deutschen Grundstücke rein praktisch keine Baufreiheit gibt.

Dass die Bauordnungen, z.B. § 74 I BauO NRW einen Anspruch auf die Erteilung der Genehmigung formulieren, liefert ebenfalls kein plausibles Argument für eine auf Art. 14 I GG gestützte Baufreiheit. Dieser Anspruch ist nämlich dadurch bedingt, dass dem Vorhaben keine öffentlich-rechtlichen Vorschriften entgegenstehen dürfen. Hier ist wiederum das Bauplanungsrecht zu berücksichtigen, welches, wie eben gezeigt, gerade keine Baufreiheit bietet. 2

Die Befürworter der Baufreiheit können zudem die Existenz von absoluten Bauverboten, wie etwa in Gewässerrandstreifen (§ 61 I BNatSchG), Überschwemmungsgebieten (§ 78 IV WHG) oder Fluglärmzonen (§ 5 I FluglärmG) kaum erklären. Letztlich verdeckt die Rede von der Baufreiheit, dass die bauliche Nutzung von Grundstücken wegen ihrer dauerhaften und intensiven Einwirkung auf die Umgebung und die dafür notwendige Infrastruktur, die die Gemeinschaft zur Verfügung stellt, in besonders starkem Umfang sozialpflichtig ist (BVerfG 12, 73 [83f.]; 52, 1 [32f.]; 104, 1 [12]; *B/K/L,* BauGB, § 42 Rn. 3; *Erbguth/Schubert,* ÖffBauR, § 2 Rn. 25). Privates Eigentum ist für die Bauleitplanung (§ 1 VII BauGB) durchaus ein abwägungsrelevanter Faktor, dennoch überzeugt die These von einer auf Art. 14 I GG garantierten Baufreiheit nicht (ebenso Schroedter-*Breuer,* BauGB, § 42 Rn. 8ff.; *Dähne,* Jura 2003, 455 [460f.]; *Appel,* NuR 2005, 427 [433]; *Lege,* ZJS 2012, 44 [45]; *Berkemann,* ZfBR 2019, 755). Die Freiheit jedes Eigentümers, sich für oder gegen eine bestimmte Nutzung seines Grundstücks zu entscheiden, stellt vielmehr einen Bestandteil seiner allgemeinen Handlungsfreiheit dar (Art. 2 I GG). 3

II. Bestandsschutz

4 Art. 14 I 1 GG gewährt baulichen Anlagen, die im Einklang mit dem materiellen Baurecht errichtet wurden oder, sofern sie bei ihrer Errichtung materiell baurechtswidrig waren, in einem späteren Zeitraum dem materiellen Baurecht entsprachen, Bestandsschutz (BVerfG, NVwZ 2001, 424; BVerwGE 98, 235; BayVerfGH, NVwZ-RR 1997, 343; Schroedter-*Rieger,* BauGB, § 35 Rn. 199f.; *Just,* in: H/B/G, ÖffBauR, § 2 Rn. 59ff.). Der Eigentümer wird dadurch berechtigt, die bauliche Anlage **zu erhalten** und wie bisher **zu nutzen,** auch wenn dies nach dem aktuell geltenden Recht nicht mehr zulässig ist (**passiver Bestandsschutz,** BVerwGE 72, 362 [363)]; BVerwG, NVwZ 2016, 1477 [1478]; *Berkemann,* ZfBR 2019, 755 [758]; *Wickel,* Jura 2019, 268). Der Eigentümer hat daher ein Abwehrrecht, z.B. gegenüber Beseitigungsanordnungen. **Instandsetzung** und **Modernisierung** sowie die Anpassung der baulichen Anlage an gewandelte Lebensgewohnheiten sind **zulässig** (**aktiver Bestandsschutz;** BVerwGE 72, 362 (363f.); *Lieder,* ThürVBl 2004, 81 [84ff.]; *Wickel,* Jura 2019, 268). In diesem Zusammenhang gewährt der Bestandsschutz einen Anspruch auf Genehmigung solcher Folgemaßnahmen, die zu einer funktionsgerechten Nutzung der ursprünglichen baulichen Anlage erforderlich sind, wie z.B. den Einbau sanitärer Anlagen oder den Bau einer Garage.

5 Ergänzungen, Erweiterungen oder Nutzungsänderungen gestattet der Bestandsschutz grundsätzlich **nicht** (zum Folgenden *Just,* in: H/B/G, ÖffBauR, § 2 Rn. 61f.). Er endet mit dem Abriss, der Zerstörung oder Baufälligkeit des Bauwerks, bei einer ausgeübten Nutzung mit deren endgültiger Aufgabe. (*Schmidt/Gärtner,* NVwZ 2018, 534 [536]; *Goldschmidt,* DVBl 2011, 591 [596] m.w.N.). Bestandsschutz berechtigt in aller Regel auch nicht dazu, einen Ersatzbau zu errichten, es sei denn Spezialregelungen wie § 35 IV Nr. 2 und Nr. 3 BauGB oder § 6 XII 1 Nr. 4 HessBauO eröffnen diese Möglichkeit ausdrücklich. Wegen der einseitigen Bevorzugung der Interessen des Bauherrn wird die letztgenannte Vorschrift für verfassungswidrig gehalten (*Hornmann,* NVwZ 2018, 1165 [1166]; *Schröer/Kümmel,* NVwZ 2018, 1442 [1443]). Ausnahmsweise wird aus Bestandschutzgründen die Hinzufügung einer weiteren baulichen Anlage gestattet. Ein solcher **überwirkender Bestandsschutz** wird angenommen, wenn der Schutz des vorhandenen Bestandes wegen eines bestehenden Funktionszusammenhangs mit der geplanten Änderung oder Erweiterung ohne diese schlechterdings gegenstandslos würde (BVerwGE 50, 49 [56f.]).

6 Während **Nutzungsunterbrechungen** für die Frage des Bestandsschutzes regelmäßig keine Rolle spielen (VG Gießen, NVwZ-RR 2005, 232 [234; *Goldschmidt,* DVBl 2011, 591 [594]), lässt die **definitive Nutzungsaufgabe** den Bestandsschutzes erlöschen (BVerwG, NVwZ 2001, 557 [558]; BauR 2003, 1021 [1022]; *Goldschmidt,* DVBl 2011, 591 [592]; *Berkemann,* ZfBR 2019, 755 [757f.] m.w.N.).

III. Entschädigungsansprüche

7 Werden Bebauungspläne geändert oder erstmals erlassen, können Erwartungen von Grundstückseigentümern enttäuscht, geplante Nutzungen vereitelt oder vorhandene Nutzungen erschwert oder unmöglich gemacht werden. Für solche Situationen sehen die §§ 39ff. BauGB Entschädigungsmöglichkeiten vor. Wichtig ist hier u.a. die Grenze von sieben Jahren, die § 42 II und III BauGB festlegen. Wurde eine zulässige Nutzung in den sieben Jahre vor der Planänderung nicht realisiert, erhält der Grundstückseigentümer typischerweise keine Entschädigung (*Stüer,* Bebauungsplan, Rn. 1227; *Koch/Hendler,* BRL, § 19, Rn. 5). Die Regeln des Planschadensrechts der §§ 39ff. BauGB werden ganz überwiegend nicht als Enteignungsregeln i.S.d. Art. 14 III GG, sondern als Ausgleichsregeln für ausnahmsweise unverhältnismäßige Inhalts- und Schrankenbestimmungen (Art. 14 I 2 GG) angesehen (*Just,* in: H/B/G, ÖffBauR, § 12 Rn. 2; *Koch/Hendler,* BRL, § 19, Rn. 5 u. 25ff.; *Erbguth/Schubert,* ÖffBauR, § 2 Rn. 55; *B/K/L,* BauGB, vor § 39, Rn. 5). Denn sie beziehen sich nicht auf eine typische Enteignungssituation, die nach der Rechtsprechung des Bundesverfassungsgerichts dadurch gekennzeichnet ist, dass einem einzelnen Bürger eine Eigentumsposition entzogen wird, um eine bestimmte öffentliche Aufgabe zu erfüllen (staatlicher Güterbeschaffungsvorgang s. BVerfGE 70, 191 [199f.]; 102, 1 [15f.]; 104, 1 [9f.]; 126, 331 [359]; 134, 242 [289]; BVerfG, DVBl 2016, 307 [308]).

8 An den speziellen Regeln der §§ 39ff. BauGB vorbei kann deshalb ein Entschädigungsanspruch wegen Änderung oder erstmaligem Erlass eines Bebauungsplans nicht auf Art. 14 I 1 GG gestützt werden (*Jarass/Pieroth,* GG, Art. 14, Rn. 59; *Stüer,* Bebauungsplan, Rn. 1209 u. 1215). Der Bebauungsplan hat – in den Worten des Bundesverwaltungsgerichts – als Inhalts- und Schrankenbestimmung keine enteignungsrechtliche Vorwirkung (BVerwGE 134, 355, [363]; s.a. BVerwGE 85, 289, 294; 106, 228, 234; *Koch/Hendler,* BRL, § 19, Rn. 28; *Erbguth/Schubert,* ÖffBauR, § 2 Rn. 50). Sind Betroffene der Auffassung, dass ein neuer Bebauungsplan ihre Eigentümerrechte unzureichend beachtet hat, müssen sie einen Normenkontrollantrag gegen diesen stellen und einen entsprechenden Abwägungsfehler rügen (*Koch/Hendler,* BRL, § 19, Rn. 30; *Stüer,* Bebauungsplan, Rn. 1217f; s. hierzu *§ 9, Rn. 11ff.*).

IV. Einschränkungen des Grundeigentums

9 Eine beliebige und unbeschränkte **Baufreiheit** hat niemals zum Inhalt des Grundeigentums gehört. Deshalb gewährleistet Art. 14 I 1 GG die Bebaubarkeit von Grund und Boden nur **im Rahmen der Gesetze** und eingebunden in seine Sozialpflichtigkeit. Das subjektive öffentliche Recht auf

Bebauung eines Grundstücks besteht folglich nur innerhalb des geltenden objektiven (einfach-gesetzlichen) Baurechts, das regelmäßig eine zulässige Inhalts- und Schrankenbestimmung i. S. von Art. 14 I 2 und II GG vornimmt. Typische und zulässige Beschränkungen der Baufreiheit sind vor allem (bzgl. weiterer Beispiele BVerfG, NVwZ 2001, 1023; *F/O/K,* ÖffBauR I, § 4 Rn. 31f.):

- die Bauleitplanung,
- die Veränderungssperre und die Zurückstellung von Baugesuchen,
- Gemeindliche Vorkaufsrechte,
- Beschränkungen durch §§ 34, 35 BauGB und
- die bauordnungsrechtlichen Abstandsflächen.

1. Bauleitplanung

10 Der Bebauungsplan, der nach § 1 V 1 BauGB eine dem Wohle der Allgemeinheit entsprechende sozialgerechte Bodennutzung gewährleisten soll, stellt für die Grundstücke des Plangebiets eine **Inhalts- und Schrankenbestimmung des Eigentums** dar (BVerfGE 100, 226 [240f.]; *Wickel,* Jura 2019, 268 [272]). Der grundrechtlichen Dimension aus Art. 14 I 1 GG wird bei der Bauleitplanung dadurch Genüge getan, dass das Eigentum „selbstverständlich und in hervorgehobener Weise" zu den abwägungserheblichen privaten Belangen gehört und in die bei der Aufstellung des Bebauungsplans vorzunehmende Abwägung (§ 1 VII BauGB) eingestellt werden muss (BVerfG, DVBl 1993, 33 [35]).

2. Veränderungssperre

11 Eine Veränderungssperre nach §§ 14f. BauGB stellt eine **Konkretisierung der Sozialgebundenheit** des Eigentums dar. Denn jedes Grundstück, das aufgrund seiner Lage für eine bauliche Nutzung in Betracht kommt, ist situationsbedingt mit dem Risiko einer Bauleitplanung und einer sie sichernden Veränderungssperre belastet. Geht die Veränderungssperre über den Zeitraum hinaus, der für eine ordnungsgemäße Bauleitplanung typischerweise erforderlich ist, wird sie zum enteignenden Eingriff. Nach § 18 BauGB ist daher nach vier Jahren für dadurch entstandene Vermögensnachteile Entschädigung zu leisten (zur Veränderungssperre s. u. *§ 10;* umfassend *Koch/ Hendler,* BRL, § 16, Rn. 1ff.; *Stüer,* DVBl 2010, 424f.).

3. Gemeindliche Vorkaufsrechte

12 Die Vorschriften des BauGB über die gemeindlichen Vorkaufsrechte (dazu unten *§ 12*) sind aus der Sicht des Art. 14 GG **Inhalts- und Schrankenbestimmungen.** Die Ausübung des Vorkaufsrechtes durch die Gemeinde ist daher kein enteignender Tatbestand.

Beispiel: Kommt es infolge der Ausübung des Vorkaufsrechts zu einer Verzögerung bei der Kaufpreiszahlung, hat der Verkäufer gegen die Gemeinde keinen Anspruch aus enteignendem Eingriff auf Ersatz des entstandenen Zinsverlustes (BGH, NJW 1989, 37).

Schaubild 2: Typische Beschränkungen der Baufreiheit

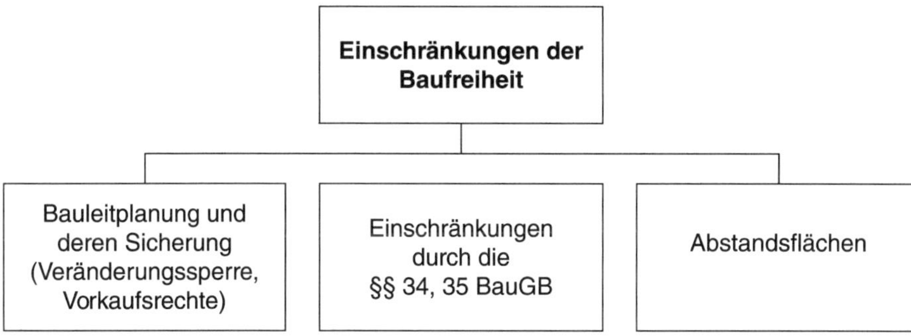

4. Beschränkungen durch §§ 34, 35 BauGB

Auch § 34 BauGB, der in einem im Zusammenhang bebauten Ortsteil ein Vorhaben nur zulässt, wenn es sich in die Eigenart der näheren Umgebung einfügt (dazu eingehend *§ 16*), und § 35 BauGB, der im Außenbereich nur Vorhaben zulässt, die ihrer Eigenart zufolge nur im Außenbereich ausgeführt werden sollen und der im Übrigen diesen Bereich prinzipiell der Bebauung entzieht (dazu unten *§ 17*), stellen eine nach Art. 14 I 2 GG **zulässige Inhalts- und Schrankenbestimmung** des Eigentums dar (*F/O/K,* ÖffBauR I, § 4 Rn. 29). 13

5. Abstandsflächen

Das bauordnungsrechtliche Abstandsflächenrecht schließlich dient im Wesentlichen dazu, eine sozial verträgliche, gesundheits- und sozialpolitisch erwünschte aufgelockerte Bodennutzung zu erreichen. Es aktualisiert die **Sozialpflichtigkeit des Eigentums** und stellt eine Regelung i.S. des Art. 14 I 2 GG dar (BVerwG, NJW 1991, 3293; dazu unten *§ 21 Rn. 26, 30*). 14

B. Die Bezüge zum kommunalen Selbstverwaltungsrecht

I. Grundzüge

15 Das Bauplanungsrecht ist darüber hinaus in vielen Bereichen Ausdruck der höherrangigen Vorgabe des Art. 28 II 1 GG. Die Aufstellung von Bauleitplänen durch die Gemeinden, also die Bauleitplanung, aber bspw. auch qualifizierte Mitwirkungsrechte im Zusammenhang mit der Zulassung von Außenbereichsvorhaben, sind Ausdruck der örtlichen Planungshoheit, welche wiederum als Gegenstand und Ausdruck des kommunalen Selbstverwaltungsrechts angesehen wird (*Erbguth/Schubert,* ÖffBauR, § 2 Rn. 5; *Muckel/Ogorek,* ÖffBauR, § 4 Rn. 1; *Stüer,* Bebauungsplan, Rn. 32ff.).

16 Unter **Planungshoheit der Gemeinden** versteht man die Befugnis, ohne durchgängige und strikte Bindung an staatliche Vorgaben aufgrund eigenen politisch-administrativen Gestaltungs- und Entscheidungsspielraums über die bauliche und sonstige Verwendung und Nutzung des Grund und Bodens des Gemeindegebietes zu disponieren und die zur Verwirklichung des eigenverantwortlich wahrnehmbaren Gestaltungspotentials erforderlichen planerischen Leitlinien ohne imperative staatliche Beeinflussung zu entwickeln (BVerwGE 84, 209 [214f.]; ausführlich: Schroedter-*ders.,* BauGB, § 1 Rn. 22f.; *Just,* in: H/B/G, ÖffBauR, § 2 Rn. 26f.; *Stüer,* Bebauungsplan, Rn. 33f.).

17 Auf einfach-gesetzlicher Ebene wird die Planungshoheit **durch § 2 I 1 BauGB konkretisiert;** nach dieser Bestimmung sind die Bauleitpläne von der Gemeinde in eigener Verantwortung aufzustellen. Es ist daher auch die Bauleitplanung als zentrales Gestaltungsmittel der kommunalen Planungshoheit und wesentliches Steuerungsmittel der städtebaulichen Entwicklung im Gemeindegebiet anerkannt, und zwar sowohl in der Ausprägung des Bebauungsplanes als auch jener des Flächennutzungsplanes. Die Tatsache, dass einzelne Darstellungen insbesondere eines Flächennutzungsplans über die Gemeindegrenzen hinaus Bedeutung haben können, ändert nichts daran, dass überörtliche Bezüge nicht im Vordergrund der ortsplanerischen Überlegungen stehen. In den Schutzbereich des Art. 28 II 1 GG gehören indes auch die Maßnahmen zur Sicherung und Verwirklichung der Bauleitplanung.

Wichtig: Zentrales Gestaltungsmittel der Planungshoheit ist die Bauleitplanung in Gestalt der Flächennutzungs- und der Bebauungsplanung (BVerfG E 56, 298 [312f.]).

II. Wehrfähigkeit der Planungshoheit

Die Planungshoheit ist gegenüber jedem anderen Planungsträger wehrfähig, d.h. die Gemeinden können **Eingriffe** in ihre **Planungshoheit** durch Inanspruchnahme gerichtlichen Rechtsschutzes **abwehren** (BVerwGE 90, 96 [100]; 100, 388; NVwZ 2008, 1347; DÖV 1998, 79; VG Gelsenkirchen, NWVBl 2005, 146; *Gaentzsch,* NVwZ 2000, 993 [995]). Keine Gemeinde braucht etwa hinzunehmen, dass ihre Planungshoheit durch fremde überörtliche Planungen rechtswidrig beeinträchtigt wird (Rechtsprechungsnachweise bei Schroedter-*ders.*, BauGB, § 1 Rn. 28; *Stüer,* Bebauungsplan, Rn. 32; zum Rechtsschutz von Gemeinden im Bauplanungsrecht *Schenke,* VerwArch 2007, 448 und 561). 18

Beispiele:
- Beim Eingriff in die Planungshoheit durch einen rechtswidrigen Planfeststellungsbeschluss eines Fachplanungsträgers steht der Gemeinde verwaltungsgerichtlicher Rechtsschutz in Form der Anfechtungsklage zu.
- Gegen einen Bebauungsplan der Nachbargemeinde besteht die Möglichkeit eines Normenkontrollverfahrens (§ 47 VwGO).

III. Grundlage für Beteiligungsrechte

Die Planungshoheit ist zudem Grundlage für Beteiligungsrechte der Gemeinde im Rahmen sie betreffender Planungen anderer Planungsträger. Die **Beteiligung** findet dabei überwiegend **in Form** der **Information** oder der **Anhörung** statt; in der Regel der Fälle ist das Beteiligungsrecht zudem einfachgesetzlich konkretisiert (*Muckel/Ogorek,* ÖffBauR, § 4 Rn. 2, 6; *Stüer,* Bebauungsplan, Rn. 35ff.). 19

Beispiele:
- § 14 II 1 WaStrG ordnet im Rahmen des Planfeststellungsverfahrens für den Aus oder Neubau von Bundeswasserstraßen die Anhörung der anliegenden Gemeinden und Gemeindeverbände an.
- Das in § 36 BauGB geforderte Einvernehmen der Gemeinden ist ebenfalls als Partizipationsrecht einzuordnen (BVerwG, NWVBl 2009, 95).

Wichtig: Fehlt eine entsprechende gesetzliche Regelung, so folgt das Beteiligungsrecht unmittelbar aus Art. 28 II 1 GG (grdl. BVerwGE 31, 263; s.a. BVerwG, DÖV 1998, 79; NVwZ 2000, 1048).

IV. Reichweite der Planungshoheit

Die **Selbstverwaltungsgarantie** nach Art. 28 II 1 GG ist nur **im Rahmen der Gesetze,** also nicht uneinschränkbar, gewährleistet. Lediglich ein 20 bestimmter Kernbereich ist ständiger Rechtsprechung zufolge (etwa BVerfGE 1, 167 [175]) unantastbar. Es ist insoweit klärungsbedürftig, ob die Bauleitplanung dem Kernbestand örtlicher Aufgabenerfüllung oder nur deren Randzone zuzurechnen ist (dazu BVerfGE 56, 298 [312f.]; 80, 7; *E/M/S,* BesVwR, Rn. 815f.; *Just,* in: H/B/G, ÖffBauR, § 2 Rn. 21f.; Schroedter-*ders.,* BauGB, § 1 Rn. 24).

21 Bei der Bestimmung des Kernbereichs wird der geschichtlichen Entwicklung und den verschiedenen historischen Erscheinungsformen der Selbstverwaltung Rechnung getragen, ohne dass ein für die Zukunft feststehender, von gesellschaftlichen Veränderungen unabhängiger Aufgabenkatalog erstellt werden könnte (BVerfGE 52, 95 [117]). Letztlich entscheidend ist mithin, ob eine Aufgabe aufgrund ihrer aktuellen Bedeutung zum typischen und charakteristischen Erscheinungsbild der Selbstverwaltung gehört. Daraus wird ganz überwiegend abgeleitet, dass jedenfalls die Bebauungsplanung zum Kernbereich des Art. 28 II 1 GG gehört, während dies hinsichtlich der Flächennutzungsplanung streitig ist. Das BVerfG hat die Frage bislang aufgrund fehlender Entscheidungserheblichkeit .offengelassen Es hat indes die Auffassung bekräftigt, dass der nur institutionell zu wahrende Kernbereich des Selbstverwaltungsrechts jedenfalls dann nicht verletzt wäre, wenn die Planungshoheit einzelner Gemeinden in räumlich abgegrenzten Gebieten eingeschränkt wird (BVerfGE 103, 332 [366]; weiterführend *Erbguth/Schubert,* ÖffBauR, § 2 Rn. 20).

22 Rechnet man demgegenüber die Bauleitplanung nicht dem Kernbereich des Art. 28 II 1 GG zu, sondern seiner Randzone, so folgt hieraus gleichwohl keine verfassungsrechtliche Unbedenklichkeit von Eingriffen in die Ortsplanung. Vielmehr begrenzt der Verhältnismäßigkeitsgrundsatz nach allgemeiner Ansicht auch Einwirkungen auf Selbstverwaltungsrechte außerhalb des Kernbereichs (BVerfGE 56, 298 [312]). Wird also bspw. durch raumordnerische Festsetzungen im Wege überörtlicher Planung auf die Bauleitplanung eingewirkt, so ist diesem rechtsstaatlichen Prinzip durch die Beachtung des Abwägungsgebots Rechnung zu tragen. Abwägungsmängel führen folglich zur Unverhältnismäßigkeit der (überörtlichen) Planung.

Beispiele:
- Eine Gemeinde kann die Verletzung ihrer Planungshoheit durch eine abfallrechtliche Planfeststellung rügen, wenn eigene hinreichend bestimmte Planungen nachhaltig gestört werden, wesentliche Teile des Gemeindegebietes einer durchsetzbaren gemeindlichen Planung entzogen oder gemeindliche Einrichtungen erheblich beeinträchtigt werden (BVerwG, ZfBR 1992, 182).
- Bei Verfahren nach dem BImSchG zur Zulassung von Abfallverbrennungsanlagen, bei denen nach dem Gesetzeswortlaut eine Abwägung mit den städtebaulichen Belangen nicht gefordert ist, muss dieses Erfordernis als zusätzliches materielles Entscheidungsmerkmal ergänzend hinzugefügt werden (OVG Koblenz, DVBl 1995, 251f.).

Schaubild 3: Bestandteile der gemeindlichen Planungshoheit

Fall 1: Vorfahrt für die Sicherheit

Kommunales Selbstverwaltungsrecht (Planungshoheit), widerstreitende öf- 23
fentliche Belange

Sachverhalt

Das Land B hat seit Jahren einen stetig steigenden Bedarf an Strafvollzugsplätzen. Dies ist der Landesregierung durch unabhängige Gutachter mehrfach bestätigt worden. Die Unterbringungsbedingungen in den bestehenden Haftanstalten sind teilweise unzumutbar und überdies ein ständiges Sicherheitsrisiko. Aus diesem Grund plant die Landesregierung, in der Gemeinde G ein geeignetes Areal mit einer Haftanstalt zu bebauen. Die Fläche ist im Flächennutzungsplan der G als gewerbliche Nutzfläche dargestellt, ein Bebauungsplan existiert nicht. Der Gemeinderat hatte zwar vor etwa 15 Jahren den Entwurf eines Bebauungsplans beschlossen, wonach die Fläche als Gewerbegebiet ausgewiesen werden sollte. Dieser Entwurf ist aber nie in Kraft getreten. Im Baugenehmigungsverfahren betreffend die Haftanstalt versagt die G das erforderliche Einvernehmen. Sie sieht sich jedenfalls in ihrer kommunalen Selbstverwaltungsgarantie aus Art. 28 II 1 GG verletzt. Zu Recht?

(Einfachgesetzliche Rechtsfragen sollen nicht erörtert werden)

Lösung

Da einfachgesetzliche Rechtsfragen nicht erörtert werden sollen (dazu VG Gelsenkirchen, NWVBl 2005, 146 [148ff.]) ist die Vereinbarkeit der geplanten Maßnahme mit der kommunalen Selbstverwaltungsgarantie aus Art. 28 II 1 GG zu prüfen.

Ausfluss der Selbstverwaltungsgarantie aus Art. 28 II 1 GG ist die Planungshoheit, welche das Recht einer jeden Kommune umfasst, die Bodennutzung auf ihrem Gebiet zu planen und zu regeln (BVerwGE 74, 124 [132]). Die Entscheidung des Landes B greift in diese Rechtsposition ein, denn sie widerspricht den Darstellungen des Flächennutzungsplans und entzieht einen Teil des Stadtgebiets einer durchsetzbaren Planung der G. Zudem setzt sie sich über das Beteiligungsrecht aus § 36 I 2 BauGB hinweg.

Die Beeinträchtigung der kommunalen Planungshoheit könnte allerdings gerechtfertigt sein. Für die Errichtung der Strafvollzugseinrichtung sprechen öffentliche Belange von erheblichem Gewicht. Für die Unterbringung der Straftäter stehen nicht genügend Plätze zur Verfügung, was durch unabhängige Gutachter belegt wurde. Die unzumutbaren Unterbringungsbedingungen in den bestehenden Haftanstalten führen auf diese Weise auch zu einem beständigen Sicherheitsrisiko. Die von der G angeführten Belange sind demgegenüber – vor allem in der Relation – von eher zu vernachlässigender Bedeutung. Die zur Bebauung vorgesehene Fläche ist zwar im Flächennutzungsplan als gewerbliche Nutzfläche dargestellt. Der Flächennutzungsplan stellt allerdings nur einen vorbereitenden Bauleitplan dar (§§ 1 II, 5 I 1 BauGB). Überdies haben sich die städtebaulichen Absichten der G seit vielen Jahren nicht realisieren lassen. Entsprechende Planungen sind über das Entwurfsstadium nie hinausgetreten. Eine hinreichend bestimmte und damit schützenswerte Planung, welche durch das Vorhaben des Landes beeinträchtigt würde, existiert damit dem Grunde nach nicht. Schließlich beeinträchtigt das Landesvorhaben auch mit Blick auf dessen räumliche Dimension die Planungshoheit der G nicht wesentlich. Es entzieht nur einen verhältnismäßig geringen Teil des Stadtgebiets einer durchsetzbaren Planung der G. Somit ist der Eingriff in die kommunale Planungshoheit gerechtfertigt (VG Gelsenkirchen, NWVBl 2005, 146 [151]).

Ergebnis: Die G ist nicht in ihrer kommunalen Selbstverwaltungsgarantie aus Art. 28 II 1 GG verletzt.

C. Gesetzgebungskompetenzen

24 Ein letzter verfassungsrechtlicher Aspekt des öffentlichen Baurechts ist schließlich die Gesetzgebungskompetenz. Die Frage nach der Zuständigkeit des **Bundesgesetzgebers** zur Regelung des Bauplanungs- bzw. Städtebaurechts ist dem Grunde nach seit dem Baurechtsgutachten des BVerfG (BVerfGE 3, 407) geklärt (dazu auch BVerwG, DVBl 2008, 258 [260]; *Erbguth/Schubert,* ÖffBauR, § 2 Rn. 1f.; *ders.,* DVBl 2013, 274f.; *Tillmanns,* AöR 2007, 582; *Krautzberger,* NVwZ 2010, 729). Sie beruht auf der konkurrierenden Kompetenz nach Art. 74 I Nr. 18. Unter **„Bodenrecht"** im Sinne dieser Vorschrift sind sämtliche – nicht privatrechtlichen – Regelungen zu verstehen, nach denen sich die rechtlichen Beziehungen des Menschen zu Grund und Boden bestimmen. Die Zuordnung orientiert sich im Wesentlichen daran, ob die gesetzgeberisch getroffene Regelung die Nutzung von Grund und Boden flächenbezogen zu steuern sucht (BVerwG, NVwZ 2008, 311). Es unterfällt demgemäß der konkurrierenden Kompetenz des Bundes: die städtebauliche Planung, die Umlegung bzw. Zusammenlegung von Grundstücken, die Bodenbewertung, die Erschließung von Grundstücken sowie der Bodenverkehr.

25 Dagegen gehört der Bundesgesetzgebungskompetenz auf dem Gebiet des Bodenrechts das auf Sicherheit und Gestaltung der Einzelanlage bezogene **Bauordnungsrecht** sowie das von seiner grundsätzlichen Ausrichtung her gerade nicht bodennutzungsorientierte überörtliche Raumordnungs- und Landesplanungsrecht nicht an. Vielmehr gehören diese Materien zur **Gesetzgebungszuständigkeit der Länder** (Art. 70 GG). Dabei können durchaus Zuordnungsprobleme auftreten. Landesrechtliche Vorschriften etwa, die aus Gründen der Verunstaltungsabwehr Anlagen der Außenwerbung außerhalb der im Zusammenhang bebauten Ortsteile grundsätzlich für unzulässig erklären (§ 10 III 1 BauO NRW), sind gleichwohl dem Bauordnungsrecht zuzu-

ordnen und greifen nicht in die Gesetzgebungskompetenz des Bundes über (BVerwG, NWVBl 2008, 177).

Wichtig: Das öffentliche Baurecht ist teils Bundes-, teils Landesrecht und aufgrund gesetzlicher Ermächtigung der Gemeinden sogar teilweise Ortsrecht.

D. Kontrollfragen

1. Zu welchen Maßnahmen berechtigt der Bestandsschutz?
2. Inwieweit wird dem Grundrecht aus Art. 14 I 1 GG bei der Bauleitplanung Genüge getan?
3. Nennen Sie typische und zulässige Beschränkungen der Baufreiheit!
4. Was ist unter der Planungshoheit der Gemeinden zu verstehen?
5. Ist diese Planungshoheit verfassungsrechtlich garantiert?
6. Benennen Sie die Folgerungen, die aus der Planungshoheit für die Stellung einer Gemeinde im Verwaltungsverfahren und im Verwaltungsstreitverfahren gezogen werden!
7. Was unterfällt der konkurrierenden Gesetzgebungskompetenz des Bundes im Bereich des Baurechts?

(Antworten auf S. 352)

§ 3. Einfach-gesetzliche Rechtsquellen

Literatur: *Battis/Mitschang/Reidt,* Stärkung der Innenentwicklung in den Städten und Gemeinden, NVwZ 2013, 961; *dies.,* Das Gesetz über Maßnahmen zur Erleichterung der Unterbringung von Flüchtlingen, NVwZ 2014, 1609; *Berkemann,* BauNVO-Novelle 2013, DVBl 2013, 815; *Bunzel,* Neues Städtebaurecht im Planspieltest – die Novelle 2016/2017, ZfBR 2017, 220; *Krautzberger,* Zur Europäisierung des Städtebaurechts, DVBl 2005, 197; *Krautzberger/Stüer,* BauGB-Novelle 2013, DVBl 2013, 805; *dies.,* BauGB-Novelle 2014 II: Erleichterte Unterbringung von Flüchtlingen, DVBl 2015, 73; *dies.,* Entwurf der Städtebaurechtsnovelle 2017, BauR 2017, 474; *Scheidler,* BauGB-Änderung 2014 II – das Flüchtlingsunterbringungs-Maßnahmengesetz, APF 2015, 33; *Stüer,* Städtebaurechtsnovelle 2012, DVBl 2012, 1017.

A. Baurecht des Bundes

I. Bestand des Bundesrechts

Das vom Bund geregelte öffentliche Baurecht umfasst das **Städtebaurecht** 1
sowie **weitere fachgesetzliche Vorschriften** über das Baugeschehen. Die

wichtigste Rechtsquelle des Städtebaurechts bildet das **Baugesetzbuch** vom 27. August 1997 (zur Vorgeschichte umfassend *Krautzberger,* NVwZ 2010, 729 [730f.]). Dieses wird in regelmäßigen Abständen novelliert und in Einzelheiten geändert.

2 Im Folgenden werden wichtige Reformen der letzten Jahre im Überblick vorgestellt.

3 2013 erging das „Gesetz zur Stärkung der Innenentwicklung in den Städten und Gemeinden und weiteren Fortentwicklung des Städtebaurechts". Seitdem ist in § 1 V 3 BauGB ausdrücklich vorgesehen, dass die städtebauliche Entwicklung vorrangig als Innenentwicklung erfolgen soll. Zudem soll die Umnutzung von Wald und landwirtschaftlichen Flächen künftig besonders begründet werden. Enthalten ist eine Reihe von Regelungen, die neben der Innenentwicklung auch die städtebaurechtlichen Rahmenbedingungen verbessern soll. So wird z.B. den Kommunen die Ausübung ihres gemeindlichen Vorkaufsrechts erleichtert und zur Steuerung der Ansiedlung von Vergnügungsstätten eine klarstellende Regelung eingeführt. Weiterhin sollen z.B. Kindertagesstätten künftig in reinen Wohngebieten in einer den Bedürfnissen der Bewohner des Gebiets angemessenen Größe allgemein zulässig sein, gewerbliche Tierhaltungsanlagen sollen im Außenbereich künftig nur noch dann privilegiert zulässig sein, wenn sie keiner Pflicht zur Durchführung einer Vorprüfung nach dem UVPG unterliegen (zu dieser Novellierung *B/K/L,* BauGB, Einl. Rn. 62; *Berkemann,* DVBl 2013, 815f.).

4 2014 ist das „Gesetz über Maßnahmen im Bauplanungsrecht zur Erleichterung der Unterbringung von Flüchtlingen" (vom 20. November 2014, BGBl. I S. 1748) verabschiedet worden (dazu *Battis/Mitschang/Reidt,* NVwZ 2014, 1609; *Krautzberger/Stüer,* DVBl 2015, 73; *Scheidler,* APF 2015, 33; s.a. OVG Lüneburg, NVwZ 2016, 164ff.). Das Gesetz bezweckt im Wesentlichen die erleichterte Genehmigungsfähigkeit von Vorhaben für die Unterbringung von Flüchtlingen oder Asylbegehrenden, etwa durch verstärkte Berücksichtigung der entsprechenden Belange bei der Aufstellung oder Änderung von Bauleitplänen (§ 1 VI Nr. 13 BauGB) oder eine Klarstellung dahingehend, dass bei der Befreiung nach § 31 II BauGB Gründe des Wohls der Allgemeinheit auch den Bedarf zur Flüchtlingsunterbringung einschließen (§ 31 II Nr. 1 BauGB; s.u. *§ 14 Rn. 47f.*). 2015 wurde diese Gesetzgebungslinie fortgesetzt, indem § 246 BauGB die neuen Absätze 11 bis 17 erhielt, die z.B. auch die Errichtung von Flüchtlingsunterkünften im Außenbereich erlauben (s. hierzu *Battis/Mitschang/Reidt,* NVwZ 2015, 1633ff.; *Siegel,* BauR 2017, 42 [50] m.w.N.; s.a. BVerwG, NVwZ 2018, 836f.; OVG Hamburg, DVBl 2016, 858ff.; OVG Münster, BauR 2017, 695ff. u. OVG Berlin-Bbg., Beschl. v. 30.5.2016, 2 S 8.16, juris zu erfolglosen Nachbarklagen gegen Flüchtlingsunterkünfte). Diese Regelungen galten bis zum 31.12.2019. Sie begünstigten nur öffentlich-rechtliche Gebietskörperschaften, nicht aber mit der öffentlichen Hand nicht abgestimmte Vorhaben privater Bauherren (BVerwG, NVwZ 2019, 802 [803]). Die auf der Basis der neuen Normen erteilten Ge-

nehmigungen gelten indes nach § 246 XVII BauGB unbefristet (BVerwG, NVwZ 2018, 836 [837]; NVwZ 2019, 802 [803]; *B/K/L,* BauGB, Einl. Rn. 65).

Im Mai 2017 trat das „Gesetz zur Umsetzung der Richtlinie 2014/52/EU im Städtebaurecht und zur Stärkung des neuen Zusammenlebens in der Stadt" (vom 12. Mai 2017, BGBl. I S. 1057) in Kraft. Dieses enthält europarechtlich bedingte Anpassungen im Bereich der Umweltprüfung und im Bereich des Schutzes vor Störfällen. Im Huckepackverfahren wurden aber auch noch andere Reformen mit umgesetzt: So wurde der Anwendungsbereich des beschleunigten Verfahrens für Bebauungspläne durch § 13b BauGB erweitert. Außerdem ergänzte der Verordnungsgeber die BauNVO um die neue Gebietskategorie des urbanen Gebiets und schuf in § 13a BauNVO eine Neuregelung für die Zulässigkeit von Ferienwohnungen (zu Einzelheiten der jüngsten Reform s. BT-Drucks. 18/10942; *Bunzel,* ZfBR 2017, 220ff.; *Krautzberger/Stüer,* BauR 2017, 474ff.).

Einige Monate später kam es durch das Hochwasserschutzgesetz II zu Än- 5
derungen der §§ 1 VI Nr. 12, 5 IVa, 9 I Nr. 16, 9 VIa BauGB und der Hochwasserschutznormen der §§ 76ff. WHG, die im Wesentlichen Anfang 2018 in Kraft traten (hierzu *Schmidt/Gärtner,* NVwZ 2018, 534ff.; *Wagner/Wahlhäuser,* DVBl 2018, 473ff.). Über weitere Reformvorschläge für das BauGB, insbesondere die Vorschläge der Baulandkommission, informiert der Überblicksbeitrag von *Krautzberger/Stüer* (BauR 2019, 1708, [1713ff.]).Zum Städtebaurecht des Bundes zählen weiterhin die aufgrund des BauGB erlassenen Verordnungen, nämlich die Baunutzungsverordnung, die Wertermittlungsverordnung und die Planzeichenverordnung (zu den beiden letzteren etwa *Erbguth/Schubert,* ÖffBauR, § 1 Rn. 7f.).

Generell ist ein zunehmender Einfluss des Europarechts auf das nationale 6
Baurecht zu berücksichtigen. Zwar hat die Europäische Union in den Bereichen des Bauplanungs- und Bauordnungsrechts keine ausdrücklichen Kompetenzen. Dennoch wird das deutsche Städtebaurecht in Begriffen, Verfahren und Inhalten immer stärker von Vorgaben und Anregungen der Europäischen Union beeinflusst (*F/O/K,* ÖffBauR I, § 2, Rn. 11ff.; EuGH, DVBl 2013, 777; *Thiel,* UPR 2020, 50 [51]). Ein Beispiel bietet etwa die strategische Umweltprüfung von Plänen, die in § 2 IV, 2a BauGB aufgenommen wurde und auf die Richtlinie 2001/42/EG zurückgeht. Wenn der deutsche Gesetzgeber dann vereinfachte und beschleunigte Planungsverfahren vorsieht (§§ 13ff. BauGB), stellt sich die Frage nach der Vereinbarkeit dieser mit dem Europarecht (vertiefend hierzu *Schink,* UPR 2019, 201 [204ff.] u. unten *§ 6, Rn. 49f.*). Ein weiteres Beispiel liefert das Planerhaltungsrecht der §§ 214, 215 BauGB. Hier besteht ebenfalls die Gefahr der Unionsrechtswidrigkeit, wenn nämlich europarechtliche Verfahrensvorgaben jegliche Wirksamkeit verlieren (vertiefend m.w.N. *B/K/L,* BauGB, vor § 214, Rn. 12; *Schmidt,* ÖffBauR, Rn. 76a; *F/O/K,* ÖffBauR I, § 12, Rn. 56f.). Als letztes Beispiel sei auf eine Entscheidung des Europäischen Gerichtshofs aus dem

Jahr 2018 verwiesen, die sich mit dem Verhältnis der Dienstleistungsrichtlinie (2006/123/EG) zur Steuerung von Bodennutzungen in einem niederländischen Bauleitplan beschäftigte (EuGH, NVwZ 2018, 307 [312f.]): Enthalten Pläne Nutzungskontingentierungen, Nutzungsbeschränkungen und Negativplanungen, so können darin – vor allem für Neubewerber – Verstöße gegen die Dienstleistungsrichtlinie liegen, wenn die Beschränkungen ungerechtfertigte Diskriminierungen enthalten oder unverhältnismäßig sind (vertiefend m.w.N. *Kümper,* NVwZ 2018, 314f.; *Thiel,* UPR 2020, 50 [51, 55 u. 59]). Durch diese Entscheidung dürfte zumindest der Begründungsaufwand für Einzelhandelsbeschränkungen im nationalen Planungsrecht steigen (*Kümper,* NVwZ 2018, 314 [316]).

II. Der Aufbau des Baugesetzbuches

7 Das Baugesetzbuch enthält das Recht der städtebaulichen Planung, ihre Sicherung und Verwirklichung, der Enteignung zu städtebaulichen Zwecken, der Erschließung sowie der städtebaulichen Entwicklungsmaßnahmen. Es gliedert sich in vier Kapitel, die ihrerseits in Teile und Abschnitte gegliedert sind:
- Allgemeines Städtebaurecht (§§ 1–135c BauGB),
- Besonderes Städtebaurecht (§§ 136–191 BauGB),
- Sonstige Vorschriften (§§ 192–232 BauGB) und
- Überleitungs- und Schlussvorschriften (§§ 233–247 BauGB).

8 Im **Allgemeinen Städtebaurecht** finden sich vornehmlich Bestimmungen (planungs-)instrumenteller Art, die sich wie folgt systematisieren lassen:
- plangestaltende Mittel (Bauleitpläne, §§ 5, 8f. BauGB),
- plansicherndes Instrumentarium (Veränderungssperre gem. § 14 BauGB, Voraufsrecht gem. § 24 BauGB),
- Mittel der Planverwirklichung (Zulassung von Vorhaben, §§ 29f. BauGB, Maßnahmen der Bodenordnung, nämlich Umlegung, § 45 BauGB, Enteignung, §§ 85f. BauGB),
- planvorbereitende bzw. planbegleitende Instrumente (Öffentlichkeitsbeteiligung im Bauleitplanverfahren – § 3 BauGB –, Sozialplan – § 180 BauGB –) sowie
- Mittel der Plankoordinierung (Einpassung der Bauleitplanung in die überörtliche Landesplanung – § 1 IV BauGB –, Beteiligung von Behörden – § 4 BauGB –).

9 Das **Besondere Städtebaurecht** – welches in diesem Buch nicht genauer dargestellt wird – erfasst insbesondere Sanierungs- und Entwicklungsmaßnahmen. Voraussetzung für die Geltung der besonderen Vorschriften ist die förmliche Festlegung des Sanierungsgebietes durch einen Gemeindebeschluss (§ 142 I 1 BauGB) bzw. die Erklärung zum städtebaulichen Entwicklungsbereich durch die Landesregierung (§§ 165, 171 BauGB).

III. Baunutzungsverordnung

Eine weitere Grundlage des Städtebaurechts ist die aufgrund § 9a BauGB erlassene Verordnung über die bauliche Nutzung der Grundstücke (BauNVO). Die Bestimmungen der BauNVO sind ihrem Inhalt nach **materielles Bauplanungsrecht.** Sie ergänzen die Vorschriften über die Bauleitplanung (§§ 1 bis 13 BauGB) und über die Zulässigkeit von Vorhaben (§§ 29 bis 38 BauGB) und bilden den materiellen Rahmen, den die Gemeinden bei Aufstellung der Bauleitpläne zu beachten haben (*Bönker,* in: H/B/G, ÖffBauR, § 6 Rn. 1ff.; umfassend *Stüer,* Bebauungsplan, Rn. 279ff.; zur BauNVO-Novelle 2013 *Berkemann,* DVBl 2013, 815f.). 10

Die BauNVO befasst sich mit der baulichen Nutzung der Grundstücke, und zwar mit Art und Maß der baulichen Nutzung, der Bauweise und den überbaubaren Grundstücksflächen in den Bauleitplänen. Sie ergänzt gem. § 1 III 2 BauNVO die gemeindlichen Bebauungspläne, und zwar in ihrer bei Festsetzung des Bebauungsplans geltenden Fassung. Es sind deshalb noch **sämtliche Fassungen** der BauNVO von **rechtlicher Relevanz!** 11

Achtung: § 1 III 2 BauNVO ist die wichtige **Transformationsnorm,** wonach durch die Festsetzung eines der in § 1 II BauNVO aufgeführten Baugebiete die Vorschriften der §§ 2–14 BauNVO Bestandteil des Bebauungsplans werden, soweit nicht aufgrund § 1 IV–X BauNVO etwas anderes bestimmt wird.

IV. Weitere Rechtsvorschriften

Mit dem Städtebaurecht sind die vom Bundesgesetzgeber geregelten Materien des öffentlichen Baurechts keineswegs abschließend beschrieben. So gibt es daneben Rechtsbereiche, die **spezialgesetzliche Regelungen für das Bauen** enthalten, die teilweise für alle Bauvorhaben, z.T. für Bauvorhaben in besonderer örtlicher Lage, teilweise nur für Sonderbauten gelten. Diese Regelungen in anderen Rechtsbereichen, die auf baurechtliche Tatbestände einwirken, werden meist als „Komplementärnormen" oder „Baunebenrecht" bezeichnet (zum Städtebaurecht im System des öffentlichen Rechts der Bundesrepublik Deutschland s.a. – vor allem im Hinblick auf umweltrechtliche Bezüge – *Erbguth/Schubert,* ÖffBauR, § 3). 12

Beispiele: Immissionsschutzrecht, Gewerbe- und Arbeitsstättenrecht, Luftverkehrsrecht, Gaststättenrecht, Lebensmittelrecht, Arzneimittelrecht, Gesundheitsrecht u.a.m.

B. Baurecht der Länder

13 Das Bauordnungsrecht ist landesrechtlich geregelt und zwar in **Landesbauordnungen,** die nach dem Vorbild einer von den Ländern gemeinsam erarbeiteten Musterbauordnung erlassen worden sind (zur Musterbauordnung *F/O/O,* ÖffBauR II, § 1, Rn. 1f.; *Schmidt,* ÖffBauR, Rn. 15 u. 292). Insoweit stellen die in allen 16 Ländern bestehenden Bauordnungen die wichtigsten Rechtsquellen für das öffentliche Baurecht der Länder dar. Wie bereits dargelegt (oben *§ 1 Rn. 16*), enthalten die Landesbauordnungen vornehmlich Vorschriften zur Gefahrenabwehr, daneben aber auch Regelungen zu Bauprodukten, zum Baugenehmigungsverfahren und zur Bauüberwachung. Die allgemeine Formulierung, das Bauordnungsrecht sei im Grunde Baupolizeirecht, kennzeichnet daher zwar zutreffend den Schwerpunkt dieser Rechtsmaterie; berücksichtigt werden muss indes, dass im Bauordnungsrecht zudem baugestalterische und soziale Aspekte zur Geltung kommen (*Schönenbroicher,* in: S/K, BauO NRW, Einl. Rn. 3f.; *E/M/S,* BesVwR, Rn. 804).

14 Das Bauordnungsrecht dient damit der Verwirklichung unterschiedlicher Ziele, die sich in den drei Gruppen **Gefahrenabwehr,** Wahrnehmung **ästhetischer Belange** und Sicherung **ökologischer** und **sozialer Standards** treffend zusammenfassen lassen. Einzelne Teilbereiche sind überdies durch Rechtsverordnungen geregelt.

Beispiele: Garagen-, Gaststättenbau-, Versammlungsstätten-, Camping- und Wochenendplatz- sowie Krankenhausbauverordnungen; für Nordrhein-Westfalen auch die Verordnung über Bau und Betrieb von Sonderbauten (Sonderbauverordnung – SBauVO).

15 Auch im Landesrecht bestehen neben dem Bauordnungsrecht weitere für das öffentliche Baurecht bedeutsame Regelungen, wie etwa die Denkmalschutzgesetze, die Naturschutz- bzw. Landschaftspflegegesetze oder einzelne Bestimmungen im entsprechenden Landeswasser- oder -straßenrecht. Darüber hinaus haben die einzelnen Bundesländer in unterschiedlicher Intensität aufgrund der Ermächtigungen im BauGB (§ 9 IV oder § 36 I 4 BauGB) Ausführungsgesetze oder -verordnungen zum BauGB erlassen.

16 Außerdem sind im Bauordnungsrecht **technische Normen** von wesentlicher Bedeutung (dazu *Seibel,* BauR 2005, 490, 1109). Sie sind zwar keine Rechtsnormen, finden aber als allgemein anerkannte Regeln der Baukunst und Bautechnik, insbesondere als Technische Baubestimmungen, Beachtung. Diese Regelungstechnik entspricht der allgemeinen Tendenz, Rechtsnormen von technischen Standards freizuhalten, da diese einer ständigen und zum Teil raschen Entwicklung unterliegen (zu den Rechts- und Bindungswirkungen sowie der Möglichkeit des Nachweises gleichwertiger (Ersatz-)Lösungen *E/M/S,* BesVwR, Rn. 1244; *Gärditz,* in: S/K, BauO NRW, § 3 Rn. 9f.; OVG Bremen, NordÖR 2004, 285 [286]).

C. Ortsrecht

Zahlreiche gesetzliche Bestimmungen ermächtigen die Gemeinden, durch Satzung örtliches Baurecht zu setzen und damit den Gegebenheiten der örtlichen Gemeinschaft (Art. 28 II GG) Rechnung zu tragen. Solche Ermächtigungen an den örtlichen Satzungsgeber sind sowohl im BauGB als auch in den einzelnen Bauordnungen enthalten. 17

Beispiele:
- Der Bebauungsplan (§ 10 BauGB), die Veränderungssperre (§ 16 BauGB) oder die Erhaltungssatzung (§ 172 BauGB).
- Gem. § 48 III BauO NRW können die Gemeinden durch Satzung Regelungen über Stellplätze für Fahrräder oder Pkw treffen. Nach § 89 BauO NRW sind die Gemeinden ermächtigt, in bestimmten Fällen Gestaltungssatzungen zu erlassen. (vertiefend hierzu *Sauthoff,* FS Erbguth 2019, 177 [191f.])

Wichtig: Auf Landesrecht gestützte örtliche Bauvorschriften, die in einem Bebauungsplan enthalten sind, dürfen nicht bodenrechtliche Regelungen „im Gewande von Baugestaltungsvorschriften" sein (BVerwGE 129, 318 [322f.]; DÖV 1998, 77; *Erbguth/Schubert,* ÖffBauR, § 12 Rn. 21).

D. Übersicht

Die oben (*§ 1 Rn. 14f.*) vorgenommene Aufteilung des öffentlichen Baurechts lässt sich nach diesen Ausführungen wie folgt verfeinern (s. S. 28): 18

E. Kontrollfragen

1. Welche Regelungsmaterien enthält das BauGB?
2. Womit befasst sich die BauNVO, welches sind ihre Regelungsziele?
3. Gibt es im Landesrecht neben dem Bauordnungsrecht für das öffentliche Baurecht beachtliche Regelungen?

(Antworten auf S. 353)

Schaubild 4: Öffentliches Baurecht in seiner Gesamtheit

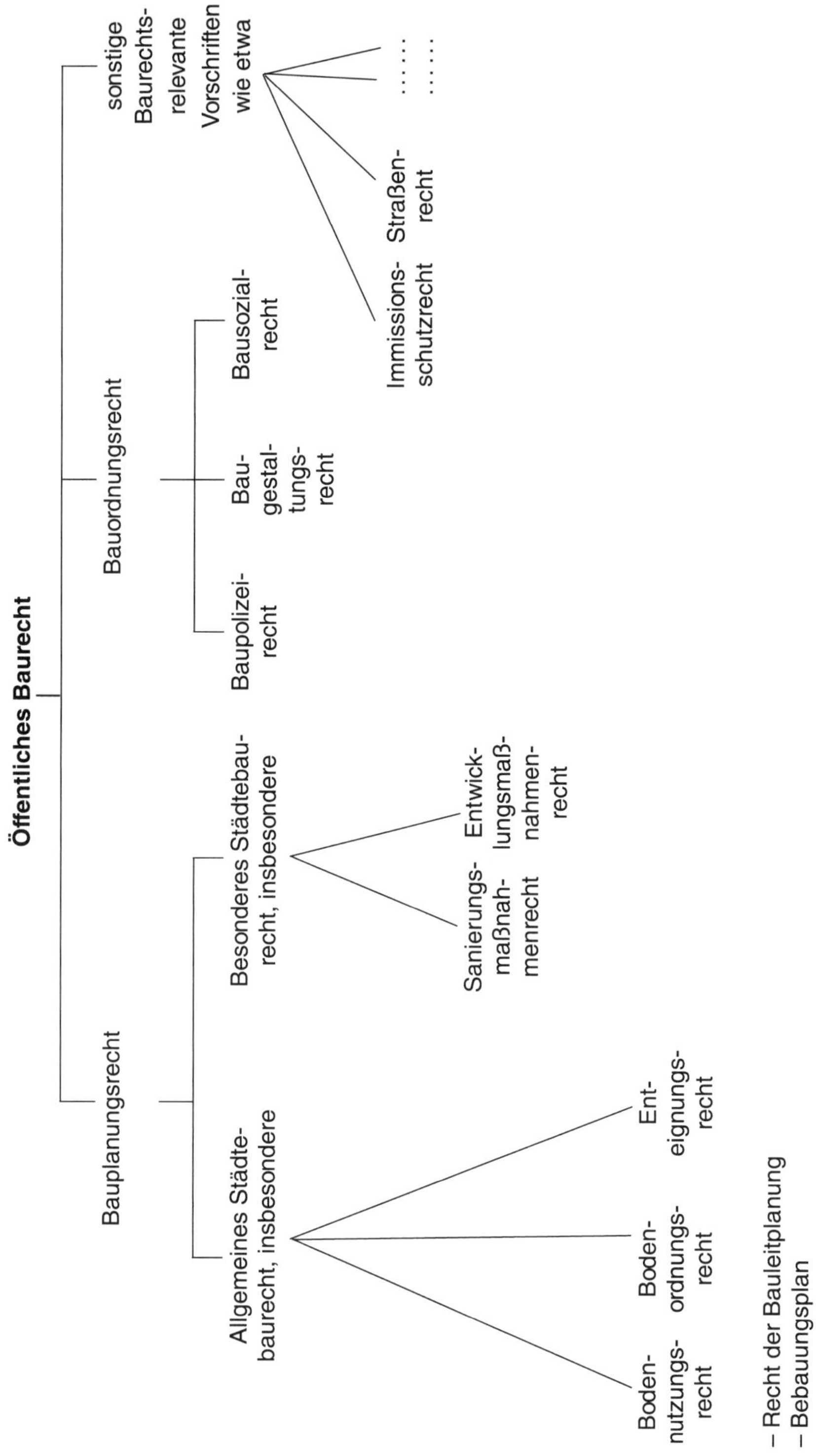

2. Teil. Die Bauleitplanung

Literatur: *Beaucamp,* Die Funktionslosigkeit von Bauleitplänen als rechtsmethodisches Problem, FS Erbguth 2019, 347; *Erbguth,* Abwägung als Wesensmerkmal rechtsstaatlicher Planung, UPR 2010, 281; *Grotefels/Grüner,* Überblick über das Recht der Bauleitplanung, AL 2009, 342; *Guckelberger,* Die veränderte Steuerungswirkung der Flächennutzungsplanung, DÖV 2006, 973; *Stüer,* Städtebaurechtsnovelle 2012, DVBl 2012, 1017; *ders.,* Öffentliches Baurecht von 2007 bis 2012 in der Gesetzgebung, AL 2012, 166.

Das BauGB hält viele Planungsinstrumente bereit. Hierzu gehören die Planvorbereitung, die Plangestaltung, die Plansicherung, die Planverwirklichung, die Planbegleitung und die Plankoordinierung. **Hauptinstrumente der Bauleitplanung** sind der Flächennutzungsplan als vorbereitender Bauleitplan, §§ 5–7 BauGB, und der Bebauungsplan als verbindlicher Bauleitplan, §§ 8–10 BauGB. Beide Handlungsformen sind aufeinander bezogen und ergeben ein System kommunaler Planung, das der Vorbereitung und Leitung der baulichen und sonstigen Nutzung der Grundstücke dient, § 1 I BauGB. Die Gemeinden haben dabei nach § 1 III 1 BauGB Bauleitpläne aufzustellen, sobald und soweit es erforderlich ist. Die Bauleitpläne sollen eine nachhaltige städtebauliche Entwicklung gewährleisten und die in § 1 V, VI BauGB aufgeführten Planungsziele, Planungsgrundsätze und Planungsleitlinien berücksichtigen. 1

Im Folgenden werden zunächst – zum besseren Verständnis der Zusammenhänge – die Grundzüge des Rechts der Bauleitplanung erläutert (einen guten Überblick liefern auch *Grotefels/Grüner,* AL 2009, 342ff.). Daran schließt sich die Darstellung der formellen und materiellen Rechtmäßigkeitsanforderungen an Bauleitpläne an, soweit sie für das Examen von besonderer Relevanz sind. Abgerundet wird das Kapitel durch Fragen des Rechtsschutzes, so dass insgesamt die typischen Fallkonstellationen in der Prüfung beherrschbar werden. 2

§ 4. Grundzüge der Bauleitplanung

A. Aufgabenstellung der Bauleitplanung

I. Zweistufige Bauleitplanung

Es ist das zentrale Anliegen des Baugesetzbuchs, die bauliche und sonstige Nutzung der Grundstücke vorzubereiten und zu leiten. § 2 I 1 BauGB weist 1 diese **Aufgabe der Gemeinde** zu, die sie mit Hilfe der in der Regel zweistufigen Bauleitplanung erfüllt: Sie stellt zunächst für das Gemeindegebiet einen Flächennutzungsplan auf (§ 5 BauGB), der die sich aus der von ihr beabsichtigten städtebaulichen Entwicklung ergebende Art der Bodennutzung in ihren Grundzügen darstellt. Aus dem Flächennutzungsplan entwickelt sie sodann parzellenscharfe Bebauungspläne (§ 8 BauGB), die die für die einzelnen Grundstücke geltenden rechtsverbindlichen planerischen Festsetzungen enthalten.

2 Das Baugesetzbuch sieht damit als gestaltende Instrumente der Bauleitplanung den Flächennutzungsplan als **vorbereitenden** und den Bebauungsplan als **verbindlichen Bauleitplan** vor. Der **Bauleitplan** kann definiert werden als die Summe der durch Zeichnungen, Farbe, Schrift oder Text getroffenen rechtserheblichen Normativaussagen, die zum Zweck städtebaulicher Entwicklung und Ordnung eines bestimmten Gebietes Bodennutzungsregelungen treffen und durch ihre Zweckbestimmung untereinander in einem notwendigerweise sachlichen Zusammenhang stehen (*Bönker,* in: H/B/G, ÖffBauR, § 5 Rn. 23).

3 Der Flächennutzungsplan ist – anders als der Bebauungsplan – auf die Darstellung der Bodennutzung in den Grundzügen beschränkt, nämlich im Wege der Bereichs- und Entwicklungscharakterisierung, nicht hingegen im Sinne exakter Grenzziehung (*Erbguth/Schubert,* ÖffBauR, § 5 Rn. 4).

Wichtig: Als gestaltende Instrumente der Bauleitplanung sind der Flächennutzungsplan als vorbereitender und der Bebauungsplan als verbindlicher Bauleitplan vorgesehen.

4 Der für das gesamte Gemeindegebiet geltende Flächennutzungsplan und der für Teile der Gemeinde verbindliche Bebauungsplan haben insbesondere im Verfahren der Aufstellung **Gemeinsamkeiten,** weisen aber auch **Unterschiede** auf, die sich aus der unterschiedlichen Rechtsnatur beider Pläne und daraus ergeben, dass der Flächennutzungsplan Grobstrukturen für die gesamte Gemeindeentwicklung beinhaltet, während der Bebauungsplan feinkörnige – parzellenscharfe – Festsetzungen für die konkrete Grundstücksnutzung enthält. Auf diese Unterschiede wird im Folgenden noch näher eingegangen.

Wichtig: Flächennutzungsplan und Bebauungsplan ergänzen sich zwar gegenseitig, unterscheiden sich aber grundlegend in Funktion und Inhalt, im räumlichen und zeitlichen Geltungsanspruch, im Grad der Konkretisierung sowie in ihrer Rechtsnatur und Rechtsbindungswirkung.

Der folgende Überblick über die Unterschiede zwischen Bebauungsplan und Flächennutzungsplan wird im weiteren Verlauf des 2. Teils näher erläutert: 5

Schaubild 5: Unterschiede zwischen Flächennutzungsplan und Bebauungsplan

Flächennutzungsplan	Bebauungsplan
gesamtes Gemeindegebiet	Teile des Gemeindegebietes
vorbereitend/in Grundzügen	verbindlich/konkrete Nutzung
grobkörnig	parzellenscharf
Darstellungen gem. § 5 BauGB	Festsetzungen gem. § 9 BauGB
Erläuterungsbericht	Begründung
hoheitliche Maßnahme sui generis	Satzung mit Außenwirkung
Inzidentkontrolle	Inzident- und Normenkontrolle

II. Funktionen der Bauleitplanung

Als Funktionen der Bauleitplanung werden gewöhnlich unterschieden (weiterführend *Erbguth/Schubert,* ÖffBauR, § 5 Rn. 2; *Grotefels/Grüner,* AL 2009, 342 [343]): 6

- die Entwicklungs- und Ordnungsfunktion, d.h. die Vorbereitung und Leitung einer geordneten städtebaulichen Entwicklung,
- die Koordinierungs- und Integrationsfunktion durch Berücksichtigung sämtlicher für die städtebauliche Entwicklung bedeutsamen Gesichtspunkte (§ 1 V bis VII BauGB),
- die Inhalts- und Schrankenbestimmung des (Grund-)Eigentums i.S.d. Art. 14 I 2 GG sowie
- das Planmäßigkeitsprinzip i.S. einer vorrangigen Lenkung der städtebaulichen Entwicklung durch Bauleitpläne.

Schaubild 6: Funktionen der Bauleitplanung

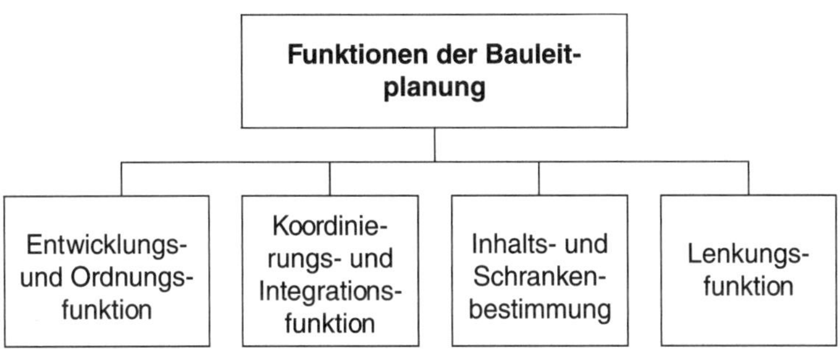

III. Zielsetzung der Vorschriften über die Bauleitplanung

7 Die bauleitplanerischen Vorschriften des BauGB verfolgen vornehmlich folgende Ziele (etwa *Erbguth/Schubert,* ÖffBauR, § 4 Rn. 2):
- intensivere Öffentlichkeitsbeteiligung durch Einbeziehung der Bürger im Vorfeld planerischer Entscheidungen (§§ 3, 4a BauGB);
- Stärkung des Umweltschutzes durch Einführung einer Umweltprüfung für grundsätzlich alle Flächennutzungs- und Bebauungspläne (§ 2 IV BauGB),
- Erhöhung der Bestandskraft von Bauleitplänen mit der Anordnung besonderer Fehlerfolgen (§§ 214f. BauGB),
- Forcierung der Zusammenarbeit zwischen den Gemeinden als Träger der Bauleitplanung und Privaten (§§ 4b, 11, 12 BauGB).

8 Der Stärkung der Umweltbelange soll – neben der Umweltprüfung im Bauleitplanverfahren (dazu unten § 6 Rn. 9ff.) – auch das so genannte **Monitoring** dienen (§ 4c BauGB). Es handelt sich dabei um eine gesetzlich angeordnete Verpflichtung zur Überwachung der erheblichen Umweltauswirkungen von Bauleitplänen (dazu *Erbguth/Schubert,* ÖffBauR, § 3 Rn. 40; *Bönker,* in: H/B/G, ÖffBauR, § 5 Rn. 178f.; *Stüer,* Bebauungsplan, Rn. 724ff.; Schroedter-*ders.,* BauGB, § 4c Rn. 4ff.). Seit 2017 erstreckt sich dieses Monitoring auch auf die Überwachung geplanter Ausgleichsmaßnahmen i.S.d. § 1a III BauGB.

B. Der Flächennutzungsplan

I. Bedeutung

9 Im Flächennutzungsplan ist die sich aus der beabsichtigten städtebaulichen Entwicklung ergebende **Art der Bodennutzung** nach den voraussehbaren Bedürfnissen der Gemeinde in den Grundzügen darzustellen und zwar grundsätzlich für das gesamte Gemeindegebiet (§ 5 I 1 BauGB). Insoweit stellt er vor allem ein gesamträumliches Entwicklungskonzept der Gemeinde dar (BVerwG, NVwZ 1988, 54) und strukturiert die weitere städtebauliche Entwicklung grob vor (*Koch/Hendler,* BRL, § 14, Rn. 3). Ausnahmsweise können einzelne Flächen von der Darstellung ausgenommen werden, §§ 5 I 2, 5 IIb BauGB (s.u. *§ 5 Rn. 2f.*).

10 Dies bedeutet im Einzelnen:
- Die Darstellungen haben sich aufgrund der Ausrichtung des Flächennutzungsplans (s. oben *§ 4 Rn. 1*) auf solche Aussagen zu beschränken, die zur Materie des **Bodenrechts** gem. Art. 74 I Nr. 18 GG zu zählen sind. § 5 II BauGB zählt exemplarisch auf, welche Flächendarstellungen hierzu gehören. Ausgeschlossen sind etwa Darstellungen zur Baugestaltung.
- Die Art der Bodennutzung ist zudem **nach** den voraussehbaren (Bodennutzungs-)**Bedürfnissen** der Gemeinde darzustellen. Die Ermittlung künftiger

Bedürfnisse setzt eine Prognose voraus, deren zeitliche Reichweite notwendigerweise begrenzt werden muss, wobei ein zeitlicher Horizont von bis zu 25 Jahren angemessen sein dürfte.

– Die Darstellung der Art der Bodennutzung hat **in Grundzügen** zu erfolgen. Damit erweist sich der Flächennutzungsplan als Bodennutzungskonzept, das der verbindlichen Bauleitplanung zwar Spielräume zur Umsetzung offenhält, jedoch Entscheidungsprämissen für das weitere Verwaltungshandeln festlegt (Programmierungsfunktion des Flächennutzungsplans).

II. Charakterisierung

Der Flächennutzungsplan ist somit der umfassende gemeindliche Entwick- 11
lungsplan (BVerwG, NVwZ-RR 2003, 406; *Guckelberger,* DÖV 2006, 973). In ihm findet eine Fülle der raumrelevanten Maßnahmen, Vorhaben und Absichten der Gemeinden ihren Niederschlag. Er ist die verwaltungsinterne Grundlage für die Entwicklung des Gemeindegebietes, koordiniert und **integriert die überörtlichen Planungen** und transformiert vor allem die landesplanerischen Ziele und Aktivitäten in den örtlichen Bereich (s. o. *§ 1 Rn. 19f.*). Dies äußert sich in § 1 IV BauGB, wonach der Flächennutzungsplan den Zielen der Raumordnung anzupassen ist (unten *§ 7 Rn. 13f.*). Aus dem Flächennutzungsplan sind überdies Bebauungspläne zu entwickeln (§ 8 II 1 BauGB; s. u. *§ 7 Rn. 19f.*). Dieses Gebot hebt das Prinzip der Zweistufigkeit der Bauleitplanung hervor.

Schaubild 7: Arten von Bauleitplänen

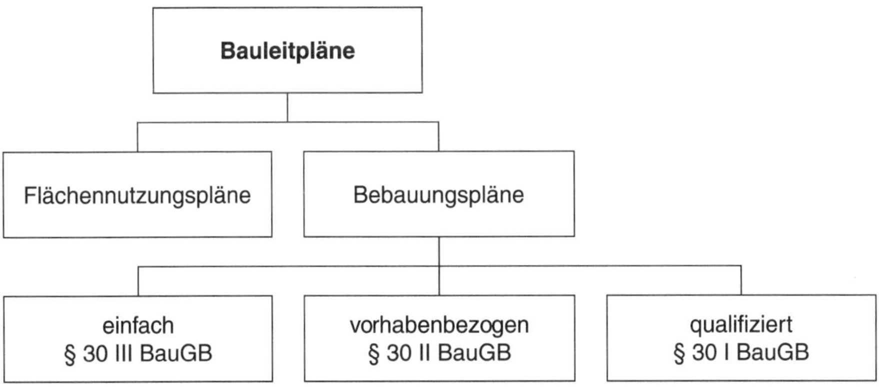

C. Der Bebauungsplan

I. Bedeutung

Der Bebauungsplan als zweite Planungsstufe hat die Funktion, das Ergebnis 12
städtebaulicher Planungstätigkeit in rechtlich verbindlicher Form zu konkreti-

sieren (§ 8 I 1 BauGB). Er verdichtet aber nicht nur die Festlegungen des Flächennutzungsplans, er verschafft ihnen zudem materiell-rechtliche Bindungskraft gegenüber jedermann. Der Bebauungsplan bildet die Grundlage für weitere, zum Vollzug des BauGB erforderliche Maßnahmen (§ 8 I 2 BauGB) und gewinnt damit seine Bedeutung als das **zentrale städtebauliche Rechtsinstrument.** Dies spiegelt sich in zahlreichen Vorschriften des BauGB wider.

Beispiele: Das BauGB legt unter anderem fest, ob als Voraussetzung für die Durchführung einzelner Maßnahmen ein (qualifizierter, vorhabenbezogener oder einfacher, § 30 I–III BauGB) Bebauungsplan erforderlich ist. Der Bebauungsplan ist beispielsweise gem. § 30 BauGB Grundlage für die Zulässigkeit von Vorhaben i. S. des § 29 BauGB, für Vorkaufsrechte der Gemeinde (§§ 24 I Nr. 1, 25 I Nr. 1 BauGB), für die Enteignung (§ 85 I Nr. 1 BauGB) und für die Erschließung (§ 125 BauGB).

13 Besondere Bestimmungen über die **Größe** und Begrenzung **des Plangebietes** bestehen nicht. Zwar umfasst der Bebauungsplan zumeist mehrere Grundstücke, er kann aber auch nur für ein – größeres – Grundstück aufgestellt werden. Auch eine Einzelplanung für ein konkretes Projekt ist dabei nicht ausgeschlossen, wenn hierdurch die Gesamtkonzeption der städtebaulichen Ordnung nicht leidet (BVerwGE 45, 309).

Wichtig: Nach § 1 III 2 BauGB besteht auf die Aufstellung, Änderung, Ergänzung und Aufhebung von Bauleitplänen kein Rechtsanspruch, d. h. die in §§ 1 f. BauGB begründete objektive Planungspflicht der Gemeinde wird nicht durch einen subjektiven öffentlich-rechtlichen Anspruch des Bürgers ergänzt (BVerwG, NVwZ 1983, 92). Ein solcher Anspruch kann auch nicht durch Vertrag begründet werden, § 1 III 2, Hs. 2 BauGB.

II. Ausnahmen von der Zweistufigkeit

14 Der Grundsatz der Zweistufigkeit der Bauleitplanung wird in zwei Fällen durchbrochen. So ist ein Flächennutzungsplan nach § 8 II 2 BauGB nicht erforderlich, wenn der Bebauungsplan zur Ordnung der städtebaulichen Entwicklung ausreicht (sog. **selbstständiger Bebauungsplan,** etwa in einfachen Planungsfällen des ländlichen Raums Schroedter-*ders.,* BauGB, § 8 Rn. 22; *Bönker,* in: H/B/G, ÖffBauR, § 5 Rn. 43; *B/K/L,* BauGB, § 8 Rn. 7). Zum zweiten kann ein Bebauungsplan vor dem Flächennutzungsplan aufgestellt, ergänzt oder geändert werden, wenn dringende Gründe es erfordern und sofern der Bebauungsplan der beabsichtigten städtebaulichen Entwicklung des Gemeindegebietes nicht entgegenstehen wird (§ 8 IV 1 BauGB: **vorzeitiger Bebauungsplan** Schroedter-*ders.,* BauGB, § 8 Rn. 26 f.).

Beispiel: Bedeutsame Vorhaben der öffentlichen Infrastruktur, dringender Wohnbedarf, gewichtige Investitionen, die Durchführung einer Sanierung oder die Beschaffung wichtiger Gemeinbedarfsflächen sind als dringende Gründe, die die Aufstellung eines vorzeitigen Bebauungsplans rechtfertigen, anerkannt worden (BVerwG, NVwZ 1985, 745f.; *B/K/L,* BauGB, § 8 Rn. 11; Schroedter-*ders.,* BauGB, § 8 Rn. 29).

Wichtig: Ob dringende Gründe i.S. des § 8 IV 1 BauGB gegeben sind, ist nach objektiven Kriterien zu entscheiden, der Gemeinde steht insoweit kein Beurteilungsspielraum zu (BVerwGE 66, 116).

Einen gewissen Systembruch stellt die Regelung des § 13a II Nr. 2 BauGB **15** dar, wonach im beschleunigten Verfahren (dazu unten *§ 6 Rn. 51*) ein Bebauungsplan, der von Darstellungen eines Flächennutzungsplans abweicht, auch vor der Änderung oder Ergänzung des Flächennutzungsplans aufgestellt werden kann (dazu *Battis/Krautzberger/Löhr,* NVwZ 2007, 121 [125]). Voraussetzung ist allerdings, dass die geordnete städtebauliche Entwicklung des Gemeindegebietes nicht beeinträchtigt wird und der Flächennutzungsplan im Wege der Berichtigung angepasst wird (*B/K/L,* BauGB, § 13a Rn. 15; *E/M/S,* BesVwR, Rn. 943, 992).

D. Kontrollfragen

1. Wie lässt sich der Bauleitplan definieren?
2. Welche Funktionen der Bauleitplanung unterscheidet man?
3. Wie lässt sich der Flächennutzungsplan charakterisieren?
4. Welche Ausnahmen von der Zweistufigkeit der Bauleitplanung gibt es?

(Antworten auf S. 353)

§ 5. Inhalt und Rechtscharakter der Bauleitpläne

A. Der Regelungsinhalt der Bauleitpläne

I. Flächennutzungsplan

1. Räumlicher Geltungsbereich

Der Flächennutzungsplan als wichtiges Steuerungsinstrument der städtebauli- **1** chen Entwicklung muss grundsätzlich Darstellungen für das ganze Gemeindegebiet enthalten. Dabei ist ein gesamträumliches Planungskonzept für das gesamte Gemeindegebiet zu entwickeln (BVerwGE 122, 109 [111]). **Teilflächennutzungspläne** gibt es zulässigerweise nur in folgenden Fällen (Schroedter-*ders.,* BauGB, § 5 Rn. 21, § 6 Rn. 15f.; *Stüer,* Bebauungsplan, Rn. 120f.):

2 – § 5 IIb BauGB ermöglicht allgemein die Aufstellung von **sachlichen Teilflächennutzungsplänen,** und zwar bei der Darstellung von Konzentrationszonen mit den Rechtswirkungen des § 35 III 3 BauGB (*Bönker,* in: H/B/G, ÖffBauR, § 5 Rn. 51; Schroedter-*ders.*, BauGB, § 5 Rn. 71ff.; mit konkreten Beispielen *B/K/L,* BauGB, § 5 Rn. 35f–35i).

Achtung: Umstritten ist, ob die Aufstellung eines Teilflächennutzungsplans ein schlüssiges gesamträumliches Planungskonzept zur Steuerung solcher Anlagen erfordert (so BVerwG, NVwZ 2008, 559 [560]; OVG Koblenz, NJOZ 2008, 2554 [2557]).

3 – Gem. § 5 I 2 BauGB können **Teile des Gemeindegebietes** von der Planung **ausgenommen** werden, wenn die Grundzüge der Art der Bodennutzung in der Gemeinde nicht berührt werden und eine Darstellung der betreffenden Flächen zu einem späteren Zeitpunkt beabsichtigt ist. Diese Möglichkeit kommt aber nur bei einzelnen Flächen in Betracht, über deren Nutzung noch keine Entscheidung getroffen werden kann oder soll, ohne dass sich dies auf benachbarte Flächen und deren Nutzungsfeststellung auswirkt.

Beispiel: Es sollen Verzögerungen bei der Aufstellung von Flächennutzungsplänen in solchen Fällen vermieden werden, in denen für einzelne Teilflächen noch keine konkrete Nutzungsart dargestellt werden kann, etwa weil zunächst die Ergebnisse umfangreicher Untersuchungen oder die Entscheidungen von Fachplanungsträgern abzuwarten sind (*B/K/L,* BauGB, § 5 Rn. 2).

4 – Die höhere Verwaltungsbehörde kann gem. § 6 III BauGB räumliche oder sachliche **Teile des Flächennutzungsplans** von der Genehmigung **ausnehmen,** wenn Versagungsgründe nach § 6 II BauGB nicht ausgeräumt werden können.

Beispiele:
- In einem kleinen Teilgebiet der Gemeinde bedarf die Frage der Abwasserbeseitigung zusätzlicher Gutachten oder es müssen in einem räumlich abgegrenzten Bereich zusätzliche Immissionsmessungen durchgeführt werden (Schroedter-*ders.*, BauGB, § 6 Rn. 15).
- Es können einzelne Standorte für Windkraftanlagen von der Genehmigung ausgenommen werden, weil ihre Darstellung gegen die FFH-RL verstößt (OVG Lüneburg, ZfBR 2001, 208 [209]).

Obwohl in § 6 III BauGB nicht mehr ausdrücklich erwähnt, müssen auch hierfür die materiell-rechtlichen Voraussetzungen des § 5 I 2 BauGB vorliegen, d.h. die Grundzüge der Art der Bodennutzung gem. § 5 I 1 BauGB dürfen nicht berührt werden.

5 – Außerdem kann nach § 6 IV 1 BauGB die höhere Verwaltungsbehörde räumliche und sachliche **Teile des Flächennutzungsplans vorweg genehmigen.**

Beispiel: Unter einem räumlichen Teil ist etwa ein bestimmtes Baugebiet, unter einem sachlichen Teil eine überörtliche Verkehrsachse oder eine Darstellung i.S. des § 5 II Nr. 2 BauGB (Einrichtungen zur Versorgung mit Dienstleistungen) zu verstehen.

§ 204 BauGB sieht daneben eine **gemeindeübergreifende Flächennutzungsplanung** vor; ein gemeinsamer Flächennutzungsplan mehrerer Gemeinden kann sinnvoll sein, wenn die Gebiete der Gemeinden städtebaulich eine Einheit bilden (dazu *E/M/S,* BesVwR, Rn. 946f.; in: Schroedter-*ders.,* BauGB, § 204 Rn. 1ff.; *Stüer,* Bebauungsplan, Rn. 123). 6

2. Wesentlicher Inhalt

a) Darstellungen

Wesentlicher Inhalt des Flächennutzungsplans ist nach § 5 I 1 BauGB die Darstellung der sich aus der von der Gemeinde beabsichtigten städtebaulichen Entwicklung ergebenden Art der Bodennutzung. Was Inhalt des Flächennutzungsplans sein kann, zählt § 5 II BauGB beispielhaft auf. Der Katalog dieser Norm enthält **drei Untergruppen** von Darstellungen: 7

- Darstellung der für die Bebauung vorgesehenen Flächen (Nr. 1);
- Darstellung der öffentlichen und privaten Infrastruktur (Nr. 2);
- Darstellung der sonstigen Nutzung von Flächen (Nrn. 3 bis 10).

Soweit es erforderlich ist, hat die Darstellung der für die Bebauung vorgesehenen Flächen gem. § 5 II Nr. 1 BauGB nach der allgemeinen Art ihrer baulichen Nutzung **(Bauflächen),** der besonderen Art und dem allgemeinen Maß ihrer baulichen Nutzung **(Baugebiete),** sowie nach dem allgemeinen Maß der baulichen Nutzung zu erfolgen. Dazu ist die Verordnung über die bauliche Nutzung der Grundstücke (BauNVO) hinzuzuziehen (§ 1 I BauNVO). 8

Die Darstellung der öffentlichen und privaten **Infrastruktur** bezieht sich auf Einrichtungen und Anlagen zur Versorgung mit Gütern und Dienstleistungen des öffentlichen und privaten Bereichs. 9

Beispiel: Anlagen und Einrichtungen i.d.S. sind etwa die der Allgemeinheit dienenden baulichen Anlagen und Einrichtungen des Gemeinbedarfs, die Schulen und Kirchen sowie die sonstigen kirchlichen und sozialen, gesundheitlichen und kulturellen Zwecken dienenden Gebäude und Einrichtungen sowie Sport- und Spielanlagen (*Stüer,* Bebauungsplan, Rn. 106).

Die übrigen Darstellungen der Flächen beziehen sich auf **unterschiedliche Nutzungen des Raums,** z.B. für Verkehr, Ver- und Entsorgung, Grünflächen, Nutzungsbeschränkungen im Interesse des Umweltschutzes, Wasserflächen, Hochwasserschutzflächen, Aufschüttungen, Flächen für Land- und Forstwirtschaft und auf Flächen für den Landschaftsschutz. 10

Beispiel: Die Gemeinde will eine Auskiesung im Außenbereich verhindern, da sie die massive Beeinträchtigung eines wertvollen Landschaftsgebietes befürchtet, und stellt aus diesem Grund im Flächennutzungsplan Flächen für Maßnahmen zum Schutz, zur Pflege und zur Entwicklung von Natur und Landschaft dar.

b) Sonstige Inhalte

11 Neben Darstellungen enthält der Flächennutzungsplan nach § 5 III, IV und IVa BauGB **Kennzeichnungen, nachrichtliche Übernahmen und Vermerke.** Sie sind nicht Ausdruck des planerischen Willens der Gemeinde, nicht Dokumentation einer beabsichtigten städtebaulichen Entwicklung, sondern Beschreibung eines städtebaulich erheblichen Befundes, der bei der Bebauungsplanung tunlichst zu berücksichtigen ist.

Beispiele:
- Nach § 5 III Nr. 1 BauGB sollen im Flächennutzungsplan Flächen, bei deren Bebauung besondere bauliche Vorkehrungen erforderlich sind, gekennzeichnet werden. Dies sind etwa Flächen, die der Gefahr von Hochwasser, Lawinen oder Erdrutschen ausgesetzt sind.
- Gem. § 5 IV BauGB soll der Flächennutzungsplan u. a. Planungen und sonstige Nutzungsregelungen, die nach anderen Vorschriften festgesetzt sind, nachrichtlich übernehmen. Dies sind vor allem Planfeststellungen nach den in § 38 BauGB aufgezählten Fachplanungsgesetzen.
- Gem. § 5 IVa BauGB sollen nach dem WHG ausgewiesene Überschwemmungsgebiete, Risikogebiete und Hochwasserentstehungsgebiete nachrichtlich übernommen werden.

12 Gemäß § 5 V BauGB ist dem Flächennutzungsplan eine **Begründung** mit den Angaben nach § 2a BauGB beizufügen. Hieraus ergeben sich die schriftlich niedergelegten planerischen Motive der Gemeinde und die bei der Planung vorzunehmende Abwägung der öffentlichen und privaten Belange gegen- und untereinander (§ 1 VII BauGB).

> **Wichtig:** Fehlt eine Begründung, ist der Flächennutzungsplan zwar fehlerhaft, was aber nach § 215 I BauGB nur zwei Jahre lang gerügt werden kann. Ist die Begründung unvollständig, bleibt dieser Mangel nach § 214 I 1 Nr. 3 BauGB unbeachtlich (zur Unbeachtlichkeit s. u. *§ 8 Rn. 20f.*).

Schaubild 8: Inhalt des Flächennutzungsplans

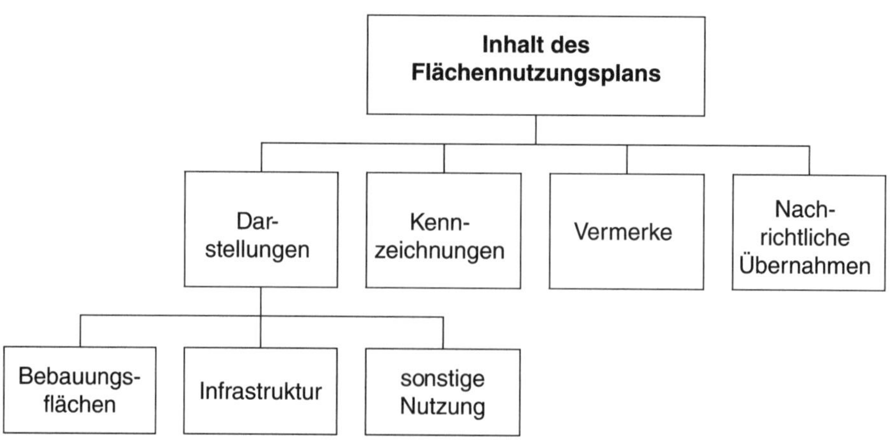

3. Verbindlichkeit

Obwohl der Flächennutzungsplan ein nur vorbereitender Bauleitplan ist, entfaltet er dennoch in verschiedene Richtungen eine Verbindlichkeit: 13
- die **planende Gemeinde** ist bei der Aufstellung der Bebauungspläne an das Grundkonzept des Flächennutzungsplans gebunden (§ 8 II 1 BauGB),
- sonstige **öffentliche Planungsträger,** die dem Flächennutzungsplan nicht widersprechen, sind zur Anpassung ihrer Fachplanungen verpflichtet (§ 7 BauGB),
- für den **Bürger** bzw. Bauherrn entfaltet er externe Wirkung im Rahmen etwa der §§ 15 III, 35 III BauGB.

II. Bebauungsplan

1. Arten von Bebauungsplänen

Nach Inhalt, Abhängigkeit vom Flächennutzungsplan und Entstehungszeitpunkt können folgende Erscheinungsformen von Bebauungsplänen unterschieden werden: 14
- der qualifizierte Bebauungsplan gem. § 30 I BauGB;
- der einfache Bebauungsplan (§ 30 III BauGB);
- der vorhabenbezogene Bebauungsplan gem. § 30 II BauGB;
- der aus dem Flächennutzungsplan entwickelte Bebauungsplan (§ 8 II BauGB);
- der im Parallelverfahren entwickelte Bebauungsplan nach § 8 III 1 BauGB;
- der vorzeitige Bebauungsplan (§ 8 IV 1 BauGB; s. o. § 4 Rn. 13);
- der selbstständige Bebauungsplan gem. § 8 II 2 BauGB (s. o. § 4 Rn. 13).

Vorliegend soll – unter dem Aspekt der Prüfungs- und Examensrelevanz – das Augenmerk vor allem auf die drei erstgenannten Bebauungspläne gerichtet sein. Bezugspunkt der Abgrenzung ist ihr Inhalt.

Einen gewissen Sonderfall – aber **keine eigenständige Plankategorie** – stellt der **„Bebauungsplan der Innenentwicklung"** (§ 13a BauGB) dar (dazu umfassend *Battis/Krautzberger/Löhr,* NVwZ 2007, 121 [123f.]; *F/O/K,* ÖffBauR I, § 6 Rn. 98ff.; s. a. EuGH, DVBl 2013, 777). Umfasst werden Bebauungspläne, die konkret „der Wiedernutzbarmachung von Flächen, der Nachverdichtung oder anderen Maßnahmen der Innenentwicklung" dienen (§ 13a I 1 BauGB; dazu *B/K/L,* BauGB, § 13a Rn. 4). Damit soll ein Beitrag zur Reduzierung des Flächenverbrauchs geleistet werden. Entscheidender Aspekt ist die Geltung eines beschleunigten Planaufstellungsverfahrens (dazu *§ 6 Rn. 51*). Bebauungspläne der Innenentwicklung erfassen in zwei Fallgruppen (dazu *B/K/L,* BauGB, § 13a Rn. 1) zum Beispiel Bebauungspläne, die 15
- der Erhaltung, Erneuerung, Fortentwicklung, Anpassung und dem Umbau vorhandener Ortsteile dienen (§ 1 VI Nr. 4 BauGB),

- der Umnutzung von Flächen dienen (Verdichtung von städtischen Gebieten, stärkere Einbeziehung von brachliegenden Flächen sowie der Anpassung von Wohnquartieren an die Bedürfnisse des alten- und familiengerechten Wohnens),
- sich auf Gebiete beziehen, die im Zusammenhang bebaute Ortsteile i.S.d. § 34 BauGB darstellen (BVerwGE 153, 174, 178ff.; B/K/L, BauGB, § 13a, Rn. 4; zur „Außenbereichsinsel" im Innenbereich Stüer, DVBl 2011, 381 [386]).

Achtung: § 13a BauGB erlaubt es nicht, außerhalb von Ortslagen oder gar im Außenbereich (§ 35 BauGB) Bauland auszuweisen, um damit die Innenentwicklung positiv zu beeinflussen (*B/K/L,* BauGB, § 13a Rn. 4).

a) Qualifizierter Bebauungsplan

16 Enthält ein Bebauungsplan **mindestens Festsetzungen** über die Art und das Maß der baulichen Nutzung, die überbaubaren Grundstücksflächen und die örtlichen Verkehrsflächen, bezeichnet man ihn als qualifizierten Bebauungsplan (dazu mit umfänglichen Beispielen *Stüer,* Bebauungsplan, Rn. 133ff.; s.a. *§ 14 Rn. 4f.*). Vorhaben im Geltungsbereich eines solchen Bebauungsplans sind nach § 30 I BauGB zulässig, wenn sie den Festsetzungen des Bebauungsplans nicht widersprechen (dazu unten *§ 14 Rn. 8f.*). Der qualifizierte Bebauungsplan ist das Instrument, mit dem die Gemeinde die Bebauung im Plangebiet umfassend und abschließend regeln kann.

Wichtig: Der qualifizierte Bebauungsplan lässt alle Vorhaben zu, die ihm nicht widersprechen, und sperrt das Plangebiet für Vorhaben, die im Widerspruch zu seinen Festsetzungen stehen.

b) Einfacher Bebauungsplan

17 Enthält ein Bebauungsplan **nicht** die in § 30 I BauGB aufgezählten **Mindestfestsetzungen,** handelt es sich um einen einfachen Bebauungsplan (§ 30 III BauGB). Er wird also gegenüber dem qualifizierten Bebauungsplan „negativ" bestimmt. Vom einfachen Bebauungsplan wird etwa Gebrauch gemacht, um für ein technisches Großvorhaben eine Standortbestimmung zu treffen oder um Flächen für eine Bundesautobahn festzusetzen.

18 Was der einfache Bebauungsplan festsetzt, ist im Plangebiet zulässig. Da seine Festsetzungen jedoch nicht ausreichen, um die Nutzung der Grundstücke im Plangebiet hinreichend zu leiten, bestimmt § 30 III BauGB, dass neben ihm als **ergänzender Maßstab,** also subsidiär, innerhalb eines im Zusam-

menhang bebauten Ortsteils **§ 34 BauGB** und im Außenbereich **§ 35 BauGB** gilt. Damit ist das, was der einfache Bebauungsplan festsetzt, zulässig, auch wenn es nach § 34 oder § 35 BauGB nicht zulässig wäre. Im Übrigen muss das Vorhaben, um genehmigungsfähig zu sein, den Anforderungen des § 34 oder § 35 BauGB genügen, d.h. der einfache Bebauungsplan allein vermag ein Vorhaben nicht zuzulassen (dazu im Einzelnen *§ 16 Rn. 2f., § 17 Rn. 4f.*). Dies unterscheidet ihn vom qualifizierten Bebauungsplan.

c) Vorhabenbezogener Bebauungsplan

Als „vorhabenbezogenen Bebauungsplan" sieht § 12 BauGB den Vorhaben- und Erschließungsplan vor (zur historischen Entwicklung Schroedter-*Kukk,* BauGB, § 12 Rn. 1ff.). Statt ein Bebauungsplanverfahren im herkömmlichen Sinne durchzuführen, kann die Gemeinde das Vorhaben gem. § 12 BauGB durch einen vorhabenbezogenen Bebauungsplan zulassen (s.a. § 30 II BauGB). Dabei steht die Überlegung im Vordergrund, dass die planungsrechtlichen Wirkungen der Satzung materiell denen des Bebauungsplans entsprechen. Die Satzung über den Vorhaben- und Erschließungsplan wird demgemäß als „vorhabenbezogener Bebauungsplan" gekennzeichnet, dessen Rechtswirkungen durch die Ergänzung des § 30 BauGB geregelt worden sind (§ 30 II BauGB). **19**

Wichtig: Der Vorhaben- und Erschließungsplan ist nicht gesonderte Satzung neben dem Bebauungsplan, sondern eine besondere Form des Bebauungsplans, eben „vorhabenbezogener Bebauungsplan".

Gegenüber einem (einfachen oder qualifizierten) Bebauungsplan zeichnet er sich insbesondere durch folgende **Merkmale** aus: **20**
- die Konzentration auf das Projekt eines einzelnen Vorhabenträgers;
- das Initiativrecht des Vorhabenträgers und dessen planerische Vorleistungen;
- die arbeits- und kostenmäßige Entlastung der Gemeinde bezüglich Planung und Erschließung;
- den Verzicht auf die strikte Bindung des Festsetzungskatalogs nach § 9 I BauGB und auf die Anwendung der BauNVO;
- die Verpflichtung des Vorhabenträgers zur raschen fristgebundenen Verwirklichung der baulichen Maßnahmen;
- die Verpflichtung des Vorhabenträgers zur Übernahme der Kosten für die Erschließung.

Achtung: Der Erforderlichkeit eines vorhabenbezogenen Bebauungsplans steht nicht entgegen, dass er im Interesse des Vorhabenträgers aufgestellt wird (OVG Lüneburg, DVBl 2010, 733).

21 Der Vorhaben- und Erschließungsplan setzt sich aus **drei konstitutiven Elementen** zusammen. Der Investor ist für den „Plan zur Durchführung der Vorhaben und der Erschließungsmaßnahmen (Vorhaben- und Erschließungsplan)“ verantwortlich (§ 12 I 1 BauGB), welcher dem Instrument insgesamt seinen Namen gegeben hat. Dieser wird „Bestandteil des vorhabenbezogenen Bebauungsplans“ (§ 12 III 1 BauGB), durch den die Gemeinde „die Zulässigkeit von Vorhaben“ (§ 12 I 1 BauGB) bestimmen kann. Verknüpft und ergänzt werden die gemeindliche Satzung und der Investorenplan durch einen städtebaulichen Vertrag, in dem sich der Vorhabenträger zur Durchführung der Vorhaben und der Erschließungsmaßnahmen bereit erklärt und sich zur Durchführung innerhalb einer bestimmten Frist und zur Tragung der Planungs- und Erschließungskosten ganz oder teilweise vor dem Beschluss nach § 10 I verpflichtet (Durchführungsvertrag). Hierbei muss das zu errichtende Vorhaben hinreichend konkret nach Art und Maß der baulichen Nutzung beschrieben werden, damit der vorhabenbezogene Bebauungsplan rechtmäßig ist (BVerwG, NVwZ 2018, 1235).

Schaubild 9: Bestandteile eines vorhabenbezogenen Bebauungsplans

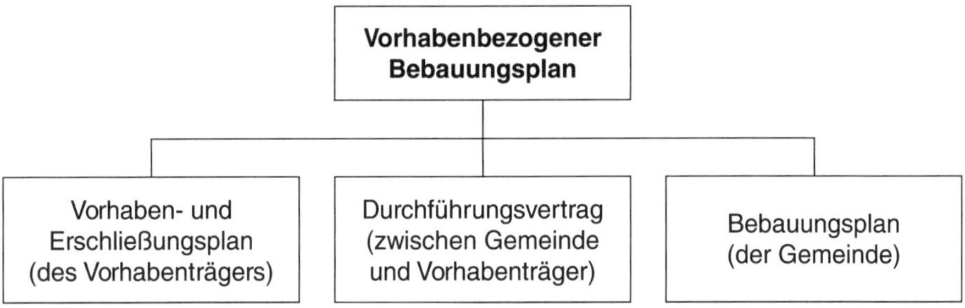

22 § 12 III a BauGB hat in diesem Zusammenhang die Möglichkeiten flexiblen Handelns beim vorhabenbezogenen Bebauungsplan noch verstärkt (dazu *Battis/Krautzberger/Löhr,* NVwZ 2007, 121 [125 f.]; *Bischopink/Arnold,* NVwZ 2007, 991; *Fleckenstein,* DVBl 2008, 216). Die Regelung soll es ermöglichen, im vorhabenbezogenen Bebauungsplan für den Bereich des Vorhaben- und Erschließungsplans eine bauliche oder sonstige Nutzung auch allgemein festzusetzen, namentlich durch Festsetzung eines Baugebiets nach der Baunutzungsverordnung. Verpflichtet sich der Vorhabenträger oder ein Dritter durch Änderung des Durchführungsvertrages oder durch Abschluss eines neuen Durchführungsvertrages gegenüber der Gemeinde zur Durchführung einer anderen Nutzung, die von der festgesetzten allgemeinen Nutzung umfasst wird, soll diese Nutzung im Sinne des § 30 II BauGB zulässig sein. Der vorhabenbezogene Bebauungsplan muss dann trotz Änderung des Durchführungsvertrages (bspw. im Zuge eines Trägerwechsels) nicht noch einmal geändert werden (*B/K/L,* BauGB, § 12 Rn. 21b).

Schaubild 10: Arten von Bebauungsplänen

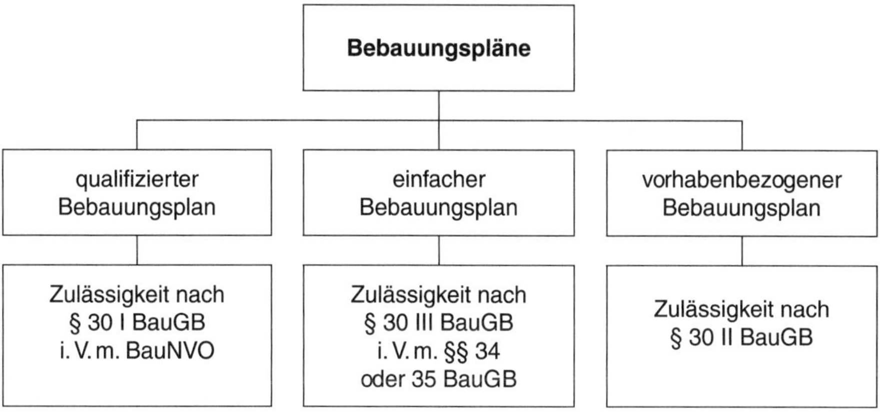

2. Räumlicher Geltungsbereich

Gem. § 9 VII BauGB **setzt** der Bebauungsplan die **Grenzen** seines räumli- 23
chen Geltungsbereichs **fest.** Dies ist notwendig, da der Bebauungsplan in der Regel nur für einen kleinen Teil des Gemeindegebietes gilt. Unzulässig ist es, die Grenzen des Bebauungsplans veränderlich festzusetzen. Als Rechtsnorm muss der Bebauungsplan seinen Geltungsbereich eindeutig erkennen lassen (**parzellenscharf;** HK-BauGB-*Jeromin,* § 9 Rn. 49). Ungenaue Grenzangaben führen zumindest zur Teilnichtigkeit des Bebauungsplans, es sei denn, die Bestimmtheit ergibt sich aus einer Zusammenschau von planerischer Zielsetzung und Plan (OVG Schleswig, NordÖR 2009, 376). Nach Maßgabe des Abwägungsgebotes kann sich ein Bebauungsplan durchaus auf ein einzelnes Grundstück beschränken oder sich auf zwei voneinander getrennte Gebiete erstrecken (BVerwG, NVwZ 1997, 1216 [1217f.]).

Darüber hinaus kann – ebenso wie bei Flächennutzungsplänen (§ 204 24
BauGB) – nach Maßgabe des § 205 BauGB ein **gemeindeübergreifender Bebauungsplan** beschlossen werden (weiterführend *B/K/L,* BauGB, § 205 Rn. 1ff.; HK-BauGB-*Michler/Kirchmeier,* § 205 Rn. 1ff.; OLG München, UPR 2003, 74).

3. Wesentlicher Inhalt

Der Bebauungsplan enthält Festsetzungen, Kennzeichnungen und nach- 25
richtliche Übernahmen (zu den Einzelheiten *Bönker,* in: H/B/G, ÖffBauR, § 5 Rn. 64ff.; Schroedter-*ders.,* BauGB, § 9 Rn. 16ff.; *Stüer,* Bebauungsplan, Rn. 126).

a) Festsetzungen

Wesentlicher Inhalt des Bebauungsplans sind die **rechtsverbindlichen** 26
Festsetzungen für die städtebauliche Ordnung (§ 8 I 1 BauGB). Sie geben den

planerischen Willen der Gemeinde wieder und sind den „Darstellungen“ des Flächennutzungsplans vergleichbar. Zweck der Festsetzungen ist es, die bauliche und sonstige Nutzung der Grundstücke des Plangebiets zu leiten (§ 1 I BauGB). Aus diesem Grundsatz folgt, dass die Festsetzungen des Bebauungsplans stets an den konkreten örtlichen Gegebenheiten auszurichten sind. Festsetzungen ohne konkret-individuellen Bezug zum Plangebiet sind grundsätzlich unzulässig (BVerwGE 50, 114).

27 Was **Gegenstand** der planerischen Festsetzungen sein kann, muss gesetzlich geregelt sein. Aus diesem Grund bestimmen § 9 I bis IV BauGB und die BauNVO abschließend, was im Bebauungsplan festgesetzt werden kann; ein darüber hinausreichendes **„Festsetzungsfindungsrecht“** steht der Gemeinde **nicht** zu (BVerwGE 80, 184; 150, 101, 102ff.). Zum wesentlichen Inhalt des Bebauungsplans So hat das Bundesverwaltungsgericht z.B. die Festsetzung von CO-2-Grenzwerten auf der Basis von § 9 I Nr. 23a) BauGB als rechtswidrig beurteilt, weil die Klimaschutzproblematik abschließend im Treibhausgas-Emissionshandelsgesetz des Bundes geregelt sei (BVerwG, NVwZ 2018, 322 [323]). gehören Festsetzungen über die Art und das Maß der baulichen Nutzung, die überbaubaren Grundstücksflächen, die Bauweise und die örtlichen Verkehrsflächen. Darüber hinaus gibt es eine Vielzahl anderer, vor allem „punktueller“ Festsetzungen, wie Flächen für den Gemeinbedarf sowie für Sport- und Spielanlagen, für infrastrukturelle Einrichtungen bis hin zu Flächen für Kinderspielplätze, Stellplätze, Garagen, Parkanlagen, Friedhöfe etc., § 9 I BauGB (weiterführend *Stüer,* Bebauungsplan, Rn. 134ff., dort auch zu entsprechenden Planbeispielen; Schroedter-*ders.,* BauGB, § 9 Rn. 12).

Schaubild 11: Festsetzungen eines Bebauungsplans

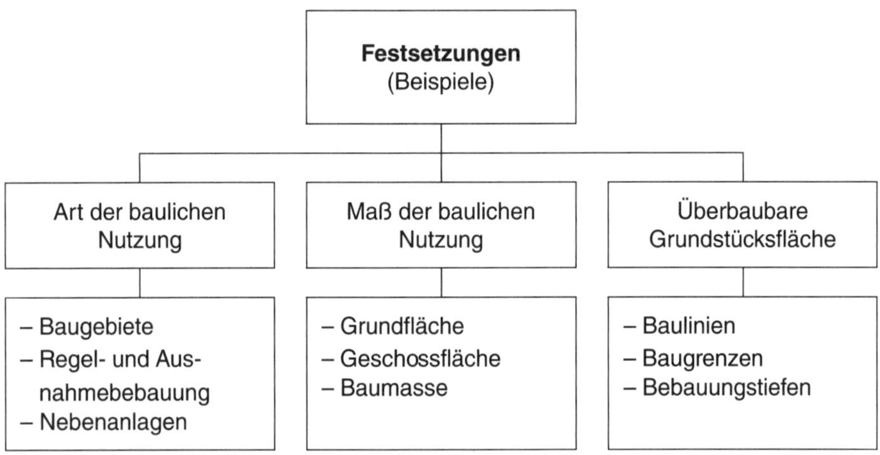

28 § 9 II BauGB ermöglicht ein **„Baurecht auf Zeit“** (*Koch/Hendler,* BRL, § 14, Rn. 26; *Stüer,* Bebauungsplan, Rn. 265ff.; ausführlich *Thiel,* BauR 2020, 41ff.). Danach können in Bebauungsplänen festgesetzte Nutzungen befristet, vom Fortbestand der Nutzung oder dem Eintritt bestimmter Umstände abhängig gemacht werden. Die planerischen Festsetzungsmöglichkeiten sollen dadurch flexibilisiert werden, um den durch die wirtschaftliche Dynamik bedingten kürzeren Nutzungszyklen gerecht zu werden (dazu *B/K/L,* BauGB, § 9 Rn. 165f.; Schroedter-*ders.,* BauGB, § 9 Rn. 236ff.; OVG Koblenz, BauR 2004, 1116).

Beispiele: Es soll ermöglicht werden, Zwischennutzungen festzusetzen. Möglich ist es auch, mehrere zeitlich aufeinander folgende Nachnutzungen festzusetzen, wenn dies klar absehbar und verlässlich planbar ist. (*Thiel,* BauR 2020, 41 [42])

§ 9 IIa BauGB sieht überdies vor, dass für die im Zusammenhang bebauten Ortsteile (§ 34 BauGB) zur Erhaltung und Entwicklung **zentraler Versorgungsbereiche** im Bebauungsplan nunmehr auch festgesetzt werden kann, dass nur bestimmte Arten der nach § 34 I, II BauGB zulässigen baulichen und sonstigen Anlagen zulässig oder nicht zulässig sind oder nur ausnahmsweise zugelassen werden (dazu *B/K/L,* BauGB, § 9 Rn. 169f.; *Koch/Hendler,* BRL, § 14, Rn. 26). Dabei sind insbesondere städtebauliche Entwicklungskonzepte i.S.d. § 1 VI Nr. 11 BauGB zu berücksichtigen. Damit haben die Gemeinden künftig die Möglichkeit, mit einem einfachen Bebauungsplan gezielt Bestimmungen über die Zulässigkeit bestimmter Arten von Nutzungen und damit insbesondere von Einzelhandelsbetrieben zu treffen und so die Ansiedlung bestimmter Einzelhandelsbetriebe zu steuern. Die bisherige Bestimmung des § 34 III BauGB wurde als nicht ausreichend angesehen. **29**

Darüber hinaus sieht der durch die BauGB-Novelle 2013 eingeführte § 9 IIb BauGB den Erlass sog. **Vergnügungsstättenbebauungspläne** vor. Dies soll der effektiven Bewältigung der mit derartigen Anlagen vielfach einhergehenden Probleme (Lärmbelästigungen, „Trading-Down-Effekt" usw.) dienen (BVerwG, BauR 2013, 934f.) und den Gemeinden zusätzliche städtebauliche Steuerungsmöglichkeiten zur Verfügung stellen (eingehend *Mitschang,* ZfBR 2012, 419; *Tarner,* BauR 2011, 1273f.). Zu den von der Regelung erfassten Vergnügungsstätten zählen etwa Spielhallen, Discotheken, Wettbüros, Nachtlokale, Peep-Shows etc. (B/K/L, BauGB, § 9 Rn. 189; OVG Koblenz, ZfBR 2011, 582 [583]; *Stühler,* BauR 2013, 685f.). Formal handelt es sich um einen einfachen Bebauungsplan, der auf § 9 IIb BauGB gestützte Festsetzungen enthält. **30**

b) Kennzeichnungen

Gem. § 9 V BauGB **sollen** im Bebauungsplan **gekennzeichnet** werden: **31**
- Flächen, bei deren Bebauung besondere bauliche Vorkehrungen gegen äußere Einwirkungen oder bei denen besondere bauliche Sicherungsmaßnahmen gegen Naturgewalten erforderlich sind;
- Flächen, unter denen der Bergbau betrieben wird oder die für den Abbau von Mineralien bestimmt sind;

– Flächen, deren Böden erheblich mit umweltgefährdenden Stoffen belastet sind.

32 Kennzeichnungen sind nicht Teil des planerischen Willens der Gemeinde, sondern (textliche) **Wiedergabe eines** vorgefundenen **Zustandes.** Ihr Sinn ist es, darauf aufmerksam zu machen, dass bei der Nutzung des Grundstücks mit besonderen Anforderungen zu rechnen ist. Im Gegensatz zu den Festsetzungen haben die Kennzeichnungen keinen rechtsverbindlichen Charakter; ihr Fehlen berührt folglich die Wirksamkeit des Bebauungsplans nicht (VGH Mannheim, DÖV 1972, 821).

Wichtig: Das Fehlen einer Kennzeichnung kann auf einen Fehler in der Abwägung hindeuten, wenn sich die Gemeinde nicht hinreichend Gedanken darüber gemacht hat, ob und wie bestimmte Beeinträchtigungen planerisch bewältigt werden sollen.

Achtung: Eine fehlende Kennzeichnung kann Amtshaftungsansprüche gegen die Gemeinde auslösen (BGH DÖV 1993, 1054; DVBl 1994, 283; 1999, 1507; NJW 2000, 427).

c) Nachrichtliche Übernahmen

33 Nach § 9 VI, VIa BauGB sollen nach anderen gesetzlichen Vorschriften getroffene Festsetzungen sowie Denkmäler nach Landesrecht in den Bebauungsplan nachrichtlich übernommen werden, soweit sie zu seinem Verständnis oder für die städtebauliche Beurteilung von Baugesuchen notwendig oder zweckmäßig sind. Der nachrichtlichen Übernahme kommt insofern vor allem **informative Bedeutung** zu. Dies gilt etwa für rechtsverbindliche Fachplanungen wie die Planfeststellung von Bundesfernstraßen (§ 17 FStrG), die Ausweisung von Naturschutzgebieten durch Rechtsverordnung (§ 13 BNatSchG) oder die Überschwemmungsgebiete, Risikogebiete und Hochwasserentstehungsgebiete nach §§ 76ff. WHG.

Wichtig: Auch die nachrichtlichen Übernahmen sind nicht Ausdruck des planerischen Willens der Gemeinde; sie nehmen ebenfalls nicht an der Verbindlichkeit des Bebauungsplans teil.

Schaubild 12: Inhalt eines Bebauungsplans

B. Rechtscharakter der Bauleitpläne

I. Rechtsnatur des Flächennutzungsplans

Der Flächennutzungsplan ist **keine Rechtsnorm** (BVerwG, NVwZ 2004, 34
614; 2003, 733; dazu auch *Scheidler,* DÖV 2008, 766 [767]), auch wenn er, was Mängel und ihre Beachtlichkeit angeht, nach §§ 214ff. BauGB den Satzungen des BauGB gleichgestellt wird. Als Vorbereitung für spätere rechtsverbindliche Maßnahmen hat der Flächennutzungsplan lediglich „verwaltungsinterne" Bedeutung. Er besitzt keine unmittelbare Außenwirkung gegenüber Privaten, ist für diese also nicht rechtlich verbindlich; gewisse Einschränkungen ergeben sich lediglich aus § 35 III 1 Nr. 1 BauGB für Vorhaben im Außenbereich.

Aufgrund seines nur vorbereitenden Charakters und seines Inhalts ist der 35
Flächennutzungsplan vielmehr eine **hoheitliche Maßnahme eigener Art** (grundlegend BVerwG, NVwZ 1991, 262; *B/K/L,* BauGB, § 5 Rn. 45; *Bönker,* in: H/B/G, ÖffBauR, § 5 Rn. 85), die einen qualifizierten Sachverhalt enthält und (mittelbar) rechtliche Bindungen entfaltet (etwa die vorhabenhindernde Wirkung im Außenbereich, die Entwicklungspflicht in Bezug auf die Bebauungspläne, die Anpassungspflicht der öffentlichen Planungsträger nach § 7 BauGB). Eine Einordnung als Rechtsnorm wird allenfalls bei der Darstellung von Konzentrationsflächen (§ 35 III 3 BauGB) für geboten gehalten (OVG Koblenz, NVwZ 2006, 1442; *Jeromin,* NVwZ 2006, 1374; *Schenke,* NVwZ 2007, 134 [135f.]; *Stüer,* DVBl 2008, 270 [272f.]; *Scheidler,* DÖV 2008, 766 [767f.]).

Wichtig: Die Frage der Rechtsnatur der Bauleitpläne ist nicht lediglich von akademischem Interesse, sondern vor allem für die Frage des **Rechtsschutzes** relevant (s.u. *§ 9 Rn. 3f.*)

II. Rechtsnatur des Bebauungsplans

36 Der Bebauungsplan wird als verbindlicher Bauleitplan nach § 10 I BauGB in Form einer **Satzung** beschlossen (zu den Besonderheiten in den Stadtstaaten *F/O/K,* ÖffBauR I, § 8 Rn. 513; Schroedter-*ders.,* BauGB, § 246 Rn. 2). Dies gilt gleichermaßen für den qualifizierten wie für den einfachen Bebauungsplan. Der Bebauungsplan ist folglich eine Rechtsnorm, die unmittelbar und für jedermann verbindlich ist (BVerwG, DVBl 1977, 768 [769]; ZfBR 1983, 243; ZfBR 1993, 304f.). Dies ist ein weiterer Aspekt, der ihn vom Flächennutzungsplan unterscheidet (weiterführend *Bönker,* in: H/B/G, ÖffBauR, § 5 Rn. 87ff.; *Stüer,* Bebauungsplan, Rn. 260).

37 Neben natürlichen und juristischen Personen sind auch Behörden und andere Träger öffentlicher Belange an den Bebauungsplan **gebunden.** Nur unter den Voraussetzungen des § 37 BauGB können sie von ihm abweichen. Ausnahmen gelten für die in § 38 BauGB aufgeführten Planungsträger. Der Bebauungsplan ist aufgrund dieser Beachtlichkeit der normative Maßstab für die Zulässigkeit von Vorhaben im Plangebiet (§§ 29, 30 BauGB). Zudem stellt er gem. § 8 I 2 BauGB die Grundlage für die weiteren, zur Verwirklichung der städtebaulichen Ordnung im Plangebiet erforderlichen Maßnahmen dar.

38 Überwiegend wird angenommen, dass die Bindungswirkung eines Bebauungsplanes oder einer einzelnen Festsetzung im Falle der **Funktionslosigkeit** entfallen könne, wenn also der Plan bzw. die Festsetzung bei einer Gesamtbetrachtung die Fähigkeit verloren hat, die städtebauliche Entwicklung noch in einer bestimmten Richtung zu steuern (BVerwGE 26, 282 [284f.]; 108, 71 [76]; 122, 207 [214]; OVG Lüneburg, NVwZ-RR 2009, 630; OVG Münster, BauR 2015, 1953; OVG Berlin-Bbg., NVwZ-RR 2017, 273 [274]; s.a. *Troidl,* BauR 2010, 1511 [1513f.]; *Scheidler,* UPR 2017, 201 [202]; Schroedter-*ders.,* BauGB, § 10 Rn. 7f.; *Berkemann,* ZfBR 2020, 232ff.). Demnach soll ein Bauleitplan ausnahmsweise außer Kraft treten, wenn **zwei Voraussetzungen** erfüllt sind, nämlich

- wenn eine tatsächliche Entwicklung eingetreten ist, die eine Planverwirklichung auf unabsehbare Zeit ausschließt, also der Plan durch die tatsächliche Entwicklung überholt ist, sowie
- der Mangel so offenkundig ist, dass ein Vertrauen auf die Einhaltung der Festsetzungen nicht mehr schutzwürdig ist.

Beispiel: Der durch den ursprünglichen Bebauungsplan ausgewiesene Zubringer zur Stadtautobahn kann wegen zwischenzeitlich genehmigter Bauvorhaben nicht mehr errichtet werden. (OVG Münster, GewArch 2010, 325 [326]

Die Rechtsfigur des funktionslos gewordenen Bebauungsplans weckt jedoch starke Bedenken. Sie setzt sich in Widerspruch zu Art. 20 III GG, der Verwaltung und Rechtsprechung an Gesetz und Recht bindet, indem sie eine Satzung ignoriert. Es besteht auch keine Regelungslücke, die zu füllen wäre, weil § 1 VIII BauGB klar bestimmt, wie bei der gewünschten Änderung oder Aufhebung eines Bauleitplanes vorzugehen ist. Entscheiden Verwaltungsrichterinnen und Verwaltungsrichter, dass ein Plan funktionslos geworden sei, überspringen sie ferner die gemeindliche Planungshoheit aus Art. 28 II GG. Schließlich entsteht Rechtsunsicherheit. Dass ein Plan funktionslos geworden ist, lässt sich im Vorfeld einer Entscheidung schwer prognostizieren. Wann lässt sich ein Plan nicht mehr verwirklichen? Wann ist dies offenkundig? Wenn ein Gericht einen Plan für funktionslos erklärt, bleibt der Plan – da nicht offiziell aufgehoben – auf dem Papier dennoch weiter bestehen und es entsteht eine widersprüchliche und rechtsunsichere Lage. Für die Rechtsfigur der Funktionslosigkeit lässt sich immerhin anführen, dass es bisweilen ein praktisches Bedürfnis für diese Lösung gibt, wenn vorhandene Pläne angesichts neuer Entwicklungen sinnlos geworden sind. Dennoch erscheint es in einem Rechtsstaat nicht plausibel, dass die Verwaltung einen planentsprechenden Bauantrag mit der Begründung ablehnt, sie halte den Bebauungsplan für funktionslos. Ebenfalls rechtswidrig wäre dieses Argument, wenn es Nachbarn entgegengehalten wird, die sich auf drittschützende Festsetzungen oder den Charakter des festgesetzten Baugebiets im Bebauungsplan berufen. Nur ganz ausnahmsweise, nämlich für die Konstellation, dass ein Bauherr an einem nicht mehr realisierbaren Bebauungsplan zu scheitern droht und durch sein Vorhaben keine Nachbarrechte beeinträchtigt werden, lässt sich die Berufung auf die Funktionslosigkeit einigermaßen vertreten (vertiefend m. w. N. *Beaucamp,* FS Erbguth 2019, 347 [358 ff.]).

Schaubild 13: Rechtsnatur der Bauleitpläne

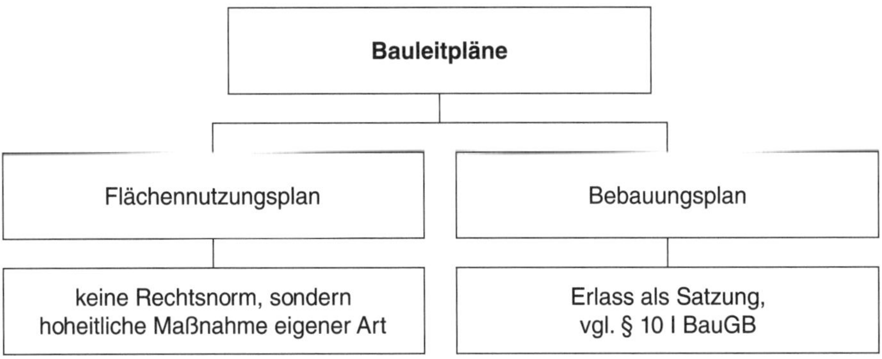

C. Kontrollfragen

1. Welche Funktion kommt den nachrichtlichen Übernahmen in einem Flächennutzungsplan zu?
2. In welcher Hinsicht entfaltet ein Flächennutzungsplan Verbindlichkeit?
3. Welche Arten von Bebauungsplänen lassen sich unterscheiden?
4. Vermag ein einfacher Bebauungsplan allein ein Vorhaben zuzulassen?

5. Liegen die planerischen Festsetzungen in einem Bebauungsplan im freien Planungsermessen der Gemeinde?
6. Inwieweit unterscheiden sich Flächennutzungsplan und Bebauungsplan hinsichtlich des Rechtscharakters?

(Antworten auf S. 354)

§ 6. Rechtmäßigkeitsanforderungen an die Bauleitplanung – Formelle Anforderungen

Literatur: *Happ,* Neues zur Abwägung (§ 1 VII BauGB), NVwZ 2007, 304; *Hoppe,* Die Abwägung im EAG Bau nach Maßgabe des § 1 VII BauGB 2004, NVwZ 2004, 903; *ders./Otting,* Zur Erweiterung der Planungshoheit und der gemeindenachbarlichen Klagebefugnisse in § 2 II 2 BauGB 2004 um raumordnerische Belange, DVBl 2004, 1125; *Kment,* Die Bedeutung raumordnerischer Zielfestlegungen im Rahmen des § 2 II 2 BauGB, NVwZ 2007, 996; *Krautzberger/Stüer,* Städtebaurecht 2004: Umweltprüfung und Abwägung, DVBl 2004, 914; *Ley,* Bekanntmachung von Ortsrecht in NRW, NWVBl 2009, 9; *Moench,* Die Planungspflicht der Gemeinde, DVBl 2005, 676.

1 Im folgenden Abschnitt geht es um die Einzelheiten der Bauleitplanung, insbesondere die **rechtlichen Anforderungen** an die Bauleitplanung sowie die **Rechtsschutzmöglichkeiten** der von der Planung Betroffenen. So stellt die gerichtliche Überprüfung eines Bebauungsplans einen weiteren möglichen Klausurfall aus dem öffentlichen Baurecht dar. Die Rechtmäßigkeitsanforderungen an Bauleitpläne unterteilt man in formelle, insbesondere verfahrensrechtliche (dazu sogleich) und materiell-rechtliche (dazu *§ 7*).

Schaubild 14: Prüfumfang bei Bauleitplänen

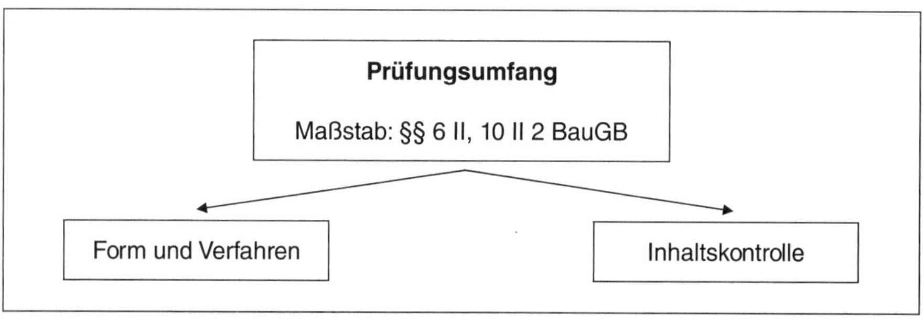

A. Rechtsgrundlagen und Übersicht

2 Vorschriften über die formelle Rechtmäßigkeit der Bauleitpläne betreffen vornehmlich das Planaufstellungsverfahren. Das Verfahren, in dem der Flä-

chennutzungsplan und die Bebauungspläne aufgestellt werden, ist in den **§§ 2 bis 4b, 6, 6a und 10, 10a BauGB** geregelt. Soweit diese Vorschriften keine abschließende Regelung enthalten, sind **landesrechtliche Bestimmungen** heranzuziehen. In Betracht kommen die Gemeindeordnungen (Öffentlichkeit der Ratssitzungen, Mitwirkungsverbot von Ratsmitgliedern wegen Befangenheit, Erlass von Satzungen etc.), etwaige Verordnungen über die öffentliche Bekanntmachung von kommunalem Ortsrecht und die Vorschriften der planenden Gemeinde über die Bekanntmachung des Ortsrechts (die Beispiele bei *Stüer,* Bebauungsplan, Rn. 688ff.).

Das städtebaurechtlich formalisierte Verfahren der Planerstellung gilt weitgehend gleichermaßen für Flächennutzungs- wie für Bebauungspläne. Ein **Unterschied** ergibt sich lediglich daraus, dass das Verfahren beim **Bebauungsplan formenstrenger** verläuft, da dieser – anders als der Flächennutzungsplan – als Satzung beschlossen werden muss. 3

Den §§ 2ff. BauGB kann folgende Verfahrensstufung entnommen werden (*Erbguth/Schubert,* ÖffBauR, § 5 Rn. 9; Schroedter-*ders.,* BauGB, § 2 Rn. 2; *Stüer,* Bebauungsplan, Rn. 595): 4

- Beschluss der Gemeinde, dass ein Bauleitplan aufgestellt werden soll sowie (ortsübliche) Bekanntgabe des Beschlusses (§ 2 I BauGB);
- Erarbeitung eines Planentwurfs sowie der Begründung einschließlich des Umweltberichts (§§ 2 III–V, 2a BauGB);
- Verfahrensbeteiligung benachbarter Gemeinden (§ 2 II BauGB) sowie der Behörden und der sonstigen Träger öffentlicher Belange, und zwar in der Form der frühzeitigen Beteiligung einerseits und der Beteiligung zum Planentwurf andererseits (§ 4 BauGB);
- Verfahrensbeteiligung der Öffentlichkeit, und zwar in Form der frühzeitigen Öffentlichkeitsbeteiligung (§ 3 I BauGB) einerseits und des Auslegungs- und Erörterungsverfahrens (§ 3 II BauGB) andererseits;
- Beschluss der Gemeinde über den Plan (für den Bebauungsplan Satzungsbeschluss, § 10 BauGB);
- Genehmigung des Plans durch die höhere Verwaltungsbehörde bzw. Durchführung des Anzeigeverfahrens – je nach Landesrecht – bei dieser Stelle, §§ 6 I, 10 II, 246 Ia BauGB;
- Erstellung der zusammenfassenden Erklärung zum Bauleitplan gem. § 6 V 3 bzw. § 10 IV BauGB;
- ortsübliche öffentliche Bekanntmachung der Genehmigung bzw. des Satzungsbeschlusses (§§ 6 V, 10 III BauGB sowie Einstellung des Plans ins Internet sowie das zentrale Internetportal des Bundeslandes (§§ 6a, 10a BauGB).

Achtung: Werden durch Änderungen oder Ergänzungen eines Bauleitplans die Grundzüge der Planung nicht berührt, kann gem. § 13 BauGB das sog. vereinfachte Verfahren zur Anwendung kommen (*Koch/Hendler,*

BRL, § 15, Rn. 51; *Stüer,* Bebauungsplan, Rn. 738f.). Dabei kann abweichend vom förmlichen Beteiligungsverfahren von bestimmten Verfahrensschritten abgesehen werden (dazu unten *Rn. 48*).

B. Einzelne Schritte

I. Aufstellungsbeschluss

5 Das förmliche Verfahren der Bauleitplanung beginnt in der Regel mit dem Beschluss der Gemeinde, einen Bauleitplan aufzustellen. Vorab wird die Gemeinde allerdings Überlegungen angestellt haben, welcher Inhalt nach den örtlichen Gegebenheiten, den vorherrschenden kommunalpolitischen Vorstellungen sowie den raumbezogenen Vorgaben für die aufzustellende Planung überhaupt in Betracht kommen. Der Planaufstellungsbeschluss muss aus Gründen rechtsstaatlicher Bestimmtheit erkennen lassen, für welchen räumlichen Bereich ein Verfahren der Flächennutzungs- oder Bebauungsplanung eingeleitet werden soll. Eine Aussage über den Inhalt des künftigen Bauleitplans braucht der Beschluss indes nicht zu enthalten (BVerwGE 51, 121 [127]; BGHZ 82, 361; Schroedter-*ders.,* BauGB, § 2 Rn. 50; Textbeispiele bei *Stüer,* Bebauungsplan, Rn. 598f.). Diesen Inhalt zu bestimmen ist vielmehr die Aufgabe des sich anschließenden Planungsverfahrens.

6 Seine besondere Bedeutung erlangt der bekanntgemachte **Aufstellungsbeschluss** vor allem dadurch, dass er Voraussetzung für den Beschluss einer Veränderungssperre (§ 14 BauGB), die Zurückstellung von Baugesuchen (§ 15 BauGB) und die vorgezogene Zulässigkeit von Vorhaben gem. § 33 BauGB ist.

Achtung: Der Aufstellungsbeschluss stellt allerdings keine Zulässigkeitsvoraussetzung für das Planverfahren dar (BVerwGE 79, 200 [204]).

7 Der Planaufstellungsbeschluss ist nach § 2 I 2 BauGB **ortsüblich bekanntzumachen** (dazu OVG Münster, NWVBl 2013, 283). Entsprechendes gilt für Änderungs-, Ergänzungs- oder Aufhebungsbeschlüsse bei bereits bestehenden Bauleitplänen (§ 1 VIII BauGB). Ortsüblich ist diejenige Form der Bekanntmachung, die nach Landes- oder Ortsrecht (Hauptsatzung) vorgeschrieben ist (Schroedter-*ders.,* BauGB, § 2 Rn. 48).

Beispiele: Veröffentlichung im Amtsblatt, in einer Tageszeitung oder durch Anschlag an der Gemeindetafel. Allerdings wird die Bekanntmachung eines Bebauungsplans durch Anschlag an der Bekanntmachungstafel jedenfalls für größere Gemeinden aus rechtsstaatlichen Gründen als ungeeignete Form der Bekanntmachung von Ortsrecht angesehen (OVG Münster, NWVBl 2009, 21f.; dazu *Ley,* NWVBl 2009, 9f.).

II. Ermittlung der abwägungserheblichen Belange

1. Grundsätzliches

Nach dem Aufstellungsbeschluss hat die Gemeinde die Belange, die für die Abwägung von Bedeutung sind **(Abwägungsmaterial)** zu **ermitteln** und zu **bewerten.** Diese unerlässliche Vorarbeit der eigentlichen planerischen Abwägung ist in § 2 III BauGB ausdrücklich vorgeschrieben. Die Vorschrift ist – trotz der missverständlichen Fassung – allein als allgemeine **Verfahrensgrundnorm** zur Ermittlung und Bewertung der Belange konzipiert, die für die (materiellrechtliche) Abwägung nach § 1 VII BauGB (dazu unten *§ 7 Rn. 25ff.*) von Bedeutung sind (Schroedter-*Rieger,* BauGB, § 2 Rn. 117; *B/K/L,* BauGB, § 2 Rn. 5; *Hoppe,* in: H/B/G, ÖffBauR, § 7 Rn. 2f.; kritischer *Erbguth,* DVBl 2004, 802 [807f.]; *Stelkens,* UPR 2005, 81 [88]; Falllösung bei *M/S,* Fälle, S. 14ff.; *Richter/Sokol,* JA 2011, 521 [523f.]). 8

2. Umweltprüfung und Umweltbericht

Von ganz erheblicher Bedeutung in der Planungspraxis, jedoch von eher untergeordneter Relevanz für Ausbildung und Prüfung ist die Prüfung der **umweltbezogenen Belange** in der Bauleitplanung. Als (Regel-)Verfahren für grundsätzlich alle Bauleitpläne zur Ermittlung und Bewertung der Umweltbelange zwecks Vorbereitung der bauleitplanerischen Abwägung soll die in § 2 IV BauGB vorgeschriebene **Umweltprüfung** (UP) dienen, mit der die voraussichtlichen erheblichen Umweltauswirkungen nach den in Anlage 1 zum BauGB enthaltenen Vorgaben ermittelt, beschrieben, bewertet und in einem Umweltbericht dargestellt werden. Die erwähnte Anlage ist 2017 reformiert und deutlich erweitert worden, was für die Praxis vertiefte Prüfungs- und Dokumentationspflichten auslöst (*Krautzberger/Stuer,* BauR 2017, 474 [477]; *dies.,* DVBl 2018, 7 [14]; *Bunzel,* ZfBR 2017, 220 [223]). Intention des Gesetzgebers war es dabei, die umweltbezogenen Anforderungen des Unionsrechts in die Bauleitplanung zu integrieren (*B/K/L,* BauGB, § 2 Rn. 6f.; *E/M/S,* BesVwR, Rn. 843ff.; *Schink,* UPR 2019, 201 [204]; Schroedter-*ders.,* BauGB, § 2 Rn. 123f.). 9

Als **Bewertungsmaßstäbe** sind je nach Lage des Einzelfalles (§ 2 IV 2 BauGB) in der UP unter anderem heranzuziehen: 10

- umweltbezogene Ziele der Raumordnung gem. § 1 IV BauGB,
- das allgemeine Ziel des § 1 V 2 BauGB, nach dem der Bauleitplan dazu beitragen soll, eine menschenwürdige Umwelt zu sichern und die natürlichen Lebensgrundlagen zu schützen und zu entwickeln,
- die 2017 in Teilen neu formulierten Belange des Umweltschutzes nach § 1 VI Nr. 7 BauGB,
- die Bodenschutzklausel gem. § 1a II BauGB,

- umweltrelevante Aussagen in Fachplänen des Naturschutz-, Wasser-, Abfall- und Immissionsschutzrechtes gem. § 2 IV 6 BauGB,
- die Erhaltungsziele und der Schutzzweck von Schutzgebietsausweisungen, insbesondere der Gebiete von gemeinschaftlicher Bedeutung und der europäischen Vogelschutzgebiete nach § 1a IV BauGB (L/E, BNatSchG, § 18 Rn. 41 ff.),
- umweltbezogene Darstellungen in Flächennutzungsplänen nach § 5 II Nrn. 5, 6, 9 und 10 BauGB,
- die Eingriffsregelung nach § 18 BNatSchG i. V. mit § 1a III BauGB (dazu L/E, BNatSchG, § 18 Rn. 5 ff.).

11 Dabei ist es nicht erforderlich, alle nur irgendwie denkbaren Umweltauswirkungen zu ermitteln, sondern es hat eine Ausrichtung am allgemeinen Kenntnisstand und an allgemein anerkannten Prüfungsmethoden zu erfolgen (§ 2 IV 3 BauGB). Die Entwicklung neuer Ermittlungs- und Bewertungsmethoden, wissenschaftliche Grundlagenforschung o. Ä. wird also gerade nicht gefordert (s. a. BVerwG, UPR 1997, 295; 409; *Bunzel,* ZfBR 2017, 220 [221]).

Beispiel: Die Prüfung, ob bei einer Planrealisierung ggf. geschützte Tier- und Pflanzenarten betroffen sind, verpflichtet die planende Gemeinde nicht, ein lückenloses Arteninventar zu erstellen (BVerwGE 130, 299; OVG Münster, ZfBR 2009, 583).

12 Das Ergebnis der UP ist in der Abwägung zu berücksichtigen (§ 2 IV 4 BauGB). Maßstabbildend bleibt damit das Abwägungsgebot mit seiner Verpflichtung, die für eine sachgerechte Planungsentscheidung notwendigen Informationen zusammenzutragen. Die UP ist also als **Verfahrensinstrument** zur sachgerechten **Aufbereitung** des umweltrelevanten Abwägungsmaterials und **Strukturierung** des **Abwägungsvorgangs** konzipiert (*E/M/S,* BesVwR, Rn. 848; *B/K/L,* BauGB, § 2 Rn. 6; *Hoppe,* NVwZ 2004, 903 [907 ff.]; *Stüer,* DVBl 2009, 494 [496 f.]). Die Umweltbelange sollen mit dem ihnen gebührenden Gewicht in die planerische Abwägung eingestellt werden können (so bereits BVerwG, BauR 2000, 239; OVG Münster, BauR 2001, 201).

13 Das BauGB führt nicht zu einem abstrakten Abwägungsvorrang umweltspezifischer Gesichtspunkte gegenüber sonstigen Belangen (BVerwGE 101, 166 = NVwZ 1997, 494; E 100, 238 = NVwZ 1996, 788; BVerwG, NVwZ-RR 2003, 171). Allerdings wird das Gewicht der Umweltbelange durch die UP konturiert und es kann sich auf diesem Wege in der Abwägung eher gegenüber anderen Belangen durchsetzen. Dies ist aber durch die UP nicht vorgegeben, sondern beruht darauf, dass durch diese Prüfung die Umweltbelange stärker in das Blickfeld geraten (dazu auch BVerwG, BauR 2008, 1416; DVBl 2004, 642; BauR 2000, 239; BVerwGE 100, 370; OVG Münster, BauR 2001, 201; *Kuschnerus,* BauR 2001, 1211; *Stüer,* DVBl 2005, 806 [808]).

14 Das Ergebnis der Umweltprüfung ist in einem **Umweltbericht** zu dokumentieren (dazu näher *Battis/Krautzberger/Löhr,* NJW 2004, 2553 [2555];

F/O/K, ÖffBauR I, § 6 Rn. 33; Schroedter-*ders.,* BauGB, § 2a Rn. 8ff.; *Stüer,* Bebauungsplan, Rn. 190f. mit Textbeispielen). In ihm sind die Ermittlung und die Bewertung der relevanten Belange darzustellen. Es handelt sich dabei gem. § 2a S. 3 BauGB um einen gesonderten **Teil der Begründung des Bauleitplans.** Aus diesem Grund ist er bereits zu Beginn des Planungsverfahrens dem Entwurf beizufügen. Gem. § 2a S. 2 BauGB wird der Umweltbericht jeweils dem Stand der Planung angepasst. Was Gegenstand der Umweltprüfung sein soll und welche Informationen der Umweltbericht enthalten muss, ist in der 2017 neu gefassten **Anlage 1 zum BauGB** geregelt.

III. Beteiligung der Behörden und der sonstigen Träger öffentlicher Belange

1. Behörden/Träger öffentlicher Belange

In Anpassung an den Sprachgebrauch des Unionsrechts ist das Verfahren der Behördenbeteiligung 2004 erheblich verändert worden (*Battis/Krautzberger/Löhr,* NJW 2004, 2553 [2556]; *Finkelnburg,* NVwZ 2004, 897 [900]; *E/M/S,* BesVwR, Rn. 897ff.; *Stüer,* Bebauungsplan, Rn. 609ff.). Der Begriff der „Behörden" trat neben den früher ausschließlich verwendeten Begriff der „Träger öffentlicher Belange". Der Sinn und Zweck der Behördenbeteiligung liegt in der Ermittlung des einschlägigen Abwägungsmaterials (§ 4a I BauGB), der vorausschauenden Koordination und der Vermeidung von Konflikten zwischen der Gemeinde und Dritten (*Bönker,* in: H/B/G, ÖffBauR, § 5 Rn. 215). 15

Das BauGB selbst bestimmt nicht, welche Behörden und sonstigen Träger öffentlicher Belange im Bauleitplanverfahren zu beteiligen sind. Maßgeblich für die **Beteiligtenposition** ist, dass die von jenen Stellen vertretenen Belange die Art der Bodennutzung erfassen und dass diese Interessen von der örtlichen Planung konkret betroffen werden (§ 4 I 1 BauGB: „... deren Aufgabenbereich durch die Planung berührt werden kann, ..."). Demgegenüber ist nicht erforderlich, dass es sich bei den Trägern öffentlicher Belange um hoheitlich handelnde Behörden im formellen, d.h. verwaltungsorganisatorischen Sinne handelt. Entscheidend ist vielmehr, ob der sie treffende Auftrag die Verfolgung öffentlicher Belange bedingt (*B/K/L,* BauGB, § 4 Rn. 3). 16

Beispiele: Zu den Beteiligten nach § 4 I BauGB zählen neben den Gewerbeaufsichtsämtern, dem Träger der Straßenbaulast, der Nachbargemeinde usw. etwa auch die Träger der funktionalen Selbstverwaltung (IHK, Ärztekammer etc.).

Keine Träger öffentlicher Belange sind **private Stellen,** auch wenn sie sich öffentlichen Aufgaben widmen, wie Heimatvereine, Wohnungsbaugenossenschaften, Naturschutzvereine (BVerwG, DVBl 1997, 1123), oder wenn sie Gruppeninteressen repräsentieren, wie Mietervereine, Sportverbände, Industrieverbände usw. Sie werden ausschließlich über § 3 BauGB beteiligt. 17

Achtung: Trotz Privatisierung dürften im Hinblick auf teilweise weiterhin wahrgenommene Aufgaben der öffentlichen Daseinsvorsorge auch die Nachfolgeunternehmen Deutsche Bahn AG und Deutsche Telekom AG als Träger öffentlicher Belange einzustufen sein, jedenfalls soweit ihnen die von der Bauleitplanung berührte Aufgabe durch den Gesetzgeber zugewiesen ist (Schroedter-*Köster,* BauGB, § 4 Rn. 4; s.a. BVerwGE 102, 358 [361]; 105, 348; VGH München, ZfBR 2003, 574).

2. Beteiligungsverfahren

18 Die Beteiligung von Behörden und Trägern öffentlicher Belange erfolgt in einem **zweistufigen Verfahren:** § 4 I BauGB regelt die frühzeitige Beteiligung, während § 4 II BauGB die Abgabe und den Inhalt der Stellungnahmen zum Planentwurf durch die Träger öffentlicher Belange normiert.

19 Im **vorgezogenen Beteiligungsverfahren** haben die Gemeinden – „möglichst frühzeitig“, d.h. sobald sich die Planung soweit konkretisiert hat, dass sich die Träger öffentlicher Belange gezielt äußern können – ihre beabsichtigten bzw. schon eingeleiteten Planungen mitzuteilen und hiermit die Möglichkeit zur Stellungnahme zu verbinden (§ 4 I 1 BauGB). Die Gemeinde hat dabei über die allgemeinen Ziele und Zwecke der Planung, sich wesentlich unterscheidende Lösungen, die für die Neugestaltung oder Entwicklung eines Gebiets in Betracht kommen, sowie die voraussichtlichen Auswirkungen der Planung zu unterrichten und zur Äußerung auch im Hinblick auf den erforderlichen Umfang und Detaillierungsgrad der Umweltprüfung nach § 2 IV BauGB aufzufordern.

Wichtig: Die Behörden können zeitgleich mit der Öffentlichkeit frühzeitig beteiligt werden (§ 4a II BauGB).

20 An die frühzeitige Beteiligung schließt sich das Verfahren zur **Einholung** der **Stellungnahmen** der Behörden und sonstigen Träger öffentlicher Belange zum Planentwurf und zur Begründung an (§ 4 II BauGB), und zwar auch dann, wenn die nach § 4 I BauGB eingehenden Äußerungen zu einer Änderung der Planung führen (§ 4 I 2 BauGB). § 4 II 2 BauGB sieht eine **Stellungnahmefrist** von einem Monat vor, die durch die Gemeinde bei Vorliegen eines wichtigen Grundes „angemessen“ verlängert werden soll (§ 4 II 2 Halbs. 2 BauGB). Durch § 4 II 3 Halbs. 1 BauGB sollen die Träger öffentlicher Belange zu einer auf ihren Aufgabenbereich und damit auf ihre fachliche Zuständigkeit bezogenen Stellungnahme veranlasst werden. Um der Gemeinde eine gesicherte Information über die Auswirkungen der Maßnah-

men der unterschiedlichen Träger öffentlicher Belange in ihrem Gebiet zu verschaffen, **verpflichtet** § 4 II 3 Halbs. 2 BauGB diese zur **Auskunft** über die von ihnen beabsichtigten oder bereits eingeleiteten Planungen und sonstigen Maßnahmen sowie deren zeitliche Abwicklung, die für die städtebauliche Entwicklung und Ordnung des Gebiets bedeutsam sein können. § 4 II 4 BauGB ergänzt dies durch eine allgemeine Informationspflicht im Hinblick auf die Vervollständigung des Abwägungsmaterials.

Wichtig: Stellungnahmen nach § 4 II BauGB können zeitgleich mit der Auslegung nach § 3 II BauGB eingeholt werden (§ 4a II BauGB).

Achtung: Beteiligung bedeutet Anhörung, kein Zustimmungserfordernis, so dass sich die Gemeinde aus sachlichen Gründen über die Auffassung der beteiligten Stellen hinwegsetzen kann. In jedem Fall aber sind die Stellungnahmen der Träger öffentlicher Belange in der Abwägung nach § 1 VII BauGB zu berücksichtigen (eingehend *Erbguth/Schubert,* ÖffBauR, § 5 Rn. 18).

Zudem greift zum Nachteil der Träger öffentlicher Belange nach Verstrei- **21**
chen der Frist gem. § 4a VI BauGB eine eingeschränkte **Präklusion** ein (*B/K/L,* BauGB, § 4a Rn. 14f.; Schroedter-*Köster,* BauGB, § 4a Rn. 43ff.; *Stüer,* Bebauungsplan, Rn. 628f.). Demnach können Stellungnahmen, die im Verfahren der Behördenbeteiligung nicht rechtzeitig abgegeben worden sind, bei der Beschlussfassung über den Bauleitplan unberücksichtigt bleiben, sofern die Gemeinde deren Inhalt nicht kannte und nicht hätte kennen müssen und deren Inhalt für die Rechtmäßigkeit des Bauleitplans nicht von Bedeutung ist. In diesem Zusammenhang reicht es aus, wenn sich der Kommune die fraglichen Umstände im Verfahren hätten aufdrängen müssen (BVerwGE 59, 87 [103]). Gerade wegen der letztgenannten Einschränkung wird die Regelung erheblich relativiert und hat nur einen begrenzten Anwendungsbereich (*B/K/L,* BauGB, § 4a, Rn. 14f. m.w.N.).

Die Präklusionsregelung entfaltet damit eine formelle und eine einge- **22**
schränkt materielle Ausschlusswirkung (s.a. *E/M/S,* BesVwR, Rn. 914). Die formelle Wirkung liegt im Ausschluss verspätet vorgebrachter Belange im laufenden Planungsverfahren und zielt auf eine Verfahrensbeschleunigung. Die materielle Wirkung führt darüber hinaus zu einem Ausschluss der Berücksichtigung dieser Belange in einem nachfolgenden Normenkontrollverfahren, sie führt daher zugleich zu mehr Rechtssicherheit hinsichtlich der durch die Gemeinde beschlossenen Planung.

Achtung: Aufgrund der nur eingeschränkten materiellen Präklusion des § 4a VI BauGB behält das Abwägungsgebot jedenfalls dann Vorrang, wenn ansonsten das Grundgerüst der Planung in Frage gestellt würde.

23 Gemäß § 2 II BauGB besteht bei Auswirkungen, die die Gemeindegrenzen überschreiten, die Pflicht, Bauleitpläne aufeinander abzustimmen **(Abstimmungsgebot).** Die Vorschrift betrifft das materielle Verhältnis der Bauleitpläne benachbarter Gemeinden zueinander, das Abgestimmtsein des Plans (BVerwG, BauR 2003, 55; NVwZ 2006, 458; OVG Münster, NVwZ-RR 2006, 450; BauR 2017, 214 [215]; s.a. *Hoffmann,* NVwZ 2010, 738). Das Abstimmungsverfahren selbst regelt sich nach den §§ 4, 4a BauGB, weil auch Nachbargemeinden zu den Trägern öffentlicher Belange zählen (die Falllösung bei *M/S,* Fälle, S. 18f.). Aus der Planungshoheit und der Notwendigkeit interkommunaler Planungen ergibt sich ein Klagerecht der übergangenen Nachbargemeinden (s.a. BVerwG, NVwZ 1990, 657; OVG Hamburg, ZfBR 2020, 72 [73]; sowie unten *§ 9 Rn. 39;* umfassend *B/K/L,* BauGB, § 2 Rn. 22f.).

IV. Öffentlichkeitsbeteiligung

24 Die Beteiligung von Bürgern im Aufstellungsverfahren der Bauleitplanung dient neben anderen Zwecken insbesondere einer **besseren Information** der planaufstellenden Gemeinde und einem frühzeitig, nämlich im Verfahren einsetzenden **Rechtsschutz** der Bürger (BVerwG, NVwZ 1998, 946). Wie schon im Rahmen der Behördenbeteiligung sind die Vorschriften über die Öffentlichkeitsbeteiligung durch unionsrechtliche Anforderungen geprägt, die ihrerseits auf völkerrechtliche Vorgaben zurückgehen (dazu *v. Danwitz,* NVwZ 2004, 272; *Krautzberger,* DVBl 2005, 197f.; *Schlacke,* ZUR 2011, 312 [315f.]).

Wichtig: § 3 BauGB enthält – ähnlich wie § 4 BauGB – ein System der **abgestuften Öffentlichkeitsbeteiligung.** Während die vorgezogene Öffentlichkeitsbeteiligung den ersten Schritt darstellt, bildet das förmliche Beteiligungsverfahren die zweite Stufe der Beteiligung der Bürger am Bauleitplanverfahren.

1. Frühzeitige Öffentlichkeitsbeteiligung

25 Die Bürger sind gemäß § 3 I 1 BauGB an der Bauleitplanung zu beteiligen, indem sie „möglichst frühzeitig über die allgemeinen Ziele und Zwecke der

Planung, sich wesentlich unterscheidende Lösungen, die für die Neugestaltung oder Entwicklung eines Gebiets in Betracht kommen, und die voraussichtlichen Auswirkungen der Planung öffentlich zu unterrichten" sind (sog. frühzeitige Öffentlichkeitsbeteiligung; weiterführend *Bönker,* in: H/B/G, ÖffBauR, § 5 Rn. 189ff.; Schroedter-*ders.,* BauGB, § 3 Rn. 40f.; Falllösung bei *M/S,* Fälle, S. 5 [12]); dabei ist auch Gelegenheit zur Äußerung und Erörterung zu geben.

Zur Öffentlichkeit in diesem Sinne gehört jede natürliche oder juristische Person, die betroffen ist oder ein sonstiges Interesse an der Bauleitplanung hat oder dieses zeigt (*B/K/L,* BauGB, § 3 Rn. 6). Die erforderliche öffentliche Unterrichtung über die Ziele, Auswirkungen und Alternativen der Planung hat möglichst **frühzeitig** zu erfolgen, d.h. sobald die Planung bereits ausreichend konkret und damit diskussionsfähig ist; jedenfalls bevor ein auslegungsfähiger Planentwurf vorliegt. Die Beteiligung der Bürger kann deshalb bereits vor dem Planaufstellungsbeschluss i.S.d. § 2 I 1 BauGB einsetzen, sofern beschreibbare und erörterungsfähige Planungsvorstellungen vorhanden sind – etwa im Zusammenhang mit einer informellen Stadtteilentwicklungsplanung (*E/M/S,* BesVwR, Rn. 904; *B/K/L,* BauGB, § 3 Rn. 8; praktische Beispiele bei *Stüer,* Bebauungsplan, Rn. 635). 26

Nach § 3 I 3 BauGB kann die Gemeinde in zwei ausdrücklich aufgeführten Fällen (abschließender, nicht auslegungsfähiger Katalog) **von** der vorgezogenen **Bürgerbeteiligung absehen** (Schroedter-*ders.,* BauGB, § 3 Rn. 49f.; *Stüer,* Bebauungsplan, Rn. 637f.). Zudem stellt § 3 I 4 BauGB klar, dass aus Gründen der Verfahrensbeschleunigung nur eine einmalige vorgezogene Bürgerbeteiligung notwendig ist (weiterführend Schroedter-*ders.,* BauGB, § 3 Rn. 53). 27

2. Förmliche Auslegung

Aus dem Ergebnis der einzelnen Anhörungen – und soweit es mit den Planungszielen der Gemeinde vereinbar ist –, entsteht ein **Planentwurf,** der dem Gemeinderat zur Annahme vorzulegen ist. Wird er nicht angenommen, muss die Verwaltung den Entwurf solange umarbeiten, bis ihn die Gemeindevertretung genehmigt. Liegt ein geeigneter Planentwurf vor, so beschließt der Gemeinderat die öffentliche Auslegung dieses Entwurfs zusammen mit der Begründung einschließlich der Angaben nach § 2a BauGB (§ 5 V bzw. § 9 VIII BauGB; dazu Schroedter-*ders.,* BauGB, § 3 Rn. 55f.). Daran schließt sich die zweite Phase der Öffentlichkeitsbeteiligung an: 28

a) Bekanntmachung

Die beabsichtigte öffentliche Auslegung ist formgerecht bekanntzumachen (§ 3 II 2 BauGB; VGH Mannheim, VBlBW 2011, 280 [281]). Art und Weise der Bekanntmachung regelt grundsätzlich das Landesrecht (dazu oben *Rn.* 7). Seit 2017 ist eine zusätzliche Bekanntmachung im Internet obligatorisch (§ 4a 29

Abs. 4 BauGB). Die Bekanntmachung **muss** folgende Informationen **beinhalten** (VGH Mannheim, NVwZ-RR 2005, 157; *E/M/S,* BesVwR, Rn. 906; *B/K/L,* BauGB, § 3 Rn. 14):

30 – Art des Planes (Flächennutzungsplan bzw. Bebauungsplan) und dessen räumlichen Geltungsbereich;
– Ort der Auslegung (Gemeindeverwaltung, Ort und Straßenbezeichnung);
– Dauer der Auslegung (gemeint sind hierbei die Tage, an denen ausgelegt wird, d.h. etwa „vom ... bis zum“);
– Angaben dazu, welche Arten umweltbezogener Informationen (dazu BVerwGE 134, 308; VGH Mannheim, BauR 2010, 1636; ZfBR 2011, 281 [282]; Stüer, DVBl 2011, 381 [382]) verfügbar sind;
– Hinweis, dass während des Auslegungszeitraumes Stellungnahmen beigebracht werden können (sog. Anstoßfunktion; dazu BVerwGE 55, 369 [376]);
– Hinweis, dass nicht fristgerecht abgegebene Stellungnahmen bei der Beschlussfassung über den Bauleitplan unberücksichtigt bleiben können.

31 Die Bekanntmachung hat mindestens 1 Woche vor Beginn der Auslegung zu erfolgen. Für die Bekanntmachungsfrist (1 Woche) gilt § 187 I BGB, d.h. der Tag der Bekanntmachung wird nicht mitgerechnet. Es sind weiterhin Ort und Dauer (1 Monat) der Auslegung mitzuteilen. Die Träger öffentlicher Belange sind gesondert zu benachrichtigen (§ 3 II 3 BauGB), damit sie überprüfen können, ob ihre Belange im Entwurf berücksichtigt sind.

b) Auslegung

32 An die Bekanntmachung der Auslegung schließt sich diese selbst an (Offenlegung), § 3 II 1 BauGB. Die ausgelegten Unterlagen müssen zusätzlich im Internet und auf einem zentralen Internetportal des Bundeslandes zur Verfügung gestellt werden (§ 4a IV BauGB). Die **Auslegungsfrist** dauert regelmäßig 1 Monat, bei einem Fristbeginn im Februar allerdings 30 Tage und kann aus wichtigen Gründen verlängert, nicht aber verkürzt werden (zum Verhältnis der Fristen für Bekanntmachung und Auslegung BVerwG, NVwZ 2003, 1391). Für die Auslegungsfrist gilt § 187 II BGB, der erste Tag der Auslegung wird also mitgerechnet (zur Dauer s.a. OVG Lüneburg, BauR 2009, 1103). Über die fristgemäß vorgebrachten Stellungnahmen fasst die Gemeindevertretung einen Beschluss und teilt das Ergebnis den Betroffenen in Gestalt einer Prüfungsmitteilung mit (§ 3 II 4 BauGB; dazu BVerwGE 110, 118; BauR 2003, 216). Bei gleichen Anregungen von mehr als fünfzig Personen ist gemäß § 3 II 5 BauGB ein besonderes Massenverfahren vorgesehen (s.a. § 73 V VwVfG).

Wichtig: Die Mitteilung des Prüfungsergebnisses ist mangels Regelungscharakter kein Verwaltungsakt und kann als nicht selbstständig anfechtbare Verfahrenshandlung auch nach In-Kraft-Treten des Bauleitplans erfolgen (VGH München, NVwZ-RR 1997, 684).

Achtung: Die Mitteilung des Prüfungsergebnisses ist nicht Voraussetzung für die Wirksamkeit des Bauleitplans (BVerwG, BauR 2009, 609).

Bei **Änderung** oder **Ergänzung des Planentwurfs** im laufenden Verfahren gelten nach Maßgabe des § 4a III BauGB besondere Vorgaben (dazu BVerwG, DÖV 2014, 937; VGH München, BayVBl 2009, 275; *Stüer,* DVBl 2010, 333 [334]). Im Rahmen der zwingend gebotenen erneuten Auslegung und Beteiligung der Träger öffentlicher Belange (§ 4a III 1 BauGB) kann bestimmt werden, dass Stellungnahmen nur zu den geänderten oder ergänzten Teilen vorgebracht werden können (§ 4a III 2 BauGB). Sowohl die Dauer der Auslegung als auch die Frist zur Stellungnahme können „angemessen" – nach § 3 III 2 BauGB a.F. waren dies zwei Wochen – verkürzt werden (§ 4a III 3 BauGB). Werden durch die Änderung oder Ergänzung des Entwurfs eines Bauleitplans die Grundzüge der Planung nicht berührt, können gem. § 4a III 4 BauGB weitere Beschränkungen der Beteiligung vorgenommen werden (zu grundsätzlichen Fragen bzgl. der Änderung oder Ergänzung des Bauleitplan-Entwurfs und der Auslegung VGH Mannheim, VBlBW 1997, 22 [25f.]; *B/K/L,* BauGB, § 4a Rn. 4f.; Schroedter-*Köster,* BauGB, § 4a Rn. 5ff.). 33

Achtung: Aufgrund § 4b BauGB kann die Gemeinde einzelne Verfahrensschritte – insb. die Öffentlichkeitsbeteiligung nach § 3 BauGB und die Behördenbeteiligung nach § 4 BauGB – an Private übertragen. Die Regelung zielt nicht auf eine Beleihung eines Privaten ab, vielmehr geht es i.S. einer funktionalen Privatisierung um den Einsatz eines neutralen Verwaltungshelfers. Übertragbar sind nur Verfahrensschritte, die die eigentliche Abwägungsentscheidung nicht betreffen. Der Private wird nicht hoheitlich tätig, die Letztentscheidungsbefugnis bleibt bei der Gemeinde, die auch nach außen verantwortlich ist.

V. Satzungsbeschluss

Nach Abschluss des Beteiligungsverfahrens erfolgt – in öffentlicher Sitzung (VGH Mannheim, DVBl 2011, 912 [913f.]) – die Beschlussfassung des Gemeinderates (nicht eines Ausschusses, OVG Münster, ZfBR 2008, 802 [806]) über den Bauleitplan. Im Gegensatz zum **Flächennutzungsplan,** bei dem ein **bloßer Feststellungsbeschluss** des Gemeinderates ausreicht, muss der Bebauungsplan gemäß § 10 I BauGB von der Gemeindevertretung als Satzung beschlossen werden (dazu BVerwG, ZfBR 2008, 1461; VGH München, BayVBl 2009, 344; VGH Kassel, BauR 2004, 1046). Dieser Beschluss kann mit dem Beschluss über die Stellungnahmen verbunden werden, unterliegt 34 aber hinsichtlich seines Zustandekommens den für Satzungen geltenden Vorschriften (Textbeispiele bei *Stüer,* Bebauungsplan, Rn. 685).

35 Damit gelten die **Mitwirkungsverbote** des Kommunalrechts im Bauplanungsrecht gegenüber diesen und sonstigen Beschlüssen (etwa dem Aufstellungsbeschluss gem. § 2 I BauGB), allerdings in einer den besonderen Gegebenheiten der städtebaulichen Planung angepassten Weise (dazu unten den Fall 2 „Krumme Eiche"). Dies liegt darin begründet, dass ohne eine solche Modifizierung die Gemeinde ihrer grundgesetzlich geschützten Planungshoheit nicht nachkommen könnte, weil die konsequente Anwendung der kommunalrechtlichen Befangenheitsvorschriften eine Beschlussfassung etwa über den Flächennutzungsplan regelmäßig ausschlösse. Denn der Beschluss über die Nutzung aller im Gemeindegebiet gelegenen Grundstücke bringt regelmäßig Vor- bzw. Nachteile für Gemeinderatsmitglieder und deren Verwandte (etwa § 31 GO NRW oder § 24 KV M-V) mit sich (Falllösungen bei *Röhl,* Jura 2006, 725; *Waldhoff,* JuS 2011, 1143).

36 Aufgrund dessen wird im Rahmen begrenzender Auslegung der kommunalrechtlichen Befangenheitsvorschriften zwischen massiven Interessenkollisionen, die zum Mitwirkungsverbot führen, und irrelevanten, untergeordneten bzw. ganz entfernten Interessenkollisionen unterschieden (*Bönker,* in: H/B/G, ÖffBauR, § 5 Rn. 234f.; *Erbguth/Schubert,* ÖffBauR, § 5 Rn. 35; Beispiele bei *Friege,* in: Gronemeyer, BauGB, § 10 Rn. 18). Letzteres ist grundsätzlich bei gemeindeweiten Planungen anzunehmen (Flächennutzungsplan), während Mitwirkungsverbote eher im Falle von Teilplanungen für das Gemeindegebiet auftreten (Teiländerung des Flächennutzungsplans, Bebauungsplan).

Achtung: Der Ausschluss erfasst regelmäßig die Mitwirkung im gesamten Aufstellungsverfahren (OVG Koblenz, NVwZ 1984, 670).

VI. Genehmigungs- und Anzeigeverfahren

37 Der von der Gemeinde beschlossene Bauleitplan ist der höheren Verwaltungsbehörde zur Kontrolle vorzulegen (§§ 6, 10 II, 246 Ia BauGB). Sie ist für Flächennutzungspläne und Bebauungspläne unterschiedlich ausgestaltet. In jedem Fall sind die nicht berücksichtigten Stellungnahmen mit einer Stellungnahme der Gemeinde beizufügen (§ 3 II 6 BauGB). Es handelt sich bei dieser Kontrolle um eine **staatliche Sonderaufsicht,** die gegenüber dem allgemeinen Kommunalaufsichtsrecht spezieller ist. Bis zum Inkrafttreten der Bauleitpläne sind kommunalaufsichtliche Maßnahmen folglich ausgeschlossen.

Achtung: § 216 BauGB stellt klar, dass die höhere Verwaltungsbehörde verpflichtet ist, im Genehmigungsverfahren den Bauleitplan ohne Einschränkung durch die §§ 214, 215 BauGB auf seine Rechtmäßigkeit zu überprüfen. Es ist in diesem Verfahrensstadium folglich die Einhaltung sämtlicher im Planaufstellungsverfahren oder im Verfahren zum Erlass eines Bebauungsplans zu beachtenden Vorschriften zu prüfen. Die Prüfungsberechtigung der höheren Verwaltungsbehörde reicht also weiter als die des Verwaltungsgerichts.

1. Flächennutzungsplan

Der Flächennutzungsplan bedarf gem. § 6 I BauGB der **Genehmigung** der 38
höheren Verwaltungsbehörde (ausführlich *Stüer,* Bebauungsplan, Rn. 692f.). Das Genehmigungsverfahren dient ausschließlich der **Rechtmäßigkeitskontrolle** (§ 6 II BauGB). Der Genehmigungsbehörde ist es nicht gestattet, den Flächennutzungsplan auf seine Zweckmäßigkeit zu überprüfen oder ihren Vorstellungen über eine „bessere" Planung durch Verweigerung der Genehmigung Nachdruck zu geben (*F/O/K,* ÖffBauR I, § 6 Rn. 73; *Stüer,* Bebauungsplan, Rn. 699ff.). Die Genehmigung darf mithin nur versagt werden, wenn der Flächennutzungsplan nicht ordnungsgemäß zustande gekommen ist oder inhaltlich dem BauGB oder sonstigen Rechtsvorschriften widerspricht.

Über die Genehmigung ist binnen drei Monaten zu entscheiden (§ 6 IV 1 39
BauGB), sofern nicht die **Frist** aus wichtigem Grund von der übergeordneten Behörde verlängert wird. Wird die Genehmigung nicht fristgerecht unter Angabe von Gründen abgelehnt, gilt sie nach § 6 IV 4 BauGB als erteilt.

Ist der Flächennutzungsplan rechtlich nicht zu beanstanden, **muss** die Ge- 40
nehmigung erteilt werden. Entspricht er in seinem Inhalt nur teilweise dem Gesetz, können die nicht zu beanstandenden Teile vorweg genehmigt oder die zu beanstandenden Teile von der Genehmigung ausgenommen werden (*Stüer,* DVBl 2010, 333 [334 m.w.N.]). Lassen sich die Versagungsgründe ausräumen, kann die Genehmigung mit der Auflage versehen werden, dass die Gemeinde die Mängel vor Inkraftsetzung des Plans beseitigt (zu möglichen Nebenbestimmungen BVerwGE 95, 123; *Reidt,* in: B/R/S, BauPlR, Rn. 875f.; *Stüer,* Bebauungsplan, Rn. 708f.).

Achtung: Voraussetzung für die Wirksamkeit eines Bauleitplanes, der mit Auflagen oder Maßgaben genehmigt wurde, ist ein sog. **Beitrittsbeschluss,** mit dem die Gemeinde die Forderungen der Genehmigungsbehörde erfüllt (BVerwG, BauR 1997, 603; DVBl 1989, 1105).

2. Bebauungsplan

Im Unterschied zu Flächennutzungsplänen müssen nicht alle Bebauungs- 41
pläne genehmigt werden. Eine **Genehmigung** braucht nach § 10 II 1 BauGB

- der selbstständige Bebauungsplan (§ 8 II 2 BauGB),
- der im Parallelverfahren nach § 8 III 2 BauGB entwickelte und
- der vorzeitige Bebauungsplan (§ 8 IV BauGB).

Für Genehmigungsmaßstab, Genehmigungsverfahren und Genehmigungsinhalt ist gem. § 10 II 2 BauGB der für die Genehmigung des Flächennutzungsplans geltende § 6 II bis IV BauGB entsprechend anzuwenden.

Achtung: Eine Genehmigung nach §§ 10 II 1, 8 III 2 BauGB ist nicht erforderlich, wenn der im Parallelverfahren aufgestellte Flächennutzungsplan zum Zeitpunkt der Bekanntmachung des Bebauungsplans bereits von der höheren Verwaltungsbehörde genehmigt, aber mangels Bekanntmachung der Genehmigung (§ 6 V 1, 2 BauGB) noch nicht wirksam geworden ist (BVerwG, ZfBR 2008, 687).

Prozessualer Hinweis: Gegen die Nichterteilung der Genehmigung (Verwaltungsakt) steht den planenden Gemeinden Widerspruch und Verpflichtungsklage zu. Dies ergibt sich aus der (potentiellen) Verletzung der gemeindlichen Planungshoheit, die ein Kernbereich der gemeindlichen Selbstverwaltung ist (dazu *§ 2 Rn. 15f.*).

42 Alle anderen Bebauungspläne sind der Aufsichtsbehörde lediglich dann **anzuzeigen,** wenn die Länder dies nach § 246 Ia BauGB bestimmt haben. Soweit diese Ermächtigung von den Ländern genutzt worden ist, hat die höhere Verwaltungsbehörde die Verletzung von Rechtsvorschriften entsprechend § 6 II BauGB innerhalb eines Monats nach Eingang der Anzeige geltend zu machen (§ 246 Ia 2 BauGB). Macht die Aufsichtsbehörde einen Versagungsgrund geltend, darf die Gemeinde den Bebauungsplan nicht in Kraft setzen (§ 246 Ia 3 BauGB).

Prozessualer Hinweis: Die Geltendmachung eines Versagungsgrundes ist rechtlich ein das Inkraftsetzen des Bebauungsplans untersagender Verwaltungsakt, den die Gemeinde anfechten kann.

Wichtig: Ist die Genehmigung erteilt und der Bebauungsplan mit der Bekanntmachung in Kraft getreten, kann der Plan nicht mehr durch Rücknahme oder Widerruf der Genehmigung beseitigt werden. Es muss vielmehr – etwa im Wege der Normenkontrolle – der Rechtssatz selbst rückgängig gemacht werden (BVerwG, SächsVBl. 1998, 236).

VII. Ausfertigung und Öffentliche Bekanntmachung

43 Wenn der Bauleitplan die aufsichtsbehördliche Kontrolle erfolgreich absolviert hat (oder eine solche nicht erforderlich ist), ist die Gemeinde verpflichtet, ihn in Kraft zu setzen und damit das Planungsverfahren abzuschließen. Vor dem Bekanntmachungsakt bedarf es dabei allerdings einer **Ausfertigung,** die rechtsstaatlichen Mindestanforderungen genügt (BVerwG, NVwZ-RR 1999, 161; VGH Mannheim, DÖV 2009, 544; OVG Bautzen, NVwZ-RR 2001, 426). Im Grundsatz müssen die maßgeblichen Planbestandteile in der Fassung, die dem Ratsbeschluss zu Grunde lag, jeweils einzeln oder in körperlicher Verbindung als authentisch bestätigt und handschriftlich unterzeichnet werden (*Reidt,* in: B/R/S, BauPlR, Rn. 886ff.; *Bönker,* in: H/B/G, ÖffBauR, § 5 Rn. 252f.; *Stüer,* DVBl 2008, 270 [274]).

Achtung: Der Mangel einer unterbliebenen oder fehlerhaften Ausfertigung kann auch während eines anhängigen Normenkontrollverfahrens ohne erneute Ratsbefassung durch Neuausfertigung und Neubekanntmachung geheilt werden (OVG Lüneburg, BauR 2009, 1182).

Der **Flächennutzungsplan** wird nach § 6 V BauGB dadurch in Kraft gesetzt, dass die Gemeinde seine **Genehmigung ortsüblich bekannt macht.** **44** Aus der Bekanntmachung muss zumindest hervorgehen, dass, wann und von wem der Flächennutzungsplan genehmigt worden ist. Da der **Bebauungsplan** als gemeindliche Satzung Rechtsnorm ist, gebietet es das Rechtsstaatsprinzip, ihn **zu verkünden** (BVerwGE 44, 244 [249f.]; BVerfGE 65, 283 [291]; umfassend dazu *F/O/K,* ÖffBauR I, § 6 Rn. 81f.). Verkündung bedeutet, dass die Rechtsnorm der Öffentlichkeit förmlich in einer Weise zugänglich gemacht wird, die es jedermann gestattet, sich verlässlich Kenntnis von ihrem Inhalt zu verschaffen. § 10 III BauGB hat zu diesem Zweck ein zweistufiges Verfahren vorgesehen, das aus einer das Bebauungsplanverfahren abschließenden **„Schlussbekanntmachung"** (die Textbeispiele bei *Stüer,* Bebauungsplan, Rn. 714) und dem Bereithalten des Bebauungsplans zu jedermanns **Einsicht** besteht.

Als Schlussbekanntmachung bezeichnet man die von § 10 III 1 BauGB vorgesehene ortsübliche Bekanntmachung (dazu oben *Rn.* 7) der Erteilung der **45** Plangenehmigung oder den Beschluss des Bebauungsplans durch die Gemeinde (BVerwG, ZfBR 2010, 581; OVG Münster, NVwZ-RR 2005, 7; aktuelle Rechtsprechung bei *Stüer,* DVBl 2010, 333 [335]; *ders.,* DVBl 2011, 381 [389]). Sodann hat die Gemeinde den Bebauungsplan und seine Begründung von der Schlussbekanntmachung an während der Dienststunden an der in der Bekanntmachung bekanntgegebenen Stelle zu jedermanns Einsicht bereit zu halten und auf Verlangen über den Inhalt Auskunft zu geben (dazu BVerwG, UPR 2011, 24; OVG Weimar, ThürVBl. 2005, 89; zur rückwirkenden Bekanntmachung eines Bebauungsplans BVerwG, NVwZ 2001, 203). Seit 2017 ist als Sollbestimmung zusätzlich vorgesehen, dass wirksame Flächennutzungs- und Bebauungspläne einschließlich der zusammenfassenden Erklärungen auf einen Landesportal im Internet veröffentlicht werden (§§ 6a II, 10a II BauGB).

VIII. Sonderfälle

46 Auf einige Besonderheiten im Verfahren der Bauleitplanung, die in Ausbildung und Prüfung allerdings keine zentrale Rolle spielen, sei hingewiesen:

47 Da Auswirkungen im Zuge der Verwirklichung städtebaulicher Planungen nicht an Staatsgrenzen Halt machen, sieht § 4a V BauGB eine **grenzüberschreitende Beteiligung** mit der Einbeziehung nachbarstaatlicher Gemeinden und Behörden wie auch der Öffentlichkeit vor (weiterführend *E/M/S,* BesVwR, Rn. 915f.; *B/K/L,* BauGB, § 4a Rn. 7f.; Schroedter-*Köster,* BauGB, § 4a Rn. 22ff.).

48 Im Fall der **Änderung, Ergänzung** und **Aufhebung** von **Bauleitplänen** sind grundsätzlich die dargestellten Vorschriften über deren erstmalige Aufstellung beachtlich (§ 1 VIII BauGB; dazu BVerwG, BauR 2012, 53; zum eingeschränkten Planungsermessen bei Bebauungsplanänderungen OVG Lüneburg, NVwZ-RR 2005, 9; OVG Schleswig, NVwZ-RR 2005, 156). Dabei hat der Gesetzgeber allerdings in § 13 BauGB ein **vereinfachtes Verfahren** eingeführt, um bei Änderungen und Ergänzungen von Bauleitplänen von eher untergeordneter Bedeutung eine Verfahrensbeschleunigung zu erreichen. Die Vereinfachung besteht in **geringere Anforderungen** an die **Beteiligungsverfahren** und im **Wegfall der Umweltprüfung** (dazu *Bönker,* in: H/B/G, ÖffBauR, § 5 Rn. 271ff.; *Erbguth/Schubert,* ÖffBauR, § 5 Rn. 57ff.; *Stüer,* Bebauungsplan, Rn. 738ff.; *Schink,* UPR 2019, 201 [203]; aus der Rspr. BVerwG, BauR 2001, 207; NVwZ-RR 2000, 759; BauR 2007, 331; OVG Münster, NVwZ-RR 2008, 13).

49 Das vereinfachte Verfahren kann in folgenden Fällen angewendet werden:

- Aufhebung vorhabenbezogener Bebauungspläne (§ 12 VI BauGB);
- Änderung oder Ergänzung von Bauleitplänen ohne Änderung der Grundzüge (§ 13 I 1 BauGB);
- Aufstellung eines Bebauungsplans im nicht beplanten Innenbereich bei nicht wesentlicher Veränderung des aus der Umgebung hervorgehenden Zulässigkeitsmaßstabes (§ 13 I 1 BauGB);
- Aufstellung eines auf zentrale Versorgungsbereiche (§ 9 IIa BauGB) oder Vergnügungsstätten (§ 9 IIa BauGB) beschränkten Bebauungsplans (§ 13 I 1 BauGB);
- Entwicklungssatzung (§ 34 IV 1 Nr. 2, VI BauGB; § 16 Rn. 22);
- Ergänzungssatzung (§ 34 IV 1 Nr. 3, VI BauGB; § 16 Rn. 24f.);
- Außenbereichssatzung (§ 35 VI 5 BauGB; § 17 Rn. 77f.).

Das vereinfachte Verfahren ist jedoch in einigen Fällen ausgeschlossen, wenn nämlich die Zulässigkeit eines UVP-pflichtigen Verfahrens begründet wird, Natura-2000-Gebiete beeinträchtigt werden könnten oder Probleme mit Störfallanlagen zu befürchten sind (§ 13 I Nr. 1–3 BauGB, ebenso § 13a I 4 u. 5 BauGB).

Eine praktisch wichtige Neuerung stellt § 13a BauGB dar, mit dem ein beschleunigtes Verfahren für **„Bebauungspläne der Innenentwicklung"** eingeführt wird (*F/O/K,* ÖffBauR I, § 6 Rn. 98ff.; *Schink,* UPR 2019, 201 [202]). Erfasst werden Bebauungspläne, die konkret „der Wiedernutzbarmachung von Flächen, der Nachverdichtung oder anderen Maßnahmen der Innenentwicklung" dienen. Damit soll ein Beitrag zur Reduzierung des Flächenverbrauchs geleistet werden, zum Beispiel durch die erleichterte Verdichtung von städtischen Gebieten, der stärkeren Einbeziehung des Bestandes und von brachliegenden Flächen sowie der Anpassung von Wohnquartieren an die Bedürfnisse des alten- und familiengerechten Wohnens. Ein weiterer wichtiger Anwendungsbereich sind Bebauungspläne für die Wiedernutzung stillgelegter Gewerbeflächen *(§ 5 Rn. 15).* § 13a BauGB wird ganz überwiegend für europarechtskonform gehalten (*Schink,* UPR 2019, 201 [205ff. m.w.N.]). 50

Befristet bis zum 31.12.2019 erweitert der 2017 eingeführte § 13b BauGB den Anwendungsbereich des beschleunigten Verfahrens auf Bebauungspläne, die Wohnnutzungen zulassen, nicht mehr als 10.000 qm erfassen und sich an im Zusammenhang bebaute Ortsteile anschließen. Der diesbezügliche Satzungsbeschluss muss bis zum 31.12.2021 gefasst sein. Diese Neuregelung dient der Erleichterung des Wohnungsbaus (BT-Drucks. 18/10942, S. 29 u. 32f.; *Krautzberger/Stüer,* BauR 2017, 474 [477]). Die neue Bestimmung wird zu Recht kritisiert, weil sie zum Flächenverbrauch einlädt und dem Grundsatz des Vorrangs der Innen- vor der Außenentwicklung aus § 1 V 3 BauGB zuwiderläuft (*Bunzel,* ZfBR 2017, 220 [224f.]; s.a. *Krautzberger/Stüer,* DVBl 2018, 7 [11]). Überdies wird § 13b BauGB Europarechtswidrigkeit bescheinigt, weil die Vorgaben des Art. 3 III der Richtlinie über die strategische Umweltprüfung nicht ausreichend beachtet worden seien (*Schink,* UPR 2019, 201 [207f.]; zweifelnd *F/O/K,* ÖffBauR I, § 6, Rn. 106a).

Elemente des **beschleunigten Verfahrens** sind (*B/K/L,* BauGB, § 13a Rn. 11f.; *Koch/Hendler,* BRL, § 15, Rn. 52ff.): 51

- die Anwendung der Vorschriften über das vereinfachte Verfahren nach § 13 II, III BauGB;
- die Möglichkeit der Abweichung von Darstellungen des Flächennutzungsplans (dieser muss aber später angepasst werden);
- die angemessene Berücksichtigung von Investitionen zur Erhaltung, Sicherung und Schaffung von Arbeitsplätzen, zur Versorgung der Bevölkerung mit Wohnraum oder zur Verwirklichung von Infrastrukturmaßnahmen in der Abwägung;
- die Nichterforderlichkeit eines Ausgleichs für Eingriffe in die Natur und das Landschaftsbild in bestimmten Fällen;
- der Wegfall der Notwendigkeit einer förmlichen Umweltprüfung bei Bebauungsplänen, in denen eine Grundfläche von weniger als 20000 qm festgesetzt wird; bei Flächen von 20000 bis weniger als 70000 qm muss die

Gemeinde auf Grund einer Vorprüfung des Einzelfalls zu der Einschätzung gelangen, dass der Bebauungsplan voraussichtlich keine erheblichen Umweltwirkungen hat; bei Plänen, für die eine Pflicht zur Umweltverträglichkeitsprüfung nach dem UVPG oder nach Landesrecht besteht, bleibt das beschleunigte Verfahren ausgeschlossen; es ist auch nicht anwendbar, wenn Anhaltspunkte für eine Beeinträchtigung der in § 1 VI Nr. 7b BauGB genannten Schutzgüter bestehen (dazu EuGH, DVBl 2013, 777 m. Anm. Stüer/Garbrock).

Achtung: Von den Änderungs- und Ergänzungsmöglichkeiten nach den §§ 1ff. BauGB zu unterscheiden ist das **ergänzende Verfahren** i.S. des § 214 IV BauGB, in dem mängelbehaftete Bauleitpläne geheilt werden können (dazu unten *§ 8 Rn. 35f.*).

52 Die Gemeinde (wie auch die höhere Verwaltungsbehörde) hat **keine Verwerfungskompetenz,** sie kann also nicht etwa einen für nichtig erachteten oder erkannten Bauleitplan ohne förmliches Aufhebungsverfahren schlichtweg als unwirksam behandeln (*Bönker,* in: H/B/G, ÖffBauR, § 5 Rn. 267; s.a. BVerwG, NVwZ 2001, 1035 [1037f.]).

53 Zu den Besonderheiten (gemeindeübergreifender) **gemeinsamer Bauleitplanung** *E/M/S,* BesVwR, Rn. 946f.; *Bönker,* in: H/B/G, ÖffBauR, § 3 Rn. 147ff.

Fall 2: Krumme Eiche

54 Formelle Anforderungen an die Bauleitplanung (Bekanntmachung des Planaufstellungsbeschlusses, Behördenbeteiligung, Bekanntmachung der Auslegung, Auslegung, Mitwirkungsverbote des Kommunalrechts).

Sachverhalt

Im Hinblick auf den Bebauungsplan „Krumme Eiche" der nordrhein-westfälischen Stadt S wendet sich ein Bürger der Stadt an die höhere Verwaltungsbehörde, um diese auf einige Unregelmäßigkeiten beim Zustandekommen des Planes hinzuweisen. So sei bereits der Planaufstellungsbeschluss nicht ortsüblich bekanntgemacht worden. Weiterhin habe der förmlichen Auslegung des Planentwurfs nur eine unvollständige Begründung beigelegen. Der Auslegungsort des Planentwurfs habe wegen des Umbaus des Planungsamtes innerhalb der Monatsfrist mehrfach gewechselt. In der Bekanntmachung über die öffentliche Auslegung des Entwurfes habe es indes geheißen: „Der Entwurf für den Bebauungsplan „Krumme Eiche" liegt ab sofort für die Dauer eines Monats während der Zeit von jeweils 8 bis 17 Uhr (montags bis freitags) im Planungsamt, Behördenmeile 4711, aus. Dort können auch Stellungnahmen vorgebracht werden. Diese müssen die Bezeichnung des betroffenen Grundstücks enthalten." Die „Blitz"-AG, die das Stadtgebiet von S und auch die umliegende Region mit Strom versorgt, sei nicht beteiligt worden. Zudem habe bei der Beschlussfassung über den Bebauungsplan ein Ratsmitglied (R) mitgestimmt, welches kurz zuvor im Plangebiet Gewerberäume angemietet habe. Verstoßen die aufgezeigten Umstände gegen die formellen Anforderungen an die Bauleitplanung?

Lösung

I. Verstoß gegen § 2 I 2 BauGB

Es könnte bereits die fehlende ortsübliche Bekanntmachung des Planaufstellungsbeschlusses gegen die formellen Anforderungen an die Bauleitplanung verstoßen. Die Regelung des § 2 I 2 BauGB sieht keinerlei Möglichkeit vor, von dem Erfordernis der ortsüblichen Bekanntmachung eines Aufstellungsbeschlusses abzusehen. Insbesondere steht die Entscheidung, ob ein solcher Beschluss bekanntzumachen ist, nicht im Ermessen der Gemeinde („... ist ..."). Somit ist bereits in diesem Punkt ein formeller Verstoß festzustellen (zu den Rechtsfolgen dieses Mangels s. u. *§ 8 Rn. 6*).

II. Verstoß gegen § 4 BauGB

Des Weiteren könnte die Einbeziehung der Behörden in das Verfahren fehlerhaft sein. Bei der „Blitz"-AG könnte es sich nur dann um einen Träger öffentlicher Belange handeln, der gemäß § 4 BauGB zu beteiligen gewesen wäre, wenn sie eine Stelle ist, der durch Gesetz oder auf Grund eines Gesetzes die Wahrnehmung öffentlicher Belange zugewiesen ist. Elektrizitätsversorgungsunternehmen haben – ungeachtet des in der Regel bestehenden privatrechtlichen und privatwirtschaftlichen Status – wegen des gewichtigen öffentlichen Interesses an der Erzeugung, Beschaffung und Verteilung von Energie solche öffentlichen Belange wahrzunehmen (*E/M/S,* BesVwR, Rn. 900). Folglich handelt es sich bei der „Blitz"-AG um einen Träger öffentlicher Belange. Unterlässt es die Gemeinde, auch nur einen Träger öffentlicher Belange zu beteiligen, obwohl gerade die von diesem als maßgeblich erachteten Gesichtspunkte das Planungsergebnis beeinflussen können, führt dies zu einem Verstoß gegen die formellen Anforderungen an die Bauleitplanung. Dies folgt auch aus dem Wortlaut des § 4 II BauGB, der ausdrücklich verlangt, dass die Gemeinde die Stellungnahmen „einholt". Dies ist eine bindende Verpflichtung ohne jeden Ermessensspielraum. Also ist ein Verstoß gegen § 4 BauGB gegeben.

III. Verstoß gegen § 3 II 2 BauGB (Bekanntmachung)

Auch die Bekanntmachung könnte mehrere Fehler aufweisen. So muss die Bekanntmachung der öffentlichen Auslegung des Planentwurfs gem. § 3 II 2 BauGB den Bebauungsplan, auf den sie sich bezieht, so bezeichnen, dass sie geeignet ist, den an der Planung Interessierten dieses Interesse bewusst zu machen und dadurch eine gemeindliche Öffentlichkeit herzustellen (BVerwGE 55, 369 [373 f.]; 69, 344). Dies ist jedenfalls dann nicht gegeben, wenn eine bloße Nummer des künftigen Bebauungsplans angegeben wird (BVerwG, NVwZ 2001, 203). Indes kann es den formalen Anforderungen genügen, wenn die Bekanntmachung zur Kennzeichnung des Plangebiets an geläufige geographische Bezeichnungen anknüpft. Die Anstoßfunktion ist insoweit gewährleistet, wenn der in der Bekanntmachung benutzte Name des Plangebiets allgemein geläufig ist, wobei auf die Ortsüblichkeit der Namensbenutzung abzustellen ist (BVerwGE 69, 344). Vor diesem Hintergrund dürfte die Bezeichnung des Bebauungsplans („Krumme Eiche") den formalen Anforderungen genügen.

Darüber hinaus verlangt § 3 II 2 BauGB, Ort und Dauer der Auslegung mindestens eine Woche vor dem Beginn der Monatsfrist bekannt zu machen. Diese Voraussetzung liegt im Beispielsfall nicht vor („... ab sofort ..."). Auch muss der Bürger erkennen können, wann die Frist beginnt und wann sie endet. Aus diesem Grund ist zumindest die Bekanntgabe des Anfangstages der Frist erforderlich (BVerwG, BauR 1992, 305f.), an der es fehlt.

Schließlich darf die Bekanntmachung nicht so gefasst werden, dass ein möglicherweise betroffener Bürger sich dadurch gehindert sieht, von sich aus auf die Planung zu reagieren (VGH München, NJW 1983, 297 [298]). Die Bekanntmachung darf insoweit keine Zusätze oder Einschränkungen enthalten, die geeignet sein könnten, auch nur einzelne an der Bauleitplanung interessierte Bürger von der Erhebung von Anregungen abzuhalten (BVerwG, NVwZ-RR 1997, 514). Ein solches Hindernis wird durch den zweiten Satz der Bekanntmachung errichtet, wodurch der Anschein erweckt wird, als müsse der Einwender persönlich erscheinen, eine schriftlich abgegebene Einwendung also nicht genüge (VGH München, a.a.O.). Auch der folgende Satz der Bekanntmachung kann als unzulässige Beschränkung verstanden werden, könnte man ihn doch so interpretieren, als dürften Stellungnahmen nur bei grundstücksmäßiger Betroffenheit vorgebracht werden. Dies findet im BauGB keine Grundlage (BVerwG, NVwZ-RR 1997, 514; VGH Mannheim, DVBl 1994, 1153). Somit ist die Bekanntmachung aus mehreren Gründen rechtsfehlerhaft.

IV. Verstoß gegen § 3 II 2 BauGB (Auslegung)

Überdies könnte die Auslegung den formellen Anforderungen an die Bauleitplanung widersprechen. Gem. § 3 II 1 BauGB sind die Entwürfe der Bebauungspläne mit der Begründung für einen Monat öffentlich auszulegen. Dem ist nicht Genüge getan, wenn eine nur unvollständige Begründung beigelegen hat. Überdies ist aus der gesetzlichen Formulierung des § 3 II 2 BauGB zu folgern, dass die Gemeinde an den in der Bekanntmachung aufgeführten Ort der Auslegung gebunden ist. Die auszulegenden Unterlagen müssen an dem bezeichneten Ort vollständig, sichtbar, griffbereit der Öffentlichkeit zugänglich sein (VGH Mannheim, BauR 1974, 40). Bei wechselnden Örtlichkeiten hätte eben dies den Bürgern bekanntgemacht werden müssen. Somit ist auch die Auslegung fehlerhaft.

V. Verstoß gegen Kommunalrecht

Schließlich könnte gegen die formellen Anforderungen an die Bauleitplanung verstoßen worden sein, weil der Bebauungsplan unter einer möglicherweise unzulässigen Mitwirkung des Ratsmitgliedes zustande gekommen ist. Nach § 31 I GO NRW (die übrigen kommunalverfassungsrechtlichen Länderregelungen enthalten identische Normen) darf niemand bei Angelegenheiten beratend oder entscheidend mitwirken, wenn die Entscheidung ihm selbst einen unmittelbaren Vor- oder Nachteil bringen kann. Dies bedeutet, dass Personen, die wegen eines unmittelbaren Eigeninteresses am Ausgang des Verfahrens nicht die Gewähr für eine unbeeinflusste Entscheidung bieten, von der Entscheidungsfindung ausgeschlossen sein sollen (OVG Münster, NJW 1979, 2632). Ein individuelles Sonderinteresse in diesem Sinne kann durch alle nur denkbaren materiellen und immateriellen Vor- und Nachteile begründet werden. Indes führt nicht jede theoretisch denkbare Auswirkung zu einem solchen Mitwirkungsverbot; es muss vielmehr die reale Möglichkeit i.S. einer hinreichenden Wahrscheinlichkeit eines unmittelbaren Sondervorteils oder -nachteils bestehen (OVG Münster, a.a.O.).

Bei Anwendung dieser Grundsätze ist in Bezug auf das **Ratsmitglied R** von einem unmittelbaren Vorteil durch die Entscheidung auszugehen. Zwar mag Grundeigentum im Plangebiet eher als Mietbesitz geeignet sein, die Besorgnis der Befangenheit zu begründen. Massive Interessenkollisionen können sich aber ebenso aufgrund einer Mieterstellung ergeben. Zudem bezieht sich der Mietvertrag auf ein gewerbliches Objekt, dessen Nutzungsmöglichkeiten und Wert wesentlich von der Geschäftslage abhängen. Die Geschäftslage aber wird regelmäßig durch die Festsetzungen eines Bebauungsplans beeinflusst. Die mit einem Plankonzept in der Regel verbundenen Vor- und Nachteile sind nicht nur für die Eigentümer, sondern auch für die Mieter eines durch die Planung direkt betroffenen gewerblichen Objekts von erheblicher Bedeutung (OVG Münster, NVwZ 1984, 667 [668]). Somit besteht hinsichtlich R ein kommunalrechtliches Mitwirkungsverbot.

Ergebnis: Somit liegen mehrere Verstöße gegen die formellen Anforderungen an die Bauleitplanung vor.

Prüfungsschema 1: Verfahrensschritte beim Zustandekommen von Bauleitplänen

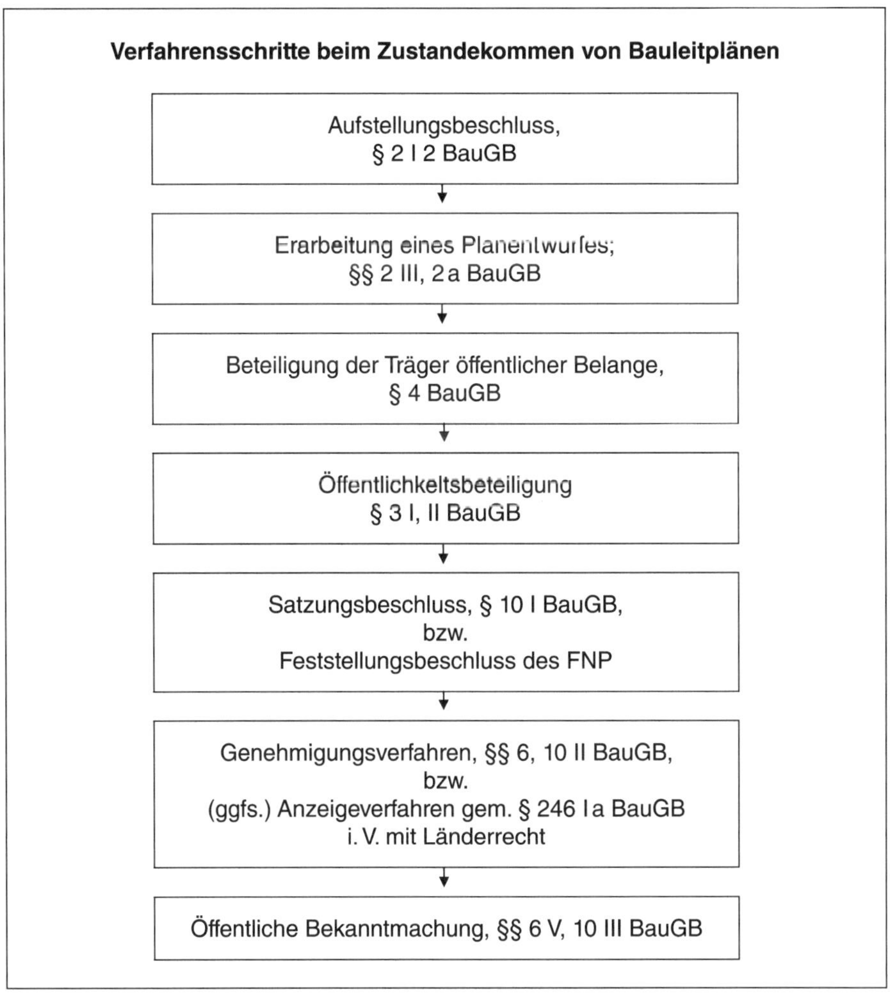

C. Kontrollfragen

1. Das Verfahren der Aufstellung von Bauleitplänen vollzieht sich in mehreren Schritten. Wo sind diese geregelt und welches sind die wichtigsten?
2. In welchen Verfahrensabschnitten und in welcher Form beteiligt das BauGB den Bürger an der gemeindlichen Bauleitplanung?
3. Können Behörden- und Öffentlichkeitsbeteiligung zeitgleich durchgeführt werden?
4. Welche Bedeutung kommt § 216 BauGB zu?

(Antworten auf S. 354)

§ 7. Rechtmäßigkeitsanforderungen an die Bauleitplanung – Materielle Anforderungen

1 Für die Festlegung des Inhalts der Bauleitpläne gilt: Im Grundsatz besitzt die Gemeinde aufgrund ihrer Planungshoheit (§ 2 I BauGB) planerische Gestaltungsfreiheit, die es ihr gestattet, sich mit Hilfe der Bauleitplanung ihre städtebauliche Individualität zu geben (etwa BVerwG, NVwZ-RR 1997, 83; NVwZ 1999, 1338). Hierbei ist sie allerdings an die nachfolgend dargestellten **rechtlichen Schranken** gebunden.

2 Von besonderer Relevanz ist in diesem Zusammenhang die Frage, ob die Einhaltung der nachfolgend aufgeführten Bestimmungen voll oder nur eingeschränkt gerichtlich **überprüfbar** ist. Dabei ist im Grundsatz von Folgendem auszugehen (*E/M/S,* BesVwR, Rn. 951 ff.): Einer vollständigen Nachprüfung unterliegt die Einhaltung der auf den Planinhalt bezogenen Vorschriften, vor allem der §§ 1 V, 5, 8 II 1, 9 BauGB; nur eingeschränkt kontrollierbar sind – aus Gründen planerischer Gestaltungsfreiheit – das Erforderlichkeitsgebot des § 1 III BauGB und die Abwägung nach § 1 VII BauGB.

A. Prinzip der Erforderlichkeit

I. Grundsatz

3 Nach § 1 III 1 BauGB ist die Planung als solche, mithin ihr „Ob", nicht in die freie Entscheidung der Gemeinde gestellt, sondern verdichtet sich dem Wortlaut der Vorschrift zufolge zu einer **Rechtspflicht,** sobald (Zeitpunkt) und soweit (allgemeiner sachlich/räumlicher Umfang) sie für die

städtebauliche Entwicklung oder Ordnung erforderlich ist (planungsrechtliche Erforderlichkeit). Ist dies nicht der Fall, darf nicht geplant werden. M.a.W. bedeutet dies: der Erlass erforderlicher Bauleitpläne ist geboten, der Erlass nicht erforderlicher Bauleitpläne verboten (BVerwGE 119, 25 [32], 153, 16 [18f.]; *B/K/L,* BauGB, § 1 Rn. 25; *E/M/S,* BesVwR, Rn. 954ff.).

Dabei hängt die Erforderlichkeit der Bauleitplanung zum einen von der planerischen Konzeption der Gemeinde ab, die nur einer eingeschränkten gerichtlichen Kontrolle zugänglich ist (BVerwG, NVwZ 2001, 1280; NVwZ-RR 2003, 7). Zum anderen beurteilt sich die Erforderlichkeit nach Sinn und Zweck eines derartigen Verfahrens: Während die Zulässigkeit von Vorhaben innerhalb der im Zusammenhang bebauten Ortsteile und im Außenbereich unmittelbar gesetzesabhängig (§§ 34f. BauGB) bestimmt ist, bedarf es der „Zwischenschaltung" der gemeindlichen Bauleitplanung dann, wenn das konkret anstehende Vorhaben in einem solchen Maße öffentliche und private Belange berührt, dass deren Ausgleich nur im Wege der förmlichen Bauleitplanung, namentlich mittels der hierbei durchzuführenden Abwägung (§ 1 VII BauGB) erfolgen und nicht dem Baugenehmigungsverfahren überlassen bleiben kann (BVerwG, NJW 1977, 1978). 4

Das Merkmal der Erforderlichkeit liegt vor, wenn vor dem Hintergrund der kommunalen Entwicklungsvorstellungen ein Vorgehen planerischer Art vernünftigerweise geboten erscheint, etwa wenn anderenfalls eine nachhaltige Entwicklung des Gemeindegebiets nicht sichergestellt werden kann (BVerwG, DVBl 2003, 62; BayVerfGH, BayVBl 2005, 558 [561]). 5

Beispiele:
- Nicht erforderlich ist etwa die Festsetzung eines Baugebietes allein zum Nutzen der Eigentümer (BVerwG, NVwZ 1999, 1338) oder eines bestimmten Investors (OVG Lüneburg, NVwZ-RR 2005, 9) oder ein Bebauungsplan, der aus zwingenden rechtlichen oder tatsächlichen Gründen dauerhaft nicht vollzogen werden kann (BVerwGE 116, 144 [146f.]; 108, 248; 109, 246 [249f.]; BVerwG, ZfBR 2017, 261).
- Erforderlich sein kann demgegenüber die Festsetzung einer Fläche für ein Schulzentrum oder ein Pflegeheim, welche die Gemeinde nach der von ihr erstrebten künftigen Entwicklung für notwendig hält, auch wenn eine alsbaldige Realisierung nicht beabsichtigt ist (OVG Koblenz, NVwZ 1985, 766).
- Ein Bebauungsplan kann auch dann erforderlich sein, wenn das Plangebiet bereits weitgehend bebaut ist und der Plan eine bisher vorhandene Bebaubarkeit eines Grundstücks einschränkt (BVerwG, NVwZ-RR 1997, 83).

Auch wenn das Merkmal der Erforderlichkeit für die städtebauliche Entwicklung und Ordnung nur bei groben und einigermaßen offensichtlichen Missgriffen eine wirksame Schranke der gemeindlichen Planungshoheit bietet, bleibt als wesentlich hervorzuheben, dass jede Bauleitplanung auf eine geordnete städtebauliche Entwicklung ausgerichtet zu sein und diese zu gewährleisten hat (BVerwGE 153, 16, 19; OVG Münster, DVBl 2017, 386 [390]; *Stüer,* DVBl 2011, 381 zu „gegenläufigen" Planungszielen). Das Planungsermessen 6 der Gemeinde verdichtet sich vor diesem Hintergrund zur strikten Planungspflicht, wenn qualifizierte städtebauliche Gründe von besonderem Gewicht vorliegen (BVerwG, NVwZ 2004, 220; *Stüer,* DVBl 2005, 461 [462]).

Beispiel:
- Angenommen wird dies etwa bei erheblich negativen Auswirkungen von Einkaufszentren oder großflächigen Einzelhandelsbetrieben auf zentrale Versorgungsbereiche der Nachbargemeinde (Aushöhlung der innerstädtischen Versorgungsstruktur, Unterversorgung der nicht mobilen Bevölkerungsteile), wenn die Standortgemeinde einer zunehmenden Verschärfung der Situation dadurch Vorschub leistet, dass sie eine Regulierung allein den §§ 34, 35 BauGB überlässt (BVerwG, BauR 2010, 740).

II. Subjektive Ansprüche

7 Aus einer (etwaigen) Planungspflicht der Gemeinde folgt allerdings **kein Anspruch Dritter** auf die Durchführung von Planungsmaßnahmen. Dies ergibt sich aus § 1 III 2, VIII BauGB, wonach kein Anspruch auf Aufstellung, Änderung, Ergänzung oder Aufhebung eines Bauleitplans besteht. Ein solcher Anspruch kann gem. § 1 III 2 Halbs. 2 BauGB auch nicht durch Vertrag begründet werden (dazu BVerwG, NVwZ 2004, 458; dazu *Selmer,* JuS 2006, 762). Selbst in Fällen, in denen objektivrechtlich die Aufstellung eines Bauleitplans geboten ist, gibt es kein entsprechendes subjektives Recht des Bürgers (BVerwG, 1982, 1096). Allerdings kann die Kommunalaufsichtsbehörde aufgrund der landesrechtlichen Vorschriften ggfls. die Aufstellung, Änderung, Ergänzung oder Aufhebung eines Bauleitplans erzwingen. Als Durchsetzungsmittel kommen – nach Maßgabe des die Planungshoheit schützenden Verhältnismäßigkeitsgrundsatzes – die Anordnung, mit der gesetzwidriges Unterlassen gerügt wird, oder das Mittel der Ersatzvornahme in Betracht (BVerwGE 119, 25 = NVwZ 2004, 220)

III. Sog. „Negativplanung"

8 Der Hauptzweck eines Bebauungsplans kann durchaus in der **Verhinderung** einer **bestimmten Nutzung** bestehen, wenn die Gemeinde dabei ein konkretes, zulässiges städtebauliches Ziel verfolgt. So ist die Gemeinde etwa befugt, dann mit dem Erlass eines Bebauungsplans zu reagieren, wenn sich dem städtebaulichen Konzept zuwiderlaufende Entwicklungen abzeichnen (BVerwG, NVwZ-RR 1993, 456; *Thiel,* UPR 2020, 50 [56]).

Beispiel: Auf einem großen Grundstück im unbeplanten Gebiet der Gemeinde G soll ein Einkaufszentrum errichtet werden. Um einer schleichenden Umstrukturierung des bisherigen Fremdenverkehrsortes entgegenzuwirken, erlässt G einen Bebauungsplan mit einem räumlichen Geltungsbereich, der überwiegend das fragliche Grundstück umfasst und allein die Festsetzung „Sondergebiet – Fremdenverkehr" aufweist.

Bezweckt die Gemeinde indes allein die Verhinderung des konkreten Vorhabens und ist eine positive Zielsetzung nur vorgeschoben, liegt eine sog. **Negativplanung** vor, die wegen Verstoßes gegen das Erforderlichkeitsgebot des § 1 III 1 BauGB **unzulässig** ist (BVerwG, NVwZ 1999, 878; BayVBl 2004, 376 [378]; NVwZ 2018, 507 [509]; *Thiel,* UPR 2020, 50 [55f.]; *F/O/K,* ÖffBauR I, § 5, Rn. 13 u. § 8, Rn. 12). 9

Beispiel: Im baurechtlichen Sinne nicht erforderlich ist die Festsetzung von Flächen für z.B. forstwirtschaftliche Nutzung, wenn nicht die Forstwirtschaft gefördert, sondern allein eine Wohnbebauung verhindert werden soll (BVerwGE 40, 258 [262]).

B. Bestimmtheitsgebot

Die Festsetzungen eines Bebauungsplanes bestimmen den Inhalt des Grundeigentums sowohl für die unmittelbar von der Festsetzung betroffenen Grundstücksflächen als auch für die ihnen benachbarten Grundflächen (BVerwGE 42, 5; BVerwG, NVwZ 1995, 692 [693]). Gerade deshalb müssen sie dem rechtsstaatlichen Bestimmtheitsgebot genügen, das die beiden folgenden Anforderungen an den Plangeber stellt (BVerwG, NVwZ-RR 1997, 515; mit zahlreichen Beispielen aus der Rechtsprechung *Stüer,* DVBl 2009, 494 [496]; 2010, 333 [336f.]): 10

I. Inhaltliche Normenklarheit

Das Gebot inhaltlicher Normklarheit soll gewährleisten, dass der Inhalt einer planerischen Festsetzung in größtmöglichem Maße eindeutig ist, so dass der Bürger erkennen kann, was er zu erwarten hat, was von ihm verlangt wird und inwieweit die öffentliche Gewalt in seinen Rechtskreis eingreifen darf. Dabei ist die Verwendung unbestimmter Rechtsbegriffe gleichwohl zulässig (BVerwG, NVwZ-RR 1995, 311). 11

Beispiele:
- Dieses Gebot ist verletzt, wenn sich der Textteil und die zeichnerischen Festsetzungen eines Bebauungsplanes in nicht durch Auslegung zu behebender Weise widersprechen (VGH Mannheim, VBlBW 1997, 383).
- Ein Bebauungsplan ist unbestimmt, wenn dessen Festsetzungen über die Höhe der baulichen Anlagen oder das Maß der baulichen Nutzung nicht eindeutig sind (OVG Münster, BRS 50 Nr. 28).

Wichtig: Für die Auslegung eines Bebauungsplanes gelten die allgemeinen Grundsätze der Auslegung von Rechtsnormen (BVerwG, NVwZ 1998, 1067 [1069]; OVG Münster, NVwZ 1999, 79).

II. Hinreichende Regelungsdichte

12 Das Gebot hinreichender Regelungsdichte verbietet die offene oder verdeckte Delegation von ausschließlichen Entscheidungsbefugnissen des Satzungsgebers auf die normvollziehende Verwaltung oder auf Personen, die den Bebauungsplan anzuwenden haben.

Beispiel: Eine Regelung im Bebauungsplan, wonach die zur Herstellung des Straßenkörpers erforderlichen Stützmauern dort herzustellen sind, wo sie sich als notwendig erweisen sollten, ist unzulässig (VGH Mannheim, BRS 26 Nr. 10).

C. Anpassungspflicht

13 Nach § 1 IV BauGB sind die Bauleitpläne überdies den Zielen der Raumordnung anzupassen. Da der Bebauungsplan in der Regel aus dem Flächennutzungsplan zu entwickeln ist *(§ 4 Rn. 1),* wirkt sich diese Bindung vornehmlich bei der Flächennutzungsplanung aus. Die Anpassungspflicht bindet die örtliche Planungsebene in das gestufte System der räumlichen Gesamtplanungen ein (BVerwG, ZfBR 2007, 683 [684]; vertiefend *Erbguth/Schubert,* ÖffBauR, § 5 Rn. 77f.).

I. Begriff und Inhalt konkretisierter Ziele

14 Die Anpassungspflicht nach § 1 IV BauGB setzt voraus (*E/M/S,* BesVwR, Rn. 960; Schroedter-*ders.,* BauGB, § 1 Rn. 60ff.), dass
- es sich begrifflich um Ziele der Raumordnung (s.o. *§ 1 Rn. 24;* BVerwG, ZfBR 2004, 272 [273]; NVwZ 2003, 742 [745]) handelt,
- diese rechtmäßig bzw. nicht unwirksam sind (dazu etwa OVG Lüneburg, ZfBR 2012, 265) und
- keine Zielabweichung (§ 6 II ROG) möglich ist bzw. in Anspruch genommen wird (BVerwG, NuR 2010, 496).

15 Voraussetzung für die Anpassungspflicht ist, dass die Ziele der Raumordnung und Landesplanung hinreichend konkretisiert sind (BVerwGE 90, 329; s.a. *B/K/L,* BauGB, § 1 Rn. 39). Folglich begründen erst die in Landesplanung- oder Regional niedergelegten Ziele der Raumordnung und Landesplanung die Anpassungspflicht, soweit sie sachlich und räumlich hinreichend präzise formuliert sind (weiterführend BVerwG, ZfBR 2007, 683; NVwZ 2007, 953; OVG Greifswald, NordÖR 2008, 397; *Stüer,* DVBl 2009, 494 [495]; 2011, 381 [382]; Falllösung bei *M/S,* Fälle, S. 11 [18]).

Beispiele:
- Ein Verstoß gegen § 1 IV BauGB ist zu bejahen, wenn ein Bebauungsplan ein Sondergebiet „Biogas" festsetzt, obwohl der Regionalplan eine landwirtschaftliche Fläche festsetzt (VGH Kassel, BauR 2013, 1984; *Scheidler,* UPR 2019, 494 [497]).
- Im ordnungsgemäß zustande gekommenen Regionalplan wird 2 km vom Ortsrand entfernt auf dem Gemeindegebiet der Stadt S eine zentrale Abfalldeponie zur Hausmüllbeseitigung dargestellt. Die Ausweisung eines Kerngebiets im Bebauungsplan der Stadt S, um dort ein Einkaufszentrum errichten zu können, würde gegen die im Regionalplan konkretisierte Ziel der Raumordnung und Landesplanung verstoßen (weitere Beispiele bei Schroedter-*ders.,* BauGB, § 1 Rn. 97f.; *Scheidler,* UPR 2019, 494 [497]).
- Wenn nach § 7 III Nr. 1, 3 ROG ein Vorrang- und Eignungsgebiet für Windkraft im Regionalplan ausgewiesen ist, darf die Gemeinde nicht außerhalb dieses Gebiets Windkraftanlagen zulassen (§ 35 III S. 3 BauGB; BVerwG, NVwZ 2018, 507f.; *Scheidler,* UPR 2019, 494 [497]).

Achtung: Ziele der Raumordnung und Landesplanung, die unter Missachtung der Mitwirkungsrechte der Gemeinden aufgestellt worden sind, binden diese nicht (BVerwG, NVwZ 1995, 267; *Scheidler,* UPR 2019, 494 [498]).

II. Durchführung der Anpassung

Der Begriff des „Anpassens" meint nach ganz einhelliger Meinung zum einen, dass im **Aufstellungsverfahren** der Bauleitpläne die Ziele der Raumordnung **zu beachten** sind. Wie groß der Abweichungsspielraum der Gemeinde ist, hängt von dem Konkretisierungsgrad der Ziele, von ihrer inhaltlichen Dichte ab (VGH Kassel, NVwZ-RR 2007, 298; OVG Koblenz, NVwZ RR 2007, 303; *Scheidler,* UPR 2019, 494 [496]). Innerhalb dieses Rahmens ist die Gemeinde freilich strikt an die landesplanerischen Ziele gebunden; sie kann sie nicht im Wege der Abwägung nach § 1 VII BauGB überwinden (BVerwG, BayVBl 2007, 698 [699]; OVG Münster, NWVBl 2006, 99 [100f.]; *Thiel,* UPR 2020, 50 [54]; *Koch/Hendler,* BRL, § 15, Rn. 15). Dies hat seinen Grund darin, dass den Zielen der Raumordnung ein Abwägungsvorgang zugrunde liegt, an welchem u.a. die Gemeinden zu beteiligen sind, um ihre örtlichen Belange in die überörtlichen Ordnungsvorstellungen der Landesplanung einbringen zu können. Darin aber erschöpft sich die gemeindliche Einwirkungsmöglichkeit auf die überörtliche Landesplanung. 16

Zum anderen folgt aus der Anpassungspflicht, dass bei **nachträglicher Zieländerung** bestehende Bauleitpläne im Wege der Umplanung **angepasst** werden müssen (VGH München, BauR 2004, 1899 [1903f.]; *Scheidler,* UPR 2019, 494 [497]; *Erbguth/Schubert,* ÖffBauR, § 5 Rn. 90; Schroedter-*ders.,* BauGB, § 1 Rn. 124f.). 17

18 Umstritten ist indes, ob § 1 IV BauGB eine Pflicht zur erstmaligen Aufstellung eines Bauleitplans begründet (sog. **„Erstplanungspflicht"**). Während die vorherrschende Auffassung dies unter Berufung auf die Gesetzesmaterialien vertritt (*E/M/S,* BesVwR, Rn. 969; *Scheidler,* UPR 2019, 494 [496]; *Kümper,* ZfBR 2020, 135 [136] m. w. N.), leitet die abweichende Ansicht eine solche Pflicht jedenfalls aus § 1 III BauGB ab (die Darstellung des Streitstandes bei *B/K/L,* BauGB, § 1 Rn. 31; Schroedter-*ders.,* BauGB, § 1 Rn. 134f.). Die Rechtsprechung ist der erstgenannten Auffassung gefolgt (BVerwG, BayVBl 2004, 376 [380]), wobei dem die Erwägung zugrunde liegt, dass § 1 III 1 BauGB von einem vorrangig örtlichen Bezugsrahmen ausgeht, § 1 IV BauGB demgegenüber von einer Verpflichtung überörtlicher Art. In Folge dessen stehen die eine Erstplanungspflicht auslösenden Tatbestände des § 1 III und IV BauGB nicht in einem Rangverhältnis; sie können jeweils allein oder nebeneinander zur Anwendung kommen (*Stüer,* DVBl 2005, 461 [462]; zu Planungspflichten der Gemeinden ausführlich *Moench,* DVBl 2005, 676ff.).

Achtung: Wird nach Beschlussfassung eines Bebauungsplans ein Ziel der Raumordnung rechtswirksam, das eine Anpassungspflicht begründet, darf der Bebauungsplan nicht bekanntgemacht werden (BVerwG, NVwZ 2007, 953).

D. Entwicklungsgebot

19 Der Bebauungsplan muss, sofern nicht eine der vom Gesetz vorgesehenen Ausnahmen vorliegt (§ 8 II 2 und IV BauGB), aus dem Flächennutzungsplan entwickelt werden (**Prinzip der Zweistufigkeit der Bauleitplanung** gem. § 8 II 1 BauGB). Entwickeln bedeutet nicht, dass der Bebauungsplan als bloßer Vollzug oder als Ergänzung des Flächennutzungsplans zu werten ist. Nach der zweistufigen Systematik des Bauleitplanungsrechts verlangt das Entwickeln eines Bebauungsplanes aus einem Flächennutzungsplan vielmehr den Übergang von der grobmaschigeren, nicht parzellenscharfen Darstellung des Flächennutzungsplans zur engmaschigeren, normativ präzisierenden Festsetzung des Bebauungsplans.

20 Zwar darf vom Grobraster, d. h. der Grundentscheidung des Flächennutzungsplans, nicht abgewichen werden, doch darf die planende Gemeinde dieses Grobraster mit gegenständlich und räumlich genaueren Festsetzungen ausfüllen und innerhalb dieses Rahmens eigenständig planen (grundlegend BVerwGE 48, 70; zuletzt etwa BVerwG, BauR 2004, 1264; OVG Münster, ZfBR 2006, 681).

Achtung: Einen gewissen Systembruch stellt die Neuregelung des § 13a II Nr. 2 BauGB dar, wonach im beschleunigten Verfahren *(§ 6 Rn. 51)* ein Bebauungsplan, der von Darstellungen eines Flächennutzungsplans abweicht, unter bestimmten Voraussetzungen auch vor der Änderung oder Ergänzung des Flächennutzungsplans aufgestellt werden kann *(§ 4 Rn. 15)*.

Im Zuge dieser entwickelnden Konkretisierung können sich durchaus Notwendigkeiten für ein Abweichen von den Vorgaben des Flächennutzungsplans ergeben. Die Möglichkeit, im Bebauungsplan die zugrunde liegenden Darstellungen des Flächennutzungsplans konkreter auszugestalten, schließt folglich auch eine Abweichung von eben diesen Darstellungen ein, sofern diese Abweichung sich aus dem Übergang in eine konkrete Planungsstufe rechtfertigt und die Grundkonzeption des Flächennutzungsplans unberührt lässt (BVerwGE 48, 70 [71]; NVwZ 2000, 197). **21**

Beispiele:
- Die Gemeinde möchte ein Kerngebiet ausweisen und dabei auch eine im Flächennutzungsplan als Mischgebiet dargestellte Fläche einbeziehen. Auch ohne Änderung des Flächennutzungsplans kann eine solche Festsetzung dem Entwicklungsgebot entsprechen, wenn die Abweichung die Grundzüge der Planung nicht beeinträchtigt, zumal es sich um artverwandte Nutzungen handelt (gemischte Baufläche; VGH Mannheim, ZfBR 2000, 55).
- Die Grenzen des Entwicklungsgebots sind gewahrt, wenn in einem Bebauungsplan „Flächen zum Schutz, zur Pflege und zur Entwicklung von Boden, Natur und Landschaft" i.S. des § 9 I Nr. 20 BauGB festgesetzt werden, die im Flächennutzungsplan als „Wald" i.S. des § 5 II Nr. 9b BauGB dargestellt sind (BVerwG, NVwZ-RR 2003, 406; dazu *Stüer,* DVBl 2005, 461 [462]).
- Es dürfte dem Entwicklungsgebot regelmäßig noch entsprechen, wenn in einem Randbereich in Anlehnung an eine dort anschließende Bebauung eine diese abrundende zusätzliche Bebauung vorgesehen wird.

Folgende Fälle sind von der Rechtsprechung demgegenüber als **Verstoß** gegen das **Entwicklungsgebot** angesehen worden, weil es sich um kontradiktorische Nutzungsbestimmungen handelt (weitere Beispiele bei *Erbguth/Schubert,* ÖffBauR, § 5 Rn. 110; Schroedter-*ders.,* BauGB, § 8 Rn. 16f.): **22**

- ein Forstgelände wird als Baugebiet (BVerwG, NJW 1975, 1985),
- eine Wohnbaufläche als Weinbaufläche (VGH Kassel, NVwZ 1988, 541),
- eine gemischte Baufläche als Industriegebiet (VGH Mannheim, BRS 27 Nr. 1) ausgewiesen;
- die im Bebauungsplan zum Ausdruck kommende Verschiebung der Gewichte der Mischgebiete einerseits und der Gewerbegebiete andererseits weicht von der Grundkonzeption des Flächennutzungsplans ab (VGH Kassel, BauR 2010, 1531).

Wichtig: Während es sich bei § 8 II 2, IV BauGB um Ausnahmen vom Grundsatz des Entwicklungsgebots handelt, stellt der Fall des § 8 III BauGB (Parallelverfahren) eine Modifizierung dieses Gebots dar (*E/M/S,* BesVwR, Rn. 998f.; Falllösung bei *M/S,* Fälle, S. 24 [31]).

Achtung: Ein Bebauungsplan, der zwar aus einem gültigen Flächennutzungsplan entwickelt ist, aber – später erlassenen – Zielen der Raumordnung widerspricht, denen der Flächennutzungsplan noch nicht angepasst ist, ist unwirksam (BVerwGE 117, 351 = NVwZ 2003, 742).

E. Beachtung des Planungsrahmens

23 Die BauNVO enthält das Instrumentarium, mit dem die Gemeinden ihre städtebauliche Entwicklung sinnvoll und funktionsgerecht gestalten können. Sie ist der materielle Rahmen, den die Gemeinden bei der Aufstellung ihrer Bebauungspläne einzuhalten und auszufüllen haben. Dies äußert sich etwa in der Typisierung des Baugebiets gem. §§ 1ff. BauNVO, in den Grenzen der Modifizierung der Baugebiete durch Feinsteuerung und Gliederung sowie in den Beschränkungen, die § 17 BauNVO dem Maß der baulichen Nutzung zieht. Sie bildet somit zugleich die Grenze, innerhalb derer die Gemeinden ihr Planungsermessen frei ausüben können. Es handelt sich insoweit um eine von den Gemeinden zu respektierende Beschränkung ihrer Planungshoheit (BVerwGE 22, 21).

24 Ergänzt wird dies noch zusätzlich durch den Katalog der sonstigen Festsetzungen, den § 9 BauGB abschließend aufstellt (dazu BVerwG, NVwZ-RR 1997, 515; 517; NVwZ 2004, 1355; NuR 2004, 310; BauR 2004, 1128; OVG Koblenz, BauR 2004, 1116; einen Überblick gibt *Stüer,* DVBl 2005, 461 [464f.]; *Bönker,* in: H/B/G, ÖffBauR, § 5 Rn. 63ff.; *B/K/L,* BauGB, § 9 Rn. 11ff.).

Achtung: Die planerische Gestaltungsfreiheit der Gemeinde wird durch § 9 I bis III BauGB eingeschränkt. Dabei sind die Festsetzungen des Bebauungsplans (§ 9 I BauGB) abschließend aufgezählt; trifft der Bebauungsplan verbindliche Anordnungen, die über diese Festsetzungen hinausgehen, sind sie unwirksam.

Prüfungsschema 2:

Materielle Anforderungen an die Bauleitpläne

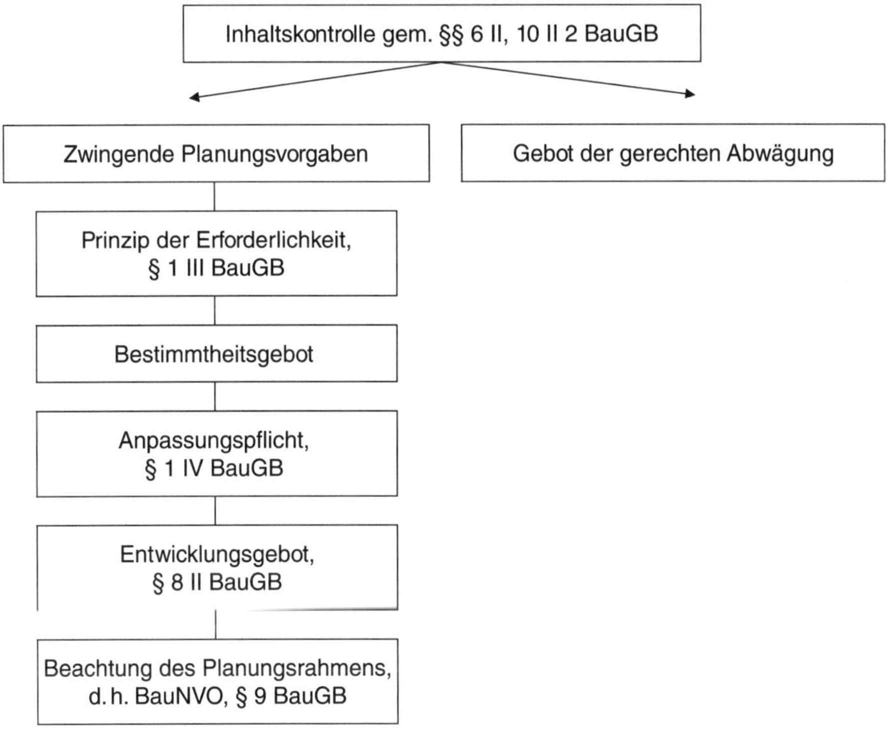

F. Gebot der gerechten Abwägung

Nach § 1 VII BauGB sind „bei der Aufstellung der Bauleitpläne … die öffentlichen und privaten Belange gegeneinander und untereinander gerecht abzuwägen." Damit umschreibt diese zentrale Norm der Bauleitplanung den schöpferischen Planungsakt und unterwirft die planerische Gestaltungsfreiheit einem Abwägungsgebot. Ergänzt und inhaltlich konkretisiert wird das Abwägungsgebot des § 1 VII BauGB durch § 1 V, VI BauGB sowie § 1a BauGB. Diese Absätze geben der Gemeinde in Form von Planungszielen und Planungsleitlinien Handlungsmaßstäbe **(Abwägungsdirektiven)** vor, die es ermöglichen sollen, die unterschiedlichen Interessen bei der Realisierung der Bauleitplanung fair auszugleichen. Dabei sind diese Leitlinien, die teilweise miteinander konkurrieren und in der Planung einer Konkretisierung bedürfen, zum einen für die planende Gemeinde Richtwerte, Grundsätze und Vorgaben und zum anderen Maßstab der gerichtlichen Kontrolle einer vorgenommenen Abwägung. 25

26 § 1 V BauGB enthält die allgemeinen Aufgaben und Ziele der Bauleitplanung, auch **allgemeine oder generelle Planungsleitlinien** genannt (*E/M/S,* BesVwR, Rn. 998; *Schmidt,* ÖffBauR, Rn. 95f.), die 2004 um den Nachhaltigkeitsgrundsatz erweitert wurden. Der Grundsatz soll eine stärkere Orientierung an den Interessen künftiger Generationen fördern.

27 In § 1 VI BauGB finden sich **konkretisierende oder auch besondere Planungsrichtlinien,** die einzelne abwägungsrelevante Aspekte genauer umschreiben (*Schmidt,* ÖffBauR, Rn. 97ff.; E/M/S, BesVwR, Rn. 1001) Besonders gründlich sind die möglicherweise zu beachtenden Umweltbelange in § 1 VI Nr. 7 BauGB aufgeführt (dazu *B/K/L,* BauGB, § 1 Rn. 64ff.; *E/M/S,* BesVwR, Rn. 1001f.).

28 **Achtung:** Nach ständiger Rechtsprechung des BVerwG handelt es sich bei den Planungszielen und -leitlinien des § 1 V, VI BauGB um **unbestimmte Rechtsbegriffe,** die in Auslegung und Anwendung **unbeschränkter verwaltungsgerichtlicher Überprüfung** unterliegen (etwa BVerwGE 34, 301 [308]; 45, 309 [324]; 56, 283; 59, 87; kritisch *Hoppe,* in: H/B/G, ÖffBauR, § 7 Rn. 26; s.a. *Erbguth/Schubert,* ÖffBauR, § 5 Rn. 125).

I. Allgemeine Planungsleitlinien

29 Die von § 1 V S. 1 BauGB– ähnlich § 1 II ROG – geforderte nachhaltige städtebauliche Entwicklung bildet einen **allgemeinen Leitsatz** (*B/K/L,* BauGB, § 1 Rn. 44f.; *Hoppe,* in: H/B/G, ÖffBauR, § 7 Rn. 24; *Stüer,* Bebauungsplan, Rn. 837) des Bauplanungsrechts. Die Bedeutung dieses Leitsatzes wird unterschiedlich beurteilt. Eine Minderansicht hält die Nachhaltigkeit im Baurecht für ein primär ökologisches Konzept (*Lee,* ZJS-Online 2016, 559, 561 u. 563; *Appel,* Staatliche Zukunfts- und Entwicklungsvorsorge, 2005, S. 424ff. m.w.N.). Die überwiegende Meinung vertritt dagegen das sogenannte Drei-Säulen-Modell, welches sozialen, ökologischen und ökonomischen Belangen grundsätzlich ein gleiches Gewicht zuspricht (*B/K/L,* BauGB, § 1, Rn. 45; *Stüer,* Bebauungsplan, Rn. 843, 855, 1002, 1018; *F/O/K,* ÖffBauR I, § 5, Rn. 62; *Kment,* FS Erbguth 2019, 13 [20]; *E/M/S,* BesVwR, Rn. 1000; Schroedter-*ders.,* BauGB, § 1 Rn. 210f.; *Kersten,* in: Kahl, (Hrsg.), Nachhaltigkeit als Verbundbegriff, 2008, S. 396, 412 u. 416; *Beaucamp,* Das Konzept der zukunftsfähigen Entwicklung im Recht, 2002, S. 414f. m.w.N.). Die letztgenannte Auffassung passt besser zum Wortlaut der Norm, der einen Vorrang des Umweltaspekts nicht erkennen lässt. Systematisch gesehen wäre es wenig plausibel, wenn der allgemeinere § 1 V BauGB einen Vorrang ökologischer Belange festsetzte, wohingegen die folgenden spezielleren Normen, nämlich § 1 VI BauGB und § 1a BauGB von einem grundsätzlich gleichen

Rang der verschiedenen Belange ausgehen und nur zu einer fairen Berücksichtigung von Umweltbelangen aufrufen. Auch die grundsätzliche offene Abwägung, die § 1 VII BauGB fordert, spricht gegen die Vorrangthese. Als drittes systematisches Gegenargument ist darauf hinzuweisen, dass der Ausdruck nachhaltige städtebauliche Entwicklung in den §§ 1a III, 171a II und 171a III Nr. 6 BauGB erneut auftaucht, ohne dass ein ökologischer Vorrang damit gemeint wäre. Schließlich ist das Nachhaltigkeitsprinzip historisch gesehen ein Integrationsmodell, welches alle drei Dimensionen als gleichgewichtig ansieht (*Beaucamp,* Das Konzept der zukunftsfähigen Entwicklung im Recht, 2002, S. 18ff. m.w.N.). Der Minderansicht ist zuzugeben, dass die Einfügung der nachhaltigen Entwicklung in § 1 V BauGB keine großen Auswirkungen hat, wenn man das Drei-Säulen-Modell für richtig hält (*Lee,* ZJS-Online 2016, 559, 562 u. 564). Andererseits muss man vom Gesetzgeber erwarten, dass er den ökologischen Vorrang klarer verankert, wenn er ihn denn gewollt hätte. Im Ergebnis lässt sich ein genereller Vorrang der Umweltbelange aus § 1 V S. 1 BauGB nicht ableiten (*F/O/K,* ÖffBauR I, § 5, Rn. 62; HK-BauGB-*Jeromin,* § 1 Rn. 29; *Hoppe,* in: H/B/G, ÖffBauR, § 7 Rn. 24; *B/K/L,* BauGB, § 1, Rn. 45; *Kersten,* in: Kahl, (Hrsg.), Nachhaltigkeit als Verbundbegriff, 2008, S. 396, 412).

Im Jahr 2013 wurde der Katalog der allgemeinen Planungsleitsätze dahingehend erweitert, dass die städtebauliche Entwicklung vorrangig durch Maßnahmen der Innenentwicklung erfolgen soll (§ 1 V 3 BauGB; dazu *Krautzberger/Stüer,* DVBl 2013, 805 (808]). Flankiert wird dieser Leitsatz auch durch die Einführung des urbanen Gebiets in § 6a BauNVO (*Krautzberger/Stüer,* DVBl 2018, 7 [15]). **30**

Mit den so beschriebenen Leitsätzen sind die grundsätzlichen Anforderungen umschrieben, die jeder Bauleitplanung zugrunde zu legen sind. Im Verhältnis zu den in § 1 VI BauGB geregelten besonderen Planungsleitlinien kommt den allgemeinen Planungsleitlinien die Bedeutung von **Generalklauseln** zu, die Programmbegriffe mit einem hohen, nur schwer bestimmbaren Wertungsgehalt beinhalten. Insofern kommen die allgemeinen Planungsleitlinien nur ausnahmsweise als selbstständige Kontrollmaßstäbe für die gemeindliche Planungsentscheidung in Betracht (Schroedter-*ders.,* BauGB, § 1 Rn. 187ff.; *Hoppe,* in: H/B/G, ÖffBauR, § 7 Rn. 25ff.). **31**

II. Besondere Planungsleitlinien

Die allgemeinen Planungsziele werden durch die in § 1 VI BauGB aufgezählten Gesichtspunkte, die bei der Aufstellung der Bauleitpläne zu berücksichtigen sind, **konkretisiert.** Die besonderen Planungsleitlinien wurden 2004 übersichtlicher als bisher geordnet und ergänzt. Die Bedeutung des Katalogs liegt in der Zusammenstellung wichtiger öffentlicher und privater Belange, die in die Abwägung nach § 1 VII BauGB einzustellen sind. Die vorgenommene **32**

Aktualisierung der Begriffe und Belange, namentlich die der sozialen Bedürfnisse, des Umweltschutzes und der Wirtschaft, soll eine wirkungsvolle Berücksichtigung dieser Belange in der Bauleitplanung gewährleisten (zu den Einzelheiten der inhaltlichen Konkretisierung s. *Stüer,* Bebauungsplan, Rn. 844ff.; Schroedter-*ders.,* BauGB, § 1 Rn. 224ff.; HK-BauGB-*Jeromin,* § 1 Rn. 29ff.).

Achtung: Der Katalog des § 1 VI BauGB enthält eine beispielhafte, keine abschließende Aufzählung der Planungsleitlinien („... insbesondere ...").

33 Die abwägungsrelevanten Belange des § 1 VI BauGB haben in der generell-abstrakten Fassung des Gesetzes grundsätzlich den gleichen Rang, sie stehen **gleichberechtigt** und **gleichgewichtig** nebeneinander (BVerwGE 34, 301; ZfBR 2004, 287; *B/K/L,* BauGB, § 1 Rn. 49). Ob sämtliche Gesichtspunkte oder nur einzelne von ihnen in der Bauleitplanung berücksichtigt werden müssen, hängt von den konkreten Gegebenheiten des jeweiligen Planungsfalles ab. Ein Vorrang des einen oder anderen Belangs ergibt sich folglich erst im Rahmen der Abwägung anhand der konkreten Planungssituation (*E/M/S,* BesVwR, Rn. 1002; *Schmidt,* ÖffBauR, Rn. 99).

Wichtig: Bei den in § 1 VI aufgeführten Belangen handelt es sich um unbestimmte Rechtsbegriffe (BVerwGE 34, 301 [308]; sie beziehen sich überdies weitestgehend auf Materien, die nicht der Regelungskompetenz der Gemeinde unterliegen, durch Fachgesetze geprägt sind.

III. Optimierungsgebote

34 Dem Gesetzgeber ist es indes nicht verwehrt, einzelnen Planungsleitlinien von vornherein einen gewissen Vorrang vor den anderen einzuräumen, indem er etwa vorgibt, dass ihnen bei der Abwägung ein besonderes Gewicht zukommen soll oder dass bestimmte Belange nur in besonderen Ausnahmefällen gegenüber anderen zurückgestellt werden dürfen. Für derartige Belange hat sich der Begriff des **„Optimierungsgebots"** eingebürgert (BVerwGE 71, 163; 90, 329 [331]; ZfBR 2005, 71; *E/M/S,* BesVwR, Rn. 997; *Stüer,* Bebauungsplan, Rn. 839f.). Demnach verlangt ein Optimierungsgebot eine möglichst weitgehende Beachtung des betreffenden Belanges. Der darin enthaltenen Zielvorgabe ist m.a.W. ein besonderes Gewicht beizumessen (*Hoppe,* in: H/B/G, ÖffBauR, § 7 Rn. 29f.). Soll dieser Belang in der konkreten Planungssituation dennoch gegenüber einfachen Abwägungsbelangen zurücktreten, bedarf es eines ganz besonderen und auch besonders zu begründenden

Gewichts der anderen Belange, die ihm vorgehen sollen (*Hoppe,* in: H/B/G, ÖffBauR, § 7 Rn. 32).

Beispiele: Ein Optimierungsgebot ist einzelnen Gesetzesformulierungen zu entnehmen, wie etwa dass der betreffende Belang „soweit wie möglich" oder „möglichst weitgehend" zu berücksichtigen sei (BVerwGE 71, 163 [165]). Davon ausgehend ist etwa § 50 BImSchG als Optimierungsgebot anzusehen (*Stüer,* Bebauungsplan, Rn. 840). Ähnliches dürfte auch für die Bodenschutzklausel des § 1a II 1 BauGB anzunehmen sein (BVerwG, BauR 2008, 1416; BayVerfGH, NVwZ 2008, 1234 [1236]; *Stüer,* DVBl 2009, 494 [495]).

Achtung: Als Planungsleitlinie steht auch ein Optimierungsgebot unter dem Abwägungsvorbehalt, kann also zugunsten besonders vordringlicher anderer Planungsleitlinien in einer konkreten Planungssituation durch zurückgedrängt oder überwunden werden (BVerwGE 71, 163 [165]; 90, 329 [331 f.]).

IV. Planungsleitsätze

Von diesen durch Abwägung ausformbaren und überwindbaren Planungs- 35
vorgaben unterscheidet die Rechtsprechung die Planungsleitsätze **(Beachtensregelungen),** die für die Planung vorgegeben sind und durch Abwägung nicht überwunden werden können. Eine derart bindende Vorgabe enthalten aber nur diejenigen Vorschriften, „die bei der öffentlichen Planung strikte Beachtung verlangen und deswegen nicht durch planerische Abwägung überwunden werden können" (BVerwGE 71, 163; DVBl 1993, 1100; dazu auch *Stüer,* Bebauungsplan, Rn. 838; Schroedter-*ders.,* BauGB, § 1 Rn. 189). Paradebeispiel hierfür ist § 1 Abs. 4 BauGB (BVerwG, NVwZ 2018, 507; *Scheidler,* UPR 2019, 494 [496]).

Weitere Beispiele:

- Verbindlichkeit in diesem Sinne beansprucht § 78 I WHG, demzufolge in festgesetzten Überschwemmungsgebieten keine neuen Baugebiete ausgewiesen werden dürfen (hierzu BVerwGE 149, 373 [375 ff.]).
- § 1 III 1 FStrG schreibt zwingend vor, dass Bundesautobahnen keine höhengleichen Kreuzungen haben dürfen.

Wichtig: Planungsleitlinien enthalten Berücksichtigungsgebote, die durch Abwägung überwindbar sind. **Planungsleitsätze** sind demgegenüber strikt zu beachten und nicht durch Abwägung überwindbar. **Optimierungsgebote,** die eine herausgehobene Berücksichtigung von Belangen verlangen, befinden sich zwischen diesen beiden Polen.

V. Die Abwägung

36 Rechtsprechung und Literatur zum planungsrechtlichen Abwägungsgebot füllen ganze Bibliotheken. An dieser Stelle sollen lediglich die Grundzüge vermittelt werden, die vor allem durch die Rechtsprechung des BVerwG geprägt worden sind (grundlegend BVerwGE 34, 301). So sind die konkreten Anforderungen, die sich für die Gemeinde aufgrund des Abwägungsgebots des § 1 VII BauGB ergeben, vom BVerwG in mehreren Entscheidungen grundsätzlich geklärt worden. Für eine vertiefte Auseinandersetzung muss insoweit die einschlägige Literatur herangezogen werden (*E/M/S,* BesVwR, Rn. 993ff.; *F/O/K,* ÖffBauR I, § 5 Rn. 24ff.; *Hoppe,* in: H/B/G, ÖffBauR, § 7; *Stüer,* Bebauungsplan, Rn. 1000ff.).

Achtung: Das aus dem Rechtsstaatsgebot abzuleitende Abwägungsgebot ist kennzeichnend für jede rechtsstaatliche Planung und verpflichtet die planende Gemeinde bei der Aufstellung von Flächennutzungsplänen, Bebauungsplänen und anderen Satzungen nach dem BauGB (BVerwG, JZ 2007, 939 [940]).

1. Die Phasen der Abwägung

37 Das Abwägungsgebot als das zentrale Gebot rechtsstaatlicher Planung ist gleichermaßen bestimmend für den planerischen Entscheidungsvorgang **(Abwägungsvorgang)** wie auch für die Beurteilung des Ergebnisses der Planung (**Abwägungsergebnis,** st. Rspr. des BVerwG, u.a. E 45, 309 [312ff.]; DVBl 1980, 999; *B/K/L,* BauGB, § 1 Rn. 95). § 1 VII BauGB verlangt dabei eine Abwägung in dreifacher Weise:
- der öffentlichen Belange untereinander und gegeneinander,
- der privaten Belange untereinander und gegeneinander und
- der öffentlichen und privaten Belange untereinander und gegeneinander.

38 Dabei kommt weder den öffentlichen noch den privaten Belangen von vornherein ein Vorrang zu (BVerwGE 47, 144 [148]; NVwZ 1994, 288). Eine andere Auffassung würde sowohl an dem Gewichtungsmaßstab des § 1 VII BauGB als auch an den Planungsleitsätzen vorbeigehen, die den öffentlichen Belangen nicht von vornherein Vorrang gegenüber kollidierenden privaten Belangen einräumen. Im Falle des Widerstreites der Belange ist vielmehr zu prüfen, ob sachgerechte, d.h. an den Planungsleitsätzen orientierte und hinreichend gewichtige Gründe es rechtfertigen, den einen Belang hinter den anderen zurücktreten zu lassen (BVerwG, DVBl 1975, 492).

39 Der **Abwägungsvorgang** selbst vollzieht sich in **drei Phasen** (dazu *B/K/L,* BauGB, § 1 Rn. 96ff.; *E/M/S,* BesVwR, Rn. 1008 u. 1013; *Schmidt,* ÖffBauR, Rn. 104):

– Hierzu gehört zunächst, dass das vollständige Abwägungsmaterial, d.h. alle im gegebenen Zusammenhang beachtlichen Belange, ermittelt und zusammengestellt werden (1. Stufe).
– Daran anschließend muss eine Gewichtung dieses Abwägungsmaterials vorgenommen werden (2. Stufe).
– Schließlich ist die Abwägung im engeren Sinne durchzuführen (3. Stufe), d.h. der eigentliche Abwägungsvorgang (dazu unten Rn. 44f.).

Die Zusammenstellung des **Abwägungsmaterials** (1. Stufe) vollzieht sich in zwei Schritten: 40
– die abstrakt-begriffliche Abgrenzung der Gesichtspunkte, die abwägungserheblich sind (insbesondere § 1 V, VI BauGB) und
– die Entscheidung darüber, welche konkret vorliegenden Umstände unter diese Begriffe subsumiert werden können.

Der Umfang der Ermittlungspflicht bei der Aufstellung eines Bebauungsplanes ist grundsätzlich sehr weit (eingehend *E/M/S,* BesVwR, Rn. 1015f.; BVerwGE 128, 118; BauR 2007, 331 [332]; ZfBR 2007, 580; OVG Münster, ZfBR 2008, 280 [282]; VGH München, BayVBl 2008, 470 [471]; OVG Lüneburg, BauR 2007, 329 [331]; 2009, 1552 [1553f.]; OVG Greifswald, BauR 2008, 1562 [1563f.]). **Abwägungsbeachtlich** sind regelmäßig alle schutzwürdigen Interessen, darüber hinaus solche Betroffenheiten, die mehr als geringfügig, in ihrem Eintritt zumindest wahrscheinlich und als abwägungsbeachtlich erkennbar sind (BVerwGE 59, 87 [98]). Je gravierender eine mögliche Betroffenheit abwägungserheblicher Belange ist, desto eingehender müssen die Ermittlungen sein (OVG Koblenz, DVBl 1991, 452). Bei beiden genannten Schritten handelt es sich um Rechtsanwendung. Die Zusammenstellung des Abwägungsmaterials ist folglich im vollen Umfang sowohl für die höhere Verwaltungsbehörde als auch für das mit der Überprüfung eines Bauleitplanes befasste Gericht rechtlich nachprüfbar (BVerwG, DVBl 1974, 767f.). 41

Achtung: Nur städtebauliche Belange sind abwägungserheblich, d.h. moralische Erwägungen (z.B. das Ziel einer Verhinderung von Vergnügungsstätten) bleiben außer Betracht.

Zwischen der zweiten und dritten Phase, dem Gewichten und dem Abwägen im engeren Sinne, besteht – ungeachtet des begrifflichen Unterschieds – keine trennscharfe Abgrenzung (*Schmidt,* ÖffBauR, Rn. 104). Der Vorgang der Gewichtung kann aufgeschlüsselt werden in die Bestimmung des objektiven Inhalts und des Gewichts des einzelnen Belangs, sowie das Erkennen der Konsequenzen, die sich bei der Bevorzugung oder Zurückstellung einzelner Belange ergeben würden. Danach setzt die Abwägung im engeren Sinne ein, mit der ein Ausgleich zwischen harmonierenden und gegenläufigen Belangen hergestellt wird. In dieser Phase geht es um das **Vorziehen** oder **Zurückset-** 42

zen bestimmter **Belange** unter Bezugnahme auf die vorab erfolgte Gewichtung. In diesem Schritt liegt eine elementare planerische Entscheidung, die zum Ausdruck bringt, wie sich eine Gemeinde städtebaulich geordnet fortentwickeln will. Die beiden letztgenannten Phasen sind daher Aufgaben der Gemeinde im Rahmen ihrer planerischen Gestaltungsfreiheit und unterliegen deshalb anders als die Zusammenstellung nicht der vollen Rechtskontrolle, sondern nur einer beschränkten aufsichtsbehördlichen oder gerichtlichen Überprüfung (BVerwG, DVBl 1970, 414; 1974, 767).

43 Die Gemeinde darf allerdings ihre planerische Gestaltungsfreiheit nicht missbrauchen, ihre Grenzen überschreiten oder die Abwägung gänzlich unterlassen. Die **Grenzen des Planungsermessens** bzw. der Gestaltungsfreiheit sind überschritten, „wo einer der beteiligten Belange in geradezu unvertretbarer Weise zu kurz kommt, wo er und sein Gewicht verkannt werden, wo das Verhältnis zwischen ihm und dem Planinhalt auch bei Berücksichtigung planerischer Gestaltungsfreiheit und aller sonstigen Gegebenheiten nicht mehr aufgeht" (BVerwG, DVBl 1974, 767 [775]; zum eingeschränkten Planungsermessen bei Bebauungsplanänderungen OVG Lüneburg, NVwZ-RR 2005, 9; OVG Schleswig, NVwZ-RR 2005, 156).

Achtung: Das Maß der Anforderungen kann je nach Plantiefe variieren: an die regelmäßig auf Grundzüge beschränkte Flächennutzungsplanung werden geringere Anforderungen gestellt als an die parzellenscharfe Bebauungsplanung (BVerwGE 124, 132 [143]).

2. Verletzung des Abwägungsgebots

44 Die Gründe, die zu einer Verletzung des Abwägungsgebotes führen, sind von Rechtsprechung (grdl. BVerwGE 34, 301 [309]; BVerwG, ZfBR 2017, 261 f.) und Literatur ebenfalls systematisiert worden (etwa *B/K/L,* BauGB, § 1 Rn. 93; *E/M/S,* BesVwR, Rn. 1014 ff.; *Hoppe,* in: H/B/G, ÖffBauR, § 7 Rn. 39, 90 ff.; *Martini/Finkenzeller,* JuS 2012, 126 f.; *Muckel/Ogorek,* ÖffBauR, § 5 Rn. 136 f.; *Schmidt,* ÖffBauR, Rn. 107a ff.; Schroedter-*Rieger,* BauGB, § 1 Rn. 599 ff.; *Stüer,* Bebauungsplan, Rn. 1046 ff.).

45 Eine **fehlerhafte Abwägung** liegt demzufolge vor, wenn

- eine (sachgerechte) Abwägung überhaupt nicht stattfindet oder nicht erkennbar ist (sog. **Abwägungsausfall**),
- in die Abwägung an Belangen nicht eingestellt wird, was nach Lage der Dinge in sie eingestellt werden muss (sog. **Abwägungsdefizit;** BVerwG, NVwZ-RR 1994, 490),
- die Bedeutung der betroffenen privaten Belange verkannt **(Abwägungsfehleinschätzung)** oder der Ausgleich zwischen den von der Planung berührten öffentlichen Belangen in einer Weise vorgenommen wird, der zur

objektiven Gewichtigkeit einzelner Belange außer Verhältnis steht (sog. **Abwägungsdisproportionalität,** zu letzterem BVerwGE 45, 309 [314f.; OVG Bautzen, SächsVBl 2008, 115 [120f.]).

Diese Anforderungen richten sich im Grundsatz sowohl an den Abwägungsvorgang wie auch an das Abwägungsergebnis (weiterführend *Erbguth/Schubert,* ÖffBauR, § 5 Rn. 138f.). Eine Ausnahme gilt allein für die Notwendigkeit einer Abwägung überhaupt, da diese sich schon sachlogisch nur auf den Abwägungsvorgang bezieht. 46

Achtung: Das Abwägungsgebot wird nicht verletzt, wenn sich die Gemeinde bei einer Kollision zwischen verschiedenen Belangen für die Bevorzugung des einen und damit notwendig für die Zurückstellung eines anderen entscheidet. Das Vorziehen oder Zurücksetzen bestimmter Belange innerhalb des vorgegebenen Rahmens ist die „elementare planerische Entschließung" der Gemeinde über die städtebauliche Entwicklung und Ordnung und kein aufsichtlich oder gerichtlich zu korrigierender Vorgang (BVerwGE 34, 301 [309]).

Zu den einzelnen Punkten:

a) Abwägungsausfall

Ein Abwägungsausfall liegt z.B. vor, wenn gar keine oder aber nur sachfremde Erwägungen die Planung beeinflussten oder diese von unzutreffenden Tatsachen ausgeht. An einer sachgerechten Abwägung fehlt es darüber hinaus, wenn das Abwägungsmaterial zwar ermittelt, aber nicht abgewogen worden ist, weil die Gemeinde von Beginn an entschlossen war, ihre im Planentwurf niedergelegte Planung unverändert festzusetzen. Dies kann vor allem der Fall sein, weil sie auf Grund von außerhalb des Planungsverfahrens getroffenen Entscheidungen bereits derart festgelegt war, dass eine Abwägung innerhalb des Planungsvorgangs tatsächlich gar nicht mehr stattgefunden hat. Das Abwägungsgebot ist auch verletzt, wenn die Abwägung hinsichtlich rechtlich relevanter Bestandteile defizitär ist (*Stüer,* Bebauungsplan, Rn. 1050). 47

Beispiel: Durch den Abschluss von Vereinbarungen zwischen der Gemeinde und einem Vorhabenträger ist die Planung bereits gleichsam unabänderlich festgeschrieben, noch ehe das Planungsverfahren begonnen hat (BVerwGE 45, 309).

b) Abwägungsdefizit

Der wohl häufigste Fehler im Abwägungsvorgang besteht darin, dass in die Abwägung nicht eingestellt wird, was nach Lage der Dinge in sie hätte eingestellt werden müssen (s.a. § 2 III BauGB; „Ermittlungs- und Einstellungsfehler"). Ein solches fehlerbegründendes Unterlassen setzt voraus, dass die Be- 48 troffenheit der Belange mehr als geringfügig, in ihrem Eintritt wahrscheinlich und für die planende Stelle als abwägungserheblich erkennbar ist (BVerwG, NVwZ-RR 1994, 490; NVwZ 1989, 245; vertiefend Schroedter-*Rieger,* BauGB, § 1 Rn. 605ff.; *Stüer,* Bebauungsplan, Rn. 1046, 1051f.).

Beispiele:
- Die Gemeinde hat das Gebot, mit Grund und Boden sparsam umzugehen (§ 1a II 1 BauGB), nicht in die Abwägung eingestellt (VGH Mannheim, BRS 49 Nr. 71);
- eine naheliegende Planungsalternative wurde nicht in die Abwägung einbezogen (BVerwGE 100, 238 [249f.]; NVwZ 1998, 616 [619]);
- die Schutzbedürftigkeit eines dem festgesetzten Gewerbegebiet benachbarten Wohngebiets wurde nicht berücksichtigt (BVerwG, NVwZ 1991, 881);
- eine erforderliche Bestandsaufnahme von Natur und Landschaft ist unterblieben (VGH Kassel, NVwZ-RR 1992, 230);
- ein zur sachgerechten Ermittlung der Auswirkungen eines emittierenden Gewerbebetriebes notwendiges Sachverständigengutachten wurde nicht eingeholt (BVerwG, NVwZ-RR 1990, 122);
- die Auswirkungen der Planung auf benachbarte Gewerbebetriebe wurden nicht bedacht (BVerwG, BRS 48 Nr. 33).

Achtung: Dem Abwägungsdefizit entspricht in der Abwägungsfehlerlehre als Kehrseite der sog. **Abwägungsüberschuss.** Als Handlungsmaßstab verbietet dieser Gesichtspunkt, dass an Belangen in die Abwägung eingestellt wird, was weder nach Lage der Dinge in sie eingestellt werden darf noch überhaupt zur sachgerechten Ordnung der städtebaulichen Entwicklung führen kann.

Beispiele:
- Die Bauleitplanung intendiert freiraumschützende Flächenfreihaltung, obgleich das fragliche Gebiet aufgrund tatsächlicher Umstände die zu sichernde ökologische Funktion nicht erfüllen kann.
- Es steht von Beginn an fest, dass die Verwirklichung der im Bebauungsplan festgesetzten Nutzung auf Dauer an ihrer Wirtschaftlichkeit scheitern muss (BVerwG, ZfBR 1994, 28 [29]).

c) Abwägungsfehleinschätzung

49 Zur Abwägung gehört schließlich die zutreffende Gewichtung der einzelnen Belange. Jedem Belang ist das ihm nach den rechtlichen und tatsächlichen Gegebenheiten zukommende – objektive – Gewicht beizumessen. Welches Gewicht einzelnen Gesichtspunkten im Verhältnis zu den anderen von der Planung berührten Belangen zukommt, lässt sich nicht allgemeingültig festlegen, sondern richtet sich nach den konkreten Umständen des Einzelfalles (*Stüer,* Bebauungsplan, Rn. 1058f.; Schroedter-*Rieger,* BauGB, § 1 Rn. 616ff. m.w.N.). Wird dies verkannt, so liegt eine Abwägungsfehleinschätzung vor.

Beispiele:
- Bei der Erweiterung eines Campingplatzes wurde den in die Abwägung eingestellten Belangen des Naturschutzes und der Landschaftspflege ein zu geringes Gewicht beigemessen (OVG Lüneburg, BRS 50 Nr. 53).
- Die Gemeinde handelt abwägungsfehlerhaft, wenn sie davon ausgeht, dass Sportlärm bis zu den in der 18. BImSchV genannten Werten ohne weiteres hinzunehmen sei, ohne nahe liegende und verhältnismäßige Möglichkeiten einer geringeren Sportlärmbeeinträchtigung überhaupt in Erwägung zu ziehen (BVerwGE 109, 246).
- Bei der Inanspruchnahme privaten Grundeigentums für die Erweiterung eines Schwimmbades wurden die Interessen der Eigentümer nicht mit der ihnen zukommenden Gewichtung in den Abwägungsvorgang eingestellt (OVG Berlin, BRS 48 Nr. 16).

d) Abwägungsdisproportionalität

Der schließlich einsetzende Planungsschritt der Abwägung im eigentlichen Sinne verlangt nach einer Entscheidung im Verhältnis der miteinander konfligierenden Belange. Der hier zu treffende Ausgleich ist der durch Gestaltungsfreiheit gekennzeichnete Planungsakt. Angesichts dessen gilt als Handlungsmaßstab, dass der Ausgleich nicht außer Verhältnis zur objektiven Gewichtigkeit einzelner Belange erfolgen darf, weil es ansonsten zur Abwägungsdisproportionalität kommt. Gemeint ist damit ein Verbot eindeutiger Fehlgewichtung im Verhältnis der Belange zueinander (BVerwGE 56, 283 [289f.]). 50

Beispiel: Die Gemeinde stellt bei der Ausweisung eines neuen Gewerbegebietes den Schutz der benachbarten Wohnbevölkerung als Belang in die Abwägung ein und bezeichnet ihn als besonders wichtig. Die Interessen an der Ausweisung neuer Gewerbeflächen werden demgegenüber als eher gering bezeichnet. In der Gesamtabwägung neigt sich jedoch die Waagschale zugunsten der Gewerbegebietsausweisung, obwohl dieser Belang nur mit einem geringen Gewicht in die Abwägung eingestellt worden ist und die entgegenstehenden Belange ein größeres Gewicht erhalten haben (*Stüer,* Bebauungsplan, Rn. 1061f.; s.a. die Beispiele bei *E/M/S,* BesVwR, Rn. 1021).

Schaubild 15: Abwägungsfehler

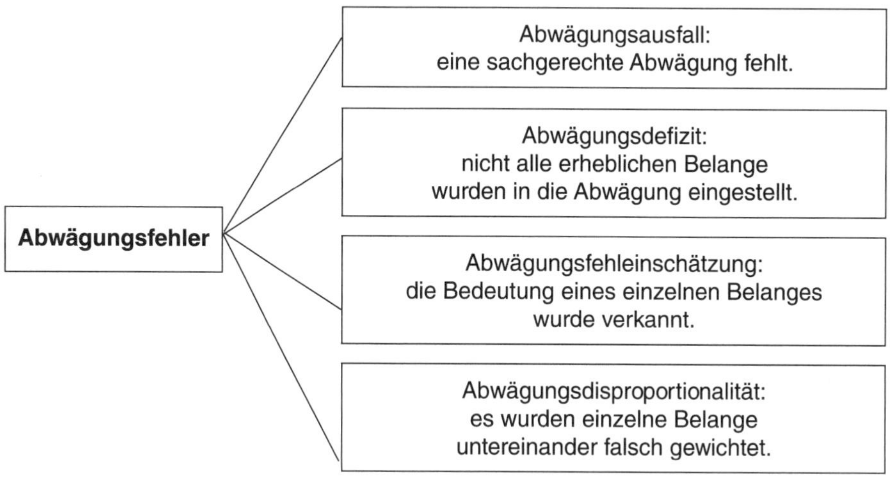

Fall 3: Gründerzeit-Villa

51 Abwägungsfehler bei der Aufstellung eines Bebauungsplans

Sachverhalt

Der Rat der Gemeinde G beschließt die Aufstellung eines Bebauungsplans, um den Bau eines Casinos zu ermöglichen. Von dem Vorhaben verspricht sich die Gemeinde zum einen wirtschaftliche Impulse während der Bauphase, zum anderen aber auch Arbeitsplätze und ein erhöhtes Touristenaufkommen nach der Inbetriebnahme. Die Festsetzungen im Bebauungsplan entsprechen den Vorstellungen des Investors, denen die sehr gut erhaltene Gründerzeit-Villa im Ort ebenso weichen müsste wie ein neu errichtetes Jugendzentrum, das gerade wegen der günstigen Lage an diesem Platz errichtet wurde. Der Rat bezieht diese Problematik indes nicht in seine Erwägungen ein, weil die ökonomischen Interessen für ihn vorrangig sind. Liegt eine Verletzung des Abwägungsgebots vor?

Abwandlung 1: Der Rat hat die „Verdrängungsproblematik“ intensiv diskutiert. Da aber die Gründerzeit-Villa nicht unter Denkmalschutz steht und „das Jugendzentrum auch woanders gebaut werden kann“, gibt es für ihn keine Veranlassung, die Planung entsprechend zu ändern. Die Anregung eines Heimatvereins, durch entsprechende Festsetzung die Villa in das Casino einzubeziehen und damit deren Erhalt zu sichern, wird im Rat nicht erörtert, weil ein Rückzug des Investors befürchtet wird.

Abwandlung 2: Der Rat erkennt grundsätzlich die Bedeutung der Villa und des Jugendzentrums an und setzt sich auch mit den Anregungen und Bedenken auseinander. Indes ist er mehrheitlich der Überzeugung, dass für die Gemeinde allein die wirtschaftlichen Aspekte ausschlaggebend sein könnten und andere Belange dahinter prinzipiell zurückstehen müssen.

Lösung

Im **Ausgangsfall** lässt der Rat die Bedenken und Anregungen gänzlich unberücksichtigt. Eine sachgerechte Abwägung der einzustellenden Belange (einerseits die erhaltenswerte Baugestaltung des Ortsbildes, die Wahrung des historischen Erbes sowie die sozialen Bedürfnisse der Bevölkerung, andererseits die wirtschaftlichen Belange) hat nicht stattgefunden. Insoweit liegt ein typischer Fall eines Abwägungsausfalls vor.

In der **Abwandlung 1** hat der Rat der Gemeinde sich zwar mit dem Problem, ob die Villa erhaltenswert ist, beschäftigt. Jedoch hat er bei der Abwägung nicht die Möglichkeit geprüft, das erhaltenswerte Gebäude durch entsprechende Festsetzungen im Bebauungsplan in den Casino-Bau einzubeziehen. Die fehlenden Auseinandersetzungen mit dieser Planungsalternative verstößt gegen das Gebot der zielgerechten Abwägung und verdeutlicht, dass der Rat nicht die Belange in die Abwägung eingestellt hat, die er nach Lage der Dinge in sie einstellen musste. Dies gilt vor allem, weil sich diese Lösung angeboten hat und dem Planungsträger förmlich aufdrängen musste. Demnach liegt ein Abwägungsdefizit vor.

Betrachtet man die **Abwandlung 1** noch unter einem weiteren Gesichtspunkt, so könnte überdies eine Abwägungsfehleinschätzung vorliegen. Die Überlegung hinsichtlich der Verlagerung (einschließlich eines Neubaus) des Jugendzentrums zeigt zwar, dass sich die Gemeinde mit dem Problem der Jugendlichen und den damit verbundenen sozialen Belangen befasst hat. Die Bedeutung dieser Belange wird aber – wie sich aus dem Gegenargument des Rates ergibt – völlig verkannt. Die mit einem anderweitigen Neubau verbundenen Probleme (örtliche Anbindung, Finanzierung etc.) werden nicht gebührend berücksichtigt. Folglich liegt eine Abwägungsfehleinschätzung vor.

In der **Abwandlung 2** sieht der Rat zwar die in die Abwägung einzustellenden Belange, misst in diesem Rahmen aber den ökonomischen Belangen ein wesentlich zu hohes Gewicht bei. Damit verschiebt er die Gewichtung der verschiedenen Belange in ihrem Verhältnis zueinander, so dass im Ergebnis eine Abwägungsdisproportionalität vorliegt.

Ergebnis: Es liegen in sämtlichen Fallvarianten Abwägungsfehler vor.

3. Interkommunale Abwägung

Die bisherigen Ausführungen zum Abwägungsgebot galten der Abwägung **52**
der Belange, die innerhalb eines Gemeindegebietes Wirkungen entfalten können. Darüber hinaus enthält § 2 II BauGB ein Gebot der **Abstimmung** für die Bauleitpläne **benachbarter Gemeinden** als Unterfall des allgemeinen Abwägungsgebots. Dieses Gebot ist regelmäßig zu beachten, wenn erkennbar wird, dass durch eine Bauleitplanung auch berechtigte und relevante Interessen der Nachbargemeinden betroffen sein könnten (BVerwGE 84, 209 [218]; 117, 25 [32f.]; OVG Münster, BauR 2017, 214 [215]; OVG Hamburg, ZfBR 2020, 72 [73]; *Hoffmann,* NVwZ 2010, 738f.). § 2 II 2 BauGB ermöglicht es den Gemeinden, sich auf die ihnen durch Ziele der Raumordnung zugewiesenen Funktionen sowie auf Auswirkungen auf ihre zentralen Versorgungsbereiche zu berufen (OVG Lüneburg, NVwZ-RR 2007, 7; OVG Hamburg, ZfBR 2020, 72 [73]; *B/K/L,* BauGB, § 2 Rn. 24; *E/M/S,* BesVwR, Rn. 1035).

Achtung: „Benachbart" sind Gemeinden nicht nur, wenn sie unmittelbar aneinandergrenzen, sondern auch, wenn sie von den **Auswirkungen** der jeweiligen Planung **betroffen** sind. Bei entsprechender Bedeutung der Planung kann sich die Abstimmungspflicht auf Gemeinden erstrecken, die räumlich weit von der planenden Gemeinde entfernt sind (BVerwG, NVwZ 1995, 694; BauR 2010, 740; VGH München, UPR 1998, 467).

Aufgrund des nachbargemeindlichen (interkommunalen) **Rücksichtnah- 53**
megebotes sind infolgedessen alle Belange zu berücksichtigen, die grenzüberschreitende Auswirkungen haben. § 2 II BauGB macht es demgemäß den Gemeinden zur Pflicht, zu einer im Ergebnis abgestimmten Planung zu gelangen. Dies bedeutet nicht, dass die jeweils planende Gemeinde mit der Nachbargemeinde ein Einvernehmen über ihre Bauleitplanung herbeizuführen hätte. Die Abstimmung muss vielmehr die planerische Rücksichtnahme auf die berechtigten Belange der Nachbargemeinde zum Inhalt haben. Richtung und Gehalt des Abstimmungsvorgangs ergeben sich dabei aus den oben dargelegten Maßstäben der §§ 1 V–VII BauGB (BVerwGE 40, 323 [331]).

54 Die Rechtsprechung unterscheidet dabei einen **einfachen Abstimmungsbedarf** bei mehr als nur geringfügiger Betroffenheit und einen **qualifizierten Abstimmungsbedarf** bei unmittelbaren Auswirkungen gewichtiger Art (BVerwGE 117, 25; dazu *Halama,* DVBl 2004, 79; *Reidt,* in: B/R/S, BauPlR, Rn. 688ff.).

Wichtig: Nach der Grundsatzentscheidung in BVerwGE 40, 323 (328) betrifft § 2 II BauGB das materielle Abgestimmtsein der Bauleitpläne benachbarter Gemeinden, §§ 4, 4a BauGB hingegen den verfahrensmäßigen Vorgang des Abstimmens (etwa durch Anhörung, Beteiligung usw.), s.a. BVerwGE 117, 25 (32).

4. Abwägungsmaßstäbe im weiteren Sinn

55 Rechtsprechung und Literatur haben darüber hinaus eine Reihe von Grundsätzen, von Ge- und Verboten sowie von städtebaulichen Leitsätzen herausgebildet, die im Rahmen der Abwägung nach § 1 VII BauGB von Relevanz sind. Diese dienen der Konkretisierung des Abwägungsgebotes, sie sind Teilaussagen zum Gebot gerechter Abwägung, präzisieren die Generalklausel des § 1 VII BauGB, um das gerechte Abwägen in typischen Planungssituationen zu erleichtern und Handlungsanweisungen zur Vermeidung typischer Abwägungsfehler zu geben (*E/M/S,* BesVwR, Rn. 1022ff.; *Hoppe,* in: H/B/G, ÖffBauR, § 7 Rn. 131ff.).

56 Folgende Gebote sind **zentrale Planungsgrundsätze,** die sich wiederum in mehrere Ausprägungen untergliedern:
– das Gebot der planerischen Konfliktbewältigung,
– das Gebot der Rücksichtnahme auf Individualinteressen.

57 Der Grundsatz **planerischer Konfliktbewältigung** verlangt von jeder Planung, dass sie die ihr zuzurechnenden Konflikte, d.h. die vorgefundenen wie auch die durch die Planung neu aufgeworfenen, bewältigt (BVerwG, NVwZ-RR 1995, 130; OVG Koblenz, DÖV 2013, 397; BauR 2004, 718; *Stüer,* 2010, 333 [339f.]; *B/K/L,* BauGB, § 1 Rn. 115).

58 Ausprägungen des Gebots der planerischen Konfliktbewältigung sind:
– das Gebot weitestmöglicher Ausschöpfung des im Planungsrecht vorgegebenen Konfliktlösungspotentials und
– das Gebot der möglichsten Vermeidung der Verschiebung der planerischen Konfliktlösung (Verbot des Konflikttransfers).

59 Erfasst werden nur Konflikte, die städtebaulich relevant sind und sich für eine (bauleit)planerische Lösung unmittelbar anbieten (*Erbguth/Schubert,* ÖffBauR, § 5 Rn. 161; *Hoppe,* in: H/B/G, ÖffBauR, § 7 Rn. 140ff.).

Achtung: Von einer abschließenden Konfliktbewältigung im Bebauungsplan darf die Gemeinde Abstand nehmen, wenn die Konfliktlösung außerhalb des Planverfahrens auf der Ebene der Planverwirklichung zu erwarten ist. Diese Grenzen sind überschritten, wenn sich der offen gelassene Interessenkonflikt absehbar in einem nachfolgenden Verfahrensschritt nicht sachgerecht lösen lassen wird (BVerwG, NVwZ 2015, 1538, 1539; OVG Magdeburg, NVwZ-RR 2008, 768; OVG Münster, DÖV 2006, 305).

In engem Zusammenhang dazu steht das **Gebot der Rücksichtnahme.** In **60**
seinem spezifisch planungsrechtlichen, nämlich auf die Bauleitplanung bezogenen Sinne, ist das Rücksichtnahmegebot auf die Schutzwürdigkeit von Individualinteressen ausgerichtet. Die Rechtsprechung betont in diesem Zusammenhang, dass es sich bei diesem Gebot nicht um ein eigenständiges ungeschriebenes Gebot handelt, sondern vielmehr um ein einfachrechtliches Gebot, welches gesetzliche Regelungen konkretisiert (BVerwG, DVBl 1987, 476 [477]; 1984, 143 [145]). Es findet seinen Ausdruck im positiven Recht – wie etwa in § 50 BImSchG oder § 15 I 2 BauNVO – und tritt gegenüber den speziellen Schutznormen aus anderen Rechtsbereichen zurück (*Hoppe,* in: H/B/G, ÖffBauR, § 7 Rn. 146). Dieses Gebot lässt sich in verschiedene Untergebote ausdifferenzieren, die hier nur stichwortartig umschrieben werden sollen:

- Grundsatz ausreichender **Differenzierung** (*Hoppe,* in: H/B/G, ÖffBauR, **61**
  § 7 Rn. 148);

Beispiel: Bei der Abwägung ist zu differenzieren, je nachdem, ob die Ausnutzung des vorhandenen Bestandes eines betroffenen Grundstücks oder nur die Erweiterungsfähigkeit des vorhandenen Bestandes beeinträchtigt wird (BVerwG, BauR 1971, 100).

- Grundsatz der **Trennung** unverträglicher Nutzungen (*Hoppe,* in: H/B/G, **62**
  ÖffBauR, § 7 Rn. 149f.; *Erbguth/Schubert,* ÖffBauR, § 5 Rn. 165; *B/K/L,* BauGB, § 9 Rn. 141);

Beispiele:
- Wohngebiete und die ihrem Wesen nach umgebungsbelastenden Industriegebiete sollen möglichst nicht nebeneinander liegen (BVerwGE 45, 309 [327]).
- Der Trennungsgrundsatz des § 50 BImSchG für die Überplanung einer schon bestehenden Gemengelage zwischen Gewerbe und Wohnen beansprucht indes keine strikte Geltung; Ausnahmen sind zulässig, wenn das Nebeneinander von Gewerbe und Wohnen bereits seit längerem und offenbar ohne größere Probleme bestanden hat (*Stüer,* DVBl 2005, 803 (814).

- Grundsatz der planerischen **Vorbeugung** (*Hoppe,* in: H/B/G, ÖffBauR, § 7 Rn. 151f.);

Beispiel: Nutzungen dürfen einander nicht so zugeordnet werden, dass schädliche Umweltauswirkungen nach dem derzeitigen Stand wissenschaftlicher Erkenntnis und derzeitigen Festlegungen in umweltrelevanten Richtwerten allenfalls gerade noch eben vermieden werden und möglicherweise Richtwerte bereits – wenn auch nur geringfügig – überschritten sind.

64 • Grundsatz der **Beherrschbarkeit** von Immissionen und Emissionen;

Beispiel: Einer Planung liegt nur dann eine sachgerechte Abwägung zugrunde, wenn die tatsächliche und rechtliche Beherrschbarkeit von Emissionen/Immissionen gewährleistet ist, die es gestattet, von verträglicher Nachbarschaftsnutzung zu sprechen (*Hoppe,* in: H/B/G, ÖffBauR, § 7 Rn. 153).

65 • Grundsatz des Vorrangs der **Konfliktvermeidung** (*Stüer/Rude,* DVBl 2000, 312 [319])

Beispiele:
- Die Bauleitplanung hat das ihr spezifisch mögliche Instrumentarium einzusetzen, um mögliche Konflikte im Vorfeld zu vermeiden, etwa durch Lärmschutzmaßnahmen, so dass bei der Festsetzung eines Festplatzes und eines Kinderspielplatzes neben einem allgemeinen Wohngebiet unzumutbare Beeinträchtigungen für die Anwohner nicht in das nachfolgende Genehmigungsverfahren verschoben werden dürfen.
- Überschritten sind die Grenzen zulässiger Konfliktverlagerung, wenn schon im Planungsstadium absehbar ist, dass sich ein offen gelassener Interessenkonflikt auch im nachfolgenden Verfahren nicht sachgerecht wird lösen lassen (*Stüer,* DVBl 2011, 381 [386]).

66 Aus dem Vorgenannten ergibt sich das folgende Schema zur Überprüfung des rechtmäßigen Zustandekommens eines **Bebauungsplans:**

Prüfungsschema 3: Formelle und materielle Anforderungen an einen Bebauungsplan

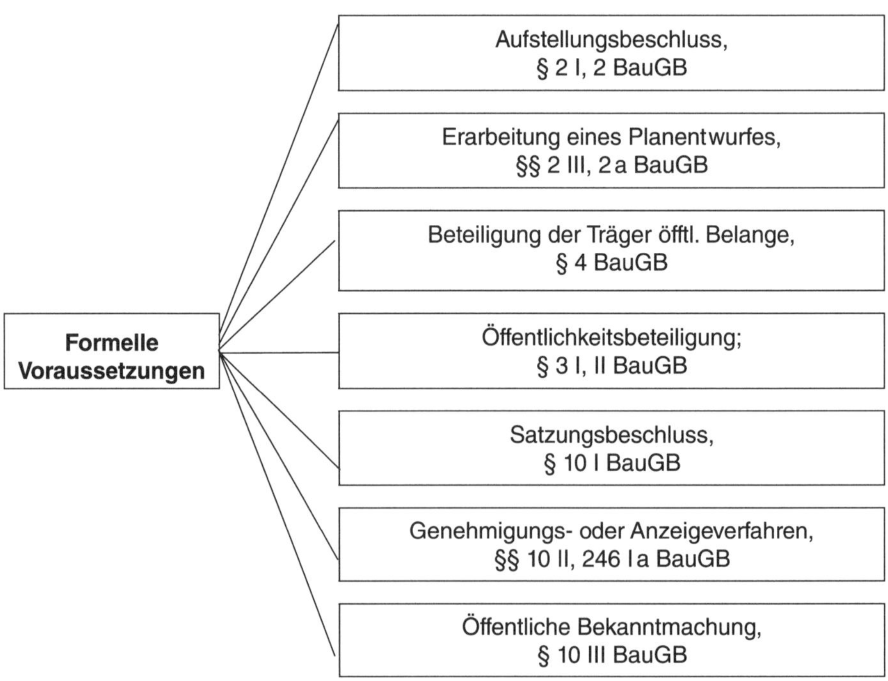

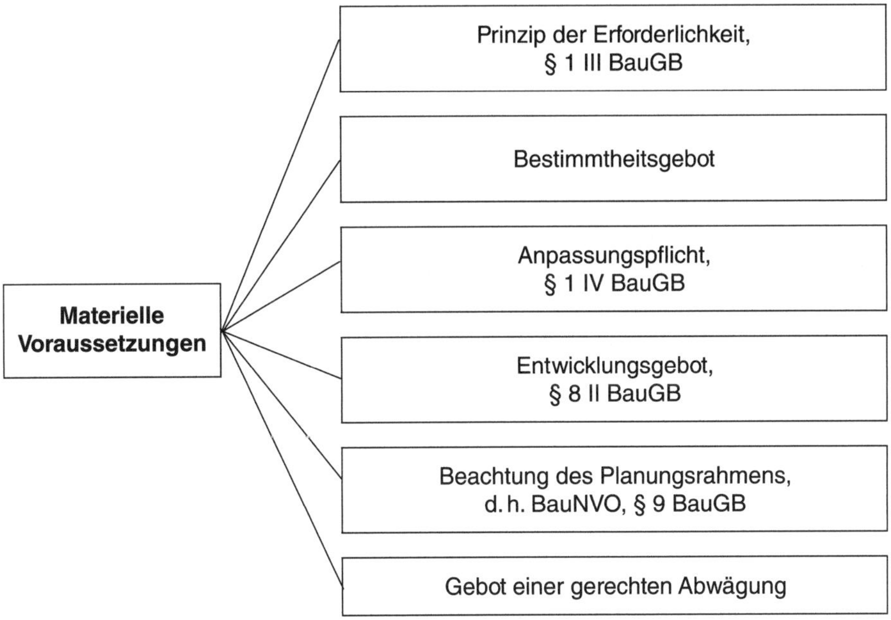

G. Kontrollfragen

1. Was bedeutet „entwickeln" i. S. des § 8 II 1 BauGB?
2. Im Bebauungsplan ist eine „Fläche für den Gemeinbedarf" ohne weitere Angaben ausgewiesen. Ist dies bestimmt genug?
3. Ist dem Entwicklungsgebot genügt, wenn die in Rede stehende Fläche
   a) im Flächennutzungsplan als Wohnbaufläche (§ 5 II Nr. 1 BauGB i. V. mit § 1 I Nr. 1 BauNVO) dargestellt und im Bebauungsplan als Reines Wohngebiet (§ 3 BauNVO) festgesetzt ist;
   b) im Flächennutzungsplan ein Gewerbegebiet darstellt und im Bebauungsplan als Grünfläche festgesetzt wird.
4. In welchen Schritten vollzieht sich die Abwägung gem. § 1 VII BauGB?
5. Wie werden gemeinhin die Abwägungsfehler systematisiert, die sich bei den in Frage 4 genannten Schritten einstellen können?

(Antworten auf S. 354)

§ 8. Rechtsfolgen von Mängeln

Literatur: *Dillmann/Mohrenstein/Vielberg/Zemke,* Woran scheitern Bebauungspläne, BauR 2018, 179; *Erbguth,* Rechtsschutzfragen und Fragen der §§ 214 und 215 BauGB im neuen Städtebaurecht, DVBl 2004, 802; *Scheidler,* Planerhaltung bei fehlerhafter Bauleitplanung, ZfBR 2019, 336; *Sendler,* Der Jubilar, der Grundsatz der Planerhaltung und das Richterrecht, DVBl 2005, 659; *Uechtritz,* Die Änderungen im Bereich der Fehlerfolgen und der Planerhaltung nach §§ 214ff. BauGB, ZfBR 2005, 11.

1 Der Gegenstand der mittelbaren und unmittelbaren gerichtlichen Kontrolle der Bauleitplanung ist die Rechtmäßigkeit der Planung in verfahrens- und materiell-rechtlicher Hinsicht. Die gerichtliche Kontrolle wird insoweit – neben der eingeschränkten Kontrolldichte bei planerischen Entscheidungen (dazu etwa *E/M/S,* BesVwR, Rn. 1084f.) – auch und vor allem durch die §§ 214, 215 BauGB eingeschränkt, welche die Rechtsfolgen formeller und materieller Fehler bei der Aufstellung von Satzungen und Flächennutzungsplänen begrenzen, ohne die verfahrens- und materiell-rechtlichen Anforderungen an die Bauleitplanung zu ändern. Dadurch wird das **Nichtigkeitsdogma durchbrochen,** wonach eine rechtswidrige Norm stets nichtig ist. Dies verdeutlicht die Überschrift **„Planerhaltung"** des vierten Abschnitts (*Scheidler,* ZfBR 2019, 336 m.w.N.). Der Gesetzgeber berücksichtigt mit den Regeln der §§ 214, 215 BauGB, dass es fehlerfreie Bebauungspläne nur äußerst selten geben dürfte (*Schröer,* NVwZ 2019, 832 [837 u. 839]; ähnlich *Schink,* UPR 2019, 201).

2 Die Planerhaltungsnormen lassen, grob gesagt, drei Fehlerkategorien erkennen (*Bönker,* in: H/B/G, ÖffBauR, § 17 Rn. 39):
- generell unbeachtliche Fehler,
- zeitlich befristet beachtliche Fehler und
- absolut beachtliche Fehler (Übersicht bei *§ 9 Rn. 29* auf S. 117).

Achtung: Die §§ 214, 215 BauGB sind wegen § 216 BauGB im Genehmigungs- und in einem etwaigen Anzeigeverfahren nicht anzuwenden (*B/K/L,* BauGB, § 216 Rn. 1; *Scheidler,* ZfBR 2019, 336).

3 Ferner ist in den §§ 214 II a, 215 I 2 BauGB eine Gemengelage diverser Beachtlichkeits- und Unbeachtlichkeitsregelungen aufgenommen worden, die im Zusammenhang mit dem eingeführten beschleunigten Verfahren für Bebauungspläne der Innenentwicklung (§ 13a BauGB) stehen (*Scheidler,* ZfBR 2019, 336 [339f.]; *E/M/S,* BesVwR, Rn. 1097; zur Novelle 2013 *Krautzberger/Stüer,* DVBl 2013, 805 [814]). Diese Regelungen treten neben die Vorgaben nach § 214 I, II BauGB, nicht an deren Stelle.

A. Anwendungsbereich

4 Die §§ 214 bis 216 gelten gem. § 214 I 1 BauGB für den **Flächennutzungsplan** und die „**Satzungen** nach diesem Gesetzbuch", nämlich Bebau-

ungspläne (§ 10 BauGB), Veränderungssperre (§ 16 BauGB), Sicherungssatzung (§ 22 II BauGB) und die Satzungen nach §§ 25, 34 IV, 35 VI, 132, 135c, 142, 162, 165, 170 und 172 BauGB (*B/K/L,* BauGB, Vorb §§ 214–216 Rn. 2), ebenfalls für den Vorhaben- und Erschließungsplan aufgrund seiner Eigenschaft als vorhabenbezogener Bebauungsplan (§ 12 BauGB).

B. Verfahrens- und Formvorschriften gem. § 214 I BauGB

I. Eingrenzung der relevanten Verfahrens- oder Formvorschriften

Mit dem Begriff der „Verfahrens- oder Formvorschriften dieses Gesetzbuchs" sind alle Vorschriften des BauGB gemeint, die sich auf den äußeren Ablauf des Planungs- und Satzungsverfahrens beziehen. Landesrechtliche Vorschriften fallen aus kompetenzrechtlichen Gründen nicht darunter, für diese kann folglich allein das Landesrecht Unbeachtlichkeit vorschreiben oder (sonstige) Heilungsmöglichkeiten schaffen (BVerwG, SächsVBl 2002, 4f.). Die §§ 214f. BauGB sind folglich irrelevant, soweit es um die Beachtlichkeit von Verstößen etwa gegen das kommunalrechtliche Mitwirkungsverbot geht. Diesbezüglich vermag allein das Kommunalrecht die Unbeachtlichkeit vorzuschreiben. 5

Beispiel: In diesem Zusammenhang regelt etwa § 7 VI 1 GO NRW, dass die Verletzung von Verfahrens- oder Formvorschriften der Gemeindeordnung gegen Satzungen nach Ablauf eines Jahres seit ihrer Verkündung nicht mehr geltend gemacht werden kann; in den Ziff. a)–d) der Vorschrift wiederum sind näher bezeichnete Tatbestände aufgeführt, die den Eintritt dieser Rechtsfolge (Unbeachtlichkeit nach Ablauf eines Jahres) hindern.

Achtung: Die „Heilungsvorschrift" des § 214 IV BauGB gilt indes auch für gegen Landesrecht verstoßende Verfahrens- oder Formfehler (BVerwG, NVwZ 1997, 893 [894]; *B/K/L,* BauGB, § 214 Rn. 25; a.A. Schroedter-*Kukk,* BauGB, § 214 Rn. 65).

II. Systematik der Vorschrift

§ 214 I BauGB zählt die Verfahrens- und Formvorschriften abschließend („nur") auf, deren Verletzung zur Nichtigkeit des Bauleitplans führt. Die Verletzung von unbenannten Verfahrens- oder Formvorschriften des BauGB ist unbeachtlich, berührt die Rechtswirksamkeit des Bauleitplans folglich nicht (*Scheidler,* ZfBR 2019, 336; externe Unbeachtlichkeit). 6

Beispiele:
- Das Fehlen der ortsüblichen Bekanntmachung des Aufstellungsbeschlusses ist nicht Wirksamkeitsvoraussetzung für den Bebauungsplan und die diesbezüglich fehlende ortsübliche Bekanntmachung unbeachtlich. § 214 I BauGB erwähnt § 2 I 2 BauGB und seine Verletzung als möglichen Verfahrensfehler nicht. Das BauGB schreibt den Aufstellungsbeschluss nicht als Verfahrensvoraussetzung vor, sondern beschränkt sich darauf, ihn zu erwähnen (§ 2 I 2 BauGB) oder Folgemaßnahmen von seinem Vorhandensein abhängig zu machen. An den Beschluss knüpft sich insbesondere die Veränderungssperre (§ 14 BauGB), die Zurückstellung von Baugesuchen (§ 15 I BauGB), die Zulassung von Vorhaben nach § 33 BauGB etc. Seine Unwirksamkeit oder sein Fehlen ist aber kein beachtlicher Mangel des Bauleitplans (BVerwG, NVwZ 1988, 916).
- Ein unbeachtlicher Verfahrensfehler ist auch das Unterbleiben der in § 214 I BauGB nicht erwähnten frühzeitigen Öffentlichkeitsbeteiligung nach § 3 I BauGB (*Bracher,* in: B/R/S, BauPlR, Rn. 1188).

7 Die Verletzung der in § 214 I 1 Nrn. 1 bis 3 BauGB benannten Vorschriften ist unbeachtlich, wenn die Voraussetzungen nach dem zweiten Halbsatz der jeweiligen Nummer vorliegen, **interne Unbeachtlichkeit** (BVerwG, UPR 2003, 226f.; DVBl 2009, 1379; OVG Münster, BauR 2010, 1730).

Beispiele:
- Einzelne Behörden sind entgegen § 4 BauGB nicht beteiligt worden, die entsprechenden Belange waren jedoch unerheblich oder sind in der Entscheidung berücksichtigt worden (§ 214 I 1 Nr. 2a) BauGB).
- Die Begründung eines Bauleitplans war unvollständig (§ 214 I 1 Nr. 3 BauGB).

8 Schließlich zählt § 214 I 1 Nr. 4 BauGB die besonders gravierenden Verfahrens- und Formfehler auf, die immer beachtlich sind und stets zur Unwirksamkeit des Plans oder der Satzung führen **(absolute Beachtlichkeit).**

Beispiele: Das Fehlen einer aufsichtsbehördlichen Genehmigung oder eines Gemeindebeschlusses.

III. Beachtliche Rechtsverletzungen gem. § 214 I 1 Nr. 1 BauGB

1. Grundzüge

9 Nach § 214 I 1 Nr. 1 BauGB liegt ein grundsätzlich beachtlicher Fehler vor, wenn entgegen § 2 III BauGB von der Planung berührte Belange in **wesentlichen Punkten** nicht zutreffend ermittelt oder bewertet worden sind, die der Gemeinde bekannt waren oder hätten bekannt sein müssen (Ermittlungsfehler dazu *Stüer,* DVBl 2010, 424 [427]; *Scheidler,* ZfBR 2019, 336 [337]; *Koch/Hendler,* BRL, § 18, Rn. 21). Derartige Fehler liegen vor, wenn die von der Planung berührten Belange entweder überhaupt nicht oder unzutreffend ermittelt oder bewertet worden sind, obwohl sie nach Lage der Dinge hätten ermittelt und bewertet werden müssen (*B/K/L,* BauGB, § 214 Rn. 4; kritisch zu der Regelung vor dem Hintergrund des Verhältnisses zwischen §§ 214 I 1 Nr. 1, 214 III und § 2 III BauGB *E/M/S,* BesVwR, Rn. 1090). Um wesentliche Punkte wird es sich regelmäßig jedenfalls dann handeln, wenn die Grundzüge der Planung berührt sind (*Bönker,* in: H/B/G, ÖffBauR, § 17 Rn. 43).

Wichtig: Das Tatbestandsmerkmal „in wesentlichen Punkten" hat dabei die die Fehlerrelevanz begrenzende Funktion einer internen Unbeachtlichkeitsklausel.

Die Beachtlichkeit ist überdies davon abhängig, dass der Mangel offensichtlich und auf das Ergebnis des Verfahrens von Einfluss gewesen ist. 10

2. Offensichtlichkeit

Ein Mangel ist „offensichtlich", wenn er leicht erkennbar ist, weil er sich aus Akten, Protokollen, der Entwurfs- oder der Planbegründung ergibt, mithin **offen ersichtlich** ist. Er muss auf objektiv erfassbaren konkreten Sachumständen beruhen, die positiv und klar auf einen Mangel hindeuten und damit zur „äußeren Seite" des Abwägungsvorgangs gehören (BVerwG, NVwZ 1998, 956; OVG Münster, NWVBl 1997, 346 [348]; HK-BauGB/*Kirchmeier-Michler,* § 214, Rn. 19f.; *Scheidler,* ZfBR 2019, 336 [337]; kritisch OVG Lüneburg, NVwZ-RR 1998, 18). 11

Nicht offensichtlich ist ein Mangel, der in den Planungsmotiven oder Planungsvorstellungen der einzelnen Ratsmitglieder begründet ist, wie etwa fehlende oder irrige Vorstellungen über die Planung. Sie gehören zur sog. inneren Seite des Abwägungsvorgangs, sind folglich nicht offensichtlich und deshalb unbeachtlich (*Bönker,* in: H/B/G, ÖffBauR, § 17 Rn. 43). 12

3. Von Einfluss

Ein offensichtlicher Mangel im Verfahren ist auf das Abwägungsergebnis von Einfluss, wenn nach den Umständen des Einzelfalles die **konkrete Möglichkeit** besteht, dass ohne den Mangel **anders geplant** worden wäre (BVerwG, ZfBR 2004, 160 [161f.]; *Scheidler,* ZfBR 2019, 336 [337]; zustimmend BVerfG, DVBl 2016, 307 [310]). Der zitierten Rechtsprechung des BVerwG zufolge ist einerseits eine positive Feststellung der Kausalität nicht erforderlich, andererseits aber auch die abstrakte Möglichkeit eines Einflusses nicht ausreichend (BVerfG, DVBl 2016, 307 [310]; *Stüer,* DVBl 2005, 806 [808]). 13

Eine solche konkrete Möglichkeit besteht immer dann, wenn sich anhand der Planunterlagen oder sonst erkennbarer oder naheliegender Umstände die Möglichkeit abzeichnet, dass der Mangel im Verfahren von Einfluss auf das Abwägungsergebnis gewesen sein kann (BVerwG, DVBl 2004, 957 [959]; HK-BauGB-*Michler,* § 214, Rn. 14f.; kritisch dazu *Erbguth,* DVBl 2004, 802 [803, 809]). Ergibt sich andererseits aus den Planunterlagen, dass die Gemeinde auch bei Kenntnis des Fehlers im Abwägungsvorgang an der Planung festgehalten hätte, ist der Mangel nicht erheblich (Schroedter-*Kukk,* BauGB, § 214 Rn. 17; f. *Stüer,* DVBl 2010, 424 [427]). 14

Achtung: Für die Annahme einer solchen konkreten Möglichkeit ist einerseits eine positive Feststellung der Kausalität nicht erforderlich, andererseits aber auch die abstrakte Möglichkeit eines Einflusses nicht ausreichend (BVerwGE 119, 45 [49]; 128, 238 [239f.]; OVG Lüneburg, BauR 2008, 636 [639]).

IV. Beachtliche Rechtsverletzungen gem. § 214 I 1 Nr. 2 BauGB

15 Nach § 214 I 1 Nr. 2 BauGB ist es beachtlich, wenn die Vorschriften über die Öffentlichkeits- und Behördenbeteiligung nach §§ 3 II, 4 II, 4a III, IV 1, V 2, 13 II 1 Nrn. 2, 3 (auch in Verbindung mit § 13a II Nr. 1) und 22 IX 2, 34 VI 1, 35 VI 5 BauGB verletzt worden sind und dies fristgerecht gem. § 215 I Nr. 1 BauGB gerügt worden ist (HK-BauGB-*Michler,* § 214, Rn. 16ff.). In einer Untersuchung von 293 vor den Oberverwaltungsgerichten bzw. Verwaltungsgerichtshöfen gescheiterten Bebauungspläne der Jahre 2010 bis 2016 bestand der häufigste formelle Fehler in einer Missachtung des § 3 II 2 BauGB, da keine umweltbezogenen Informationen vorab als verfügbar benannt wurden oder diese falsch dargestellt wurden (29 Fälle *Dillmann/Mohrenstein/Vielberg/Zemke,* BauR 2018, 179 [181f.]). Die genannte Studie hat ferner das Ergebnis, dass nur rund ein Viertel der Bebauungspläne an formellen Fehlern scheiterte, während in ca. drei Viertel materielle Fehler, wie etwa Abwägungsmängel, unzulässige oder zu unbestimmte Festsetzungen sowie Verstöße gegen die BauNVO zur Rechtswidrigkeit des Bebauungsplan führten (*Dillmann/Mohrenstein/Vielberg/Zemke,* BauR 2018, 179 [183f.]).

Achtung: Berücksichtigt werden müssen die interne Unbeachtlichkeitsklauselnn des zweiten Halbsatzes in § 214 I 1 Nr. 2a)–g) BauGB (hierzu *Scheidler,* ZfBR 2019, 336 [337 f].).

1. Mängel der Öffentlichkeitsbeteiligung

16 Die von § 214 I 1 Nr. 2 BauGB behandelte Öffentlichkeitsbeteiligung umfasst **zwei Fallgruppen** (weiterführend Schroedter-*Kukk,* BauGB, § 214 Rn. 19ff.):

17 – Gem. § 3 II BauGB erfolgt die Öffentlichkeitsbeteiligung an der Bauleitplanung dadurch, dass die Bauleitpläne nebst Erläuterungsbericht oder Begründung für die Dauer eines Monats **öffentlich ausgelegt** werden und die Bürger Anregungen vorbringen können, die zu prüfen sind. Sämtliche in diesem Zusammenhang auftauchenden Fehler bundesrechtlicher Art sind beachtlich.

Beispiele: Die nicht ordnungsgemäße Auslegung der Planentwürfe oder die nicht hinreichende Bekanntmachung der Auslegung, OVG Berlin-Bbg., DVBl 2009, 1393.

– Nach den entsprechenden Vorschriften (etwa: § 3 I BauGB) ist den Bürgern **„Gelegenheit zur Äußerung und Erörterung“** zu geben. Erfolgt dies nicht, ist die hierfür eingeräumte Frist nicht angemessen oder wird die Stellungnahme nicht entgegen- oder zur Kenntnis genommen, liegt ein beachtlicher Verfahrensfehler vor.

Allerdings enthält der 2017 umformulierte § 214 I 1 Nr. 2 BauGB einen 18 Katalog von sechs Fällen, in denen festgestellte Fehler bei der Öffentlichkeits- und Behördenbeteiligung unbeachtlich sind (interne Unbeachtlichkeitsklausel gem. § 214 I 1 Nr. 2a)–f) BauGB). Dies wird vom Gesetzgeber etwa dann angenommen, wenn die Voraussetzungen für das vereinfachte Verfahren nach § 13 BauGB „verkannt“ worden sind oder wenn es zwar eine Internetveröffentlichung des Entwurfs zum Bauleitplan samt Stellungnahmen gegeben hat, jedoch nicht auf dem Internetportal des Bundeslandes.

2. Mängel der Behördenbeteiligung

Fehler der Behördenbeteiligung, insbesondere das gänzliche Unterlassen ei- 19 ner Trägerbeteiligung, sind beachtlich. Freilich gilt auch in dieser Hinsicht eine Ausnahme: Gem. § 214 I 1 Nr. 2 Hs. 2 BauGB ist es unbeachtlich, wenn bei ordnungsgemäß durchgeführter Trägerbeteiligung „einzelne ... Behörden oder sonstige Träger öffentlicher Belange“ nicht beteiligt wurden, etwa, weil sie übersehen wurden.

Achtung: Hat dies jedoch zur Konsequenz, dass ein abwägungserheblicher Belang nicht erkannt und in die Abwägung eingestellt worden ist, kann ein Mangel im Abwägungsvorgang vorliegen.

V. Beachtliche Rechtsverletzungen gem. § 214 I 1 Nr. 3 BauGB

Darüber hinaus ist es beachtlich, wenn die Vorschriften über die Begrün- 20 dung des Flächennutzungsplans oder die Begründung der Satzungen sowie ihrer Entwürfe verletzt worden sind (§ 214 I 1 Nr. 3 BauGB; HK-BauGB-*Michler,* § 214, Rn. 40ff.).

Beispiel: Dem Flächennutzungsplan oder dem Bebauungsplan ist keine Begründung beigefügt oder diese ist nicht mit ausgelegt worden.

Dagegen ist es nach Halbsatz 2 der Vorschrift **unbeachtlich, wenn** die Be- 21 gründung nur **unvollständig** ist. Diese Ausnahme greift dann nicht, wenn die den Bauleitplänen rein äußerlich beigefügte Begründung sich formelmäßig in der Wiederholung einer Vorschrift des BauGB oder in der Beschreibung des Planinhalts erschöpft, ohne konkret etwas über Ziel und Zweck der Planung darzulegen (BVerwGE 74, 47 [51]; Schroedter-*Kukk,* BauGB, § 214 Rn. 26).

Achtung: Auch der unter § 214 I 1 Nr. 3 BauGB fallende Mangel bedarf nach § 215 I Nr. 1 BauGB der fristgerechten Rüge, *Stüer,* DVBl 2010, 424 [428] m.w.N.

VI. Beachtliche Rechtsverletzungen gem. § 214 I 1 Nr. 4 BauGB

22 Es ist ferner nach Maßgabe des § 214 I 1 Nr. 4 BauGB beachtlich, wenn ein Beschluss der Gemeinde über den Flächennutzungsplan oder die Satzung nicht gefasst, eine Genehmigung nicht erteilt oder der mit der Bekanntmachung des Flächennutzungsplans oder der Satzung verfolgte Hinweiszweck nicht erreicht worden ist (dazu Schroedter-*Kukk,* BauGB, § 214 Rn. 28ff.; HK-BauGB-*Michler,* § 214, Rn. 46ff.).

Wichtig: Diese Mängel sind vom Gesetzgeber als so gravierend angesehen worden, dass sie keiner Rüge bedürfen, folglich unbefristet jederzeit beachtlich sind (arg. § 215 I BauGB), sofern sie nicht nach § 214 IV BauGB von der Gemeinde behoben werden.

Achtung: Entspricht die Bekanntmachung nicht den Anforderungen des Landesrechts, soll § 214 I 1 Nr. 4 BauGB, der den Hinweiszweck genügen lässt, nicht anwendbar sein (VGH Kassel, LKRZ 2009, 380).

VII. Rügeobliegenheit

23 Die Verletzung der in § 214 I 1 Nr. 1 bis 3 BauGB bezeichneten Normen ist nur bedingt beachtlich. Sie wird nach § 215 I Nr. 1 BauGB unbeachtlich, wenn sie nicht innerhalb eines Jahres seit (also nicht vor, dazu VGH Mannheim, NVwZ-RR 2009, 146) Bekanntmachung des Flächennutzungsplans oder der Satzung schriftlich gegenüber der Gemeinde geltend gemacht worden ist. Dabei muss der Betroffene, den Mangel, den er rügen will, konkret und substantiiert darlegen (BVerwG, NVwZ 2019, 1862; *Scheidler,* ZfBR 2019, 336 [341]).

24 Die Rüge erfordert eine **ausdrückliche, hinreichend deutliche Erklärung** (zu den Anforderungen an Form und Inhalt Schroedter-*Kukk,* BauGB, § 215 Rn. 15ff.; HK-BauGB-*Michler,* § 215, Rn. 10ff.). Diese kann in einem Normenkontrollverfahren über den streitigen Bebauungsplan schriftsätzlich abgegeben werden (OVG Münster, NWVBl 1997, 346 [348]; *Scheidler,* ZfBR

2019, 336 [341]), allerdings muss in diesem Fall der Schriftsatz der Gemeinde noch vor Fristablauf zugehen (VGH Mannheim, NVwZ-RR 2009, 146; VGH München, NVwZ-RR 2009, 835). Benennt der Rügende einen konkreten Kritikpunkt und verweist wegen der Einzelheiten auf sein Einwendungsschreiben im Aufstellungsverfahren, wird dies noch als zulässig bewertet (BVerwG, NVwZ 2019, 1862).

Eine weitere Voraussetzung der Heilung durch Zeitablauf ist gem. § 215 II 25
BauGB, dass die Gemeinde bei Inkraftsetzung des Bauleitplans auf die Voraussetzungen für die Geltendmachung der Verletzung von Verfahrens- und Formvorschriften sowie die Rechtsfolgen des § 215 I BauGB hingewiesen hat (*B/K/L,* BauGB, § 215 Rn. 2; Schroedter-*Kukk,* BauGB, § 215 Rn. 10f.; *Scheidler,* ZfBR 2019, 336 [341]). Hat die Gemeinde diese sog. **Hinweisbekanntmachung** unterlassen oder fehlerhaft vorgenommen und nicht ordnungsgemäß nachgeholt, ist eine Heilung ausgeschlossen (zur Nachholung *B/K/L,* BauGB, § 215 Rn. 2).

C. Mängel im Verhältnis von Bebauungs- und Flächennutzungsplan, § 214 II BauGB

§ 214 II BauGB erklärt die Verletzung einer Reihe von Vorschriften, die 26
das Verhältnis des Bebauungsplans zum Flächennutzungsplan regeln, generell oder unter bestimmten Voraussetzungen für unbeachtlich (*E/M/S,* BesVwR, Rn. 1094f.; Schroedter-*Kukk,* BauGB, § 214 Rn. 36ff.).

Im Einzelnen sind demgemäß folgende Rechtsverletzungen unbeachtlich: 27

- die unrichtige Beurteilung der Anforderungen an die Aufstellung eines selbstständigen Bebauungsplans (§ 8 II 2 BauGB) oder an die in § 8 IV BauGB bezeichneten dringenden Gründe für die Aufstellung eines vorzeitigen Bebauungsplans (§ 214 II Nr. 1 BauGB; dazu BVerwG, BauR 1985, 282; 1992, 882; kritisch zu dieser Rspr. *E/M/S,* BesVwR, Rn. 1095);
- die Verletzung des Entwicklungsgebots gem. § 8 II 1 BauGB, sofern hierbei die sich aus dem Flächennutzungsplan ergebende geordnete städtebauliche Entwicklung nicht beeinträchtigt worden ist (§ 214 II Nr. 2 BauGB; dazu BVerwG, DÖV 1999, 733; UPR 2005, 111; OVG Koblenz, DVBl 2004, 975);
- die Entwicklung des Bebauungsplans aus einem Flächennutzungsplan, dessen Unwirksamkeit wegen Verletzung von Verfahrens- oder Formvorschriften des § 6 BauGB sich nach Bekanntmachung des Bebauungsplans herausstellt (§ 214 II Nr. 3 BauGB; eingehend *Bracher,* in: B/R/S, BauPlR, Rn. 1197f.; HK-BauGB-*Michler,* § 214, Rn. 54ff.);
- der Verstoß des im Parallelverfahren aufgestellten Bebauungsplans gegen § 8 III BauGB, ohne dass die geordnete städtebauliche Entwicklung beeinträchtigt worden ist (§ 214 II Nr. 4 BauGB; dazu VGH München, NuR 1999, 391; *Bracher,* in: B/R/S, BauPlR, Rn. 1204f.).

Achtung: Während § 214 I BauGB eine „Beachtlichkeitsklausel" enthält und nur die ausdrücklich erwähnten Verfahrens- und Formfehler für beachtlich erklärt, so dass die Verletzung aller sonstigen (bundesrechtlichen) Verfahrens- und Formvorschriften unbeachtlich ist, enthält § 214 II BauGB eine „Unbeachtlichkeitsklausel": nur die ausdrücklich aufgeführten Verletzungen der Vorschriften über das Verhältnis des Bebauungsplans zum Flächennutzungsplan sind unbeachtlich, alle anderen indes beachtlich.

28 Auch die Verletzung der nach § 214 II BauGB beachtlichen Rechtsfehler ist nur bedingt beachtlich. Sie wird nach § 215 I Nr. 2 BauGB unbeachtlich, wenn sie nicht innerhalb eines Jahres seit Bekanntmachung des Flächennutzungsplans oder der Satzung schriftlich gegenüber der Gemeinde geltend gemacht worden ist.

D. Abwägungsmängel, § 214 III BauGB

31 Maßgeblicher Zeitpunkt für die Kontrolle der Abwägung ist gem. § 214 III 1 BauGB die Sach- und Rechtslage **bei Beschlussfassung** über den Bauleitplan oder die städtebauliche Satzung. Daher können nur zu diesem Zeitpunkt vorliegende Umstände einen Abwägungsmangel begründen (dazu BVerwG, NVwZ 2008, 899; VGH Mannheim, BauR 2009, 1870). Dabei geht die h.M. davon aus, dass die Regelung sich sowohl auf den Abwägungsvorgang wie auch auf das Abwägungsergebnis bezieht (Schroedter-*Kukk,* BauGB, § 214 Rn. 55; *Scheidler,* ZfBR 2019, 336 [340]; *B/K/L,* BauGB, § 214 Rn. 20ff. m.w.N.). Treten nachträglich, d.h. nach Fassung, aber vor Bekanntmachung des Beschlusses, Umstände ein, die so gewichtig sind, dass sich der Gemeinde eine neue Sachprüfung hätte aufdrängen müssen, ist ausnahmsweise auf den späteren Zeitpunkt abzustellen und ein Fehler im Abwägungsvorgang wegen Nichtberücksichtigung der nachträglich eingetretenen, aufgrund des noch nicht abgeschlossenen Planaufstellungsverfahrens berücksichtigungsfähigen veränderten Umstände anzunehmen (BVerwG, NVwZ 1997, 893 [895]; s.a. *B/K/L,* BauGB, § 214 Rn. 20).

32 Überdies können nach § 214 III 2 Halbs. 1 BauGB die Ermittlungsfehler, die Gegenstand der Regelung des § 214 I 1 Nr. 1 BauGB sind, nicht als Mängel der Abwägung geltend gemacht werden. Sie gelten nämlich als Verfahrensmängel (*E/M/S,* BesVwR, Rn. 1098; *Schmidt,* ÖffBauR, Rn. 109). Fehler im Abwägungsvorgang sind „im Übrigen" nur erheblich, wenn sie offensichtlich und auf das Abwägungsergebnis von Einfluss gewesen sind (§ 214 III 2 Halbs. 2 BauGB; dazu OVG Koblenz, UPR 2009, 359; OVG Lüneburg, ZfBR 2009, 262). Gefestigter Rechtsprechung zufolge liegt ein **Mangel im Abwägungsvorgang** vor, wenn

– eine sachgerechte Abwägung überhaupt nicht stattgefunden hat, was allerdings sehr selten passieren dürfte (*Schröer,* NVwZ 2019, 832 [838]; *Dillmann/Mohrenstein/Vielberg/Zemke,* BauR 2018, 179 [185f.]),
– in die Abwägung nicht eingestellt worden ist, was nach Lage der Dinge in sie eingestellt werden musste (Ermittlungsfehler nach § 2 III BauGB, hierzu etwa BVerwG, Beschl. v. 10.12.2018, 4 BN 24/18, Rn. 13, juris; *Dillmann/Mohrenstein/Vielberg/Zemke,* BauR 2018, 179 [185f.]) oder
– die Bedeutung der abzuwägenden öffentlichen oder privaten Belange verkannt worden ist (grundlegend BVerwGE 34, 301; 47, 144; zu Einzelheiten oben *§ 7 Rn. 44ff.*).

Ein Mangel im Abwägungsvorgang ist damit nicht schlechthin, sondern nur **33**
unter den in § 214 III 2 BauGB genannten einschränkenden Voraussetzungen erheblich: er muss offensichtlich und auf das Abwägungsergebnis von Einfluss gewesen sein (zu diesen beiden Tatbestandsmerkmalen s.o. *Rn. 11f.*). Ein positiver Nachweis eines Einflusses einerseits oder die – wohl stets zu bejahende – abstrakte Möglichkeit, dass ohne den Mangel anders geplant worden wäre, andererseits sind dafür nicht entscheidend (*Stüer,* DVBl 2011, 381 [390]).

Beispiel: Eine Gemeinde plant ein Neubaugebiet in Hanglage. Im Verfahren wird geltend gemacht, es könne im Zuge der Realisierung der Bebauung zu Hangrutschungen kommen. Die Gemeinde geht der Sache nicht weiter nach, obwohl man sich nach Lage der Dinge die Auswirkungen genauer hätte ansehen müssen.

Rechtserhebliche Mängel des Abwägungsvorgangs werden überdies nach **34**
§ 215 I Nr. 3 BauGB unbeachtlich, wenn sie nicht innerhalb eines Jahres seit Bekanntmachung des Bauleitplans (oder der anderen städtebaulichen Satzungen) schriftlich gegenüber der Gemeinde geltend gemacht worden sind. Hierbei handelt es sich um eine **Ausschlussfrist,** so dass eine Wiedereinsetzung in den vorigen Stand ausscheidet.

Achtung: Die planerhaltenden Regelungen erfassen nur Abwägungsmängel, nicht auch sonstige Verstöße gegen materielles Recht, etwa gegen § 1 III 1 oder § 9 BauGB (BVerwG, NVwZ 1999, 1338).

E. Ergänzendes Verfahren, § 214 IV BauGB

Heilungsmöglichkeiten enthält § 214 IV BauGB. Die Norm bestimmt, dass **35**
Bauleitpläne durch ein ergänzendes Verfahren repariert und rückwirkend in Kraft gesetzt werden können. (Beispiel BVerwG, NVwZ 2018, 322 [323]). Zu den behebbaren Fehlern gehören Verfahrens- und Formfehler, aber auch inhaltliche Mängel, etwa eine nicht hinreichend bestimmte Festsetzung oder kleinere Abwägungsmängel (*F/O/K,* ÖffBauR I, § 12, Rn. 45ff.; *Scheidler,* ZfBR 2019, 336 [340]; *B/K/L,* BauGB, § 214, Rn. 23f.; *Schmidt,* ÖffBauR,

Rn. 75f.) Keine Heilungsmöglichkeit besteht allerdings bei erheblichen Fehlern, die den Kern der Abwägungsentscheidung betreffen, gleiches gilt, wenn die Fehlerkorrektur die Identität des ursprünglichen Plans verändert (BVerwG, NVwZ 1999, 420; 2000, 815; DVBl 2004, 648; *F/O/K,* ÖffBauR I, § 12, Rn. 45ff.; *B/K/L,* BauGB, § 214, Rn. 24; *Scheidler,* ZfBR 2019, 336 [340f.]; *Schmidt,* ÖffBauR, Rn. 76 u. 109a). Im letztgenannten Fall ist das Planänderungsverfahren des § 1 VIII BauGB vorrangig.

Beispiele:
- In einem ergänzenden Verfahren können etwa größere Teile der ursprünglichen Konzentrationsflächen für Windenergieanlagen nicht gestrichen und so die Ursprungsplanung in wesentlichen Punkten geändert werden (OVG Lüneburg, NVwZ-RR 2009, 546).
- Ein ergänzendes Verfahren ist dann nicht mehr möglich, wenn gegenüber dem Zeitpunkt der Beschlussfassung eine grundlegende Veränderung der Rechtslage etwa hinsichtlich der maßgeblichen Ziele der Raumordnung eingetreten sind (*Stüer,* DVBl 2011, 381 [391]).

38 Im Hinblick auf die **Verfahrensgestaltung** ist nicht das Verfahren, welches zum Fehler führte, zu wiederholen, sondern es ist das durchgeführte Verfahren insoweit zu ergänzen, dass der gemachte Fehler korrigiert wird (*Scheidler,* ZfBR 2019, 336 [341]).

Beispiele:
- Muss der Satzungsbeschluss wiederholt werden, sind eine erneute Genehmigung der höheren Verwaltungsbehörde gem. § 6 I BauGB und deren Bekanntmachung nach § 6 V 1 BauGB erforderlich (OVG Schleswig, BauR 2010, 1556).
- Wurde bei einem Planverfahren die Abwägungserheblichkeit des Aspektes des Schallschutzes nicht ausreichend berücksichtigt, so führt dies nicht zwingend zur Gesamtnichtigkeit (von Anfang an). Vielmehr besteht die Möglichkeit, nur die für diesen Belang erheblichen Ermittlungen neu durchzuführen und die Abwägung insoweit zu wiederholen (BVerwG, NVwZ 2000, 1053).
- Soll ein Bebauungsplan mit beachtlichen Abwägungsfehlern durch ein ergänzendes Verfahren erneut in Kraft gesetzt werden, muss eine neue Entscheidung getroffen werden, in der alle im Verfahren abgegebenen Stellungnahmen gegeneinander und untereinander gerecht abgewogen werden müssen (OVG Münster, UPR 2008, 280).
- § 214 IV BauGB fordert für die nachträgliche Inkraftsetzung eines wegen eines Ausfertigungsmangels ungültigen Bebauungsplans keinen erneuten Satzungsbeschluss und damit auch keine erneute Abwägung (OVG Koblenz, BauR 2004, 718).

F. Kontrollfragen

1. Die §§ 214, 215 BauGB lassen verschiedene Gruppen unter dem Gesichtspunkt der Fehlerfolgenbehandlung erkennen. Welche sind das?
2. Welche Folgen kann die Nicht-Beteiligung einzelner Träger öffentlicher Belange haben?
3. Was versteht man unter dem Begriff der „relativen Beachtlichkeit“?

4. Welche Rechtsverletzungen im Verhältnis des Bebauungsplans zum Flächennutzungsplan sind unbeachtlich?
5. Welche Folgen hat ein nicht beachtlicher Mangel im Abwägungsvorgang für die staatliche Kontrolle der Bauleitpläne?

(Antworten auf S. 355)

§ 9. Rechtsschutz

Literatur: *Battis,* Rechtsschutz gegen Flächennutzungspläne, AL 2012, 153; *Bringewat,* Normenkontrolle von Darstellungen eines Flächennutzungsplans im Anwendungsbereich von § 35 III 3 BauGB, NVwZ 2013, 984; *Scheidler,* Flächennutzungspläne als Gegenstand einer Normenkontrollklage, DÖV 2008, 766; *Schenke,* Der Rechtsschutz von Nachbargemeinden im Bauplanungsrecht, VerwArch 2007, 448 und 561; *Sendler,* Der Jubilar, der Grundsatz der Planerhaltung und das Richterrecht, DVBl 2005, 659; *Wollenteit,* Antragsberechtigung bei der Normenkontrolle von Flächennutzungsplänen, NVwZ 2008, 1281.

In Bezug auf die Rechtsschutzmöglichkeiten gilt es zu differenzieren zwischen den Mitteln, die dem einzelnen Bürger als von gemeindlicher Planung Betroffenem zustehen und den Rechtsmitteln, die eine Gemeinde ergreifen kann, um Eingriffe in ihren Rechtskreis abzuwehren. **1**

A. Rechtsschutz des Bürgers

Die Rechtsschutzmöglichkeiten des Bürgers gestalten sich unterschiedlich, **2** je nachdem ob er sich gegen einen Bebauungsplan oder einen Flächennutzungsplan zur Wehr setzen will.

I. Rechtsschutz gegen einen Flächennutzungsplan

Da der Flächennutzungsplan nur ein schlichter Plan ist (s. o. *§ 5 Rn. 34*), hat **3** der Bürger regelmäßig keine unmittelbare verfahrensrechtliche Möglichkeit, sich gegen ihn mit einer Klage zu wehren. Eine Normenkontrolle nach § 47 VwGO kommt **mangels Rechtssatzqualität** des Flächennutzungsplans regelmäßig nicht in Betracht; da es sich überdies nicht um einen Verwaltungsakt handelt, kann der Flächennutzungsplan auch mit der Anfechtungsklage gem. § 42 VwGO nicht angegriffen werden. Eine Feststellungsklage nach § 43 VwGO scheitert regelmäßig daran, dass der Flächennutzungsplan mangels unmittelbarer Rechtswirkungen nach außen grundsätzlich kein Rechtsverhältnis begründet (zu alledem BVerwGE 77, 300; OVG Koblenz, ZfBR 2008, 67; *Muckel/Ogorek,* ÖffBauR, § 5 Rn. 10f., 14; *Scheidler,* DÖV 2008, 766 [767]).

4 Die Rechtsprechung des BVerwG (NVwZ 2013, 1011; 2007, 1081; BauR 2009, 156; E 128, 382; 117, 287; OVG Berlin-Bbg., ZfBR 2007, 810 [811]; dazu auch *Hufen,* § 19 Rn. 12; *Fellenberg/Karpenstein,* NVwZ 2006, 1133; *Stüer,* DVBl 2008, 270 [272f.]; umfassend *Schenke,* NVwZ 2007, 134f.; *Scheidler,* DÖV 2008, 766 [767f.]) lässt vorsichtige Tendenzen erkennen, künftig den unmittelbaren Rechtsschutz gegen Flächennutzungspläne in weitergehendem Umfang anzuerkennen. In der Folge wird ein Normenkontrollantrag gegen eine Konzentrationszone (§ 35 III 3 BauGB) im Flächennutzungsplan für zulässig erachtet (s.a. OVG Lüneburg, NVwZ-RR 2007, 444; OVG Koblenz, NVwZ 2006, 1442; dazu *Battis,* AL 2012, 153 [156f.]; *Jeromin,* NVwZ 2006, 1371).

5 Bei Zugrundelegung dieser Rechtsauffassung wäre es konsequent, etwa betroffenen Grundeigentümern (zur Erweiterung auch auf betroffene Anwohner *Wollenteit,* NVwZ 2008, 1281f.) Rechtsbehelfsmöglichkeiten mittels der verwaltungsgerichtlichen Normenkontrolle analog § 47 I Nr. 1 VwGO einzuräumen (so BVerwGE 128, 382 [389]; Bringewat, NVwZ 2013, 984; *Muckel/Ogorek,* ÖffBauR, § 5 Rn. 13). Als sachgerechter wird teilweise aber auch die Anwendung des § 47 I Nr. 2 VwGO angesehen, der einen hinreichenden Spielraum biete, um die Sondersituation des Flächennutzungsplans zu erfassen (so jedenfalls *Hendler,* NuR 2004, 485 [490]; *Kment,* NVwZ 2003, 1047 [1055]).

6 Grundsätzlich können aber nur Rechtsbeziehungen, die sich aus einem solchen Plan ergeben, Gegenstand einer Feststellungsklage sein. Soweit sich ein Flächennutzungsplan allerdings, weil ein Bebauungsplan aus ihm entwickelt worden ist, oder als öffentlicher Belang nach § 35 III BauGB zu Lasten des Bürgers auswirkt, kann seine Rechtmäßigkeit in einem Rechtsstreit, der um die Wirksamkeit des Bebauungsplans, wegen einer auf ihn gestützten Einzelmaßnahme oder um die Zulässigkeit einer Außenbereichsbebauung geführt wird, **inzident** überprüft werden (VGH München, BayVBl 1993, 721; *Battis,* AL 2012, 153 [156]; *Stüer,* Bebauungsplan, Rn. 1649).

II. Rechtsschutz gegen einen Bebauungsplan

7 Als Rechtsnorm kann der Bebauungsplan weder mit der Anfechtungs- noch (unmittelbar) mit der Feststellungsklage angegriffen werden (Falllösung bei *M/S,* Fälle, S. 24 [27f.]). Unmittelbaren Rechtsschutz gewährt allein die **Normenkontrolle** nach § 47 VwGO, über die das OVG (VGH) entscheidet. Ergänzend ist die allgemeine Feststellungsklage jedenfalls dann in Betracht zu ziehen, wenn auf diese Weise nicht das Normenkontrollverfahren umgangen werden soll. Die Feststellungsklage ist hinsichtlich eines Bebauungsplans daher nur dann zugelassen, wenn sie auf die Feststellung von Rechten und Pflichten aus dem Bebauungsplan bzw. auf dessen Ungültigkeit gerichtet ist, nicht wenn im Klagewege die Gültigkeit des Plans als solche geklärt werden soll (*Erbguth/Schubert,* ÖffBauR, § 15 Rn. 14).

Daneben unterliegt der Bebauungsplan der Inzidentkontrolle in allen gerichtlichen Verfahren, deren Entscheidung von seiner Gültigkeit abhängt, insbesondere bei der Nachbarklage, der Klage auf Erteilung einer Baugenehmigung, der Anfechtung von Maßnahmen der Bodenordnung oder im Enteignungsverfahren. 8

Achtung: Inzidentkontrolle bedeutet, dass die Wirksamkeit des Bebauungsplans als Grundlage etwa einer erteilten Baugenehmigung vom Verwaltungsgericht ebenfalls überprüft wird. Das Verwaltungsgericht kann dann aber nicht den Bebauungsplan für nichtig erklären.

Beispiel: Eigentümer E möchte sein Einzelhandelsgeschäft an einen Spielhallenbetreiber vermieten und beantragt die Erteilung einer Nutzungsänderungsgenehmigung. Diese wird mit der Begründung verweigert, dass der Bebauungsplan zwar ein Kerngebiet festsetze, Vergnügungsstätten jeglicher Art indes gem. § 1 V BauNVO ausgeschlossen seien. E könnte eine Klage auf Erteilung der Nutzungsänderungsgenehmigung erheben und vortragen, dass der Bebauungsplan mit dem Ausschluss der Vergnügungsstättennutzung unwirksam sei. Die Gültigkeit des Bebauungsplans wird dabei als öffentlich-rechtliche Vorfrage geprüft, welche den Plan als Grundlage des Verwaltungsaktes betrifft. Bei einer mittels Inzidentkontrolle festgestellten Nichtigkeit des Plans würde die Zulässigkeit des Vorhabens sich sodann nach § 34 BauGB beurteilen.

Zur Möglichkeit der **Verfassungsbeschwerde** gegen einen Bebauungsplan BVerfG, NJW 1985, 2315f.; *B/K/L,* BauGB, § 10 Rn. 26. 9

In Bezug auf die **Normenkontrolle** sind im Grundsatz folgende wesentlichen **Prüfschritte** zu beachten (vollständiges Schema siehe unten *Rn. 29;* zu den allgemeinen Zulässigkeitsvoraussetzungen *Hufen,* § 19 Rn. 5ff.; *Kopp/Schenke,* VwGO, § 47 Rn. 21ff.): 10

1. Zulässigkeitsprüfung

a) Gegenstand der Normenkontrolle (Statthaftigkeit)

Gegenstand der Normenkontrolle ist gemäß § 47 I Nr. 1 VwGO der Bebauungsplan. Ein noch nicht erlassener Bebauungsplan kann, da noch nicht Rechtsnorm, nicht Gegenstand eines Normenkontrollverfahrens sein, auch wenn er planreif und nach § 33 BauGB Grundlage für die Erteilung von Baugenehmigungen ist (BVerwG, NVwZ 1992, 1088; VGH München, BayVBl 1986, 497). Es genügt jedoch, wenn der Bebauungsplan im Zeitpunkt der gerichtlichen Entscheidung in Kraft getreten ist. Ein Normenkontrollantrag kann sich nicht gegen den Nichterlass eines Bebauungsplans richten. Gegenstand der Normenkontrolle kann indes der funktionslos gewordene Bebauungsplan (dazu oben *§ 5 Rn. 38*) sein, wenn die sachlichen Voraussetzungen für das Außerkrafttreten dargelegt werden (BVerwG, BauR 1999, 601; *Erhard,* NVwZ 2006, 1362). 11

12 Zu berücksichtigen ist überdies, dass die **Normenkontrolle** im Bereich des Baurechts gem. § 47 I Nr. 1 VwGO auch die **anderen** im BauGB vorgesehenen **Satzungen** erfasst, also:
- die Veränderungssperre (§ 16 BauGB),
- die Begründung besonderer Vorkaufsrechte (§ 25 BauGB),
- die Abrundungssatzung (§ 34 IV BauGB),
- die Außenbereichssatzung (§ 35 VI BauGB).

13 **Nicht erfasst** sind hingegen beispielsweise
- der Umlegungsbeschluss (§ 47 BauGB),
- der Umlegungsplan (§ 66 BauGB; Stüer, Bebauungsplan, Rn. 1279f.).

b) Antragsbefugnis

14 Gem. § 47 II 1 VwGO kann **jede natürliche** oder **juristische Person** sowie jede **Behörde** einen Normenkontrollantrag stellen. § 47 II VwGO verlangt ähnlich wie § 42 II VwGO weiterhin, dass der Antragsteller geltend macht durch die Rechtsvorschrift oder deren Anwendung in seinen Rechten verletzt zu sein oder in absehbarer Zeit verletzt zu werden (*Stüer,* Bebauungsplan, Rn. 1659f.; *Gaentzsch,* NVwZ 2000, 993 [999]). Es sind daher an beide Sachentscheidungsvoraussetzungen die gleichen Bedingungen zu stellen (OVG Münster, NVwZ 2005, 1201 [1202]). Die Antragsbefugnis i.S. des § 47 II VwGO geht aber insofern weiter, als auch eine (mögliche) Verletzung in **absehbarer Zeit** ausreicht (BVerwG, NVwZ 2012, 185 [178]; BVerwGE 153, 174 [175]).

15 Die Antragsbefugnis i.S. des § 47 II 1 VwGO wird regelmäßig bejaht, wenn sich ein **Eigentümer** eines im Plangebiet gelegenen Grundstücks gegen eine bauplanerische Festsetzung wendet, die unmittelbar sein Grundstück betrifft (zur Antragsbefugnis eines Grundstückskäufers OVG Koblenz, DÖV 2005, 483f.). Es reicht der hinreichend substantiierte Tatsachenvortrag, dass der Antragsteller durch die Festsetzungen des Bebauungsplans möglicherweise in eigenen Rechten verletzt wird (BVerwG, NVwZ-RR 1998, 416; BVerwG, Beschl. v. 10.12.2018, 4 BN 24/18, Rn. 5, juris; OVG Bautzen, Urt. v. 15.05.2018, 1 C 13/17, Rn. 30, juris). Unbeachtlich für die Antragsbefugnis ist es, dass der Antragsteller noch keinen Bauantrag gestellt hat. Ausreichend ist nach dem ausdrücklichen Gesetzeswortlaut, wenn die Rechtsverletzung in absehbarer Zeit durch die Anwendung der Rechtsvorschrift erfolgen kann.

Achtung: Einschränkungen bei der Anerkennung der Antragsbefugnis macht die Rechtsprechung unter dem Aspekt unzulässiger Rechtsausübung indes, wenn der Grunderwerb erkennbar lediglich dem Führen des Rechtsstreits dient („Sperrgrundstück"; dazu BVerwGE 112, 135; OVG Greifswald, DVBl 2004, 1124).

Im Hinblick auf die Antragsbefugnis von **Mietern** bzw. Pächtern o. Ä. ist es ausreichend, wenn auf der Grundlage der Festsetzungen des Bebauungsplans eine Beeinträchtigung ihrer Nutzungsrechte zu erwarten steht (BVerwG, NVwZ 2000, 806; 807; *Stüer,* Bebauungsplan, Rn. 1667). 16

Welche Reichweite ein **Anspruch auf Abwägung** im Rahmen eines „Gebotes zur fehlerfreien Abwägung" (§ 1 VII BauGB) hat, ist im Einzelnen umstritten. So sind verschiedentlich Zweifel geäußert worden, ob § 47 II VwGO n. F. tatsächlich zu der vom Gesetzgeber gewollten Einschränkung der Antragsbefugnis führt. Indes dürfte zu konstatieren sein, dass eine konkret drohende Rechtsverletzung und nicht lediglich eine Beeinträchtigung rechtlich nicht besonders geschützter und somit auch nicht durch das Abwägungsgebot konstituierter Positionen dargetan sein muss (*Bönker,* in: H/B/G, ÖffBauR, § 17 Rn. 21). 17

Beispiel: Das Heranrücken eines reinen Wohngebietes an ein anderes reines Wohngebiet löst auch dann keine Antragsbefugnis der Eigentümer angrenzender Grundstücke aus, wenn der Bebauungsplan entgegen den bisherigen Festsetzungen Mehrfamilienwohnhäuser vorsieht. Hinzukommender Verkehrslärm oder die Veränderung des Verkehrswertes stellen dabei grundsätzlich keinen schutzwürdigen Belang dar (VGH Kassel, DÖV 2014, 986).

Demgegenüber ist bislang nicht endgültig geklärt, ob der Anspruch auf Abwägung sich auf die Rechtmäßigkeit der Abwägung schlechthin richtet oder sich beschränkt auf den Ausgleich der Belange des Antragstellers und entgegenstehender anderer Belange. Die erstgenannte Auffassung wird unter Hinweis darauf vertreten, dass die Abwägung als ganzheitlicher Vorgang nicht künstlich in einen subjektiv-rechtlichen und einen objektiv-rechtlichen Teil aufgespalten werden könne; jeder durch die Planung in subjektiven Rechten Betroffene könne eine insgesamt rechtmäßige Planungsentscheidung verlangen (*Sauthoff,* BauR 2000, 195 [216 f.]). Nach Auffassung des BVerwG indes hat das Abwägungsgebot des § 1 VII BauGB drittschützenden Charakter hinsichtlich solcher privaten Belange, die für die Abwägung erheblich sind (BVerwG, NJW 1999, 592; NVwZ 2001, 431 f.; BVerwG, Beschl. v. 10.12.2018, 4 BN 24/18, Rn. 6, juris; OVG Bautzen, Urt. v. 15.5.2018, 1 C 13/17, Rn. 30, juris; *B/K/L,* BauGB, § 10, Rn. 16; *Schmidt,* ÖffBauR, Rn. 451; *F/O/O,* ÖffBauR II, § 18, Rn. 1). 18

Einschränkend ist dabei zu berücksichtigen, dass es sich regelmäßig um **abwägungsrelevante eigene Belange** handeln muss (*E/M/S,* BesVwR, Rn. 1072). 19

Beispiele:

- Dies gilt etwa hinsichtlich der Verkehrsimmissionen, die durch die Erweiterung eines reinen Wohngebietes um 32 Wohnungen für ein Wohngrundstück zu erwarten sind (BVerwG, NVwZ 2000, 187) oder hinsichtlich der Lärm- und Staubimmissionen einer Baustelleneinrichtung (BVerwG, LKV 1999, 364).
- Die Aufhebung einer Ersatzfläche zur Entwicklung von Natur und Landschaft kann Rechte eines Antragstellers hingegen nicht unmittelbar verletzen, weil dadurch lediglich objektive, dem Einzelnen nicht zugeordnete Gemeinwohlbelange verfolgt werden (VGH Kassel, NVwZ-RR 2005, 87).

- Verneint wurde die Antragsbefugnis des § 47 II VwGO für einen unverbauten Blick eines Grundstücks in Ortsrandlage; die gute Aussicht stelle in der Regel nur einen faktischen Vorteil dar, auf den der Eigentümer nicht rechtlich habe vertrauen dürfen (OVG Bautzen, Urt. v. 15.5.2018, 1 C 13/17, Rn. 33ff., juris).

20 Im Gegensatz zu den natürlichen und juristischen Personen normiert § 47 II 1 VwGO keine Anforderungen an die Antragsbefugnis von **Behörden.** Es ist allerdings anerkannt, dass das Antragsrecht nur solchen Behörden (oder auch Gemeinden) zusteht, in deren Geschäftsbereich die Anwendung der zu überprüfenden Norm fällt oder weil sie die Norm bei der Erfüllung ihrer Aufgaben zu beachten haben, die also ein berechtigtes Feststellungsinteresse haben (BVerwG, ZfBR 1989, 272f.; OVG Münster, BauR 2009, 1710; BauR 2005, 1577 [1578]; *Hufen,* § 19 Rn. 33).

c) Rechtsschutzbedürfnis

21 Wie in jedem gerichtlichen Verfahren muss auch im Normenkontrollverfahren der Antragsteller neben der Antragsbefugnis ein Rechtsschutzinteresse an der begehrten gerichtlichen Entscheidung haben (BVerwG, DÖV 1998, 76 [77]; NVwZ 1994, 268). Es fehlt, wenn der Antragsteller durch die Nichtigerklärung des Bebauungsplans seine Rechtsstellung nicht verbessern würde (BVerwG, ZfBR 2004, 272 [276]; NVwZ 2008, 899).

Beispiele:
- Das Rechtsschutzbedürfnis fehlt, wenn die zu überprüfende Festsetzung schon durch eine unanfechtbare Baugenehmigung verwirklicht worden ist und die Rechtsstellung des Antragstellers durch die Nichtigkeitserklärung des Bebauungsplans nicht mehr aktuell verbessert werden könnte.
- Es fehlt auch, wenn der Antragsteller sich eigentlich gegen ein im Bebauungsplan vorgesehenes Vorhaben wendet, das auch bei Unwirksamkeit des Plans nach den §§ 34 oder 35 BauGB ohne weiteres zu genehmigen wäre (BVerwG, ZfBR 2008, 681; OVG Berlin- Bbg., ZfBR 2007, 810).
- **aber:** Bei einem Antrag einer Behörde fehlt es auch dann nicht am Rechtsschutzbedürfnis, wenn diese die rechtlichen Möglichkeiten hat, durch eine landesplanerische Untersagungsverfügung im Normaufstellungsverfahren den Erlass des Bebauungsplans zu verhindern (so OVG Greifswald, NordÖR 2010, 353).

d) Antragsfrist

22 Der Normenkontrollantrag kann nur innerhalb **eines Jahres** seit Inkrafttreten der angefochtenen Rechtsvorschrift gestellt werden, § 47 II 1 VwGO. Diese im Zuge der Novellierung des Baugesetzbuches in 2006 (dazu *§ 3 Rn. 2*) modifizierte Frist soll die Normenkontrollanträge auf eine zeitnahe Anfechtung der Rechtsvorschriften begrenzen und zugleich einer ungefragten Fehlersuche vorbeugen. Die Jahresfrist ist für alle Rechtsvorschriften zu beachten, die nach dem 1.1.2007 bekannt gemacht worden sind. Für die vor dem In-Kraft-Treten der Neuregelung bekanntgemachten Rechtsvorschriften bleibt es bei der Zwei-Jahres-Frist des § 47 II VwGO a.F. (§ 195 VII VwGO; zu entsprechenden Übergangsregelungen VGH München, DVBl 1997, 663).

Prozessuale Befugnisse können schließlich **verwirkt** sein, was auch für die Antragsbefugnis nach § 47 II VwGO gilt (*Stüer,* Bebauungsplan, Rn. 1680). Eine Verwirkung tritt ein, wenn der Antragsteller dadurch, dass er zur Durchsetzung eines geltend gemachten Rechts das Gericht anruft, sich zu seinem eigenen Verhalten in einen mit Treu und Glauben unvereinbaren Widerspruch setzt (BVerwG, ZfBR 1990, 106). 23

Beispiel: Ist etwa der Antragsteller von Anbeginn an mit der Planung vertraut, hatte er zudem durch Verkauf eigenen Grundbesitzes an der Planverwirklichung mitgewirkt und erst später den Bebauungsplan zur gerichtlichen Überprüfung gestellt, so ist eine Verwirkung anzunehmen (OVG Koblenz, NJW 1984, 445; so auch BVerwG, BauR 2006, 352 [353]).

Fall 4: Kein Schiefer am Hang

Antragsbefugnis bei der abstrakten Normenkontrolle (§ 47 VwGO) 24

Sachverhalt

Der Bebauungsplan „Am Hang" der Gemeinde G schließt für das dort befindliche großflächige Neubaugebiet im Interesse einer regionalspezifischen Baugestaltung die Verwendung von Schiefer als Fassadenelement aus. Der A vertreibt in der Region um G herum vor allem Schiefer, daneben aber auch andere Baustoffe. Infolgedessen befürchtet A, nicht zuletzt aufgrund der Vorbildwirkung des Bebauungsplanes, eine beträchtliche Verringerung seiner Absatzmöglichkeiten. Wäre ein Antrag des A im Normenkontrollverfahren zulässig?

Lösung

Ein Antrag des A könnte – da sonstige Bedenken nicht ersichtlich sind – an der notwendigen **Antragsbefugnis** scheitern. Zweifelhaft ist, ob A die Verletzung von Rechten i. S. von §§ 47 II VwGO geltend machen kann. Da es sich um eine Beeinträchtigung eigener Rechte handeln muss, scheidet eine Verletzung lediglich wirtschaftlicher, kultureller oder sonstiger ideeller Interessen zur Begründung der Antragsbefugnis aus. Die streitbefangene Festsetzung des Bebauungsplans hat jedenfalls keine berufsspezifischen Wirkungen. Sie führt auch nicht mittelbar zu einem hoheitlichen Ausschluss aus dem Markt, so dass eine mögliche Verletzung des Art. 12 GG ausscheidet. Dies dürfte in gleicher Weise für Art. 14 GG gelten, denn zum Schutz des eingerichteten und ausgeübten Gewerbebetriebs gehört nicht die Aufrechterhaltung bestimmter Erwerbs- und Marktchancen.

Fraglich ist, ob wegen einer möglichen **Abwägungsrelevanz** der Belange des A die Antragsbefugnis gem. § 47 II 1 VwGO zu bejahen wäre. Nicht schutzwürdig sind in diesem Zusammenhang indes Interessen, denen gegenüber sich die Rechtsordnung – was die Bauleitplanung betrifft – bewusst neutral verhalten will (BVerwG, DVBl 1994, 701 f.; weiterführend *Stüer,* Bebauungsplan, Rn. 1663). Dies können gerade die Beeinträchtigung von Wettbewerbsinteressen (BVerwG, BRS 59 Nr. 50) oder rein ästhetische Belange sein (zu letzterem BVerwG, BRS 63 Nr. 45; OVG Lüneburg, BauR 2004, 57). Hier handelt es sich um ein solches städtebaulich „neutrales“ Interesse. Zwar muss A mit Einbußen bzgl. seines Gewerbebetriebes rechnen. Solche Einwirkungen bewegen sich indes im Rahmen der üblichen Einwirkungen auf die Marktsituation. Insoweit ist das wirtschaftliche Interesse des A kein Belang, der in die Abwägung eingestellt werden muss (VGH München, BayVBl 1980, 537 [538]). Im Übrigen haben Festsetzungen eines Bebauungsplans häufig Einfluss auf die wirtschaftliche Situation der Gewerbetreibenden. Die Bauleitplanung wäre schlicht überfordert, müsste sie diese Aspekte stets in die Abwägung einstellen (BVerwGE 59, 87 [103]). Somit ist A nicht antragsbefugt.

Ergebnis: Der Antrag ist folglich in jedem Fall unzulässig.

2. Begründetheitsprüfung und Entscheidungsinhalt

25 Bei Normenkontrollverfahren gegen Bebauungspläne konzentriert sich die Prüfung der Begründetheit des Antrags in der Regel auf die Frage, ob der angegriffene Bauleitplan aus formellen oder materiellen Gründen unwirksam ist, d.h. **gegen höherrangiges Recht verstößt.** Im verwaltungsgerichtlichen Normenkontrollverfahren wird daher die Rechtmäßigkeit der Planung in verfahrens- und materiellrechtlicher Hinsicht überprüft. Wegen der diesbezüglich zu beachtenden Prüfschritte kann insoweit auf die *§§ 6, 7* verwiesen werden. Die Fehlerfolgen sind zudem durch die Vorschriften der §§ 214, 215 BauGB erheblich eingeschränkt (dazu *§ 8*).

26 **Prüfungsmaßstab** für das Normenkontrollverfahren ist das gesamte Bundes- und Landesrecht. Da das Normenkontrollverfahren neben seiner subjektiven Rechtsschutzfunktion auch objektives Normenbeanstandungsverfahren ist, ist das Gericht nicht auf die Prüfung der im Antrag geltend gemachten Mängel beschränkt, allerdings auch nicht zu grenzenloser Fehlersuche verpflichtet (dazu BVerwG, BauR 2007, 335 [336]; NVwZ 2002, 83; *Sendler,* DVBl 2005, 659; *Bracher,* in: B/R/S, BauPlR, Rn. 1055ff.; *Bönker,* in: H/B/G, ÖffBauR, § 17 Rn. 28).

27 Kommt das Gericht zu der Überzeugung, dass der Bebauungsplan an einem für seine Rechtswirksamkeit beachtlichen Fehler (§§ 214f. BauGB) leidet, hat es ihn nach § 47 V 2 VwGO für unwirksam zu erklären, im Fall des § 214 IV BauGB (dazu oben § 8 Rn. 27ff.) für schwebend **unwirksam** (zum Problem der Teilunwirksamkeit *Bönker,* in: H/B/G, ÖffBauR, § 17 Rn. 31). Dieser Entscheidung steht nicht der Umstand entgegen, dass zuvor in einem Klageverfahren auf Erteilung einer Baugenehmigung durch rechtskräftiges Urteil die Gültigkeit des Bebauungsplans inzident bejaht worden ist, weil diese Feststellung nicht in Rechtskraft erwachsen ist (BVerwG, NVwZ 1992, 662).

28 Die Nichtigerklärung des Bebauungsplans ist nach § 47 V 2 VwGO allgemein verbindlich, wirkt also inter omnes. Hält das Gericht dagegen den Bebauungsplan für wirksam, weist es den Normenkontrollantrag zurück; diese Entscheidung hat gem. § 121 VwGO Bindungswirkung nur unter den Verfahrensbeteiligten (inter partes).

unbeachtliche Fehler	Formelle Fehler, die nur innerhalb Rügefrist beachtlich sind	Fehler nach Kommunalrecht	materiell-rechtliche Fehler	nicht heilbare Fehler
– § 214 I Nr. 1 BauGB, sofern Ermittlungs-/Bewertungsfehler nicht offensichtlich oder nicht ergebniskausal – § 214 I Nr. 2 BauGB: Ausnahme des Hs. 2 – § 214 I Nr. 3 BauGB: Ausnahme der Hs. 2, 3 – § 214 II Nr. 1–4 BauGB: Fehler bei der Entwicklung des Bebauungsplans aus dem Flächennutzungsplan – § 214 II a BauGB: im beschleunigten Verfahren aufgestellte Bebauungspläne – § 214 III 2 Hs. 2 BauGB: nicht offensichtliche oder nicht ergebniskausale Fehler beim Abwägungsvorgang	§ 214 I 1: – Nr. 1: Unzutreffende Ermittlung oder Bewertung des Abwägungsmaterials in wesentlichen Punkten, wenn Mangel offensichtlich und auf das Ergebnis von Einfluss – Nr. 2: Vorschriften über die Beteiligung der Öffentlichkeit und der Behörden (Ausnahmen im Hs. 2) – Nr. 3: Verletzung von Vorschriften über die Begründungen von Flächennutzungsplan und Satzungen sowie ihrer Entwürfe (Ausnahme im Hs. 2)	– GO, Hauptsatzung – Befangenheit – Verfahrensfehler	– Verstoß gegen das Entwicklungsgebot (s. aber § 214 II Nr 1–4) – Materielle Fehler im Abwägungsvorgang, soweit noch vorgesehen, wenn fristgerecht gerügt, § 215 I Nr. 3 (s. aber §§ 214 III 2 Hs. 2) – Mängel im Abwägungsergebnis	§ 214 I Nr. 4: – Fehlender Beschluss der Gemeinde, – Fehlende Genehmigung, – Fehlende Erreichung des Hinweiszweckes der Bekanntmachung
↓	↓	↓	↓	↓
– Rüge irrelevant, immer unbeachtlich	– rügebedürftig, nach Fristablauf unbeachtlich	– beachtlich nach Kommunalrecht des jeweiligen Bundeslandes	– immer beachtlich	– immer beachtlich

Prüfungsschema 4: Normenkontrollverfahren

A. Zulässigkeit der Normenkontrolle
 I. Eröffnung des Verwaltungsrechtsweges, §§ 47 I, 40 I VwGO
 II. Gegenstand der Normenkontrolle (Statthaftigkeit)
 – Bebauungspläne und sonstige Satzungen nach BauGB, § 47 I Nr. 1 VwGO
 III. Antragsbefugnis, § 47 II 1 VwGO
 – Behörden, soweit die Anwendung der zu überprüfenden Norm in deren Geschäftsbereich fällt;
 – nat. oder jur. Personen, sofern sie geltend machen, in ihren Rechten verletzt zu sein oder in absehbarer Zeit verletzt zu werden.
 IV. Richtiger Antragsgegner, § 47 II 2 VwGO
 V. Antragsfrist, § 47 I 1
 VI. Rechtsschutzbedürfnis
B. Begründetheit der Normenkontrolle
 I. Prüfungsmaßstab: das gesamte Bundes- und Landesrecht.
 II. Berücksichtigung der §§ 214, 215 BauGB (S. 123; nach *Erbguth/Schubert,* ÖffBauR, § 15 Rn. 110; *Peine,* ÖffBauR, Rn. 670)
 III. Entscheidung: Leidet der Bebauungsplan an einem für seine Rechtswirksamkeit beachtlichen Fehler (§§ 214f. BauGB), wird er nach § 47 V 2 VwGO für unwirksam erklärt, bei einer Heilbarkeit nach § 214 IV BauGB für schwebend unwirksam.

3. Vorläufiger Rechtsschutz

29 Nach § 47 VI VwGO kann das OVG (VGH) auf Antrag eine **einstweilige Anordnung** auch in Normenkontrollsachen erlassen. Diese ist darauf gerichtet, den Bebauungsplan einstweilen außer Vollzug zu setzen. Antragsbefugt sind grundsätzlich diejenigen, die auch berechtigt sind, den Normenkontrollantrag selbst zu stellen. Allerdings muss es sich um einen schweren Nachteil i.S. einer ganz besonders unzumutbaren Beeinträchtigung der Rechte des Antragstellers handeln, die dann entstünde, wenn die einstweilige Anordnung nicht ergeht, die angegriffene Norm indes im Nachhinein für nichtig erklärt wird (OVG Münster, BauR 2003, 1182; DVBl 2017, 386f.; *E/M/S,* BesVwR, Rn. 1110).

30 Die einstweilige Anordnung ist zu erlassen, wenn der Normenkontrollantrag **mit großer Wahrscheinlichkeit Erfolg** haben wird, und abzulehnen, wenn er unzulässig oder offensichtlich unbegründet ist (VGH München, DVBl 1979, 562). Liegt keiner dieser Fälle vor, kommt es darauf an, ob die einstweilige Regelung zur Abwehr schwerer Nachteile oder aus anderen wichtigen Gründen dringend geboten ist. Ob der Erlass einer einstweiligen Anordnung dringend geboten ist, erfordert eine umfassende Interessenabwägung (dazu *Stüer,* Bebauungsplan, Rn. 1686; *Bönker,* in: H/B/G, ÖffBauR, § 17 Rn. 36; *F/D/K,* Vorläufiger Rechtsschutz, § 30 Rn. 590ff.). Zu vergleichen ist dabei die Lage, die sich ergäbe, wenn die Norm rechtswidrig wäre, eine einstweilige Anordnung aber nicht erginge, mit jener, bei der eine einstweilige Anordnung erlassen würde, sich aber später die Rechtmäßigkeit und Gültigkeit der angegriffenen Norm herausstellt (OVG Münster, NWVBl 1993, 29 [30f.]).

Eine einstweilige Anordnung ist überdies aus anderen wichtigen Gründen möglich, die im Einzelfall in der Verhinderung der Schaffung vollendeter Tatsachen durch die Festschreibung der örtlichen Verhältnisse durch den Vollzug des Bebauungsplans gesehen werden können (näher *K/H,* BRL, § 21 Rn. 44). Im Grundsatz gilt dabei allerdings der Vorrang der einzelaktbezogenen Rechtsbehelfe. 31

Beispiele:
- Eine einstweilige Anordnung kann gerechtfertigt sein, wenn ohne den Erlass einer begehrten einstweiligen Anordnung damit zu rechnen wäre, dass eine Mehrzahl von durch einen Bebauungsplan zugelassenen Vorhaben in naher Zukunft genehmigungsfrei auf der Grundlage etwa des § 67 BauO NW (dazu § 18 Rn. 13) verwirklicht werden würden (OVG Münster, NVwZ 1997, 923 [924]).
- Eine einstweilige Anordnung ist aber dann nicht geboten, wenn vorläufiger Rechtsschutz nach den §§ 80, 80a, 123 VwGO erlangt werden kann, also etwa das Antragsziel darin besteht, Bauarbeiten einstweilen stillzulegen, die auf Grund des streitbefangenen Bebauungsplans genehmigt und begonnen sind (OVG Lüneburg, BauR 2002, 447; OVG Münster, NVwZ 2000, 1060ff.).

B. Rechtsschutz der Gemeinde

Auch im Hinblick auf den gemeindlichen Rechtsschutz gilt es zwischen den unterschiedlichen Bauleitplänen zu differenzieren. 32

I. Rechtsschutz gegen einen Flächennutzungsplan

Als Gemeindenachbarklage gegen den Flächennutzungsplan der angrenzenden Gemeinde kommt die **Feststellungsklage** in Betracht, ggf. auch in Form der vorbeugenden Unterlassungsklage (BVerwGE 40, 323 [326]). Anders als gegenüber dem Bürger wird nämlich durch einen Flächennutzungsplan der Nachbargemeinde gegenüber ein Rechtsverhältnis begründet (§ 2 II BauGB). Es besteht insoweit die Möglichkeit, wegen der Darstellungen des Flächennutzungsplans im Rahmen einer Feststellungsklage die Verletzung des § 2 II i.V. mit § 4 BauGB zu rügen (*Erbguth/Schubert,* ÖffBauR, § 15 Rn. 13; *Bönker,* in: H/B/G, ÖffBauR, § 17 Rn. 6; *Schenke,* VerwArch 2007, 448 [463f.]). 33

Da die Entscheidung der höheren Verwaltungsbehörde über die Erteilung der Genehmigung zum Flächennutzungsplan einen Verwaltungsakt darstellt, ist im Falle der Nichtgenehmigung zugunsten der betroffenen Gemeinde die **Verpflichtungsklage** eröffnet. Gegen eine Erteilung der Genehmigung kann die Nachbargemeinde im Wege der Anfechtungsklage vorgehen. 34

II. Rechtsschutz gegen einen Bebauungsplan

Gegen einen Bebauungsplan der Nachbargemeinde besteht die Möglichkeit eines **Normenkontrollverfahrens** gem. § 47 VwGO, für welches die oben unter *Rn. 11ff.* dargestellten Voraussetzungen gelten. 35

Achtung: Die Gemeinde, die den Bebauungsplan einer Nachbargemeinde anfechten will, ist, da sie diesen Bebauungsplan, der nicht auf ihrem Gemeindegebiet gilt, nicht anzuwenden oder zu vollziehen hat, nicht „Behörde“, sondern „juristische Person“, muss also einen mögliche Rechtsverletzung dartun, um gemäß § 47 II VwGO antragsbefugt zu sein (BVerwG, NVwZ 1989, 654; OVG Hamburg, ZfBR 2020, 72 [73]).

36 Daneben kommt für eine Gemeinde eine **vorbeugende Feststellungsklage** (Gemeindenachbarklage) in Betracht, soweit für die Nachbargemeinde schon vor Einleitung eines eventuellen Normenkontrollverfahrens vollendete Tatsachen drohen (dazu BVerwG, UPR 1994, 307f.; *B/K/L,* BauGB, § 2 Rn. 25; *Bönker,* in: H/B/G, ÖffBauR, § 17 Rn. 37; *Schenke,* VerwArch 2007, 448 [455f. m.w.N.]).

37 Zudem muss die Gemeinde mit der **Verpflichtungsklage** unter Berufung auf ihre Planungshoheit ihren Anspruch auf Genehmigung eines Bebauungsplans durch die höhere Verwaltungsbehörde durchsetzen. Dementsprechend steht der Nachbargemeinde im Falle der für rechtswidrig gehaltenen (erteilten) Genehmigung die **Anfechtungsklage** zu (weiterführend *Reidt,* in: B/R/S, BauPlR, Rn. 883).

38 In sämtlichen zuvor angesprochenen Klagekonstellationen kann sich die nach § 42 II VwGO erforderliche **Klagebefugnis** aus der Möglichkeit einer Verletzung der kommunalen Selbstverwaltungsgarantie (Art. 28 II 1 GG) ableiten, und zwar in ihrer Ausprägung als gemeindliche Planungshoheit (BVerwG, NVwZ 2003, 86; umfassend dazu *Hoppe/Otting,* DVBl 2004, 1125 [1129f.]; s.a. *E/M/S,* BesVwR, Rn. 812f.). Als Grundlage subjektiv-öffentlicher Rechte der Gemeinde kommen dabei (vor allem) einfachgesetzliche Normen (§ 2 II BauGB, § 36 BauGB) in Betracht (OVG Lüneburg, NVwZ-RR 2007, 7; OVG Münster, BauR 2017, 214 [215]; *Bönker,* in: H/B/G, ÖffBauR, § 18 Rn. 115; *Erbguth/Schubert,* ÖffBauR, § 15 Rn. 21f.).

Wichtig: Will sich die Gemeinde gegen baurechtliche Einzelentscheidungen zur Wehr setzen, so gelten für ihren Rechtsschutz prinzipiell die gleichen Voraussetzungen wie für den eines Bauherren oder Nachbarn (dazu unten *§§ 20, 21*).

Fall 5: Winzereck

Abstrakte Normenkontrolle (§ 47 VwGO) 39

Sachverhalt

E ist Eigentümer eines mit einem Wohnhaus bebauten Grundstücks in der Gemeinde G in Rheinland-Pfalz. Der Ortsteil, in dem sich das Grundstück befindet, wird nahezu ausschließlich von Winzern bewohnt. An die Wohnbebauung schließen sich Gärten und Weinberge an. E möchte auf seinem Grundstück ein weiteres eingeschossiges, nicht unterkellertes Wohngebäude mit einer Grundfläche von ca. 80 qm errichten. Im Flächennutzungsplan sind die den Wohnbereichen zugehörigen Flächen als „Wohnbaufläche", die Weinberge demgegenüber als „Weinbaufläche" dargestellt. Von der zuständigen Bauaufsichtsbehörde (B) wurde dem E daher auch Hoffnung auf eine positive Entscheidung gemacht.

Demgegenüber regt sich in der Gemeinde (G) Widerstand gegen eine weitere Bebauung. Nach entsprechendem Verfahren beschließt G daher einen Bebauungsplan „Winzereck", in dem auch die den Wohnbereichen zugehörigen Flächen – mit Ausnahme des vorhandenen Straßen- und Wegenetzes – als „Weinbaufläche" festgesetzt werden. Der Bebauungsplan tritt am 1. September 2011 in Kraft. E beantragt beim OVG mit Schreiben seines Prozessbevollmächtigten vom 15. Januar 2012, den Bebauungsplan aufzuheben. Er weist auf folgende Punkte hin:

- In der Bekanntmachung über die öffentliche Auslegung des Entwurfes habe es geheißen: „Der Entwurf für den Bebauungsplan „Winzereck" liegt ab dem 1. Februar 2010 für die Dauer eines Monats während der Zeit von jeweils 8 bis 13 Uhr (montags, mittwochs und donnerstags) im Bürgerbüro aus."
- Die Industrie- und Handelskammer (IHK) sei nicht beteiligt worden.
- Zudem habe bei der Beschlussfassung über den Bebauungsplan ein Ratsmitglied (R) mitgestimmt, welcher Inhaber einer Weinhandlung in G sei.

Hat der Antrag des A Aussicht auf Erfolg?

Lösung

Das Begehren des E könnte als Antrag auf abstrakte Normenkontrolle beim OVG Erfolg haben (§ 47 I Nr. 1 VwGO). Das setzt voraus, dass der Antrag zulässig und begründet ist.

I. Zulässigkeit des Antrags

1. Verwaltungsrechtsweg

Der Verwaltungsrechtsweg ist eröffnet, da es dem E um die Überprüfung des Bebauungsplans als Satzung, also eine öffentlich-rechtliche Norm, geht (§§ 40 I 1, 47 I VwGO).

2. Statthaftigkeit

Gem. § 47 I Nr. 1VwGO entscheidet das OVG im Rahmen seiner Gerichtsbarkeit auf Antrag über die Gültigkeit von Satzungen, die nach den Vorschriften des BauGB erlassen worden sind. Gem. § 10 I BauGB müssen Bebauungspläne als Satzungen erlassen werden, so dass der Antrag des E statthaft ist.

3. Antragsbefugnis

Gem. § 47 II 1 VwGO kann den Antrag jede natürliche Person stellen, die geltend macht, durch die Rechtsvorschrift oder deren Anwendung in ihren Rechten verletzt zu sein oder in absehbarer Zeit verletzt zu werden. Da der angefochtene Bebauungsplan für das Grundstück des E entsprechende Festsetzungen trifft, ist es durchaus möglich, dass der E in seinen Rechten aus Art. 14 GG verletzt ist.

4. Richtiger Antragsgegner

Richtiger Antragsgegner ist gem. § 47 II 2 VwGO die Gemeinde G, die den Bebauungsplan erlassen hat.

5. Antragsfrist

Der Normenkontrollantrag kann nur innerhalb eines Jahres seit Inkrafttreten der angefochtenen Rechtsvorschrift gestellt werden, § 47 II 1 VwGO. Diese Frist hat E gewahrt.

6. Rechtsschutzbedürfnis

Das Rechtsschutzbedürfnis fehlt, wenn der Antragsteller durch die Nichtigerklärung des Bebauungsplans seine Rechtsstellung nicht verbessern würde (BVerwG, ZfBR 2004, 272 [276]). Da der angefochtene Bebauungsplan die Bauabsichten des E vereiteln könnte, wäre dessen Aufhebung für den E vorteilhaft. Somit ist das Rechtsschutzbedürfnis gegeben.

Zwischenergebnis: Somit ist der Antrag des E zulässig.

II. Begründetheit des Antrags

Der Normenkontrollantrag des E ist begründet, wenn der angefochtene Bebauungsplan wegen Verstoßes gegen höherrangiges Recht unwirksam ist, § 47 V 2, Halbs. 1 VwGO.

1. Rechtsgrundlage

Rechtsgrundlage für den Erlass des Bebauungsplans durch G als Satzung sind §§ 1 III, 2 I 1, 10 I BauGB.

2. Formelle Rechtmäßigkeit

a) Verstoß gegen § 4 BauGB

Rechtsverstoß: Die Einbeziehung der Behörden in das Verfahren könnte fehlerhaft sein. Dann müsste es sich bei der IHK um einen Träger öffentlicher Belange handeln, der gemäß § 4 BauGB zu beteiligen gewesen wäre. Dies setzt voraus, dass es sich um eine Stelle handelt, der durch Gesetz oder auf Grund eines Gesetzes die Wahrnehmung öffentlicher Belange zugewiesen ist. Dabei ist nicht erforderlich, dass es sich bei den Trägern öffentlicher Belange um hoheitlich handelnde Behörden im formellen, d. h. verwaltungsorganisatorischen Sinne handelt. Entscheidend ist vielmehr, ob der sie treffende Auftrag die Verfolgung öffentlicher Belange bedingt (*B/K/L,* BauGB, § 4 Rn. 3). Folglich handelt es sich bei der IHK um einen Träger öffentlicher Belange (so etwa *Stüer,* Bebauungsplan, Rn. 610). Unterlässt es die Gemeinde, auch nur einen Träger öffentlicher Belange zu beteiligen, obwohl gerade die von diesem als maßgeblich erachteten Gesichtspunkte das Planungsergebnis beeinflussen *können,* führt dies zu einem Verstoß gegen die formellen Anforderungen an die Bauleitplanung. § 4 II BauGB beinhaltet insoweit eine eindeutig bindende Verpflichtung ohne jeden Ermessensspielraum. Also ist ein Verstoß gegen § 4 BauGB gegeben.

Fehlerfolge: Fehler der Behördenbeteiligung, insbesondere das gänzliche Unterlassen einer Trägerbeteiligung, sind beachtlich. Freilich gilt in dieser Hinsicht eine Ausnahme: Gem. § 214 I 1 Nr. 2a) BauGB ist es unbeachtlich, wenn bei ordnungsgemäß durchgeführter Trägerbeteiligung „einzelne … Behörden oder sonstige Träger öffentlicher Belange“

nicht beteiligt wurden, etwa, weil sie übersehen wurden. Für eine Annahme, dass die entsprechenden Belange i. S. des § 214 I 1 Nr. 2a) BauGB so erheblich waren, dass die Beteiligung der IHK unerlässlich war, gibt es keine Anhaltspunkte und hat auch der E nichts vorgetragen. Somit ist die unterbliebene Beteiligung der IHK unbeachtlich.

Zwischenergebnis: Die unterbliebene Beteiligung eines Trägers öffentlicher Belange wirkt sich auf die formelle Rechtmäßigkeit des Bebauungsplans nicht aus.

b) Verstoß gegen § 3 II 2 BauGB (Bekanntmachung)

Rechtsverstoß: Die Bekanntmachung könnte mehrere Fehler aufweisen. So muss die Bekanntmachung der öffentlichen Auslegung des Planentwurfs gem. § 3 II 2 BauGB den Bebauungsplan, auf den sie sich bezieht, so bezeichnen, dass sie geeignet ist, den an der Planung Interessierten dieses Interesse bewusst zu machen und dadurch eine gemeindliche Öffentlichkeit herzustellen (BVerwGE 55, 369 [373f.]; 69, 344). Hier wird allerdings das Plangebiet nicht näher bezeichnet bzw. eingegrenzt. Indes kann es den formalen Anforderungen genügen, wenn die Bekanntmachung zur Kennzeichnung des Plangebiets an geläufige geographische Bezeichnungen anknüpft. Die Anstoßfunktion ist insoweit gewährleistet, wenn der in der Bekanntmachung benutzte Name des Plangebiets allgemein geläufig ist, wobei auf die Ortsüblichkeit der Namensbenutzung abzustellen ist (BVerwGE 69, 344). Vor diesem Hintergrund dürfte die Bezeichnung des Bebauungsplans („Winzereck“) den formalen Anforderungen genügen.

Schließlich darf die Bekanntmachung nicht so gefasst werden, dass ein möglicherweise betroffener Bürger sich dadurch gehindert sieht, von sich aus auf die Planung zu reagieren (VGH München, NJW 1983, 297 [298]). Die Bekanntmachung darf insoweit keine Einschränkungen enthalten, die geeignet sein könnten, auch nur einzelne an der Bauleitplanung interessierte Bürger von der Erhebung von Anregungen abzuhalten (BVerwG, NVwZ-RR 1997, 514). Ein solches Hindernis könnte durch den Satz der Bekanntmachung errichtet werden, wonach die Einsichtnahme nur während der Zeit von jeweils 8 bis 13 Uhr (montags, mittwochs und donnerstags) möglich ist. Jedoch ist es nicht geboten, die sog. Einsichtszeit auf die gesamte Dienstzeit einer Gemeindeverwaltung zu erstrecken. Maßgeblich ist, dass es den Bürgern überhaupt in einem vertretbaren Umfang möglich ist, das ausgelegte Material zu studieren. Dazu reichen die eingeräumten Zeiten aus. Es gibt auch keinerlei Anhaltspunkte dafür, dass etwa wegen der Komplexität der Unterlagen ein längerer Zeitraum erforderlich wäre (dazu VGH Mannheim, VBlBW 2001, 58f.; OVG Lüneburg, NVwZ-RR 1998, 720).

Zwischenergebnis: Ein Rechtsverstoß gegen § 3 II 2 BauGB liegt nicht vor.

c) Mitwirkung

Rechtsverstoß: Schließlich könnte gegen die formellen Anforderungen an die Bauleitplanung verstoßen worden sein, weil der Bebauungsplan unter einer möglicherweise unzulässigen Mitwirkung des Ratsmitglieds R zustande gekommen ist. Nach § 22 I Nr. 1 GemO Rh.-Pf. darf niemand bei Angelegenheiten beratend oder entscheidend mitwirken, wenn die Entscheidung ihm selbst einen unmittelbaren Vor- oder Nachteil bringen kann. Dies bedeutet, dass Personen, die wegen eines unmittelbaren Eigeninteresses am Ausgang des Verfahrens nicht die Gewähr für eine unbeeinflusste Entscheidung bieten, von der Entscheidungsfindung ausgeschlossen sein sollen (OVG Münster, NJW 1979, 2632). Ein individuelles Sonderinteresse in diesem Sinne kann durch alle nur denkbaren materiellen und immateriellen Vor- und Nachteile begründet werden. Indes führt nicht jede theoretisch denkbare Auswirkung zu einem solchen Mitwirkungsverbot; es muss vielmehr die reale Möglichkeit i. S. einer hinreichenden Wahrscheinlichkeit eines unmittelbaren Sondervorteils oder -nachteils bestehen (s. a. oben *§ 6 Rn. 35*). Zwar liegt bei R keine Interessenkollision in Bezug auf eine durch den Bebauungsplan beeinflusste Grundstücksnutzung vor.

Einen unmittelbaren Vorteil i. S. eines individuellen Sonderinteresses könnte er aber deshalb erlangen, weil er sich als Inhaber einer Weinhandlung in G durch ein Zustandekommen des Bebauungsplans und die damit verbundene Festsetzung von Weinbauflächen beruflich-wirtschaftliche Vorteile versprechen könnte. Auch derartige Vorteile unterfallen dem kommunalrechtlichen Mitwirkungsverbot (OVG Münster, NVwZ 1984, 667 [669]). Die hinreichende Wahrscheinlichkeit eines unmittelbaren Vorteils dürfte aber nicht gegeben sein. Es gibt keinerlei Anhaltspunkte. warum der positive Abschluss des Bebauungsplanverfahrens für R günstige Folgen oder wirtschaftliche Vorteile mit sich bringt. Mithin besteht in Bezug auf R kein kommunales Mitwirkungsverbot. Folglich ist nicht gegen die formellen Anforderungen an den Satzungsbeschluss verstoßen worden.

Zwischenergebnis: Ein Rechtsverstoß gegen § 22 I Nr. 1 GemO Rh.-Pf. liegt nicht vor.

3. Materielle Rechtmäßigkeit

a) Erforderlichkeit (§ 1 III 1 BauGB)

Rechtsverstoß: Der Bebauungsplan „Winzereck" könnte ungültig sein, weil es an der Erforderlichkeit der in ihm getroffenen Festsetzung fehlt (§ 1 III 1 BauGB). Der Bebauungsplan „Winzereck" findet innerhalb des § 9 BauGB seine – erforderliche (BVerwG, BRS 23, 13) – Grundlage formal in Abs. 1 Nr. 18a. Er könnte jedoch durch diese Vorschrift materiell nicht gedeckt sein, weil die Festsetzung von „Weinbauflächen" als Flächen für die Landwirtschaft hier nicht erforderlich war (und ist). In Bezug auf die erfassten Grundstücke stellt sich die Frage nach der Erforderlichkeit der im Plan getroffenen Festsetzung, weil sich bei einer so undifferenziert pauschalen Festsetzung landwirtschaftlicher Nutzung von vornherein nicht die Möglichkeit von der Hand weisen lässt, dass es bei ihr nicht um die Förderung der Landwirtschaft, sondern um das damit als Nebenwirkung verbundene weitgehende Bauverbot gehen könnte. Das mit einer Festsetzung nach § 9 I Nr. 18a BauGB ausgelöste Verbot einer Bebauung ist eine legitime Nebenwirkung, die voraussetzt, dass die Festsetzung auch in ihrer eigentlichen und gleichsam positiven Zielsetzung gewollt und erforderlich ist. Dann müssten aber Anhaltspunkte vorliegen, dass auf diese Weise tatsächlich die genannten Belange gefördert werden sollen und die betreffende Fläche wegen ihrer Beschaffenheit für die festgesetzte Nutzung überhaupt oder jedenfalls bedingt geeignet ist (OVG Saarlouis, BRS 55 Nr. 7). Eben daran fehlt es aber vorliegend. Wo die Nebenwirkung zum eigentlichen Zweck wird und allenfalls sie es ist, die gewünscht wird und „erforderlich" sein könnte, scheidet § 9 I Nr. 18a BauGB als geeignete Grundlage aus. Die Möglichkeit einer Festsetzung landwirtschaftlicher Nutzung bietet, anders ausgedrückt, keine Handhabe, eine gar nicht auf die Landwirtschaft ausgerichtete, sondern fremden Zwecken dienende Bausperre zu verhängen. Geschieht das dennoch, so ist in Wahrheit eben diese (dauerhafte) Bausperre (bzw., der hinter ihr stehende Zweck) und nicht positiv die Förderung der Land- und Forstwirtschaft gewollt. Zugunsten einer solchen Zielsetzung aber kann § 9 I Nr. 18a BauGB nicht eingesetzt werden, weil, wie diese „wahre" Willensrichtung ergibt, seine Inanspruchnahme „nach der planerischen Konzeption der Gemeinde" nicht „erforderlich ist" (BVerwGE 40, 258 [262]).

Fehlerfolgen: Eine Unbeachtlichkeit des Rechtsverstoßes gegen § 1 III 1 BauGB lässt sich den §§ 214, 215 BauGB nicht entnehmen.

Zwischenergebnis: Der Rechtsverstoß gegen § 1 III 1 BauGB ist beachtlich.

b) Entwicklungsgebot (§ 8 II 1 BauGB)

Rechtsverstoß: Der Bebauungsplan „Winzereck" könnte überdies aufgrund eines Verstoßes gegen das Entwicklungsgebot (§ 8 II 1 BauGB) ungültig sein. Nach der zweistufigen Systematik des Bauleitplanungsrechts verlangt das Entwickeln eines Bebauungsplanes aus einem Flächennutzungsplan den Übergang von der grobmaschigeren Darstellung des Flächennutzungsplans zur engmaschigeren, normativ präzisierenden Festsetzung des Bebauungsplans (s. o. *§ 7 Rn. 19f.*). Zwar darf von der Grundentscheidung des Flächennutzungsplans nicht abgewichen werden, doch darf die planende Gemeinde dieses Grobraster mit gegenständlich und räumlich genaueren Festsetzungen ausfüllen und innerhalb dieses Rahmens eigenständig planen (BVerwG, BauR 2004, 1264). Die Möglichkeit, im Bebauungsplan die zugrunde liegenden Darstellungen des Flächennutzungsplans konkreter auszugestalten, schließt folglich auch eine Abweichung von eben diesen Darstellungen ein, sofern diese Abweichung sich aus dem Übergang in eine konkrete Planungsstufe rechtfertigt und die Grundkonzeption des Flächennutzungsplans unberührt lässt (BVerwGE 48, 70 [71]; NVwZ 2000, 197). Ist in dem Flächennutzungsplan aber eine Fläche als Wohnbaufläche dargestellt und weist der Bebauungsplan diese Fläche als Weinbaufläche aus, so ist diese Rechtfertigung nicht mehr gegeben (VGH Kassel, NVwZ 1988, 541).

Fehlerfolgen: Der Rechtsverstoß könnte jedoch gem. § 214 II BauGB unbeachtlich sein. § 214 II BauGB erklärt die Verletzung einer Reihe von Vorschriften, die das Verhältnis des Bebauungsplans zum Flächennutzungsplan regeln, generell oder unter bestimmten Voraussetzungen für unbeachtlich. Danach ist die Verletzung des Entwicklungsgebots gem. § 8 II 1 BauGB unbeachtlich, sofern hierbei die sich aus dem Flächennutzungsplan ergebende geordnete städtebauliche Entwicklung nicht beeinträchtigt worden ist (§ 214 II Nr. 2 BauGB). Entsprechend dem Normzweck besteht indes Übereinstimmung, dass die Regelung nicht eingreift, wenn sich die planende Gemeinde bewusst über die inhaltlichen Anforderungen des Entwicklungsgebotes hinwegsetzt (*B/K/L,* BauGB, § 214 Rn. 12; Schroedter-*Kukk,* BauGB, § 214 Rn. 40). Da die G nach dem oben Festgestellten den Bebauungsplan bewusst als Bausperre eingesetzt hat, kommt eine Unbeachtlichkeit nach § 214 II BauGB nicht in Betracht.

Zwischenergebnis: Der Rechtsverstoß gegen § 8 II 1 BauGB ist beachtlich.

Ergebnis: Der Bebauungsplan „Winzereck“ ist aus materiellen Gründen rechtswidrig und damit unwirksam. Der Antrag des E ist damit begründet.

C. Kontrollfragen

1. Welches gerichtliche Verfahren steht zur unmittelbaren Kontrolle der gemeindlichen Bauleitplanung und der auf Grund des BauGB erlassenen Satzungen und Rechtsverordnungen zur Verfügung?
2. Ist das Normenkontrollverfahren auch bei der gerichtlichen Überprüfung des Vorhaben- und Erschließungsplans anwendbar?
3. Wann liegt die Antragsbefugnis i. S. des § 47 II 1 VwGO vor?
4. Sind alle Behörden im Normenkontrollverfahren antragsbefugt?
5. Hat die Gemeinde eine prozessuale Möglichkeit, sich gegen einen durch die Nachbargemeinde erlassenen Flächennutzungsplan zur Wehr zu setzen?
6. Die höhere Verwaltungsbehörde verweigert die Genehmigung eines vorzeitigen Bebauungsplans. Welches Rechtsmittel steht der Gemeinde zu?

(Antworten auf S. 356)

3. Teil. Instrumente zur Sicherung der Bauleitplanung

Literatur: *Hinsch,* Zurückstellung nach § 15 III BauGB – Mittel zur Sicherung einer Konzentrationsplanung, NVwZ 2007, 770; *Jarass,* Die Veränderungssperre im vereinfachten Baugenehmigungsverfahren, BayVBl 2010, 129; *Kümper,* Sicherung der Überplanung von Innenbereichsflächen durch Veränderungssperre und Zurückstellung von Baugesuchen, ZfBR 2020, 135; *Spindler,* Die Verpflichtung zur Aufhebung einer Veränderungssperre nach § 17 Abs. 4 BauGB und ihre Durchsetzung in der Praxis, DÖV 2010, 217; *Stüer,* Plansicherung, Besonderes Städtebaurecht und BauNVO, DVBl 2011, 739.

Das plansichernde Instrumentarium der §§ 14ff. BauGB soll verhindern, **1** dass bauliche Aktivitäten die Planung der Gemeinde vereiteln, bevor ein auf den Weg gebrachter Plan in Kraft treten kann (*Kümper,* ZfBR 2020, 135). Denn das Bauleitplanverfahren dauert bisweilen sehr lange. Das BauGB hält zu diesem Zweck folgende Instrumente bereit:

– die Veränderungssperre, §§ 14, 16–18 BauGB,
– die Zurückstellung von Baugesuchen, § 15 BauGB sowie
– die gemeindlichen Vorkaufsrechte, §§ 24 bis 28 BauGB.

Fallkonstellationen aus diesem Rechtsbereich – insbesondere Rechtsprob- **2** leme im Zusammenhang mit der Veränderungssperre (etwa *Bauer,* JuS 2006, 152; s. a. den Fall „Getränkemarkt" unten *§ 10 Rn. 35*) – tauchen im Examen relativ häufig auf. Dies liegt zu einem großen Teil darin begründet, dass sich dabei materiell-rechtliche Probleme des Bauplanungsrechts gut mit verfahrensrechtlichen Schwierigkeiten verbinden lassen.

Schaubild 16: Plansicherungsinstrumente

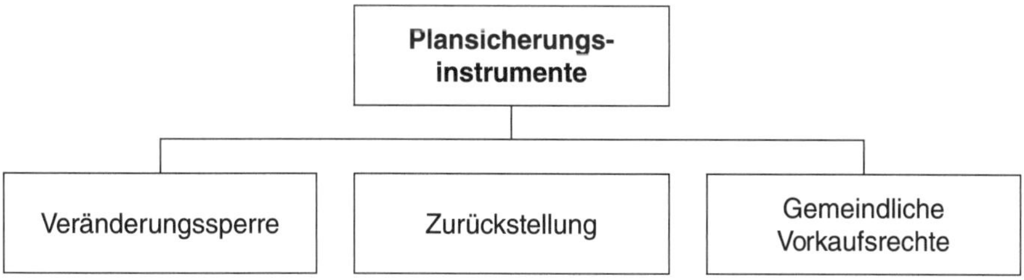

Die frühere **Teilungsgenehmigung** ist seit 2004 kein Sicherungsinstru- **3** ment der Bauleitplanung mehr (*Erbguth/Schubert,* ÖffBauR, § 6 Rn. 11). § 19 I BauGB definiert lediglich die Grundstücksteilung und § 19 II BauGB weist klarstellend darauf hin, dass eine solche Teilung nicht zu Widersprüchen mit den Festsetzungen des Bebauungsplans führen darf.

Allerdings können die Länder, im Rahmen ihrer vorhandenen Befugnisse **4** zur Gefahrenabwehr bestehende Regelungen zur **Teilungsgenehmigung** in den **Landesbauordnungen** (z.B. § 8 LBO BW, § 7 HessBauO; § 7 BauO NRW; § 8 NdsBauO, dazu OVG Lüneburg, NVwZ-RR 2006, 166) erweitern oder neu einführen, um bauplanungsrechtswidrige Zustände durch die unzulässige Teilung eines Grundstücks zu unterbinden (*Erbguth/Schubert,* ÖffBauR, § 6 Rn. 12).

Wichtig: Zu **unterscheiden** ist die Teilungsgenehmigung **von** der **Teilbaugenehmigung.** Während erstere die Teilung eines Grundstücks im Baurecht betrifft, berechtigt letztere zur Ausführung der genehmigten Teile des Vorhabens (s.u. *§ 18 Rn. 68*).

§ 10. Veränderungssperre

A. Zweck

1 Die Veränderungssperre dient der **Sicherung der planerischen Ziele** der Gemeinde. Durch eine Veränderungssperre kann die Gemeinde während des Verfahrens der Aufstellung, Änderung, Ergänzung oder Aufhebung *eines Bebauungsplans* untersagen, dass Vorhaben i.S. des § 29 BauGB durchgeführt oder bauliche Anlagen beseitigt werden dürfen (§ 14 I Nr. 1 BauGB) oder dass Grundstücke erheblich oder wesentlich wertsteigernd verändert, nicht genehmigungs-, zustimmungs- oder anzeigebedürftige, aber wertsteigernde bauliche Anlagen errichtet oder wertsteigernde Änderungen solcher Anlagen vorgenommen werden (§ 14 I Nr. 2 BauGB). Mit der Veränderungssperre hat die Gemeinde die Möglichkeit, für den Planbereich oder einen Teil davon die Bautätigkeit für einige Zeit zu verbieten oder nur solche Vorhaben zuzulassen, die dem Planungszweck nicht zuwiderlaufen (*Kümper,* ZfBR 2020, 135 [136]).

Beispiel: Hat die Gemeinde ein Bebauungsplanverfahren eingeleitet und rechnet sie mit Baumaßnahmen im Plangebiet, wird sie eine Veränderungssperre erlassen, um zu verhindern, dass durch bauliche Maßnahmen die Verwirklichung des künftigen Bebauungsplans erschwert oder unmöglich gemacht wird (*Koch/Hendler,* BRL, § 16, Rn. 1f.).

2 Anlass für eine Veränderungssperre kann auch ein vor Einleitung eines Bebauungsplanverfahrens beabsichtigtes Bauvorhaben sein, das der Gemeinde städtebaulich unerwünscht ist, welches aber angesichts baurechtlicher Zulässigkeit nicht verhinderbar ist. Die Gemeinde hat dann die Möglichkeit, ein Bebauungsplanverfahren einzuleiten und anschließend eine Veränderungssperre zu beschließen. Eine Veränderungssperre ist aber als Sicherungsmittel ungeeignet (und daher nichtig), wenn die dem Aufstellungsbeschluss beigefügte Begründung erkennen lässt, dass der Bauleitplan einer positiven Planungskon-

zeption entbehrt und nicht der städtebaulichen Ordnung, sondern lediglich der Verhinderung eines einzelnen Vorhabens dienen soll (OVG Münster, NVwZ-RR 1997, 602; OVG Weimar, BauR 2009, 1631; sh. auch unten *Rn. 6*).

B. Voraussetzungen

Die Gemeinde kann nach § 14 I BauGB eine Veränderungssperre beschließen, sobald sie einen Planaufstellungsbeschluss gefasst hat und ein Sicherungsbedürfnis für den künftigen Planbereich besteht, d.h. die Anwendung der Veränderungssperre muss zur Sicherung der Planung erforderlich sein (zu den Voraussetzungen Schroedter-*Rieger,* BauGB, § 14 Rn. 8ff.; *B/K/L,* BauGB, § 14, Rn. 6ff.; Textbeispiel bei *Stüer,* Bebauungsplan, Rn. 1124). 3

I. Planaufstellungsbeschluss

Die Gemeinde muss – vor oder gleichzeitig mit dem Erlass der Veränderungssperre – **rechtswirksam beschlossen** haben, einen Bebauungsplan aufzustellen, zu ändern, zu ergänzen oder aufzuheben und dieser Beschluss muss **ortsüblich bekanntgemacht** worden sein (§ 2 I 2 BauGB; dazu OVG Münster, NVwZ 1997, 598 [599]; BauR 2013, 746ff.). Diese Bekanntmachung kann auch in der Bekanntgabe der durch die Gemeindevertretung im Zusammenhang mit dem Aufstellungsbeschluss ergangenen frühzeitigen Öffentlichkeitsbeteiligung liegen (OVG Greifswald, DÖV 2009, 1010). Ist dieser Aufstellungsbeschluss nicht wirksam gefasst oder nicht ordnungsgemäß öffentlich bekanntgemacht worden (dazu oben *§ 6 Rn. 7*), so kann eine Veränderungssperre nach § 14 BauGB nicht wirksam erlassen werden (zu Möglichkeiten der Rückwirkung VGH München, BauR 2009, 1629). 4

Wichtig: Der Aufstellungsbeschluss kann sich nicht auf einen vorhabenbezogenen Bebauungsplan (arg. § 12 III 2 BauGB), einen Flächennutzungsplan oder auf Satzungen nach § 34 IV BauGB erstrecken. Auch zur Sicherung der Landesplanung und der Raumordnung oder einer sonstigen „fremden" Planung (bspw. einer Bundesfernstraße) ist der Erlass einer Veränderungssperre nicht zulässig (*B/K/L,* BauGB, § 14 Rn. 7; *Bönker,* in: H/B/G, ÖffBauR, § 10 Rn. 8; s.a. OVG Koblenz, DVBl 2001, 1960 bzgl. örtlicher Bauvorschriften).

Es ist nicht erforderlich, dass der Planbereich, für den der Aufstellungsbeschluss gefasst wird, mit dem endgültigen Planbereich identisch ist. Jedoch darf der Geltungsbereich der Veränderungssperre über den Bereich des Aufstel- 5 lungsbeschlusses nicht hinausgehen (BVerwG, NVwZ 2004, 984; OVG Münster, NVwZ 1997, 598 [600]; *Stüer,* Bebauungsplan, Rn. 1120). Der Aufstellungsbeschluss muss den **Planbereich** zudem so bezeichnen, dass er **eindeutig bestimmbar** ist. Er braucht aber den Inhalt der beabsichtigten Planung, die in diesem frühen Stadium oft noch nicht konkretisierbar ist, nicht anzugeben (*F/O/K,* ÖffBauR I, § 14 Rn. 7). Darüber hinaus ist ein **zeitlicher Zusammenhang** zwischen dem Aufstellungsbeschluss und der Veränderungssperre erforderlich. Je länger der Aufstellungsbeschluss zurückliegt, desto eher kann die Veränderungssperre unwirksam sein, weil es an einer aktuellen und sicherungsfähigen Planung fehlt (*Bönker,* in: H/B/G, ÖffBauR, § 10 Rn. 9; differenzierter Schroedter-*Rieger,* BauGB, § 14 Rn. 11).

II. Sicherungsbedürfnis

6 Die Anordnung der Veränderungssperre muss zur **Sicherung der Planung** erforderlich sein. Eine Veränderungssperre ist folglich unzulässig, wenn zur Zeit ihres Erlasses der Inhalt der beabsichtigten Planung noch in keiner Weise abzusehen ist, quasi alles noch offen ist (BVerwG, BauR 2008, 328; NVwZ 2004, 858; *Kümper,* ZfBR 2020, 135 [140]) oder ein positives Planungskonzept nicht erkennbar ist und die Bauleitplanung einer „Verhinderungsplanung" gleichkommt (BVerwG, UPR 2004, 271 m. Anm. *Dirnberger;* BRS 64 Nr. 109; OVG Lüneburg, ZfBR 2003, 790; zu alledem Schroedter-*Rieger,* BauGB, § 14 Rn. 12f.; *Stüer,* DVBl 2011, 739 [740]). Zweck der Veränderungssperre muss es sein, eine hinreichend *bestimmte* Bauleitplanung zu sichern (BVerwG, DVBl 2004, 950 [952; *Kümper,* ZfBR 2020, 135 [140]).

Beispiele:
- So etwa die Absicht, in einem künftigen Bebauungsplan Einzelhandelsnutzungen gemäß § 1 V BauNVO auszuschließen (OVG Koblenz, BauR 2000, 1308) oder eine auf Festsetzungen nach § 9 I Nr. 20 BauGB zielende Planung (OVG Lüneburg, NVwZ-RR 2004, 173).
- Eine Bauleitplanung, die zur Verhinderung eines „Trading-Down-Effektes" vorsieht, dass Sex-Shops und Vergnügungsstätten in bestimmten Planbereichen eines Kerngebietes ausgeschlossen sind (VGH Mannheim, NVwZ-RR 2006, 170), oder mit der ein Industriegebiet schalltechnisch gegliedert und kontingentiert sowie der zentrenrelevante Einzelhandel gesteuert werden soll (OVG Münster, AbfallR 2009, 149), kann durch Veränderungssperre gesichert werden.
- **aber:**
- Eine Veränderungssperre, die beschlossen wird, damit die Gemeinde Zeit gewinnt, um sich Vorstellungen über die künftige Nutzung des in Frage stehenden Grundstücks und seines Umfeldes zu machen, ist unwirksam (BVerwG, NVwZ 2013, 304).
- Eine Veränderungssperre ist rechtswidrig, wenn zunächst überhaupt keine Konzeptangabe vorlag, dann auf ein über 20 Jahre altes Konzept Bezug genommen wird, welches sich aber tatsächlich nicht mehr verwirklichen lässt, und zudem jegliche Angaben über Kosten und Finanzierung eines Konzeptes fehlen. Dies lässt nur den Schluss zu, dass ein Konzept lediglich vorgeschoben wird (OVG Koblenz, Urteil vom 29.11.2012, 1 C 10495/12, juris, Rn. 14ff.).

– Eine Bauleitplanung kann nicht durch eine Veränderungssperre gesichert werden, wenn die Gemeinde keine eigene Planungskonzeption verfolgt, sondern zu erkennen gibt, dass sie eine Übernahme der Planung eines Vorhabenträgers beabsichtigt (OVG Frankfurt/Oder, NVwZ-RR 2005, 386).

Achtung: Der Veränderungssperre muss eine konkretisierte planerische Konzeption zu Grunde liegen, die nicht den abschließenden Konkretisierungsgrad eines Bebauungsplanentwurfs zu erreichen braucht und gegenüber Änderungen mit Rücksicht auf das durchlaufende Planaufstellungsverfahren „offen" sein muss (BVerwG, NVwZ 2010, 42).

Der Erlass der Veränderungssperre sollte überdies möglichst durch entsprechende **städtebauliche Gründe** gerechtfertigt werden. Ist nämlich von vornherein ersichtlich, dass sich die gemeindliche Planungskonzeption etwa wegen Verstoßes gegen materielles Baurecht nicht verwirklichen lässt, fehlt es an einem eine Veränderungssperre rechtfertigenden Sicherungsbedürfnis (OVG Münster, NVwZ-RR 1997, 602 [603]). Dies kann etwa der Fall sein, wenn der beabsichtigte Plan der Förderung von Zielen dient, für deren Verwirklichung die Planungsinstrumente des BauGB nicht bestimmt sind, oder wenn ihm rechtliche Mängel anhaften, die schlechterdings nicht behebbar sind (BVerwG, NVwZ 1994, 685; *Kümper,* ZfBR 2020, 135 [140]; Schroedter-*Rieger,* BauGB, § 14 Rn. 18). 7

Allerdings unterliegt die Veränderungssperre nicht dem bauplanungsrechtlichen Abwägungsgebot (*Bönker,* in: H/B/G, ÖffBauR, § 10 Rn. 10; *Kümper,* ZfBR 2020, 135 [141]; Schroedter-*Rieger,* BauGB, § 14 Rn. 19). Die Gründe für den Erlass der Veränderungssperre und ihre städtebauliche Rechtfertigung sollten gleichwohl in einer Begründung zur Satzung niedergelegt werden (BVerwG, ZfBR 1994, 145). 8

Beispiel: Die Gemeinde beabsichtigt, in einem zentrumsnahen unbeplanten Innenbereich, der bereits durch großflächigen Einzelhandel geprägt ist, weitere Einzelhandelsbetriebe auszuschließen. Durch den Erlass einer Veränderungssperre soll verhindert werden, dass eine Genehmigung zur Errichtung eines Heimwerkermarktes erteilt werden muss. In der Begründung zum Erlass der Veränderungssperre sollten die wesentlichen Gründe für die Planungskonzeption der Gemeinde dargelegt werden.

Wichtig: Die Veränderungssperre ist an das im Zeitpunkt ihres Erlasses verfolgte Planungskonzept gebunden. Ein komplettes Auswechseln der Planungsabsichten führt zur Unwirksamkeit der Veränderungssperre (*Kümper,* ZfBR 2020, 135 [140] m. w. N.; a. A. Schroedter-*Rieger,* BauGB, § 14 Rn. 17).

Die sich abzeichnende Planung bedarf der Sicherung, sobald planungsgefährdende Maßnahmen nicht auszuschließen sind – Grundsatz der Erforder- 9 lichkeit (VGH München, BauR 2003, 1691f.; *Bönker,* in: H/B/G, ÖffBauR, § 9 Rn. 10f.; *Kümper,* ZfBR 2020, 135 [137 u. 140]) – und mildere Mittel wie etwa die Zurückstellung des Baugesuchs nach § 15 BauGB nicht ausreichen – Grundsatz der Verhältnismäßigkeit (*J/K,* BauGB, § 14 Rn. 10). Auch die beabsichtigte Aufhebung eines Bebauungsplans kann ein Sicherungsbedürfnis auslösen (*B/K/L,* BauGB, § 14, Rn. 8).

Beispiel: Das Plangebiet soll in den Außenbereich zurückversetzt werden und es droht eine außenbereichswidrige Bebauung.

10 Beschränkt sich das Sicherungsbedürfnis auf einen Teil des Plangebietes, kann die Veränderungssperre als sog. **Individualsperre** auf ein oder wenige Grundstücke beschränkt werden; eine solche individuelle Regelung muss aber auf einer pflichtgemäßen Ausübung des Planungsermessens der Gemeinde beruhen (BVerwGE 51, 121 [122]; *Kümper,* ZfBR 2020, 135 [141]; *F/O/K,* ÖffBauR I, § 14 Rn. 9).

C. Inhalt und Wirkungen der Veränderungssperre

I. Inhalt

11 § 14 I BauGB bestimmt abschließend den möglichen **Inhalt der Veränderungssperre.** Sie kann bestimmen, dass

- Vorhaben i.S. des § 29 BauGB nicht durchgeführt oder bauliche Anlagen nicht beseitigt werden dürfen;
- erhebliche oder wesentliche wertsteigernde Veränderungen von Grundstücken und baulichen Anlagen, deren Veränderungen nicht genehmigungs-, zustimmungs- oder anzeigepflichtig sind, nicht vorgenommen werden dürfen.

12 Unter § 14 I Nr. 1 BauGB fallen alle Vorhaben, die auch der **planungsrechtlichen Prüfung** ihrer Zulässigkeit unterliegen. Dazu zählen neben Neubaumaßnahmen auch Nutzungsänderungen, wenn sich die planungsrechtliche Frage neu stellt und solche Nutzungsänderungen daher nach § 29 BauGB genehmigungsbedürftig sind.

Beispiele: Die Änderung eines Lebensmittelladens in eine Lagerhalle ist eine genehmigungsbedürftige Nutzungsänderung, weil sie planungsrechtliche Fragen neu aufwirft und aus diesem Grund nach § 29 BauGB genehmigungspflichtig ist. Dies gilt auch für die Umwandlung eines Baumarktes in eine Tanzhalle. Sämtliche dieser Vorhaben unterliegen daher einer von der Gemeinde erlassenen Veränderungssperre.

13 § 14 I Nr. 2 BauGB ermöglicht zum einen, **erhebliche** oder **wesentlich wertsteigernde** Veränderungen von Grundstücken zu untersagen (z.B. Trockenlegen einer Feuchtwiese, Auffüllen eines Hanggrundstücks). Zum anderen gibt § 14 I Nr. 2 BauGB die Möglichkeit, erhebliche oder wesentlich wertsteigernde Veränderungen von baulichen Anlagen, deren Veränderungen nicht genehmigungs-, zustimmungs- oder anzeigepflichtig sind, zu verbieten. „Ver-

änderungen" i.d.S. sind nur tatsächliche Veränderungen, nicht aber solche rein rechtlicher Art (Verfügungen, Belastungen etc. Schroedter-*Rieger,* BauGB, § 14 Rn. 23). Die Bewertung, ob eine Veränderung „erheblich" oder „wesentlich wertsteigernd" ist, richtet sich nach den Umständen des Einzelfalles (weiterführend *Bönker,* in: H/B/G, ÖffBauR, § 10 Rn. 16f.).

Beispiele:
- Als erheblich kommen in Betracht das Abholzen eines Waldgrundstücks oder das Zuschütten eines Teiches.
- Als wesentlich wertsteigernd sind anzusehen die Aufforstung eines Grundstücks oder das Auftragen von Mutterboden.

Während zwar in der Veränderungssperre alle in § 14 I BauGB enthaltenen Verbote zugleich oder auch nur einzelne Verbote ausgesprochen werden können, darf die Gemeinde der Veränderungssperre einen darüber hinausgehenden Inhalt nicht geben. Der **Katalog** des **§ 14 I BauGB** ist insoweit **abschließend.** **14**

Beispiel: Die Gemeinde darf nicht bestimmen, dass sämtliche in § 14 I Nr. 2 BauGB bezeichneten Rechtsvorgänge, die nach allgemeinem Baurecht genehmigungs-, zustimmungs- oder anzeigefrei sind, während der Veränderungssperre einer Genehmigungspflicht unterworfen werden.

II. Wirkungen

Die Veränderungssperre begründet in ihrem räumlichen Geltungsbereich ein **materielles Veränderungsgebot.** Dies bedeutet im Einzelnen (weiterführend *F/O/K,* ÖffBauR I, § 14 Rn. 15ff.; Schroedter-*Rieger,* BauGB, § 14 Rn. 25): **15**
- § 14 I Nr. 1 BauGB erfasst Vorgänge, die einer bauaufsichtlichen Genehmigung oder Zustimmung bedürfen oder der Baugenehmigungsbehörde anzuzeigen sind. Für sie begründet die Veränderungssperre einen Versagungsgrund im Genehmigungs- oder Zustimmungsverfahren oder einen Untersagungsgrund im Anzeigeverfahren.
- § 14 I Nr. 2 BauGB erfasst genehmigungs-, zustimmungs- oder anzeigefreie Vorhaben, die – soweit sie erhebliche oder wesentlich wertsteigernde Veränderungen zur Folge haben – nicht vorgenommen werden dürfen; derartige Veränderungen können mit den Mitteln des Bauordnungsrechts untersagt, verhindert und beseitigt werden.

Wichtig: Der Erlass einer (wirksamen) Veränderungssperre hat zur Folge, dass ein bauplanungsrechtlich grundsätzlich zulässiges Vorhaben „blockiert" wird; wird ein Vorhaben entgegen dieser Sperrwirkung ausgeführt, hat die Gemeinde gegen die Baugenehmigungsbehörde einen Anspruch auf Untersagung bzw. Einstellung der Bauarbeiten (VGH Mannheim, VBlBW 1997, 141; OVG Weimar, BauR 1999, 164).

Klausurtipp: Im Rahmen einer gutachtlichen (Inzident-)Prüfung sollte grundsätzlich die Zulässigkeit des Vorhabens nach den §§ 29f. BauGB erörtert werden, bevor auf die „Sperrwirkungen“ einer wirksamen Veränderungssperre abgestellt wird.

D. Form, Zeitpunkt und Geltungsdauer der Veränderungssperre

I. Form der Veränderungssperre

16 Die **Veränderungssperre** wird von der Gemeinde **als Satzung** beschlossen (§ 16 I BauGB; Muster einer Veränderungssperre bei *Stüer,* Bebauungsplan, Rn. 1124). In der Satzung ist das Gebiet eindeutig zu bezeichnen, das einer Veränderungssperre unterworfen werden soll (weiterführend *Stüer,* DVBl 2011, 739f.). Weiterhin ist festzulegen, welche der Verbote des § 14 I BauGB gelten sollen, wobei die Verweisung auf § 14 I Nr. 1 oder Nr. 2 BauGB ausreicht.

Wichtig: Kommt es beim Erlass der Satzung zu einer Verletzung von Verfahrens- oder Formvorschriften, die sich aus dem BauGB ergeben, ist dies nur nach Maßgabe der §§ 214, 215 BauGB beachtlich (BVerwG, NVwZ 2007, 954; VGH München, BayVBl 2009, 369 sowie oben *§ 8*).

17 Darüber hinaus bedarf die Satzung über die Veränderungssperre keiner aufsichtsbehördlichen Genehmigung oder Zustimmung; auch eine präventive Rechtskontrolle durch ein Anzeigeverfahren ist nicht vorgesehen.

18 § 16 II BauGB regelt die **Bekanntmachung** der Veränderungssperre. Sie ist ortsüblich bekanntzumachen und tritt damit in Kraft (§ 16 II 1 BauGB). Wahlweise gestattet § 16 II 2 BauGB der Gemeinde, stattdessen lediglich bekanntzumachen, dass eine Veränderungssperre beschlossen worden ist und wo sie zu jedermanns Einsicht bereitgehalten wird (Ersatzverkündung).

19 Der höchstrichterlichen Rechtsprechung zufolge können der Beschluss über die Aufstellung des Bebauungsplans und der Beschluss über die Veränderungssperre in derselben Gemeinderatssitzung gefasst werden (BVerwG, NVwZ 1989, 661; OVG Münster, BauR 2007, 517). Zudem kann die Satzung über eine Veränderungssperre, die eine Gemeinde in einem Zeitpunkt bekanntgemacht hat, bevor der zugrunde zu legende Aufstellungsbeschluss bekanntgemacht wurde, im Wege der nunmehrigen Bekanntmachung des Aufstellungsbeschlusses und der erneuten Bekanntmachung der Satzung über die Veränderungssperre wirksam in Kraft gesetzt werden (BVerwG, NVwZ 1993, 471).

II. Zeitpunkt der Veränderungssperre

Es liegt im pflichtgemäßen **Ermessen der Gemeinde,** ob sie von der Möglichkeit, eine Veränderungssperre zu erlassen, Gebrauch macht. Sie kann sich dieses Mittels **jederzeit,** auch längere Zeit nach dem Aufstellungsbeschluss, bedienen, selbst noch während eines anhängigen Baugenehmigungs- oder Verwaltungsstreitverfahrens und sogar nach dessen Abschluss, um auf diese Weise eine an sich zu erteilende Baugenehmigung zu verhindern (BVerwG, NVwZ 2013, 214 (215); *J/K,* BauGB, § 14 Rn. 5). 20

Achtung: Erklärt das Gericht einen Bebauungsplan, der in der Aufstellungsphase durch eine Veränderungssperre gesichert war, für unwirksam, und beschließt die Gemeinde für denselben Planbereich erneut die Aufstellung eines Bebauungsplans, kann sie zur Sicherung dieser Planung eine neue Veränderungssperre erlassen (BVerwG, NVwZ 2007, 954).

III. Geltungsdauer der Veränderungssperre

1. Grundsätze

Die Veränderungssperre tritt grundsätzlich spätestens **nach zwei Jahren außer Kraft** (§ 17 I 1 BauGB), wobei der seit der Zustellung der ersten Zurückstellung eines Bauantrages nach § 15 I BauGB abgelaufene Zeitraum anzurechnen ist (§ 17 I 2 BauGB). Darüber hinaus besteht eine **Verlängerungsmöglichkeit** um ein Jahr durch die Gemeinde, die nicht von einer aufsichtsbehördlichen Zustimmung abhängig ist (§ 17 I 3 BauGB). Die Verlängerung um ein weiteres Jahr ist nur bei Vorliegen besonderer Umstände zulässig (§ 17 II BauGB; OVG Bautzen, NVwZ-RR 2010, 471; HK-BauGB-*Kröninger,* § 17, Rn. 8f.). 21

Beispiel: Besondere Umstände liegen vor, wenn die Verzögerung durch eine ungewöhnliche Sachlage (verursacht wurde, etwa wegen des Umfanges, des Schwierigkeitsgrades oder des Verfahrensablaufes der Planung, die nicht auf ein Fehlverhalten der planenden Gemeinde zurückzuführen ist (*Kümper,* ZfBR 2020, 135 [142] m.w.N.).

Reichen vier Jahre nicht aus, um die Planung abzuschließen, und besteht nach wie vor ein Sicherungsbedürfnis, gestattet § 17 III BauGB der Gemeinde, die Veränderungssperre **erneut** zu **beschließen.** Um die Bedingungen des § 17 II BauGB nicht auszuhebeln ist die Erneuerung der Veränderungssperre nur zulässig, wenn besondere Umstände dies erfordern (*Kümper,* ZfBR 2020, 135 [143] m.w.N.). Von § 17 III BauGB kann die Gemeinde mehrfach Gebrauch machen (zur Geltungsdauer eingehend *Hager/Kirchberg,* NVwZ 2002, 400 [403f.]). 22

2. Faktische Veränderungssperre

23 Von besonderer Wichtigkeit für Ausbildung und Praxis ist die sog. faktische Veränderungssperre: Wird die Bearbeitung eines Bauantrages unangemessen – d.h. ohne sachliche Rechtfertigung – verzögert oder wird das Baugesuch rechtswidrig abgelehnt, so ist der Zeitraum der unangemessenen Verzögerung entsprechend § 17 I 2 BauGB auf die Geltungsdauer der Veränderungssperre anzurechnen (BVerwG, NJW 1971, 445; für Vorbescheide BVerwG, NJW 1977, 400 [404]). Dabei lässt der Wortlaut der Norm – „eines" Baugesuchs – offen, ob die Anrechnung individuell von der Person des Antragstellers abhängt oder ob in die Anrechnung alle auf das von der Veränderungssperre erfasste Grundstück bezogenen Vorgänge einzubeziehen sind. Letzterer Auffassung dürfte der Vorzug zu geben sein, weil die Zurückstellung im Grunde ebenso grundstücks- und damit gerade nicht personenbezogen ist wie die Veränderungssperre (VGH Mannheim, BRS 65 Nr. 112). Die faktische Veränderungssperre beginnt dabei mit dem Ablauf der Frist, die für eine ordnungsgemäße Bearbeitung des Bauantrages anzusetzen ist.

Beispiel: Die Gemeinde plant, ein Grundstück für eine innerörtliche Entlastungsstraße in Anspruch zu nehmen. Der Eigentümer ist damit nicht einverstanden und beantragt für das im Innenbereich gelegene Grundstück die nach § 34 I BauGB zulässige Bebauung mit einem Wohnhaus. Die Gemeinde beschließt die Aufstellung eines Bebauungsplans, worauf die Baugenehmigungsbehörde den Antrag des Grundstückseigentümers auch auf mehrmalige Nachfrage 18 Monate lang nicht bescheidet. Schließlich beschließt die Gemeinde den Erlass einer Veränderungssperre. Die von der Gemeinde auf zwei Jahre beschlossene Veränderungssperre würde somit bei einem unterstellten dreimonatigen ordnungsgemäßen Genehmigungsverfahren ein halbes Jahr nach Erlass im Hinblick auf das Baugesuch des Eigentümers wieder außer Kraft treten.

3. Außer-Kraft-Treten

24 Die Veränderungssperre tritt außer Kraft:
- mit Ablauf des Zeitraums, für den sie erlassen wurde, spätestens mit Ablauf der in § 17 BauGB bestimmten gesetzlichen Höchstdauer,
- mit rechtsverbindlichem Abschluss des Bebauungsplanverfahrens (§ 17 V BauGB),
- im Sanierungsgebiet mit dessen förmlicher Festsetzung, es sei denn, die Sanierungssatzung hat die Genehmigungspflicht nach § 144 I BauGB ausgeschlossen (§ 17 VI BauGB).

25 Die Gemeinde ist darüber hinaus verpflichtet, die Veränderungssperre ganz oder teilweise außer Kraft zu setzen, sobald die Voraussetzungen für ihren Erlass weggefallen sind (§ 17 IV BauGB, dazu BVerwG, BauR 2008, 328; VGH Mannheim, NuR 2008, 358 [360]; umfassend *Spindler,* DÖV 2010, 217f.).

Beispiel: Im Verlaufe des Planungsverfahrens stellt sich heraus, dass der beabsichtigte Bebauungsplan nicht zustande kommen wird oder Planungen an anderer Stelle zunächst vordringlich vorangetrieben werden müssen.

E. Ausnahmen

I. Erteilung einer Ausnahmegenehmigung

§ 14 II BauGB lässt die Erteilung einer Ausnahmegenehmigung zu, wenn überwiegende öffentliche Belange nicht entgegenstehen. Die Entscheidung trifft die Baugenehmigungsbehörde im Einvernehmen mit der Gemeinde. Insbesondere wenn ein Vorhaben die **städtebauliche Zielkonzeption** der Gemeinde **berührt,** sind die Voraussetzungen für die Erteilung einer Ausnahmegenehmigung nach § 14 II BauGB nicht gegeben (BVerwG, ZfBR 1989, 171; Schroedter-*Rieger,* BauGB, § 14 Rn. 26ff.; *B/K/L,* BauGB, § 14, Rn. 18ff.). 26

Beispiel: Ein gemeinnütziger Träger will auf einer im Außenbereich gelegenen Hofstelle ein Heim zur Unterbringung geistig und körperlich Schwerbehinderter einrichten. Zugleich sollen zur Therapierung landwirtschaftliche Nutzungen wie Fruchtanbau und Fruchtveredelung sowie ein Gartenbaubetrieb eingerichtet werden. Die Gemeinde beschließt daraufhin die Aufstellung eines Bebauungsplanes, um zwar die Ansiedelung der Behindertengemeinschaft zu ermöglichen, zugleich aber die Betriebszweige und die Größe des Gesamtkomplexes planerisch festzuschreiben. Eine Ausnahme nach § 14 II BauGB kommt nicht in Betracht.

Achtung: Mit der Genehmigung der Ausnahme nach § 14 BauGB ist das Vorhaben noch nicht zulässig, sondern lediglich das Hindernis der Veränderungssperre ausgeräumt. Im Übrigen bleibt es bei den tatbestandlichen Voraussetzungen der §§ 30ff. BauGB.

II. Bestandsschutz

Die Verbotswirkung einer Veränderungssperre erfasst nicht bestimmte Vorhaben, die einen gewissen **Vertrauensschutz** erworben haben (§ 14 III BauGB). Dies betrifft zunächst Vorhaben, die vor dem Inkrafttreten der Veränderungssperre **baurechtlich genehmigt** worden sind (§ 14 III Alt. 1 BauGB). Ist also bereits eine Baugenehmigung erteilt worden, so wird sie in ihrem Bestand nicht mehr durch eine Veränderungssperre beeinträchtigt. Dasselbe gilt für die Bindungswirkungen, die sich aus einer Bebauungsgenehmigung für das nachfolgende Baugenehmigungsverfahren ergeben (BVerwGE 68, 12). Insoweit muss die Baugenehmigung wegen der erteilten Bebauungsgenehmigung auch dann erteilt werden, wenn zwischenzeitlich eine Veränderungssperre erlassen worden ist (BVerwGE 69, 1). 27

In Rechtsprechung und Literatur umstritten ist, ob die Rechtsfolgen des § 14 III BauGB auch dann gelten, wenn die Baugenehmigung (oder die Bebauungsgenehmigung) wegen Widerspruchs eines Dritten noch nicht unanfechtbar ist. Die Rechtsprechung lässt es insoweit nicht auf die Bestandskraft ankommen, durch den von einem Nachbarn eingelegten Rechtsbehelf wird also der Schutz des § 14 III BauGB nicht beseitigt (OVG Lüneburg, NVwZ 1990, 685f.; VGH Mannheim, VBlBW 2001, 323f.). Für Vorhaben, die vor Erlass der Verände- 28 rungssperre hätten genehmigt werden müssen, auf deren positive Bescheidung also ein Rechtsanspruch bestand, greift die Bestandsschutz-Regelung nicht (*B/K/L,* BauGB, § 14 Rn. 21 m.w.N.). Zweifelhaft – und höchstrichterlich bislang nicht geklärt – ist zudem, ob § 14 III BauGB zur Anwendung kommt, wenn noch keine Baugenehmigung, wohl aber das gemeindliche Einvernehmen erteilt ist (dazu *Graf,* NVwZ 2004, 1435; offen gelassen bei BVerwGE 120, 138).

29 Durch Novellierungen des Bundesbaurechts wurde überdies – in Anlehnung an die Musterbauordnung – klargestellt, wie mit den nach den Landesbauordnungen **genehmigungsfreien** bzw. nur kenntnisgabepflichtigen **Vorhaben** zu verfahren ist. Damit sind etwa die Wohnhäuser gemeint, deren Errichtung in Bayern oder Nordrhein-Westfalen in einem sog. Genehmigungsfreistellungsverfahren möglich ist, ohne dass eine Baugenehmigung erteilt werden müsste (*Stüer/Rude,* DVBl 2000, 312 [323]; zu den diesbzgl. Einzelheiten s.u. *§ 18 Rn. 17f.*). In Gleichsetzung mit den baurechtlich genehmigten Vorhaben genießen auch diese Realisierungsschutz, wenn die Gemeinde von ihnen nach Maßgabe des Bauordnungsrechts Kenntnis erlangt hat und mit ihrer Ausführung vor dem Inkrafttreten der Veränderungssperre hätte begonnen werden dürfen (§ 14 III Alt. 2 BauGB; zur Veränderungssperre im vereinfachten Baugenehmigungsverfahren *Jarass,* BayVBl 2010, 129f.).

Beispiel: Auch ein verfahrensfreies Vorhaben, mit dessen Ausführung vor Inkrafttreten einer Veränderungssperre begonnen wurde, wird von dem Veränderungsverbot nicht erfasst, wenn der Bauherr darauf vertrauen durfte, dass sich die Rechtslage nach Baubeginn nicht mehr zu seinen Gunsten ändert (VGH München, DVBl 2009, 1395).

30 Schließlich werden auch Unterhaltungsarbeiten (**nicht:** Modernisierungsarbeiten) und die Fortführung einer bisher ausgeübten Nutzung nach § 14 III Alt. 3 BauGB von dem Erlass einer Veränderungssperre nicht berührt (Schroedter-*Rieger,* BauGB, § 14 Rn. 39f.).

31 Umstritten ist in diesem Zusammenhang überdies, ob es für die Baugenehmigungsbehörde eine **Widerrufsmöglichkeit nach § 49 II Nr. 4 VwVfG** gibt. Während eine Ansicht § 14 III BauGB als Spezialregelung zu den Widerrufsvorschriften sieht (VGH Mannheim, VBlBW 2001, 323; VG Arnsberg, NVwZ 1990, 536), findet sich auch eine Auffassung, die keinen sachlichen Grund anerkennt, baurechtliche Genehmigungen stärker in ihrem Bestand zu schützen als andere begünstigende Verwaltungsakte (zum Streitstand Schroedter-*Rieger,* BauGB, § 14 Rn. 31; s.a. unten *Rn. 35*).

Wichtig: Ist die Änderung der Benutzung einer baulichen Anlage als planungsrechtlich relevante Nutzungsänderung i.S. des § 29 BauGB zu qualifizieren, so liegt keine Fortführung der bisher ausgeübten Nutzung i.S. des § 14 III BauGB vor, so dass eine Veränderungssperre die beabsichtigte Nutzungsänderung unterbinden kann (BVerwG, NVwZ 1989, 666; *Stüer,* Bebauungsplan, Rn. 1129).

Beispiel: In einem bisherigen Theater soll eine Diskothek mit Lasershow eingerichtet werden. Die Gemeinde hat durch den Erlass einer Veränderungssperre die Möglichkeit, diese Nutzungsänderung zu unterbinden, ohne dass dem § 14 III BauGB entgegenstünde.

F. Rechtsschutz und Entschädigungsfragen

I. Rechtsschutz

Die als Satzung beschlossene Veränderungssperre kann im Wege der **Nor- 32
menkontrolle** (§ 47 VwGO) überprüft werden (OVG Weimar, BauR 2002, 917; VGH München, BayVBl 2009, 369; Muster einer Normenkontrolle gegen eine Veränderungssperre bei HK-BauGB-*Kröninger,* Anhang zu § 14, S. 278). Tritt eine Veränderungssperre während der Anhängigkeit eines nach § 47 II 1 VwGO zulässigen Antrags außer Kraft, kann der Antragsteller die Feststellung begehren, dass die Veränderungssperre ungültig war, weil diese Feststellung präjudizierende Wirkung für die Frage der Rechtmäßigkeit z.B. der Versagung der Baugenehmigung und damit für in Aussicht genommene Entschädigungs- oder Schadensersatzansprüche haben kann (BVerwG NJW 1984, 881). Das Feststellungsinteresse ist ähnlich zu beurteilen wie bei der Fortsetzungsfeststellungsklage (OVG Schleswig, BauR 2007, 2024).

Darüber hinaus kommt eine **inzidente Überprüfung** der Veränderungs- 33
sperre im Rahmen einer Anfechtung der Entscheidung über einen Bauantrag in Betracht (weiterführend Schroedter-*Rieger,* BauGB, § 14 Rn. 42f.; Klausurfall bei *Konrad,* JA 2002, 788).

Prüfungsschema 5: Inzidente Prüfung einer Veränderungssperre

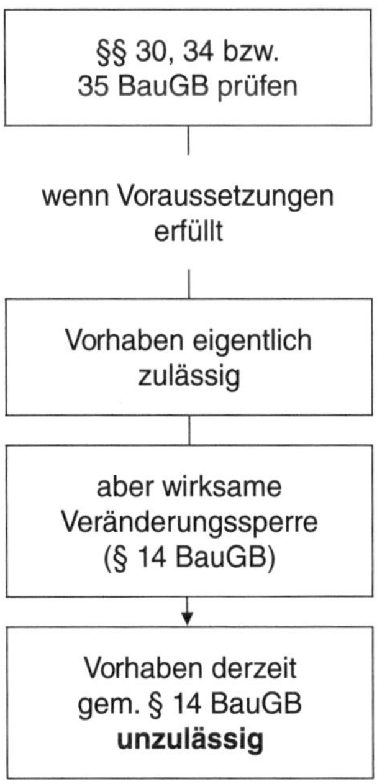

II. Entschädigung

34 Dauert die Veränderungssperre länger als vier Jahre, ist dem Betroffenen nach § 18 I 1 BauGB für dadurch entstandene Vermögensnachteile eine **angemessene Entschädigung** in Geld zu gewähren. Zu entschädigen ist für entgangene Nutzung. Es ist deshalb der Betrag zu ermitteln, den ein Bauwilliger als Miet-, Pacht- oder Erbbauzins für das Recht gezahlt hätte, auf dem Grundstück diejenige Nutzung vorzunehmen, die die Veränderungssperre unterbunden hat; der Wert der tatsächlich gezogenen Nutzung ist demgegenüber abzuziehen. Der Ermittlung der Entschädigung ist der Grundstückswert zugrunde zu legen, der im Falle einer Enteignung für die Enteignungsentschädigung maßgebend gewesen wäre (§ 18 I 2 BauGB). Für die Geltendmachung des Anspruchs ist § 18 II, III BauGB zu beachten. Der Anspruch erlischt danach, wenn die Entschädigung nicht innerhalb von drei Jahren nach Ablauf des Kalenderjahres, in welchem die Vermögensnachteile eingetreten sind, schriftlich verlangt worden ist (§ 18 III i. V., § 44 IV BauGB).

Fall 6: Getränkemarkt

35 Widerruf nach § 49 VwVfG, Rechtsnatur des Bauvorbescheides, Sperrwirkung des § 14 III BauGB gegenüber VwVfG

Sachverhalt

Unternehmer U beabsichtigt in der kreisfreien Stadt S auf einem ihm gehörenden Grundstück die Errichtung eines Getränkemarktes mit einer Verkaufsfläche von 1650 qm. Auf seinen Antrag hin erteilt ihm die S den schriftlichen Bescheid nach § 77 BauO NRW, das Vorhaben sei planungsrechtlich zulässig. Die kurz darauf stattfindende Wahl eines neuen technischen Beigeordneten bringt eine Änderung der städtebaulichen Konzeption mit sich. Die Stadt beschließt in der Folge, für das Gebiet, in dem der geplante Getränkemarkt liegen soll, einen neuen Bebauungsplan aufzustellen, nach dem solche Läden in seinem Geltungsbereich nicht mehr zulässig sind. Der Charakter des Plangebiets als Mischgebiet solle nicht verändert werden. Der Ausschluss von Lebensmittel-, Getränkemärkten u. Ä. Einrichtungen wird damit gerechtfertigt, dass das Plangebiet den städtebaulich empfindlichen Teil der Altstadt von S umfasse, in dem gerade solche Märkte besonders leicht zu Beeinträchtigungen des Ortsbildes führen könnten. Der Beschluss über die beabsichtigte Aufstellung eines neuen Bebauungsplans wird sodann ortsüblich bekannt gemacht. Zur Absicherung der Planaufstellung erlässt S zudem eine Veränderungssperre. In der Folge hebt die S den Bescheid an U auf. Zu Recht?

Lösungsskizze

I. Ermächtigungsgrundlage

Für die „Aufhebung“ des Bescheides kommen spezialgesetzliche Ermächtigungsgrundlagen (nach BauGB oder Landesbauordnung) nicht in Betracht, daher muss auf die §§ 48, 49 VwVfG zurückgegriffen werden.

Da keine Anhaltspunkte für eine ursprüngliche Rechtswidrigkeit des Bescheides vorliegen (zum maßgeblichen Zeitpunkt BVerwG, NVwZ 2019, 318 [319f.]; *Detterbeck,* AVR, Rn. 680ff.; *Erbguth/Guckelberger,* AVR, § 16 Rn. 4), kommt als Rechtsgrundlage nur **§ 49 VwVfG** in Betracht.

II. Formelle Rechtmäßigkeit

Von der Erfüllung der formellen Voraussetzungen (Zuständigkeit, Form, Verfahren) ist auszugehen.

III. Materielle Rechtmäßigkeit

1. Widerruf eines Verwaltungsaktes

Bei einem planungsrechtlichen Vorbescheid handelt es sich um einen Verwaltungsakt (dazu unten *§ 18 Rn. 58*).

2. Rechtmäßigkeit des Vorbescheides

Wurde bereits festgestellt (s. o. I.).

3. Widerruf eines begünstigenden Verwaltungsaktes

Bei dem Vorbescheid handelt es sich um eine den U begünstigende Regelung, daher findet § 49 II VwVfG Anwendung.

a) In Betracht kommt Widerruf nach **§ 49 II Nr. 4 VwVfG:**
   - U hat von der Vergünstigung noch keinen Gebrauch gemacht und auch auf Grund des Bescheides noch keine Leistungen empfangen.
   - fraglich, ob eine „geänderte Rechtsvorschrift" gegeben ist;
     in Anbetracht ihrer Form und Rechtswirkungen (dazu oben *Rn. 15ff.*) wird man die Veränderungssperre als **Rechtsvorschrift** ansehen müssen (s. a. § 16 I BauGB);
     es dürfte sich auch um eine **„geänderte"** Rechtsvorschrift handeln, da auf die Situation (und die damit verbundene Rechtsänderung) vor dem Erlass der Veränderungssperre abzustellen ist.
   - Wirksamkeit dieser Veränderungssperre:
     Ordnungsgemäß bekanntgemachter **Planaufstellungsbeschluss** liegt vor;
     Mindestmaß der beabsichtigten **städtebaulichen Planung** ist ausreichend **konkretisiert;**
     es dürfte sich die gemeindliche Planungskonzeption nicht etwa wegen Verstoßes gegen materielles Baurecht nicht verwirklichen lassen; von einer dergestalt offensichtlichen Rechtswidrigkeit der gesicherten Planung wird man allerdings in Ansehung der §§ 6, 11 III BauNVO und vor allem des § 1 V BauNVO nicht ausgehen können.
   - **Gefährdung** des **öffentlichen Interesses** beim Unterbleiben des Widerrufs: zu bejahen, da bei Realisierung des genehmigten Vorhabens konkrete Gefährdung (Vereitelung) der gemeindlichen Bauleitplanung.

b) zu prüfen wäre überdies ein Widerruf nach **§ 49 II Nr. 3 VwVfG** (nachträglich eingetretene **Tatsachen**), dessen Voraussetzungen ebenfalls zu bejahen sein dürften.

4. Sperrwirkung des § 14 III BauGB

Zu problematisieren ist das Verhältnis des § 14 III BauGB zu § 49 VwVfG.

Voraussetzungen des § 14 III BauGB müssten vorliegen:

- ein vor dem In-Kraft-Treten der Veränderungssperre „genehmigtes" Vorhaben liegt vor, da es sich bei dem Bauvorbescheid um vorweggenommenen Teil der Baugenehmigung handelt (*B/K/L,* BauGB, § 14 Rn. 21; *Koch/Hendler,* BRL, § 16, Rn. 13; zum Vorbescheid s. u. *§ 18 Rn. 57ff.*);

– da somit nach § 14 III BauGB die Veränderungssperre den Vorbescheid „nicht berührt", ein Widerruf aber nach § 49 II VwVfG möglich ist, stellt sich die aufgeworfene Frage;
– nach wohl h.M. begrenzt die baurechtliche Norm die allgemeine Widerrufsregelung (VGH Mannheim, VBlBW 2001, 323; *Hager/Kirchberg,* NVwZ 2002, 400 [403]; a.A. *B/K/L,* BauGB, § 14 Rn. 21).

5. Ergebnis

Der Widerruf wäre nicht rechtmäßig.

Schaubild 17: Veränderungssperre

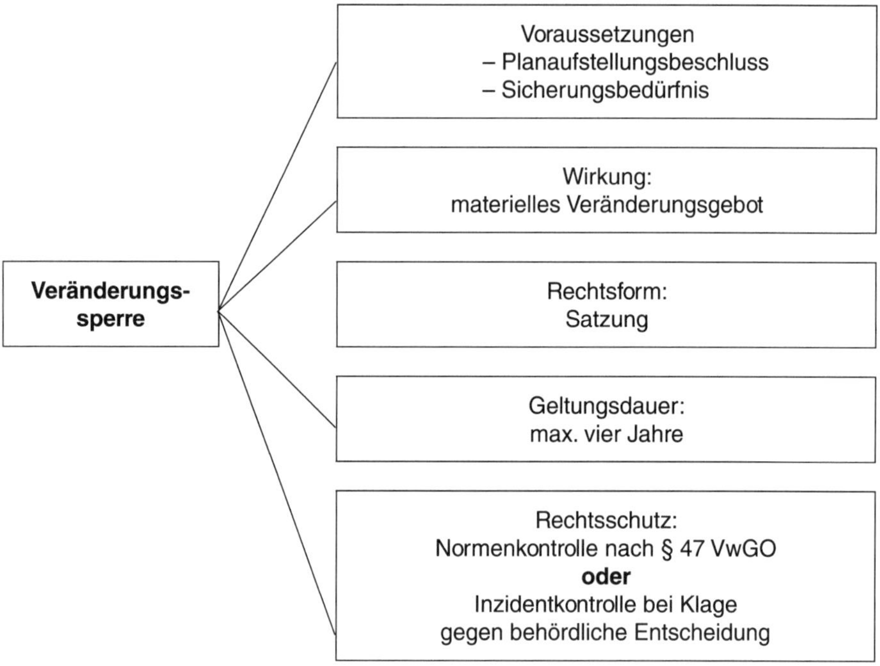

G. Kontrollfragen

1. Unter welchen Voraussetzungen kann eine Veränderungssperre beschlossen werden?
2. Auf welche Planung kann sich die Veränderungssperre erstrecken?
3. Kann die Veränderungssperre auf ein Grundstück beschränkt werden?
4. A stellt für sein Grundstück im unbeplanten Innenbereich der Stadt S einen Bauantrag, der am 4.7.2011 bei S eingeht. Mit Wirkung vom 2.7.2012 beschließt S eine Veränderungssperre gem. § 14 I BauGB. Am 7.1.2014 wird der Antrag unter Bezugnahme auf § 14 I Nr. 1 BauGB abgelehnt. Zu Recht?
5. In welchen Fällen tritt die Veränderungssperre außer Kraft?

(Antworten auf S. 357)

§ 11. Zurückstellung von Baugesuchen

A. Zweck der Regelung

Als weniger aufwändiges aber auch weniger effektives Sicherungsmittel ermöglicht es § 15 BauGB der Gemeinde, anstelle der Veränderungssperre die Baugenehmigungsbehörde zur Aussetzung der Entscheidung über die Zulässigkeit eines einzelnen Vorhabens für einen Zeitraum von bis zu 12 Monaten zu veranlassen. In ihrer Zielrichtung entspricht die Zurückstellung der Veränderungssperre, erneut geht es um die **Sicherung der Bauleitplanung** (zur unterschiedlichen Reichweite der beiden Rechtsinstitute BVerwG, UPR 1988, 103 [105f.]). Während aber die Veränderungssperre ein materiellrechtliches Regelungsinstrument genereller Art ist, handelt es sich bei § 15 BauGB um eine verfahrensrechtliches Instrument (für Einzelvorhaben *Kümper,* ZfBR 2020, 135 [136]; *Bönker,* in: H/B/G, ÖffBauR, § 10 Rn. 29; *Stüer,* DVBl 2010, 424 [425]; s.a. unten *Rn. 10*). 1

Wichtig: Die praktische Bedeutung der Zurückstellung liegt in Folgendem: Während die Veränderungssperre erst mit der Rechtsverbindlichkeit der Satzung wirksam wird, kann durch die Zurückstellung ein Bauvorhaben unmittelbar unterbunden werden. Dadurch kann die Zeit bis zum Erlass einer Veränderungssperre überbrückt werden (*Kümper,* ZfBR 2020, 135 [137f.]).

Beispiel: Bei der Gemeinde geht ein Antrag auf Nutzungsänderung eines Theaters in eine Lasershow ein. Der Rat fasst umgehend den Beschluss zur Aufstellung eines Bebauungsplanes und beschließt gleichzeitig eine Veränderungssperre. Diese bedarf jedoch zu ihrer Wirksamkeit der Bekanntmachung. Zwischenzeitlich beantragt die Gemeinde bei der Baugenehmigungsbehörde, das Gesuch für einen Zeitraum von zwölf Monaten zurückzustellen.

§ 15 I 2 BauGB trägt der Tatsache Rechnung, dass die Bauordnungen der Länder in der jüngeren Vergangenheit zunehmend dazu übergegangen sind, Bauvorhaben von der Genehmigungspflicht freizustellen (*§ 18 Rn. 17f.*). Wird demzufolge kein Baugenehmigungsverfahren durchgeführt, wird auf Antrag der Gemeinde anstelle der Aussetzung der Entscheidung über die Zulässigkeit eine vorläufige Untersagung innerhalb einer durch Landesrecht festgesetzten Frist ausgesprochen. Die vorläufige Untersagung steht gem. § 15 I 3 BauGB der Zurückstellung gleich (weiterführend Schroedter-*Rieger,* BauGB, § 15 Rn. 16ff.; *B/K/L,* BauGB, § 15 Rn. 5; *Stüer,* Bebauungsplan, Rn. 1145). 2

B. Voraussetzungen

I. Möglichkeit einer Veränderungssperre

3 Eine Zurückstellung ist nach § 15 I 1 BauGB nur möglich, wenn die Voraussetzungen für den Erlass einer Veränderungssperre gegeben sind, eine solche aber nicht besteht. Rechtlich möglich ist eine Veränderungssperre, wenn ein **Bebauungsplanverfahren ordnungsgemäß eingeleitet** ist und ein **generelles Sicherungsbedürfnis** besteht. Es muss also in jedem Fall ein wirksamer Planaufstellungsbeschluss gefasst und ortsüblich bekannt gemacht worden sein (OVG Münster, NVwZ 2013, 283). Existiert bereits eine rechtsverbindliche Veränderungssperre, so ist daneben die Anwendung des § 15 BauGB ausgeschlossen. § 15 BauGB ist aber dann anwendbar, wenn eine beschlossene Veränderungssperre noch nicht in Kraft getreten ist. Auch in der Zeit zwischen dem Außerkrafttreten einer Veränderungssperre und dem Inkrafttreten einer neuen Veränderungssperre ist zur Überbrückung dieses Zeitraumes eine Zurückstellung möglich (*Kümper,* ZfBR 2020, 135 [144]; *B/K/L,* BauGB, § 15 Rn. 2).

4 Zu den Möglichkeiten der Zurückstellung von Baugesuchen bei städtebaulichen Sanierungsgebieten und Entwicklungsbereichen (§ 15 II BauGB; dazu *B/K/L,* BauGB, § 15 Rn. 11f.) sowie in Fällen der Flächennutzungsplanung (§§ 15 III, 35 BauGB; dazu *B/K/L,* BauGB, § 15 Rn. 13f.; *Finkelnburg,* NVwZ 2004, 897 [901]; *Erbguth/Schubert,* ÖffBauR, § 6 Rn. 10; *Stüer,* Bebauungsplan, Rn. 1146ff.) sei auf die gesetzlichen Regelungen und die weiterführende Literatur verwiesen (s. a. unten *Rn. 8*).

II. Antrag der Gemeinde

5 Ein Vorhaben kann nur auf Antrag der Gemeinde (*B/K/L,* BauGB, § 15, Rn. 3a); *Kümper,* ZfBR 2020, 135 [143] zurückgestellt werden. Das Antragsrecht der Gemeinde folgt aus **ihrer Planungshoheit** und die Ausübung steht im pflichtgemäßen Ermessen. Vorbehaltlich des Umstandes, dass die Voraussetzungen des § 15 BauGB nicht vorliegen, ist die Baugenehmigungsbehörde an den Antrag der Gemeinde gebunden (*Kümper,* ZfBR 2020, 135 [144]). Demgegenüber kann ohne Antrag der Gemeinde ein Baugesuch von der Genehmigungsbehörde nicht nach § 15 BauGB zurückgestellt werden.

Wichtig: Während also die Entscheidung über die Veränderungssperre allein der Gemeinde obliegt, ist diese bei der Zurückstellung nur Antragsteller; die Entscheidung selbst obliegt der zuständigen Baugenehmigungsbehörde. Ein Antrag ist aber entbehrlich, wenn die Gemeinde selbst Baugenehmigungsbehörde ist (BGH, ZfBR 2001, 555).

III. Gegenstand der Zurückstellung

Es sind alle Entscheidungen rückstellbar, die die **„Zulässigkeit von Vorhaben im Einzelfall"** zum Gegenstand haben (§ 15 I BauGB). Hierzu gehören insbesondere Anträge auf Erteilung einer Baugenehmigung, eines Vorbescheids oder die Entscheidung über ein angezeigtes Vorhaben. Da nur Entscheidungen „im Einzelfall" einer Zurückstellung zugänglich sind, kann nicht vorsorglich die Zurückstellung aller künftigen Baugesuche beantragt werden (*F/O/K,* ÖffBauR I, § 15 Rn. 5; *Kümper,* ZfBR 2020, 135 [137]). Grundsätzlich kommt aber nur die Zurückstellung von Vorhaben infrage, die zum Zeitpunkt der bauaufsichtlichen Entscheidung überhaupt zulässig sind; andere Vorhaben sind nicht zurückzustellen, sondern abzulehnen (HK-BauGB-*Kröninger,* § 15, Rn. 16; *Kümper,* ZfBR 2020, 135 [144]). 6

Durch die Neuregelung in § 15 I 2 BauGB ist überdies den Novellierungstendenzen in den Bauordnungen der Länder Rechnung getragen worden. Wird kein Baugenehmigungsverfahren durchgeführt (wie etwa im Genehmigungsfreistellungsverfahren nach § 67 BauO NW oder Art. 70 BayBO), so wird auf Antrag der Gemeinde an Stelle der Aussetzung der Entscheidung über die Zulässigkeit eine **vorläufige Untersagung** ausgesprochen. Die Regelung der festzusetzenden Frist hat der Bundesgesetzgeber dabei der Ausgestaltung durch Landesrecht überlassen. 7

Mit § 15 III BauGB verfügen die Gemeinden über ein eigenes Sicherungsmittel für die Flächennutzungsplanung. Damit soll die Planung von Vorranggebieten im Außenbereich nach § 35 III 3 BauGB für privilegierte Außenbereichsvorhaben nach § 35 I Nr. 2–6 BauGB erleichtert werden (Schroedter-*Rieger,* BauGB, § 15 Rn. 21 ff.; *Frey,* DÖV 2013, 547 (551 f.); *Scheidler,* ZfBR 2012, 123). 8

IV. Sicherungsbedürfnis

Die Zurückstellung muss zur Sicherung des Bebauungsplans **erforderlich** sein. Es muss zu befürchten sein, dass die Verwirklichung des künftigen Bebauungsplans durch das der Baugenehmigungsbehörde unterbreitete Vorhaben unmöglich gemacht oder wesentlich erschwert werden könnte (§ 15 I 1 BauGB). 9

Beispiele:
- Eine Zurückstellung ist nicht möglich, wenn die Gemeinde noch keine positiven Vorstellungen über den Inhalt des künftigen Bebauungsplans besitzt (BVerwG, NVwZ 1990, 559).
- Ein Sicherungsbedürfnis fehlt auch, wenn das Bebauungsplanverfahren den Stand der Planreife erreicht hat und anzunehmen ist, dass das Vorhaben den künftigen Festsetzungen des Bebauungsplans nicht entgegensteht, so dass es nach § 33 BauGB genehmigungsfähig ist.

Wichtig: Die Bauaufsichtsbehörde hat bei der Entscheidung über die Zurückstellung **kein Ermessen.** Beim Vorliegen der tatbestandlichen Voraussetzungen muss sie dem Antrag der Gemeinde entsprechen.

C. Rechtswirkungen

10 Im Gegensatz zur Veränderungssperre, bei deren Bestehen ein Bauantrag nach Maßgabe des § 14 I BauGB abgelehnt werden kann, wird nach § 15 I BauGB (lediglich) die Zurückstellung des Baugesuchs für einen bestimmten Zeitraum ausgesprochen. Das Baugenehmigungsverfahren wird folglich nicht endgültig mit negativem Ergebnis für den Antragsteller beendet, sondern die Entscheidung der Behörde nur für einen bestimmten Zeitraum ausgesetzt. Die Zurückstellung begründet somit ein **zeitweiliges Verfahrenshindernis** und keinen materiellen Versagungsgrund (*Bönker,* in: H/B/G, ÖffBauR, § 10 Rn. 29; *Kümper,* ZfBR 2020, 135 [136]).

Achtung: Eine entgegen einer Zurückstellung erteilte baurechtliche Gestattung (Baugenehmigung, Bauvorbescheid) ist rechtswidrig; daher kann auch eine fiktiv erteilte Gestattung von der Bauaufsichtsbehörde zurückgenommen werden (VGH Kassel, NVwZ-RR 2009, 790).

D. Zeitpunkt, Dauer und Ende der Zurückstellung

I. Zeitpunkt

11 Die Zurückstellung ist möglich, solange dem Bauantrag noch nicht stattgegeben worden ist, d.h. **in jeder Lage** des Baugenehmigungsverfahrens, auch nach Erklärung des Einvernehmens gem. § 36 BauGB, nach Ablehnung des Bauantrages im Widerspruchsverfahren oder während des verwaltungsgerichtlichen Verfahrens.

II. Dauer

12 Die Zurückstellung beginnt mit der Bekanntgabe des Zurückstellungsbescheides (§ 31 II VwVfG). Ihre **Höchstdauer** beträgt **zwölf Monate** (§ 15 I 1 BauGB). Sie ist damit zeitlich begrenzter als die Veränderungssperre. Auf die Zurückstellung sind zudem Zeiten einer faktischen Zurückstellung anzurechnen (*B/K/L,* BauGB, § 15 Rn. 6; Schroedter-*Rieger,* BauGB, § 15 Rn. 15).

Beispiel: Einem Bauherrn wird der auf ein Jahr befristete Zurückstellungsbescheid ein dreiviertel Jahr nach Stellung des Bauantrages zugestellt. Bei ordnungsgemäßer Bearbeitung hätte der Antrag in drei Monaten genehmigt werden können. In den Zeitraum der Zurückstellung ist die Überschreitung der ordnungsgemäßen Bearbeitungsfrist einzurechnen, so dass der Zurückstellungszeitraum ab Zustellung des Bescheides noch sechs Monate beträgt.

Nach Ausschöpfung der Höchstdauer ist, anders als bei der Veränderungs- 13
sperre, eine **erneute Zurückstellung nicht** möglich (*Kümper,* ZfBR 2020, 135 [137]; *B/K/L,* BauGB, § 15 Rn. 6; *J/K,* BauGB, § 15 Rn. 4). Die Gemeinde muss daher ihre Planung jetzt durch eine Veränderungssperre sichern, auf deren Dauer die Zeit der Zurückstellung anzurechnen ist (§ 17 I 2 BauGB).

Achtung: Durch die BauGB-Novelle 2013 wird eine Zurückstellung von Baugesuchen bei der Planung von Konzentrationszonen i. S. des § 35 III 3 BauGB noch für ein weiteres Jahr, also insgesamt für zwei Jahre ermöglicht, wenn besondere Umstände es erfordern (§ 15 III 4 BauGB; dazu *Krautzberger/Stüer,* DVBl 2013, 805 [811]).

III. Ende

Die Zurückstellung endet mit Ablauf der im Zurückstellungsbescheid be- 14
stimmten Zeit, die wegen § 37 I VwVfG genau anzugeben ist, **spätestens** kraft Gesetzes nach **zwölf Monaten** (§ 43 II VwVfG), außerdem mit Erlass der Veränderungssperre. Die Behörde hat nunmehr über das ihr vorliegende Baugesuch zu entscheiden.

E. Rechtsnatur und Rechtsschutzfragen

Die Zurückstellung ist als Einzelfallregelung **Verwaltungsakt** (VGH 15
Mannheim, NVwZ-RR 2003, 333 f.) und damit von anderer Rechtsnatur als die Veränderungssperre, welche als Satzung gemeindliche Rechtsnorm ist.

Rechtsschutz gewähren daher **Widerspruch** und **Anfechtungsklage** (str. Schroedter-*Rieger,* BauGB, § 15 Rn. 29; Muster eines Widerspruchs gegen die Zurückstellung eines Baugesuchs bei HK-BauGB-*Kröninger,* § 15 Rn. 18), die nach § 80 VwGO aufschiebende Wirkung haben (dazu und zu den Fragen des einstweiligen Rechtsschutzes BGH, NVwZ 2002, 123; OVG Greifswald, NVwZ 1995, 399; OVG Münster, NWVBl 2000, 346; Schroedter-*Rieger,* BauGB, § 15 Rn. 30). Die Zulässigkeit einer solchen Klage (Rechtsschutzbedürfnis) wird teilweise mit dem Hinweis in Frage gestellt – und statt dessen die Verpflichtungsklage auf Erteilung der Baugenehmigung für allein statthaft gehalten –, dass dem Bauherrn die allein erreichbare Aufhebung des Zurückstellungsbescheides keinen Nutzen bringe, weil damit noch keine Sachentscheidung über das Baugesuch getroffen werde (VGH Mannheim, NVwZ-RR 2003, 333; VBlBW 1999, 216). Die Klage ist begründet, wenn die Zurückstellung nicht hätte erfolgen dürfen, etwa weil der Aufstellungsbeschluss nicht wirksam bekanntgemacht ist oder eine gemeindliche Planungskonzeption auch in Ansätzen nicht erkennbar ist (*Stüer,* Bebauungsplan, Rn. 1151).

17 Lehnt die Baugenehmigungsbehörde den Antrag der Gemeinde auf Zurückstellung des Bauantrages ab, so kann die Gemeinde Widerspruch und Verpflichtungsklage nach § 42 VwGO erheben. Wird darüber hinaus die Baugenehmigung trotz eines Antrages der Gemeinde auf Zurückstellung erteilt, so kann die Gemeinde die Baugenehmigung anfechten (HK-BauGB-*Kröninger,* § 17, Rn. 20; Schroedter-*Rieger,* BauGB, § 15 Rn. 31).

Schaubild 18: Zurückstellung von Baugesuchen

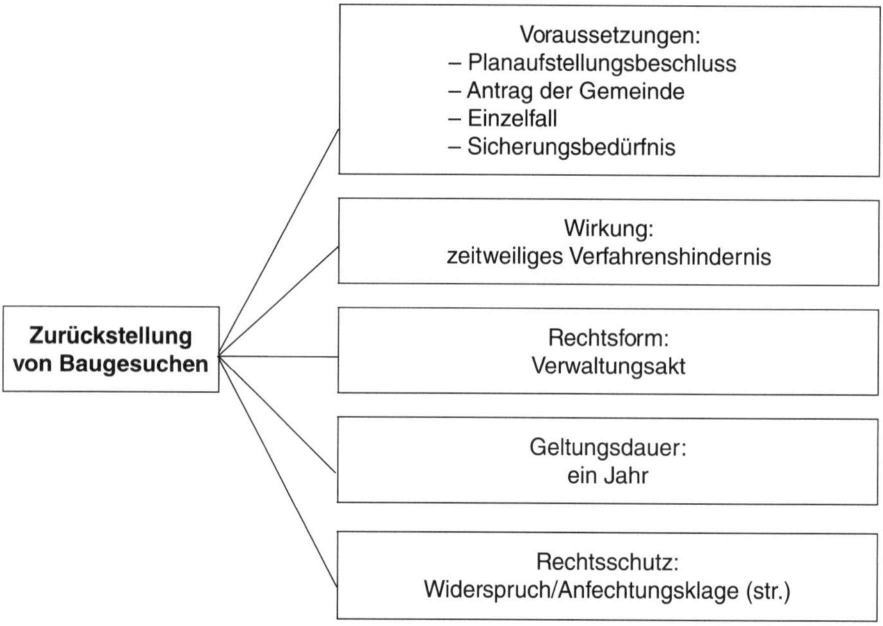

F. Kontrollfragen

1. Worin liegt die praktische Bedeutung der Zurückstellung?
2. Welche Entscheidungen sind rückstellbar?
3. Erläutern Sie den Begriff der faktischen Zurückstellung anhand eines Beispiels!

(Antworten auf S. 357)

§ 12. Gemeindliche Vorkaufsrechte

A. Bedeutung

Neben der Veränderungssperre, der Zurückstellung von Baugesuchen und der Teilungsgenehmigung gehören die gemeindlichen Vorkaufsrechte ebenfalls zu den Planungssicherungsinstrumenten, mit denen die gemeindliche Bauleitplanung flankierend gesichert werden soll. Über diesen **Sicherungszweck** hinaus dienen sie aber auch der **Umsetzung** der **gemeindlichen Zielvorstellungen** (*Bönker,* in: H/B/G, ÖffBauR, § 10 Rn. 61). Das Vorkaufsrecht muss insoweit einen städtebaulichen Bezug aufweisen und soll dazu dienen, die kommunalen Planungsvorstellungen auch durch einen frühzeitigen Grundstückserwerb zu verwirklichen. Dies setzt allerdings über eine allgemeine Bodenvorratspolitik hinaus konkrete Planungsvorstellungen voraus (*Stüer,* DVBl 2010, 424 [425]). 1

Wegen der gegenüber den anderen Sicherungsinstrumenten eher geringen praktischen und ausbildungsrelevanten Bedeutung beschränkt sich die nachfolgende Darstellung auf die Grundzüge der gemeindlichen Vorkaufsrechte (bzgl. weiterer Einzelheiten *Stüer,* Bebauungsplan, Rn. 1167ff.; *F/O/K,* ÖffBauR I, § 17). 2

B. Wesen und Anwendungsbereich der Vorkaufsrechte

Die im Baugesetzbuch geregelten Vorkaufsrechte ruhen als **öffentliche Belastung** auf den von ihnen kraft Gesetzes erfassten Grundstücken. Nach § 24 I BauGB besitzt die Gemeinde ein gesetzliches Vorkaufsrecht nur beim Kauf von Grundstücken (zu den zivilrechtlichen Rechtsfolgen *Bönker,* in: H/B/G, ÖffBauR, § 9 Rn. 82f.). Bei anderen zum Eigentumswechsel an Grundstücken führenden Rechtsgeschäften (Tausch, Schenkung, Erbschaft, o.Ä.) oder bei Kaufverträgen über andere Gegenstände als Grundstücke (Erbbaurechte, Gesellschaftsanteile, etc.) besitzt sie kein Vorkaufsrecht (s.a. § 24 II BauGB). 3

C. Arten und Geltungsbereich

Nicht jedes Grundstück im Gemeindegebiet ist potenziell mit dem gemeindlichen Vorkaufsrecht belastet. In den §§ 24 und 25 BauGB sind Arten 4 und Geltungsbereiche im Einzelnen aufgezählt. Danach gibt es **zwei Arten** der gemeindlichen Vorkaufsrechte:

5 Im Rahmen des **„allgemeinen Vorkaufsrechts“** steht den Gemeinden ein Vorkaufsrecht beim Kauf von Grundstücken zu (ausführlich zu den einzelnen Varianten *Bracher,* in: B/R/S, BauPlR, Rn. 2670ff.; Schroedter-*Köster,* BauGB, § 24 Rn. 7ff.):

1. im Geltungsbereich eines Bebauungsplanes, soweit es sich um Flächen handelt, für die nach dem Bebauungsplan eine Nutzung für öffentliche Zwecke (also bspw. für Gemeinbedarfs-, Verkehrs-, Ver- und Entsorgungsflächen) oder für Flächen oder Maßnahmen zum Ausgleich i.S. des § 1a III BauGB festgesetzt ist,
2. in einem Umlegungsgebiet nach §§ 45ff. BauGB,
3. in einem förmlich festgelegten Sanierungsgebiet und städtebaulichen Entwicklungsbereich (§§ 136f. und §§ 165f. BauGB) sowie
4. im Geltungsbereich einer Satzung zur Sicherung von Durchführungsmaßnahmen des Stadtumbaus (§ 171d BauGB) und einer Erhaltungssatzung gem. §§ 172ff. BauGB,
5. im Geltungsbereich eines Flächennutzungsplans, soweit es sich um unbebaute Flächen (dazu BVerwG, DVBl 1997, 432) im Außenbereich handelt, für die nach dem Flächennutzungsplan eine Nutzung als Wohnbaufläche oder Wohngebiet dargestellt ist
6. in Gebieten, die nach §§ 30, 33 oder 34 II vorwiegend mit Wohngebäuden bebaut werden können, soweit die Grundstücke unbebaut sind sowie
7. in Gebieten, die dem vorbeugenden Hochwasserschutz dienen, insbesondere in Überschwemmungsgebieten.

6 In zwei weiteren Fällen steht der Gemeinde nach § 25 BauGB ein **„besonderes Vorkaufsrecht“** zu (Schroedter-*Köster,* BauGB, § 25 Rn. 2ff.; *Bönker,* in: H/B/G, ÖffBauR, § 10 Rn. 72f.). § 25 I Nr. 1 BauGB gestattet der Gemeinde, im Geltungsbereich eines Bebauungsplans durch Satzung ein Vorkaufsrecht an unbebauten Grundstücken zu begründen. Zudem kann die Gemeinde nach § 25 I Nr. 2 BauGB in Gebieten, in denen sie städtebauliche Maßnahmen wie etwa Bauleitplanung, Erhaltungssatzung oder Bodenordnung in Betracht zieht, zur Sicherung einer geordneten städtebaulichen Entwicklung durch Satzung Flächen bezeichnen, an denen ihr ein Vorkaufsrecht zusteht.

D. Gemeinwohlerfordernis und Ausschließungsgründe

7 In allen genannten Fällen darf das Vorkaufsrecht nur dann ausgeübt werden, wenn das **Wohl der Allgemeinheit** dies rechtfertigt (OVG Münster DVBl 2016, 981, 982; *Stüer,* DVBl 2011, 739 [740]). Das Gemeinwohl muss zwar

nicht – wie bei der Enteignung – die Ausübung des Vorkaufsrechts „erfordern“ (zu den entsprechend geringeren Anforderungen beim Vorkaufsrecht BVerwG, NJW 1990, 2703), doch muss das Eintreten der Gemeinde in den Kaufvertrag aus den vom Gesetzgeber gebilligten bodenpolitischen, eigentumspolitischen und städtebaulichen Zwecken gerechtfertigt sein. Dabei können die in § 1 V, VI BauGB aufgeführten öffentlichen Belange als Hinweis dafür dienen, welche Gesichtspunkte zum Wohl der Allgemeinheit i. S. der §§ 24 III, 25 II BauGB erfasst werden (BVerwG, BauR 2010, 871; Schroedter-*Köster,* BauGB, § 24 Rn. 45f., § 25 Rn. 19).

Beispiel: Die Ausübung des allgemeinen Vorkaufsrechts nach § 24 I 1 Nr. 5 BauGB ist vom Wohl der Allgemeinheit nach § 24 III BauGB nur dann gerechtfertigt, wenn das Grundstück in absehbarer Zeit Wohnzwecken zugeführt werden soll und hierfür zeitnah die planungsrechtlichen Grundlagen geschaffen werden (BVerwG, NVwZ 2010, 593; VGH Mannheim, BauR 2009, 1629).

Im Einzelfall kann die Gemeinde nach § 26 BauGB durch **Ausschließungsgründe** an der Ausübung des Vorkaufsrechts gehindert sein (weiterführend Schroedter-*Köster,* BauGB, § 26 Rn. 2ff.; OVG Münster, DVBl 2016, 981). So sind Verwandtengeschäfte (Nr. 1), bestimmte Kaufverträge öffentlicher Bedarfsträger oder der Kirchen- und Religionsgesellschaften des öffentlichen Rechts (Nr. 2), Grundstücke mit Anlagen der in § 38 BauGB genannten Art (Nr. 3) oder Grundstücke, die entsprechend den Festsetzungen des Bebauungsplans oder den Zielen und Zwecken der städtebaulichen Maßnahmen bebaut sind oder genutzt werden und deren bauliche Anlagen keine Missstände oder Mängel i. S. von § 177 II, III 1 BauGB aufweisen (Nr. 4), vom Vorkaufsrecht ausgenommen. 8

E. Verfahren und Rechtsschutz

Entschädigung und Verfahren für die Ausübung des gemeindlichen Vorkaufsrechts sind in **§ 28 BauGB** geregelt. Zusätzlich räumt § 27 BauGB dem Käufer die Möglichkeit ein, die Ausübung des Vorkaufsrechts durch die Gemeinde abzuwenden. 9

Der (privatrechtsgestaltende) **Verwaltungsakt** über die Ausübung des Vorkaufsrechtes kann vom Verkäufer wie auch vom Käufer (BVerwG, NVwZ 2000, 1044) mit dem **Widerspruch** und der verwaltungsgerichtlichen **Anfechtungsklage** angegriffen werden (BVerwG, BRS 74 Nr. 130; Muster eines Widerspruchs gegen die Ausübung eines Vorkaufsrechts bei HK-BauGB-*Kröninger,* Anh. zu §§ 24–28 S. 331). Sie haben nach § 80 VwGO **aufschiebende Wirkung.** Eine Ausnahme gilt für den Verwaltungsakt, mit dem das enteignungsersetzende Vorkaufsrecht nach § 28 III BauGB ausgeübt wird. Hiergegen ist nach § 217 BauGB der Antrag auf gerichtliche Entscheidung gegeben. 10

F. Kontrollfragen

1. Auf welche Rechtsgeschäfte erstreckt sich das Vorkaufsrecht?
2. Welche Arten gemeindlicher Vorkaufsrechte gibt es?
3. Was kann zur Konkretisierung des „Wohls der Allgemeinheit" i.S. der §§ 24 III, 25 II BauGB herangezogen werden?

(Antworten auf S. 358)

4. Teil. Bauplanungsrechtliche Zulässigkeit von Vorhaben

Literatur: *Bienek/Krautzberger,* Aktuelle Fragen zum städtebaulichen Innenbereich nach § 34 BauGB und zum Außenbereich nach § 35 BauGB, UPR 2008, 81; *Dippel,* Das gemeindliche Einvernehmen gem. § 36 BauGB in der jüngeren Rechtsprechung, NVwZ 2011, 769; *Frenz,* Der Baugenehmigungsanspruch, JuS 2009, 902; *Gaentzsch,* Das Gebot der Rücksichtnahme bei der Zulassung von Bauvorhaben, ZfBR 2009, 321; *Guckelberger,* Offenheit des Bauplanungsrechts gegenüber anderen Kulturen, AL 2012, 159; *Rubel,* § 34 I BauGB: Grundlagen und Grenzen der Innenbereichsentwicklung, DVBl 2018, 403; *Scheidler,* Bauen im unbeplanten Innenbereich, BauR 2009, 597; *Schoch,* Rechtsprechungsentwicklung, NVwZ 2012, 777; *Söfker,* Bauplanungsrechtliche Beurteilung von gewerblichen Tierhaltungsbetrieben im Außenbereich und die Steuerung ihrer Ansiedelung, NVwZ 2008, 1273; *Stüer,* BauNVO – Rechtsschutz – Reformbedarf?, DVBl 2010, 543; *ders.,* Planungsrechtliche Zulässigkeit, Entschädigung und Amtshaftung, DVBl 2011, 472; *ders.,* Plansicherung, Besonderes Städtebaurecht und BauNVO, DVBl 2011, 739; *Stühler,* Zum bauplanungsrechtlichen Grundsatz der Gebietsverträglichkeit, BauR 2007, 1350; *Thiel,* Öffentliches Baurecht – Zu Unrecht ungeliebt?, AL 2012, 174; *Voßkuhle/Kaufhold,* Das baurechtliche Rücksichtnahmegebot, JuS 2010, 497.

§ 13. Bedeutung und Systematik der §§ 29ff. BauGB

A. Bedeutung der Vorschriften

§ 29 BauGB bildet den **Einstieg** in das **Bebauungsrecht** (*Wickel,* Jura 2019, 268 [269]). So bedürfen bauliche Anlagen zu ihrer Errichtung regelmäßig einer Baugenehmigung (zu den Ausnahmen *§ 18 Rn. 14f.*). Das folgt unmittelbar zwar nur aus dem Bauordnungsrecht der Länder (etwa § 60 BauO NRW; Art. 55 BayBO). § 29 BauGB verklammert indes Bauordnungs- und Bauplanungsrecht – jedenfalls teilweise –, indem die Vorschrift „für Vorhaben, die die Errichtung, Änderung oder Nutzungsänderung von baulichen Anlagen zum Inhalt haben", die §§ 30 bis 37 BauGB für anwendbar erklärt (§ 29 I BauGB). 1

Gleichwohl ist die Geltung des (materiellen) Bebauungsrechts nicht abhängig davon, ob es sich um ein Vorhaben handelt, das einem bauaufsichtlichen Genehmigungs-, Zustimmungs- oder Anzeigeverfahren oder einem anderen, die Zulässigkeitskontrolle ermöglichenden Verfahren unterliegt. Mit der **Neugestaltung des § 29 I BauGB** ist die Anwendung der städtebaulichen Zulässigkeitsvorschriften von den landesrechtlichen Verfahrensvorschriften abgekoppelt worden (s.u. *Rn. 18f.*). Die §§ 30 bis 37 BauGB gelten unabhängig 2 davon, ob landesrechtlich ein Genehmigungs-, Anzeige- oder Kenntnisgabeverfahren vorgeschrieben ist, für alle in der Norm genannten Vorhaben. Dies ist nach den in den Ländern in unterschiedlicher Weise eingeführten Freistellungsregeln *(§ 18 Rn. 17)* sachgerecht (*Bönker,* in: H/B/G, ÖffBauR, § 8 Rn. 6; *E/M/S,* BesVwR, Rn. 1114).

3 Vor diesem Hintergrund darf ein Vorhaben weder den rechtlichen Anforderungen des Bauordnungsrechts noch denjenigen des Bauplanungsrechts in Gestalt der §§ 29ff. BauGB und auch nicht sonstigen Vorschriften widersprechen; ansonsten ist es **nicht genehmigungsfähig.** Steht ein bestehendes Vorhaben in Widerspruch zu den Bestimmungen gem. §§ 29ff. BauGB, kann überdies – beim Vorliegen der weiteren Voraussetzungen – eine Nutzungsuntersagung oder gar der Abriss verfügt werden (etwa § 82 BauO NRW; Art. 76 BayBO; zu den Einzelheiten *§ 19 Rn. 12ff.*). §§ 29ff. BauGB selbst sind allerdings weder Ermächtigungsgrundlagen für behördliche Verfügungen noch Anspruchsgrundlagen für den Bauherrn auf die Erteilung etwa einer Bebauungsgenehmigung.

Beispiele:
- Ein Anspruch auf Erlass eines positiven Vorbescheides für ein Wohnhaus im nicht qualifiziert beplanten Innenbereich kann sich nicht aus § 34 I BauGB ergeben; die Anspruchsgrundlage wäre vielmehr etwa § 77 BauO NRW.
- Erlässt die Bauaufsichtsbehörde eine Abrissverfügung bzgl. eines Pferdestalles im Außenbereich, stellt § 35 BauGB nicht die einschlägige Ermächtigungsgrundlage dar; diese wäre vielmehr bspw. in Art. 76 S. 1 BayBO zu suchen.

B. Der Vorhabenbegriff

I. Allgemeines

4 Die §§ 30 bis 37 BauGB treffen ihre jeweiligen Regelungen für Vorhaben. Was unter einem Vorhaben zu verstehen ist, bestimmt die **Definitionsnorm** des **§ 29 I BauGB,** welche in die erwähnten Bestimmungen jeweils hineinzulesen ist. Vom Vorliegen der tatbestandlichen Voraussetzungen der Definitionsnorm hängt es also ab, ob das Bebauungsrecht gilt oder ob nicht gilt.

Beispiel: Die Außenbereichsvorschrift des § 35 BauGB trifft ihre Regelungen für Vorhaben; das gilt sowohl für § 35 I (privilegierte Vorhaben) als auch für § 35 II bis IV BauGB (sonstige Vorhaben). Bevor also im Einzelfall die Zulässigkeitsvoraussetzungen des § 35 BauGB geprüft werden, muss geklärt sein, ob die Vorschrift insgesamt auch gilt. Dies ist nur dann der Fall, wenn das zu beurteilende Objekt den Rechtsbegriff des Vorhabens i. S. des § 29 BauGB erfüllt.

5 Dieser Grundsatz erfährt allerdings eine wichtige **Einschränkung.** Denn auch die Vorhaben, die nicht von § 29 BauGB erfasst werden, sind nicht von den Beschränkungen freigestellt, die sich unmittelbar aus einem Bebauungsplan ergeben. Die Verbindlichkeit und damit die Beachtlichkeit von Bebauungsplänen ergibt sich nämlich nicht erst und nur aus §§ 29, 30 BauGB, son-

dern ist unmittelbare Folge der **Normqualität des Bebauungsplans** (§ 10 BauGB). Insoweit ist dieser aus sich heraus verbindlich, ohne dass es noch einer besonderen Anordnung der Verbindlichkeit bedarf (BVerwGE 25, 243 [248f.]; NJW 1997, 2063).

Beispiel: Besteht für die zu bebauende Fläche ein rechtsverbindlicher qualifizierter Bebauungsplan (§ 30 I BauGB), kann die Anwendung des Bebauungsplanes durch die Nicht-Geltung des § 29 BauGB nicht ausgeschlossen werden.

II. Bauliche Anlage

Nach § 29 I BauGB gelten die §§ 30 bis 37 BauGB für Vorhaben, die die 6
Errichtung, Änderung oder Nutzungsänderung von baulichen Anlagen zum Inhalt haben. Gegenstand des Vorhabens muss eine bauliche Anlage sein. Was nicht bauliche Anlage ist, unterliegt nicht den §§ 30ff. BauGB. Der Begriff der **„Anlage"** ist, da er von seinem Wortsinn alles umfasst, was Menschen „angelegt" haben, uferlos und daher **weitgehend unbestimmt.** Konturen erlangt er erst durch das Beiwort **„baulich".** Der von § 29 BauGB verwandte Begriff der baulichen Anlage deckt sich weitgehend, wenn auch nicht vollständig, mit dem gleichnamigen Begriff, den die Landesbauordnungen als Anknüpfungspunkt für das Baugenehmigungsverfahren verwenden (*Koch/Hendler,* BRL, § 25, Rn. 10; *Koehl,* apf 2017, 149 [151]; Schroedter-*Rieger,* BauGB, § 29 Rn. 6).

Achtung: Beide Begriffe verhalten sich wie zwei sich überschneidende Kreise, d.h. sie stimmen im Wesentlichen überein.

Der bundesrechtliche Begriff wird durch **zwei Elemente** gebildet: durch 7
ein verhältnismäßig weites Element des **Bauens** und ein aus der Kompetenz des Bundes zur Regelung des „Bodenrechts" ableitbares einschränkendes Element der **bodenrechtlichen Relevanz** (BVerwGE 44, 59 [61]; UPR 1997, 326 [327]; BVerwGE 114, 206 [209]; *Guckelberger,* AL 2012, 159 [160f.]; *Koch/Hendler,* BRL, § 25, Rn. 10; HK-BauGB-*Jeromin,* § 29 Rn. 4; Schroedter-*Rieger,* BauGB, § 29 Rn. 6f.).

Achtung: Beide Elemente müssen kumulativ gegeben sein.

Das **Element des Bauens** bedeutet, dass nur solche Anlagen unter § 29 I 8
BauGB fallen, die aus welchem Material auch immer, in einer auf Dauer gedachten Weise künstlich mit dem Erdboden verbunden sind. Jeder Gegenstand, gleichgültig welcher Größe, welchen Materials oder welcher konstruk-

tiven Beschaffenheit, kann bauliche Anlage sein. Er muss künstlich mit dem Erdboden verbunden sein, sei es, dass er auf Fundamenten im Boden fest verankert oder in der Erde verlegt ist oder durch die eigene Schwere auf dem Erdboden ruht. Die Verbindung des Gegenstandes mit dem Erdboden darf nicht nur für den Augenblick – parkender PKW –, sondern muss mit der Absicht einer gewissen Dauer erfolgen, wobei kurzfristige Unterbrechungen unschädlich sind.

Wichtig: Folgende Elemente sind für den Begriff der baulichen Anlage im planungsrechtlichen Sinne maßgeblich:

- durch Bautätigkeit künstlich unter Verwendung von Baustoffen hergestellte, geschaffene oder errichtete Anlage,
- verfestigte Beziehung zu einem bestimmten Grundstück,
- ortsfeste Verbindung der Anlage mit dem Erdboden.

Beispiele: In diesem Sinne sind nicht nur Gebäude jeder Art, sondern auch Wohnwagen, ein Wohnfloss in einem Baggersee, Zäune, ein befestigter Parkplatz, ein fahrbarer Imbissstand, ein Schwimmbecken oder eine an einer Hauswand angebrachte großflächige Plakattafel als bauliche Anlage anzusehen (*F/O/K,* ÖffBauR I, § 22 Rn. 12; *Koehl,* apf 2017, 149 [151]).

9 Während sich – wie angedeutet – in dem Merkmal des Bauens der bauordnungsrechtliche Begriff der baulichen Anlage erschöpft, kommt in Bezug auf das Bebauungsrecht das **einschränkende Merkmal** der **bodenrechtlichen Relevanz** hinzu. Dieses Element schränkt den weiten Begriff der baulichen Anlage ein. Nur solche Anlagen fallen unter § 29 I BauGB, durch die die in den §§ 1 V, VI, 1a BauGB genannten Belange in einer Weise berührt werden können, die geeignet ist, das Bedürfnis nach einer verbindlichen Bauleitplanung hervorzurufen (BVerwGE 44, 59 [62]; 91, 234 [236]; 138, 166 [174]; Schroedter-*Rieger,* BauGB, § 29 Rn. 10f.; anschaulich *Guckelberger,* AL 2012, 159 [161]).

Beispiele: Ein am Ufer einer Bundeswasserstraße verankertes Schiff ist keine bauliche Anlage i. S. von § 29 I BauGB, da die Nutzung der Bundeswasserstraßen im Bundeswasserstraßengesetz abschließend geregelt ist, so dass für eine Bauleitplanung weder Raum noch Bedürfnis besteht (BVerwGE 44, 59; VGH Mannheim, UPR 1996, 192).

Achtung: Zur Beantwortung der Frage, ob eine bodenrechtliche Relevanz vorliegt, ist nicht allein das einzelne Objekt in den Blick zu nehmen, sondern nach einer verallgemeinernden Betrachtungsweise zu beurteilen, ob die bauliche Anlage auch und gerade in ihrer unterstellten Häufung Anlass zu einer ihre Zulässigkeit regelnden verbindlichen Bauleitplanung gibt (BVerwG, NVwZ 2001, 1046).

An einer bodenrechtlichen Relevanz fehlt es regelmäßig auch den sog. **Bagatellanlagen** (oder auch Primitivbauten) wie etwa kleineren Werbeschildern, Warenautomaten oder Litfaßsäulen (OVG Koblenz, DVBl 2000, 1883; *B/K/L,* BauGB, § 29 Rn. 105; Schroedter-*Rieger,* BauGB, § 29 Rn. 13, jew. m. w. N.). Bei Mobilfunkanlagen wird es regelmäßig auf die Höhe der jeweiligen Anlage ankommen (dazu BVerwG, NVwZ 2013, 304; OVG Münster, BauR 2005, 1284; umfassend *Appel/Bulla,* DVBl 2008, 1277). 10

Achtung: Eine gewisse Orientierung bei der Beurteilung der bodenrechtlichen Relevanz kann insoweit die Grenze der Genehmigungsfreiheit nach den Landesbauordnungen bieten. **Aber:** Fingiert das Bauordnungsrecht eine bauliche Anlage, fallen bauordnungs- und bauplanungsrechtlicher Begriff der baulichen Anlage auseinander (OVG Lüneburg, NVwZ-RR 1995, 556).

III. Errichtung, Änderung, Nutzungsänderung

Das Vorhaben muss, um von § 29 I BauGB erfasst zu werden, die 11
– Errichtung,
– Änderung oder
– Nutzungsänderung

einer baulichen Anlage zum Gegenstand haben. Auch diese Begriffe erfordern eine **bodenrechtliche Relevanz** (*Koch/Hendler,* BRL, § 25, Rn. 14 f.).

Dabei ist unter **Errichtung** der Neubau eines Gebäudes, die erstmalige Herstellung einer Anlage oder deren Aufstellung (Fertiggarage), aber auch der Wiederaufbau nach einer vormaligen Beseitigung oder Zerstörung zu verstehen (HK-BauGB-*Jeromin,* § 29 Rn. 8). Unter **Änderung** ist die Änderung der Substanz der baulichen Anlage zu verstehen, d. h. der Umbau, der Ausbau oder die Erweiterung – jedenfalls dann, wenn sie zu einer Erhöhung des Nutzungsmaßes führt (BVerwG, BauR 2006, 481 f.; umfassend B/K/L, BauGB, § 29 Rn. 17). 12

Umstritten ist, ob Instandsetzungs- und Unterhaltungsarbeiten unter diesen Begriff subsumiert werden können. Unter den Begriff der Instandhaltung fallen dabei Maßnahmen, die ohne Substanzänderung den Wert und die Gebrauchsfähigkeit der baulichen Anlage erhalten oder verbessern. Zu denken ist hier etwa an eine neue Dacheindeckung oder eine Renovierung der sanitären Anlagen. Solche Baumaßnahmen lassen sich zum Bestandsschutz rechnen, jedenfalls solange wie sie zu keiner Nutzungsänderung führen (B/K/L, BauGB, § 29 Rn. 17; *Koehl,* apf 2017, 149 [150]; HK-BauGB-*Jeromin,* § 29 Rn. 9). 13

Achtung: Der Abbruch einer baulichen Anlage wird von dem Begriff der Änderung nicht erfasst (OVG Münster, NJW 1983, 2598).

14 Eine **Nutzungsänderung** liegt vor, wenn die bauliche Anlage zu einem anderen als dem ursprünglich genehmigten Zweck genutzt werden soll und die neue Nutzung die in § 1 V, VI BauGB genannten Belange berühren und damit planungsrechtlich erheblich sein kann (HK-BauGB-*Jeromin,* § 29 Rn. 10). Eine Nutzungsänderung wird dabei in ständiger Rechtsprechung bejaht, wenn die jeder Nutzung eigene tatsächliche Variationsbreite überschritten wird und der neuen Nutzung unter städtebaulichen Gesichtspunkten eine andere Qualität zukommt, sie also bodenrechtlich beachtliche Spannungen auslöst (BVerwG, NVwZ 2011, 748 [749]; NVwZ-RR 2000, 758; OVG Münster, BauR 2004, 1765 [1767]; *Gaentzsch,* NVwZ 2000, 991 [997]; *Stüer,* DVBl 2003, 1030; s.a. die Falllösung bei *M/S,* Fälle, S. 66).

15 Dabei kommt es vor allem auch darauf an, ob die rechtliche Qualität der bisherigen Nutzung so verändert wird, dass sich die Genehmigungsfrage neu stellt (OVG Münster, ZfBR 1996, 177; umfassend zu den Voraussetzungen einer Nutzungsänderung VG Gießen, NVwZ-RR 2005, 232 [234]; VGH Kassel, NVwZ-RR 2009, 143 [144f.]; zur bauordnungsrechtlichen Relevanz auch unten *§ 18 Rn. 10*).

Beispiele:
- Ein Kino soll als Tanzlokal (BVerwG, NVwZ 1989, 666), ein Kinderheim als ein Altenheim, ein für den Großhandel genehmigtes Gebäude für den Einzelhandel (BVerwGE 68, 369) genutzt werden oder in einer Tankstelle sollen künftig größere Kfz-Reparaturen ausgeführt werden.
- Ein ehemaliger Lagerplatz eines Bauunternehmens soll als Sammel- und Umschlagplatz sowie als Verkaufsstätte für gebrauchte Maschinen, Kraftfahrzeuge und Fahrzeugteile in Anspruch genommen werden (BVerwG, NVwZ-RR 2000, 758).
- Ein als Schank- und Speisewirtschaft genehmigtes Lokal soll in eine Vergnügungsstätte verwandelt werden (OVG Berlin, NVwZ-RR 2005, 160), eine „Spielhalle“ in eine „Spielhalle mit Billardcafe“ (VGH Mannheim, NVwZ-RR 2013, 93), ein Ladengeschäft in ein Sportwettenbüro umgewandelt werden (VGH Kassel, NVwZ-RR 2007, 81), bislang für Wohnzwecke genutzte Räumlichkeiten sollen zum Zwecke der Beherbergung umgestaltet werden (OVG Münster, NVwZ 2008, 20).

16 **Objekt** der bauplanungsrechtlichen Prüfung für die Änderungsgenehmigung ist das **Gesamtvorhaben** in seiner geänderten Gestalt, **rechtlicher Prüfungsmaßstab** hingegen die von der Änderung berührten bebauungsrechtlichen Anforderungen (so BVerwG, NVwZ 2000, 1047 [1048]; a.A. *Mampel,* ZfBR 2000, 10f., der stets das Vorhaben insgesamt am aktuellen Baurecht messen will).

Achtung: Eine **Nutzungsintensivierung** aufgrund einer Änderung der tatsächlichen Verhältnisse ohne Veranlassung durch den Nutzer ist regelmäßig keine Nutzungsänderung, unterfällt also nicht den §§ 29ff. BauGB (BVerwG, NVwZ 2011, 748; *Stüer,* DVBl 2003, 1030; aber auch OVG Lüneburg, ZfBR 2005, 584).

Fall 7: Wettbüro

Nutzungsänderung einer baulichen Anlage **17**

Sachverhalt

E ist Eigentümer eines Gebäudes in einem innerstädtischen besonderen Wohngebiet (§ 4a BauNVO). Er möchte in dem bisher als Programmkino (mit nur einem Vorführraum) genutzten Gebäude – das auch für diese Zwecke bauaufsichtlich genehmigt wurde – ein Wettbüro einrichten. E ist der Meinung, es handele sich nicht um eine baurechtlich beachtliche Nutzungsänderung. Zu Recht?

Lösung

Eine Nutzungsänderung liegt vor, wenn die bauliche Anlage zu einem anderen als dem ursprünglich genehmigten Zweck genutzt werden soll und die neue Nutzung die in § 1 V, VI BauGB genannten Belange berühren und damit planungsrechtlich erheblich sein kann. Dabei kommt es vor allem darauf an, ob die rechtliche Qualität der bisherigen Nutzung so verändert wird, dass sich die Genehmigungsfrage neu stellt (s. o. Rn. 14f.). Von Bedeutung ist daher, ob sich etwa die Zuordnung nach einem Gebietstyp der BauNVO oder innerhalb eines Gebietstyps die Einordnung als Regel- oder Ausnahmebebauung (dazu unten *§ 14 Rn. 16f.*) verändert (*B/K/L,* BauGB, § 29 Rn. 20). Die Beantwortung der Frage, ob es sich vorliegend um eine Nutzungsänderung handelt, muss sich daher vor allem an der baurechtlichen Einordnung des Vorhabens vor und nach der tatsächlichen Veränderung orientieren.

Bei der geplanten Umwandlung in ein Wettbüro könnte es sich um eine Vergnügungsstätte i. S. des § 4a III Nr. 2 BauNVO handeln. Vergnügungsstätten sind als eigenständiger Nutzungsbegriff durchgängig für alle Baugebiete geregelt (etwa auch § 6 II Nr. 8, § 7 II Nr. 2 BauNVO). Als bauplanungsrechtlicher Nutzungsbegriff sind sie durch kommerzielle Freizeitgestaltung und Amüsierbetriebe gekennzeichnet. Wirtschafts- und gewerberechtlich sind Vergnügungsstätten eine besondere Art von Gewerbebetrieben, bei denen – in unterschiedlicher Weise – die kommerzielle Unterhaltung der Besucher und Kunden im Vordergrund steht (*K/R/S,* BauNVO, § 7 Rn. 16). In Rechtsprechung und Schrifttum werden als Vergnügungsstätten weithin unbestritten die folgenden Einrichtungen genannt: Spielhallen, Spielcasinos und Spielbanken, alle Arten von Diskotheken und Nachtlokalen, wie Varietés, Nacht- und Tanzbars, alle Tanzlokale und Cafés, Stripteaselokale und Sexkinos einschließlich der Lokale mit Videokabinen. Nicht zu den Vergnügungsstätten gehören grundsätzlich Kinos (vor allem Lichtspieltheater) mit „normalen" bzw. „üblichen" Filmen. Lediglich bei solchen Einrichtungen mit Film- bzw. Videovorführungen etwa sexuellen Charakters oder auch Großkinos handelt es sich – unstreitig – um Vergnügungsstätten (BVerwG, NVwZ 1982, 312 [313]; OVG Berlin, BauR 1999, 1004; OVG Koblenz, BauR 1999, 1010; VGH Kassel, NVwZ-RR 2009, 143 [144f.]; *K/R/S,* BauNVO, § 4 Rn. 49a). Unter dem städtebaulichen Begriff der „Vergnügungsstätte" sind mithin als Sammelbegriff Gewerbebetriebe besonderer Art zusammengefasst, die in unterschiedlicher Ausprägung (wie Amüsierbetriebe, Diskotheken, Spielhallen) unter Ansprache (oder Ausnutzung) des Sexual-, Spiel- oder Geselligkeitstriebs ein bestimmtes gewinnbringendes Freizeitangebot vorhalten (VGH Kassel, NVwZ-RR 2007, 81). Daher fallen Wettbüros unter den Begriff der „Vergnügungsstätte", unabhängig davon, ob es sich um Wettbüros für Pferdewetten oder sonstige Wettbüros handelt. Für eine städtebauliche Betrachtung ist eine derartige Differenzierung jedenfalls irrelevant.

Fraglich ist hingegen, welchem städtebaulichen Nutzungstyp das bisherige Programmkino zuzuordnen ist. Ein Programmkino mit nur einem Saal unterscheidet sich in seinem Betriebskonzept maßgeblich von den vorgenannten Großkinos und ähnlichen Einrichtungen. Es verbindet mit der Programmgestaltung regelmäßig auch einen kulturellen Auftrag und ähnelt insoweit eher einem Theater oder einem Musikhaus. Kleinere Programmkinos fallen daher nicht unter den Begriff der Vergnügungsstätte, sondern unter den der Einrichtungen und Anlagen für kulturelle Zwecke (*K/R/S,* BauNVO, § 4 Rn. 49a), so dass aus der vormaligen Genehmigung als Lichtspieltheater keine Schlussfolgerungen auf die nunmehr beantragte Nutzung als Vergnügungsstätte gezogen werden können. Einem möglichen Einwand, durch die Nutzung als Kino würden weitaus größere städtebauliche Konflikte hervorgerufen werden, als dies bei einem Wettbüro der Fall sei, insbesondere sei bei einem Lichtspielhaus wesentlich mehr überregionaler Publikumsverkehr zu erwarten, kann nicht gefolgt werden, da der normale Betrieb eines Kinos anderes Publikum anzieht als dies für Wettbüros, und seien es Sportwettbüros, anzunehmen ist. Zudem ändert diese Argumentation auch nichts daran, dass es sich bei Lichtspielhäusern und Wettbüros um unterschiedliche Nutzungsarten handelt, die unterschiedlich zu bewältigende städtebauliche Konflikte hervorrufen.

Während aber nun ein Kino als Anlage für kulturelle Zwecke nach § 4a II Nr. 5 BauNVO in einem besonderen Wohngebiet regelhaft zulässig ist, können Vergnügungsstätten nur ausnahmsweise (§ 4a III Nr. 2 BauNVO) zugelassen werden. Damit verändert sich innerhalb eines Gebietstyps die Einordnung als Regel- oder Ausnahmebebauung und die Genehmigungsfrage stellt sich neu.

Ergebnis: Bei der Umwandlung des vormaligen Kinos in ein Wettbüro handelt es sich baurechtlich um eine Nutzungsänderung.

IV. Erfordernis einer behördlichen Zulassung

18 § 29 I BauGB erfasst sowohl genehmigungspflichtige Vorhaben, als auch Vorhaben, die nach Bundes- und Landesrecht genehmigungs-, zustimmungs- und anzeigefrei sind.

19 Die §§ 30 bis 37 BauGB gelten also unabhängig davon, ob landesrechtlich ein Genehmigungs-, Anzeige- oder Kenntnisgabeverfahren vorgeschrieben ist.

20 **Vorhaben der Landesverteidigung** bedürfen aus Gründen militärischer Geheimhaltung keiner bauaufsichtlichen Genehmigung oder Zustimmung. Dennoch unterliegen sie dem Bebauungsrecht, was sich aus § 37 II BauGB ableiten lässt.

21 Nach § 29 I BauGB gelten die §§ 30f. BauGB überdies für **Aufschüttungen** und **Abgrabungen** größeren Umfangs, **Ausschachtungen** sowie **Ablagerungen** einschließlich Lagerstätten (zu diesen Begriffen BVerwG, NVwZ-RR 1999, 623; HK-BauGB-*Jeromin,* § 29 Rn. 12f.), auch wenn sie keine baulichen Anlagen i.S. des § 29 BauGB sind. Unerheblich ist auch hier, ob sie einer bauaufsichtlichen Genehmigung, Zustimmung oder Anzeige bedürfen. Auf diese Weise sind Eingriffe in die Landschaft wie Sandentnahmen, Auskiesungen oder Steinbrüche den planungsrechtlichen Bindungen unterstellt (weiterführend *B/K/L,* BauGB, § 29 Rn. 22f.; Schroedter-*Rieger,* BauGB, § 29 Rn. 23f.).

C. Systematik der §§ 29ff. BauGB

Bauplanungsrechtlich ist ganz Deutschland in drei Teile aufgeteilt: 22
- den beplanten Innenbereich des § 30 BauGB (dazu *§ 14*),
- den unbeplanten Innenbereich des § 34 BauGB, der einen faktisch im Zusammenhang bebauten Ortsteil voraussetzt (dazu *§ 16*), und
- den Außenbereich des § 35 BauGB (dazu *§ 17*).

In einen der drei Planbereiche muss sich jedes Vorhaben einordnen lassen. 23
Daraus ergibt sich die folgende Übersicht:

Schaubild 19: Dreiteilung des Gemeindegebietes

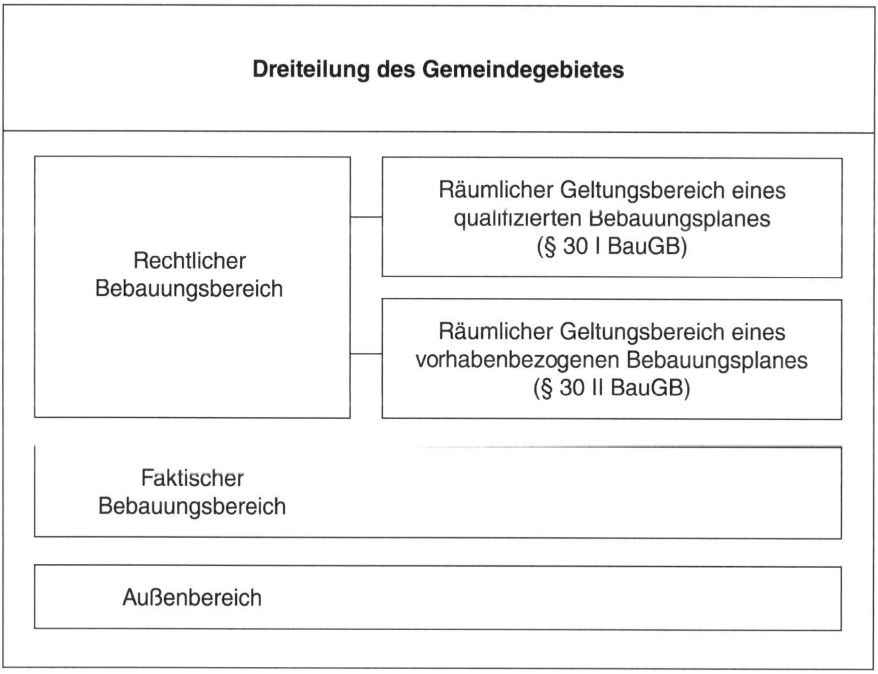

Liegt das Vorhaben im Geltungsbereich eines qualifizierten Bebauungspla- 24
nes, ist wie folgt weiter zu prüfen:
- Widerspricht es den Festsetzungen des Bebauungsplans, kommt eine Zulassung aufgrund der Ausnahme- oder Befreiungsvorschriften nach § 31 I, II BauGB in Betracht.
- Ist der Bebauungsplan rechtsungültig, bemisst sich die Zulässigkeit des Vorhabens nach §§ 34, 35 BauGB.

25 Fehlt es an einer Zulässigkeit des Vorhabens nach § 30, § 34 oder § 35 BauGB, so kann es nach Maßgabe des § 33 BauGB zu genehmigen sein (dazu unten *§ 15*).

Prüfungsschema 6: Vorhabenzulassung nach §§ 29f. BauGB

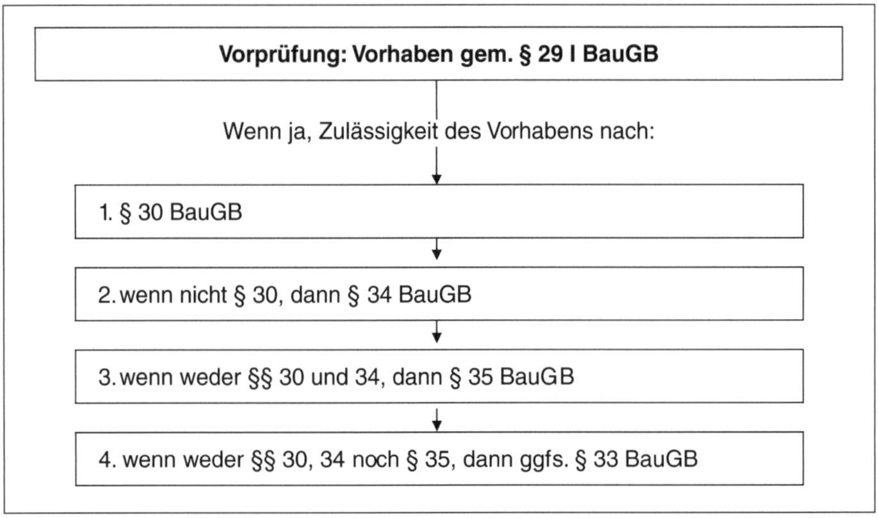

D. Kontrollfragen

1. Worin liegt die besondere Bedeutung des § 29 BauGB?
2. Sind Vorhaben, die nicht von § 29 BauGB erfasst werden, auch von den Beschränkungen freigestellt, die sich unmittelbar aus einem Bebauungsplan ergeben?
3. Definieren Sie den Begriff der baulichen Anlage i. S. des § 29 I BauGB!
4. Was ist unter einer Änderung, was ist unter einer Nutzungsänderung i. S. des § 29 I BauGB zu verstehen?
5. Beschreiben Sie die grundsätzliche Systematik der §§ 29ff. BauGB!

(Antworten auf S. 358)

§ 14. Zulässigkeit im qualifiziert beplanten Innenbereich

A. Allgemeines

1 Der sog. **rechtliche Bebauungsbereich** gliedert sich in Bereiche, für die qualifizierte Bebauungspläne erlassen worden sind (§ 30 I BauGB) und in Be-

reiche, die von vorhabenbezogenen Bebauungsplänen erfasst werden (§ 30 II BauGB). Qualifizierte Bebauungspläne und vorhabenbezogene Bebauungspläne verhindern die Anwendung sowohl des § 34 BauGB als auch die Anwendung des § 35 BauGB. Insoweit regeln § 30 I BauGB und § 30 II BauGB die Zulässigkeit von Vorhaben in ihrem jeweiligen räumlichen Geltungsbereich abschließend. In Anbetracht der geringen Prüfungsrelevanz des vorhabenbezogenen Bebauungsplans soll das Augenmerk vorliegend auf den qualifizierten Bebauungsplan gerichtet werden.

Die **Zulässigkeit von Vorhaben** im qualifiziert beplanten Bereich kann **2** aus einer Zusammenschau der §§ 30 I, 31 BauGB wie folgt umrissen werden:

- Grundsätzlich muss die bauliche Anlage den Festsetzungen des Bebauungsplans entsprechen und die Erschließung muss gesichert sein (§ 30 I BauGB).
- Darüber hinaus kann ein Vorhaben, wenn es den Planfestsetzungen nicht genügt, zugelassen werden, wenn es einer im Bebauungsplan nach Art und Umfang ausdrücklich zugelassenen Ausnahme entspricht (§ 31 I BauGB) oder wenn eine Befreiung von den Festsetzungen des Bebauungsplans möglich ist (§ 31 II BauGB).

B. Grundtatbestand des § 30 I BauGB

Die Vorschrift ist auf Vorhaben i.S. des § 29 I BauGB anzuwenden, wenn **3** das Baugrundstück vom räumlichen Geltungsbereich eines sog. **qualifizierten Bebauungsplans** erfasst wird (dazu bereits oben *§ 5 Rn. 16*). Das Vorhaben ist zulässig, wenn **kein Widerspruch** zu den **Festsetzungen** des Bebauungsplans gegeben und die Erschließung gesichert ist.

I. Vorliegen eines qualifizierten Bebauungsplans

Ein Bebauungsplan ist qualifiziert, wenn er allein oder gemeinsam mit sons- **4** tigen baurechtlichen Vorschriften mindestens die im § 30 I BauGB bezeichneten Festsetzungen enthält (das nachfolgende Schaubild). Fehlt es auch nur an einer dieser **Mindestfestsetzungen** (unabhängig davon, welche und wie viele andere Festsetzungen der Plan noch enthält), handelt es sich um einen einfachen Bebauungsplan.

> **Achtung:** Ein einfacher Bebauungsplan ist nicht geeignet, die Anwendbarkeit des § 30 I BauGB auszulösen (§ 30 III BauGB).

Schaubild 20: Mindestfestsetzungen des qualifizierten Bebauungsplans

Mindestfestsetzungen des qualifizierten Bebauungsplanes			
Festsetzungen über die Nutzungsart	Festsetzungen über das Nutzungsmaß	Festsetzungen über die überbaubaren Grundstücksflächen	Festsetzungen über die örtlichen Verkehrsflächen

5 Die Festsetzung der **Art der baulichen Nutzung** erfolgt durch die Ausweisung eines Baugebiets, dessen Bedeutung sich gem. § 1 III BauNVO aus den §§ 2ff. BauNVO ergibt, oder durch die Festsetzung bestimmter in § 9 I BauGB vorgesehener Nutzungen. Das **Maß der baulichen Nutzung** bestimmt der Bebauungsplan, indem er die zulässige Grundfläche oder Geschossfläche, die Zahl der Vollgeschosse oder die Höhe der baulichen Anlage festsetzt (§ 16 BauNVO). Die **überbaubaren Grundstücksflächen** werden mit Hilfe von Baulinien, Baugrenzen oder Bebauungstiefen (§ 23 BauNVO), die **örtlichen Verkehrsflächen** durch Festsetzung von Straßenverkehrsflächen oder Straßenbegrenzungslinien (§ 9 I Nr. 11 BauGB) bestimmt.

6 Für die Annahme eines qualifizierten Bebauungsplans kommt es darauf an, dass der Bebauungsplan die erwähnten Festsetzungen enthält. Es kommt allerdings nicht darauf an, dass sie für jedes einzelne (Bau-)Grundstück getroffen worden sind. Die im § 30 I BauGB bezeichneten Mindestfestsetzungen sind also nicht grundstücks-, sondern plangebietsbezogen zu betrachten.

Achtung: Soweit der jeweilige Plan bestimmte Festsetzungen nicht enthält oder unwirksam sein sollte, finden als Auffangregeln § 34 BauGB oder, je nach Lage des Grundstücks, § 35 BauGB Anwendung (*Bönker,* in: H/B/G, ÖffBauR, § 8 Rn. 26; oben *§ 5 Rn. 17*).

II. Räumlicher Geltungsbereich

7 Der Begriff des „räumlichen Geltungsbereichs", innerhalb dessen das nach § 30 I BauGB zu genehmigende Bauvorhaben liegt, ist relativ einfach zu bestimmen. Die räumlichen Grenzen des Bebauungsplans sind im Bebauungsplan selbst festzusetzen (§ 9 VII BauGB).

III. Kein Widerspruch zu den Festsetzungen

1. Grundsätze

8 Des Weiteren darf ein Vorhaben den Festsetzungen „nicht widersprechen". Dies bedeutet, dass – gemessen an den Zielen des Plans, die sich aus seinem Gesamtinhalt ergeben – ein insoweit relevanter Widerspruch zwischen dem

Vorhaben und den Festsetzungen nicht auftreten darf. Positiv gewendet hat dies zur Folge, dass ein Vorhaben zulässig ist, wenn es den Festsetzungen des Bebauungsplans „entspricht“, d.h. **positiv** von ihm **zugelassen** wird.

Beispiele:
- Weist der Bebauungsplan ein allgemeines Wohngebiet aus, sind alle Vorhaben zulässig, die in § 4 BauNVO aufgeführt sind.
- Sieht er eine Geschossflächenzahl von 0,4 vor, ist jedes Bauvorhaben zulässig, das keine größere GFZ als 0,4 aufweist.

Indes verlangt § 30 I BauGB nicht die positive Zulassung des Vorhabens durch den Bebauungsplan. Ein Vorhaben ist vielmehr bereits planungsrechtlich zulässig, wenn es dem Bebauungsplan „nicht widerspricht“. Daraus folgt: Vorhaben, die nicht ausdrücklich festgesetzt sind, sind nicht unzulässig, sondern es können auch solche Vorhaben zulässig sein, die den Festsetzungen des Bebauungsplanes nicht zuwiderlaufen. Das Bebauungsrecht nimmt es insoweit hin, dass auch solche Vorhaben ausgeführt werden dürfen, an die der Plangeber möglicherweise gar nicht gedacht hat, solange sie den Festsetzungen nicht direkt widersprechen (BVerwG, DVBl 1983, 886; *B/K/L,* BauGB, § 30 Rn. 13). 9

Beispiele:
- Eine Werbetafel als Anlage der gewerblichen Nutzung ist in einem Kerngebiet unabhängig von ihrer Größe zulässig, wenn der (qualifizierte) Bebauungsplan keine beschränkenden Nutzungsmaße für Werbeanlagen, sondern nur für Gebäude enthält (BVerwG, NVwZ 1995, 899). **Aber:** wäre der Bebauungsplan ein einfacher Bebauungsplan, müsste sich die Werbetafel an den Maßen der Werbetafeln in der näheren Umgebung orientieren.
- An einem Widerspruch kann es auch bei der Anlage einer Schule in einem allgemeinen Wohngebiet nach § 4 BauNVO fehlen (OVG Bremen, BauR 1983, 553).

Ein Vorhaben, das den Festsetzungen des Bebauungsplans indes widerspricht, ist nach § 30 I BauGB planungsrechtlich unzulässig und kann allenfalls mittels einer Befreiung (§ 31 II BauGB) verwirklicht werden. 10

Beispiele:
- Setzt der Bebauungsplan ein reines Wohngebiet fest, ist jede Nutzung, die nicht unter § 3 BauNVO fällt, unzulässig.
- Wird die Zahl der Vollgeschosse als zwingend festgesetzt, ist ein Vorhaben unzulässig, das unter der Zahl der festgesetzten Vollgeschosse bleibt.
- Der Festsetzung für „Carports“ (§ 9 I Nr. 4 BauGB) widerspricht die Errichtung einer mit einer oder mehreren Seitenwänden versehenen (offenen) Garage (*Kuschnerus/Schöler/Stehr,* NWVBl 2004, 220).

Die Fälle ausdrücklichen Widerspruchs erschöpfen indes das Verbot planwidriger Nutzung nicht. Ausgeschlossen sind auch alle Nutzungen, die die Verwirklichung des Bebauungsplans verhindern oder wesentlich erschweren oder dem Gebietscharakter widersprechen, indem sie die plangerechte Situation mehr als nur geringfügig verschlechtern (grundlegend BVerwGE 42, 30; NJW 1997, 2063; Klausurfall bei *Ingold,* JuS 2014, 40). 11

Beispiele:
- Das Abstellen von Fahrzeugen eines Speditionsbetriebs auf einem Grundstück, das in einem Sondergebiet „Wassersport" liegt, ist als dem Gebietscharakter zuwiderlaufend unzulässig (BVerwG, BauR 1978, 283 [284]).
- Enthält ein Bebauungsplan lediglich die nicht näher konkretisierte Festsetzung „Grünfläche" nach § 9 I Nr. 15 BauGB, ist die Errichtung eines Kinderspielplatzes unzulässig (OVG Münster, BauR 2004, 646ff.).

Achtung: Rechtsprechung und Literatur haben verallgemeinernd den Maßstab der Gebietsunverträglichkeit entwickelt, die vom fraglichen Gebietscharakter abhängt, welcher sich wiederum wesentlich anhand der Zweckbestimmung des jeweiligen Gebietes bestimmt (*Erbguth/Schubert,* ÖffBauR, § 8 Rn. 12a).

2. Art der baulichen Nutzung

12 Von besonderer Klausurrelevanz ist oftmals die Frage, ob ein Vorhaben nicht hinsichtlich der Art der baulichen Nutzung den Festsetzungen eines Bebauungsplans widerspricht. Im Rahmen der Ausführungen zum Recht der Bauleitplanung ist bereits dargelegt worden, dass die **Bestimmungen der BauNVO** über die Art der baulichen Nutzung, d.h. über die in den Baugebieten zulässigen Nutzungen und baulichen Anlagen (§§ 2 bis 14 BauNVO), **Bestandteil eines Bebauungsplans** werden, sofern dieser keine Modifizierung trifft. Diese Regelungen gelten dann unmittelbar für die Planbetroffenen.

Beispiel: Wird in einem Bebauungsplan hinsichtlich der Art der baulichen Nutzung etwa lediglich „reines Wohngebiet (WR)" festgesetzt, so gilt hinsichtlich der Zulässigkeit baulicher Anlagen im Plangebiet § 3 II, III BauNVO, d.h. zulässig sind Wohngebäude (§ 3 II BauNVO). Ausnahmsweise können auch die in § 3 III BauNVO aufgeführten Vorhaben zugelassen werden.

13 Im Einzelnen können folgende **Baugebiete** ausgewiesen werden (zu den Einzelheiten etwa *Bönker,* in: H/B/G, ÖffBauR, § 6 Rn. 25ff.; *Stüer,* Bebauungsplan, Rn. 284ff. mit Schaubildern und Textbeispielen):
- Kleinsiedlungsgebiete (WS)
- Reine Wohngebiete (WR)
- Allgemeine Wohngebiete (WA)
- Besondere Wohngebiete (WB)
- Dorfgebiete (MD)
- Mischgebiete (MI)
- Urbane Gebiete (MU)
- Kerngebiete (MK)
- Gewerbegebiete (GE)
- Industriegebiete (GI)
- Sondergebiete (SO).

Für diese **typisierten Baugebiete** enthalten die §§ 2–9 BauNVO nach einem gleichförmigen Muster aufgebaute Regelungen über die Zulässigkeit von Bauvorhaben im Einzelfall (*Erbguth/Schubert,* ÖffBauR, § 8 Rn. 12): 14

Im jeweiligen Absatz 1 wird allgemein beschrieben, welchem Zweck das entsprechende Baugebiet dient. So dienen etwa allgemeine Wohngebiete vorwiegend dem Wohnen (zu diesem Begriff etwa *Bönker,* in: H/B/G, ÖffBauR, § 6 Rn. 30; *Schröer/Kümmel,* NVwZ 2016, 1452 [1453ff.]; BVerwG, BauR 2009, 78; OVG Hamburg, NVwZ-RR 2013, 352 [353]; VGH Kassel, NVwZ-RR 2013, 261; OVG Münster, NVwZ-RR 2008, 20), Mischgebiete dienen dem Wohnen und der Unterbringung von Gewerbebetrieben, die das Wohnen nicht wesentlich stören, hier soll eine Gleichgewicht von Wohnen und wohnverträglichem Gewerbe erreicht werden (BVerwG, NVwZ 2018, 824 [826]). Von der Zielrichtung ähnlich stellt sich das 2017 durch § 6a BauNVO eingeführte urbane Gebiet dar. Wohnnutzung, gewerbliche Nutzung sowie soziale, kulturelle und andere Nutzungen sind in durchmischter und nachträglich verdichteter Form zulässig, wobei sich nicht unbedingt ein Gleichgewicht ergeben muss. (s. hierzu BT-Drucks. 18/10942, S. 32 u. 56; *Bunzel,* ZfBR 2017, 220 [226]; *F/O/K,* ÖffBauR I, § 9, Rn. 43a; kritisch *Schmidt-Eichstaedt,* DVBl 2016, 950ff.). Mit der neuen Gebietskategorie wird das Ziel verfolgt, neue Möglichkeiten für den Wohnungsbau zu erschließen (*Krautzberger/Stüer,* DVBl 2018, 7 [8f.]). Gewerbegebiete dienen vorwiegend der Unterbringung von nicht erheblich belästigenden Gewerbebetrieben. Mit dieser **allgemeinen Zweckbestimmung des Baugebietes** wird zugleich der allgemeine Rahmen für den Störgrad der dort zulässigen baulichen und sonstigen Anlagen umschrieben (dazu etwa OVG Münster, NVwZ-RR 2013, 177 bzgl. einer Hundepension im WA-Gebiet; OVG Weimar, NVwZ-RR 2013, 17 bzgl. eines Dialyse-Zentrums im WA-Gebiet). 15

In dem jeweiligen **Absatz 2** ist im Einzelnen aufgeführt, welche baulichen Anlagen im Baugebiet **grundsätzlich zulässig** sind. 16

Der jeweilige **Absatz 3** nennt die **ausnahmsweise zulässigen** Nutzungsarten; über die Zulässigkeit solcher Vorhaben entscheidet die Baugenehmigungsbehörde nach pflichtgemäßem Ermessen im Einvernehmen mit der Gemeinde (§§ 31 I, 36 I BauGB; dazu unten *Rn. 37f.*). Da es sich insoweit um Ausnahmen von einem städtebaulichen Gesamtkonzept handelt, ist eine enge Auslegung angebracht. 17

Achtung: Die Baugebietsbeschreibungen weisen eine einheitliche Struktur auf: während der jeweilige Absatz 1 die allgemeine Zweckbestimmung des Gebietstyps normiert, findet sich in Absatz 2 die Wiedergabe der regelmäßig zulässigen Nutzungsarten (Regelbebauung); die ausnahmsweise zulässigen Nutzungen schließlich sind im jeweiligen Absatz 3 aufgeführt (Ausnahmebebauung).

Fall 8: Ferienwohnung Prenzlauer Berg

18 Regel- und Ausnahmenutzung im Allgemeinen Wohngebiet

Sachverhalt

E hat seit 2012 eine Eigentumswohnung in Berlin in einem Wohnhaus am Prenzlauer Berg. Die Umgebung des Hauses ist als allgemeines Wohngebiet ausgewiesen. E vermietet diese Wohnung regelmäßig an Touristen und Urlauber. Die Mietverhältnisse sind auf einige Tage bis maximal zwei Wochen begrenzt. Diese Nutzung als Ferienwohnung wird dem E vom zuständigen Berliner Bezirksamt 2014 untersagt. Genehmigt sei nur eine Nutzung als Wohngebäude, nicht aber als Ferienwohnung. E ist damit nicht einverstanden und bittet um rechtliche Prüfung des Bescheides.

Lösung

Fraglich ist, ob die Nutzung der Eigentumswohnung durch E als Ferienwohnung noch als Wohnnutzung i. S. d. § 4 II Nr. 1 BauNVO gelten kann.

Vom Wortlaut her gesehen legt der Ausdruck „Wohngebäude" eher eine dauerhafte und keine tage- bzw. wochenweise Nutzung nahe. Wohnnutzung i. S. der §§ 3 und 4 BauNVO wird von der Rechtsprechung deshalb nur dann bejaht, wenn eine auf Dauer angelegte Häuslichkeit vorliegt, die durch die Eigengestaltung der Haushaltsführung und die Freiwilligkeit des Aufenthalts geprägt ist (BVerwG, NVwZ 1996, 893; NVwZ 2018, 824 [825]; *Schröer/Kümmel,* NVwZ 2016, 1452 [1453]). Ferienwohnungen erfüllen das Kriterium der Dauerhaftigkeit nicht und stellen deshalb keine Wohnnutzungen dar. Zweifelhaft ist überdies das Merkmal der Eigengestaltung, die in Ferienwohnungen typischerweise nicht gegeben ist. Hinzu kommt, dass es ein zulässiges bauplanerisches Anliegen darstellt, in allgemeinen Wohngebieten zusätzliche Unruhe zu vermeiden, die durch häufigen Mieterwechsel in Ferienwohnungen entsteht. (BVerwG, NVwZ 2018, 824 [826])

Ferienwohnnutzung stellt deshalb gegenüber der Wohnnutzung eine eigenständige Nutzungsart dar. Da das Gebäude, in dem die Eigentumswohnung des E liegt, nur als Wohngebäude genehmigt wurde, hat E eine Nutzungsänderung vorgenommen, für die ihm eine Genehmigung fehlt. Zwar wäre es nach § 13a i. V. m. § 4 III Nr. 3 BauNVO grundsätzlich möglich, die Nutzung der Wohnung durch E als Ferienwohnung ausnahmsweise zuzulassen, doch will das Bezirksamt diese Entscheidung, die in seinem Ermessen steht, offensichtlich nicht treffen.

Nach überwiegender Meinung reicht es für eine Nutzungsuntersagung aus, wenn die vorgenommene Nutzungsänderung ungenehmigt – also formell baurechtswidrig – vorgenommen wurde (BVerwG, BRS 67 Nr. 70; OVG Münster, NWVBl 2011, 58; OVG Berlin-Bbg., NVwZ-RR 2016, 650 [651]; *Jäde,* ZfBR 2015, 19, 28; *Lindner,* JuS 2014, 118 [120]) (weitere Einzelheiten insoweit *§ 19, Rn. 19ff.*).

Ergebnis: Der Bescheid des Bezirksamts ist rechtmäßig.

19 Darüber hinaus enthalten die **§§ 12 bis 14 BauNVO** weitere **relevante Einzelregelungen:**

- Stellplätze und Garagen sind gem. § 12 I BauNVO in allen Baugebieten zulässig, soweit sich aus § 12 II–VI BauNVO nichts anderes ergibt (dazu etwa *Bönker,* in: H/B/G, ÖffBauR, § 6 Rn. 75f.; *Stüer,* DVBl 2011, 739 (743f. m.w.N.).
- Für die **Berufsausübung freiberuflich Tätiger** (Ärzte, Rechtsanwälte, Architekten, Heilpraktiker u.Ä.) und solcher Gewerbetreibender, die ihren Beruf in ähnlicher Art ausüben (wie etwa Versicherungsagenten, selbstständige Handelsvertreter etc.), sind in den Baugebieten nach den §§ 2 bis 4 BauNVO Räume, in den Baugebieten §§ 4a bis 9 BauNVO auch Gebäude zulässig (**§ 13 BauNVO;** dazu auch OVG Münster, BauR 2003, 217; OVG Bremen, NVwZ-RR 2006, 162; VGH Mannheim, NVwZ-RR 2006, 164). Kennzeichen der Tätigkeit muss es sein, dass sie auf eigene Rechnung selbstständig erfolgt und weder zur (gewerblichen bzw. landschaftlichen) Produktion zählt noch im öffentlichen Dienst erfolgt (VGH Mannheim, NVwZ-RR 2006, 311 zu einer Internet-Agentur).
- Der 2017 erlassene § 13a BauNVO dient vor allem der Klärung der Frage, in welchen Baugebieten Ferienwohnungen zulässig sein sollen. Die Vorschrift enthält eine Legaldefinition der Ferienwohnung. Sie erklärt Ferienwohnungen in fast allen Baugebieten für grundsätzlich zulässig (Einzelheiten insoweit BT-Drucks. 18/10942, S. 33ff. u. 56f.; *Bunzel,* ZfBR 2017, 220 [227f.]; *Krautzberger/Stüer,* BauR 2017, 474 [479]).
- **§ 14 BauNVO** regelt die **Zulässigkeit von Nebenanlagen** in allen Baugebieten. Außer den in den §§ 2 bis 13 BauNVO genannten Anlagen sind nach § 14 I 1 BauNVO auch untergeordnete Nebenanlagen und Einrichtungen zulässig, die dem Nutzungszweck der in dem Baugebiet gelegenen Grundstücke oder des Baugebiets selbst dienen und die seiner Eigenart nicht widersprechen (zu diesem Kriterium OVG Münster, NWVBl 2001, 104 im Hinblick auf den Stahlgittermast eines Amateurfunkers; OVG Münster NWVBl 2013, 135 zu einem Pferdestall für zwei hobbymäßig gehaltene Pferde). Die Vorschrift betrifft – ebenso wie § 12 BauNVO – nur die planungsrechtliche Zulässigkeit der aufgeführten Vorhaben. Nebenanlagen sind solche baulichen Anlagen und Einrichtungen, die der bestimmungsgemäßen Nutzung des Baugrundstücks, mehrerer Baugrundstücke gemeinsam oder des Baugebiets insgesamt dienen, jedoch gegenüber dem eigentlich verfolgten Nutzungszweck (etwa dem Wohnen) nur eine untergeordnete Funktion haben, die vor allem in ihrer Größe und ihrem Umfang zum Ausdruck kommen muss (BVerwG, DÖV 1986, 77; BauR 2005, 1755; BVerwG, NVwZ 2018, 1231 [1232] Nebenanlagen müssen in aller Regel selbstständig sein, d.h. sie dürfen keinen Teil der Hauptanlage bilden (BVerwG, NVwZ 2018, 1231 [1232]; *Rubel,* DVBl 2018, 403 [409] m.w.N.).

Beispiele: Zu den Nebenanlangen zählen etwa Geräteschuppen, Gartenlauben, Teppichklopfstangen, Müllcontainer; dem Baugebiet dient bspw. ein Telefonhäuschen (s.a. die Beispiele bei BVerwG, NVwZ 1999, 298; *Stüer,* DVBl 2008, 270 [279]).

3. Verhältnis zu § 15 BauNVO

20 Ein äußerst klausurrelevantes Problem ergibt sich aus dem **Verhältnis** des **§ 30 BauGB zu § 15 BauNVO.** Denn ein nach § 30 BauGB an sich städtebaulich zulässiges Vorhaben ist unter den Voraussetzungen des § 15 BauNVO im Einzelfall unzulässig (BVerwG, BauR 2013, 934, 935; NVwZ 2007, 587 [588]; VGH Mannheim, DÖV 2009, 1010; *B/K/L,* BauGB, § 30 Rn. 28). Drei Tatbestände sind es, die die Unzulässigkeit eines bei ausschließlich vorhabenbezogener Beurteilung nach dem Bebauungsplan zulässigen Vorhabens begründen können:
- die Baugebietswidrigkeit des Vorhabens, § 15 I 1 BauNVO,
- die von dem Vorhaben ausgehenden Störungen, § 15 I 2 Hs. 1 BauNVO,
- oder seine Störanfälligkeit, § 15 I 2 Hs. 2 BauNVO.

Wichtig: § 15 I BauNVO bezweckt die einzelfallbezogene „Feinsteuerung", indem er Anlagen, die nach der Grobabstimmung der §§ 2–14 BauNVO zulässig wären, für unzulässig erklärt, wenn sie dem Baugebiet unter den dort genannten Voraussetzungen widersprechen.

21 Nach § 15 I 1 BauNVO sind die in den §§ 2 bis 14 BauNVO aufgeführten baulichen und sonstigen Anlagen **im Einzelfall unzulässig,** wenn sie nach Anzahl, Lage, Umfang oder Zweckbestimmung der **Eigenart** des Baugebiets **widersprechen.** Das bedeutet: Vorhaben, die an sich ihrer Art nach bebauungsplanrechtlich zulässig sind, können im Einzelfall unzulässig sein, wenn sie in einer Situation verwirklicht werden sollen, in der sie städtebaulich nicht mehr verträglich sind, weil sie der Eigenart des Baugebiets widersprechen (BVerwG, NJW 1988, 3168; NVwZ 1991, 1078; OVG Münster, NVwZ-RR 2005, 601).

Beispiel: In einem Mischgebiet, das nach § 6 I BauNVO durch ein gleichberechtigtes Nebeneinander von Wohnen und nicht wesentlich störendem Gewerbe gekennzeichnet ist, kann ein Gewerbebetrieb unzulässig sein, wenn in dem Gebiet bereits so viele Gewerbebetriebe zugelassen sind, dass durch einen weiteren Betrieb das von § 6 I BauNVO gebotene quantitative Mischungsverhältnis von Wohnen und Gewerbe gestört werden würde.

22 Gem. § 15 I 2 Hs. 1 BauNVO sind die in den §§ 2 bis 14 BauNVO aufgeführten baulichen und sonstigen Anlagen im Einzelfall unzulässig, wenn von ihnen **Belästigungen** oder **Störungen** ausgehen können, die nach der Eigenart des Baugebiets im Baugebiet selbst oder in dessen Umgebung **unzumutbar** sind (dazu BVerwG, NVwZ 2007, 587; OVG Münster, NWVBl 2006, 62; VGH Mannheim, NJW 2006, 2344; Fallbeispiel bei *Guckelberger,* AL 2012, 159 [162f.]). Diese Regelung ist zugleich Ausdruck des nachbarlichen Rücksichtnahmegebots innerhalb beplanter Gebiete.

Beispiel: Der Bebauungsplan einer Gemeinde weist ein Mischgebiet aus, an das sich auf einer Seite ein Sondergebiet für eine Kurklinik anschließt. Im Mischgebiet wäre eine das Wohnen nicht wesentlich störende Schreinerei zwar grundsätzlich zulässig. Jedoch würde deren Errichtung oder Erweiterung zur Seite der Kurklinik hin unter Umständen gegen das Gebot der nachbarlichen Rücksichtnahme verstoßen (Beispiel nach BVerwG, NVwZ 1986, 642).

Achtung: Die Störungen müssen in städtebaulich beachtlichen Umständen ihren Grund haben, nicht in persönlichen Eigenschaften der Bewohner, wie etwa in ihrem sozialen Milieu oder in ihren Lebensgewohnheiten (OVG Lüneburg, NVwZ 1994, 82).

Nach § 15 I 2 Hs. 2 BauNVO sind an sich zulässige bauliche Anlagen un- 23
zulässig, wenn sie, würden sie im Plangebiet zugelassen, ihrerseits unzumutbaren **Belästigungen** oder **Störungen ausgesetzt** werden. Auf diese Weise sollen mit Rücksicht auf die im Plangebiet bereits vorhandenen zulässigen Nutzungen Nutzungskonflikte, die nur unter wechselseitiger Anwendung des nachbarlichen Rücksichtnahmegebots gelöst werden könnten, von vornherein vermieden werden.

Wichtig: Bei der situationsbedingten Interessenabwägung nach § 15 BauNVO sind nur solche Vorbedingungen zu berücksichtigen, die sich aus einer bauaufsichtlich genehmigten Nutzung ergeben. Gegenüber Nutzungen, die zwar faktisch ausgeübt werden, aber nicht genehmigt worden sind oder nicht hätten genehmigt werden können, besteht keine Rücksichtnahmepflicht (BVerwG, NVwZ 2000, 1050).

4. Verhältnis zu den Landesbauordnungen

Die Festsetzungen des Bebauungsplans sind für die Zulässigkeit eines Vor- 24
habens auch dann maßgeblich, wenn die Landesbauordnung abweichende Anforderungen stellt (*B/K/L,* BauGB, § 30 Rn. 17). Von Bedeutung ist dieser Konflikt vor allem im Verhältnis der Festsetzungen nach § 9 I Nr. 2 BauGB über die Bauweise, die überbaubaren Grundstücksflächen und die Stellung der baulichen Anlagen zu den Bestimmungen über die Abstandsflächen (etwa § 6 BauO NRW, Art. 6 BayBO). Nach § 9 I Nr. 2a BauGB haben die Gemeinden die Möglichkeit, vom Bauordnungsrecht des jeweiligen Landes abweichende Maße der Abstandsflächentiefe festzusetzen. Diese Festsetzungen gehen dann dem Abstandsflächenrecht der Landesbauordnung vor (dazu BVerwG, ZfBR 2005, 559; VGH München, ZfBR 2005, 560; *B/K/L,* BauGB, § 9 Rn. 31; krit. *Jäde,* ZfBR 2006, 9f.).

Beispiele:
- Ist im Bebauungsplan eine Grenzbebauung vorgeschrieben, treten die Abstandsflächenbestimmungen der Länder zurück.
- Wenn hingegen die Grenzbebauung planungsrechtlich nur zugelassen ist, bleiben die Abstandsflächenregelungen gültig.

IV. Sicherung der Erschließung

25 Unter den heutigen Gegebenheiten ist ein Baugebiet erst dann in umfassender Hinsicht – etwa für Wohn- oder gewerbliche Zwecke – nutzbar, wenn es in verkehrsstruktureller, technischer und sozialer Hinsicht in seine Umgebung eingebunden, d.h. „erschlossen" ist. Das BauGB verwendet den Begriff der „Erschließung" indes nicht in einem einheitlichen Sinn. So ist der Begriff der **Erschließung** im Rahmen der **§§ 30f. BauGB grundstücksbezogen** und umfasst zumindest den Anschluss des Grundstücks an das öffentliche Straßennetz, die Versorgung mit Elektrizität und Wasser und die Abwasserbeseitigung. Der Umfang der als Voraussetzung für eine bauliche Nutzung geforderten Erschließung richtet sich insoweit nach dem konkreten Vorhaben, das auf dem Grundstück geplant ist.

26 **„Sicherung"** der Erschließung verlangt nicht, dass die infrastrukturellen Anlagen im Zeitpunkt der Entscheidung über den Bauantrag bereits vorhanden sein müssen; ausreichend ist vielmehr, dass sie (spätestens) im Zeitpunkt der Fertigstellung des Vorhabens benutzbar sein werden (s.a. § 123 II BauGB; BVerwG, ZfBR 1986, 183 [184]; BVerwG, NVwZ 1993, 1101; s.a. *Stüer,* DVBl 2006, 403 [404]; Schroedter-*Rieger,* BauGB, § 30 Rn. 20f.).

27 **Beispielsfall:** Bauherr B beantragt für ein Wohnhaus im Geltungsbereich eines soeben in Kraft getretenen Bebauungsplans eine Baugenehmigung. Das Neubaugebiet war bisher Ackerfläche, so dass mit der öffentlichen Erschließung noch nicht begonnen wurde. B hat die Zuwegung zu seinem Grundstück und die Versorgung der Baustelle mit Elektrizität und Wasser durch eine Privatvereinbarung mit Landwirt L gesichert. Kann die Baugenehmigung erteilt werden?

Die Verwirklichung von baulichen Vorhaben im Geltungsbereich eines Bebauungsplanes hängt davon ab, dass die Erschließung des konkreten Grundstücks gesichert ist. Die Erschließung muss folglich nicht für den gesamten Geltungsbereich des Bebauungsplanes gesichert sein (*B/K/L,* BauGB, § 30 Rn. 19). Die gesicherte Erschließung muss überdies nicht im Zeitpunkt der Erteilung der Baugenehmigung vorliegen. Es ist indes erforderlich, dass nach den objektiven Gegebenheiten (etwa: Stand und Fortgang der Erschließungsarbeiten, Finanzierungsplanung) die Erschließungsanlagen im Zeitpunkt der voraussichtlichen Fertigstellung des Vorhabens, spätestens aber im Zeitpunkt der Ingebrauchnahme vorhanden sein werden (prognostische Beurteilung). Ist dies der Fall, so ist – beim Vorliegen aller sonstigen Voraussetzungen – die Baugenehmigung zu erteilen.

Wichtig: Vom Erfordernis der gesicherten Erschließung gibt es weder Ausnahmen noch Befreiungen (BVerwG, NVwZ 1986, 312 [313]).

Zu berücksichtigen ist, dass demgegenüber der Begriff der **Erschließung i.S.** des Sechsten Teils des BauGB **(§§ 123ff. BauGB) gebietsbezogen** ist und insofern über den grundstücksbezogenen Erschließungsbegriff hinausgeht. Unter Erschließung i.d.S. versteht man die erstmalige Herstellung von Erschließungsanlagen, die dazu dienen, das Baugebiet in baurechtlich zulässiger Weise nutzen zu können (BGH, NVwZ 2005, 238; BVerwG, NVwZ 2007, 81; NVwZ 1988, 356; *B/K/L,* BauGB, vor § 123 Rn. 6f.). 28

Beispiel: Zu diesen Erschließungsanlagen gehören etwa Anlagen zur Ableitung von Abwasser sowie zur Versorgung mit Elektrizität, Wärme, Gas und Wasser (§ 127 IV 2 BauGB), aber auch Sammelstraßen innerhalb der Baugebiete (§ 127 II Nr. 3 BauGB) oder Parkflächen und Grünanlagen (§ 127 II Nr. 4 BauGB).

Da nicht unmittelbar der Baureifmachung dienend, gehört die Herstellung überörtlicher Verkehrsanlagen wie Bundes- und Landstraßen einschließlich ihrer Ortsdurchfahrten (§ 128 III Nr. 2 BauGB), überörtlicher Grünanlagen wie Naturparks etc. nicht zur gemeindlichen Erschließung. Die Errichtung von Erschließungsfolgeeinrichtungen wie Schulen, Krankenhäusern, Sportplätzen usw. fällt ebenfalls nicht unter den Begriff der Erschließung. Die Erschließungslast, d.h. die Pflicht zur Herstellung der erforderlichen Anlagen, ist prinzipiell den Gemeinden aufgebürdet (§ 123 I BauGB). Dieser Pflicht korrespondiert regelmäßig kein Rechtsanspruch auf Erschließung (§ 123 III BauGB). 29

Achtung: Ausnahmsweise kann sich die gemeindliche Erschließungspflicht unter bestimmten Voraussetzungen zu einer von dem bauwilligen Bürger einklagbaren Pflicht zur Herstellung der für die funktionsgerechte Nutzung unerlässlichen Erschließungsmaßnahmen verdichten.

C. Ausnahmen und Befreiungen nach § 31 BauGB

I. Allgemeines

§ 31 BauGB ist Ausdruck der **Einzelfallgerechtigkeit.** Trotz vielfach konkret-individuellen Regelungsgehalts der Bebauungspläne bleibt wegen ihres Flächenbezugs immer ein gewisses Maß typisierender Planinhalte, die spezifischen Besonderheiten bestimmter Grundstücke und deren baulicher (Aus-)Nutzbarkeit nicht ohne weiteres gerecht werden können. Angesichts dessen eröffnet das Gesetz in § 31 BauGB die Zulassung von Vorhaben im Wege der Ausnahmegenehmigung (Abs. 1) oder der Befreiung von zwingenden Festsetzungen des – qualifizierten, vorhabenbezogenen oder einfachen – Bebauungsplans (Abs. 2). Die Entscheidung ist nach dem Wortlaut der 30

Vorschrift(en) in das **Ermessen der Baugenehmigungsbehörde** gestellt (BVerwG, ZfBR 2003, 260 [261f.]; VGH München, BayVBl 2008, 473 [476f.]; VGH Mannheim, BauR 2006, 1865). Die Zuweisung von Ermessen impliziert indes die Möglichkeit einer Ermessensreduzierung auf Null im Einzelfall.

31 Bei der Anwendung des **§ 31 BauGB** im Rahmen **künftiger Bebauungspläne** ist zu differenzieren. § 31 I BauGB kann unstreitig in Fällen des § 33 BauGB zur Anwendung kommen; die Ausnahme muss ja im Bebauungsplan ausdrücklich vorgesehen sein. Umstritten ist, ob dies auch für § 31 II BauGB gilt (dazu Schroedter-*Rieger,* BauGB, § 31 Rn. 5 m.w.N.). Da § 33 BauGB dem Bauherrn erlaubt, sein Vorhaben an den zu erwartenden Festsetzungen eines künftigen Bebauungsplans auszurichten, müssen die der Einzelfallgerechtigkeit dienenden Abweichungsmöglichkeiten freilich in gleicher Weise bestehen (*B/K/L,* BauGB, § 31 Rn. 10).

32 Nach überwiegender Auffassung setzt die Erteilung einer Ausnahme keinen ausdrücklichen **verfahrensrechtlichen Antrag** voraus. Die Behörde hat vielmehr von Amts wegen, sowohl im Genehmigungsverfahren als auch im Rahmen des Erlasses einer Ordnungsverfügung zu prüfen, ob bei Anwendung des § 31 I BauGB rechtmäßige Zustände hergestellt werden können (BVerwG, NVwZ-RR 1990, 529).

II. Ausnahmen

1. Grundsätzliches

33 Ausnahmen können unter den in § 31 I BauGB geregelten Voraussetzungen erteilt werden von
- qualifizierten Bebauungsplänen,
- vorhabenbezogenen Bebauungsplänen und
- einfachen Bebauungsplänen.

34 Die **Ausnahmemöglichkeit** bezieht sich **nur** auf die **Festsetzungen** eines Bebauungsplans, nicht aber auf Verfahrensvorschriften oder bauordnungsrechtliche Vorschriften der Landesbauordnungen. Auch eine Ausnahme vom Gebot der gesicherten Erschließung ist unmöglich, da es sich dabei nicht um eine Festsetzung handelt (BVerwG, ZfBR 1986, 183f.).

35 Es entspricht dem Prinzip der Planmäßigkeit, dass die **Ausnahmetatbestände explizit** im Bebauungsplan **als Festsetzungen** getroffen werden müssen. Die Ausnahme muss eindeutig und aus sich heraus verständlich sein. Nach h.M. reicht es nicht aus, wenn sich ihr Inhalt erst aus der Begründung ergibt (*Stüer/Rude,* DVBl 2000, 390 [391]; *Schiller,* in: B/R/S, BauPlR, Rn. 1904; *Bönker,* in: H/B/G, ÖffBauR, § 8 Rn. 41; HK-BauGB-*Jeromin,* § 31, Rn. 5). Überdies verlangt § 31 I BauGB zwingend, dass die Abweichungen nach Art und Umfang festgelegt sind.

Achtung: Als im Bebauungsplan festgesetzte Ausnahmen sind auch die in den Abs. 3 der §§ 2 bis 9 BauNVO aufgeführten ausnahmsweise zulässigen Anlagen anzusehen, da diese nach § 1 III 2 BauNVO ohne ausdrückliche Bestimmung Bestandteil des Bebauungsplans werden. Dies wiederum gilt dann nicht, wenn im Bebauungsplan gem. § 1 VI BauNVO festgesetzt ist, dass die Ausnahmen nicht Bestandteil des Bebauungsplans sind oder dass sie allgemein zulässig sind.

Die Erteilung von Ausnahmen unterliegt in weiteren Punkten (wesentli- **36**
chen) **Beschränkungen:**

So darf ein Baugebiet durch zu häufige Erteilung von Ausnahmen nicht „kippen", d.h., dass die **Gebietsstruktur** durch Ausnahmen nicht verändert werden darf. Das in Betracht kommende Korrektiv ist hier § 15 I BauNVO, wonach Anlagen im Einzelfall unzulässig sind, wenn sie nach ihrer Anzahl der Eigenart des Baugebiets widersprechen (HK-BauGB-*Jeromin,* § 31 Rn. 6).

Ausnahmen müssen den **Gebietscharakter** wahren. Anlagen für Verwaltungen etwa sind als Ausnahmen nach § 4 III Nr. 3 BauNVO in einem allgemeinen Wohngebiet nicht zulässig, wenn diese Anlagen den Gebietscharakter gefährden, störend wirken und damit gebietsunverträglich sind, auch wenn die immissionsschutzrechtlichen Lärmwerte eingehalten werden (BVerwGE 116, 155 [158f.]).

Im Grundsatz müssen Ausnahmen mit der **Zweckbestimmung** des jeweiligen Gebietes (noch) vereinbar sein. Da in einem Gewerbegebiet nicht gewohnt werden soll, sind in ihm Seniorenpflegeheime wegen der wohnähnlichen Unterbringung der betreuten Personen – auch unter Berücksichtigung des § 8 III Nr. 2 BauNVO – unzulässig (BVerwG, NVwZ 2002, 1384).

2. Exkurs: Einvernehmen

Der beschriebene Planungsbezug der Ausnahmeerteilung berührt die **Pla-** **37**
nungshoheit der Kommune; das wiederum bildet den verfassungsrechtlichen Hintergrund für die Bindung der Entscheidung an das gemeindliche Einvernehmen, § 36 I 1 BauGB (bereits oben *§ 2 Rn. 15ff.*). Sinn und Zweck des § 36 BauGB ist es, der Gemeinde bei der Genehmigung von Bauvorhaben (zum Anwendungsbereich umfassend *Schoch,* NVwZ 2012, 777 [779]) durch die Genehmigungsbehörde die Mitwirkung zu sichern.

Wichtig: Bei Entscheidungen nach § 30 BauGB ist der Maßstab für die Zulässigkeit grundsätzlich durch den gemeindlichen Bebauungsplan vorgegeben, so dass es keines Einvernehmens bedarf (zum Sonderfall der genehmigungsfreien Vorhaben § 36 I 3 BauGB). Da Ausnahmen und Befreiungen in dieses Gefüge eingreifen, ist es in diesen Fällen jedoch erforderlich.

38 Von besonderer Relevanz in Bezug auf das Einvernehmen sind die folgenden Punkte:

- Das Mitwirkungsrecht der Gemeinde ist **auf** das **Bauplanungsrecht beschränkt,** d.h. das Einvernehmen darf nur aus den in § 31 (sowie §§ 33 bis 35 BauGB) genannten Gründen versagt werden (§ 36 II 1 BauGB; dazu VGH Kassel, NVwZ-RR 2009, 750; OVG Lüneburg, BauR 2006, 1703; *Schoch,* NVwZ 2012, 777 [780]; **umstr.** ist allerdings, ob damit etwa ein umfassendes Prüfungsrecht auch hinsichtlich sämtlicher der in § 35 III BauGB genannten öffentlichen Belange verbunden ist, so etwa BVerwG, NVwZ 2010, 1561; 2011, 61; umfassend *Dippel,* NVwZ 2011, 769 [771f.]);
- Ist nicht binnen zwei Monaten nach Eingang des (vollständigen) Ersuchens das Einvernehmen der Genehmigungsbehörde gegenüber verweigert worden, so **gilt** es **als erteilt,** § 36 II 2 BauGB (dazu BVerwG, NVwZ 2005, 213; OVG Lüneburg, NVwZ 1999, 1003; VGH München, BauR 1999, 1015; *Schoch,* NVwZ 2012, 777 [781]; *Stüer,* DVBl 2006, 403 [413f.]).

Achtung: Die Mitwirkung der Gemeinde dient der Sicherung der gemeindlichen Planungshoheit; bereits die Missachtung des gesetzlich gewährleisteten Rechts der Gemeinde auf Einvernehmen führt zur Aufhebung der Baugenehmigung, einer materiellrechtlichen Überprüfung der Rechtslage bedarf es nicht (BVerwG, NWVBl 2009, 95).

39 Die Erklärung des Einvernehmens bzw. die Versagung ist **kein** selbstständig **anfechtbarer Verwaltungsakt;** es fehlt dieser Erklärung nämlich die unmittelbare rechtliche Außenwirkung, die einen Verwaltungsakt charakterisiert. Damit scheidet bei Versagung des Einvernehmens eine Verpflichtungsklage speziell auf Erteilung des Einvernehmens aus, d.h. etwa, dass der Bauherr unmittelbar auf Erlass einer Baugenehmigung klagen muss. Der Betroffene kann allein gegen die Genehmigungsbehörde mittels einer Verpflichtungsklage vorgehen, innerhalb derer (inzident) über die Pflicht zur Erteilung des Einvernehmens durch die beizuladende Gemeinde (§ 65 II VwGO) entschieden wird (BVerwG, NVwZ 1986, 556; NVwZ-RR 1989, 6f.).

40 An das erklärte Einvernehmen der Gemeinde ist die Baugenehmigungsbehörde freilich nicht gebunden. Es ergibt sich daraus für die Baugenehmigungsbehörde kein Hindernis, die beantragte Ausnahme dennoch zu versagen. Solange das Einvernehmen rechtmäßiger Weise nicht erteilt ist, ist die Genehmigungsbehörde indes gehindert, eine Genehmigung zu erteilen (BVerwG, BRS 46 Nr. 142). Allerdings darf – in Abkehr von der bisherigen Rechtsprechung – die mit der unteren Bauaufsichtsbehörde identische Gemeinde die Ablehnung eines Antrages nicht mit der Versagung ihres Einvernehmens begründen (BVerwG, NVwZ 2005, 83; dazu *Stüer,* DVBl 2006, 403 [414]; s.a. VGH Mannheim, DÖV 2009, 917; *Budroweit,* NVwZ 2005, 1013; a.A. VGH Mannheim, VBlBW 2004, 56; *Hummel,* BauR 2005, 948).

Verweigert die Gemeinde ihr Einvernehmen, so kann die nach Landesrecht 41
zuständige Behörde (dazu OVG Lüneburg, NordÖR 2005, 29; OVG Münster, BauR 2009, 1565) ein rechtswidrig **versagtes Einvernehmen** der Gemeinde **ersetzen** (zur Ersetzung des Einvernehmens OVG Lüneburg, BauR 2009, 1630; OVG Magdeburg, BauR 2010, 2160; *Dippel,* NVwZ 2011, 769 [773f.]; *Schoch,* NVwZ 2012, 777 [782]; *Stüer,* DVBl 2011, 381 [390]). Auch das Verwaltungsgericht kann sich über die Versagung des Einvernehmens hinwegsetzen und – wenn es zu der Ansicht kommt, es bestehe ein Rechtsanspruch auf Erteilung der Ausnahme – die Bauaufsichtsbehörde entsprechend verurteilen.

Achtung: Die Ersetzung des Einvernehmens durch die zuständige Behörde stellt allerdings für die Gemeinde einen anfechtbaren Verwaltungsakt dar (BVerwGE 31, 263; *B/K/L,* BauGB, § 36 Rn. 25).

Schaubild 21: Abweichungen i.S. des § 31 BauGB

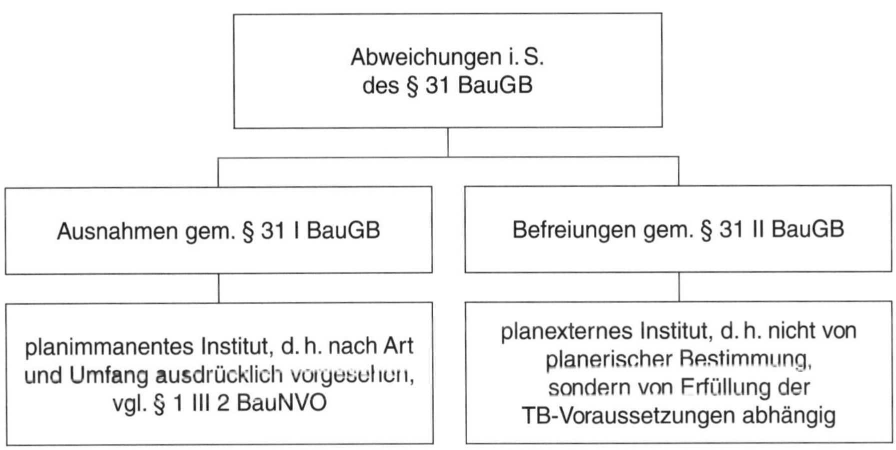

III. Befreiungen

1. Grundsätzliches

Über den bei der Ausnahmengewährung vorhandenen Planungsbezug hin- 42
ausgehend stellt die Befreiung nach § 31 II BauGB eine **Durchbrechung** des **bauleitplanerischen Konzepts** dar. Sie ist daher im Gegensatz zur Ausnahme nicht im Bebauungsplan vorgesehen, sondern ermöglicht eine Abweichung von den Festsetzungen des Bebauungsplans auch unter nicht planerischen Gesichtspunkten. Die Regelung erfasst grundsätzlich nur Fallgestaltungen, für die der Ortsgesetzgeber sich keine oder jedenfalls keine genauen Vorstellungen darüber gemacht hat, ob i.S. der gebotenen Einzelfallgerechtig-

keit ein Abweichen von den Festsetzungen gerechtfertigt sein kann. Hat m. a. W. der Plangeber eine Festsetzung „im Angesicht des Falles“ so und nicht anders gewollt, ist für eine Befreiung kein Raum.

Beispiel: Eine Befreiung für ein Wohnbauvorhaben auf einer als „Parkanlage“ festgesetzten Fläche scheidet aus, wenn im Planaufstellungsverfahren auf Grund entsprechender Anregungen unter Abwägung der widerstreitenden privaten und öffentlichen Interessen bewusst eine Entscheidung gegen eine Ausweisung als Bauland getroffen wurde (OVG Münster, NVwZ-RR 2005, 388).

43 § 31 II BauGB sieht als solcherart abweichende Situation an, dass
- Gründe des Allgemeinwohls die Befreiung erfordern (Tatbestand der Gemeinwohlerforderlichkeit nach Nr. 1) oder
- die Abweichung städtebaulich vertretbar ist (Tatbestand der städtebaulichen Vertretbarkeit nach Nr. 2) oder
- die Durchführung des Bebauungsplans zu einer offenbar nicht beabsichtigten Härte führen würde (Tatbestand der individuellen Härtemilderung gem. Nr. 3).

Weitere Voraussetzung für eine Befreiung nach allen drei Fällen ist, dass die Grundzüge der Planung nicht berührt werden und die Abweichung unter Würdigung nachbarlicher Interessen mit den öffentlichen Belangen vereinbar ist. Es muss also alternativ einer der Tatbestände nach § 31 II Nrn. 1 bis 3 BauGB vorliegen und zusätzlich müssen die weiteren Voraussetzungen zu bejahen sein.

Achtung: Nach § 36 BauGB ist in jedem Fall das Einvernehmen der Gemeinde erforderlich.

44 Voraussetzung für die Dispenserteilung war nach früherer Rechtsprechung die sog. **Atypik,** d. h. der atypische Sonderfall. Die drei Tatbestände des § 31 II BauGB setzten voraus, dass die Befreiung einen Einzelfall darstellt; hieran sollte es fehlen, wenn die Gründe, die für eine Befreiung streiten, für jedes oder nahezu jedes Grundstück im Planbereich gegeben sind (BVerwG, NVwZ 1990, 556).

45 1998 hat der Gesetzgeber das Tatbestandsmerkmal „im Einzelfall“ aus § 31 II BauGB gestrichen. Damit sollte ausweislich der Gesetzesmaterialien (BT-Drs. 13/6392, S. 56) der bisherigen Atypik-Rechtsprechung des BVerwG die Grundlage entzogen werden. Allerdings ist zu beachten, dass das Gericht diese Rechtsprechung nicht auf das Einzelfall-Merkmal gestützt, sondern in der Atypik ein **Wesensmerkmal der Befreiung** schlechthin gesehen hat (*Koch/Hendler,* BRL, § 25, Rn. 41 f.; HK-BauGB-*Jeromin,* § 35, Rn. 7 f.). Nach Ansicht der Gerichte besteht ansonsten die Gefahr, dass zwingend geltendes Recht in seiner Geltung und seinen Bindungswirkungen aufgeweicht und im Übermaß zur Disposition der Behörden gestellt wird.

Die Rechtsprechung hat sich einer ausdrücklichen Entscheidung, ob die Atypik weiterhin ungeschriebenes Tatbestandsmerkmal des § 31 II BauGB ist, bislang enthalten. Allerdings müsse nunmehr das Tatbestandsmerkmal, dass „die Grundzüge der Planung nicht berührt werden" dürfen, ausdrücklich Geltung für alle Befreiungsfälle beanspruchen; je nach Fallgestaltung könne es die Frage erübrigen, ob das Erfordernis der Atypik nach wie vor gelte. Eine Befreiung dürfe deshalb jedenfalls von Festsetzungen, die für die Planung tragend seien, nicht aus Gründen erteilt werden, die sich in einer Vielzahl gleichgelagerter Fälle oder gar für alle von einer bestimmten Festsetzung betroffenen Grundstücken anführen ließen (BVerwG, NVwZ 1999, 1110; *Gaentzsch,* NVwZ 2000, 993 [998]; *Stüer,* DVBl 2003, 1030 [1031]). Im Kern scheint die obergerichtliche Rechtsprechung – soweit nicht „tragende Festsetzungen" des Plans berührt sind (dazu VGH Mannheim, VBlBW 2007, 385 [386]) – indes zu einer Erweiterung der Befreiungsmöglichkeiten zu tendieren (VGH Mannheim, NVwZ 2004, 357 ff.; befürwortend *B/K/L,* BauGB, § 31 Rn. 26; *Bönker,* in: H/B/G, ÖffBauR, § 8 Rn. 57; *Erbguth/Schubert,* ÖffBauR, § 8 Rn. 28). 46

2. Tatbestand der Gemeinwohlerforderlichkeit

Der erste Fall des § 31 II BauGB verlangt, dass Gründe des **Wohls der Allgemeinheit** – vor Ort und im konkreten Einzelfall – die Befreiung erfordern. Derartige Gründe liegen vor, wenn ein Gemeininteresse, das bei der Festsetzung des Bebauungsplans noch nicht oder nicht in seiner konkreten Stärke abschätzbar war, eine Art Randkorrektur der planerischen Festsetzung erfordert (BVerwG, NJW 1979, 939). Dabei beschränken sich die Gemeinwohlgründe nicht auf spezifisch bodenrechtliche Belange, sondern erfassen alles, was gemeinhin unter den öffentlichen Belangen oder den öffentlichen Interessen zu verstehen ist (BVerwGE 56, 71; VGH Mannheim, BauR 2005, 147; *B/K/L,* BauGB, § 31 Rn. 30). 47

Beispiele:
- Zu den das Wohl der Allgemeinheit ausfüllenden Belangen zählen etwa die Erforderlichkeit sozialer Einrichtungen (Kindergärten, Altenheime), kultureller Einrichtungen (Theater, Museen) oder sportlicher Einrichtungen (Sportplätze, Turnhallen).
- In den Glaubensvorstellungen wurzelnde Belange privatrechtlich organisierter Religionsgesellschaften können als Gründe des Wohls der Allgemeinheit eine Befreiung für die Krypta einer Kirche im Industriegebiet erfordern (BVerwG, BauR 2011, 623 [626 f.]).
- 2014 wurde § 31 II Nr. 1 BauGB dahingehend erweitert, dass Gründe des Wohls der Allgemeinheit auch den Bedarf zur Unterbringung von Flüchtlingen und Asylbegehrenden einschließen (*Battis/Mitschang/Reidt,* NVwZ 2014, 1609 [1611]).

Die Befreiung aus Gründen des Allgemeinwohls muss zudem erforderlich sein. Nach der Rechtsprechung des BVerwG **„erfordern"** Gründe des Wohls der Allgemeinheit eine Befreiung nicht erst dann, wenn den Belangen der Allgemeinheit auf keine andere Weise als durch eine Befreiung entsprochen werden könnte, sondern nach dem Sinn und Zweck der Vorschrift schon dann, „wenn es zur Wahrnehmung des jeweiligen öffentlichen Interesses vernünfti- 48 gerweise geboten ist" (BVerwG, NVwZ 2011, 748; BauR 2004, 1127; s.a. *Guckelberger,* AL 2012, 159 [164]).

49 Es reicht folglich nicht aus, wenn die Befreiung dem Gemeinwohl lediglich nützlich oder dienlich (BVerwGE 138, 166 [174]; *Hübner,* BauR 2008, 608 [612]) ist; andererseits ist aber auch nicht erforderlich, dass die Befreiung das einzige in Frage kommende Mittel ist, um das im jeweiligen Fall verfolgte öffentliche Interesse zu realisieren. Auch dann, wenn andere Möglichkeiten zur Erfüllung des öffentlichen Interesses zur Verfügung stehen, kann eine Befreiung zur Wahrnehmung dieses Interesses vernünftigerweise geboten sein. Maßgebend sind die Umstände des Einzelfalles, wobei es auch auf Fragen der Wirtschaftlichkeit und Zumutbarkeit ankommen kann (BVerwG, NVwZ 2011, 748).

Beispiel: Die Errichtung eines Altenheims dient zwar grundsätzlich dem Gemeinwohl, sie ist jedoch in einem reinen Wohngebiet nicht erforderlich i. S. des § 31 II Nr. 1 BauGB, sofern in der Umgebung allgemeine Wohngebiete, Dorfgebiete usw. vorhanden sind, die den Interessen der Heimbewohner wegen der dort vorhandenen Geschäfts- und Dienstleistungsbereiche eher gerecht werden (VGH Mannheim, BRS 49 Nr. 47).

3. Tatbestand der städtebaulichen Vertretbarkeit

50 Nach § 31 II Nr. 2 BauGB kann von den Festsetzungen des Bebauungsplans befreit werden, wenn die Abweichung städtebaulich vertretbar ist. Die städtebauliche Vertretbarkeit ist dann anzunehmen, wenn die Befreiung **mit der städtebaulichen Entwicklung und Ordnung** entsprechend den Anforderungen des § 1 V und VI BauGB **vereinbar** ist (BVerwG, DVBl 1999, 782; VGH Mannheim, NVwZ-RR 2007, 307). Städtebaulich vertretbar ist mithin alles, was in einem Bebauungsplan planbar wäre, so dass jede andere vertretbare Lösung die Planentscheidung ersetzen kann (HK-BauGB-*Jeromin,* § 31 Rn. 13).

4. Tatbestand der individuellen Härtemilderung

51 Schließlich kann eine Befreiung ausgesprochen werden, wenn die Durchführung des Bebauungsplans zu einer offenbar nicht beabsichtigten Härte führen würde (§ 31 II Nr. 3 BauGB). Eine solche **„Härte"** ist gegeben, wenn der Einzelfall in **bodenrechtlicher Hinsicht Besonderheiten** aufweist, die zur Folge hätten, dass das Grundstück bei Einhaltung des Bebauungsplans aufgrund seiner Lage, seiner Größe oder seines Zuschnitts nicht oder nur höchst begrenzt baulich genutzt werden könnte (BVerwGE 40, 268). „Offenbar nicht beabsichtigt" ist die Härte, wenn sie wegen der Besonderheiten der Grundstückssituation über das jedermann im Plangebiet durch die Festsetzungen des Bebauungsplans zugemutete Opfer hinausgeht (*F/O/K,* ÖffBauR I, § 24 Rn. 19; *Koch/Hendler,* BRL, § 25, Rn. 37b; *Hübner,* BauR 2008, 608 [612]).

Beispiel: Bei der Überplanung bebauter Gebiete sind solche Härten denkbar, wenn der Bebauungsplan einer Erweiterung vorhandener baulicher Anlagen – etwa bei Eckgrundstücken oder besonders schmal geschnittenen Grundstücken – entgegensteht (*B/K/L,* BauGB, § 31 Rn. 41).

Achtung: Besonderheiten, die nur in der Person des Eigentümers ihre Ursache haben, vermögen eine Härte i.S. des § 31 BauGB nicht zu begründen (HK-BauGB-*Jeromin,* § 31 Rn. 16).

5. Grundzüge der Planung, Öffentliche Belange und nachbarliche Interessen

a) Grundzüge der Planung

Darüber hinaus dürfen die Grundzüge der Planung nicht angetastet werden. 52
Dies entspricht der Regelung des § 13 I 1 BauGB und verdeutlicht, dass durch die Befreiungsentscheidung nicht in die Planungshoheit der Gemeinde eingegriffen werden darf, d.h. die Befreiung **kann nicht** eine notwendige **Planänderung ersetzen.** (BVerwG, NVwZ 2018, 1808f.). Eine Befreiung gem. § 31 II BauGB ist folglich nur im Einzelfall möglich, während die Planänderung nach § 13 I 1 BauGB bei Abweichungen in einer Vielzahl gleichgelagerter Fälle eingreift.

Die Befreiung muss daher aufgrund der atypischen Situation des betroffenen 53
Grundstücks gerechtfertigt sein. Sie muss ein Sonderfall bleiben und darf nicht zu einem heimlichen Planänderungsverfahren gedeihen (bereits *oben Rn. 44ff.*). Entscheidend ist, ob die Abweichung dem planerischen Grundkonzept zuwiderläuft. Je tiefer die Befreiung in das Interessengeflecht der Planung eingreift, desto eher liegt der Schluss auf eine Änderung in der Planungskonzeption nahe, die nur im Wege der (Um-)Planung möglich ist (BVerwG, NVwZ 2018, 1808f.).

Beispiele:
- Ein Vorhaben berührt dann Grundzüge der Planung, wenn von ihm eine negative Vorbildwirkung oder Folgewirkungen auf andere Baugrundstücke ausgehen (OVG Hamburg, BauR 2010, 1546). Dies ist der Fall, wenn sich die Befreiungsgründe auch für andere von einer bestimmten Festsetzung betroffene Grundstucke anführen ließen (BVerwG, NVwZ 1989, 1060; VGH Mannheim, NVwZ-RR 2007, 307; OVG Berlin, BauR 1988, 454 [456]).
- Eine Befreiung für ein Wohnbauvorhaben auf einer als „Öffentliche Grünfläche/Parkanlage" festgesetzten Fläche scheidet aus, wenn sich der Plangeber im Planaufstellungsverfahren mit der Frage einer Bebauung des fraglichen Grundstücks befasst und sich unter Abwägung widerstreitender Interessen bewusst gegen eine Ausweisung als Bauland entschieden hat (VGH Mannheim, BauR 2004, 1125; dazu auch *Stüer,* DVBl 2006, 403 [404]).

b) Vereinbarkeit mit öffentlichen Belangen

Eine Befreiung in den aufgeführten Fällen ist nur zulässig, wenn sie „mit 54
den öffentlichen Belangen vereinbar ist". Dieser **spezifisch bodenrechtliche Begriff** umfasst und schützt die in dem Bebauungsplan zum Ausdruck kommende städtebauliche Ordnung, d.h. die Grundzüge der Planung (BVerwG, NJW 1979, 939). Die Rechtsprechung zieht insoweit faustformelartig eine **Parallele zu § 34 BauGB:** wenn das Vorhaben unter Geltung des § 34

BauGB nicht genehmigt werden dürfte, ist es auch im Wege der Befreiung nicht zulassungsfähig (BVerwGE 56, 71 [78]; s.a. *Muckel/Ogorek,* ÖffBauR, § 7 Rn. 63).

Beispiel: Wenn etwa ein Vorhaben bei Anwendbarkeit des § 34 I BauGB nicht genehmigt werden dürfte, weil es sich in seine Umgebung nicht einfügt, kann es auch nicht im Wege der Befreiung von den Festsetzungen eines Bebauungsplans genehmigt werden.

c) Würdigung nachbarlicher Interessen

55 Bei jedem der drei Befreiungstatbestände sind schließlich die nachbarlichen Interessen gebührend zu berücksichtigen. Die Würdigung nachbarlicher Interessen ist unabhängig davon, ob diese Interessen sich auf nachbarschützende Vorschriften stützen können oder nicht (BVerwG, ZfBR 1987, 47 [48]; s.a. *Stüer,* DVBl 2003, 1030 [1031]). Entscheidend ist im Rahmen der Würdigung, ob die durch die Befreiung eintretenden Nachteile das Maß dessen übersteigen, was einem Nachbarn billigerweise noch zumutbar ist (*F/O/K,* ÖffBauR I, § 24 Rn. 24). Dieses Gebot hat zur Folge, dass die Befreiung rechtswidrig ist und den Nachbarn in seinen Rechten verletzt, wenn die Behörde das Interesse betroffener Nachbarn an der Einhaltung der Festsetzungen des Bebauungsplans nicht gebührend gewichtet und gewürdigt hat. § 31 II BauGB verleiht insoweit **Drittschutz.**

Achtung: Bei einer Befreiung von nachbarschützenden Vorschriften haben nachbarliche Rechtsbehelfe bereits Erfolg, wenn die Voraussetzungen des § 31 II BauGB nicht erfüllt sind. Betrifft die Befreiung hingegen eine nicht nachbarschützende Festsetzung, kann ein nachbarlicher Rechtsbehelf nur Erfolg haben, wenn eine reale Beeinträchtigung vorliegt (*F/O/K,* ÖffBauR I, § 24 Rn. 24).

Prüfungsschema 7: Befreiungen i.S. des § 31 II BauGB

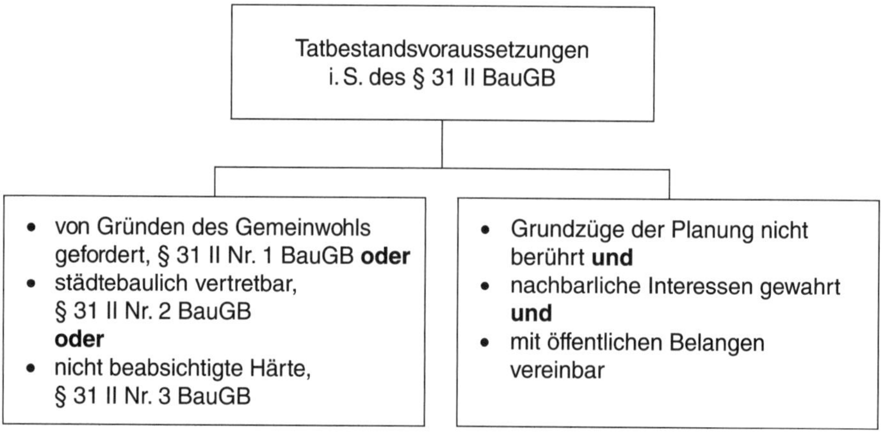

IV. Ermessen

Die Erteilung einer Ausnahme („... können zugelassen werden ...") wie auch die Erteilung einer Befreiung („... kann ...") stehen im Ermessen der Baugenehmigungsbehörde (BVerwG, ZfBR 2003, 260 [261]). Auch bei Vorliegen der Ausnahme- oder Befreiungsvoraussetzungen ist sie **nicht verpflichtet,** die Ausnahme zu erteilen oder von den Festsetzungen des Bebauungsplans **zu befreien.** Allerdings wird für eine Ausübung des Ermessens, wenn die recht detailliert bestimmten Voraussetzungen für die Erteilung einer Befreiung gegeben sind, wenig Raum bestehen (VGH München, BauR 2011, 1785; a. A. *Erbguth/Schubert,* ÖffBauR, § 8 Rn. 28a). Das Ermessen kann sich im Einzelfall auf Null reduzieren, so dass daraus ein Rechtsanspruch auf Erteilung einer Ausnahme oder Befreiung folgt. 56

Darüber hinaus muss das Ermessen nach allgemeinen Grundsätzen (§ 40 VwVfG) dem Zweck des Gesetzes entsprechend ausgeübt werden; die Entscheidung hat folglich stets einen städtebaulichen Bezug aufzuweisen, um ermessensfehlerfrei zu sein (*B/K/L,* BauGB, § 31 Rn. 43). Indes können auch andere Gesichtspunkte – wie etwa fiskalische Interessen der Gemeinde – für die Entscheidung mitbestimmend sein (BVerwG 56, 71 [77]). 57

Beispiel: Die Absicht einer Gemeinde, einen bestehenden Bebauungsplan zu ändern, kann die Versagung einer Befreiung im Rahmen der Ermessensbetätigung rechtfertigen; es bedarf dann zu seiner Verhinderung keiner Veränderungssperre oder Zurückstellung (BVerwG, UPR 2003, 146).

Wichtig: Da es sich bei der Entscheidung über die Befreiung um eine Ermessensentscheidung handelt, kann sie – wie die Ausnahme auch – mit Nebenbestimmungen versehen werden (*B/K/L,* BauGB, § 31 Rn. 20, 47). Dies wäre insb. dann sachgerecht, wenn ohne eine solche Nebenbestimmung die Befreiung verweigert werden müsste.

Fall 9: Wohnfrieden

Befreiung nach § 31 II Nr. 2 BauGB (Gründe des Gemeinwohls, Erforderlichkeit einer Befreiung, Würdigung nachbarlicher Interessen) 58

Sachverhalt

Der E ist Eigentümer eines mit einem Zweifamilienhaus bebauten Grundstücks in der Gemeinde G. Im hinteren Bereich des Grundstücks schließt sich ein im Eigentum der Kommune stehendes Grundstück an. Beide Parzellen liegen im räumlichen Geltungsbereich des Bebauungsplans „Wohnfrieden", der die Liegenschaft des E als reines Wohngebiet und diejenige der Gemeinde als BfG (Baugrundstück für Gemeinbedarf) – Krankenhaus mit Zubehörbauten – ausweist. Mittels einer Baugenehmigung erteilte die Stadt S die Genehmigung zum Neubau von zwei eingeschossigen Wohncontainergebäuden für Aus- und Übersiedler sowie eines eingeschossigen Gemeinschaftsgebäudes auf dem gemeindlichen Grundstück. Gleichzeitig gewährte sie eine Befreiung von den Festsetzungen des Bebauungsplans. Dabei weist sie – was zutreffend ist – darauf hin, dass in der Gemeinde ein dringender Wohnbedarf zur Unterbringung dieses Personenkreises bestehe und ein gleich geeignetes Grundstück aufgrund der Erschließungssituation erst in etwa einem Jahr zur Verfügung stehe. E ist der Ansicht, die Befreiung genüge nicht den Anforderungen des § 31 BauGB. Zu Recht?

Lösung

Die Befreiung könnte ihre rechtliche Grundlage in § 31 II Nr. 1 BauGB finden. Dann müssten Gemeinwohlgründe die Abweichung erfordern. Wann unter anderem Gründe des Wohls der Allgemeinheit i. S. dieser Vorschrift vorliegen, hat vormals § 4 Ia 1 BauGB-MaßnG bestimmt. Demnach lagen Gründe des Wohls der Allgemeinheit bei dringendem Wohnbedarf, auch zur vorübergehenden Unterbringung und zum vorübergehenden Wohnen, vor. Ungeachtet der mangelnden Übernahme der Vorschrift in das novellierte BauGB bestehen indes keine Bedenken, den daraus zu folgernden Rechtsgedanken auch für den jetzigen § 31 BauGB zu nutzen (so auch VGH Mannheim, NVwZ 1999, 670; *B/K/L,* BauGB, § 31 Rn. 34). Da in der Gemeinde G ausweislich des Sachverhalts ein dringender Wohnbedarf zur Unterbringung von Aus- und Übersiedlern besteht, sind folglich vor Ort und im konkreten Einzelfall – auch wenn die Wohncontainer typischerweise nur dem vorübergehenden Aufenthalt dienen und keine „Dauer-Wohnlösung" darstellen – Gemeinwohlgründe gegeben. Für eine solche Interpretation spricht auch die mittlerweile im BauGB vorgenommene Konkretisierung (s. o. Rn. 47). Zweifelhaft könnte freilich sein, ob diese Gründe die Befreiung auch erfordern. Im Ergebnis ist aufgrund des Fehlens zeitnaher und geeigneter Alternativen die Erforderlichkeit zu bejahen (so auch OVG Münster, NVwZ 1992, 187). Die Voraussetzungen gem. § 31 II Nr. 1 BauGB liegen somit vor.

Fraglich ist aber, ob die nachbarlichen Interessen ausreichend berücksichtigt wurden oder der E durch die Ausführung oder Benutzung des genehmigten Vorhabens tatsächlich spürbar mit der Folge einer feststellbaren Wertminderung in seinem Eigentum beeinträchtigt wird. Dabei ist zu berücksichtigen, dass er bei Planverwirklichung (ohne die Abweichung) unmittelbarer Nachbar einer Krankenhausanlage geworden wäre und all die Folgewirkungen, die die Errichtung eines solchen mehrgeschossigen, ausgedehnten Gebäudes mit sich bringt, wie etwa Krankenwagenverkehr (auch mit Blaulicht zu allen Zeiten), Anlieferungen, Besuchsverkehr etc. hätte hinnehmen müssen. Demgegenüber dürfte die Errichtung zweier eingeschossiger Wohncontainer zur vorübergehenden Unterbringung von Aus- und Übersiedlern weniger störend sein. Im Übrigen sind die Belegungsdichte und der Lebensrhythmus der in einem Heim untergebrachten Bewohner auch keine planungsrechtlich relevanten Gesichtspunkte, da in dem hier relevanten Zusammenhang nur städtebauliche Gesichtspunkte berücksichtigt werden dürfen (s. a. § 15 I BauNVO). Die Änderung der sozialen Zusammensetzung eines Wohnumfeldes ist insoweit baurechtlich nicht relevant, da die bauplanungsrechtlichen Vorschriften keinen „Milieuschutz" bieten. Somit liegt auch keine Verletzung der nachbarlichen Interessen vor. Ermessensfehler sind aufgrund des vorgegebenen Sachverhaltes nicht ersichtlich.

Ergebnis: Die Befreiung genügt somit den Anforderungen des § 31 II BauGB.

Prüfungsschema 8: Vorhaben im qualifizierten Bebauungsplangebiet (§ 30 I BauGB)

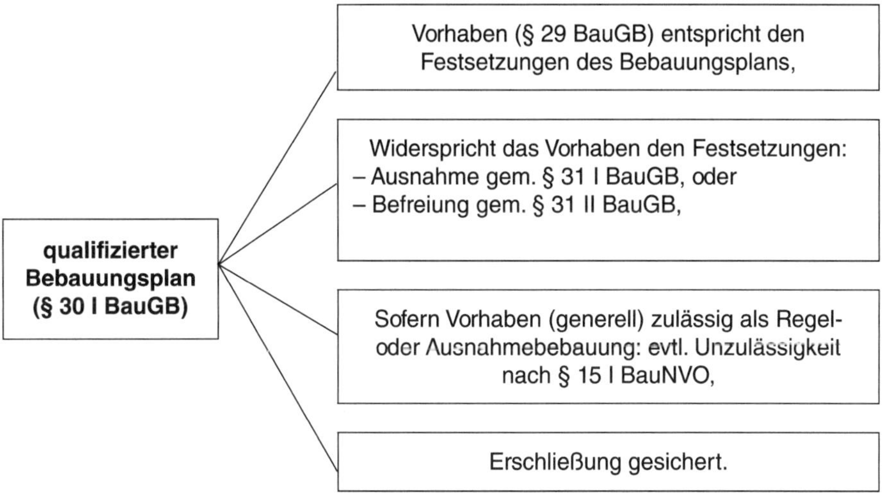

D. Kontrollfragen

1. Verlangt § 30 I BauGB die positive Zulassung des Vorhabens durch den Bebauungsplan?
2. Wie stellt sich das Verhältnis zwischen § 30 BauGB und § 15 BauNVO dar?
3. Welche Aspekte muss die Erschließung i.S. des § 30 BauGB mindestens umfassen?
4. Welche Anforderungen stellt das Prinzip der Planmäßigkeit an die Ausnahme gem. § 31 I BauGB?
5. Wie interpretiert die Rechtsprechung den Begriff der Erforderlichkeit i.S. des § 31 II Nr. 1 BauGB?
6. Wann liegt eine „offenbar nicht beabsichtigte Härte“ gem. § 31 II Nr. 3 BauGB vor?

(Antworten auf S. 359)

§ 15. Zulässigkeit im Geltungsbereich künftiger Bebauungspläne

A. Bedeutung und systematische Einordnung

1 Die Vorschrift des § 33 BauGB ermöglicht zugunsten des Bauherrn einen **Vorgriff** auf den **künftigen Bebauungsplan.** Sie findet Anwendung auf Vorhaben, die nach der für das Gebiet jeweils maßgeblichen planungsrechtlichen Zulässigkeitsregelung (§§ 30, 34 oder 35 BauGB) nicht zulässig sind, von denen jedoch nach dem Stand der Arbeiten an einem in Aufstellung befindlichen Bebauungsplan zu erwarten ist, dass sie den **künftigen Festsetzungen** des Bebauungsplans **nicht entgegenstehen** werden. Damit schafft die Norm keinen zusätzlichen, neben §§ 30, 34 oder 35 BauGB bestehenden planungsrechtlichen Bereich, vielmehr gehören die in § 33 genannten Gebiete stets zu einem dieser drei Bereiche (BVerwGE 20, 127 [130]). Dies bedeutet auch, dass § 33 BauGB nachrangig ist. Erst wenn ein Bauvorhaben nicht nach den §§ 30, 34 und 35 BauGB zugelassen werden kann, kommt § 33 BauGB zur Anwendung.

2 § 33 BauGB enthält damit einen zusätzlichen **positiven Zulassungstatbestand,** der als Ausnahme neben die Zulässigkeitstatbestände der §§ 30, 34 und 35 BauGB tritt, nicht etwa an deren Stelle. Darüber hinaus ergibt sich aus § 33 BauGB keine die Zulässigkeit eines Vorhabens negativ berührende Wirkung (BVerwGE 20, 127 [133f.]; *B/K/L,* BauGB, § 33 Rn. 2).

Achtung: Entsprechend dem Charakter als Ausnahmetatbestand ist § 33 BauGB grundsätzlich eng auszulegen (BVerwG, NVwZ 2003, 86 [89; NVwZ 2019, 727 [729]).

3 Mit der Vorschrift sind im Wesentlichen zwei Funktionen verknüpft: Zum einen wird dem Umstand Rechnung getragen, dass das Planaufstellungsverfahren als „notwendige Durchgangsstation" zu einem wirksamen Bebauungsplan Hindernissen ausgesetzt sein kann, die unvermeidbare Verzögerungen zur Folge haben.; die Dauer des Verfahrens soll nicht zu Lasten des Bauinteressenten gehen, der den Bebauungsplan vorab akzeptiert (BVerwG, NVwZ 2019, 727 [728]). Zum anderen soll dem Prinzip der Planmäßigkeit der städtebaulichen Entwicklung Geltung verschafft werden (BVerwG, NVwZ 2019, 727 [730]; *Koch/Hendler,* BRL, § 25, Rn. 101f.).

Prüfungsschema 9: Vorhabenzulassung nach § 33 BauGB

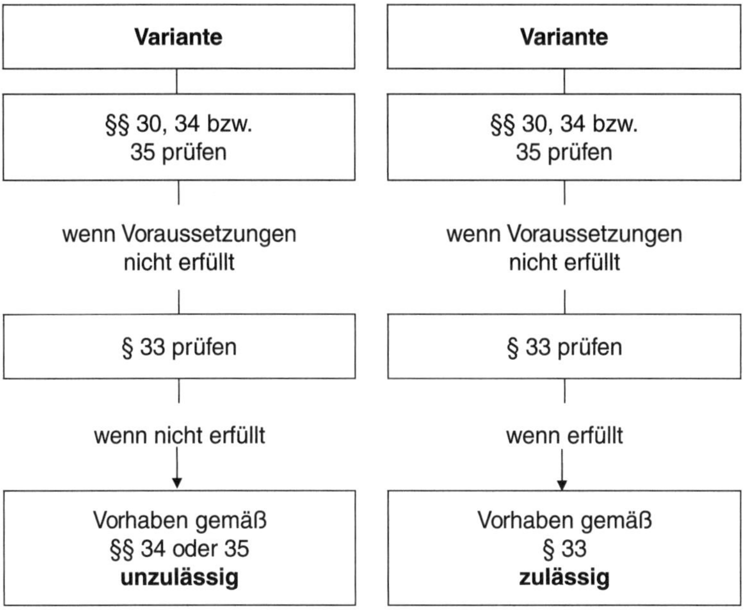

Wichtig: Eine wirksame Veränderungssperre oder Zurückstellung kann auch ein nach § 33 BauGB zulässiges Vorhaben „blockieren" (BVerwG, NJW 1965, 549 [550]).

B. Vorabzulassung gem. § 33 I BauGB

Nach § 33 I BauGB besteht ein **Rechtsanspruch** auf die planungsrechtliche Zulassung eines Vorhabens im Vorgriff auf einen künftigen Bebauungsplan, (BVerwG, NVwZ 2019, 727 [728]), wenn die folgenden Voraussetzungen gegeben sind: 4

I. Planaufstellungsbeschluss

Die Gemeinde muss für das Gebiet, in dem das Vorhaben verwirklicht werden soll, einen Beschluss über die Aufstellung eines Bebauungsplans gefasst haben (§ 33 I Hs. 1 BauGB). Dabei findet die Norm – was sich zwingend aus § 1 VIII BauGB ergibt – nicht nur für die erstmalige Aufstellung, sondern auch auf die Änderung oder Ergänzung oder (teilweise) Aufhebung eines bereits bestehenden Bebauungsplans Anwendung (HK-BauGB-*Jeromin,* § 33 Rn. 2; *B/K/L,* BauGB, § 33 Rn. 3). 5

Achtung: § 33 BauGB ist entsprechend bei Vorhaben im Gebiet eines vorhabenbezogenen Bebauungsplans anzuwenden (Umkehrschluss aus § 12 III 2 BauGB).

II. Planreife

6 Die Anwendbarkeit des § 33 I BauGB setzt darüber hinaus den **Eintritt der Planreife** voraus. Diese ist dann gegeben, wenn die Planungen einen Stand erreicht haben, der den hinreichend sicheren Schluss zulässt, dass zum einen die in Aussicht genommenen Festsetzungen bestehen bleiben und zum anderen das Vorhaben mit den künftigen Festsetzungen des Bebauungsplans übereinstimmen wird. Die Planreife setzt sich somit aus einem formellen und einem materiellen Teil zusammen.

1. Formelle Planreife

7 Innerhalb des Bebauungsplanverfahrens muss die Öffentlichkeits- und Behördenbeteiligung nach § 3 II, § 4 II und § 4a II bis V BauGB durchgeführt, d.h. ordnungsgemäß abgeschlossen worden sein (HK-BauGB-*Jeromin,* § 33 Rn. 7ff.). Erst wenn hierdurch feststeht, welchen Inhalt der Bebauungsplan voraussichtlich haben wird, ist die „formelle Planreife", die § 33 I Nr. 1 BauGB verlangt, erreicht (ausführlich dazu Schroedter-*Rieger,* BauGB, § 33 Rn. 7f.).

2. Materielle Planreife

8 Die materielle Planreife setzt gem. § 33 I Nr. 2 BauGB voraus, dass die Planungen einen Stand erreicht haben, der zu der sicheren Erwartung („anzunehmen ist") Anlass gibt, dass das Vorhaben den künftigen Festsetzungen des Bebauungsplans entspricht. Diese Prognose kann nur gestellt werden, wenn mit **hinreichender Sicherheit** zu erwarten ist, dass der Bebauungsplanentwurf als Bebauungsplan festgesetzt und mit den künftigen Festsetzungen in dieser Form in Kraft treten wird (VGH Mannheim, BauR 2009, 212, 213; OVG Münster, BauR 2001, 1394; OVG Koblenz, BauR 2002, 577 [579]). Dies wiederum setzt voraus, dass Bedenken gegen die Rechtmäßigkeit des Planungsverfahrens und den Inhalt des Bebauungsplanentwurfs nicht bestehen, so dass angenommen werden kann, dass er das etwaige staatliche Verfahren gem. § 10 II oder § 246 Ia BauGB beanstandungsfrei durchlaufen wird (BVerwG, NVwZ 2003, 86 [88]; OVG Bautzen, LKV 1993, 97).

9 Durchgreifende Zweifel an der Rechtmäßigkeit des Bebauungsplans – die folglich im Wege einer inhaltlichen Vorprüfung des Entwurfs zu ermitteln sind – schließen daher die materielle Planreife und damit die Anwendbarkeit des § 33 BauGB ebenso aus wie Anzeichen dafür, dass die Gemeinde von ih-

rem in dem endgültigen Entwurf dokumentierten planerischen Willen wieder abrückt (OVG Bautzen, BauR 2010, 951). Als **Faustformel** gilt insoweit: der Inhalt des Bebauungsplanentwurfs muss den Anforderungen des § 1 genügen und es muss die Genehmigung zum Bebauungsplan bzw. die Nichtbeanstandung von Rechtsmängeln sicher zu erwarten sein (*B/K/L,* BauGB, § 33 Rn. 9; *Erbguth/Schubert,* ÖffBauR, § 8 Rn. 142).

Beispiele:
- Mit zunehmendem zeitlichen Abstand zwischen dem Abschluss der Planungsarbeiten und der Entscheidung über die Baugenehmigung – etwa wenn die Planung sachlich abgeschlossen ist und gleichwohl ein förmlicher Abschluss gem. § 10 I, III BauGB unterbleibt – wird es fragwürdig, ob noch materielle Planreife anzunehmen ist (BVerwG, NVwZ 2003, 86; *Stüer,* DVBl 2003, 1030 [1031]; *Kuschnerus/Schöler/Stehr,* NWVBl 2004, 220 [221 f.]).
- Zahlreiche Einsprüche und Änderungswünsche zu einem Bebauungsplan – zumal wenn sie noch nicht behandelt worden sind – können seine materielle Planreife ausschließen, weil dann nicht mit hinreichender Sicherheit von einem In-Kraft-Treten in der vorliegenden Form ausgegangen werden kann (BVerwG, NVwZ 1993, 1205 [1206]; VGH Mannheim, NVwZ-RR 1998, 96).
- Die Gemeinde sieht sich nicht im Stande, den Bebauungsplan ohne Abschluss von Folgekostenverträgen i. S. des § 11 BauGB aufzustellen (VGH Mannheim, NVwZ-RR 2006, 90, 91 ff.).
- Der Planentwurf widerspricht im Zeitpunkt der Entscheidung nach § 33 BauGB den zwischenzeitlich geänderten Zielen der Raumordnung (OVG Münster, NVwZ-RR 2001, 568 [569].

Den so prognostizierten „künftigen Festsetzungen des Bebauungsplans" darf 10 das Vorhaben **nicht entgegenstehen** (§ 33 I Nr. 2 BauGB). Dies wird in der gleichen Weise ermittelt, wie nach § 30 I BauGB festgestellt wird, ob und dass ein Vorhaben den Festsetzungen des qualifizierten Bebauungsplans nicht widerspricht (dazu oben *§ 14 Rn. 8f.*). Ist der künftige Bebauungsplan ein einfacher Bebauungsplan, sind zusätzlich die §§ 34, 35 BauGB heranzuziehen (arg. § 30 III BauGB). Entspricht das Vorhaben den prognostizierten künftigen Festsetzungen nicht, kann, falls der Bebauungsplanentwurf dies vorsieht, analog § 31 I BauGB durch die Gewährung einer Ausnahme, im Übrigen gem. § 31 II BauGB durch die Erteilung einer Befreiung Plankonformität hergestellt werden (*B/K/L,* BauGB, § 33 Rn. 5; bzgl. letzterem a. A. *Koch/Hendler,* BRL, § 25, Rn 109; OVG Berlin, BRS 52 Nr. 166; VGH München, NVwZ 1992, 1099 [1100]).

III. Plananerkenntnis

Weitere Voraussetzung für die Vorabzulassung eines Vorhabens ist es gem. 11 § 33 I Nr. 3 BauGB, dass der Antragsteller die **künftigen Festsetzungen** des Bebauungsplans für sich und seine Rechtsnachfolger **schriftlich anerkennt.** Das Anerkenntnis ist eine einseitige, empfangsbedürftige verwaltungsrechtliche Willenserklärung des Antragstellers mit dinglicher Wirkung, die gegenüber der

Baugenehmigungsbehörde schriftlich (§ 126 BGB) abzugeben ist (BVerwG, NVwZ 2019, 727 [728]; *B/K/L,* BauGB, § 33 Rn. 11).

Achtung: Durch die Anerkenntniserklärung nach § 33 I Nr. 3 BauGB werden die Festsetzungen des künftigen Bebauungsplans im Verhältnis zwischen Antragsteller, Genehmigungsbehörde und Plangemeinde vorab verbindlich (BVerwG, NVwZ 1996, 892; BVerwG, NVwZ 2019, 727 [728]; *F/O/K,* ÖffBauR I, § 25 Rn. 11).

12 Die Wirkung des Anerkenntnisses nach § 33 I Nr. 3 BauGB endet mit der Bekanntmachung des Bebauungsplans, da es sich nur auf die Übergangssituation bezieht (BVerwG, NVwZ 2019, 727 [728f.]). Deshalb beinhaltet das Anerkenntnis keinen Verzicht auf eine Normenkontrollantrag gegen den – später erlassenen – Bebauungsplan (BVerwG, NVwZ 2019, 727 [728]; *B/K/L,* BauGB, § 33 Rn. 11; a. A. *F/O/K,* ÖffBauR I, § 25 Rn. 13).

IV. Gesicherte Erschließung

13 Wie bei Bauvorhaben, die auf der Grundlage der §§ 30, 34 oder 35 BauGB genehmigt werden, muss auch bei den nach § 33 BauGB genehmigten Vorhaben die Erschließung gesichert sein (§ 33 I Nr. 4 BauGB; dazu OVG Münster, BRS 64 Nr. 116; *Kuschnerus/Schöler/Stehr,* NWVBl 2004, 220 [222] sowie *§ 14 Rn. 25f.*).

Wichtig: Sind die Voraussetzungen nach § 33 Abs. 1 erfüllt, hat der Antragsteller einen Rechtsanspruch, dass sein Bauantrag so behandelt wird, als ob die zu erwartenden Festsetzungen des Bebauungsplans schon rechtswirksam wären.

C. Vorabzulassungen gem. § 33 II, III BauGB

14 Über die Grundvorschrift des § 33 I BauGB hinaus enthalten die Absätze 2 und 3 des § 33 BauGB **ergänzende Zulassungstatbestände:**

15 **§ 33 II BauGB** ermöglicht die vorzeitige Zulassung von Vorhaben in den Fällen, in denen der Entwurf des Bauleitplans aufgrund einer Änderung oder Ergänzung nach der Öffentlichkeits- und Behördenbeteiligung erneut ausgelegt und die Stellungnahmen erneut einzuholen sind (§ 4a III 1 BauGB). Das Vorhaben kann bereits vor der erneuten Auslegung zugelassen werden, wenn sich die Änderung oder Ergänzung nicht auf das Vorhaben auswirkt und die dargestellten Voraussetzungen nach § 33 I Nr. 2 bis 4 BauGB (s.o. *Rn. 7ff.*) erfüllt sind (OVG Münster, BauR 2001, 1394; OVG Koblenz, BauR 2002, 577 [579]; *Erbguth/Schubert,* ÖffBauR, § 8 Rn. 143; *Bönker,* in: H/B/G, ÖffBauR, § 8 Rn. 94f.).

Wichtig: Neben dem Vorliegen der materiellen Planreife muss geprüft werden, ob sich die Änderung oder Ergänzung nicht auf das Vorhaben auswirkt.

Nach **§ 33 III BauGB** kann im **vereinfachten Verfahren** (§ 13 BauGB) ein Vorhaben ebenfalls vor Durchführung der Öffentlichkeits- und Behördenbeteiligung zugelassen werden, wenn die Voraussetzungen nach § 33 I Nr. 2 bis 4 BauGB erfüllt sind. Als Ersatz für die nicht durchgeführte Bürger- und Trägerbeteiligung verlangt § 33 III 2 BauGB, dass den betroffenen Bürgern und berührten Trägern öffentlicher Belange vor Erteilung der Genehmigung Gelegenheit zur Stellungnahme innerhalb angemessener Frist zu geben ist, soweit sie dazu nicht bereits zuvor Gelegenheit hatten (weiterführend dazu Schroedter-*Rieger,* BauGB, § 33 Rn. 22f.; *Koch/Hendler,* BRL, § 25, Rn 105). **16**

Aus dem Gesetzeswortlaut wird gefolgert, dass sowohl § 33 II als auch § 33 III BauGB keinen Rechtsanspruch auf Baugenehmigung gewähren („kann"), sondern nur einen Anspruch auf fehlerfreie **Ermessensausübung** (*Bönker,* in: H/B/G, ÖffBauR, § 8 Rn. 96). Dem lässt sich indes entgegenhalten, dass die Gemeinde mit dem Eintreten der materiellen Planreife ihre Planungen abgeschlossen habe, so dass für eine Ausübung des Ermessens kein Raum bleibe (Schroedter-*Rieger,* BauGB, § 33 Rn. 21). Daher könne sich das Ermessen nur auf die Entscheidung der Gemeinde beziehen, etwa das in § 33 III 2 BauGB vorgesehene Verfahren – anstelle des Verfahrens gem. §§ 3 II, 4 II BauGB – durchzuführen. **17**

D. Verfahrens- und Rechtsschutzfragen

Gemäß § 36 I 1 BauGB wird über die Zulässigkeit von Vorhaben nach § 33 BauGB von der Baugenehmigungsbehörde im **Einvernehmen** mit der Gemeinde entschieden (zum Einvernehmen s.o. *§ 14 Rn. 37f.*). Der Zustimmung der höheren Verwaltungsbehörde bedarf es nicht. **18**

Rechtsschutz für den **Bauherrn,** der (mittelbar) unter Berufung auf § 33 BauGB die Baugenehmigung begehrt, gewährt die **Verpflichtungsklage.** Der **Nachbar,** der sich gegen die auf der Grundlage des § 33 BauGB erteilte Baugenehmigung wenden will, kann mittels **Anfechtungsklage** zum einen geltend machen, die Voraussetzungen des § 33 BauGB seien nicht erfüllt, so dass sich das Vorhaben nach §§ 30, 34 oder 35 BauGB beurteile. Trifft dies zu **19**

und verletzt die Baugenehmigung unter Zugrundelegung dieser Vorschriften nachbarschützende Normen, hat die Nachbarklage Erfolg. Zum anderen besteht Nachbarschutz, soweit – wenn die Voraussetzungen des § 33 BauGB vorliegen – die Festsetzungen des künftigen Bebauungsplans drittschützend sind (BVerwG, NVwZ 1995, 598; OVG Münster, DÖV 1991, 746; weiterführend Schroedter-*Rieger,* BauGB, § 33 Rn. 29); sind diese noch nicht materiell planreif, kommt es auf den Vorgängerbebauungsplan oder auf §§ 34, 35 BauGB an (VGH Mannheim, VBlBW 2004, 146).

Achtung: Trotz Planreife unterliegt der Planentwurf noch nicht der Normenkontrolle nach § 47 VwGO (BVerwG, NVwZ 1995, 598).

E. Kontrollfragen

1. Was versteht man unter formeller Planreife?
2. Beschreiben Sie den Begriff der materiellen Planreife!
3. Ist § 31 BauGB im Rahmen künftiger Bebauungspläne anwendbar?

(Antworten auf S. 360)

§ 16. Zulässigkeit im nicht beplanten Innenbereich

A. Allgemeines

I. Grundsätze

1 Im nicht (qualifiziert) beplanten Innenbereich kommt in Gemeinden, die noch keine Bebauungspläne aufgestellt haben, dies eventuell auch nicht wollen oder nicht für notwendig halten, § 34 BauGB mit planersetzender Funktion zur Geltung (BVerwGE 157, 157, 1 [5]; *Rubel,* DVBl 2018, 403; *Schröer,* NVwZ 2019, 832 [835] mit Reformvorschlägen). Nach der Vorstellung des Gesetzgebers soll der nicht (qualifiziert) beplante Innenbereich wie der beplante Innenbereich (§ 30 I BauGB) – im Gegensatz zum Außenbereich nach § 35 BauGB – **grundsätzlich bebaubar** sein (BVerwG, ZfBR 1980, 294 [295]; zur historischen Entwicklung *F/O/K,* ÖffBauR I, § 26 Rn. 2).

2 Für die Baugenehmigung ist deshalb häufig die Frage relevant, ob ein Grundstück zum Innenbereich gehört oder als Außenbereichsgrundstück anzusehen ist (etwa BVerwG, NVwZ 2011, 436; BauR 2006, 348; NVwZ

2003, 211; ZfBR 2002, 808; NVwZ 2001, 70; OVG Weimar, LKV 2012, 46). Zudem beschäftigen sich viele Prüfungsfälle mit diesem Problem (etwa die Falllösungen bei *M/S,* Fälle, S. 75ff.; *Reichardt/Schwerdtner,* JuS 2002, 893; *Thiel,* AL 2012, 174 [176f.]). In der Praxis werden Karten und Luftbilder herangezogen, um festzustellen, ob ein Grundstück noch zum Innenbereich oder schon zum Außenbereich gehört; ganz üblich sind auch Termine vor Ort.

II. Systematik der Vorschrift

Die Vorschrift des **§ 34 BauGB** enthält **zwei Genehmigungstatbestände.** Diese sind nach der tatsächlich vorhandenen Bebauung der im Zusammenhang bebauten Ortsteile zu unterscheiden. Es sind dies: 3
- Ortsteile mit einer BauNVO-baugebietskonformen Bebauung (§ 34 II BauGB, sogenanntes faktische Baugebiet) sowie
- Ortsteile mit diffuser Bebauung (§ 34 I BauGB).

Dass § 34 II BauGB vorrangig zu prüfen ist, ergibt sich zum einen aus dem Wortlaut der Vorschrift, zum anderen daraus, dass die Zulassungsmaßstäbe der Baugebiete nach BauNVO leichter zu handhaben sind als zahlreichen unbestimmten Rechtsbegriffe in § 34 I BauGB.

Bei der Anwendung des § 34 BauGB sind darüber hinaus zu unterscheiden: 4
- Die Feststellung des **räumlichen** und **sachlichen Anwendungsbereichs** des § 34 BauGB, also die Abgrenzung von den Bereichen, in denen § 30 I oder § 35 BauGB angewendet wird (§ 34 I, IV und V BauGB) sowie
- die **planungsrechtlichen Maßstäbe** für die Zulässigkeit eines konkreten Vorhabens innerhalb des nach § 34 BauGB festgelegten Gebiets (§ 34 I und II BauGB).

Die der Festlegung des räumlichen und sachlichen Anwendungsbereichs dienenden Tatbestandsmerkmale sind: 5
- der Begriff des Vorhabens (s.o. *§ 13 Rn. 4f.*),
- das Nichtvorhandensein eines qualifizierten Bebauungsplans (s.o. *§ 14 Rn. 4f.*),
- der im Zusammenhang bebaute Ortsteil (dazu unten *Rn. 8f.*).

Das letztgenannte Tatbestandsmerkmal wird auf verschiedene Weise eingegrenzt: Zum einen durch die Anwendung der Tatbestandsmerkmale „innerhalb der im Zusammenhang bebauten Ortsteile" in § 34 I BauGB auf Bebauungskomplexe in der Gemeinde, zum anderen durch Festlegung der Grenzen für die im Zusammenhang bebauten Ortsteile im Wege der Satzung (§ 34 IV 1 Nrn. 1 bis 3 BauGB; dazu unten *Rn. 19ff.*). Von diesen tatbestandlichen Merkmalen sind die planungsrechtlichen Maßstäbe für die Zulässigkeit des konkreten Vorhabens zu trennen. Diese variieren je nach der konkret anzuwendenden Regelung des § 34 BauGB, worauf im Einzelnen einzugehen ist. 6

B. Räumlicher Anwendungsbereich

7 § 30 I BauGB bestimmt, dass ein qualifizierter Bebauungsplan die Anwendbarkeit des § 34 BauGB ausschließt. Ergänzend zu einem einfachen Bebauungsplan gilt hingegen innerhalb der im Zusammenhang bebauten Ortsteile § 34 BauGB (§ 30 III BauGB).

I. Im Zusammenhang bebauter Ortsteil

8 Der Begriff des im Zusammenhang bebauten Ortsteils setzt sich aus **zwei Elementen** zusammen, nämlich dem **Ortsteil** und dem **Bebauungszusammenhang.** Beide Voraussetzungen müssen kumulativ vorliegen (BVerwG, ZfBR 2017, 261 262; *Rubel,* DVBl 2018, 403 [404]).

1. Ortsteil

9 Nach der ständigen Rechtsprechung des BVerwG zu § 34 BauGB ist der Ortsteil ein **Bebauungskomplex** im Gebiet einer Gemeinde, der nach der Zahl der vorhandenen Bauten ein **gewisses Gewicht** besitzt und **Ausdruck einer organischen Siedlungsstruktur** ist (grundlegend BVerwGE 27, 137f.; 31, 22 [26f.]; 152, 275 [277]; BVerwG, ZfBR 2017, 261 [262]; *Rubel,* DVBl 2018, 403 [405]). Es liegt darin die Abgrenzung zur sog. Splittersiedlung bzw. zur bloßen Streubebauung.

10 Das „gewisse Gewicht" ist nach den siedlungsstrukturellen Gegebenheiten im Gebiet der jeweiligen Gemeinde zu beurteilen (BVerwG, NVwZ 2001, 83). Voraussetzung ist regelmäßig eine Verfestigung der Bebauung, an der es fehlen kann, wenn die Gebäude nicht zum ständigen Aufenthalt von Menschen – wie etwa bei Ställen, Gartenhäusern etc. – bestimmt sind (BVerwG, ZfBR 2002, 808f.; 2007, 1383; BVerwGE 157, 157, 1 [4]; *Stüer,* DVBl 2003, 1030 [1032]).

11 Die Zahl der vorhandenen Bauten, die erforderlich sind, um das Vorliegen eines Ortsteils bejahen zu können, lässt sich dabei nicht exakt festlegen (m. Bsp. *B/K/L,* BauGB, § 34 Rn. 14; Schroedter-*Rieger,* BauGB, § 34 Rn. 223). Als Daumenregel lässt sich immerhin sagen, dass weniger als fünf zusammenstehende Wohnhäuser typischerweise nicht als Ortsteil akzeptiert werden (BVerwG, NVwZ-RR 1994, 555). Auch hinsichtlich des Merkmals der „organischen Siedlungsstruktur" ist nach der Rspr. nicht darauf abzustellen, ob es sich hierbei um eine nach Art und Zweckbestimmung einheitliche Bebauung handelt; eine unterschiedliche oder eine in ihrer Art und Zweckbestimmung gegensätzliche Bebauung kann ebenfalls einen Ortsteil bilden. Erforderlich ist auch nicht eine Zuordnung zu einem Schwerpunkt oder dass die vorhandene Bebauung ein gewisses eigenständiges Leben gestatten muss. Selbst ein bestimmtes städtebauliches Ordnungsbild oder eine einheitliche Nutzung

sind nicht erforderlich (BVerwG, NVwZ 2003, 211 [213f.]; *Rubel,* DVBl 2018, 403 [406]).

Beispiele: Landwirtschaftliche Gebäude und Wohnbebauung können einen Ortsteil bilden (VGH Mannheim, UPR 2004, 239). Auch eine bandartige, einzeilige Bebauung kann den Anforderungen an eine organische Siedlungsstruktur entsprechen, wie z. B. bei einer Bebauung an einem Seeufer (BVerwGE 41, 227). Einzelne Gebäude auf einem Kasernengelände, dessen Nutzung aufgegeben wurde, bilden keinen Ortsteil (BVerwG, ZfBR 2017, 261 [262].; *Rubel,* DVBl 2018, 403 [406f.]).

2. Bebauungszusammenhang

Bebauungszusammenhang ist eine tatsächlich aufeinanderfolgende, also eine **zusammenhängende Bebauung,** die trotz vorhandener Baulücken den **Eindruck der Geschlossenheit** vermittelt. Dabei erfordert der Begriff „Bebauung" bauliche Anlagen, die optisch wahrnehmbar sind und ein gewisses Gewicht haben, so dass sie ein Gebiet prägen können, d. h. **„maßstabbildende Kraft"** haben (BVerwG, ZfBR 2000, 426; BVerwGE 152, 275, [277]; BVerwG, NVwZ 2018, 1651 [1652]; OVG Münster, NVwZ-RR 2017, 93f.; *B/K/L,* BauGB, § 34 Rn. 3; *Rubel,* DVBl 2018, 403 [404]). 12

Der Bebauungszusammenhang endet regelmäßig unmittelbar am letzten Baukörper (*Rubel,* DVBl 2018, 403 [404]). Über Baulücken hinweg erstreckt er sich nur dann, wenn die aufeinander folgende Bebauung trotz der Baulücke den Eindruck der Zusammengehörigkeit oder der Geschlossenheit vermittelt (BVerwGE 55, 369; 152, 275, [278]; BVerwG, NVwZ 2018, 1651 [1652]). Diese Zusammengehörigkeit ist z. B. zu verneinen, wenn das nächste Haus in mehr als 120m Entfernung steht (OVG Greifswald, NordÖR 2002, 18 [19]). Es ist nicht erforderlich, dass die Baulichkeiten genehmigt worden sind, vielmehr genügt, dass die zuständige Behörde sich mit ihrem Vorhandensein abgefunden hat (BVerwGE 31, 22 [26]; BVerwG, NVwZ 2019, 1456 [1457]). Auch Baulichkeiten, die wegen der Aufgabe der vormaligen Nutzung ihren Bestandsschutz verloren haben, können für die Beurteilung des Bebauungszusammenhangs berücksichtigt werden (BVerwG, NVwZ 2003, 211; *Stüer,* DVBl 2003, 1030 [1032]). 13

Der Begriff „Bebauungszusammenhang" stellt auf bauliche Anlagen ab, die dem ständigen Aufenthalt von Menschen dienen sollen. So stellt etwa ein Kleingartengelände mit nicht zum dauernden Aufenthalt von Menschen bestimmten Lauben keinen Bebauungszusammenhang dar, obwohl dies sämtlich bauliche Anlagen im baurechtlichen Sinne sind (BVerwG, NJW 1984, 1576; BVerwGE 152, 275, [279]; OVG Münster, NVwZ-RR 2017, 93 [94]; *Koehl,* apf 2017, 149 [153]).

Der Bebauungszusammenhang reicht so weit, wie die aufeinanderfolgende Bebauung nach der **Verkehrsauffassung** den Eindruck der Zusammengehörigkeit vermittelt. Dies ist nicht nach mathematisch-geographischen Maßstäben, sondern aufgrund einer wertenden Betrachtung des konkreten Sachverhalts zu beurteilen. Es stellt mithin eine Frage des Einzelfalles dar, ob das Bild 14 der Zusammengehörigkeit störend unterbrochen wird oder bestimmte Bereiche sich in diesen Zusammenhang einbeziehen lassen (BVerwG, NVwZ 1997, 899; VGH Mannheim, NVwZ-RR 2007, 307; *Koch/Hendler,* BRL, § 25, Rn, 54; *Bönker,* in: H/B/G, ÖffBauR, § 8 Rn. 108f.).

Beispiele:
- Eine Baulücke oder Flächen, die wegen ihrer besonderen Zweckbestimmung (Sportplatz) oder ihrer natürlichen Beschaffenheit (Gewässer) nicht für eine Bebauung zur Verfügung stehen, unterbrechen solange den Bebauungszusammenhang nicht, wie sie den Eindruck einer geschlossenen Bebauung nicht zerstören (BVerwGE 41, 227).
- Auch eine Randlage kann unter besonderen Umständen (Abgrenzbarkeit durch geographische Besonderheiten, Straßenführung etc.) die Einbeziehung in den Bebauungszusammenhang rechtfertigen (BVerwG, ZfBR 1980, 294 [295]).
- Das Hinterland bebauter Grundstücke ist regelmäßig nicht mehr vom Bebauungszusammenhang geprägt.
- Das Bestehen eines Bebauungszusammenhangs bei einem Grundstück am Ortsrand ist abhängig von den örtlichen Gegebenheiten und nicht von vornherein ausgeschlossen (BVerwG, ÖffBauR 2005, 121).
- Ein an den Bebauungszusammenhang unmittelbar angrenzendes bebautes Grundstück ist grundsätzlich Teil des Bebauungszusammenhangs, es sei denn, besondere topographische Verhältnisse (Hanglage, welches das Grundstück horizontal und vertikal deutlich absetzt) belegen das Gegenteil (BVerwG, NVwZ 1998, 58 [59]; 2011, 436).

Achtung: Ein Grundstück am Ortsrand liegt regelmäßig nicht innerhalb des Bebauungszusammenhangs; etwas anderes kann für Flächen vor einem Geländeeinschnitt, einer Geländekante, einem Fluss, einer Straße o.Ä. gelten (BVerwG, BauR 2009, 216; *Guckelberger,* AL 2012, 159 [164]; *Stüer,* DVBl 2010, 424 [430 m.w.N.]).

15 Für die Beurteilung der Frage, ob ein im Zusammenhang bebauter Ortsteil vorliegt, ist nur auf die Bebauung im jeweiligen Gemeindegebiet abzustellen; die Bebauung in **Nachbargemeinden** bleibt außer Betracht (BVerwG, DVBl 1999, 249; UPR 2001, 107; dazu auch m.w.N. Schroedter-*Rieger,* BauGB, § 34 Rn. 245).

Wichtig: Das Grundstück, auf dem das Vorhaben errichtet ist oder werden soll, muss selbst einen Bestandteil des durch den Ortsteil vermittelten Bebauungszusammenhangs bilden (BVerwG, BauR 1973, 99; *Thiel,* AL 2012, 174 [177]).

3. Beispielsfälle

16 An den folgenden **Fällen 10 und 11** soll die Bestimmung einer Innenbereichslage gem. § 34 I BauGB problematisiert werden (zu weiteren Einzelfra-

gen Schroedter-*Rieger,* BauGB, § 34 Rn. 10ff.; BVerwG, NVwZ-RR 1998, 94 u. 157; 2000, 481; NVwZ 1998, 58 [59]; ZfBR 2017, 261 [262]).

Die Bearbeiter müssen sich in den folgenden Fällen darüber im Klaren sein, dass zwei Voraussetzungen kumulativ zu prüfen sind, nämlich die Ortsteils-Qualität sowie der Bebauungszusammenhang.

Fall 10: Landgemeinde

Zugehörigkeit eines Grundstücks zu einem im Zusammenhang bebauten Ortsteil, Ortsteilqualität, geographische Besonderheiten **17**

Sachverhalt

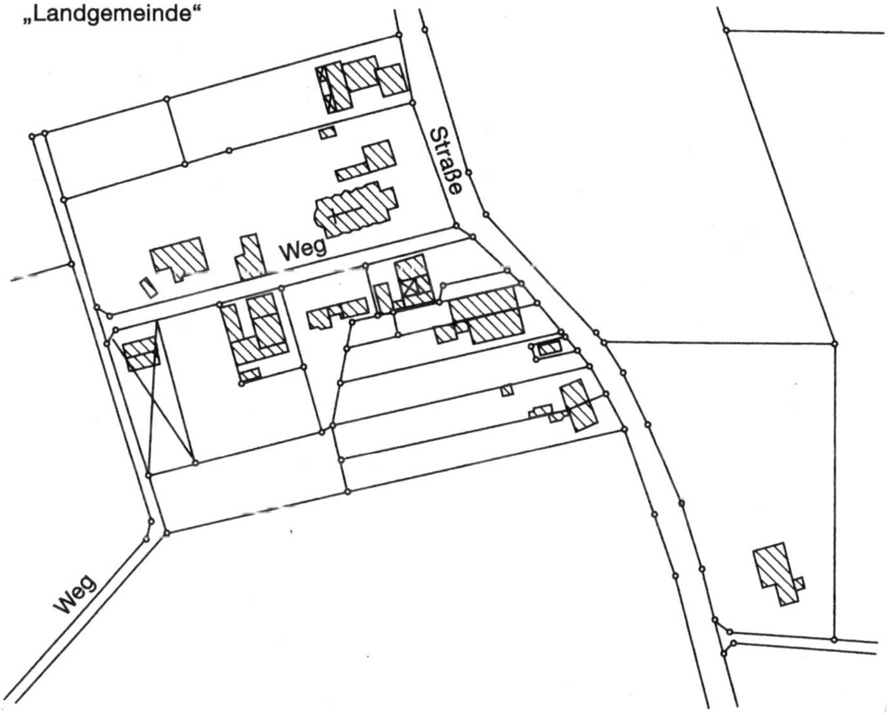

B möchte auf dem angekreuzten Grundstück – im Bereich einer ländlichen Gemeinde mit etwa 15 000 Einwohnern – ein Einfamilienhaus errichten. Der nähere Umgebungsbereich weist 15 Hauptgebäude mit Nebengebäuden, darunter eine Kirche, ein Pfarrheim, eine ehemalige Polizeidienststelle, eine Bäckerei mit „Tante-Emma-Laden", eine Dorfkneipe und mehrere reine Wohngebäude nebst angrenzenden Ackerflächen auf. Dem zuletzt mit einem Wohnhaus bebauten Grundstück an der südlichen Seite des Stichweges folgen eine unbebaute Parzelle und das Grundstück des B. Dieses, an der Ecke gelegene Wiesengrundstück, wird von einem asphaltierten Weg mit einer Breite von etwa 5,50 m begrenzt. B ist der Meinung, sein Grundstück liege in einem im Zusammenhang bebauten Ortsteil. Trifft dies zu?

Lösung

Zu prüfen ist zunächst, ob es sich vorliegend um einen Ortsteil handelt. Ortsteil ist der Rechtsprechung zufolge ein Bebauungskomplex im Gebiet einer Gemeinde, der nach der Zahl der vorhandenen Bauten ein gewisses Gewicht besitzt und Ausdruck einer organischen Siedlungsstruktur ist. Es liegt darin die Abgrenzung zur sog. Splittersiedlung bzw. zur bloßen Streubebauung. Das „gewisse Gewicht" ist nach den siedlungsstrukturellen Gegebenheiten im Gebiet der jeweiligen Gemeinde zu beurteilen. Es ist abhängig von den örtlichen Verhältnissen, der Eigenart und Funktion der Bebauung sowie deren Verhältnis zur sonst vorhandenen Bebauung (s. o. *Rn.* 7). Angesichts der Tatsache, dass sich die zu beurteilende Bebauung hier in einer kleinen ländlichen Gemeinde befindet, dürfte eine solche Ansammlung relativ weniger Gebäude in Anbetracht der siedlungsstrukturellen Gegebenheiten durchaus von gewissem Gewicht sein. Die um die Kirche herum angeordneten Bauten sind zudem Ausdruck einer organischen Siedlungsstruktur. Nach der Art der baulichen Nutzung der Gebäude ist den Bewohnern überdies ein gewisses eigenständiges Leben möglich. Die Ortsteils-Qualität ist folglich zu bejahen.

Zweifelhaft ist indes, ob das Grundstück des B noch im Bebauungszusammenhang liegt. Als ein solcher Zusammenhang ist grundsätzlich eine tatsächlich aufeinanderfolgende Bebauung anzusehen, die trotz vorhandener Baulücken den Eindruck der Geschlossenheit vermittelt. Der Bebauungszusammenhang reicht so weit, wie die aufeinanderfolgende Bebauung nach der Verkehrsauffassung den Eindruck der Zusammengehörigkeit vermittelt. Grundsätzlich endet der Bebauungszusammenhang mit der letzten Bebauung, d. h. hier mit dem lt. Sachverhalt zuletzt bebauten Grundstück. Ob ein Grundstück im Bebauungszusammenhang liegt, ist andererseits nicht ausschließlich danach zu beurteilen, ob es von Bebauung umgeben ist. Auch eine Randlage kann unter besonderen Umständen die Einbeziehung in den Bebauungszusammenhang rechtfertigen (BVerwG, ZfBR 1980, 294 [295]). Vorliegend bildet der in Nord-Südrichtung verlaufende Weg jenseits des Eckgrundstücks des B die landschaftlich bedingte Grenze zwischen Innen- und Außenbereich. Angesichts der Asphaltierung und der Breite des Weges liegt ein besonderer (geographischer) Umstand vor, der es rechtfertigt, die zum Bebauungskomplex führenden Flächen noch in den Bebauungszusammenhang einzubeziehen. Die Auffassung des B ist somit zutreffend.

Ergebnis: Das Grundstück des B liegt in einem im Zusammenhang bebauten Ortsteil.

Fall 11: Heimatgemeinde

18 Zugehörigkeit eines Grundstücks zu einem im Zusammenhang bebauten Ortsteil, Bebauungszusammenhang, größere Baulücke

Sachverhalt

E ist Eigentümer einer Parzelle (angekreuzt) im Gebiet seiner Heimatgemeinde; er möchte dieses Grundstück mit einem Wohnhaus bebauen. Im Gemeindegebiet leben etwa 20 000 Einwohner. Das zur Bebauung vorgesehene Grundstück grenzt an eine Landstraße und liegt in einer etwa 150m breiten Lücke. Westlich des potentiellen Bauplatzes stehen an einem von Norden in die Landstraße einmündenden Weg mehrere Häuser. Südlich der Landstraße stehen weitere 12 Häuser. E meint, sein Grundstück liege im Anwendungsbereich des § 34 I BauGB. Zu Recht?

„Heimatgemeinde"

Lösung

Im vorliegenden Zusammenhang ist fraglich, ob das Grundstück des E noch dem Bebauungszusammenhang zuzurechnen ist. Die Entscheidung, welche Gebäude zu dem fraglichen Bebauungskomplex gehören, ist im Einzelfall schwierig, wenn die Gegend – wie vorliegend – Gebäudegruppen aufweist, die zum Teil nicht weit voneinander entfernt sind, zum Teil aber größere Abstände aufweisen. So könnte man ohne weiteres in dem südlichen Gebäudekomplex einen abgeschlossenen Bebauungszusammenhang sehen, in dem sich nördlich an die Liegenschaft des E anschließenden Bereich aber – aufgrund seines geringen Gewichts – lediglich einen Siedlungssplitter. Das Grundstück des E könnte in diesem Fall die (städtebaulich) notwendige Klammer bilden, um die Siedlungsteile zu einem Bebauungszusammenhang zu verknüpfen. Indes dürfte es hier an der notwendigen Zusammengehörigkeit fehlen, denn die südlich der Landstraße stehenden Häuser und die Häuser an der nördlich von der Landstraße abzweigenden Straße stehen nicht in dem notwendigen Zusammenhang. Die Baulücke von 150m, in der das Grundstück des Klägers liegt, unterbricht nämlich diesen Bebauungszusammenhang.

Ergebnis: Folglich ist das Vorhaben nach § 34 I BauGB nicht zulassungsfähig.

II. Durch Satzung begrenzte oder bestimmte Ortsteile

19 Um den dargestellten Unwägbarkeiten entgegenzuwirken und zugleich ein höheres Maß an Rechtssicherheit zu schaffen, eröffnet § 34 IV BauGB den Gemeinden in dreierlei Weise die Möglichkeit, den **Anwendungsbereich** des **§ 34 BauGB** durch eine Satzung **zu bestimmen, zu entwickeln** oder **zu ergänzen.** Ihrer Funktion entsprechend haben sich ihre Festsetzungen auf die jeweilige spezifische Zielsetzung zu beschränken. Vor allem darf die Planungspflicht der Gemeinden aus § 1 III BauGB nicht leerlaufen (OVG Bautzen, NVwZ 2001, 1070): Eine derartige Satzung wird rechtlich umso eher Anlass zu Bedenken geben, je höher ihre Regelungsdichte ist und je mehr sie die Funktion eines Bebauungsplans übernimmt (*Stüer,* DVBl 2005, 461 [470]).

20 Da diese Konstellationen in den juristischen Prüfungen jedoch eher selten anzutreffen sind, soll es mit einer kurzen Darstellung sein Bewenden haben (weiterführend *B/K/L,* BauGB, § 34 Rn. 79ff.; *Erbguth/Schubert,* ÖffBauR, § 8 Rn. 46ff.; *Bönker,* in: H/B/G, ÖffBauR, § 8 Rn. 110ff.; Schroedter-*Rieger,* BauGB, § 34 Rn. 107ff.).

Wichtig: Die Satzungen nach § 34 IV BauGB sind Instrumente zur Abgrenzung des Innenbereichs vom Außenbereich in besonderen städtebaulichen Übergangslagen.

1. Klarstellungssatzung

21 Die Klarstellungssatzung des § 34 IV 1 Nr. 1 BauGB dient ausschließlich der **Bestimmung der Grenze** zwischen **Außen- und Innenbereich,** wie sie sich nach den tatsächlichen Gegebenheiten darstellt. Streitfälle, ob ein Grundstück nach § 34 BauGB bebaubar oder nach § 35 BauGB nicht bebaubar ist, können durch den Erlass der Satzung vorab vermieden werden. Aufgrund des nur deklaratorischen Charakters der Satzung (dazu BVerwG, NVwZ 1991, 61) fehlt ihr die rechtliche Kraft, Grundstücke aus dem nicht qualifiziert beplanten Innenbereich auszugliedern und dem Außenbereich zuzuschlagen, d.h. spart diese Satzung Grundstücke als vermeintlich zum Außenbereich gehörend aus, die tatsächlich in dem im Zusammenhang bebauten Ortsteil liegen, gilt für diese Grundstücke nach wie vor § 34 BauGB (*B/K/L,* BauGB, § 34 Rn. 83; *F/O/K,* ÖffBauR I, § 26 Rn. 10).

2. Entwicklungssatzung

22 Die Entwicklungssatzung des § 34 IV 1 Nr. 2 BauGB ermöglicht die Festlegung von bebauten Flächen im Außenbereich als im Zusammenhang bebaute Ortsteile i.S. von § 34 BauGB. Der **Innenbereich** kann durch eine sol-

che Satzung daher **(konstitutiv)** in den angrenzenden Außenbereich hinein **fortentwickelt** werden.

23 Die Ermächtigung zum Erlass einer Satzung dieses Inhalts ist an folgende Voraussetzungen gebunden (weiterführend *B/K/L,* BauGB, § 34 Rn. 85f.; *Reidt,* in: B/R/S, BauPlR, Rn. 2167ff.):

- die in der Satzung als im Zusammenhang bebaute Ortsteile festgelegten Flächen müssen bebaute Bereiche des Außenbereichs sein, die zudem im Flächennutzungsplan als Baufläche dargestellt sind,
- die Satzung muss mit einer geordneten städtebaulichen Entwicklung vereinbar sein (§ 34 V 1 Nr. 1 BauGB),
- die Zulässigkeit von Vorhaben, die einer UVP-Pflicht nach Anlage 1 zum UVPG oder Landesrecht unterliegen, wird nicht begründet (§ 34 V 1 Nr. 2 BauGB) und
- es bestehen keine Anhaltspunkte für eine Beeinträchtigung der in § 1 VI Nr. 7b BauGB genannten Schutzgüter (§ 34 V 1 Nr. 3 BauGB).

Achtung: Die Satzung bewirkt lediglich eine Zuordnung zu dem Anwendungsbereich des § 34 BauGB, die Zulässigkeitsvoraussetzungen für das konkrete Vorhaben richten sich weiterhin nach § 34 I oder II BauGB.

3. Ergänzungssatzung

24 Durch die Ergänzungssatzung nach § 34 IV 1 Nr. 3 BauGB können die durch eine Klarstellungssatzung bestimmten oder im Wege einer Entwicklungssatzung fortentwickelten Innenbereichsgebiete **um** (weitere) einzelne **Außenbereichsgrundstücke ergänzt** werden. Entgegen der Regelung vor der Novellierung ist § 34 IV 1 Nr. 3 BauGB nicht mehr auf Abrundung beschränkt sondern ermöglicht darüber hinaus die Einbeziehung von Flächen, die durch die angrenzende Innenbereichsnutzung geprägt sind. Hierdurch sollen angrenzende einzelne Außenbereichsgrundstücke städtebaulich sinn- und maßvoll in Ortsteile nach § 34 BauGB einbezogen werden können (BT-Drs. 13/6392, S. 57; aus der Rspr. BVerwG, BRS 74 Nr. 104).

25 Auch die Ergänzungssatzung hat **konstitutiven Charakter.** Der Erlass einer solchen Satzung ist an rechtliche Schranken gebunden; es handelt sich dabei um die folgenden Voraussetzungen:

- es muss bereits ein im Zusammenhang bebauter Ortsteil vorliegen, d.h. eine Splittersiedlung kann durch dieses Instrument nicht zu einem Ortsteil „befördert“ werden;
- die einbezogenen Flächen müssen nach vernünftiger Betrachtung durch die bauliche Nutzung des angrenzenden Bereichs entsprechend geprägt sein (dazu VGH München, UPR 2002, 318f.);

- die einzubeziehenden Flächen müssen an den Innenbereich angrenzen, also unmittelbar daran anschließen (VGH Mannheim, ZfBR 2009, 793; OVG Münster, NVwZ-RR 2009, 798), überdies müssen die dem Innenbereich bereits zugehörigen Grundstücke die einzubeziehenden Außenbereichsflächen prägen;

Beispiel: Von einer Prägung kann regelmäßig nicht mehr ausgegangen werden, wenn die bisher unbebaute Seite einer einseitig bebauten Straße dem Innenbereich zugeschlagen werden soll.

- die Abrundung muss mit einer geordneten städtebaulichen Entwicklung vereinbar sein, § 34 V 1 Nr. 1 BauGB;
- die Zulässigkeit von Vorhaben, die einer UVP-Pflicht nach Anlage 1 zum UVPG oder Landesrecht unterliegen, wird nicht begründet (§ 34 V 1 Nr. 2 BauGB) und
- es bestehen keine Anhaltspunkte für eine Beeinträchtigung der in § 1 VI Nr. 7b BauGB genannten Schutzgüter (§ 34 V 1 Nr. 3 BauGB).

26 Zudem ist zu berücksichtigen, dass bei der Ergänzungssatzung die Bodenschutzklausel und die naturschutzrechtliche Eingriffsregelung zur Anwendung kommen (§ 34 V 4 Hs. 2 BauGB).

27 Die Ergänzungssatzung kann gleichzeitig mit den genannten Satzungen nach den Nrn. 1 oder 2 (oder nachträglich diese erweiternd) erlassen werden (§ 34 IV 2 BauGB), zugleich aber auch als selbstständige Satzung. Je nachdem, welche Elemente der Nummern 1 bis 3 die Satzung in sich vereinigt, müssen die materiell- und verfahrensrechtlichen Voraussetzungen für ihr rechtmäßiges Zustandekommen erfüllt sein. Insoweit kann es durchaus Fälle geben, in denen eine Teilnichtigkeit der Satzungen in Betracht kommt.

Schaubild 22: Satzungen nach § 34 IV BauGB

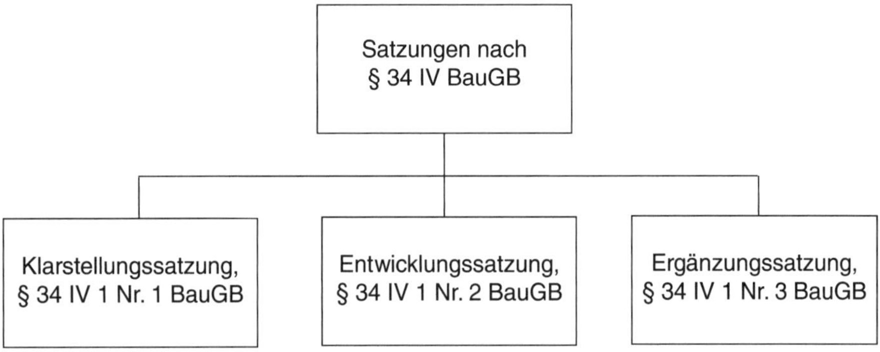

Wichtig: § 34 IV 2 BauGB gibt den Gemeinden die Möglichkeit, die Satzungen des § 34 BauGB miteinander zu verbinden. Im Falle einer solchen Verbindung richtet sich das Aufstellungsverfahren nach der Satzung mit den höchsten Verfahrensanforderungen (*Stüer,* DVBl 2010, 424 [431]).

4. Satzungsverfahren

Das **Satzungs(aufstellungs)verfahren** ist in § 34 VI BauGB geregelt. Für alle genannten Satzungen ist ein vereinfachtes Beteiligungsverfahren durch Verweis auf die „formlose" Öffentlichkeits- und Behördenbeteiligung nach § 13 II Nr. 2 und 3 BauGB vorgesehen (§ 34 VI 1 BauGB; s.o. *§ 6 Rn. 48f.*). Eine **Genehmigung** durch die höhere Verwaltungsbehörde ist bundesrechtlich (aber § 246 Ia BauGB für Satzungen nach § 34 IV 1 Nr. 1 BauGB) nicht vorgesehen. Alle genannten Satzungen sind nicht insgesamt, sondern gem. § 10 III BauGB nur mit der Möglichkeit der Einsichtnahme des Satzungsinhalts **bekanntzumachen** (§ 34 VI 2 BauGB). 28

Nur der Ergänzungssatzung ist zudem eine **Begründung** beizufügen, in welcher die Ziele, Zwecke und wesentlichen Auswirkungen der Satzung darzulegen sind (§ 34 V 4 Hs. 2 BauGB). 29

Wichtig: § 34 IV BauGB eröffnet den Gemeinden in dreierlei Weise die Möglichkeit, den Anwendungsbereich des § 34 BauGB durch eine Satzung zu bestimmen, zu entwickeln oder zu ergänzen.

C. Zulässigkeitskriterien nach § 34 I BauGB

Zulässigkeitskriterien grundsätzlicher Art für ein Vorhaben in dem auf diese Weise bestimmten Innenbereich sind nach § 34 I BauGB, das 30

- es sich in die Eigenart der näheren Umgebung einfügt,
- die Erschließung gesichert ist,
- die Anforderungen an gesunde Wohn- und Arbeitsverhältnisse gewahrt sind,
- das Ortsbild nicht beeinträchtigt ist sowie
- keine schädlichen Auswirkungen auf zentrale Versorgungsbereiche zu erwarten sind (§ 34 III BauGB).

Sofern das Vorhaben im Geltungsbereich eines einfachen (nicht-qualifizierten) Bebauungsplans liegt, ist überdies die Übereinstimmung des Vorhabens mit den Festsetzungen dieses Bebauungsplans zu prüfen (§ 30 III BauGB). 31

I. Maßstab des Einfügens

Das Gebot des **Sich-Einfügens** ist nach der Rechtsprechung immer dann erfüllt, wenn sich das Vorhaben (nach Art und Maß der baulichen Nut- 32 zung, der Bauweise und der Grundstücksfläche, die überbaut werden soll) in jeglicher Hinsicht **innerhalb** des durch die Bebauung seiner Umgebung **geprägten Rahmens** hält und die erforderliche Rücksicht auf die unmittelbare Umgebung nimmt (BVerwGE 55, 369 [370f.]; 157, 1 [5]; OVG Münster, NVwZ-RR 2006, 592 [596f.]; *Rubel,* DVBl 2018, 403 [407]; *Erbguth/Schubert,* ÖffBauR, § 8 Rn. 36 m.w.N.). Im Einzelnen bedeutet dies:

1. Nähere Umgebung

33 Die „nähere Umgebung" reicht weiter als die unmittelbare Nachbarschaft und umfasst weniger als den im Zusammenhang bebauten Ortsteil, von dem die „nähere Umgebung" in der Regel nur einen Teil bildet und an dessen Grenzen sie in jedem Falle endet (BVerwG, NJW 1983, 2460; BVerwGE 157, 1 [2f.]). Innerhalb dieser Grenzen reicht die „nähere Umgebung" soweit, wie sich die Ausführung des geplanten Vorhabens auf die Umgebung auswirken kann und soweit die Umgebung ihrerseits den bodenrechtlichen Charakter des Baugrundstücks **prägt** oder zumindest beeinflusst (grundlegend BVerwGE 55, 369 [380]; 68, 352 [358]; 157, 1 [2]; BVerwG, NVwZ 2019; 1456 [1457] vertiefend Schroedter-*Rieger,* BauGB, § 34 Rn. 35f.).

Achtung: Die wechselseitige Prägung von Baugrundstück und Umgebung bestimmt, was zur „näheren Umgebung" und damit zum Beurteilungsgebiet gehört.

2. Eigenart

34 Maßstab für die Beurteilung des Vorhabens ist sodann nicht die nähere Umgebung des Baugrundstücks als solche, sondern ihre „Eigenart". Diese muss ermittelt werden, bevor geprüft werden kann, ob sich das Vorhaben einfügt. Die **Ermittlung** der „Eigenart" erfolgt dabei **in mehreren Schritten** (BVerwGE 84, 322; s.a. *F/O/K,* ÖffBauR I, § 26 Rn. 17ff.).

35 In einem **ersten Schritt** ist die **tatsächlich vorhandene Bebauung,** also alles an Bebauung in den Blick zu nehmen, was in der näheren Umgebung vorhanden ist; dabei ist auch das städtebaulich Unerwünschte und Unvertretbare mit heranzuziehen (BVerwGE 55, 369 [381]; 157, 1 [3]; BVerwG, NVwZ 2019, 1456 [1457]). Hingegen bleibt eine künftige Bebauung außer Betracht, sofern sie sich nicht bereits in der vorhandenen Bebauung niedergeschlagen hat (BVerwG, NVwZ 1993, 1184). Das nach § 34 BauGB zu genehmigende Vorhaben selbst muss hier außer Betracht bleiben, weil es (noch) nicht Teil der etablierten näheren Umgebung ist (BVerwG, NVwZ 2019, 1456 [1457]).

In einem **zweiten Schritt** ist diese Bebauung auf das **Wesentliche** zurückzuführen, d.h. es bleibt zum einen alles außer Betracht, was die vorhandene Bebauung nicht prägt. 36

Beispiel: Auszuscheiden sind solche Bauten, die insbesondere nach Ausdehnung, Höhe, Zahl oder Nutzungsmaß nicht die Bedeutung haben, die nähere Umgebung zu beeinflussen; es sind dies die Baulichkeiten, die der Betrachter „nur am Rande wahrnimmt" (BVerwG, ZfBR 2009, 693; NVwZ 2018, 1651 [1652]).

Zum anderen sind bauliche Anlagen, die „Fremdkörper" darstellen, außer Betracht zu lassen. Dies sind solche, die in einem auffälligen Kontrast zu der sie umgebenden, im Wesentlichen homogenen Bebauung stehen (BVerwGE 157, 1 [4]; BVerwG, NVwZ 2019, 1456 [1457]). 37

Achtung: Ein „Fremdkörper" darf freilich nur außer Betracht bleiben, wenn er wegen seines singulären Charakters seine Umgebung nicht zu beeinflussen vermag. Besitzt er hingegen ein derartiges Gewicht, dass er sich auf die andersartige Umgebung prägend auswirkt, kann er durchaus Teil der Eigenart der näheren Umgebung sein.

Schließlich wird in einem **dritten Schritt** die tatsächlich vorhandene und durch Ausgrenzung des Unwesentlichen und des Fremdkörperartigen gedanklich korrigierte Umgebung erweitert um ehemals vorhanden gewesene Bebauung und Nutzung, soweit und solange nach der Verkehrsauffassung noch mit einer Wiederbebauung oder Wiederaufnahme der Nutzung zu rechnen ist (BVerwGE 75, 34 [38]; BVerwG, ZfBR 2007, 687; 2017, 261 [262]). Ausgehend von den so ermittelten „Eckdaten" besteht die Eigenart der näheren Umgebung dann aus dem Rahmen, in den sich die im Beurteilungsgebiet vorhandene Bebauung einbinden lässt. 38

Beispiele:
- Finden sich in der näheren Umgebung des Baugrundstücks Wohngebäude sowie emittierende und nicht-emittierende Gewerbebetriebe, reicht in der Art der Bebauung der Rahmen vom Mischgebiet bis zum Industriegebiet.
- Haben die Häuser in der als Maßstab beachtlichen Umgebung zwei, drei oder vier Vollgeschosse, so schließt der Rahmen in dieser Richtung zwei bis vier Vollgeschosse ein (*F/O/K,* ÖffBauR I, § 26 Rn. 23).

3. Einfügen

Sodann muss sich das Vorhaben in die Eigenart der näheren Umgebung „einfügen". Dies ist dann gegeben, wenn sich das Vorhaben hinsichtlich der einfügungsbedürftigen Merkmale **innerhalb des Rahmens** hält, der sich aus der Umgebung ableitet. Das Vorhaben muss sich also nicht insgesamt, sondern nur hinsichtlich der Merkmale 39

- Nutzungsart,
- Nutzungsmaß,
- Bauweise und
- Grundstücksüberbauung

in die Eigenart der näheren Umgebung einfügen (BVerwG, NVwZ 2011, 436 [437]; BVerwGE 157, 157, 1 [2ff.]; weiterführend *F/O/K,* ÖffBauR I, § 26 Rn. 24ff.; *Rubel,* DVBl 2018, 403 [407]; *Schröer,* NVwZ 2019, 832 [836]).

Beispiele (bzgl. Nutzungsart):
- In einer durch landwirtschaftliche Nutzung und Wohnnutzung geprägten Umgebung fügt sich ein landwirtschaftlicher Betrieb ein, der eine Ferkelproduktion zum Gegenstand hat (BVerwG, NVwZ 1987, 884).
- In einer von Wohnbebauung und Gewerbenutzung geprägten Umgebung fügt sich ein Wohnhaus ein, wenn es nicht stärkeren Belastungen ausgesetzt ist als die vorhandene Wohnbebauung (BVerwG, NVwZ 1984, 646).
- Hingegen fügt sich in eine durch eine Schwermetallgießerei geprägte Umgebung eine Wohnbebauung nicht ein (BVerwG, NVwZ 1986, 641).

Beispiele (bzgl. Nutzungsmaß):
- Bei einem Dachgeschossausbau kommt es für das Einfügen nach dem Maß der baulichen Nutzung nicht auf die Berechnungsregeln der BauNVO für die Geschossfläche an; entscheidend ist allein, ob sich das Gebäude als solches in die Eigenart der näheren Umgebung einfügt (BVerwGE 95, 277).
- Die Errichtung eines Minaretts mit einer Höhe von 25m ist bauplanungsrechtlich unzulässig, wenn es den Festsetzungen des Bebauungsplans über das Maß der baulichen Nutzung widerspricht oder – bei Unwirksamkeit des Plans – den durch die vorhandene Bebauung vorgegebenen städtebaulichen Rahmen überschreitet und dadurch städtebauliche Spannungen verursacht (VG Düsseldorf, NWVBl 2008, 157 [158]).

Beispiel (bzgl. Grundstücksüberbauung): Eine bauliche Anlage fügt sich in die vorhandene Bebauung der näheren Umgebung nicht ein, wenn sie in einer Spannungen begründenden Weise die faktisch vorhandenen rückwärtigen Baugrenzen der Bebauung in der näheren Umgebung überschreitet, etwa im rückwärtigen Teil des Grundstücks errichtet werden soll, während in der näheren Umgebung die rückwärtigen Grundstücksteile sämtlich als gärtnerisch angelegte Freiflächen genutzt werden (BVerwG, BRS 36 Nr. 56).

40 Selbst ein Vorhaben, das sich nicht in jeder Beziehung innerhalb des aus seiner Umgebung hervorgehenden Rahmens hält, sondern ihn überschreitet, kann sich in die Eigenart der näheren Umgebung einfügen. Indes darf es in diesem Fall weder selbst noch als „Vorbild" für künftige Bauvorhaben geeignet sein, **bodenrechtlich beachtliche Spannungen** zu begründen oder vorhandene Spannungen zu erhöhen. Überdies muss es – um sich einzufügen – trotz seiner rahmenüberschreitenden Besonderheit in eine „harmonische Beziehung" zur Bebauung der näheren Umgebung treten (BVerwGE 55, 369 [381f.]; 157, 1 [5f.]; Schroedter-*Rieger,* BauGB, § 34 Rn. 49f.; *Rubel,* DVBl 2018, 403 [409]; *Schröer,* NVwZ 2019, 832 [836]).

Fall 12: Gasthof

Zulassung eines Vorhabens nach § 34 BauGB (Eigenart der näheren Umge- 41
bung, Einfügen)

Sachverhalt

Gastwirt G betreibt auf einem ihm gehörenden Grundstück einen kleinen Gasthof mit 28 Betten. Das Grundstück liegt in einem nach dem Zweiten Weltkrieg mit großzügigen Einfamilienhäusern weitgehend einheitlich bebauten Viertel, für welches ein Bebauungsplan nicht besteht. In dem Viertel betreiben außer G ein Fleischer und ein Bäcker, eine Drogerie, eine Tankstelle, ein Kleinbusunternehmen mit 3 Fahrzeugen und ein Gartenbaubetrieb ihr Gewerbe. Zudem sind dort ein Rechtsanwalt und ein Heilpraktiker ansässig. Durch eine relativ günstige Lage zur nahegelegenen Großstadt mit einem intensiven Messebetrieb floriert der Gasthof des G beträchtlich. G will daher, zudem er auch einen Investor gefunden hat, expandieren. Ihm schwebt vor, einen Hotelbetrieb mit 200 Betten zu errichten. Die Baugenehmigungsbehörde hat im Hinblick auf § 34 BauGB Bedenken. Zu Recht?

Lösung

Der planungsrechtlichen Prüfung ist § 34 BauGB zugrunde zu legen. Da ein qualifizierter Bebauungsplan für den fraglichen Bereich nicht besteht, das Gebiet jedoch nach dem Sachverhalt zusammenhängend bebaut ist, gehört es zu einem im Zusammenhang bebauten Ortsteil. Nach § 34 I BauGB ist das Vorhaben u. a. dann zulässig, wenn es sich nach Art und Maß der baulichen Nutzung, der Bauweise und der Grundstücksfläche, die überbaut werden soll, in die Eigenart der näheren Umgebung einfügt. Entspricht die Eigenart der näheren Umgebung einem der Baugebiete, die in der BauNVO bezeichnet sind, beurteilt sich die Zulässigkeit des Vorhabens nach seiner Art allein danach, ob es in dem Baugebiet allgemein zulässig wäre. Im Beispielsfall reicht der Rahmen von der Wohnnutzung (§§ 3 II, 4 II Nr. 1 BauNVO) über Läden und nicht störende Handwerksbetriebe, die zur Deckung des täglichen Bedarfs für die Bewohner des Gebiets dienen (§§ 3 III Nr. 1, 4 II Nr. 2 BauNVO), einen Betrieb des Beherbergungsgewerbes und einen Gartenbaubetrieb (§ 4 III Nrn. 1 und 4 BauNVO), sonstigen Gewerbebetrieben, die das Wohnen bereits stören können (§§ 4a II Nr. 3, 6 II Nr. 4 BauNVO) bis hin zu Räumen bzw. Gebäuden für freie Berufe (§ 13 BauNVO). Aus alledem folgt, dass das Viertel keinen eindeutigen Gebietscharakter aufweist. Somit ist Beurteilungsgrundlage allein § 34 I BauGB.

Fraglich ist, ob sich das Vorhaben in die Eigenart der näheren Umgebung einfügt. Der aus der Umgebung ableitbare Rahmen reicht vom reinen Wohnen über die handwerksbezogene bis hin zur gewerblichen Nutzung. Auch die Nutzung als Unterbringungsbetrieb ist bereits vorhanden. Jedoch ist zu berücksichtigen, dass bislang nur ein Gasthof mit 28 Betten vorhanden ist. Aus der Bettenzahl lassen sich regelmäßig auch Rückschlüsse auf die Besucherzahl und damit auf die Störintensität des Betriebes ziehen. Geplant ist eine Betriebserweiterung auf 200 Betten. Dies würde bedeuten, dass hiervon Störungen für das Gebiet ausgehen, die beträchtlich über dem liegen, was bislang als Störfaktor im Baugebiet vorhanden ist. Das Bauvorhaben des G würde folglich den vorhandenen Rahmen sprengen. Es würde wegen der damit verbundenen Vorbildwirkung bodenrechtlich beachtliche Spannungen begründen und erhöhen, weil es ein Anreiz wäre, das einheitliche Straßenbild um der höheren baulichen Ausnutzung willen zu verändern. Die Erweiterung des Beherbergungsbetriebes fügt sich somit nicht in den vorhandenen Rahmen ein.

Ergebnis: Die Bedenken der Baugenehmigungsbehörde bestehen zu Recht.

4. Das Gebot der Rücksichtnahme

42 Nach der ständigen höchstrichterlichen Rechtsprechung ist das Gebot der Rücksichtnahme **Bestandteil** des Tatbestandsmerkmals **des Einfügens** (BVerwG, NJW 1981, 139; NVwZ 1999, 524; 2011, 436 [438]; s.a. *B/K/L,* BauGB, § 34 Rn. 32; Schroedter-*Rieger,* BauGB, § 34 Rn. 40; *Voßkuhle/Kaufhold,* JuS 2010, 497; *Stüer,* DVBl 2011, 472 [474]). Ein Vorhaben fügt sich demnach nicht in seine Umgebung ein – obwohl es sich in jeder Hinsicht innerhalb des aus seiner Umgebung hervorgehenden Rahmens hält –, wenn das Vorhaben es an der gebotenen Rücksichtnahme auf die sonstige, d.h. vor allem auf die in seiner unmittelbaren Nähe vorhandene Bebauung fehlen lässt.

43 Durch das Gebot der Rücksichtnahme wird folglich vor allem dem Umstand Rechnung getragen, dass der für die Beurteilung des Vorhabens maßgebliche Rahmen aus der näheren Umgebung und nicht nur aus der in unmittelbarer Nähe vorhandenen Bebauung gewonnen wird. Insofern ist dieses Gebot für das Merkmal des Einfügens ein verschärfendes Korrektiv.

Beispiel: In Gebieten, in denen Nutzungen unterschiedlicher Art und mit unterschiedlicher Schutzwürdigkeit zusammentreffen (bspw. gewerbliche Nutzung und Wohnnutzung), ist die Grundstücksnutzung mit einer spezifischen Pflicht zur Rücksichtnahme belastet; die gewerbliche Nutzung hat die von ihr ausgehende Belästigung in Grenzen zu halten und die benachbarte Wohnnutzung muss die Tatsache, dass sie in der Nähe einer Belästigungsquelle angesiedelt ist, im Sinne der Bildung einer Art Mittelwert respektieren (BVerwG, ZfBR 1999, 49; *Bönker,* in: H/B/G, ÖffBauR, § 7 Rn. 150f.).

5. Abweichungsbefugnis (§ 34 IIIa BauGB)

44 Nach § 34 IIIa 1 BauGB *kann* vom Erfordernis des Einfügens – d.h. ein im Zusammenhang bebauter Ortsteil muss gleichwohl gegeben sein – in die Eigenart der näheren Umgebung nach § 34 I 1 BauGB **im Einzelfall** abgewichen werden, wenn die Abweichung

- der Erweiterung, Änderung, Nutzungsänderung (dazu oben *§ 13 Rn. 11f.*) oder Erneuerung eines zulässigerweise errichteten (dazu *§ 17 Rn. 59f.*) Gewerbe- oder Handwerksbetriebes, einschließlich der Nutzungsänderung zu Wohnzwecken, oder der Erweiterung, Änderung oder Erneuerung einer zulässigerweise errichteten, Wohnzwecken dienenden baulichen Anlage dient oder die Umnutzung einer zulässigerweise errichteten baulichen Anlage zu Wohnzwecken geplant ist,
- städtebaulich vertretbar *(§ 14 Rn. 50)* und
- auch unter Würdigung nachbarlicher Interessen mit den öffentlichen Belangen vereinbar ist (*§ 14 Rn. 54f.*).

45 Durch die 2017 erweiterte Regelung soll es zum einen kleinen Handwerks- und Gewerbebetrieben in **städtebaulichen Gemengelagen** ermöglicht wer-

den, notwendige Maßnahmen der aufgeführten Art ohne ein langwieriges Bebauungsplanverfahren durchzuführen. Zum anderen soll die Versorgung mit Wohnraum verbessert werden, indem Erweiterungen von Wohngebäuden sowie die Umnutzung von bislang nicht zum Wohnen genutzten Gebäuden wie Kirchen, Schulen, Bahnhöfen oder ehemaligen Flüchtlingsunterkünften erleichtert wird (*Bunzel,* ZfBR 2017, 220 [225]). Diese den Antragsteller begünstigende Abweichungsregelung ist allerdings auf Einzelhandelsbetriebe unter den in § 34 III a 2 BauGB genannten Voraussetzungen nicht anwendbar. Bei der Anwendung und Auslegung der Tatbestandsvoraussetzungen sind die Erkenntnisse zu § 31 BauGB entsprechend heranzuziehen (weiterführend *Erbguth/Schubert,* ÖffBauR, § 8 Rn. 45; *Bönker,* in: H/B/G, ÖffBauR, § 8 Rn. 154f.; Schroedter-*Rieger,* BauGB, § 34 Rn. 100ff.).

II. Gesicherte Erschließung

Ein nach § 34 I BauGB zu beurteilendes Vorhaben ist nur zulässig, 46 wenn die Erschließung gesichert ist. In diesem Zusammenhang reicht grundsätzlich die Erschließung, die der jeweilige Innenbereich aufweist. Vorhaben, die im unbeplanten Innenbereich ausgeführt werden, müssen sich nämlich grundsätzlich mit dem Erschließungszustand abfinden, den der jeweilige Innenbereich aufweist (BVerwG, BRS 33 Nr. 36; Schroedter-*Rieger,* BauGB, § 34 Rn. 72f.). Maßgeblich sind jeweils die Art des Vorhabens und die **konkrete Erschließungssituation** (BVerwG, BauR 2000, 1173).

Die Erschließung muss überdies gesichert sein; an einer derartigen gesi- 47 cherten Erschließung kann es etwa fehlen, wenn die Straße zu einem stark frequentierten Fachmarkt nur unzureichend ausgebaut ist (BVerwG, NVwZ 1997, 389). Ist die Erschließung im Zeitpunkt der Erteilung der Baugenehmigung noch nicht vorhanden, so reicht es allerdings aus, wenn sie spätestens im Zeitpunkt der Fertigstellung oder Ingebrauchnahme des Vorhabens vorhanden ist (bereits oben *§ 14 Rn. 26f.*).

Achtung: Die Sicherung der Erschließung ist auch in den Genehmigungsfällen des § 34 II, IV BauGB Zulässigkeitsvoraussetzung.

III. Anforderungen an gesunde Wohn- und Arbeitsverhältnisse

§ 34 I 2 BauGB enthält **weitere Zulässigkeitsvoraussetzungen,** die zu- 48 sätzlich zu den in Abs. 1 S. 1 genannten Voraussetzungen erfüllt sein müssen.

Damit räumt das Gesetz den genannten Belangen nach dem systematischen Verhältnis von Satz 1 und Satz 2 eine eigenständige Maßstabsfunktion bei. Allerdings werden die Anforderungen an gesunde Wohn- und Arbeitsverhältnisse i.d.R. erfüllt sein, wenn sich ein Vorhaben i.S. des § 34 I 1 BauGB einfügt. Da die Grundstücke des nicht beplanten Innenbereichs grundsätzlich zur Bebauung anstehen, zieht § 34 I 2 BauGB nur eine äußerste Grenze für die Zulässigkeit der Bebauung, was zu zurückhaltender Auslegung zwingt (grdl. BVerwG, NVwZ 1991, 879 [880f.]).

Beispiele:
- Ungesunde Wohn- und Arbeitsverhältnisse sind nicht schon bei einer Baumwurfgefahr am Waldrand zu befürchten (BVerwG, NVwZ-RR 1998, 157 [158]).
- Entsprechende Wohnverhältnisse wären aber zu befürchten, wenn ein Vorhaben im natürlichen Überschwemmungsgebiet eines Gewässers verwirklicht werden soll (BVerwG, ZfBR 2005, 66).
- Die Anforderungen an gesunde Wohn- und Arbeitsverhältnisse können nicht gewahrt sein, wenn von einem benachbarten Industriebetrieb Gesundheitsgefahren für eine Wohnbebauung ausgehen (OVG Münster, NVwZ 1999, 578), vorhandener Verkehrslärm nach objektiven Durchschnittskriterien das gebotene Mindestmaß an Erholungsbedürfnis, Wohnruhe, ungestörtem Schlaf etc. nicht zulässt (BVerwG, NVwZ 1991, 879) oder bei Sportplätzen die in § 2 II Nr. 2 der 18. BImSchV festgelegten Richtwerte überschritten werden (BVerwG, ZfBR 2000, 128).

Achtung: Anhaltspunkte für „ungesunde" Wohn- und Arbeitsverhältnisse lassen sich § 136 II, III BauGB entnehmen.

IV. Keine Beeinträchtigung des Ortsbildes

49 Das Vorhaben darf darüber hinaus das Ortsbild nicht beeinträchtigen (dazu *Gaentzsch,* NVwZ 2000, 993 [999]; Schroedter-*Rieger,* BauGB, § 34 Rn. 75f.). Vorhaben, die sich zwar nach den einfügungsbedürftigen Merkmalen in die Eigenart der näheren Umgebung einfügen, aber eine Beeinträchtigung des Ortsbildes darstellen, sind zu verhindern. Der maßstabbildende Bereich ist dabei größer als die „nähere Umgebung". Darüber hinaus muss das Ortsbild, um schützenswert zu sein, eine gewisse Wertigkeit für die Allgemeinheit, einen besonderen Charakter, eine gewisse Eigenheit haben, die ihm eine aus dem Üblichen herausragende Prägung verleiht (BVerwG, NVwZ 2000, 1169). Damit wird, anders als nach § 34 I 1 BauGB, nicht das Vorhandene, sondern das **Erstrebens- und Wünschenswerte** zum **Maßstab** genommen (OVG Münster, BRS 52 Nr. 66).

Beispiel: Trotz eines vorgeschädigten Ortsbildes kann ein ihm entsprechendes Vorhaben verhindert werden, wenn es das Ortsbild zusätzlich beeinträchtigt.

Achtung: Da § 34 BauGB eine städtebauliche Vorschrift ist, können unter Berufung auf diese Norm nur Beeinträchtigungen verhindert werden, die von städtebaulicher Bedeutung sind und deshalb auch durch Bebauungsplan verhindert werden könnten, wie Gebäudehöhen, Stellung baulicher Anlagen o.ä. Eine Verunstaltung im bauordnungsrechtlichen Sinne oder baugestalterische Anforderungen sind unerheblich (BVerwG, NVwZ 2000, 1169; *Stüer,* DVBl 2003, 1030 [1032]).

V. Keine schädlichen Auswirkungen auf zentrale Versorgungsbereiche

Nach § 34 III BauGB dürfen von Vorhaben nach § 34 I – und auch von **50**
solchen nach § 34 II – BauGB überdies keine schädlichen Auswirkungen auf zentrale Versorgungsbereiche (zu diesem Begriff auch § 11 III BauNVO) in der Gemeinde oder in anderen Gemeinden zu erwarten sein. Diese Regelung ist vor allem auf die über die nähere Umgebung hinausgehenden sog. Fernwirkungen von **großflächigen Einzelhandelsbetrieben** und vergleichbaren Anlagen zugeschnitten.

Trotz der begrifflichen Anknüpfung der zentralen Versorgungsbereiche an **51**
die Regelung in der BauNVO ist sowohl in Bezug darauf als auch hinsichtlich der Frage, wann im Einzelfall schädliche Auswirkungen anzunehmen sind, noch vieles streitig (aus der Rechtsprechung BVerwG, NVwZ 2010, 587 u. 590 [zu letzterem *Claus,* NVwZ 2010, 753]; 2009, 781; BauR 2009, 944; OVG Münster, DVBl 2009, 133 u. 134; OVG Münster, NVwZ 2007, 727; 735 [zum nachbarschützenden Charakter der Norm – verneint]; weiterführend *Erbguth/Schubert,* ÖffBauR, § 8 Rn. 41ff.; *Bönker,* in: H/B/G, ÖffBauR, § 8 Rn. 164f.; 660; Schroedter-*Rieger,* BauGB, § 34 Rn. 85f.).

VI. Festsetzungen eines einfachen Bebauungsplans

Widerspricht ein Vorhaben den Festsetzungen eines einfachen Bebauungs- **52**
plans, so ist es im Innenbereich unzulässig. Dies gilt auch dann, wenn das Vorhaben im Übrigen den Voraussetzungen des § 34 I BauGB entspricht, sich also insbesondere in die Eigenart der Umgebung einfügt. Entspricht andererseits ein Vorhaben den Festsetzungen eines einfachen Bebauungsplans, so ist es auch dann planungsrechtlich zulässig, wenn es im Widerspruch zur Eigenart der näheren Umgebung steht. Letzteres setzt indes voraus, dass der einfache Bebauungsplan insofern eindeutige „positive“ Festsetzungen enthält (*B/K/L,* BauGB, § 34 Rn. 17f.).

Prüfungsschema 10: Zulässigkeit von Vorhaben nach § 34 I BauGB

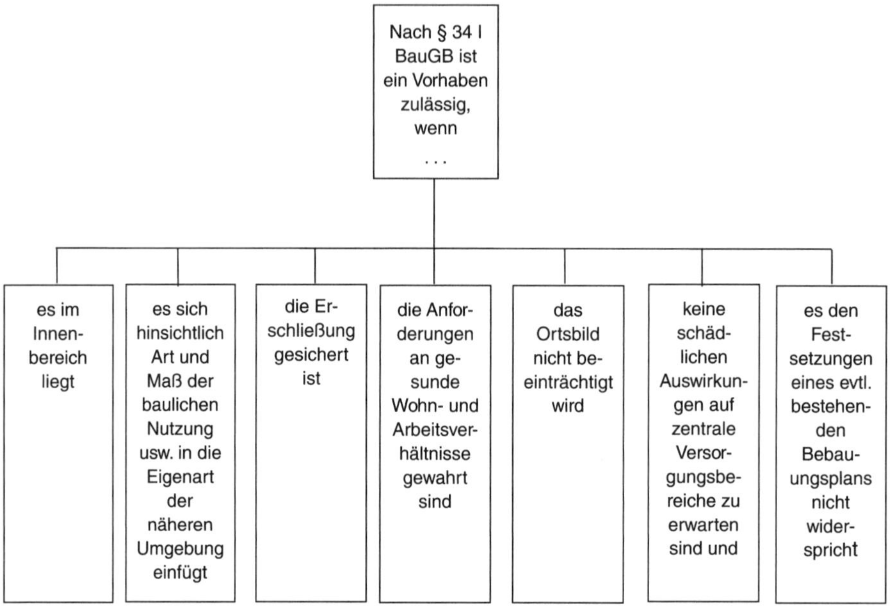

D. Zulässigkeitskriterien nach § 34 II BauGB

53 Entspricht die Eigenart der näheren Umgebung nach der Art der baulichen Nutzung einem der Baugebiete der BauNVO, beurteilt sich die Zulässigkeit von Vorhaben gem. § 34 II BauGB hinsichtlich der Art der baulichen Nutzung nicht nach dem aus der näheren Umgebung abzuleitenden „Rahmen" (dazu oben *Rn. 32ff.*), sondern **ausschließlich** nach der BauNVO. (faktisches Baugebiet; BVerwG, NVwZ 2019, 1456 [1458]) Bleiben indes hinsichtlich der Zuordnung Zweifel, so ist allein § 34 I BauGB anzuwenden (*Thiel,* AL 2012, 174 [177]).

Beispiel: Entspricht die Eigenart der näheren Umgebung einem allgemeinen Wohngebiet i.S. des § 4 I BauNVO, beurteilt sich die Zulässigkeit von Vorhaben (hinsichtlich der Art der baulichen Nutzung) allein nach § 4 II, III BauNVO.

Achtung: Die übrigen in § 34 I BauGB erwähnten Merkmale, nämlich Nutzungsmaß, Bauweise und Grundstücksüberbauung beurteilen sich nicht nach der BauNVO, sondern nach wie vor gem. § 34 I BauGB nach dem aus der näheren Umgebung abzuleitenden Rahmen.

Durch die dynamische Verweisung auf die BauNVO soll erreicht werden, dass ein **gewachsenes Baugebiet,** dessen Art der baulichen Nutzung der Ordnung der BauNVO und damit heutigen städtebaulichen Vorstellungen entspricht, **bewahrt** werden kann, ohne dass es dazu der Aufstellung eines lediglich sichernden und bewahrenden Bebauungsplans bedarf (BVerwG, NJW 1984, 1572). Die in der BauNVO ausnahmsweise zugelassenen Arten baulicher Nutzung können, wie die Verweisung des § 34 II BauGB auf § 31 I BauGB zeigt, zugelassen werden. Darüber hinaus sind auch Befreiungen nach § 31 II BauGB möglich. 54

Achtung: Trotz Fehlens des Tatbestandsmerkmals „Einfügen" findet das Gebot der Rücksichtnahme auch in den Fällen des § 34 II BauGB Anwendung. Dies ergibt sich aus § 15 I BauNVO, der eine Ausprägung des baurechtlichen Gebots der Rücksichtnahme ist (BVerwGE 67, 334; *Baars,* BauR 2019, 901 [903]).

Fall 13: Tankstelle

Zulassung eines Vorhabens nach § 34 II BauGB, §§ 4 II, III BauNVO (ausnahmsweise Zulassung einer kombinierten Waschanlage/Reparaturwerkstätte, Nebenanlagen nach § 14 BauNVO, nicht störender Gewerbebetrieb). 55

Sachverhalt

E hat von seinem verstorbenen Onkel ein Grundstück G in einer Ortsrandlage geerbt (nachfolgende Skizze). Für diesen Bereich existiert kein Bebauungsplan. Auf dem Eckgrundstück hatte sein Onkel über etwa 20 Jahre hinweg eine Tankstelle mit zwei Zapfsäulen und einem kleinen Kundendienst (Wagenpflege, Verkauf von Süßwaren, Getränken etc.) betrieben. Im Umfeld der Tankstelle befinden sich hauptsächlich Wohngebäude, daneben gibt es einen kleinen „Tante-Emma"-Laden, einen Schuhmacher sowie einen Landgasthof mit Zimmern für Fernfahrer. E möchte nunmehr aus wirtschaftlichen Gründen expandieren. Zu diesem Zweck beabsichtigt er, eine Waschanlage sowie eine Reparaturwerkstätte zu errichten. In der Werkstatt könnten – von Kapazität und Ausstattung her – nur kleinere Arbeiten durchgeführt werden. E hält die Maßnahmen für zulassungsfähig nach § 34 II BauGB.

Lösung

Vorüberlegungen zum Beispielsfall: Der Errichtung der Waschanlage sowie einer Reparaturwerkstätte könnten im Genehmigungsverfahren die §§ 29 ff. BauGB entgegenstehen. Bei den von E geplanten Maßnahmen handelt es sich um Vorhaben i. S. des § 29 I BauGB, so dass die §§ 30 bis 35 BauGB zur Anwendung kommen. Ein qualifizierter Bebauungsplan liegt nicht vor (§ 30 I BauGB). G liegt jedoch innerhalb eines im Zusammenhang bebauten Ortsteils, so dass sich die bauplanungsrechtliche Beurteilung nach § 34 BauGB richtet.

Es ist nunmehr zu prüfen, ob die Eigenart der näheren Umgebung nach der Art der baulichen Nutzung einem der Baugebiete nach der BauNVO entspricht (§ 34 II BauGB). Der **Rahmen** des **Baugebiets** reicht von der überwiegenden Wohnnutzung über die der Versorgung des Gebiets dienenden Läden („Tante-Emma"-Laden) und nicht störenden Handwerksbetriebe (Schuhmacher) bis hin zu einer Schank- und Speisewirtschaft mit Beherbergungsbetrieb („An der B 1"). Es handelt sich dabei sämtlich um in § 4 II, III BauNVO vorgesehene Nutzungsformen. Der Gebietscharakter weist damit in Richtung allgemeines Wohngebiet.

Entspricht die Eigenart der näheren Umgebung einem der Baugebiete nach der Baunutzungsverordnung, so beurteilt sich gem. § 34 II BauGB die Zulässigkeit des Vorhabens nach seiner Art allein danach, ob es nach der Verordnung in dem Baugebiet allgemein oder ausnahmsweise zulässig wäre. Eine **allgemeine Zulassungsmöglichkeit** nach § 4 I, II BauNVO ist nicht gegeben, da die Nrn. 1 bis 3 des § 4 II BauNVO nicht einschlägig sind. Somit ist zu prüfen, ob eine **ausnahmsweise Zulassung** (§ 34 II letzter Halbsatz BauGB) auf der Grundlage des § 4 III BauNVO in Betracht kommt. Dabei ist zunächst zu klären, ob die Erweiterung der bisherigen Tankstelle noch unter § 4 III Nr. 5 BauNVO zu subsumieren ist. Das Bauplanungsrecht geht insoweit von einem städtebaulichen Begriff der Tankstelle aus (OVG Bremen, BRS 38 Nr. 65; OVG Münster, BRS 30 Nr. 30; K/R/S, BauNVO, § 2 Rn. 46). Der in der BauNVO verwandte städtebauliche Begriff erfasst neben dem Verkauf von Kraftstoff daher auch zumindest das Waschen und die Pflege der Kraftfahrzeuge (K/R/S, BauNVO, § 6 Rn. 20). Dabei wird man in Anbetracht dieser sich wandelnden Lebenswirklichkeit bei der **Waschanlage** davon ausgehen können, dass diese Erweiterung noch unter den Begriff der Tankstelle gefasst werden kann. Die Waschanlage dürfte insoweit sogar als Nebenanlage einzustufen sein (§ 14 I BauNVO), da sie der Tankstelle nach ihrer Zweckbestimmung und Bedeutung untergeordnet dient. Daraus ergibt sich die ausnahmsweise Möglichkeit der Zulassung der Waschanlage nach §§ 4 III Nr. 5, 14 I BauNVO.

Im Hinblick auf die Zulassungsfähigkeit der Erweiterung ist allerdings noch § 15 I BauNVO zu prüfen. Diesbezüglich ist zum einen § 15 I 1 BauNVO zu berücksichtigen. Danach müsste ein Anhaltspunkt ersichtlich sein, wonach diese Maßnahme nach Anzahl, Lage, Umfang oder Zweckbestimmung der Eigenart des Baugebiets widerspricht (zu den diesbzgl. Anforderungen K/R/S, BauNVO, § 15 Rn. 18 ff.). Ein solcher Anhaltspunkt fehlt hier jedoch.

Im Hinblick auf § 15 I 2 Hs. 1 BauNVO dürften von der Erweiterung der „Waschanlage" keine Belästigungen und Störungen ausgehen, die nach der Eigenart des Baugebiets im Baugebiet selbst oder in dessen Umgebung unzumutbar sind. Unter „Belästigungen" sind Beeinträchtigungen des subjektiven Wohlbefindens zu verstehen (K/R/S, BauNVO, § 15 Rn. 24), der Tatbestand der „Störungen" umfasst die Nachteile als Ergebnis der von einer Anlage ausgehenden Einwirkungen aller Art auf die Gesamtheit der geschützten Rechtsgüter des Einzelnen oder der Allgemeinheit (K/R/S, BauNVO, § 15 Rn. 25). Mit einer zu erwartenden verstärkten KfZ-An- und Abfahrt und dem damit notwendigerweise verbundenen Geräuschpegel sind solche Belästigungen durchaus zu erwarten.

Die bezeichneten Belästigungen oder Störungen führen aber nur dann zur Unzulässigkeit, wenn sie „unzumutbar" sind. In diesem unbestimmten Rechtsbegriff ist das Gebot der Rücksichtnahme verankert. Das einzelne Vorhaben ist daher so anzusiedeln, dass Konflikte zwischen einander abträglichen Nutzungen möglichst vermieden werden. Für die sachgerechte Beurteilung des Einzelfalls kommt es auf eine Abwägung zwischen dem an, was einerseits dem Rücksichtnahmebegünstigten und andererseits dem Rücksichtnahmeverpflichteten nach Lage der Dinge zuzumuten ist (BVerwGE 51, 15 [30]; 52, 122 [126]; NVwZ 1993, 1184 [1185]. Da hier eine gewisse Vorprägung zu berücksichtigen ist (Gaststätte mit Beherbergungsbetrieb, Nähe zur B 1, bereits vorhandene Wagenpflege), dürfte die Ansiedelung der Waschanlage – so ließe sich argumentieren – zu keinen maßgeblichen Verschlechterungen führen (so in einem vergleichbaren Fall OVG Münster, NVwZ-RR 1997, 16). Die **Waschanlage** ist daher nach § 34 II BauGB **zulassungsfähig.**

Im Hinblick auf die angegliederte **Reparaturwerkstätte** ist bereits die Einordnung unter § 4 III Nr. 5 BauNVO fraglich. Zwar dürften nach dem städtebaulichen Begriff der „Tankstelle" Vorrichtungen zur Behebung kleinerer Reparaturen noch von diesem Begriffsbild erfasst sein (K/R/S, BauNVO, § 6 Rn. 20). E plant und beantragt jedoch eine Reparaturwerkstätte, die diesen Rahmen überschreitet. Es dürfte sich vielmehr um einen unter das Kraftfahrzeugmechanikerhandwerk fallenden Handwerksbetrieb handeln, der sich unter die „nicht störenden Gewerbebetriebe" (§ 4 III Nr. 2 BauNVO) einordnen lassen muss (BVerwG, BauR 1975, 396; VGH Mannheim, BRS 29 Nr. 25). Jedoch ist der nichtstörende Charakter der „Reparaturwerkstätte" gerade zweifelhaft. Bei der Beurteilung dieser Frage sind die Einzelfallumstände, die sich aus der konkreten örtlichen Situation und der Umgebung ergeben, einzubeziehen (BVerwG, BRS 46 Nr. 50; OVG Lüneburg, BRS 33 Nr. 128). Die Tatsache, dass E nur kleinere Reparaturen dort ermöglichen und ausführen lassen will, ist zu berücksichtigen und spricht indiziell gegen einen störenden Charakter des Betriebes. Andererseits ist zu berücksichtigen, dass eine KFZ-Reparaturwerkstatte, in der wesensgemäß Blech- oder Karosseriearbeiten, Motorenreparaturen, Bohr- oder Schweißarbeiten ausgeführt werden sollen, typischerweise Betriebsgeräusche erzeugt, die in WA-Gebieten dem Gebietscharakter widersprechen. Dabei kommt hinzu, dass die schon vorhandene gewerbliche Nutzung nicht besonders lärmintensiv ist, es somit an einer gewissen städtebaulichen Vorprägung fehlt (zu diesem Aspekt K/R/S, BauNVO, § 4 Rn. 84). Somit handelt es sich um einen störenden Gewerbebetrieb. Die **Reparaturwerkstätte** ist daher nach § 34 II BauGB **nicht zulassungsfähig.**

Ergebnis: Während die Waschanlage nach § 34 II BauGB zulassungsfähig ist, ist dies bei der Reparaturwerkstätte nicht der Fall.

E. Verfahrensfragen

Verfahrensrechtlich ist die Zulassung von Vorhaben im Anwendungsbereich **56**
des § 34 BauGB vom **Einvernehmen** der Gemeinde abhängig, § 36 I BauGB. Das Einvernehmen darf allerdings nur aus Gründen des § 34 BauGB, also aus städtebaulichen Gesichtspunkten, versagt werden (§ 36 II 1 BauGB; zu den Einzelheiten oben *§ 14 Rn. 37f.*).

F. Kontrollfragen

1. Lässt sich die Ortsteil-Qualität an der Zahl der vorhandenen Gebäude festmachen?

2. Beschreiben Sie den Begriff des Bebauungszusammenhangs!
3. Ergeben sich aus einer Entwicklungssatzung gem. § 34 IV 1 Nr. 2 BauGB die Zulässigkeitsvoraussetzungen für ein konkretes Vorhaben?
4. In welchen Schritten erfolgt die Ermittlung der „Eigenart der näheren Umgebung"?
5. Hinsichtlich welcher Merkmale muss sich das Vorhaben in die Eigenart der näheren Umgebung einfügen?
6. Findet das Gebot der Rücksichtnahme auch in den Fällen des § 34 II BauGB Anwendung?
7. Kann der Bauherr gegen ein versagtes Einvernehmen (§ 36 I BauGB) unmittelbar gerichtlich vorgehen?

(Antworten auf S. 361)

§ 17. Zulässigkeit von Vorhaben im Außenbereich

Literatur: *Achatz,* Intensivtierhaltung im Außenbereich: Zum Tatbestandsmerkmal der „Gesolltheit" im Rahmen des § 35 I Nr. 4 BauGB, DVBl 2013, 73; *Krautzberger,* Bodenschutz und Baurecht auf Zeit im Außenbereich, UPR 2010, 81; *Seibel,* Das Rücksichtnahmegebot im öffentlichen Baurecht, BauR 2007, 1831; *Söfker,* Bauplanungsrechtliche Beurteilung von gewerblichen Tierhaltungsbetrieben im Außenbereich und die Steuerung ihrer Ansiedelung, NVwZ 2008, 1273; *Söfker,* Steuerung von Außenbereichsvorhaben im Sinne des § 35 I BauGB durch Bauleitplanung, FS Erbguth 2019, 365; *Stüer,* Städtebaurecht 2009: Plansicherung – Planbegleitung – planungsrechtliche Zulässigkeit, DVBl 2010, 424 (431 ff.); *ders.,* Städtebaurechtsnovelle 2012, DVBl 2012, 1017; *Werner/Würfel,* Die Grundstücksverfügbarkeit in der Bauleitplanung – speziell bei der Konzentrationsflächenplanung für Windkraftanlagen, NVwZ 2013, 263.

A. Allgemeines

I. Grundsätze

1 Die Zulässigkeit von Vorhaben im Außenbereich beurteilt sich nach § 35 BauGB. Anders als der Innenbereich soll der Außenbereich wegen seiner besonderen Bedeutung für die agrarische Bodennutzung und als Erholungslandschaft für die Allgemeinheit möglichst vor Bebauung geschützt werden. **Zweck der Vorschrift** ist es also im Wesentlichen, eine weitreichende **Schonung** der noch **unbebauten Landschaft** zu gewährleisten (BVerwG, NVwZ 2019, 802 [803]; BayVerfGH, DVBl 2016, 1259, 1263 m. w. N.; *Schröer,* NVwZ 2019, 803 [804]; *Berkemann,* ZfBR 2019, 755 [760]; *Söfker,* FS Erbguth 2019, 365) Dabei werden unter Außenbereich diejenigen Gebiete verstanden, die weder innerhalb der im Zusammenhang bebauten Ortsteile

noch im Geltungsbereich eines qualifizierten Bebauungsplans liegen. Der Außenbereich wird vom BauGB also nicht positiv, d.h. durch bestimmte Begriffsmerkmale, sondern negativ in der Weise abgegrenzt, dass Außenbereich nicht mehr, aber auch nicht weniger ist als die Gesamtheit der von den §§ 30 I, 34 BauGB nicht erfassten Flächen (BVerwGE 41, 227).

Wichtig: Der Zuordnung eines Gebietes zum Außenbereich steht es nicht entgegen, wenn das Gebiet im Geltungsbereich eines einfachen Bebauungsplanes (§ 30 III BauGB) liegt.

II. Systematik der Vorschrift

Vom Aufbau her unterscheidet § 35 BauGB zwischen privilegierten Vorhaben gem. § 35 I BauGB und sonstigen Vorhaben nach § 35 II BauGB. Die erleichterte Zulassung der Privilegierungstatbestände ergibt sich daraus, dass ihnen öffentliche Belange nicht „entgegenstehen“ dürfen, während sonstige Vorhaben bereits dann nicht genehmigt werden, wenn sie öffentliche Belange beeinträchtigen (*Wickel,* Jura 2019, 268 [270]). 2

Während in **§ 35 I BauGB** eine **planähnliche Zuweisung** von privilegierten Vorhaben in den Außenbereich gesehen wird, enthält **§ 35 II BauGB** für die sonstigen Vorhaben ein **grundsätzliches Bauverbot,** m.a.W. soll der Außenbereich grundsätzlich von wesensfremder Bebauung freigehalten werden (BVerwGE 54, 73 [76]; VGH Mannheim, NVwZ-RR 2000, 481 [482]; OVG Münster, NVwZ-RR 2004, 480). 3

§ 35 I BauGB stellt folgende Voraussetzungen für die **Zulässigkeit** der **privilegierten Vorhaben** auf (im Einzelnen *unten Rn. 8f.*): 4
- Erfüllung eines der in Abs. 1 Ziff. 1 bis 8 geregelten Privilegierungstatbestände,
- Nichtentgegenstehen öffentlicher Belange,
- Sicherung einer ausreichenden Erschließung,
- das Vorhaben darf sich nicht im Widerspruch zu den Festsetzungen eines einfachen Bebauungsplans befinden (dazu oben *§ 16 Rn. 53*).

Voraussetzungen für die **Zulässigkeit sonstiger Vorhaben** gem. **§ 35 II BauGB** sind (dazu unten *Rn. 36f.*): 5
- Nichtbeeinträchtigung öffentlicher Belange durch die Ausführung oder Benutzung,
- Sicherung einer ausreichenden Erschließung,
- kein Widerspruch zu den Festsetzungen eines einfachen Bebauungsplans nach § 30 II BauGB (s.o. *§ 16 Rn. 53*).

Außer den beiden Grundtypen der „privilegierten“ und „sonstigen“ Vorhaben nennt das Gesetz in **§ 35 IV BauGB** ausdrücklich einige „sonstige Vorhaben“, denen bestimmte öffentliche Belange nicht entgegengehalten werden 6 dürfen. Man spricht insoweit von **„teilprivilegierten Vorhaben“.** Im Wesentlichen handelt es sich dabei um die Entprivilegierung bisher landwirtschaftlich genutzter Gebäude sowie um einfachgesetzliche Ausprägungen und Erweiterungen von Tatbeständen, bei denen die Eigentumsgarantie, in Sonderheit der Bestandsschutz, die erleichterte Zulassung von Vorhaben gebietet.

7 Die Zulässigkeit eines teilprivilegierten Vorhabens setzt voraus (im Einzelnen unten *Rn. 56f.*):
- Erfüllung eines der in § 35 IV Ziff. 1 bis 6 BauGB geregelten Begünstigungstatbestände,
- Nichtbeeinträchtigung öffentlicher Belange, unter Ausschluss der in § 35 IV 1 BauGB bezeichneten,
- Sicherung einer ausreichenden Erschließung,
- kein Widerspruch des Vorhabens zu den Festsetzungen eines einfachen Bebauungsplans nach § 30 II BauGB (dazu oben *§ 16 Rn. 53*).

B. Zulassung privilegierter Vorhaben

I. Die einzelnen Privilegierungen

8 § 35 I BauGB zählt die Vorhaben auf, die nach Auffassung des Gesetzgebers grundsätzlich in den Außenbereich gehören. Diese privilegierten Vorhaben sind dem Außenbereich bevorzugt zugewiesen. Da gleichwohl die Bestimmung über die Zulässigkeit von Außenbereichsvorhaben von dem Grundsatz beherrscht wird, dass das Bauen im Außenbereich grundsätzlich unterbleiben und nur in Ausnahmefällen zulässig sein soll, sind die Privilegierungen eng auszulegen (*B/K/L,* BauGB, § 35 Rn. 5).

9 Der **abschließende Katalog** des § 35 I BauGB enthält Vorhaben, die
- einem land- oder forstwirtschaftlichen Betrieb (Nr. 1) oder
- einem Betrieb der gartenbaulichen Erzeugung (Nr. 2) dienen,
- die ortsgebunden sind (Nr. 3) oder
- wegen ihrer Anforderungen, Auswirkungen oder Zweckbestimmung außenbereichsbezogen sind (Nr. 4),
- der Erforschung, Entwicklung oder Nutzung der Wind- oder Wasserenergie (Nr. 5),
- der energetischen Nutzung von Biomasse im Rahmen bestimmter Betriebsformen (Nr. 6),
- der Kernenergie (Nr. 7) oder
- der Nutzung solarer Strahlungsenergie (Nr. 8) dienen.

Diese sog. „privilegierten“ Vorhaben sind im Außenbereich zulässig, wenn ihnen öffentliche Belange nicht entgegenstehen und die Erschließung gesichert ist.

Wichtig: Soweit das Außenbereichsgrundstück im Geltungsbereich eines einfachen Bebauungsplans liegt (was allerdings eher selten vorkommen dürfte), ist dieser vorrangig zu beachten (§ 30 III BauGB; dazu BVerwGE 89, 69 [76]).

Achtung: § 35 V BauGB enthält für Vorhaben nach § 35 I Nr. 2 bis 6 die Verpflichtung sich zum **Rückbau** bereit zu erklären. Zur Schonung des Außenbereichs soll sichergestellt werden, dass die Baukörper dort nur so lange bestehen, wie es durch ihren besonderen Nutzungszweck gerechtfertigt ist (BVerwG, NVwZ 2013, 805; *Berkemann,* ZfBR 2019, 755 [760]; *B/K/L,* BauGB, § 35 Rn. 180ff.; Schroedter-*Rieger,* BauGB, § 35 Rn. 242f.).

1. Vorhaben der Land- und Forstwirtschaft

Nach § 35 I Nr. 1 BauGB ist ein Vorhaben im Außenbereich zulässig, das einem land- oder forstwirtschaftlichen Betrieb dient und nur einen untergeordneten Teil der Betriebsfläche einnimmt. 10

a) Land- und Forstwirtschaft

Der für Vorhaben nach § 35 I Nr. 1 BauGB zentrale Begriff der **Landwirtschaft** ist in **§ 201 BauGB** definiert. Hiernach zählen zur Landwirtschaft insbesondere der Ackerbau, die Wiesen- und Weidewirtschaft einschließlich Tierhaltung, soweit das Futter überwiegend auf den zum landwirtschaftlichen Betrieb gehörenden, landwirtschaftlich genutzten Flächen erzeugt werden kann, die gartenbauliche Erzeugung, der Erwerbsobstbau, der Weinbau, die berufsmäßige Imkerei und Binnenfischerei (VGH Mannheim, ZfBR 2010, 164 [166f.]). Mit Ausnahme der beiden zuletzt genannten Tätigkeiten muss es sich immer um einen Fall unmittelbarer Bodenertragsnutzung in dem Sinne handeln, dass der Boden zum Zwecke der Nutzung seines Ertrages planmäßig und eigenverantwortlich bewirtschaftet wird (BVerwG, DVBl 1979, 504 [505]). Eine unmittelbare Verfütterung des erzeugten Futters an die Tiere oder eine örtliche Nähe zum Betrieb ist allerdings nicht erforderlich (*Stüer,* DVBl 2010, 424 [431]). 11

Gegenbeispiele: Die Zucht von Weinbergschnecken (OVG Münster, BRS 20 Nr. 51) gilt nicht als Landwirtschaft. Eine Massentierhaltung ohne eigene Futtergrundlage oder mit weniger als 50% eigener Futtergrundlage wird ebenfalls nicht mehr als landwirtschaftliche, sondern als gewerbliche Tierhaltung betrachtet (BVerwG, NVwZ-RR 1997, 590; OVG Lüneburg, ZfBR 2003, S. 272).

An der Privilegierung des § 35 I Nr. 1 BauGB teilnehmen können auch eigentlich **landwirtschaftsfremde Vorhaben,** die wegen ihrer betrieblichen 12

Zuordnung zu der landwirtschaftlichen Tätigkeit nämlich der Verarbeitung oder dem Absatz der in der Landwirtschaft erzeugten Güter dienen. Dabei ist Voraussetzung, dass es sich – äußerlich erkennbar – bei dem „mitgezogenen" Betrieb nur um eine „bodenrechtliche Nebensache" handelt und dieser dem landwirtschaftlichen Betrieb zu- und untergeordnet ist (BVerwG, NVwZ-RR 1999, 106).

Beispiele:
- Zum Erwerbsobstbau kann die direkte Obstvermarktung vom Hof aus (OVG Münster, BauR 2000, 245) oder das Brennen des selbsterzeugten Obstes, zur Pferdezucht die reiterliche Erstausbildung der Jungpferde gehören (BVerwG, NVwZ 1986, 201).
- Eine „Wohneinheit für Feriengäste" kann für eine solche Wohnnutzung nur dort zugelassen werden, wo ansonsten keine Möglichkeiten bestehen, Gäste mit dem genannten Urlaubsziel unterzubringen (VG Trier, BauR 2004, 718; zu „Ferien auf dem Bauernhof" s. a. OVG Münster, AgrarR 1999, 63; *Stüer,* DVBl 2010, 424 [431]).
- Abzulehnen wäre eine Privilegierung allerdings für die Schankwirtschaft eines Winzerbetriebes (BVerwG, NVwZ 1989, 559) oder die Fischgaststätte eines Fischzuchtbetriebes (Schroedter-*Rieger,* BauGB, § 35 Rn. 18).

13 **Nicht** zur **Landwirtschaft** rechnen überdies Betriebe, die – wie ein landwirtschaftliches Lohnunternehmen oder der dörfliche Schmied, Schlosser oder Wagenbauer – nur einen **mittelbaren Bezug** zur Landwirtschaft haben.

14 Die im BauGB nicht definierte **Forstwirtschaft** ist die planmäßige, den Anbau, die Pflege und den Abschlag umfassende Bewirtschaftung von Wald zum Zwecke der Holzgewinnung (zum Begriff der „forstwirtschaftlichen Betätigung" BVerwG, NVwZ 2007, 224); die Jagd wird nicht dazu gerechnet (BVerwG, UPR 1996, 269). Ein Betrieb, der forstwirtschaftliche Arbeiten für Dritte ausführt, ist kein forstwirtschaftlicher Betrieb i. S. des § 35 I Nr. 1 BauGB (BVerwG, NVwZ 1999, 106).

b) Betrieb

15 Land- und Forstwirtschaft sind privilegiert, wenn sie in der Form eines „Betriebes" geführt werden. Dahinter verbirgt sich der Gedanke, dass der Außenbereich nur wegen einer ernsthaften, auf Dauer angelegten und damit nachhaltigen landwirtschaftlichen Betätigung in Anspruch genommen werden soll und nicht wegen einer Landwirtschaft, die zur Freizeitgestaltung und damit als Hobby betrieben wird. Ein Betrieb in diesem Sinne liegt nur dann vor, wenn die Erzeugung landwirtschaftlicher Produkte **„nachhaltig"** beabsichtigt und gewährleistet ist.

16 Die Rechtsprechung hat **Kriterien** entwickelt, deren Fehlen in der Regel darauf hindeutet, dass die Land- oder Forstwirtschaft nicht in der Form eines „Betriebes" geführt wird. Diese Kriterien sind (BVerwGE 26, 121 [123 f.]; 41, 138 [143]; NVwZ 2013, 155; VGH München, BauR 2002, 440; *Bönker,* in: H/B/G, ÖffBauR, § 8 Rn. 237 f.; Schroedter-*Rieger,* BauGB, § 35 Rn. 20 f. m. w. N.):

- die objektive Möglichkeit der Gewinnerzielung (BVerwGE 122, 308 [312]), wobei allerdings die tatsächliche Gewinnerzielung ebenso wenig gefordert ist wie die Berufsmäßigkeit;
- der mehr oder minder auf Dauer, „für Generationen", gesicherte Zugriff auf die notwendigen Nutzflächen, was regelmäßig Eigentum erfordert und der Verwendung von Pachtland Grenzen zieht (umfassend dazu VGH Mannheim, DVBl 2011, 294 [295]; *Ziegler,* NVwZ 2010, 748);
- der Umfang der Tätigkeit und eine gewisse organisatorische Verstetigung;
- die persönliche, insbesondere fachliche und wirtschaftliche Eignung des Land- oder Forstwirts.

Beispiel: In der Haltung von nur einigen Bienenvölkern, der Zucht von Chinchillas oder der Haltung von zwei Pferden kann kein ein auf Dauer angelegter landwirtschaftlicher (Nebenerwerbs-)Betrieb gesehen werden (BVerwG, BauR 2006, 1136).

Achtung: Unter die Privilegierung nach § 35 I Nr. 1 BauGB kann grundsätzlich auch eine landwirtschaftliche Nebenerwerbsstelle fallen; an die Darlegung der Betriebseigenschaft sind in einem solchen Fall freilich strenge Anforderungen zu stellen (BVerwGE 122, 308; DÖV 2013, 201; VGH München, ZfBR 2001, 426; VGH Mannheim, BauR 2003, 219; weiterführend *B/K/L,* BauGB, § 35 Rn. 17).

c) „Dienen"

Das Vorhaben muss dem land- oder forstwirtschaftlichen Betrieb „dienen". 17
Damit soll zum Schutz des Außenbereichs sichergestellt werden, dass das Vorhaben tatsächlich in einer **funktionalen Beziehung** zu dem jeweiligen Betrieb steht. Dies setzt voraus (*B/K/L,* BauGB, § 35 Rn. 19ff.; HK-BauGB-*Jeromin,* § 35 Rn. 15):

- notwendig ist eine **räumliche Zuordnung** des Vorhabens zu den Betriebsflächen;
- das Vorhaben muss nach der konkreten Wirtschaftsweise dem Betrieb **funktional zugeordnet** sein. Es reicht nicht aus, wenn es dem Betrieb lediglich förderlich ist; andererseits muss es aber auch nicht für den Betrieb unentbehrlich sein.
- es muss nach Gestaltung und Ausstattung durch den betrieblichen Verwendungszweck **geprägt** sein.

Beispiele: Diese Merkmale treffen etwa auf typische Betriebsgebäude wie Scheunen, Ställe, Silos, Garagen, aber auch auf Wohngebäude für den Landwirt, seine Familie oder seine Betriebsangehörigen oder auf Altenteilerhäuser zu.

Da die beiden Merkmale der funktionalen Zuordnung und der betrieblichen Prägung den Gedanken größtmöglicher Schonung des Außenbereichs 18
nicht enthalten, ist weiterhin erforderlich, dass unter Berücksichtigung dieser

Grundsätze ein **„vernünftiger Landwirt"** – auch und gerade unter Berücksichtigung des Schonungsgebots gem. § 35 V1 BauGB – das Bauvorhaben mit etwa gleichem Verwendungszweck und mit etwa gleicher Gestaltung und Ausstattung für einen entsprechenden Betrieb errichten würde (BVerwGE 41, 138; *Kuschnerus/Schöler/Stehr,* NWVBl 2004, 220 [222]).

Beispiele:
- Eine Feldscheune aus Mauerwerk ist für eine landwirtschaftliche Betätigung wirtschaftlich nicht sinnvoll und schont auch nicht den Außenbereich. Der Begriff des Dienens lässt insoweit nur ein Gebäude von leichter Bauart (etwa aus Holz) zu.
- Ein landwirtschaftlicher Schuppen ist möglicherweise dann nicht erforderlich, wenn der Landwirt in geringer Entfernung bereits eine andere, ausreichend dimensionierte Feldscheune besitzt.

Wichtig: Der Begriff des „Dienens" enthält nach alledem Elemente der Zuordnung, der Dauer und der Umweltverantwortlichkeit.

d) Untergeordneter Teil der Betriebsfläche

19 Das Vorhaben darf schließlich nur einen untergeordneten Teil der Betriebsfläche einnehmen, d.h. die landwirtschaftlich genutzte Fläche muss im Verhältnis zu dem für das Vorhaben benötigten Grund und Boden eindeutig den **Schwerpunkt** bilden. Auf diese Weise soll sichergestellt werden, dass zur Wahrung des Charakters des Außenbereichs der wesentliche Teil der Betriebsgrundstücke als Freifläche erhalten bleibt.

2. Gartenbauliche Erzeugung

20 § 35 I Nr. 2 ergänzt die Möglichkeiten der Zulassung von Gebäuden im Außenbereich, soweit sie einem Betrieb der gartenbaulichen Erzeugung dienen. Die gartenbauliche Erzeugung dient der Gewinnung pflanzlicher Erzeugnisse über den Eigenbedarf hinaus zur Gewinnerzielung (OVG Lüneburg, NuR 1993, 395). Der Begriff der gartenbaulichen Erzeugung umfasst nur die Bewirtschaftung selbst erzeugter Pflanzen, nicht aber eine solche mit fremd erzeugten Pflanzen (*Stüer,* DVBl 2003, 1030 [1033]). Diese bisher von Nr. 1 erfassten Betriebe werden damit verselbstständigt und zugleich von dem Erfordernis befreit, dass (auch betriebliche) Gebäude (dazu etwa OVG Hamburg, NVwZ-RR 2001, 86) wie etwa Gewächshäuser „nur einen untergeordneten Teil der Betriebsfläche" einnehmen dürfen.

Beispiel: Ein Unterglas-Betrieb ist künftig also auch im Außenbereich privilegiert zulässig, wenn die gesamte Betriebsfläche mit Gewächshäusern überbaut ist (*Bracher,* in: B/R/S, BauPlR, Rn. 2323).

Achtung: Die Anforderungen an das Vorliegen eines Betriebes sowie an das „Dienen" entsprechen denen im Rahmen des § 35 I Nr. 1 BauGB.

Zu beachten ist freilich, dass 21
- die Vorgabe des § 35 V 1 BauGB auch in diesem Zusammenhang Geltung beansprucht (Begrenzung der Bodenversiegelung auf das notwendige Maß) und
- für Betriebe der gartenbaulichen Erzeugung im Flächennutzungsplan bestimmte Flächen als städtebaulich vertretbare Standorte dargestellt werden können (§ 35 III 3 BauGB). An anderer Stelle als auf den dargestellten Flächen stehen dem Vorhaben dann in der Regel öffentliche Belange entgegen.

3. Ortsgebundene Anlagen

Nach § 35 I Nr. 3 BauGB ist ein Vorhaben privilegiert, das dem Fernmeldewesen, der öffentlichen Versorgung mit Elektrizität, Gas, Wärme und Wasser, der Abwasserwirtschaft oder einem ortsgebundenen gewerblichen Betrieb dient. 22

Beispiele: Kraftwerke an Talsperren, Hochspannungsleitungen, Leitungen für Fernwärme oder Erdgas, Rundfunktürme, Verstärkeranlagen; Anlagen für den Mobilfunk, wenn sie einen spezifischen Standortbezug aufweisen (VGH Mannheim, NVwZ-RR 1998, 715; *Schidlowski/Duikers,* BauR 2007, 1503 [1509f.]).

Anlagen der öffentlichen Versorgung sind nur solche, die der **Versorgung der Allgemeinheit** dienen, nicht aber diejenigen zur Versorgung eines einzelnen für den Eigenbedarf. Zudem ist das Merkmal der **Ortsgebundenheit** – über den Wortlaut der Vorschrift hinaus – nicht nur auf gewerbliche Betriebe, sondern auf den gesamten Tatbestand des § 35 I Nr. 3 BauGB zu beziehen (BVerwGE 96, 95 [99f.]; DVBl 1977, 526). 23

Dabei reicht es für die Anforderung der Ortsgebundenheit nicht aus, dass die Anlage einem im Außenbereich bereits vorhandenen Betrieb aus betriebswirtschaftlichen Gründen angegliedert werden soll und auch nicht, dass ein bestimmter Standort für das Vorhaben günstig ist (BVerwGE 67, 33 [35]; *Erbguth/Schubert,* ÖffBauR, § 8 Rn. 68). Das Merkmal der Ortsgebundenheit verlangt vielmehr, dass das Vorhaben auf einen Standort im Außenbereich aus insbesondere geografischen oder geologischen Gründen **angewiesen** ist (BVerwG, NVwZ 2013, 1288; BauR 2011, 1150; Schroedter-*Rieger,* BauGB, § 35 Rn. 38; großzügiger VGH München, BauR 2006, 2022). 24

Beispiel: Ein Lagerplatz für Ersatzteile eines Gasversorgungsunternehmens ist nicht auf einen Standort im Außenbereich angewiesen, da er in der Regel auch in einem Gewerbegebiet errichtet werden kann.

Das Vorhaben muss, um privilegiert sein zu können, dem ortsgebundenen Betrieb **dienen.** Vergleichbar dem Begriff des Dienens in § 35 I Nr. 1 BauGB sind darin Elemente der Zuordnung, der Dauer und der Umweltverantwortlichkeit enthalten (weiterführend *F/O/K,* ÖffBauR I, § 27 Rn. 21f.). 25

Beispiele: Ein Sendemast dient dem Fernmeldewesen, eine Hochspannungsleitung der Energieversorgung, ein Förderturm dem Bergwerk.

4. Im Außenbereich „gesollte" Vorhaben

26 Nach § 35 I Nr. 4 BauGB sind solche Vorhaben prinzipiell dem Außenbereich zugeordnet, die wegen ihrer spezifischen Beziehungen zur Umgebung nicht sinnvoll innerhalb der im Zusammenhang bebauten Ortsteile errichtet werden können. Die Vorschrift unterscheidet drei Fallvarianten:

– Vorhaben, die **besondere Anforderungen** an ihre Umgebung stellen;

Beispiele: Aussichtsturm, Freilichttheater, Hundeausbildungsplatz.

– Vorhaben, die eine **nachteilige Wirkung** auf ihre Umgebung ausüben;

Beispiele: Schießplätze, Steinbrüche, Sprengstofflager; nach der BauGB-Novelle 2013 ist die Intensivtierhaltung im Außenbereich nur noch dann privilegiert, wenn sie keiner Vorprüfung oder Umweltverträglichkeitsprüfung nach dem UVPG unterliegt (*E/M/S,* BesVwR, Rn. 1177; s. a. BVerwGE 152, 219 [221 ff.]).

– Vorhaben, die einer **besonderen Zweckbestimmung** vorbehalten sind.

Beispiele: Der Allgemeinheit zur Verfügung stehende Berg- oder Skihütten (dazu *Stüer/Rude,* DVBl 2000, 390 [393]; zu letzteren VGH München, NVwZ 2013, 311), eine Jagdhütte in dem zu bejagenden Bezirk (BVerwG, NVwZ 1983, 472; zur Privilegierung von Jagdhütten auch BVerwG, BauR 1994, 737; NuR 1996, 350; NVwZ-RR 1997, 273; zu Sternwarten *Stüer,* DVBl 2011, 472 [477]).

27 Zu beachten ist freilich, dass nicht jedes Vorhaben, welches sinnvoll nur im Außenbereich errichtet werden kann, (z. B. Campingplatz, Golfplatz, Tennisanlage, Fischereihütte u. Ä.) auch dort errichtet werden **„soll"**. In diesem Fall wäre nämlich der von § 35 BauGB bezweckte Schutz des Außenbereichs vor Bebauung nicht gewährleistet. Hinzukommen muss, dass eine Bewertung aller Umstände des Einzelfalles ergibt, dass das Vorhaben wegen der privilegierenden Eigenart **„nur im Außenbereich"** ausgeführt werden soll (dazu und zum folgenden BVerwG, NJW 1975, 2114; OVG Koblenz, NVwZ 2007, 304; VGH München, NVwZ 2013, 311; *Achatz,* DVBl 2013, 73 f.; Schroeder-*Rieger,* BauGB, § 35 Rn. 44).

28 Maßgeblich für die Beantwortung der Frage des „Sollens" muss die Funktion des Außenbereichs sein, nämlich i. S. der Wahrung seiner naturgegebenen Bodennutzung und seiner Erholungsfunktionen für die Allgemeinheit. Die Bewertung eines Vorhabens hat infolgedessen negativ auszufallen, wenn es unter Ausschluss der Allgemeinheit Ruhe und Erholung nur wenigen Personen gewährt und dem Außenbereich damit nicht mehr wesensgemäß ist – und wenn nicht an der Ausführung des Vorhabens ein überwiegendes allgemeines Interesse besteht (BVerwG, NVwZ 1995, 64; VG Trier, BauR 2004, 718; OVG Koblenz, RdL 2009, 315; OVG Lüneburg, NuR 2009, 565).

Beispiele:
- Im Außenbereich „sollen" weder Wochenendhäuser noch Campingplätze oder Golfplätze errichtet werden (*F/O/K,* ÖffBauR I, § 27 Rn. 29 m. w. N.).
- Der Privilegierungsrahmen des § 35 I Nr. 4 BauGB wird überschritten, wenn ein Vorhaben darauf ausgerichtet ist, die besondere Erholungseignung eines Standortes auszunutzen, um eine Nachfrage überhaupt erst zu generieren (BVerwG, BauR 2010, 96).

Achtung: Eine die Baugenehmigung vorbereitende Bauleitplanung ist daher in diesen Fällen unumgänglich.

5. Energietechnische Anlagen

Vorhaben, die der Erforschung, Entwicklung oder Nutzung der **Wind- oder Wasserenergie** dienen, sind privilegiert (§ 35 I Nr. 5 BauGB). Steuerungsmöglichkeiten der Gemeinden und der Regionalplanung ergeben sich aus § 35 III S. 3 BauGB, indem etwa Gebiete für Windenergie im Flächennutzungsplan bzw. Regionalplan ausgewiesen werden (*B/K/L,* BauGB, § 35, Rn. 111; BayVerfGH, DVBl 2016, 1259, 1265; *Söfker,* FS Erbguth 2019, 365 [369]). Zu beachten ist in diesem Zusammenhang ferner § 249 BauGB, der zum einen die Ersetzung von alten und kleineren Windenergieanlagen durch neue und leistungsstärkere fördern soll (Repowering hierzu *B/K/L,* BauGB, § 249 Rn. 2ff.), zum anderen den Ländern die Möglichkeit eröffnet strengere Abstandsregeln für Windenergieanlagen zu erlassen (§ 249 III BauGB). Bis zur Ausschlussfrist, dem 31.12.2015, hat nur Bayern diese Möglichkeit genutzt und einen Mindestabstand des Zehnfachen der Anlagenhöhe von Wohnbebauung festgesetzt (Art. 82–84 BayBO s. hierzu BayVerfGH, DVBl 2016, 1259ff. mit Anmerkung *Krautzberger/Stüer,* DVBl 2016, 1268ff.). 29

Mit § 35 I Nr. 6BauGB soll – unter Beachtung des Außenbereichsschutzes – der Strukturwandel in der Landwirtschaft unterstützt werden, indem Vorhaben privilegiert werden, die Energie von aus **Biomasse** erzeugtem Gas nutzen. Die Buchstaben a) bis d) stellen begrenzende Voraussetzungen auf, die teilweise an § 35 I Nr. 1 BauGB angelehnt sind (BVerwG, NVwZ 2009, 585; *Erbguth/Schubert,* ÖffBauR, § 8 Rn. 71; *Bönker,* in: H/B/G, ÖffBauR, § 8 Rn. 252; Schroedter-*Rieger,* BauGB, § 35 Rn. 89f.; *Stüer,* DVBl 2011, 472 [479]). 30

Nach § 35 I Nr. 7 BauGB ist eine Anlage, die der Erforschung, Entwicklung oder Nutzung der **Kernenergie** zu friedlichen Zwecken (§ 1 Nr. 1 AtG) oder der Entsorgung radioaktiver Abfälle dient, privilegiert. Bei den Vorhaben, die unter diese Ziffer zu subsumieren sind, handelt es sich etwa um Wiederaufbereitungsanlagen, Zwischen- und Endlager, Sammelstellen für radioaktive Abfälle (Schroedter-*Rieger,* BauGB, § 35 Rn. 97f.). § 35 I Nr. 8 BauGB erfasst darüber hinaus Vorhaben, die der Nutzung **solarer Strahlungsenergie** in, an und auf Dach- und Außenwandflächen von zulässigerweise genutzten Gebäuden (dazu unten *Rn. 59*) dienen, wenn die Anlage dem Gebäude baulich untergeordnet ist (vertiefend *Battis/Krautzberger/Mitschang/Reidt/Stüer,* NVwZ 2011, 897 [902f.]). 31

II. Entgegenstehende öffentliche Belange

32 Das privilegierte Vorhaben ist im Außenbereich nicht immer zulässig. Dies ist vielmehr nur dann der Fall, wenn ihm an dem konkret gewählten Standort öffentliche Belange nicht entgegenstehen. Deshalb sind die **öffentlichen Belange,** die das Vorhaben an dem gewählten Standort berührt, zu **gewichten** und mit dem Vorhaben **abzuwägen,** wobei dessen aufgrund der gesetzlichen Privilegierung gesteigertem Durchsetzungsvermögen dabei gebührend Rechnung zu tragen ist (BVerwGE 28, 148 [151]; 48, 109 [114f.]; NVwZ 2005, 328).

Achtung: Was als öffentlicher Belang einem – privilegierten oder sonstigen – Vorhaben im Außenbereich entgegengesetzt werden kann, zählt § 35 III BauGB beispielhaft auf (dazu unten *Rn. 41ff.*).

Beispiel: Ein privilegiertes Vorhaben kann unzulässig sein, wenn es am vorgesehenen Standort das Landschaftsbild verunstaltet (BVerwG, BauR 1997, 444).

33 Ein privilegiertes Vorhaben kann durchaus an entgegenstehenden öffentlichen Belangen scheitern. In der Regel der Fälle wird sich indes die **Privilegierung** gegenüber den berührten öffentlichen Belangen **durchsetzen,** während ein sonstiges Vorhaben gem. § 35 II BauGB typischerweise an ihnen scheitert. In der größeren Durchsetzbarkeit gegenüber entgegenstehenden öffentlichen Belangen liegt folglich der Unterschied der privilegierten gegenüber den sonstigen Vorhaben (*B/K/L,* BauGB, § 35 Rn. 6).

Wichtig: Die nach § 35 BauGB vorzunehmende Prüfung wird gemeinhin als **„nachvollziehende Abwägung"** bezeichnet (dazu BVerwGE 68, 311 [313]): Im Rahmen der Zulassungsentscheidung ist in Abwägung zwischen dem beabsichtigten Vorhaben und den öffentlichen Belangen die Entscheidung für oder gegen die Verwirklichung der Maßnahme anhand der konkreten Gegebenheiten nachzuvollziehen.

III. Sicherung der Erschließung

34 Darüber hinaus muss eine „ausreichende Erschließung" gesichert sein. Im Außenbereich kann die erforderliche Erschließung meist nicht anhand eines Bebauungsplans oder der umgebenden Bebauung bestimmt werden. Als **„ausreichend"** ist daher eine Erschließung anzusehen, welche den **Mindestanforderungen** genügt. Zu diesen Mindestanforderungen gehört die verkehrli-

che Erschließung, die die Grundstücke für solche Kraftfahrzeuge erreichbar macht, die im öffentlichen Interesse auf dem Grundstück tätig werden müssen. Weiterhin muss zumindest der Anschluss an die Stromversorgung, die Versorgung mit gesundheitlich einwandfreiem Trinkwasser und Wasser für Löschzwecke sowie die unschädliche Beseitigung der Abwässer und der festen Abfallstoffe gewährleistet sein (*Bönker,* in: H/B/G, ÖffBauR, § 8 Rn. 276). Entscheidend sind die jeweiligen Gegebenheiten, also die Auswirkungen und Bedürfnisse des konkreten Vorhabens (BVerwG, BauR 1976, 185).

„Gesichert“ ist eine ausreichende Erschließung, wenn damit zu rechnen **35**
ist, dass die Anlagen den Erfordernissen der Bebauung entsprechend hergestellt und bis zur Fertigstellung der anzuschließenden Bauten benutzbar sind (§ 123 II BauGB) sowie damit zu rechnen ist, dass sie auf Dauer zur Verfügung stehen wird (BVerwG, BauR 1985, 661 [664]).

Wichtig: Bei den nach § 35 I BauGB privilegierten Vorhaben besteht beim Vorliegen der Voraussetzungen ein Rechtsanspruch auf Erteilung der Genehmigung (*Bönker,* in: H/B/G, ÖffBauR, § 8 Rn. 188).

Prüfungsschema 11: Zulässigkeit eines Vorhabens nach § 35 I BauGB

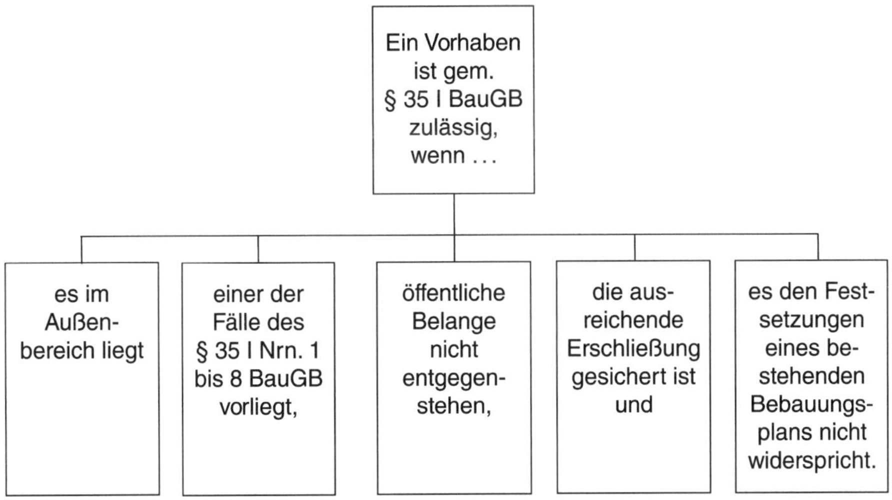

Achtung: Vorhaben nach § 35 I Nrn. 2 bis 6 BauGB sind nur zulässig, wenn sich der Bauherr verpflichtet, das Vorhaben nach Aufgabe der Nutzung zurückzubauen (§ 35 V 2 BauGB; s. o. *Rn. 9*).

C. Zulassung sonstiger Vorhaben

I. Begriff

36 Alle Vorhaben, die nicht nach § 35 I BauGB privilegiert sind, fasst § 35 II BauGB unter dem Begriff der „sonstigen Vorhaben" zusammen. Hierunter fallen vor allem **Wohnhäuser** außerhalb des landwirtschaftlichen Bereichs, **Wochenend- und Ferienhäuser,** Einfriedungen von Grundstücken usw. Soll ein privilegiertes Gebäude, bspw. ein landwirtschaftliches Gebäude (Altenteilerwohnhaus) einer nicht nach § 35 I BauGB privilegierten Nutzung zugeführt werden, stellt dies regelmäßig eine genehmigungspflichtige Nutzungsänderung dar, deren Zulässigkeit an § 35 II BauGB zu messen ist, da das Vorhaben künftig nur noch ein sonstiges Vorhaben ist (BVerwGE 47, 188).

II. Beeinträchtigung öffentlicher Belange

37 Im Unterschied zu den privilegierten Vorhaben des § 35 I BauGB können sonstige Vorhaben nach § 35 II BauGB „im Einzelfall" zugelassen werden, wenn ihre Ausführung oder Benutzung „öffentliche Belange" (§ 35 III BauGB; dazu unten *Rn. 41ff.*) nicht beeinträchtigt. Aus der Beschränkung der Zulassung der sonstigen Vorhaben auf den Einzelfall wird gefolgert, dass sonstige Vorhaben nur **ausnahmsweise** zulässig sein sollen, die Bebauung des Außenbereichs mit sonstigen Vorhaben also möglichst unterbleiben soll (BVerwGE 25, 161; *B/K/L,* BauGB, § 35 Rn. 63; *Koehl,* apf 2017, 149 [155]).

38 Ob die Ausführung des Vorhabens oder eine Nutzungsänderung öffentliche Belange beeinträchtigt, wird dadurch ermittelt, dass die **öffentlichen Belange,** die das Vorhaben an dem in Aussicht genommenen Standort berührt, **gewichtet** und gegen das Vorhaben **abgewogen** werden. In dieser Abwägung kommt dem sonstigen Vorhaben nur ein verhältnismäßig geringes Gewicht zu, so dass es sich, anders als das privilegierte Vorhaben, regelmäßig gegenüber den von ihm berührten öffentlichen Belangen nicht durchzusetzen vermag (*Söfker,* FS Erbguth 2019, 365; HK-BauGB-*Jeromin,* § 35 Rn. 28).

Achtung: § 35 II BauGB läuft damit im Kern nahezu auf ein Bauverbot für nicht privilegierte Vorhaben hinaus.

39 Soweit sich ausnahmsweise ein sonstiges Vorhaben gegenüber den öffentlichen Belangen durchsetzt, besteht entgegen dem Wortlaut des § 35 II BauGB ein **Anspruch** auf **Zulassung** des Vorhabens aus Art. 14 GG (BVerwGE 18,

247 [250]; HK-BauGB-*Jeromin,* § 35 Rn. 28; Schroedter-*Rieger,* BauGB, § 35 Rn. 104).

III. Sicherung der Erschließung

Dass auch sonstige Vorhaben nur zugelassen werden dürfen, wenn die Er- 40
schließung gesichert ist, stellt § 35 II BauGB ausdrücklich klar. Zu berücksichtigen ist freilich, dass die Anforderungen an die Erschließungsanlagen im Falle des Absatzes 2 etwas **höher** sind als bei den privilegierten Vorhaben nach § 35 I BauGB. Erstere sind weder auf den Außenbereich angewiesen noch bevorzugt zuzulassen. Demzufolge muss in der Regel die Erschließung für diese Vorhaben der im Innenbereich erforderlichen und üblichen in etwa entsprechen (BVerwGE 74, 19 [25f.]; OVG Magdeburg, ZfBR 2010, 381; weiterführend Schroedter-*Rieger,* BauGB, § 35 Rn. 104f.).

D. Die öffentlichen Belange

I. Grundsätzliches

Öffentliche Belange, die Vorhaben nach § 35 I BauGB nicht entgegenste- 41
hen und die von sonstigen Vorhaben gem. § 35 II BauGB nicht beeinträchtigt werden dürfen, sind in § 35 III 1 BauGB in Form **unbestimmter Rechtsbegriffe** aufgeführt. Es sind dies
- Darstellungen eines Flächennutzungsplans (Nr. 1)
- Darstellungen eines Landschaftsplans oder sonstigen umweltrechtlichen Plans (Nr. 2)
- schädliche Umwelteinwirkungen (Nr. 3)
- unwirtschaftliche Aufwendungen für Verkehrs- und sonstige Infrastruktureinrichtungen (Nr. 4)
- Belange des Naturschutzes und der Landschaftspflege, des Boden- und Denkmalschutzes, der Schutz des Orts- und Landschaftsbildes vor Verunstaltungen sowie die natürliche Eigenart der Landschaft und ihr Erholungswert (Nr. 5)
- die Gefährdung von Agrarstrukturmaßnahmen und der Wasserwirtschaft (Nr. 6)
- die Entstehung, Verfestigung oder Erweiterung einer Splittersiedlung (Nr. 7)
- die Funktionsfähigkeit von Funkstellen und Radaranlagen (Nr. 8).

Darüber hinaus enthält § 35 III 2 BauGB zwei sog. **Raumordnungsklau-** 42
seln (*Erbguth/Schubert,* ÖffBauR, § 8 Rn. 112ff.). § 35 III 3 BauGB regelt schließlich einen sog. **Planvorbehalt.** Öffentliche Belange stehen einem Vorhaben nach Abs. 1 Nrn. 2 bis 6 demnach in der Regel auch dann entgegen, soweit hierfür durch Darstellungen im Flächennutzungsplan oder als Ziele der

Raumordnung eine Ausweisung an anderer Stelle erfolgt ist (sog. Konzentrationszonen; dazu BVerwG, NVwZ 2010, 1561; 2005, 208; BauR 2003, 828; OVG Münster, BRS 64 Nr. 101; Erbguth, DVBl 2017, 817ff.; *Werner/Würfel,* NVwZ 2013, 263 [264f.]; *Söfker,* FS Erbguth 2019, 365 [368]). Auf diese Weise kann durch positive Standortzuweisungen privilegierter Nutzungen an einer oder mehreren Stellen im Plangebiet der übrige Planungsraum von diesen Anlagen freigehalten werden.

43 Zu beachten ist insbesondere, dass die **Aufzählung** der öffentlichen Belange **nicht abschließend** ist. Daher können auch andere, in § 35 III BauGB nicht genannte bodenrechtlich erhebliche öffentliche Belange einem Vorhaben im Außenbereich abwägend entgegengesetzt werden (BVerwGE 25, 161 [163]; 97, 203 [209f.]; BVerwG, ZfBR 2007, 54 [55]; HK-BauGB-*Jeromin,* § 35 Rn. 29; *Bönker,* in: H/B/G, ÖffBauR, § 8 Rn. 214).

Beispiele:
- Die Planungsgrundsätze des § 1 V BauGB (BVerwG, BauR 2003, 55), eine hinreichend verfestigte Straßenplanung (BVerwGE 34, 146) oder ein in der Aufstellung befindlicher Bebauungsplan, dessen Verwirklichung zu erwarten ist (BVerwG, BRS 28 Nr. 48).
- Ein in Aufstellung befindliches Ziel der Raumordnung hat die Qualität eines öffentlichen Belangs, wenn es inhaltlich hinreichend konkretisiert und wenn zu erwarten ist, dass es sich zu einer verbindlichen, den Wirksamkeitsanforderungen genügenden Zielfestlegung i.S. des § 3 I Nr. 2 ROG verfestigt (BVerwG, DVBl 2005, 706; *Scheidler,* UPR 2019, 494 [495]).
- Das Gebot der Rücksichtnahme auf private Belange, die nicht schon durch § 35 III 1 Nr. 3 BauGB abgedeckt werden (BVerwG, ZfBR 2005, 275).

Wichtig: Die nicht in § 35 III BauGB aufgeführten öffentlichen Belange müssen im Vergleich zu den ausdrücklich aufgeführten ähnlich stark oder stärker sein.

II. Einzelne öffentliche Belange

44 Was die einzelnen in § 35 III 1 BauGB aufgeführten öffentlichen Belange betrifft, sei auf folgendes hingewiesen (zu den sonstigen öffentlichen Belangen etwa BVerwG, ZfBR 2007, 54 [55]; *Bönker,* in: H/B/G, ÖffBauR, § 8 Rn. 190ff.; *B/K/L,* BauGB, § 35 Rn. 68ff.; Schroedter-*Rieger,* BauGB, § 35 Rn. 207ff.).

1. Flächennutzungsplan (§ 35 III 1 Nr. 1 BauGB)

45 Besondere Bedeutung für die Prüfung entgegenstehender oder beeinträchtigter öffentlicher Belange haben rechtserhebliche Planungen der Gemeinden oder anderer Hoheitsträger. § 35 III 1 Nr. 1 BauGB stellt klar, dass eine Beeinträchtigung öffentlicher Belange insbesondere dann anzunehmen ist, wenn

das beabsichtigte Vorhaben den **Darstellungen** des **Flächennutzungsplans** und damit dem dort konkretisierten planerischen Willen der Gemeinde **widerspricht** (zu den sonstigen rechtserheblichen Planungen i. S. des § 35 III 1 Nr. 2 BauGB *Bönker,* in: H/B/G, ÖffBauR, § 8 Rn. 209ff.; Schroedter-*Rieger,* BauGB, § 35 Rn. 117f.). Dies gilt freilich nur bei hinreichend konkretisierten Darstellungen, so dass etwa eine pauschale Darstellung als landwirtschaftliche Fläche nicht ausreicht, um einem privilegierten Vorhaben entgegenzustehen (BVerwGE 67, 33 [40]). Zu beachten ist überdies, dass auch „negative Aussagen" dem Vorhaben als widersprechende Darstellungen entgegengehalten werden können.

Beispiel: Ist der Kiesabbau im Außenbereich einer Gemeinde überwiegend möglich und hat die Gemeinde daher zur räumlichen Konzentration Kiesabbauflächen im Flächennutzungsplan dargestellt, kann dies als öffentlicher Belang einem nach § 35 I Nr. 4 privilegierten Kiesabbau auf einer anderen Gemeindefläche entgegenstehen, die im Flächennutzungsplan als Landwirtschaftsfläche dargestellt ist (*B/K/L,* BauGB, § 35 Rn. 75).

Entscheidend sind jeweils die besonderen Umstände des Einzelfalles. So kann sich etwa der Flächennutzungsplan dann nicht gegenüber einem konkreten Vorhaben auswirken, wenn die örtlichen Gegebenheiten (z. B. die natürliche Beschaffenheit des Geländes) seiner Verwirklichung von vornherein entgegenstehen (BVerwGE 48, 81) oder die relevanten Darstellungen angesichts der nach seinem Inkrafttreten einsetzenden Entwicklung als überholt anzusehen sind (BVerwG, NVwZ 1997, 899 [900]). 46

Beispiel: Der Flächennutzungsplan stellt die Fläche, auf der ein Wochenendhaus gebaut werden soll, als Landwirtschaftsfläche dar. Tatsächlich existiert auf der Fläche jedoch eine aus mehreren Gebäuden bestehende Wochenendhaus-Siedlung.

2. Fachplanerische Vorgaben (§ 35 III 1 Nr. 2 BauGB)

Eine Beeinträchtigung öffentlicher Belange liegt zudem vor, wenn das Vorhaben den Darstellungen eines Landschaftsplans oder eines sonstigen **Fachplans** widerspricht (§ 35 III 1 Nr. 2 BauGB). Als sonstige Fachpläne werden im Gesetz solche nach dem Wasser-, Abfall- oder Immissionsschutzrecht aufgeführt (s. a. § 1 VI Nr. 7g BauGB). Einschränkend ist indes zu berücksichtigen, dass die entsprechenden Planwerke sachlich und räumlich **hinreichend konkret** sein müssen (BVerwGE 68, 311 [315]; 77, 300 [304f.]; weiterführend *F/O/K,* ÖffBauR I, § 27 Rn. 43). 47

Beispiele: Dies sind etwa die in § 83 WHG geregelten Bewirtschaftungspläne, Abfallwirtschaftspläne nach § 30 KrWG, Luftreinhaltepläne nach § 47 BImSchG oder Lärmminderungspläne nach §§ 47a ff. BImSchG.

Als öffentlicher Belang stehen derartige Pläne Bauvorhaben entgegen, wenn sie auf gesetzlicher Grundlage und von den dafür zuständigen Stellen im vorgeschriebenen Verfahren aufgestellt sind. Es wird nicht als erforderlich angesehen, dass diese Pläne Normcharakter haben (*B/K/L,* BauGB, § 35 Rn. 77). 48

3. Schädliche Umwelteinwirkungen (§ 35 III 1 Nr. 3 BauGB)

49 Öffentliche Belange werden überdies beeinträchtigt, wenn das Vorhaben schädliche Umwelteinwirkungen hervorrufen kann oder ihnen ausgesetzt ist (§ 35 III 1 Nr. 3 BauGB). Zur Bestimmung des Belangs „schädliche Umwelteinwirkungen" kommt es maßgeblich auf **§ 3 BImSchG** an (BVerwGE 52, 122 [126f.]; BVerwG, NVwZ 2018, 509 [510]). Dabei ist die Zumutbarkeitsgrenze auf Grund einer umfassenden Würdigung aller Umstände des Einzelfalles und insbesondere der speziellen Schutzwürdigkeit des jeweiligen Baugebietes sowie der Vorbelastung zu bestimmen (BVerwG, ZfBR 2005, 806; NVwZ 2018, 509 [510]).

Beispiele:
- Ein Schweinemaststall in der Nähe von Wohngebäuden oder die Errichtung von Lagerhallen eines im Außenbereich vorhandenen Stahlbaubetriebs, die einer Wohnbebauung gegenüber liegen würden (BVerwG, NVwZ 1991, 64).
- Die weitere Bebauung in einem amtlich nicht festgesetzten Überschwemmungsgebiet, welches die Hochwassergefahr für die vorhandene Bebauung deutlich steigert (VGH München, NVwZ-RR 1998, 358 [359]).

4. Verunstaltungsschutz (§ 35 III 1 Nr. 5 BauGB)

50 Der Begriff „Verunstaltung" (des Orts- und Landschaftsbildes) bezieht sich vornehmlich auf **Lage** und **Stellung** der **baulichen Anlagen.** Er deckt sich teilweise mit dem Begriff der Verunstaltung i. S. des Landesbauordnungsrechts (etwa § 11 LBO BW, Art. 8 BayBO), allerdings ergänzt um die bodenrechtlichen Bezüge. Insoweit ist zu berücksichtigen, dass Baulichkeiten unter größtmöglicher Schonung des Außenbereichs zu errichten sind; aus diesem Grund verbietet sich etwa eine Positionierung an hervorgehobener Stelle (*Erbguth/Schubert,* ÖffBauR, § 8 Rn. 85).

51 Eine Verunstaltung des Landschaftsbildes ist ferner anzunehmen, wenn durch die Schaffung der Anlage der städtebauliche und landschaftliche **Gesamteindruck** erheblich **gestört** wird. Das Ortsbild kann durch den Standort, die Art und die Größe des Vorhabens oder durch die Verunstaltung der Ortsilhouette verunstaltet werden. Dabei kommt es darauf an, ob der Gegensatz zwischen der baulichen Anlage und dem Orts- und Landschaftsbild von einem für ästhetische Eindrücke offenen Betrachter als belastend, grob unangemessen oder Unlust erregend empfunden wird (BVerwG, BauR 2004, 295; *Sauthoff,* FS Erbguth 2019, 177 [189]). Das Vorhaben muss das Landschaftsbild m. a. W. nicht lediglich beeinträchtigen, sondern diesem in grob unangemessener Weise widersprechen (BVerwG, DÖV 1998, 74 [75]; Schroedter-*Rieger,* BauGB, § 35 Rn. 143f.; HK-BauGB-*Jeromin,* § 35 Rn. 34).

Achtung: Ist das Landschaftsbild bereits nachhaltig gestört, so fehlt es an einem Schutzgut, das weiteren Eingriffen in die Landschaft entgegenstehen könnte (BVerwG, ZfBR 1983, 199).

5. Natürliche Eigenart der Landschaft (§ 35 III 1 Nr. 5 BauGB)

Der Begriff der natürlichen Eigenart der Landschaft umfasst den Schutz des Außenbereichs vor einer wesensfremden Nutzung und den **Schutz** einer im Einzelfall schutzwürdigen Landschaft **vor ästhetischer Beeinträchtigung.** Die natürliche Eigenart der Außenbereichslandschaft, also ihre Funktion oder ihr Wesen, besteht in der naturgegebenen Bodennutzung (Wald, Landwirtschaft, Ödland etc.) und (oder) in der Erholung für die Allgemeinheit. Ob eine Beeinträchtigung dieser Gesichtspunkte vorliegt, hängt maßgeblich von der betreffenden Landschaft und der Lage, Gestaltung und Benutzung der jeweiligen baulichen Anlagen ab (zu Einzelfragen auch BVerwG, UPR 1998, 59; Schroedter-*Rieger,* BauGB, § 35 Rn. 138f.). 52

Beispiele: Ein der individuellen Erholung dienendes Wochenendhaus kann durchaus die Funktion des Außenbereichs für die Erholungsbedürfnisse der Allgemeinheit beeinträchtigen (BVerwG, NJW 1975, 2114). Ein Bauvorhaben beeinträchtigt die natürliche Eigenart der Landschaft, wenn die zur Bebauung vorgesehene Fläche entsprechend der im Außenbereich zu schützenden „naturgegebenen Bodennutzung“, nämlich landwirtschaftlich, genutzt wird und nichts darauf hindeutet, dass sie die Eignung für diese Nutzung in nächster Zeit einbüßen wird (BVerwG, NVwZ 2002, 1250).

6. Zersiedelungsverbot (§ 35 III 1 Nr. 7 BauGB)

Mit § 35 III 1 Nr. 7 BauGB will der Gesetzgeber die Entwicklung unorganischer Siedlungsstrukturen und die Zersiedelung des Außenbereiches zu verhindern (VGH München, BauR 2008, 654 [656]). Die **Splittersiedlung** stellt das Gegenteil des zusammenhängend bebauten Ortsteils dar (*s. o. § 16 Rn. 9ff.*). Sie liegt bei einer zusammenhanglosen oder aus anderen Gründen unorganischen Streubebauung vor, die alle baulichen Anlagen in den Blick nimmt, die zum zumindest gelegentlichen Aufenthalt von Menschen dienen (BVerwG, BauR 1976, 344; zum Begriff s. a. BVerwG, NVwZ 2012, 1631; NVwZ-RR 2001, 83; BauR 2005, 73; ZfBR 2005, 277). 53

Zu beachten ist, dass Splittersiedlungen nicht um ihrer selbst zu missbilligen sind, sondern erst dann, wenn ihre **Entstehung** (= erstmalige Inanspruchnahme von Außenbereichsflächen in einem bestimmten Bereich, z.B. durch erstmalige Bebauung in zweiter Reihe), **Verfestigung** (= Schließung einer Lücke, VGH München, BayVBl 2010, 508 [509]) oder **Erweiterung** (= räumliche Ausdehnung einer bereits vorhandenen Außenbereichsbebauung) zu befürchten ist (zu den Begriffen s.a. *Erbguth/Schubert,* ÖffBauR, § 8 Rn. 88). Derart **zu befürchten** ist das Entstehen, Verfestigen oder Erweitern einer Splittersiedlung nur dann, wenn das Vorhaben zum Fortbestehen einer unerwünschten Splittersiedlung führt (BVerwGE 31, 22; ZfBR 2004, 702). Unerwünscht in diesem Zusammenhang ist eine Splittersiedlung, wenn mit ihr ein Vorgang der Zersiedelung eingeleitet oder gar schon vollzogen wird (BVerwG, NVwZ 1984, 510). Eine solche Entwicklung ist vor allem unerwünscht wegen der mit dem hinzutretenden Vorhaben verbundenen An- 54 sprüche, der nicht übersehbaren **„Vorbildwirkung“** des Vorhabens sowie der Eignung, weitere bodenrechtlich beachtliche Spannungen zu begründen oder die vorhandenen zu erhöhen.

Achtung: Es genügt regelmäßig, dass mit der Genehmigung ein Berufungsfall für weitere Bauwünsche geschaffen würde. Mit der Versagung der Genehmigung soll bereits „den Anfängen gewehrt“ werden (BVerwG, ZfBR 2000, 278).

Wichtig: Für die „Befürchtung“ i.S. des § 35 III 1 Nr. 7 BauGB bedarf es nicht des positiven Nachweises, dass die vermutete Befürchtung im Einzelfall tatsächlich besteht (BVerwG, NVwZ 1997, 899 [900]).

55 Die Verfestigung einer Splittersiedlung ist indes dann nicht zu „befürchten“, wenn sich ein Wohnbauvorhaben der vorhandenen Bebauung unterordnet und sich – ohne zusätzliche Ansprüche oder Spannungen auszulösen – organisch in eine bestehende Baulücke einfügt und keine Vorbildwirkung hat (BVerwG, BauR 2005, 702; VGH München, BauR 2008, 654 [656]; BayVBl 2010, 508 [509]; OVG Münster, NWVBl 1997, 13).

E. Begünstigte sonstige Vorhaben

I. Grundsätzliches

56 Die im Außenbereich zulässigerweise errichteten baulichen Anlagen genießen nach Art. 14 GG **Bestandsschutz,** auch wenn sie als „sonstige Vorhaben“ heute nach § 35 II BauGB unzulässig wären. Ersatzbauten, Erweiterungen, Änderungen oder Nutzungsänderungen würden hingegen regelmäßig an § 35 II, III BauGB scheitern, da sich der Bestandsschutz auf die vorhandene Bausubstanz und die ausgeübte Nutzung beschränkt. Um den berechtigten Interessen der Eigentümer Rechnung zu tragen lockert § 35 IV BauGB für bestimmte „sonstige Vorhaben“ die aus § 35 II, III BauGB folgenden Beschränkungen, was auf eine Art **erweiterten Bestandsschutz** hinausläuft (*Wickel,* Jura 2019, 268 [270]).

Achtung: Neben diesen gesetzlich geregelten Möglichkeiten gibt es keinen auf Bestandsschutz gegründeten Anspruch auf Zulassung von Veränderungen oder Erweiterungen baulicher Anlagen im Außenbereich direkt aus Art. 14 I GG (BVerfG, NVwZ-RR 1996, 482; BVerwGE 85, 289; 106, 228; *Wickel,* Jura 2019, 268 [271f.]).

Wichtig: Das System des § 35 IV BauGB kann nicht durch eine Kombination der verschiedenen Tatbestände beliebig erweitert werden. Die Norm ist als Ausnahmetatbestand eng auszulegen (BVerwGE 107, 264 [269]; ZfBR 2004, 456; OVG Hamburg, NVwZ-RR 2001, 86).

Schaubild 23: Fallgruppen nach § 35 IV BauGB

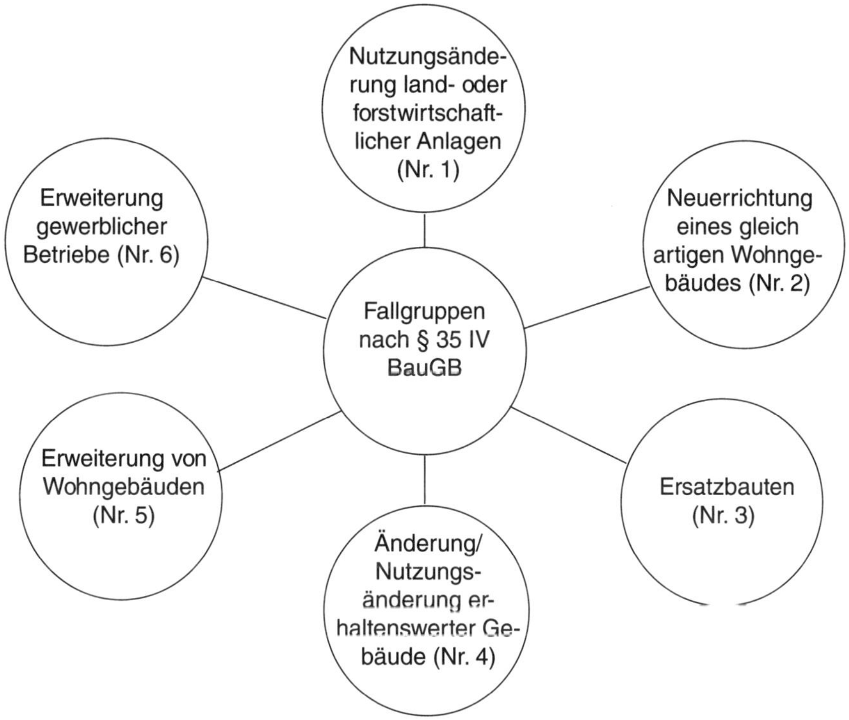

Die Lockerung der Beschränkungen des § 35 II, III BauGB erfolgt dadurch, 57
dass den in § 35 IV 1 Nrn. 1 bis 6 BauGB aufgezählten Vorhaben nicht entgegengehalten werden darf, dass sie
- Darstellungen des Flächennutzungsplans oder eines Landschaftsplans widersprechen,
- die natürliche Eigenart der Landschaft beeinträchtigen oder
- die Entstehung, Verfestigung oder Erweiterung einer Splittersiedlung befürchten lassen,

soweit sie im Übrigen außenbereichsverträglich i.S. des § 35 III BauGB sind.

Achtung: Die aufgeführten Belange sind unabhängig von ihrer konkreten Gewichtung schlechthin unbeachtlich, d.h. die Norm blendet sowohl den Fall ihrer Beeinträchtigung als auch denjenigen eines Entgegenstehens aus (BVerwG, ZfBR 2011, 371 [372]; VGH München, BauR 2010, 2071 [2072f.]).

58 Dadurch wird die Durchsetzbarkeit des Vorhabens gegenüber entgegenstehenden öffentlichen Belangen der eines privilegierten Vorhabens angenähert, wenn auch nicht durch Erhöhung seiner Durchsetzungskraft, sondern durch Verringerung der Zahl der entgegenstehenden öffentlichen Belange. Dies ist auch der Grund dafür, weshalb die unter § 35 IV BauGB fallenden Vorhaben gelegentlich – wenn auch dogmatisch unzutreffend – als **„teilprivilegierte"** Vorhaben bezeichnet werden (VGH München, BauR 2010, 2071 [2072]; *Bönker,* in: H/B/G, ÖffBauR, § 8 Rn. 253f.).

Achtung: Die Vorhaben des § 35 IV BauGB sind nicht gegenüber allen öffentlichen Belangen durchsetzungsfähig, sondern nur gegenüber den ausdrücklich in der Vorschrift genannten (BVerwG, NVwZ-RR 1994, 372).

59 Grundvoraussetzung für sämtliche nach § 35 IV BauGB (teil-)privilegierten Vorhaben ist, dass die ursprüngliche bauliche Anlage zulässigerweise errichtet worden ist. Ein Gebäude ist **zulässigerweise errichtet** worden, wenn es mit dem (damaligen) materiellen Baurecht übereinstimmte oder es bauaufsichtlich genehmigt war (BVerwG, NVwZ 2016, 1477 [1478]; *B/K/L,* BauGB, § 35 Rn. 141; Schroedter-*Rieger,* BauGB, § 35 Rn. 214) und so weit fertiggestellt war, dass es bestimmungsgemäß genutzt werden konnte (BVerwG, NVwZ-RR 2000, 758). Dies ist auch dann zu bejahen, wenn das Gebäude zwar tatsächlich genehmigt wurde, jedoch bei rückschauender Betrachtung mit dem damaligen materiellen Recht nicht vereinbar war (BVerwG, NVwZ 2016, 1477 [1478]).

60 Ist das Gebäude nicht genehmigt worden, obwohl nach materiellem Recht die Voraussetzungen hierfür vorlagen, oder hätte es zu einem späteren Zeitpunkt genehmigt werden müssen, sind die Voraussetzungen ebenfalls erfüllt (BVerwG, ZfBR 2014, 375). Wich ein zerstörtes Gebäude mehr als geringfügig von einer erteilten Baugenehmigung ab und war materiell baurechtswidrig, so war es nicht zulässigerweise errichtet. Dies gilt auch, wenn das ursprünglich rechtmäßig errichtete Gebäude baulich so sehr verändert wird, dass der Bestandsschutz des Altbestandes erlischt (BVerwG, NVwZ-RR 1995, 68).

II. Die einzelnen Tatbestände

1. Nutzungsänderung land- oder forstwirtschaftlicher Anlagen

§ 35 IV 1 Nr. 1 BauGB erleichtert die Nutzungsänderung baulicher Anlagen i.S. des § 35 I Nr. 1 BauGB unter bestimmten Voraussetzungen. Der Eintritt der Rechtsfolgen aus § 35 IV 1 Nr. 1 BauGB ist dabei an sieben Bedingungen geknüpft, die **kumulativ** vorliegen müssen. Entscheidend dürften die folgenden Aspekte sein: **61**

Eine **„Änderung der bisherigen Nutzung"** setzt voraus, dass die bisherige tatsächliche, nicht nur genehmigte Nutzung (dazu BVerwG, UPR 1994, 153; OVG Lüneburg, NVwZ-RR 1999, 493) als land- oder forstwirtschaftlicher Betrieb (§ 35 I Nr. 1 BauGB) durch eine neue Nutzung ersetzt werden soll. Die bisherige Nutzung muss deshalb noch vorhanden oder jedenfalls darf die Aufgabe der bisherigen Nutzung nicht länger als sieben Jahre zurückliegen (§ 35 IV 1 Nr. 1c BauGB). **62**

Beispiel: Aus der vormals im Zusammenhang mit dem landwirtschaftlichen Betrieb nach § 35 I Nr. 1 BauGB privilegierten Wohnnutzung wird bei Aufgabe der Landwirtschaft eine Wohnnutzung, die nach § 35 IV 1 Nr. 1 BauGB begünstigt ist (BVerwG, NVwZ 2004, 982).

Die beabsichtigte Nutzungsänderung muss die äußere Gestalt des Gebäudes **„im Wesentlichen"** wahren (§ 35 IV 1 Nr. 1b BauGB). Dies ist durch einen Vergleich zwischen dem Gebäude in dem Zustand, in dem es vor dem Umbau privilegiert genutzt worden ist, und dem für die neue Nutzung vorgesehenen Zustand zu ermitteln (BVerwG, BRS 44 Nr. 91). Die bisherige Rechtsprechung, wonach dem geänderten Gebäude gegenüber dem ursprünglichen Bauwerk keine andere Identität verliehen werden durfte (BVerwG, NVwZ 1995, 269), ist damit jedenfalls nicht mehr aufrechtzuerhalten. **63**

Beispiel: So dürfte etwa auch die Umwandlung einer Scheune in ein Wohnhaus nunmehr zulässig sein, soweit das Gebäude nach außen hin weithin unverändert bleibt.

Achtung: Nach § 35 IV 1 Nr. 1 BauGB ist lediglich die erstmalige Nutzungsänderung privilegiert; die erneute Umnutzung eines ursprünglich privilegierten, aber bereits geänderten Vorhabens ist mithin nach § 35 II BauGB zu beurteilen (BVerwG, ZfBR 1989, 72; *Stüer,* DVBl 2003, 1030 [1037]).

2. Neuerrichtung eines gleichartigen Wohngebäudes

Nach § 35 IV 1 Nr. 2 BauGB ist die Neuerrichtung eines **gleichartigen** Wohngebäudes an gleicher Stelle begünstigt, wenn **64**
– das vorhandene Gebäude **zulässigerweise** errichtet worden ist (Nr. 2a; s.o. *Rn. 59f.*),

- das vorhandene Gebäude Missstände oder **Mängel** aufweist (Nr. 2b),
- es seit längerer Zeit (dazu Schroedter-*Rieger,* BauGB, § 35 Rn. 215) von dem Eigentümer **selbst genutzt** wird (Nr. 2c; dazu VGH Mannheim, NVwZ-RR 2004, 480) und
- Tatsachen die Annahme rechtfertigen, dass das neu errichtete Wohngebäude für den **Eigenbedarf** des bisherigen Eigentümers oder seiner Familie genutzt wird (Nr. 2d; dazu unten *Rn. 72*).

Achtung: Die Pflicht zur künftigen familienbezogenen Nutzung kann durch eine Auflage „abgesichert" werden (OVG Münster, DVBl 2008, 1522).

65 Durch die Regelung soll die Ersetzung eines einmal zulässigerweise im Außenbereich errichteten Wohngebäudes dann ermöglicht werden, wenn das bestandsgeschützte Gebäude mittlerweile mangelhaft ist. Gleichzeitig soll durch die „familiäre Bindung" verhindert werden, dass alte, reparaturbedürftige Häuser im Außenbereich mit dem Ziel eines sofortigen Abrisses und Neubaus veräußert werden und auf diese Weise die an den Eigentumsschutz anknüpfende Begünstigung missbraucht wird. Die funktional zu interpretierende **„Gleichartigkeit"** bezieht sich auf alle bodenrechtlich beachtlichen Beziehungen, also insbesondere die Gleichartigkeit im Standort, im Bauvolumen, in der Nutzung und in der Funktion (BVerwGE 120, 130).

Achtung: Ebenso wie bei der nachfolgenden Nr. 3 (des § 35 IV 1 BauGB) sind geringfügige Erweiterungen des neuen Gebäudes sowie geringfügige Abweichungen vom bisherigen Standort zulässig (§ 35 IV 2 BauGB).

3. Ersatzbauten

66 § 35 IV 1 Nr. 3 BauGB erleichtert die alsbaldige Neuerrichtung eines zulässigerweise errichteten, durch Brand, Naturereignisse oder andere außergewöhnliche Ereignisse zerstörten gleichartigen Gebäudes an gleicher Stelle. Fehlte dem bestehenden Gebäude Bestandsschutz, weil es nicht rechtmäßig errichtet oder nachträglich durch Veränderungen baurechtswidrig geworden war, findet § 35 IV 1 Nr. 3 BauGB keine Anwendung (BVerwG, NVwZ-RR 1995, 68).

67 Ein **außergewöhnliches Ereignis** liegt vor, wenn ein den ausdrücklich aufgeführten Fällen vergleichbarer unvorhersehbarer Unglücksfall zu der Zerstörung des Gebäudes geführt hat.

Beispiele: Eine Gasexplosion, ein Flugzeugabsturz o. ä.; langsamer Verfall oder ein bei Umbauarbeiten eintretender Einsturz morschen Mauerwerks rechnen indes nicht hierzu (BVerwGE 62, 32).

Achtung: Der Abbruch eines Gebäudes stellt kein „außergewöhnliches Ereignis“ i. S. von § 35 IV 1 Nr. 3 BauGB dar (BVerwG, NVwZ 1997, 521).

Zu berücksichtigen ist überdies, dass es sich um eine **alsbaldige Neuerrichtung** eines gleichartigen Gebäudes handeln muss. Eine „alsbaldige Neuerrichtung“ ist so lange gegeben, als die bodenrechtliche Situation des Grundstücks infolge nachwirkender Prägung durch das zerstörte Gebäude für den Wiederaufbau noch aufnahmefähig ist. Die Neuerrichtung muss innerhalb eines Zeitraumes erfolgen, in dem sich die Verkehrsauffassung noch nicht auf den durch die Zerstörung bewirkten Wandel der Grundstückssituation eingestellt hat, sondern noch mit einem Wiederaufbau rechnet (BVerwGE 64, 42; s. a. OVG Lüneburg, NVwZ-RR 1995, 246). Das neue Gebäude ist gegenüber dem alten Gebäude nur dann **„gleichartig“**, wenn es von ihm im Bauvolumen, in der Nutzung und in der Funktion nicht wesentlich abweicht (BVerwG, NVwZ 2004, 982; NVwZ 1998, 842). 68

4. Änderung/Nutzungsänderung erhaltenswerter Gebäude

Der Begünstigungstatbestand der Nr. 4 knüpft an die Änderung oder Nutzungsänderung von erhaltenswerten, das Bild der Kulturlandschaft prägenden Gebäuden an, selbst wenn diese aufgegeben wurden. Eine förmliche Unterschutzstellung nach den einschlägigen Rechtsvorschriften (Denkmalrecht) ist insoweit nicht erforderlich, von zumindest indizieller Bedeutung können aber die im Denkmalschutzrecht normierten Erhaltungsgründe, d. h. die geschichtliche, künstlerische, wissenschaftliche oder städtebauliche Bedeutung des Bauwerks sein (BVerwG, DÖV 1991, 556; VGH München, BRS 57 Nr. 113; Schroedter-*Rieger,* BauGB, § 35 Rn. 221). 69

Beispiele: Eine alte Mühle, eine alte Schmiede, eine Almhütte auf einer Almwiese, Fachwerkhäuser o. Ä.

Die Begünstigung greift im Gegensatz zu den vorherigen Tatbeständen auch bei Änderungen der baulichen Anlage und trotz vormaliger Aufgabe der Nutzung ein. Vorausgesetzt wird lediglich, dass das neue Vorhaben 70
- einer **zweckmäßigen Verwendung** der Gebäude und
- der Erhaltung des Gestaltswerts dient.

Das Tatbestandselement der Erhaltung des Gestaltwerts schließt Umgestaltungen aus, die zwar die Identität der Anlage unangetastet lassen, dem Gebäude aber ein im Vergleich zum früheren Zustand anderes Erscheinungsbild verleihen (BVerwG, DVBl 1994, 292; Schroedter-*Rieger,* BauGB, § 35 Rn. 223).

5. Erweiterung von Wohngebäuden

71 § 35 IV 1 Nr. 5 BauGB erleichtert die Erweiterung von im Außenbereich errichteten Wohngebäuden (auf bis zu höchstens zwei Wohnungen) unter folgenden Voraussetzungen:

- das Gebäude muss **zulässigerweise** errichtet worden sein (Nr. 5a; s. o. *Rn. 59f.*),
- die Erweiterung – nicht die Errichtung eines eigenständigen Gebäudes (VGH München, ZfBR 2008, 285 [286]) muss im Verhältnis zum vorhandenen Wohngebäude und unter Berücksichtigung der Wohnbedürfnisse **angemessen** sein (Nr. 5b) und
- bei der Errichtung einer weiteren Wohnung rechtfertigen Tatsachen die Annahme, dass das Gebäude vom bisherigen Eigentümer oder seiner Familie **selbst genutzt** wird (Nr. 5c).

72 Die **Angemessenheit** der Erweiterung muss also in **zweifacher Hinsicht** gegeben sein: im Verhältnis zum Wohnungsbestand und unter Berücksichtigung der Wohnbedürfnisse. Da eine Verbesserung der Wohnversorgung begünstigt werden soll, ist grundsätzlich nur eine Erweiterung angemessen, die gerade der Wohnverbesserung des Eigentümers und seiner Familienangehörigen dient. Der Begriff der Familienangehörigen wurde bislang in Anlehnung an den § 8 II des (mittlerweile aufgehobenen) II. WoBauG definiert (zu Abgrenzungsfragen OVG Lüneburg, NVwZ 1999, 1362; *Stüer/Rude,* DVBl 2000, 390 [394]; Schroedter-*Rieger,* BauGB, § 35 Rn. 224f.). Eine Orientierung für das, was flächenmäßig angemessen ist, wurde in Anlehnung an § 39 I, II des II. WoBauG vorgenommen (BVerwG, BRS 48 Nr. 77). Mittlerweile kann als Orientierungshilfe auf die jeweiligen landesrechtlichen Förderrichtlinien zurückgegriffen werden (VGH München, ZfBR 2008, 285 [286]; *Stüer,* DVBl 2011, 472 [479] m.w.N.). Eine Verdoppelung der vorhandenen Wohnfläche kann zulässig sein, wenn das zu erweiternde Gebäude besonders klein und der Wohnbedarf der Familie des Eigentümers dadurch nicht annähernd gedeckt ist (BVerwG, NVwZ 2016, 1477 [1479]). Jedenfalls ist eine differenzierte Einzelfallbetrachtung notwendig, wobei die Angemessenheit nicht vom selbstbestimmten Bedarf der Hausbewohner, sondern von objektiven Maßstäben abhängt (Schroedter-*Rieger,* BauGB, § 35 Rn. 225).

Achtung: § 35 IV 1 Nr. 5 BauGB ist auf die Errichtung einer Ferienwohnung im Außenbereich nicht anwendbar, insoweit gilt § 35 II BauGB (BVerwG, NVwZ 1995, 700).

Wichtig: Die Privilegierung des § 35 IV 1 Nr. 5 BauGB lässt es nicht zu, die Zahl der baulichen Anlagen zu erhöhen (dazu BVerwG, NVwZ 1998, 842 [843]; NVwZ-RR 1999, 295).

6. Erweiterung gewerblicher Betriebe

§ 35 IV 1 Nr. 6 BauGB erleichtert die **bauliche Erweiterung,** nicht aber die Nutzungsänderung (BVerwG, NVwZ-RR 1991, 231), eines zulässigerweise im Außenbereich errichteten gewerblichen Betriebes. Auf landwirtschaftliche Betriebe oder einen im Innenbereich belegenen Betrieb, der sich in den Außenbereich ausdehnen will, ist die Vorschrift nicht – auch nicht analog – anwendbar (BVerwG, NVwZ 1986, 201 [203]; BRS 55 Nr. 81). 73

Eine **„Erweiterung"** setzt einen **funktionalen Bezug** zwischen dem vorhandenen Betrieb und dem geplanten Vorhaben voraus. Die Erweiterung muss zudem in zweierlei Beziehung angemessen sein, nämlich im Verhältnis 74

- zum vorhandenen Gebäude sowie
- zum Betrieb (BVerwG, NVwZ 1994, 371).

Maßstab für die **Angemessenheit** im Verhältnis zum vorhandenen Gebäude ist das Verhältnis von vorhandenem und hinzutretendem Baubestand; dabei darf es nicht zu einer erheblichen, unverhältnismäßigen zusätzlichen Beeinträchtigung von Außenbereichsbelangen kommen (*B/K/L,* BauGB, § 35 Rn. 163). Im Verhältnis zum Betrieb muss die Erweiterung den betrieblichen Erfordernissen entsprechen, wobei von der bisherigen Struktur und Größenordnung des Betriebes auszugehen ist. 75

Beispiel: Angemessen sind etwa Erweiterungen, die der Ersatz vorhandener Maschinen durch neue mit anderem Raumbedarf erfordert oder die Erweiterung um eine Lagerhalle zum Schutz von Witterungseinflüssen ausgesetztem Gerät (OVG Lüneburg, BRS 38 Nr. 103).

Achtung: Die Strukturumwandlung eines Unternehmens ist von der Norm nicht gedeckt, also etwa die Umwandlung von einem Handwerks- zu einem Industriebetrieb oder von einem kleinen Ladengeschäft zu einem Verbrauchermarkt.

Die **Angemessenheit** ist **nicht numerisch,** sondern unter Würdigung der betrieblichen Belange, des Standorts und der Auswirkungen auf den Außenbereich, um dessen Schonung willen der Betriebserweiterung enge Grenzen gesetzt sind, zu ermitteln (OVG Münster, NWVBl 1993, 145). Dabei sind **mehrfache Erweiterungen** nicht grundsätzlich ausgeschlossen. Unzulässig ist es jedoch, ein Gesamtvorhaben, das als solches den Rahmen des Angemessenen sprengt, über § 35 IV 1 Nr. 6 BauGB zeitlich gestaffelt zu verwirklichen (BVerwG, NVwZ-RR 1993, 176). 76

III. Exkurs: Außenbereichssatzung

Die Gemeinde kann eine Satzung nach § 35 VI BauGB erlassen, wenn im Gemeindegebiet ein bebauter Bereich im Außenbereich existiert, der nicht 77 überwiegend landwirtschaftlich geprägt ist und in dem eine Wohnbebauung von einigem Gewicht vorhanden ist (dazu BVerwGE 126, 233 [236f.]; VGH München, NVwZ-RR 2000, 482; OVG Greifswald, UPR 2001, 456; OVG Lüneburg, NVwZ-RR 2001, 368; *Stüer,* DVBl 2003, 1030 [1039]). Durch sie wird bestimmt, dass Wohn- und kleineren Handwerks- und Gewerbevorhaben nicht entgegengehalten werden kann, dass sie

- einer Darstellung im Flächennutzungsplan über landwirtschaftliche oder forstliche Flächen widersprechen oder
- die Entstehung oder Verfestigung einer Splittersiedlung befürchten lassen.

78 Ein **bebauter Bereich** i.S. des § 35 VI 1 BauGB ist nur gegeben, wenn und soweit bereits eine vorhandene Bebauung dazu führt, dass der Außenbereich seine Funktion, als Freiraum oder als Fläche für privilegiert zulässige Vorhaben zu dienen, nicht mehr oder nur noch mit wesentlichen Einschränkungen erfüllen kann. Die vorhandene Bebauung muss auf eine weitere Bebauung im Wege der baulichen Verdichtung hinweisen. Für das erforderliche **Gewicht** der **Wohnbebauung** kommt es überdies auf die siedlungsstrukturellen Gegebenheiten in der Gemeinde oder in der weiteren Umgebung nicht an (BVerwG, DVBl 2006, 1295).

Achtung: Die Satzung nach § 35 VI BauGB hat ausschließlich positive Wirkungen. So lässt sie etwa die Anwendbarkeit des § 35 I BauGB hinsichtlich der dort genannten privilegierten Vorhaben unberührt. Durch eine Außenbereichssatzung kann folglich eine Privilegierung nach § 35 I BauGB nicht ausgeschlossen werden (*Stüer,* DVBl 2006, 403 (411).

79 Die Satzung muss gem. § 35 VI 4 Nrn. 1 bis 3 BauGB mit den dort genannten Voraussetzungen, insbesondere einer **geordneten städtebaulichen Entwicklung** (Nr. 1), vereinbar sein (dazu BVerwGE 54, 74 [77]; B/K/L, § 35 Rn. 176). Es ist das vereinfachte Verfahren nach § 13 II Nrn. 2, 3 BauGB anwendbar (§ 35 VI 5 BauGB; zum Aufstellungsverfahren *Bönker,* in: H/B/G, ÖffBauR, § 8 Rn. 231f.).

Achtung: Wie bei § 35 IV BauGB begründet auch die Außenbereichssatzung keinen Rechtsanspruch auf Erteilung einer Baugenehmigung. Einem erfassten Vorhaben können nämlich andere als die in § 35 VI BauGB ausgesparten öffentlichen Belange entgegenstehen, was zur Unzulässigkeit des Vorhabens führt.

F. Verfahrensfragen

Über Vorhaben, die nach § 35 BauGB zugelassen werden sollen, darf gem. § 36 I 1 BauGB nur dann positiv entschieden werden, wenn zuvor das **Einvernehmen** der Gemeinde eingeholt wurde (dazu umfassend *F/O/K*, ÖffBauR I, § 28 sowie oben *§ 14 Rn. 37f.*). 80

§ 36 I 4 BauGB ermächtigt zudem die jeweilige Landesregierung, allgemein oder für bestimmte Fallgruppen (lediglich) des § 35 II und IV BauGB festzulegen, dass – außer dem Einvernehmen – auch die **Zustimmung** der höheren Verwaltungsbehörde erforderlich ist. Im Zuge der Deregulierungs- und Entbürokratisierungsbestrebungen haben die Länder davon indes zunehmend Abstand genommen. 81

Achtung: Das Einvernehmen der Gemeinde und die Zustimmung der höheren Verwaltungsbehörde dürfen gem. § 36 II 1 BauGB nur aus den sich aus § 35 BauGB ergebenden Gründen versagt werden (dazu *F/O/K*, ÖffBauR I, § 28 Rn. 12ff.). Darüber hinaus enthält § 36 II 2 BauGB eine Fiktion zur Beschleunigung des Genehmigungsverfahrens; Einvernehmen und Zustimmung gelten als erteilt, wenn sie nicht binnen zwei Monaten nach Eingang des Ersuchens der Baugenehmigungsbehörde verweigert werden.

Fall 14: Nachwuchssorgen

Anspruch auf Erlass eines positiven Vorbescheides, teilprivilegierte Vorhaben (planungsrechtliche Zulässigkeit nach § 35 IV 1 Nr. 5 BauGB). 82

Sachverhalt

Familienvater F ist Eigentümer eines Grundstücks auf dem Gebiet der nordrhein-westfälischen Stadt S. Das am Ortsrand gelegene Grundstück liegt nicht im Geltungsbereich eines Bebauungsplans; der Flächennutzungsplan stellt den Bereich, in dem das Grundstück gelegen ist, als Fläche für die Landwirtschaft dar. F möchte, da seine Familie auf nunmehr sechs Personen angewachsen ist, sein eingeschossiges Wohnhaus erweitern. Dieses Wohnhaus war 1950 durch die Bauaufsichtsbehörde genehmigt worden, allerdings befristet bis zum Ablauf des Jahres 1960. In der Folgezeit hatte die Bauaufsichtsbehörde das Vorhaben stillschweigend geduldet. F plant nunmehr – wie auf der Zeichnung dargestellt – die Wohnfläche von 75 qm auf 130 qm aufzustocken. Bei der Eingeschossigkeit soll es verbleiben. F beantragt bei der zuständigen Behörde einen Bauvorbescheid im Hinblick auf die bauplanungsrechtliche Zulässigkeit. Diese lehnt das Vorhaben unter Bezugnahme auf § 35 BauGB ab. Zu Recht?

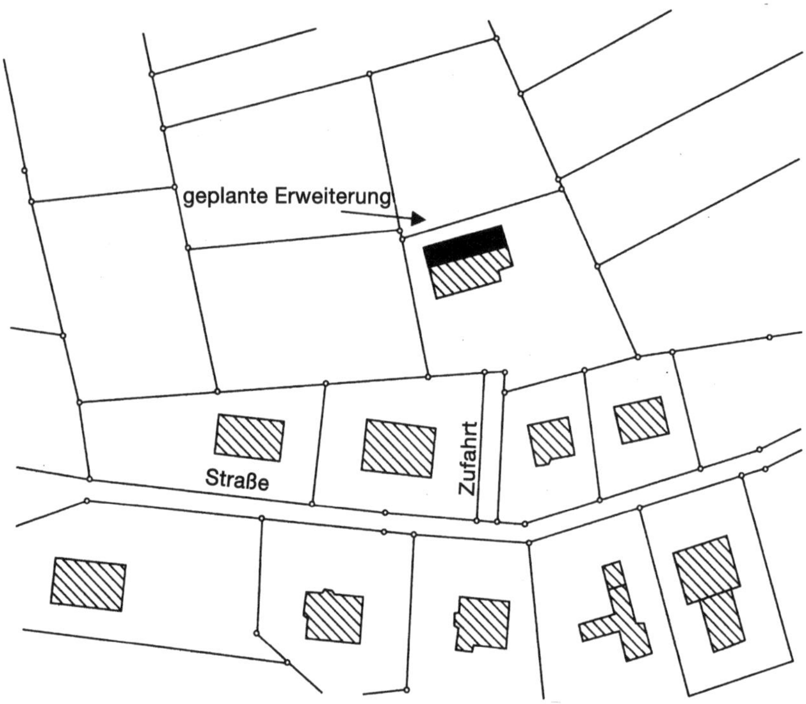

Lösung

I. Anspruchsgrundlage

Ein Anspruch auf Erlass eines positiven Bauvorbescheides für den F könnte sich aus § 77 BauO NRW ergeben. Demnach ist ein Bauvorbescheid zu erteilen, wenn dem Vorhaben öffentlich-rechtliche Vorschriften nicht entgegenstehen.

II. Bauplanungsrechtliche Zulässigkeit

Eine dem Vorhaben entgegenstehende Bestimmung könnte hier in Gestalt des § 35 BauGB vorliegen. Ein Bebauungsplan für den fraglichen Bereich existiert nicht. Das Vorhaben liegt auch angesichts seiner Lage am Ortsrand und des Abstandes zu der sonstigen Bebauung nicht innerhalb eines im Zusammenhang bebauten Ortsteiles. Der Bebauungszusammenhang endet jedenfalls mit der rückwärtigen Grundstücksgrenze der an der Straße liegenden Häuser. Somit liegt das Vorhaben im Außenbereich.

Ein Privilegierungstatbestand gem. § 35 I BauGB ist ersichtlich nicht gegeben. Die planungsrechtliche Beurteilung richtet sich infolgedessen nach § 35 II BauGB. Hiernach kann der Erweiterungsbau nicht genehmigt werden, weil seine Ausführung oder Benutzung öffentliche Belange beeinträchtigt. Das Vorhaben widerspricht den Darstellungen des Flächennutzungsplans (§ 35 III 1 Nr. 1 BauGB), außerdem lässt es die Entstehung oder Verfestigung einer Splittersiedlung befürchten, da der Anbau Signalwirkung für andere Bauwillige hätte (§ 35 III 1 Nr. 7 BauGB).

Die genannten öffentlichen Belange wären freilich unbeachtlich, wenn § 35 IV 1 Nr. 5 BauGB einschlägig wäre. Dann müsste es sich zunächst einmal bei dem bestehenden Wohnhaus um ein zulässigerweise errichtetes Wohngebäude handeln (§ 35 IV 1 Nr. 5a

BauGB). Dies könnte in Anbetracht der Befristung der ursprünglichen Baugenehmigung bis zum Jahr 1960 zweifelhaft sein. Denn aufgrund des Fristablaufs ist das Gebäude (zumindest) formell baurechtswidrig geworden. In Anbetracht des Wortlautes der Norm („... zulässigerweise *errichtet worden* ...") dürfte indes entscheidend sein, dass das Wohnhaus zumindest im Zeitpunkt der Errichtung über eine bauaufsichtliche Genehmigung verfügte (BVerwG, NVwZ 2016, 1477 [1478]). Der spätere Wegfall – sei es durch Fristablauf, durch Rücknahme o. Ä. – kann insoweit nicht ausschlaggebend sein. Dabei kommt im Beispielsfall noch hinzu, dass die Bauaufsichtsbehörde das Vorhaben seitdem stillschweigend geduldet hat. Somit liegt ein zulässigerweise errichtetes Wohngebäude vor.

Es müsste des Weiteren die Erweiterung im Verhältnis zum vorhandenen Wohngebäude und unter Berücksichtigung der Wohnbedürfnisse angemessen sein (§ 35 IV 1 Nr. 5b BauGB). Orientiert man sich dabei – wie die Rechtsprechung – allein an den Vorgaben des (vormaligen und zum 1.1.2002 aufgehobenen) § 39 des II. WoBauG (BGBl. I 1994, S. 2149), so begegnet das Vorhaben hier keinen Bedenken. Nach § 39 I Nr. 1 WoBauG wäre bei einem Familienheim mit einer Wohnung eine Wohnungsgröße von 130 qm durchaus angemessen (gewesen). In Anbetracht der großen Familie des F wäre unter Berücksichtigung des § 39 II Nr. 1 WoBauG sogar eine größere Wohnung noch angemessen.

Demgegenüber ist freilich zu bedenken, dass die Grenze der Angemessenheit einer Erweiterung der Bausubstanz situationsbedingt von den jeweiligen Veränderungen des gesamten zu würdigenden Bestandes abhängt. Dabei ist bei der Prüfung der Angemessenheit der baulichen Erweiterung auch der Standort des Gebäudes und seine Einbindung in die Umgebung sowie die Richtung, in die sich die Erweiterung bewegt, zu berücksichtigen, da auch die Auswirkungen der Erweiterung auf die Außenbereichsbelange von Bedeutung sein können (OVG Münster, NWVBl 1993, 145 [146]). In dieser Hinsicht ist hier zu bedenken, dass das Vorhaben des F sich allein in Richtung auf den Außenbereich hin entwickelt, also nur unberührte Fläche in Anspruch nimmt. Es tritt also gegenüber dem früher vorhandenen Baubestand deutlich nachteiliger und den Außenbereich wesentlich belastender in Erscheinung. Hinzu kommt, dass F – anstatt auf den vorhandenen eingeschossigen Bestand „aufzusatteln" – das Vorhaben in eingeschossiger Bauweise belassen will, also im Grunde unnötig viel freie Außenbereichsfläche in Anspruch nehmen will. In der geplanten Form kann folglich nicht von einer Angemessenheit der Erweiterung gesprochen werden. Somit liegen die Voraussetzungen des § 35 IV 1 Nr. 5 BauGB nicht vor.

III. Ergebnis:

Der Erteilung eines positiven Bauvorbescheides steht also § 35 II, III BauGB entgegen.

G. Nachbarschutz

Das nach weithin anerkannter Auffassung in § 35 BauGB verankerte Gebot **83**
der Rücksichtnahme ermöglicht Nachbarschutz bei einer konkreten Unzumutbarkeit des Vorhabens (dazu etwa BVerwG, NVwZ 2005, 328; OVG Münster, NVwZ-RR 2006, 774; OVG Hamburg, NVwZ-RR 2005, 707; *Stüer,* DVBl 2011, 472 [480] m. w. N.).

H. Kontrollfragen

1. Welche Voraussetzungen stellt § 35 I BauGB für die Zulassung eines privilegierten Vorhabens auf?

2. Wie lässt sich der Begriff der Landwirtschaft i.S. des § 35 I Nr. 1 BauGB definieren?
3. Können auch landwirtschaftsfremde Vorhaben an der Privilegierung des § 35 I Nr. 1 BauGB teilnehmen?
4. Bei der Erfüllung welcher Kriterien geht die Rechtsprechung davon aus, dass die Landwirtschaft in der Form eines „Betriebes" geführt wird?
5. Wann „dient" ein Vorhaben einem landwirtschaftlichen Betrieb?
6. Welche Aspekte sind maßgeblich für die Beantwortung der Frage des „Sollens" in § 35 I Nr. 4 BauGB?
7. Stellt die Entstehung, Verfestigung oder Erweiterung einer Splittersiedlung in jedem Fall einen öffentlichen Belang dar, der im Rahmen des § 35 BauGB von Relevanz ist?
8. Wann ist ein Gebäude i.S. des § 35 IV BauGB „zulässigerweise" errichtet?

(Antworten auf S. 362)

5. Teil. Genehmigungsvorbehalte und Eingriffsbefugnisse im Bauordnungsrecht

Literatur: *Bringewat,* Geltungsverlust einer Baugenehmigung bei Nutzungsunterbrechung, NVwZ 2011, 733; *Büchner,* Anmerkungen zur Novelle 2008 der Landesbauordnung Baden-Württemberg, VBlBW 2009, 168; *Erbguth/Stollmann,* Entwicklung im Bauordnungsrecht, JZ 2007, 868; *Glaser/Weißenberger,* Die bauordnungsrechtlichen Eingriffsbefugnisse nach der Novellierung der Bayerischen Bauordnung, BayVBl 2008, 460; *Graf,* Fortgeltung der Baugenehmigung bei längerer Nutzungsunterbrechung, ZfBR 2006, 215; *Guckelberger,* Abbruch verfallender baulichen Anlagen, NVwZ 2010, 743; *Hornmann,* Hessische Bauordnung 2011, NVwZ 2011, 212; *ders.,* Keine Feststellung in der Baugenehmigung zum nicht zu prüfenden Recht, NVwZ 2012, 1294; *Hullmann/Zorn,* Probleme der Genehmigungsfiktion im Baugenehmigungsverfahren, NVwZ 2009, 756; *Jäde,* Bestandsschutz im Bauplanungsrecht, BayVBl 2007, 641; *ders.,* Die Entwicklung des Bauordnungsrechts 2011–2014, ZfBR 2015, 19; *Lindner,* Formelle und materielle Illegalität bei bauordnungsrechtlichen Eingriffen, JuS 2014, 118; *Niere,* Neuerlass der Landesbauordnung für das Land Schleswig-Holstein, NordÖR 2009, 273; *Pautsch,* Das niedersächsische Bauordnungsrecht im Zeichen von Deregulierung und Privatisierung – ein Überblick über die neue NBauO, apf 2013, 161; *Thiel,* Öffentliches Baurecht – Zu Unrecht ungeliebt?, AL 2012, 174; *Wickel,* Bestandsschutz im Baurecht, Jura 2019, 268.

Die Bauaufsichtsbehörden wachen bei der Errichtung, der Änderung, dem Abbruch, der Nutzung, der Nutzungsänderung und der Instandhaltung baulicher Anlagen über die Einhaltung des materiellen Bauordnungsrechts, aber auch anderer öffentlich-rechtlicher Vorschriften des Bundes- und Landesrechts sowie der aufgrund dieser Vorschriften erlassenen Anordnungen (etwa § 47 LBO BW, Art. 54 II BayBO, § 61 II HessBO, § 58 I, II BauO NRW). 1

Zur Erledigung dieser Aufgaben steht ihnen ein **differenziertes Kontrollsystem** zur Verfügung. Vor allem durch das **Baugenehmigungsverfahren** kann die Bauaufsichtsbehörde präventiv, d.h. vor Beginn einer Bautätigkeit, kontrollieren, ob ein bestimmtes Vorhaben mit den materiell-rechtlichen Vorgaben des öffentlichen Baurechts übereinstimmt. Schließlich kann sie zur Abwehr bereits eingetretener Gefahren oder zur Wiederherstellung baurechtsgemäßer Zustände **repressiv** gegen die Verantwortlichen einschreiten. Dabei bilden die Ermächtigungsbefugnisse des (Landes-)Bauordnungsrechts den Hebel, um auch die Einhaltung der Normen des Bauplanungsrechts zu sichern. 2

Beispiele:
– Geht es um die Zulässigkeit eines Bauvorhabens im Außenbereich, ist nicht § 35 BauGB die korrekte Anspruchsgrundlage etwa für die Erteilung einer Baugenehmigung, sondern die entsprechende bauordnungsrechtliche Vorschrift (bspw. § 74 I BauO NRW). In diesem Zusammenhang ist dann indes § 35 BauGB zu prüfen („... wenn dem Vorhaben keine öffentlich-rechtlichen Vorschriften entgegenstehen“).

– Soll die Nutzung eines Gewerbebetriebes untersagt werden, weil die Nutzung nicht mit den Festsetzungen eines Bebauungsplans in Übereinstimmung zu bringen ist, stellen nicht die bauplanungsrechtlichen Vorschriften (etwa die §§ 31, 33, 34 BauGB oder die Vorschriften der BauNVO) die einschlägige Ermächtigungsgrundlage dar, sondern z.B. Art. 76 S. 2 BayBO.

3 Im Folgenden geht es um die Darstellung der examensrelevanten Einzelheiten des sog. **formellen Bauordnungsrechts,** d.h. der wichtigen Verfahrensregelungen. Das **materielle Bauordnungsrecht,** d.h. vor allem die Anforderungen an Bauprodukte und baulichen Anlagen, das Abstandsflächenrecht, der Brandschutz, der Gestaltungsschutz etc., wird nicht detailliert erläutert (weiterführend etwa *Grotefels,* in: H/B/G, ÖffBauR, § 15; *Erbguth/Schubert,* ÖffBauR, § 12; *F/O/O,* ÖffBauR II, § 4 u. § 5).

Achtung: Das formelle Bauordnungsrecht regelt die Umsetzung des Bauplanungs- und Bauordnungsrechts; demgegenüber normiert das materielle Bauordnungsrecht die inhaltlichen Anforderungen an die baulichen Anlagen.

§ 18. Präventives Bauordnungsrecht

A. Allgemeines

1 Das **präventive Kontrollverfahren** ist i.d.R. auf die Erteilung der Baugenehmigung für ein beabsichtigtes Vorhaben gerichtet. Daneben finden sich in den Bauordnungen, ausgehend vom Regelfall der Baugenehmigung, verschiedene besondere Genehmigungen, die sich auf jeweils unterschiedliche Teilbereiche von Vorhaben erstrecken. Die Baugenehmigung ist die behördliche Erklärung, das dem beabsichtigten Vorhaben das öffentliche Recht, welches zum Zeitpunkt der Entscheidung gilt, nicht entgegensteht (BVerwG, BRS 18 Nr. 49; zum eingeschränkten Prüfprogramm beim vereinfachten Genehmigungsverfahren s.u. *Rn. 12*). Neben den baurechtlichen Vorschriften hat die Baugenehmigungsbehörde dabei regelmäßig auch alle anderen öffentlichrechtlichen Vorschriften zu prüfen, die für das Vorhaben relevant sein können, sofern für diese Vorschriften keine besondere (Genehmigungs-)Zuständigkeit einer anderen Behörde besteht (so ausdrücklich § 58 I LBO BW; dazu auch BVerwGE 80, 259; 84, 11; BVerwG, NVwZ 1996, 377).

2 Die Frage, ob die Baugenehmigung i.S. eines **Schlusspunktes** abschließend die Vereinbarkeit des Vorhabens mit dem gesamten öffentlichen Recht feststellt, beantwortet sich ausschließlich nach Landesrecht (*Jäde,* ZfBR 2015, 19, 23). Die Rechtslage in Deutschland ist insoweit nicht einheitlich: Bran-

denburg und Hamburg (§ 72 I 2 BbgBO; § 72 HmbBauO) haben etwa die Regelung getroffen, dass die Baugenehmigung alle für das Vorhaben erforderlichen weiteren behördlichen Entscheidungen einschließt (dazu *E/M/S,* BesVwR, Rn. 875; *Koch/Hendler,* BRL, § 23, Rn. 20ff.; *Muckel/Ogorek,* ÖffBauR, § 9 Rn. 60f.; *Ortloff,* NVwZ 2005, 999 [1001]). Dem Bauherrn wird damit die Rechtssicherheit vermittelt, dass mit der Erteilung der Genehmigung ein Schlusspunkt in der rechtlichen Beurteilung des Vorhabens gesetzt wird. Demgegenüber haben sich viele andere Bundesländer für das sog. **Separationsmodell** entschieden: so regelt z.B. § 74 I HessBO, dass die Baugenehmigung zu erteilen ist, wenn dem Vorhaben keine öffentlich-rechtlichen Vorschriften entgegenstehen, die im Baugenehmigungsverfahren zu prüfen sind; der Bauantrag darf auch abgelehnt werden, wenn das Vorhaben gegen sonstige öffentlich-rechtliche Vorschriften verstößt (weiterführend *Koch/Hendler,* BRL, § 23, Rn. 20ff.; *Hornmann,* HessBO, § 74 Rn. 55f.).

Wichtig: Mit der Ausführung eines Bauvorhabens darf folglich erst begonnen werden, wenn die Bauaufsichtsbehörde mit der Baugenehmigung bestätigt hat, dass öffentlich-rechtliche Vorschriften dem Bauvorhaben nicht entgegenstehen.

Bestimmte fachgesetzliche Zulassungsentscheidungen schließen die Baugenehmigung ein **(Konzentrationswirkung).** Dann ist nur diese Gestattung zu beantragen, die zugleich die Baugenehmigung beinhaltet (etwa § 61 I BauO NRW). Soweit nicht in der Bauordnung (etwa § 72 I 2 BbgBO) oder im Fachrecht (Beispiele bei *Hartmann,* in: S/K, BauO NRW, § 63 Rn. 35) ausdrücklich vorgesehen, kommt der Baugenehmigung **keine Konzentrationswirkung** zu (BVerwG, BauR 2002, 451; OVG Münster, NVwZ-RR 2002, 564; DÖV 2004, 302; [*Schmidt/Gärtner,* NVwZ 2018, 534 535]). Dies bedeutet, dass die Baugenehmigung die nach anderen Vorschriften erforderlichen Genehmigungen (z.B. nach dem Landschafts-, Straßen-, Sanierungs- und Wasserrecht) nicht ersetzt. Ob die Voraussetzungen für deren Erteilung vorliegen, darf die Baugenehmigungsbehörde nicht prüfen. 3

Die materielle Prüfungskompetenz hinsichtlich des Vorliegens der Voraussetzungen für die Erteilung der jeweiligen Genehmigung und die Kompetenz zu deren Erteilung verbleibt ausschließlich bei der hierfür zuständigen Stelle (OVG Münster, NWVBl 2010, 230 [231]; DÖV 2004, 302). Es ist daher ohne weiteres möglich, dass neben der Baugenehmigung weitere öffentlich-rechtliche Anlagengenehmigungen (z.B. nach Wasserrecht) erforderlich sind. Aus der Erteilung der Baugenehmigung kann der Bauherr nicht i.S. einer so genannten Baufreigabe ableiten, die Bauausführung sei ungeachtet etwaiger weiterer erforderlicher Erlaubnisse etc. freigegeben (zu alledem OVG Münster, NVwZ-RR 2002, 564; ähnlich NZV 2002, 102). Eine wirksame und 4 vollziehbare Baugenehmigung hindert bauaufsichtliche Maßnahmen gegen das Bauvorhaben nur im Umfang der jeweiligen Feststellungswirkung der Baugenehmigung.

B. Die Baugenehmigung

I. Genehmigungspflicht

1. Grundsätze

5 Das Recht, sein Grundstück zu bebauen, ist Teil der allgemeinen Handlungsfreiheit (Art. 2 I GG). Schranken für dieses Recht ergeben sich nicht nur aus dem Erfordernis, grundsätzlich vor Beginn der Bauausführung eine Baugenehmigung einzuholen, sondern vor allem aus der Vielzahl von gesetzlichen Vorschriften, Rechtsverordnungen, Verwaltungsvorschriften und technischen Normen (dazu *Seibel,* BauR 2005, 490; *ders.,* BauR 2005, 1109), die das Bauen regeln.

6 Durch den **Vorbehalt der Genehmigungserteilung** wird sichergestellt, dass die vielfältigen Auswirkungen von Baumaßnahmen und die mit der Errichtung, Änderung, Nutzungsänderung oder Beseitigung baulicher Anlagen verbundenen Gefahren in einem der Bauausführung vorgeschalteten Kontrollverfahren überprüft werden und das jeweilige Vorhaben insbesondere mit dem geltenden öffentlichen Baurecht übereinstimmt (*Grotefels,* in: H/B/G, ÖffBauR, § 16 Rn. 12; *Hartmann,* in: S/K, BauO NRW, § 63 Rn. 1).

7 Angesichts dieser Fülle von Beschränkungen sollte von einer „Baufreiheit" im eigentlichen Sinne nicht mehr gesprochen werden. Indes kommt der verfassungsrechtliche Rang dieses Rechtsgutes darin zum Ausdruck, dass eine Baugenehmigung erteilt werden **muss,** wenn keine öffentlich-rechtlichen Vorschriften entgegenstehen (etwa § 58 I 1 LBO BW, § 74 I BauO NRW). Die Entscheidung über den Bauantrag ist damit eine gebundene Entscheidung: Der Bauherr hat, wenn öffentlich-rechtliche Vorschriften nicht entgegenstehen, einen **Rechtsanspruch** auf Erteilung der Baugenehmigung (BVerwGE 42, 115 [116]; 50, 282 [285]; *Hellhammer-Hawig,* in: S/K, BauO NRW, § 75 Rn. 3).

Das **Genehmigungserfordernis** qualifiziert die Bautätigkeit damit nicht als generell unerwünscht und „an sich verbotene Tätigkeit" i.S. eines „repressiven Verbots mit Befreiungsvorbehalt", sondern spricht lediglich ein Verbot aus, ohne vorherige Kontrolle und Erlaubnis zu bauen. Man bezeichnet diese vorläufige Sperre als ein **präventives Verbot mit Erlaubnisvorbehalt,** welches mit der Genehmigung aufgehoben wird (BVerwGE 48, 242 [245]; *Grotefels,* in: H/B/G, ÖffBauR, § 16 Rn. 13; *Hartmann,* in: S/K, BauO NRW, § 63 Rn. 2; *Hornmann,* HessBO, § 62 Rn. 3f.).

Schaubild 24: Erteilung der Baugenehmigung

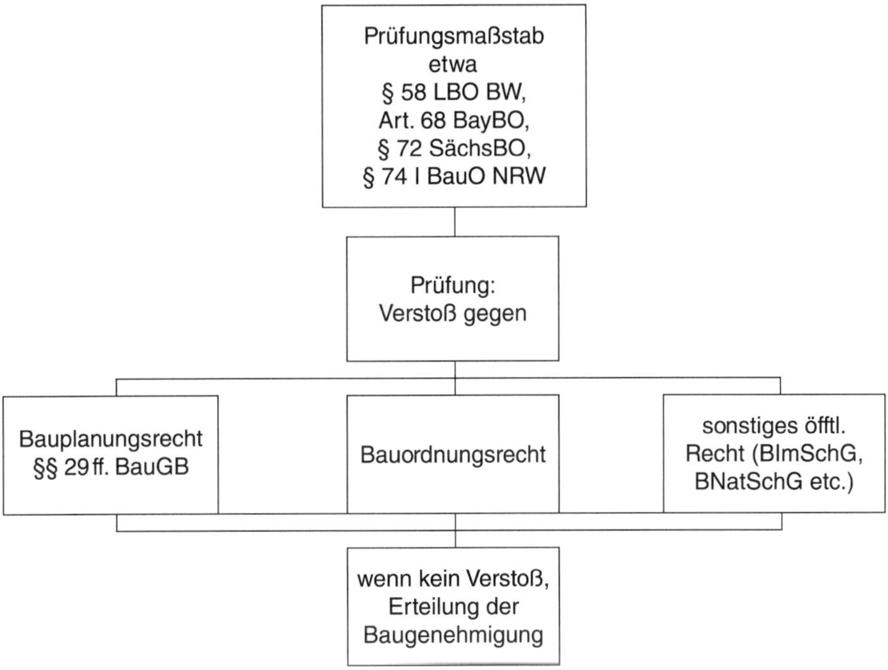

2. Genehmigungspflichtige Vorhaben

Einer Baugenehmigung bedürfen nach den entsprechenden Vorschriften der Bauordnungen der Länder grundsätzlich die **Errichtung,** die **Änderung,** die **Nutzungsänderung** und (allerdings nicht in allen Ländern) der **Abriss** baulicher Anlagen (etwa Art. 55 I BayBO, § 62 I 1 HessBO, § 60 I BauO NRW; zu den Begriffsdefinitionen s. o. *§ 13 Rn. 11 f.;* zum Begriff der baulichen Anlage den Fall bei *Thiel,* AL 2012, 174 [179 f.]; instruktiv auch *Erbguth/Schubert,* ÖffBauR, § 12 Rn. 1 f.). Nutzungsänderungen sind nur dann genehmigungspflichtig, wenn für die neue Nutzung andere öffentlich-rechtliche Anforderungen bestehen als für die bisherige Nutzung (s. a. *§ 13 Rn. 14 ff.*). 9

Eine **genehmigungspflichtige Nutzungsänderung** liegt vor, wenn sich die neue Nutzung von der bisherigen (legalen) so weit unterscheidet, dass sie anderen oder weitergehenden Anforderungen bauordnungs- **oder** bauplanerischer Art unterworfen ist oder unterworfen werden kann. So stellt etwa die Verwendung eines bisher als Wohnraum genutzten Aufenthaltsraumes als Schlafraum – oder umgekehrt – innerhalb einer Wohnung keine Nutzungsänderung dar. Eine Änderung der Benutzungsart liegt aber stets dann vor, wenn für die neue Benutzungsart besondere öffentlich-rechtliche Vorschriften bestehen, die von denen abweichen, die für die bisherige Benutzungsart gelten. Eine genehmigungsbedürftige Nutzungsänderung ist immer dann gegeben, 10 wenn das öffentliche Baurecht für die veränderte Nutzung eine andere Beurteilung ergeben kann, d.h. andere oder weitergehende Anforderungen stellt (OVG Münster, BRS 57 Nr. 258; BauR 1996, 375). Anders als bei der Errichtung oder Änderung baulicher Anlagen ist also die Frage nach der Genehmigungsbedürftigkeit nur mit Blick auf das materielle Recht zu beantworten.

Beispiele: Eine Nutzungsänderung liegt etwa in folgenden Fällen vor (weitere Beispiele einschl. aktueller Rspr. bei *Hartmann,* in: S/K, BauO NRW, § 63 Rn. 21; *Hornmann,* HessBO, § 62, Rn. 20):
- ein Gebrauchtwagenverkauf wird um eine Servicestation ergänzt,
- eine Diskothek in einen bordellartigen Betrieb umgewandelt (VGH Kassel, UPR 2010, 104),
- ein Wohngebäude im allgemeinen Wohngebiet wird zu Bürozwecken genutzt,
- eine Lagerhalle wird zum Einkaufszentrum umfunktioniert.

Achtung: Der Begriff der baulichen Anlage wird in den Bauordnungen der Länder i.d.R. legal definiert (etwa § 2 I LBO BW, § 2 I BauO NRW).

11 Für verschiedene, an sich genehmigungspflichtige Vorhaben stellen die meisten Bauordnungen ein **vereinfachtes Genehmigungsverfahren** zur Verfügung (etwa Art. 59 BayBO, § 64 BauO NRW, § 57 HessBauO). Anwendungsfälle sind vor allem kleinere Wohngebäude sowie deren Nebenanlagen, Verkaufs- und Ausstellungsstände, kleinere Lagerhallen etc. Um die Einhaltung der von der Behörde nicht zu prüfenden Vorschriften zu gewährleisten müssen die Bauherren entsprechende Nachweise erbringen, wodurch die präventive Kontrolle in Ansätzen privatisiert wird. „Ziel" des Verfahrens ist aber auch in diesen Fällen die Erteilung einer Baugenehmigung.

12 In seinem Ansatz unterscheidet sich das vereinfachte vom herkömmlichen Genehmigungsverfahren dadurch, dass das Vorhaben nicht auf die Einhaltung aller öffentlich-rechtlichen Anforderungen hin untersucht wird, sondern die im Gesetz abschließend aufgezählten baulichen Anlagen nur einer auf die wichtigsten bauplanungs- und bauordnungsrechtlichen Zulassungserfordernisse beschränkten Prüfung unterzogen werden (zum Prüfungsumfang im vereinfachten Baugenehmigungsverfahren VGH Kassel, NVwZ-RR 2007, 740; OVG Saarlouis, NVwZ-RR 2007, 741; OVG Koblenz, NVwZ-RR 2012, 304; *Hornmann,* NVwZ 2012, 1294 [1295f.]; *Sauthoff,* BauR 2013, 415).

Achtung: Die im vereinfachten Verfahren erteilte Baugenehmigung vermittelt dem Vorhaben keine umfassende materielle Legalität. Verstößt das Vorhaben also gegen Vorschriften, deren Einhaltung die Bauaufsichtsbehörde nicht zu prüfen hatte, steht das Vorhaben wegen der reduzierten Legalität der Genehmigung im Widerspruch zum geltenden Recht, so dass die Behörde dagegen später noch mit bauaufsichtlichen Mitteln einschreiten kann (VGH München, BayVBl 2006, 537 [538]; OVG Münster, NWVBl 2009, 262). Stellt die Behörde bereits im Verfahren offensichtliche Rechtsverstöße außerhalb des gesetzlich zugewiesenen Prüfprogramms fest, kann sie aus Gründen der Verwaltungsökonomie die Erteilung der Genehmigung versagen (so jetzt ausdrücklich § 71 I 3 BauO Bln; s.a. OVG Münster, BauR 2010, 208; VGH Kassel, NVwZ-RR 2012, 676).

Fall 15: Prismenwendeanlage

Anspruch auf Erteilung einer Baugenehmigung, Genehmigungspflicht, Genehmigungsfähigkeit, bauliche Anlage, Werbeanlage, Gefährdung der Verkehrssicherheit 13

Sachverhalt

Der G ist Gewerbetreibender in einer Großstadt in Sachsen und allem Modernen gegenüber aufgeschlossen. Sein Geschäft liegt direkt an einer vielbefahrenen Innenstadt-Kreuzung. Eines Tages bietet ihm eine Werbeagentur die Installation einer sog. Prismenwendeanlage zum ständigen Gebrauch an. Dabei handelt es sich um einen kastenartigen Werbeträger, bei dem durch ein bildwechselndes Schild mit drei Mitteilungen geworben wird. Es findet ein ständiger Motivwechsel statt, der durch einen elektrischen Antrieb in einem einstellbaren Zeittakt hervorgerufen wird. Die Anlage hat die Ausmaße von 4 m Breite, 3 m Höhe und etwa 20 cm Tiefe; sie soll direkt über dem Geschäft des G angebracht werden, wo sie von den im Kreuzungsbereich befindlichen Autofahrern, Fußgängern usw. optimal wahrgenommen werden kann. G beantragt bei der zuständigen Baugenehmigungsbehörde die Erteilung einer Baugenehmigung. Zum Erstaunen des G wird dies abgelehnt. G ist jedoch der Ansicht, er habe einen Anspruch auf Erteilung einer Baugenehmigung. Zu Recht?

Lösung

I. Anspruchsgrundlage

Ein Anspruch des G auf Erteilung der beantragten Baugenehmigung könnte sich aus § 72 I 1 SächsBO ergeben. Demnach ist die Baugenehmigung zu erteilen, wenn dem Vorhaben keine öffentlich-rechtlichen Vorschriften entgegenstehen, die im bauaufsichtlichen Genehmigungsverfahren zu prüfen sind.

II. Materielle Voraussetzungen

1. Genehmigungspflicht

Damit sich aus der Norm ein Anspruch auf eine Genehmigung der Prismenwendeanlage ergeben kann, müsste die SächsBO auf ein solches Vorhaben anwendbar sein, d.h. es müsste überhaupt ein **Genehmigungserfordernis** bestehen. Hier könnte sich ein Genehmigungserfordernis aus § 59 I SächsBO ergeben, wonach u.a. die Errichtung von Anlagen genehmigungspflichtig ist. Bauliche Anlagen sind gem. § 2 I 1 SächsBO mit dem Erdboden verbundene, aus Bauprodukten hergestellte Anlagen. Als bauliche Anlagen gelten überdies Anlagen, die durch eigene Schwere auf dem Boden ruhen oder nach ihrem Verwendungszweck dazu bestimmt sind, überwiegend ortsfest benutzt zu werden (§ 2 I 2 SächsBO). Unter diese Begriffsdefinition lässt sich eine Prismenwendeanlage nicht subsumieren, weil sie freischwebend an einer Gebäudewand befestigt wird. Indes gilt die Bauordnung gem. § 1 I 2 SächsBO auch für andere Anlagen und Einrichtungen, soweit in der Bauordnung Anforderungen an solche Anlagen und Einrichtungen gestellt werden. Anforderungen an eine Prismenwendeanlage könnten sich aus § 10 SächsBO ergeben. Dies würde voraussetzen, dass es sich dabei um eine Anlage der Außenwerbung handelt. Zwar sind Prismenwendeanlagen in der Aufzählung des § 10 I 2 SächsBO nicht enthalten. Jedoch ist die Aufzählung erkennbar nicht abschließend („... insbesondere ...“), so dass unter den Katalog auch diese modernen Außenwerbungsanlagen subsumiert werden können. Mithin findet die SächsBO Anwendung und es besteht grundsätzlich ein Genehmigungserfordernis gem. §§ 59 I, 1 I 2 SächsBO.

Bei der Genehmigungspflichtig verbleibt es auch ungeachtet der weitreichenden **Ausnahmeregelung** des § 61 I Nr. 12 SächsBO gerade für Werbeanlagen (s.a. VGH Mannheim, NVwZ 2004, 357; OVG Münster, BauR 2004, 67; NVwZ-RR 2004, 560; VGH München, DÖV 2004, 844; OVG Weimar, LKV 2004, 420). Unter die dort geregelten Nr. 12 Ziff. a–e lässt sich die hier relevante Anlage gerade nicht subsumieren, weil sie sowohl in Anbetracht ihrer Größe als auch der sonstigen Umstände die Voraussetzung der Privilegierung nicht erfüllt. Somit ist die Errichtung der Prismenwendeanlage genehmigungspflichtig.

2. Genehmigungsfähigkeit

Es ist nunmehr zu prüfen, ob dem geplanten Vorhaben **öffentlich-rechtliche Vorschriften entgegenstehen.** Der Aufstellung der Werbeanlage könnte hier die Vorschrift des § 10 II SächsBO entgegenstehen. Demnach dürfen Werbeanlagen, die keine baulichen Anlagen sind, die Sicherheit und Leichtigkeit des Verkehrs nicht gefährden. Bei der Auslegung ist der polizeiliche Gefahrenbegriff zugrunde zu legen (OVG Münster, NWVBl 1993, 150). Danach liegt eine Gefahr vor, wenn durch die geplante Prismenwendeanlage ein Zustand geschaffen wird, der den Eintritt eines Schadens im Sinne einer konkreten Gefährdung erwarten lässt.

Maßgeblich für die Beurteilung dieser Frage sind einerseits die konkreten örtlichen Verhältnisse einschließlich bereits bestehender Gefahrensituationen, andererseits die Fähigkeit eines durchschnittlichen Verkehrsteilnehmers, die Situation zu bewältigen. Dabei ist davon auszugehen, dass klassische Werbeanlagen regelmäßig keine verkehrsgefährdende Wirkung haben. Hier ist es jedoch so, dass die Veränderung der Werbedarstellung in kurzen Zeitabständen die Aufmerksamkeit der Kraftfahrer auf sich lenkt, weil diese entgegen Gewohnheit und Erfahrung an ein und derselben Stelle nacheinander verschiedene Plakate wahrnehmen. Durch den Wendevorgang geht von der Werbeeinrichtung gleichsam eine über das normale (Werbe-)Maß hinausgehende, besondere Aufmerksamkeit beanspruchende Bewegung aus (OVG Münster, NWVBl 1993, 150 [151]). Hinzu kommt, dass die Anlage in einem Kreuzungsbereich installiert werden soll, einem Verkehrsbereich also, der regelmäßig besonders große Aufmerksamkeit von den Verkehrsteilnehmern verlangt und bei dem visuelle Effekte schnell zu unfallträchtigen Situationen führen können (VGH München, BayVBl 1996, 343). Wenn also eine Prismenwendeanlage – wie hier – derart in den öffentlichen Verkehr hineinwirkt, liegt regelmäßig eine **Gefahr** für die **Sicherheit** und **Leichtigkeit** des **Straßenverkehrs** vor (so auch OVG Münster, NWVBl 1993, 150 [151]; OVG Frankfurt, NVwZ 1997, 202; zur Verunstaltung des Straßen- und Ortsbildes durch eine solche Anlage OVG Münster, BauR 1998, 113). Somit steht die öffentlich-rechtliche Vorschrift des § 10 II 2 SächsBO dem geplanten Vorhaben entgegen.

3. Ergebnis:

Folglich hat G **keinen Anspruch** auf Erteilung der begehrten Genehmigung.

II. Ausnahmetatbestände

Von dem **gesetzlichen Regelfall** der bauordnungsrechtlichen Genehmigungspflicht betreffend bauliche Anlagen sehen zahlreiche Vorschriften **Ausnahmen** vor. 14

1. Genehmigungsfreie Vorhaben

So sind in den Bauordnungen regelmäßig Vorhaben, denen eine geringere Gefahr innewohnt und die daher auch ein geringeres Kontrollbedürfnis erzeugen – wie etwa im Einzelnen näher bestimmte Gartenlauben, Einfriedungen, Stützmauern, nicht überdachte Stellplätze, Kleintierställe etc. –, als sogenannte freie Vorhaben ***enumerativ*** vom Erfordernis einer bauaufsichtsbehördlichen Genehmigung ausgenommen (etwa Art. 57 BayBO, § 62 I BauO NRW, § 63 HessBO u. Anl., § 61 SächsBO sowie den soeben erörterten Beispielsfall unter *Rn. 13;* zur Abgrenzung zwischen genehmigungspflichtigen und genehmigungsfreien Vorhaben OVG Weimar, LKV 2003, 35; OVG Münster, BauR 2002, 1844; OVG Hamburg, BauR 2005, 849; VGH München, NVwZ-RR 2005, 611). 15

Achtung: Besteht ein Vorhaben aus einem genehmigungsbedürftigen und einem genehmigungsfreien Teil, so ist es insgesamt genehmigungspflichtig (OVG Koblenz, DÖV 2005, 921; zur Addition mehrerer an sich genehmigungsfreier Vorhaben umfassend OVG Saarlouis, NVwZ-RR 2011, 274f.; *Hartmann,* in: S/K, BauO NRW, § 65 Rn. 3).

Die Befreiung von der Genehmigungspflicht beinhaltet **nicht** die **Freistellung** von den **materiellen Anforderungen** des Bauordnungsrechts (etwa § 50 V LBO BW, Art. 55 II BayBO; § 61 II BauO NRW *Hartmann,* in: S/K, BauO NRW, § 65 Rn. 38). Die Bauaufsicht verzichtet lediglich auf die präventive Kontrolle, kann aber einschreiten, soweit die Baumaßnahme gegen die materiellen Anforderungen des Bauordnungsrechts verstößt (OVG Münster, OVGE 23, 166). Weil der Bebauungsplan eine Rechtsnorm ist, müssen dessen Festsetzungen von genehmigungsfreien Vorhaben ebenfalls beachtet werden (BVerfG, NJW 1985, 2315; VGH Mannheim, VBlBW 1986, 23; s.a. oben *§ 13 Rn. 5*). 16

2. Genehmigungsfreistellung

17 Über diese eher **„klassischen" Freistellungen** hinaus ist die grundsätzliche Genehmigungspflichtig für bauliche Anlagen im Zuge der **Deregulierung** immer weiter eingeschränkt worden. So sind die Bauordnungen zahlreicher Bundesländer dazu übergegangen, bislang genehmigungspflichtige Anlagen lediglich einem Anzeige- oder Kenntnisgabeverfahren (etwa § 51 LBO BW; *Koch/Hendler,* BRL, § 23 Rn. 46ff.) oder einem sog. **„Genehmigungsfreistellungsverfahren"** zu unterwerfen. Auf diese Weise sind bestimmte Wohnbauvorhaben vom Genehmigungserfordernis freigestellt (Art. 58 BayBO, § 62 BauO Bln, § 64 HessBO; § 63 BauO NRW).

18 Wohngebäude geringer oder mittlerer Höhe einschließlich ihrer Nebengebäude und Anlagen im Geltungsbereich eines qualifizierten Bebauungsplans oder eines vorhabenbezogenen Bebauungsplans bedürfen demnach keiner Genehmigung, wenn sie den Festsetzungen des Bebauungsplans oder der Satzung nicht widersprechen, die Erschließung gesichert ist und – je nach Landesrecht – weitere Voraussetzungen erfüllt sind (*Hartmann,* in: S/K, BauO NRW, § 67 Rn. 5ff.; *Hornmann,* HessBO, § 64 Rn. 14 ff.). Erklärt die Gemeinde nicht binnen eines bestimmten Zeitraumes (i.d.R. eines Monats) nach Vorlage der erforderlichen Unterlagen (zum Fristlauf bei unvollständigen Unterlagen OVG Koblenz, NVwZ-RR 2007, 743), dass das Genehmigungsverfahren durchgeführt werden soll, darf der Bauherr mit der Ausführung des Vorhabens beginnen.

Wichtig: Die Befreiung von der Genehmigungspflicht beinhaltet nicht die Freistellung von den materiellen Anforderungen des Bauordnungsrechts. Der Bauherr muss also selbst auf die Vereinbarkeit des Vorhabens mit dem geltenden Recht achten (OVG Münster, NVwZ-RR 2005, 458, bestätigt in NVwZ-RR 2007, 23; s.a. *Hartmann,* in: S/K, BauO NRW, § 67 Rn. 40).

3. Spezialgesetzliche Regelungen

19 In einigen Bauordnungen sind darüber hinaus **bestimmte Vorhaben** (wie etwa Wasserbauten, öffentliche Verkehrs- und Versorgungsanlagen, Sprengstofflagerstätten) aufgezählt, die **von** der **Genehmigungspflicht befreit** sind, wenn sie bereits einem anderen staatlichen Kontrollverfahren unterliegen (z.B. Art. 56 BayBO). Die Notwendigkeit der Erteilung einer Baugenehmigung entfällt weiterhin dort, wo **sondergesetzliche Genehmigungen** oder **Planfeststellungsbeschlüsse** mit **Konzentrationswirkung** ausgestattet sind und damit die Baugenehmigung miteinschließen (§ 61 BauO NRW; dazu auch oben *Rn. 2*).

Beispiele:
- Die Genehmigung nach § 4 und 15 I BImSchG, auch im Falle des § 19 BImSchG, die Anlagengenehmigung nach § 8 Gentechnikgesetz oder die Erlaubnis nach § 11 GSG.
- Die Konzentrationswirkung einer Planfeststellung wird etwa relevant bei der Planfeststellung nach § 29 PersBefG oder § 17 FStrG.

Schaubild 25: Verfahrensarten

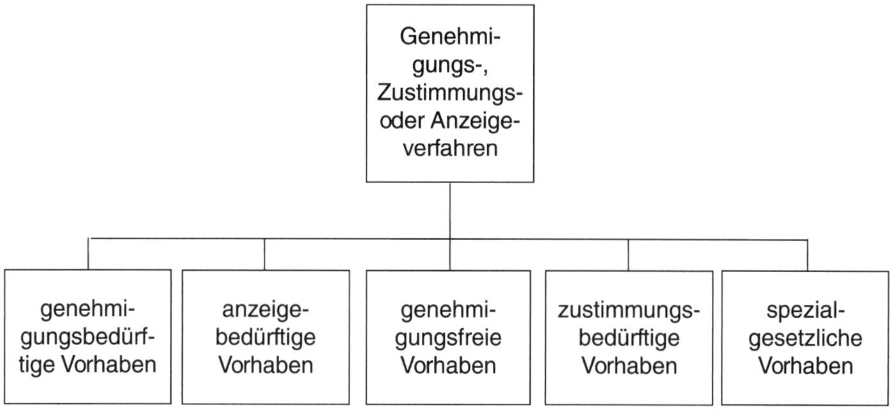

III. Genehmigungsverfahren

1. Antragserfordernis

Das auf die Erteilung der Baugenehmigung gerichtete Verfahren ist ein stark **formalisiertes Verwaltungsverfahren** (zur Rechtsprechung *Ortloff,* NVwZ 2000, 750 [752]; *Kuschnerus/Schöler/Stehr,* NWVBl 2004, 297 [299]). Mit der Stellung des Bauantrags beginnt das Baugenehmigungsverfahren für genehmigungspflichtige Vorhaben, es handelt sich demnach bei der **Baugenehmigung** um einen **mitwirkungsbedürftigen Verwaltungsakt.** Mit dem Bauantrag bestimmt der Bauherr auch den Gegenstand des Verfahrens (BVerwG, DVBl 1993, 109 [110]; OVG Münster, NWVBl 2001, 231), so dass das Vorhaben der behördlichen Überprüfung nur in dem aus den Antragsunterlagen ersichtlichen Umfang unterliegt (VGH Mannheim, BauR 1999, 381 ff.). 20

Der Antrag muss so klar sein, dass ein inhaltlich genau abgegrenzter, eindeutig bestimmter Verwaltungsakt ergehen kann, der Umfang und Bindung der Baugenehmigung regelt (VGH München, BauR 2007, 1562; *Grotefels,* in: H/B/G, ÖffBauR, § 16 Rn. 36). Mit dem Bauantrag hat der Bauherr zudem alle für die Beurteilung des Bauvorhabens und die Bearbeitung des Bauantrags erforderlichen Unterlagen, die sog. Bauvorlagen, einzureichen. 21

Weisen die Bauvorlagen erhebliche Mängel auf oder sind sie unvollständig, so kann oder soll der Bauantrag zurückgewiesen werden (etwa § 71 I 2 BauO NRW, § 67 II SächsBO). 22

Beispiele: Es fehlen Angaben über die Nutzung des Baukörpers, die Bauvorlagen geben die Größe des Baugrundstücks unzutreffend wieder oder es mangelt den Vorlagen an einer Angabe über die Höhenlage des Gebäudes (aus der Rechtsprechung VGH Mannheim, BRS 59 Nr. 142).

Achtung: Wurde eine Baugenehmigung erteilt, ohne dass überhaupt ein Bauantrag gestellt wurde, ist diese Baugenehmigung wegen eines Verstoßes gegen § 22 S. 2 Nr. 2 VwVfG rechtswidrig. § 45 I Nr. 1 VwVfG erlaubt allerdings die Heilung dieses Fehlers.

2. Beteiligte des Verfahrens

23 Am Baugenehmigungsverfahren sind neben der **Bauaufsichtsbehörde,** die das Verfahren durchführt, nicht nur die **Gemeinde** und ggf. die **höhere Verwaltungsbehörde,** sondern auch eine Vielzahl anderer öffentlicher Stellen beteiligt, zu deren Aufgabenbereich die Beachtung öffentlich-rechtlicher Vorschriften gehört, die für bauliche Anlagen gelten (*Grotefels,* in: H/B/G, ÖffBauR, § 16 Rn. 38ff.). Die Baugenehmigung wird auf diese Weise aufgrund anderweitiger Gesetze und Verordnungen an die **Beteiligung weiterer Behörden** gebunden, die unter dem Blickwinkel ihrer Fachbelange die Zulässigkeit des Vorhabens beurteilen

Beispiele: Solche internen Mitwirkungspflichten ergeben sich beispielsweise aus § 9 II FStrG, §§ 13–15, 17 LuftVG etc.

Achtung: Diese Stellungnahmen sind für die Bauaufsichtsbehörde nicht bindend; gegenüber dem Bauherrn treten die beteiligten Stellen nicht in Erscheinung (rein interne Beteiligung, d.h. kein VA-Charakter der Maßnahmen).

24 Ebenfalls am Baugenehmigungsverfahren zu beteiligen sind die Nachbarn, denn durch die Genehmigung des beantragten Vorhabens können ihre Interessen nachhaltig berührt werden. Die Bauordnungen enthalten daher in jeweils unterschiedlichem Umfang Verfahrensregelungen, die eine **Beteiligung der Nachbarn** sicherstellen sollen (bspw. § 55 LBO BW, Art. 66 BayBO, § 71 HessBO, § 70 SächsBO). Während in Nordrhein-Westfalen eine obligatorische Beteiligung nur vor der Erteilung einer Abweichung vorgesehen ist (§ 72 BauO NRW, auch § 71 I HessBO), werden in anderen Bundesländern die Nachbarn von jedem Bauantrag unterrichtet. Teilweise wird dabei die Benachrichtigungspflicht auch auf den Kreis derjenigen begrenzt, deren Grundstück unmittelbar neben dem Baugrundstück liegt (Angrenzer, § 72 I BauO NRW).

Zu beachten ist, dass diese Beschränkung des zu unterrichtenden Personenkreises nur verfahrensrechtliche, jedoch keine materiell-rechtliche Bedeutung hat. Dem Nachbarn, der nicht „Angrenzer“ ist, wird auf diese Weise nicht die Möglichkeit genommen, gegen die Baugenehmigung mit der Behauptung, diese verletze nachbarschützende Bestimmungen, Widerspruch und Klage einzulegen (zum Nachbarschutz im Einzelnen unten *§§ 20, 21* sowie die Judikatur bei *Ortloff,* NVwZ 2004, 934 [939f.]; 2005, 1381 [1384f.]; 2006, 999 [1003f.]; zu den Wirkungen einer nachbarlichen Zustimmung OVG Berlin, NJW 1994, 2717; VGH München, UPR 2006, 239). 25

3. Entscheidung

Das Genehmigungsverfahren endet mit der Entscheidung der Bauaufsichtsbehörde über den Bauantrag, d.h. entweder mit der Erteilung der beantragten Baugenehmigung oder der Zurückweisung des Bauantrags. Die Erteilung der **Baugenehmigung** bedarf der **Schriftform** (dazu VGH Kassel, DÖV 2008, 1058; 2014, 986) und erfolgt durch die **Bekanntgabe** des Verwaltungsaktes gegenüber dem Bauherrn (allgemein zur Bekanntgabe *Kopp/Ramsauer,* VwVfG, § 41 Rn. 6ff.). Über die gesetzlich angeordneten Fälle (etwa § 70 III SächsBO) hinaus empfiehlt sich – vor allem mit Blick auf den Rechtsschutz (s.u. *§ 21 Rn. 20f., 37*) – die Bekanntgabe auch gegenüber möglicherweise betroffenen Nachbarn. 26

Die Baugenehmigung muss darüber hinaus **inhaltlich bestimmt** sein (umfassend *Hellhammer-Hawig,* in: S/K, BauO NRW, § 75 Rn. 15f.; *S/K,* BayBO, Art. 68 Rn. 33f.). Sie muss Inhalt, Reichweite und Umfang der genehmigten Nutzung eindeutig erkennen lassen, damit der Bauherr die Bandbreite der für ihn legalen Nutzungen und Drittbetroffene das Maß der ihnen erwachsenden Betroffenheiten zweifelsfrei feststellen können (OVG Münster, DVBl 2013, 1327; OVG Koblenz, BauR 2013, 1425; OVG Hamburg, NordÖR 2011, 556). Einer Begründung bedarf es nur, wenn von nachbarschützenden Vorschriften abgewichen wird und der Nachbar nicht zugestimmt hat. 27

Auch die Versagung der Baugenehmigung ist ein der Schriftform unterliegender Verwaltungsakt. Dieser ist zudem zu begründen (§ 39 VwVfG) und mit einer Rechtsbehelfsbelehrung (§§ 58, 70 VwGO) zu versehen (*Grotefels,* in: H/B/G, ÖffBauR, § 16 Rn. 51). 28

Achtung: Nach Versagung einer Baugenehmigung ist der Bauherr nicht gehindert, einen neuen Bauantrag zu stellen. Die Bauaufsichtsbehörde ist bei ihrer neuen Entscheidung über den Bauantrag an ihre Beurteilung der materiellen Legalität, die der Versagung zugrunde lag, auch ohne eine nachträgliche Änderung der Sach- und Rechtslage nicht gebunden. Bindungswirkung entfaltet der Versagungsbescheid nur insoweit, als er die Ablehnung der Genehmigungserteilung ausspricht (BVerwGE 48, 271 [78]).

IV. Regelungsgehalt und Rechtsfolgen der Baugenehmigung

1. Regelungsgehalt der Baugenehmigung

29 **a)** Bei der Baugenehmigung wird herkömmlicherweise zwischen einem **feststellenden** und einem **verfügenden Teil** unterschieden (BVerwGE 48, 242 [245]; 69, 1 [3]; vertiefend *Hellhammer-Hawig,* in: S/K, BauO NRW, § 75 Rn. 9f.; *S/K,* BayBO, Art. 68 Rn. 3f.). Dies hat seinen Grund darin, dass zum einen die Baugenehmigung zu erteilen ist, wenn dem Vorhaben öffentlich-rechtliche Vorschriften nicht entgegenstehen und zum anderen die Aufnahme der Bautätigkeit von Zugang der Baugenehmigung abhängt (etwa § 74 VII BauO NRW).

30 Die Bauerlaubnis enthält eine **feststellende Unbedenklichkeitsbescheinigung,** in dem sie die Vereinbarkeit des Vorhabens mit dem öffentlichen Recht erklärt. Insoweit, als die Baugenehmigung das **präventive Verbot,** ohne vorhergehende Verwaltungskontrolle und ohne Erteilung einer Genehmigung mit der Verwirklichung eines Vorhabens zu beginnen, **aufhebt** und damit das Bauvorhaben zur Ausführung freigibt, wirkt sie rechtsgestaltend und damit **verfügend** (*Grotefels,* in: H/B/G, ÖffBauR, § 16 Rn. 52; *Erbguth/Schubert,* ÖffBauR, § 13 Rn. 32; *Hornmann,* HessBO, § 74 Rn. 14ff.).

Achtung: Maßgeblicher Zeitpunkt für die zugrunde zulegende Sach- und Rechtslage ist der Zeitpunkt der behördlichen Entscheidung über den Bauantrag. Änderungen der Sach- und Rechtslage während des Baugenehmigungsverfahrens, also zwischen Antragstellung und Entscheidung, sind – ausgenommen bei ausdrücklicher gesetzlicher Anordnung – sowohl zugunsten als auch zuungunsten des Antragstellers beachtlich (ausführlich *F/O/O,* ÖffBauR II, § 8 Rn. 12ff.; *Hornmann,* HessBO, § 74 Rn. 71).

31 **b)** Soweit das Bauvorhaben nicht den Anforderungen des geltenden Baurechts entspricht, kommt die Erteilung der Baugenehmigung gleichwohl in Betracht, wenn die Voraussetzungen für eine **Ausnahme oder Befreiung** (§ 31 BauGB) vorliegen. Das eigentlich nicht genehmigungsfähige Vorhaben unterliegt insofern einem repressiven Verbot mit Befreiungsvorbehalt. Da auf diese Weise eine in verfassungsrechtlich zulässiger Weise vorgenommene Eigentumsbeschränkung zugunsten des Bauherrn zurückgenommen wird, darf die Entscheidung über Ausnahme und Befreiung in das Ermessen der Verwaltung gestellt werden.

Achtung: Der Bauherr hat lediglich einen Anspruch auf eine fehlerfreie Ermessensentscheidung.

Eine Ausnahme oder Befreiung kann nicht nur – wie in § 31 BauGB vorgesehen – vom Bauplanungsrecht erteilt werden (dazu oben *§ 14 Rn. 30ff.*), vielmehr sehen auch die Bauordnungen der Länder die Möglichkeit vor, von den in ihnen normierten Anforderungen abzuweichen. Dabei verzichten fast alle Bauordnungen (etwa Art. 63 BayBO, § 73 HessBO, § 66 Nds.BauO [dazu *Pautsch,* apf 2013, 161, 164; *Fricke,* NdsVBl. 2014, 96], § 69 BauO NRW) auf die Differenzierung zwischen Ausnahme und Befreiung und sehen stattdessen eine **allgemeine Abweichungsmöglichkeit** vor (hierzu OVG Koblenz, NVwZ-RR 2000, 580; OVG Münster, NVwZ-RR 2008, 757 [758f.]; 2007, 510; VGH München, NVwZ-RR 2007, 578). 32

Die Zulassung einer Abweichung – etwa nach § 69 BauO NRW – kommt dann in Betracht, wenn eine atypische Grundstückssituation vorliegt, die von dem Normalfall, der der jeweiligen gesetzlichen Grundregel zugrunde liegt, in so deutlichem Maße abweicht, dass die strikte Normanwendung zu Ergebnissen würden würde, die der Zielrichtung des Gesetzes nicht entsprechen (OVG Berlin- Bbg., NVwZ-RR 2013, 400; OVG Münster, NVwZ-RR 2008, 757 [759]; VG Gelsenkirchen, BauR 2013, 131; *Hartmann,* in: S/K, BauO NRW, § 73 Rn. 3). 33

Beispiele: Ungewöhnliche(r) Grundstückszuschnitt/Grundstücksverhältnisse (VGH München BayVBl 2009, 530) oder die Gefährdungslage eines Konsulats für die Errichtung eines „übermannshohen" Schutzzaunes (VGH Kassel, ZfBR 2009, 371).

Wichtig: Die Erteilung einer Baugenehmigung kommt – auch soweit das Bauvorhaben nicht den Anforderungen des geltenden Baurechts entspricht – gleichwohl in Betracht, wenn die Voraussetzungen für eine Ausnahme, Befreiung oder Abweichung vorliegen.

Soweit die Bauordnungen zusätzlich zu den Abweichungen noch Ausnahmen und Befreiungen vorsehen, (so etwa § 56 III, IV LBO BW), gilt folgende Unterscheidung: 34

Eine **Ausnahme** von **„nicht zwingenden** bauordnungsrechtlichen Vorschriften" kann gestattet werden, wenn öffentliche Belange nicht entgegenstehen und die für die Ausnahme festgelegten Voraussetzungen vorliegen. Es kann also lediglich von den Vorschriften des Bauordnungsrechts und den Vorschriften aufgrund der Bauordnungen abgewichen werden, die als Sollvorschriften ausgestaltet oder bereits in Form von Ausnahmen vorgesehen sind. 35

Demgegenüber stellt die **Befreiung** den Bauherrn von **zwingenden** bauordnungsrechtlichen Vorschriften frei. Im Hinblick auf den Zweck des Bauordnungsrechts, die öffentliche Sicherheit und Ordnung zu gewährleisten, kann die Freistellung von zwingenden Vorschriften indes nur in engen Grenzen stattfinden. Dementsprechend kann eine Befreiung nach den Bauordnungen regelmäßig nur erteilt werden, wenn entweder 36

– Gründe des Allgemeinwohls die Abweichung erfordern (VG Berlin, NJW 2003, 2927) oder
– die Durchführung der Vorschrift im Einzelfall zu einer nicht beabsichtigten Härte führt und die Abweichung mit den öffentlichen Belangen vereinbar ist.

Beispiele: Eine nicht beabsichtigte Härte liegt vor, wenn die Anwendung einer bauordnungsrechtlichen Vorschrift erkennen lässt, dass der Gesetzgeber die Folgen dieser Regelung für künftige Entwicklungen der Bautechnik nicht überblickt hat (BVerwG, NJW 1991, 3293) oder wenn auf andere Weise dem Zweck einer technischen Anforderung nachweislich entsprochen wird.

Achtung: Anders als die Erteilung einer Ausnahme bedarf die Erteilung einer Befreiung bei genehmigungsbedürftigen Vorhaben eines schriftlichen Antrags, der mit einer Begründung zu versehen ist. Zudem ist ein schriftlicher Antrag bei der Befreiung oder Ausnahme im Zusammenhang mit nicht genehmigungspflichtigen Vorhaben erforderlich.

37 **c)** Soweit nur eine einzelne oder nur wenige öffentlich-rechtliche Voraussetzungen für ein Bauvorhaben nicht erfüllt sind, können die Baugenehmigungsbehörden baurechtliche Erfordernisse insbesondere mit Hilfe von **Nebenbestimmungen** sicherstellen (zu den Nebenbestimmungen allg. *Detterbeck,* AVR, Rn. 643ff.; *Erbguth/Guckelberger,* AVR, § 18; OVG Münster, NWVBl 1997, 11ff.; VGH München, NVwZ-RR 2013, 213; BayVBl 2011, 47). Die Zulässigkeit solcher Nebenbestimmungen richtet sich – soweit es an einer speziellen Regelung in den Bauordnungen (etwa Art. 68 III BayBO, § 74 IV HessBO, § 71 III ThürBO) mangelt – nach **§ 36 VwVfG.**

38 Da die Baugenehmigung ein gebundener Verwaltungsakt ist, darf sie gemäß § 36 I VwVfG nur dann mit einer Nebenbestimmung versehen werden, wenn dies durch Rechtsvorschrift zugelassen ist oder wenn die Nebenbestimmung sicherstellen soll, dass die gesetzlichen Voraussetzungen des Verwaltungsakts erfüllt werden. Anders beurteilt sich die Zulässigkeit von Nebenbestimmungen hingegen bei einer Ausnahme oder Befreiung (bzw. Abweichung), auf deren Erteilung kein Anspruch besteht, so dass gemäß § 36 II VwVfG Nebenbestimmungen, die nach fehlerfreier Ermessensausübung ergehen, zulässig sind (*Grotefels,* in: H/B/G, ÖffBauR, § 16 Rn. 56ff.; *Hartmann,* in: S/K, BauO NRW, § 75 Rn. 72f.).

Wichtig: Stehen einem Vorhaben öffentlich-rechtliche Vorschriften entgegen, von denen nicht abgewichen werden kann, darf der Bauantrag nicht abgelehnt werden, wenn sich der Versagungsgrund durch eine Nebenbestimmung beseitigen lässt (VGH Mannheim, BRS 22 Nr. 143).

Die **Abgrenzung** der einzelnen **Arten von Nebenbestimmungen** bereitet häufig erhebliche Schwierigkeiten (zu einzelnen Nebenbestimmungen OVG Bautzen, SächsVBl 1998, 29; VGH München, BauR 1998, 1221; OVG Lüneburg, NVwZ-RR 2005, 394; VGH Mannheim, NVwZ-RR 2008, 751 [zum Widerrufsvorbehalt]; allgemein *Kopp/Ramsauer,* VwVfG, § 36, Rn. 51ff.). Nicht zuletzt mit Blick auf den Rechtsschutz (dazu umfassend *Labrenz,* NVwZ 2007, 162ff.; BVerwGE 112, 221; OVG Münster, NVwZ 2004, 1384; OVG Lüneburg, NVwZ-RR 2005, 394) ist aber die exakte rechtliche Abgrenzung unumgänglich. Sie muss jeweils im Wege der Auslegung vorgenommen werden, wobei das von der Behörde beabsichtigte, soweit es in der Nebenbestimmung einen objektivierten Ausdruck gefunden hat, maßgeblich ist (*S/K,* BayBO, Art. 68 Rn. 43). **39**

Achtung: Von den Nebenbestimmungen zu unterscheiden sind die Hinweise, wie sie von der Bauaufsichtsbehörde häufig einer Baugenehmigung beigefügt werden. Ohne eigenen Regelungsgehalt und somit nur ein Hinweis auf geltendes Recht ist z.B. die Aussage zu einer im Wohngebiet geplanten relativ großen Garage mit Fenster, diese dürfe nicht gewerblich genutzt werden.

Im Übrigen gilt, bezogen auf die „echten" Nebenbestimmungen: **40**

- Eine **Befristung** ist dem Wesen der Baugenehmigung grundsätzlich fremd. **41** Zulässig ist sie nur im Rahmen einer Ermessensentscheidung über die Erteilung von Ausnahmen und Befreiungen (bzw. Abweichungen) sowie dort, wo sie ausdrücklich im Gesetz vorgesehen ist (etwa bei der Typengenehmigung, § 66 II BauO NRW; bzgl. Werbeanlagen OVG Koblenz, NVwZ-RR 2006, 167; *Hornmann,* HessBO, § 74 Rn. 102f.).
- Mit einer **Bedingung** kann die Baugenehmigung von einem bestimmten **42** Ereignis abhängig gemacht werden, dessen Eintritt noch ungewiss ist (§ 36 II Nr. 2 VwVfG). Die Bedingung enthält im Unterschied zur Auflage keinen Befehl und ist damit nicht selbstständig vollziehbar; vielmehr beschränkt die Bedingung den eigentlichen Regelungsgehalt der Genehmigung, indem sie deren Wirksamkeit mit einem ungewissen Ereignis verknüpft (umfassend *Hornmann,* HessBO, § 74 Rn. 107ff.).

Beispiel: In der Praxis ist die Bedingung häufig an ein bestimmtes Verhalten des Bauherrn geknüpft, etwa der Herstellung notwendiger Stellplätze auf einem fremden Grundstück, wenn das Baugrundstück zu klein ist oder der Erbringung eines Standsicherheitsnachweises (VGH München, BauR 1998, 1221).

- Die **Auflage** ist eine der Baugenehmigung beigefügte Nebenbestimmung, **43** die dem Bauherrn ein Tun, Dulden oder Unterlassen vorschreibt (§ 36 II Nr. 4 VwVfG). Als Möglichkeit, dem Bauherrn im Zusammenhang mit der ihm erteilten Genehmigung eine zusätzliche, selbstständig durchsetzbare

Verpflichtung aufzuerlegen, die als selbstständiger Verwaltungsakt auch unabhängig von der ggfs. gleichzeitig erteilten Baugenehmigung angefochten werden kann (*Grotefels,* in: H/B/G, ÖffBauR, § 16 Rn. 57), ist sie von besonderer praktischer Bedeutung.

Beispiel: Als Auflagen kommen etwa in Betracht das Anbringen von Feuerlöschern bestimmter Bauart an bestimmten Stellen, das Anlegen nicht bebauter Teile des Grundstücks als Grünfläche, das Abstecken der Grundstücksflächen und Einmessen der Höhenlage vor Baubeginn (OVG Bautzen, SächsVBl. 1998, 29) oder die Nutzung bestimmter Stellplätze durch Bedienstete des Unternehmens.

44 – **Keine Nebenbestimmungen,** sondern vielmehr wesentlicher Inhalt der Baugenehmigung sind die sog. **modifizierenden Auflagen,** bei denen mittlerweile zur Klarstellung mehrheitlich von einer modifizierten Genehmigung gesprochen wird (BVerwGE 69, 37 [39]). Eine solche liegt vor, wenn eine beantragte Baugenehmigung **qualitativ anders als beantragt** gewährt wird, d.h., wenn die Baugenehmigungsbehörde die eingereichten Bauvorlagen abändert und gleichzeitig die Genehmigung für das so geänderte Vorhaben erteilt. Die Modifizierung räumt zwar ebenso wie die „echte" Auflage dem Vorhaben entgegenstehende öffentlich-rechtliche Hindernisse aus, sie unterscheidet sich von dieser aber durch ihren Charakter als unselbstständiger Bestandteil der erteilten Genehmigung. Die ursprünglich beantragte Genehmigung wird – jedenfalls teilweise – versagt und gleichzeitig ein anderes, in dieser Form nicht beantragtes Vorhaben genehmigt bzw. hierfür die Erteilung einer Genehmigung in Aussicht gestellt.

Beispiel: Um eine solche Modifizierung handelt es sich etwa bei der Maßgabe, dass statt der beantragten drei Geschosse vier zu erstellen sind oder bei einem der Baugenehmigung für ein Gebäude mit Satteldach beigefügten Zusatz, das Bauwerk mit einem Flachdach auszustatten (weitere Beispiele *Hartmann,* in: S/K, BauO NRW, § 75 Rn. 78). Das **Rechtsmittel** hiergegen ist die **Verpflichtungsklage** auf ungeteilte bzw. unveränderte Genehmigung (VGH München, BayVBl 1985, 150; OVG Berlin, NVwZ 1997, 1005).

45 **d)** Eine weitere Möglichkeit, eine Baugenehmigung für ein Vorhaben zu erteilen, das sonst unzulässig wäre, liegt in dem Institut der **Baulast** (*Schmidt,* ÖffBauR, Rn. 335a f.; *F/O/O,* ÖffBauR II, § 6, Rn. 13ff.). Mit der Baulast lassen sich tatsächliche Voraussetzungen schaffen, die die Genehmigungsfähigkeit eines Vorhabens herbeiführen. Sie ist der Rechtsprechung zufolge aber auch nicht stets und ausnahmslos vorhabenbezogen, sondern kann auch ohne konkreten Anlass eingetragen werden (OVG Münster, NVwZ-RR 2005, 459; VGH Mannheim, BauR 2005, 1908). In allen Landesbauordnungen – mit Ausnahme von Bayern – ist dieses Rechtsinstitut vorgesehen.

46 Die Grundstückseigentümer können mittels dieses Institutes freiwillig durch Erklärung gegenüber der Bauaufsichtsbehörde **öffentlich-rechtliche Verpflichtungen** zu einem ihre Grundstücke betreffenden Tun, Dulden oder Unterlassen übernehmen, die sich nicht schon aus öffentlich-rechtlichen Vorschriften ergeben (z.B. § 84 BauO Bln, § 85 I HessBO, § 85 BauO NRW,

§ 82 ThürBO). Der häufigste Anwendungsfall dürfte dabei die Übernahme einer Abstandsfläche auf ein Nachbargrundstück (etwa § 6 BauO NRW) oder die Übernahme einer Stellplatzverpflichtung sein (weitere Beispiele bei *Kamp,* in: S/K, BauO NRW, § 83 Rn. 108f.; *Hornmann,* HessBO, § 85 Rn. 11f.).

Beispiele:
- Stehen dem Bauherrn nach seinen Plänen nur 2m für die Einhaltung der Abstandfläche auf seinem Grundstück zur Verfügung, obwohl der Mindestabstand von 3 m verlangt wird, so kann er mit seinem Nachbarn vereinbaren, dass dieser 1m seines Grundstücks auf die Abstandfläche des Bauherrn anrechnen lässt und seine eigene Bebauung dementsprechend – bei 3 m eigener Abstandsfläche – nunmehr 4m Abstand von der Grundstücksgrenze einhalten muss (OVG Saarlouis, NJW 1999, 1348).
- Der Nachbar kann dem Bauherrn, der auf seinem Grundstück der Stellplatzverpflichtung nicht nachkommen kann, gegen Entgelt entsprechenden Stellraum auf seinem eigenen Grundstück auf Dauer zur Verfügung stellen.

Die Baulast ist **kein öffentlich-rechtlicher Vertrag** eines Grundstückseigentümers mit der Bauaufsichtsbehörde, **sondern** eine **einseitige öffentlich-rechtliche Erklärung,** die gegenüber der Bauaufsichtsbehörde abgegeben werden muss. Sofern die Erklärung den gesetzlichen Voraussetzungen, insbesondere auch den Formvorschriften **(Schriftformerfordernis)** genügt, tritt ihre Wirkung ein, ohne dass sie von der Bauaufsichtsbehörde in besonderer Form angenommen werden muss. Es steht auch nicht im Ermessen der Bauaufsichtsbehörde, ob sie die Baulasterklärung berücksichtigt oder nicht, da die Übernahmeerklärung ein bestimmtes Hindernis für die Baugenehmigung ausräumt und insofern jeder anderen Maßnahme zur Erfüllung der baurechtlichen Anforderungen gleichzusetzen ist. 47

Achtung: Dem Eigentümer des faktisch begünstigten Grundstücks steht allerdings kein subjektiv-öffentliches Recht auf Eintragung einer Baulast zu (OVG Münster, NJW-RR 1998, 1240).

Da die Baulast die Erfüllung öffentlich-rechtlicher Anforderungen sichert, ist sie überdies von einer gewissen Dauerhaftigkeit (zum Untergang von Baulasten umfassend *Hornmann,* HessBO, § 85 Rn. 76ff.; *Kamp,* in: S/K, BauO NRW, § 83 Rn. 112f.). Aufgrund ihres öffentlich-rechtlichen Charakters wird sie von den privatrechtlichen Vorschriften über einen gutgläubigen lastenfreien Erwerb eines Grundstücks nicht berührt. Sie kann schließlich nicht durch eine neue Vereinbarung zwischen Baulastgeber und Begünstigtem aufgehoben werden, sondern erlischt erst dann (§ 85 III BauO NRW), wenn die Bauaufsichtsbehörde auf die Baulast verzichtet, etwa weil die Eintragung der Baulast wegen fehlender Bestimmtheit zu Unrecht erfolgt ist (OVG Münster, BRS 33 Nr. 156) und demgemäß kein öffentliches Interesse an der Baulast mehr besteht (dazu VG Gera, LKV 2005, 229; OVG Berlin, LKV 48

2004, 86). In diesem Fall ist auf Antrag des Grundstückseigentümers durch die Bauaufsichtsbehörde der Verzicht zu erklären (§ 85 III 2 BauO NRW).

Achtung: Regelmäßig kann eine durch Baulast übernommene Verpflichtung ein Abweichen von bauordnungsrechtlichen Anforderungen rechtfertigen. Im Hinblick auf bauplanungsrechtliche Verhältnisse werden regelmäßig nur die Fälle erfasst, in denen das begünstigte und belastete Grundstück identisch sind, weil die Festsetzungen in einem Bebauungsplan oder die Regelungen im BauGB über die Bebaubarkeit eines Grundstückes nicht beliebig zwischen mehreren Grundstücken „verschoben" werden können (BVerwG, DVBl 1991, 812f.; *F/O/O,* ÖffBauR II, § 6, Rn. 23f.).

2. Rechtsfolgen der Baugenehmigung

49 Der Baugenehmigung kommt zunächst eine **Sicherungsfunktion** zu. In Anbetracht ihrer Bestandskraft als Verwaltungsakt sichert die Baugenehmigung vor ihrer Ausnutzung das Recht zu bauen, indem nachfolgende Rechtsänderungen zuungunsten des Bauherrn ohne Einfluss bleiben. Wird von der Baugenehmigung Gebrauch gemacht und das Vorhaben in Übereinstimmung mit der erteilten Genehmigung ausgeführt, ist die Baugenehmigung in ihrem verfügenden Teil verbraucht und kann daher nicht noch einmal in Anspruch genommen werden. Über ihre Bestandskraft entfaltet sie allerdings – mit dem feststellenden Teil – auch weiterhin **Schutzwirkung** zugunsten des Vorhabens.

50 Solange und soweit die Baugenehmigung nicht aufgehoben wird (§ 43 II VwVfG), ist das entsprechend der Baugenehmigung errichtete Vorhaben formell rechtmäßig und darf daher auch dann weiterhin genutzt werden, wenn sich nachträglich die materielle Illegalität herausstellt oder wenn es nach geänderter Rechtslage nicht hätte gebaut werden dürfen (*Erbguth/Schubert,* ÖffBauR, § 13 Rn. 32; *Grotefels,* in: H/B/G, ÖffBauR, § 16 Rn. 59f.).

51 Demgegenüber hat die Baugenehmigung **keine privatrechtsgestaltende Wirkung.** Dies bringen die in den Bauordnungen enthaltenen Regelungen zum Ausdruck, wonach die Baugenehmigung unbeschadet der (privaten) Rechte Dritter erteilt wird (etwa § 74 IV BauO NRW, Art. 68 IV BayBO).

52 In erster Linie besagt dies, dass der Anspruch auf Erteilung einer Baugenehmigung kein privates Recht an dem Grundstück voraussetzt (*F/O/O,* ÖffBauR II. § 8, Rn. 15f.). Darüber hinaus bringt die Regelung zum Ausdruck, dass die Baugenehmigung ausschließlich die öffentlich-rechtlich ausgestalteten Rechtsbeziehungen zwischen dem Bauherrn und der Bauaufsichtsbehörde regelt. Gegenüber außenstehenden Dritten entfaltet die Baugenehmigung keine privatrechtlichen Rechtsfolgen, insbesondere werden Nachbarn keine privatrechtlichen Duldungspflichten auferlegt.

Achtung: Die fehlende privatrechtsgestaltende Wirkung der Baugenehmigung hat für das Genehmigungsverfahren zur Folge, dass die Bauaufsichtsbehörde die Frage, ob der Bauherr durch entgegenstehende private Rechte gehindert ist, sein Bauvorhaben durchzuführen, regelmäßig nicht zu berücksichtigen hat (dazu auch oben *§ 1 Rn. 8*).

Schaubild 26: Rechtswirkungen der Baugenehmigung

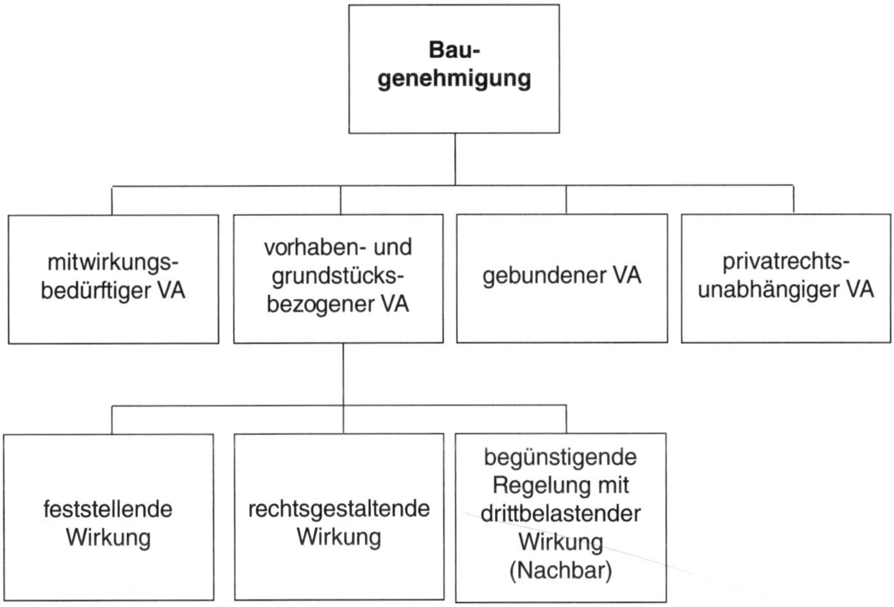

V. Geltungsdauer, Verlängerung, Widerruf und Rücknahme

1. Geltungsdauer der Baugenehmigung

Da sowohl die planungsrechtlichen Entscheidungen als auch die Regeln der Bautechnik einem häufig schnellen Wandel unterliegen, kann die Geltungsdauer einer (noch nicht ausgenutzten) Baugenehmigung nicht unbegrenzt sein. So würde eine zeitlich unbefristet wirkende Baugenehmigung es möglich machen, von einer erteilten Baugenehmigung noch Jahre später Gebrauch zu machen. Damit könnten ein geändertes Planungsrecht, z.B. durch inzwischen vorgenommene Bebauungsplanänderungen, oder neuere technische Erkenntnisse nicht zur Geltung kommen. Die Landesbauordnungen sehen aus diesem Grund **Beschränkungen der Geltungsdauer** der Baugenehmigung vor. Je nach der landesrechtlichen Regelung liegt der zeitliche Geltungsbereich in einem Zeitraum **zwischen drei und sechs Jahren** seit Wirksamwerden der 53

Baugenehmigung (§ 75 I BauO NRW, § 74 VII HessBO, Art. 69 I BayBO, § 73 I 1 BbgBO).

54 Wird innerhalb dieser Frist nicht ernsthaft mit der Ausführung des Bauvorhabens begonnen (dazu VGH Kassel, BauR 2003, 1875; OVG Berlin, LKV 2006, 282) oder die Bautätigkeit über einen von der jeweiligen Bauordnung festgelegten zusammenhängenden Zeitraum (gemäß § 75 I BauO NRW länger als ein Jahr) hinaus unterbrochen (*Graf,* ZfBR 2006, 215), so erlischt die Baugenehmigung (dazu VG Dresden, LKV 1999, 416; zum Geltungsverlust von Baugenehmigungen bei Nutzungsunterbrechung *Bringewat,* NVwZ 2011, 733). Für den Bauherrn sehen die Bauordnungen der Länder aber auch über diesen Zeitraum hinaus die Möglichkeit der Verlängerung vor, auf die er beim Vorliegen der Voraussetzungen ebenso wie auf die Baugenehmigung einen gebundenen Anspruch hat (OVG Münster, BRS 47 Nr. 140). Außerdem läuft die Frist nur dann, wenn der Bauherr rechtlich in der Lage ist, von der Baugenehmigung Gebrauch zu machen.

Beispiele: Daran mangelt es etwa, wenn der Bauherr durch hoheitlichen Eingriff daran gehindert war, die Baugenehmigung auszunutzen, z.B. durch eine Ordnungsverfügung, die Bauarbeiten einzustellen oder aufgrund einer Nachbarklage gegen die Baugenehmigung, der aufschiebende Wirkung zukommt (OVG Bautzen, SächsVBl 2012, 13 [14]; VGH Mannheim, BRS 36 Nr. 172; OVG Münster, BRS 29 Nr. 122).

Achtung: Als sachbezogener, d.h. an das Grundstück und nicht an die Person des Antragstellers gebundener, Verwaltungsakt wirkt die Baugenehmigung auch für und gegen den Rechtsnachfolger des Bauherrn (z.B. Art. 54 II 3 BayBO, § 58 III BauO NRW) sowie immer auch für und gegen den jeweiligen Eigentümer (VGH Mannheim, DÖV 2014, 938).

2. Widerruf und Rücknahme der Baugenehmigung

55 Eine Aufhebung der Baugenehmigung kommt für die Bauaufsichtsbehörde in Betracht, wenn sich herausstellt, dass die Baugenehmigung rechtswidrig erteilt wurde oder wenn aus anderen Gründen an der Baugenehmigung nicht festgehalten werden soll. Sofern die Landesbauordnungen keine besonderen Vorschriften über die Aufhebung enthalten, kommt nach dem jeweiligen Landesverwaltungsverfahrensgesetz für rechtswidrige Baugenehmigungen die Rücknahme (§ 48 VwVfG; OVG Bremen, NordÖR 2004, 160) und für rechtmäßige Baugenehmigungen der Widerruf (§ 49 VwVfG) in Betracht. Die in den §§ 48, 49 VwVfG genannten Voraussetzungen müssen erfüllt sein, so dass insoweit auf die Literatur zum Verwaltungsverfahrensgesetz verwiesen werden kann (umfassend *Detterbeck,* AVR, Rn. 673ff.; *Erbguth/Guckelberger,* AVR, § 16; *Hellhammer-Hawig,* in: S/K, BauO NRW, § 75 Rn. 169f.; *Hornmann,* HessBO, § 74 Rn. 159f.).

C. Besondere Verfahrensformen

In den Bauordnungen finden sich darüber hinaus, ausgehend vom Regelfall 56
der Baugenehmigung, verschiedene **besondere Genehmigungsformen.** Dies sind vor allem der Vorbescheid, die Teilbaugenehmigung sowie die Zustimmung.

Schaubild 27: Sonderformen der Baugenehmigung

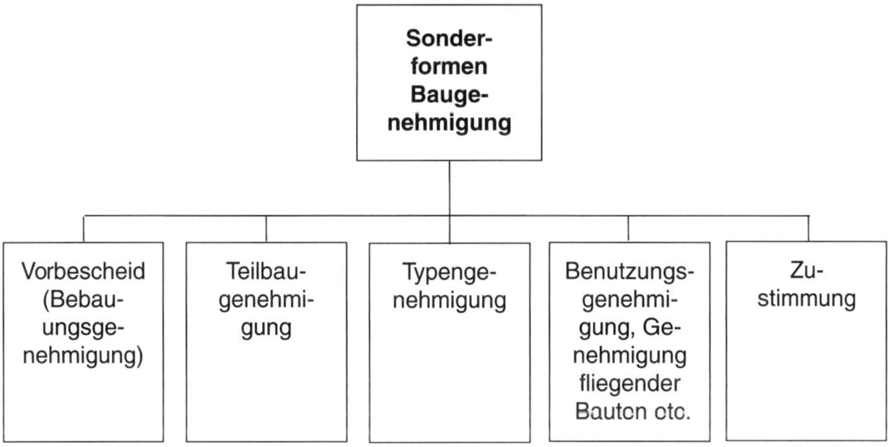

I. Vorbescheid

1. Allgemeines

Bereits vor Einreichen des Bauantrages ist auf eine **Bauvoranfrage** – ein 57
Antrag des Bauherrn zu einzelnen Fragen seines Vorhabens – ein schriftlicher Vorbescheid zu erlassen (z.B. § 57 LBO BW, Art. 71 BayBO, § 75 I BauO Bln, § 76 I HessBO), der je nach Landesrecht zwei bis sechs Jahre gilt und verlängert werden kann. Dem baurechtlichen Vorbescheid kommt in der Praxis große Bedeutung zu, denn der Bauherr kann frühzeitig Gewissheit über wesentliche Fragen seines Vorhabens erlangen und auf diese Weise seine weitere Investitionsplanung auf gesicherter Grundlage gestalten (dazu den Fall „Erbe mit Hindernissen", unten *Rn. 80*). Er spart (zunächst) das aufwändigere und kostenintensivere Baugenehmigungsverfahren und kann sich bei **Versagung** des Vorbescheides mit **Widerspruch** und **Verpflichtungsklage** zur Wehr setzen. Der Vorbescheid stärkt zudem das Vertrauen des Bauherrn in die (teilweise) Rechtmäßigkeit seines Vorhabens und führt daher zu einem **Vertrauens- oder Dispositionsschutz.** Da jedoch nur teilweise die Rechtmäßigkeit des Vorhabens festgestellt, nicht aber auch die Baufreigabe verfügt wird, erhält der Bauherr – im Gegensatz zur Baugenehmigung – noch

keine eigentumskräftig verfestigte Rechtsposition i.S. eines Eigentumsschutzes.

Wichtig: Von besonderem Interesse für den Bauherrn ist häufig die vorgezogene Klärung der Frage, ob die Bebauung eines Grundstückes überhaupt möglich ist. Der Vorbescheid, mit dem über die planungsrechtliche Zulässigkeit des Vorhabens entschieden wird, wird daher auch als Bebauungsgenehmigung bezeichnet (BVerwGE 48, 242).

2. Rechtsnatur

58 Die Rechtsnatur des Vorbescheides war längere Zeit umstritten. Davon ausgehend, dass der Vorbescheid bereits einen Teil der sachlichen Prüfung des Baugenehmigungsverfahrens vorwegnimmt und ihn abschließend regelt, versteht das Bundesverwaltungsgericht den Vorbescheid mittlerweile als Ausschnitt aus dem feststellenden Teil der Baugenehmigung (BVerwGE 48, 242; 68, 241). Seiner Rechtsnatur nach ist der Vorbescheid folglich ein **feststellender Verwaltungsakt** und vorweggenommener Teil der Baugenehmigung (dazu m.w.N. *Grotefels,* in: H/B/G, ÖffBauR, § 16 Rn. 67).

59 Der Bauvorbescheid enthält damit **im Umfang seines jeweiligen Kontrollprogramms** (dazu VGH München, ZfBR 2008, 391; OVG Greifswald, NordÖR 2005, 219) die verbindliche Entscheidung der Bauaufsichtsbehörde über die Zulässigkeit des Bauvorhabens, d.h. die Behörde darf hierüber bei der Entscheidung über die Baugenehmigung nicht mehr erneut oder gar anders befinden (BVerwG, BauR 2009, 233; OVG Münster, NVwZ 1997, 1006). Dies gilt nur dann nicht, wenn die Beteiligten den Vorbescheid übereinstimmend als obsolet ansehen (BVerwG, NVwZ 1998, 729; OVG Lüneburg, BauR 2009, 287).

Achtung: Eine Bindung der Baugenehmigungsbehörde kann außerdem durch eine Zusicherung oder durch einen öffentlich-rechtlichen Vertrag auf Erteilung einer Baugenehmigung herbeigeführt werden. Allerdings entfällt die Bindungswirkung bei einer entscheidenden Änderung der Sach- oder Rechtslage (§ 38 III bzw. § 60 VwVfG).

3. Einzelfragen

60 Im Einzelnen ist im Hinblick auf den Vorbescheid folgendes zu beachten:

61 Sind die entsprechenden Voraussetzungen erfüllt, hat der Bauherr auf die Erteilung des Vorbescheides einen **gebundenen Anspruch.** Soweit nach den Bauordnungen der Länder ein Vorbescheid erteilt werden „kann", werden die

Bauaufsichtsbehörden durch diese Formulierung lediglich zur Erteilung dieses Bescheides bereits vor Einreichung des Bauantrages ermächtigt, ihnen wird jedoch nur ein auf den Zeitpunkt der Erteilung beschränktes und kein generell wirkendes Ermessen eingeräumt. Ein Anspruch auf Erteilung eines Vorbescheides besteht hingegen nicht, wenn von vornherein feststeht, dass sich das Bauvorhaben aus rechtlichen Gründen, die außerhalb der durch die Bauvoranfragen klärenden Rechtsfragen liegen, nicht realisieren lässt (BVerwGE 61, 128).

Der Bauvorbescheid ergeht als **schriftlicher Bescheid,** dessen Geltungs- **62**
dauer nach den Bauordnungen zwei (etwa § 73 II HmbBauO) oder drei Jahre (§ 71 S. 2 BayBO; nach § 73 I 1 BbgBO sogar sechs Jahre) beträgt und der auf Antrag auch verlängert werden kann (zur Geltungsdauer OVG Münster, NVwZ-RR 2006, 597). Als vorweggenommener Teil der Baugenehmigung wirkt der Vorbescheid weiterhin – ebenso wie die Baugenehmigung – auch für und gegen den Rechtsnachfolger (*Grotefels,* in: H/B/G, ÖffBauR, § 16 Rn. 69).

Wichtig: Der Bauvorbescheid enthält im Umfang seines jeweiligen Kontrollprogramms die verbindliche Entscheidung der Bauaufsichtsbehörde über die Zulässigkeit des Bauvorhabens. Die Bauvoranfrage muss daher so gefasst werden, dass sie von der Behörde mit Bindungswirkung entschieden werden kann. Dementsprechend kann eine Bauvoranfrage, mit der sachliche Teile eines Vorhabens aus der Fragestellung so ausgeklammert werden, dass eine verbindliche rechtliche Beurteilung des Vorhabens – etwa hinsichtlich der planungsrechtlichen Zulässigkeit – nicht mehr möglich ist, sachlich nicht beschieden werden (OVG Münster, NWVBl 2003, 108; NVwZ-RR 2003, 823; *Ortloff,* NVwZ 2004, 934 [937]; *Kuschnerus/Schöler/Stehr,* NWVBl 2004, 297 [299f.]).

Der bestandskräftige Vorbescheid **bindet** die Behörde **im Umfang seiner** **63**
Feststellungen; hierüber ist bei der Entscheidung über die Baugenehmigung nicht mehr zu befinden. Die Bindungswirkung bleibt auch bei nachfolgender Änderung der Sach- oder Rechtslage bestehen, was den baurechtlichen Vorbescheid insbesondere von der Zusage (§ 38 III VwVfG) unterscheidet (*F/O/O,* ÖffBauR II, § 8, Rn. 60). Insbesondere setzt sich der Vorbescheid gegenüber einer nachträglichen Veränderungssperre oder einem nachträglich erlassenen Bebauungsplan durch (BVerwG, BRS 65 Nr. 102; OVG Münster, NWVBl 1996, 441).

Indes erstreckt sich die Bindungswirkung nicht auf ein Vorhaben, das ge- **64**
genüber dem Vorbescheidsantrag eine öffentlich-rechtlich relevante Änderung der ursprünglichen Planung darstellt (VGH München, BRS 58 Nr. 151 zum Abstandsflächenrecht). Von der Bindung an den rechtmäßigen Vorbescheid

kann sich die Behörde demzufolge nur durch dessen Widerruf – vor oder (ausdrücklich) gleichzeitig mit der Ablehnung der Baugenehmigung – lösen (§ 49 II 1 Nr. 3 und 4 VwVfG). Der rechtswidrige Vorbescheid kann nach § 48 VwVfG zurückgenommen werden.

Achtung: Soweit dem beabsichtigten Vorhaben noch weitere öffentlich-rechtliche Hindernisse (etwa eine geltende Baumschutzsatzung) entgegenstehen, müssen diese Hindernisse ggfs. getrennt beseitigt werden. Die Reichweite des konkreten Vorbescheides muss anhand der jeweiligen Umstände daher sorgfältig geprüft werden.

65 Problematisch ist überdies, ob der durch den Nachbarn noch anfechtbare oder angefochtene Vorbescheid ebenfalls Bindungswirkung entfaltet. Zutreffender Weise wird man eine Bindung der Behörde annehmen müssen, die im Vorbescheid getroffenen Regelungen auch in diesem Fall in die Baugenehmigung zu übernehmen (*Hartmann,* in: S/K, BauO NRW, § 71 Rn. 8; *Stollmann,* VA 2000, 63 [64 m.w.N.]). Die nachfolgende Baugenehmigung stellt in diesen Fällen einen Zweitbescheid des Vorbescheides mit uneingeschränkter Übernahme des Regelungsinhalts dar (BVerwG, NVwZ 1995, 894; OVG Münster, NVwZ 1997, 1006; sowie unten *§ 21 Rn. 5* zum Rechtsschutz).

66 Soweit nicht ausdrücklich landesgesetzlich angeordnet (etwa §§ 76 II, 65 II 3 HessBO), scheidet die Möglichkeit eines **fiktiven Bauvorbescheides** mangels ausdrücklicher Anordnung aus (weiterführend *Erbguth/Schubert,* ÖffBauR, § 13 Rn. 43a).

Fall 16: Paint-Ball

67 Erteilung eines Bauvorbescheides, Genehmigungsfähigkeit einer Paint-Ball-Anlage in einem Mischgebiet (§ 6 BauNVO), Verstoß gegen die bauordnungsrechtliche Generalklausel

Sachverhalt

E ist Eigentümer eines bebauten Grundstücks in der bayerischen Gemeinde G, für das der qualifizierte Bebauungsplan „Am alten Bolzplatz“ ein Mischgebiet nach § 6 BauNVO festsetzt. E beantragte am 19. Juni 2010 einen Vorbescheid für eine Paintballanlage, mit dem er geklärt haben möchte, dass sein Vorhaben bauplanungsrechtlich zulässig ist. Nach den Unterlagen soll das Spielfeld in einer vormaligen Produktionshalle eingerichtet werden. Die Einsichtnahme von außen ist nicht möglich, Zuschauer werden nicht zugelassen. Der Zutritt soll ausschließlich volljährigen Personen gegen Entgelt gestattet werden. Nach der von E beabsichtigten Paintballvariante versuchen die in zwei Mannschaften aufgeteilten Spieler auf einem abgegrenzten Spielfeld nach einem Regelwerk, dessen Einhaltung durch

Schiedsrichter überwacht wird, innerhalb der begrenzten Spielzeit die Fahne der anderen Mannschaft zum eigenen Startpunkt zu bringen. Die Spieler nutzen dabei die im Spielfeldinneren nachgebauten Landschaftselemente (Büsche, Bäume, Hütten usw.) als Deckung. Jeder Spieler wird mit einem druckgasbetriebenen „Markierer" ausgerüstet, der elastische Bälle (sog. Paintballs) verschießt. Bei den „Markierern" handelt es sich um druckgasbetriebene Schusswaffen i. S. des Waffengesetzes, deren Erwerb und Besitz nach dem Waffengesetz für Volljährige erlaubnisfrei ist. Für den Besitz dieser Waffen ist kein Waffenschein und keine Waffenbesitzkarte notwendig. Alle Spieler tragen eine Schutzmaske und Sporttrikots, das Tragen militärischer Tarnkleidung ist verboten. Wird ein Spieler von einem Paintball eines Gegenspielers getroffen, so muss er als markierter Spieler aus dem Spiel ausscheiden. Gesundheitsgefahren sind damit nicht verbunden.

Hat E einen Anspruch auf Erteilung des beantragten Vorbescheides?

Lösung:

I. Anspruchsgrundlage

E könnte gemäß Art. 71 i. V. mit Art. 68 I 1 BayBO einen Anspruch auf Erteilung des beantragten Vorbescheides haben. Danach ist der Bauvorbescheid zu erteilen, wenn das Vorhaben – soweit es genehmigungsbedürftig ist – den öffentlich-rechtlichen Vorschriften entspricht.

II. Genehmigungspflicht

Die nunmehr beantragte Paintballhalle des E ist ein gem. Art. 55 I BayBO genehmigungsbedürftiges Vorhaben, dem bauplanungsrechtliche Vorschriften nicht entgegenstehen dürften.

III. Genehmigungsfähigkeit

1. Bauplanungsrechtliche Zulässigkeit

Die bauplanungsrechtliche Zulässigkeit von Vorhaben, die die Errichtung, Änderung oder Nutzungsänderung von baulichen Anlagen zum Inhalt haben, richtet sich gem. § 29 I BauGB nach den §§ 30 bis 37 BauGB. Bei dem von E beantragten Vorhaben handelt es sich um ein solches nach § 29 I BauGB (s. o. *§ 13 Rn. 4ff.*). Gemäß § 30 I BauGB ist im Geltungsbereich eines qualifizierten Bebauungsplans ein Vorhaben zulässig, wenn es den Festsetzungen nicht widerspricht und die Erschließung gesichert ist. Da hier im Bebauungsplan „Am alten Bolzplatz" ein „Mischgebiet" festgesetzt worden ist, ist gem. § 1 III 2 BauNVO die Vorschrift des § 6 BauNVO Bestandteil des Bebauungsplans geworden. Zu prüfen ist daher, ob das Vorhaben des E als Anlage für sportliche Zwecke i. S. des § 6 II Nr. 5 BauNVO (so ausdrücklich VGH München, DVBl 2013, 525 [528]; a. A. für Lasertag OVG Koblenz, NVwZ-RR 2017, 278 [279]) zulässig ist. Zwar geht es bei dem geplanten Paintballspiel zumindest auch um spielerische und letztlich auch sportliche Betätigung. In Anbetracht der Auswirkungen auf die Umgebung und den beabsichtigten wirtschaftlichen Zweck handelt es sich bei einer Paintballhalle, die zwecks Erzielung von Einnahmen an die Spieler vermietet wird, jedoch um einen Gewerbetrieb (VGH Mannheim, NVwZ-RR 2005, 472; VG Minden, NVwZ-RR 2008, 378). Allerdings sind auch Gewerbebetriebe in Mischgebieten zulässig, wenn sie das Wohnen nicht wesentlich stören (§ 6 I, II Nr. 4 BauNVO). Von einer solchen Störung kann man hier allerdings nicht ausgehen. Zwar wird von der Anlage eine gewisse Lärmbelästigung ausgehen. Diese dürfte jedoch nicht höher sein als bei zumindest vergleichbaren sportlichen Anlagen, die bauplanungsrechtlich zulässig sind. Zudem ist die Einsichtnahme von außen nicht möglich und Zuschauer werden nicht zugelassen. Der An- und Abfahrtverkehr beschränkt sich also auf die Spieler selbst und überschreitet daher nicht die Wesentlichkeitsschwelle. Damit widerspricht das Vorhaben des E den Festsetzungen des Bebauungsplans nicht und ist nach § 30 I BauGB i.V. mit § 6 I II Nr. 4 BauNVO planungsrechtlich zulässig.

2. Bauordnungsrechtliche Zulässigkeit

Fraglich ist allerdings, ob das Vorhaben in der beantragten Fassung nicht Art. 3 I 1 BayBO widerspricht. Danach sind Anlagen so zu errichten, dass die öffentliche Sicherheit oder Ordnung, insbesondere Leben, Gesundheit oder die natürlichen Lebensgrundlagen, nicht gefährdet wird. Obwohl E seine Bauvoranfrage nur auf planungsrechtliche Aspekte erstreckt hat, sind diese Gesichtspunkte gleichwohl zu berücksichtigen. Ein Anspruch auf Erteilung eines Vorbescheides besteht nämlich nicht, wenn von vornherein feststeht, dass sich das Vorhaben aus rechtlichen Gründen nicht realisieren lässt. Trotz der Beschränkung auf das Planungsrecht besteht daher kein Anspruch auf eine Bebauungsgenehmigung, wenn der planungsrechtlich zulässigen Maßnahme bauordnungsrechtliche Gründe entgegenstehen (BVerwG BRS 44 Nr. 80).

Ein solcher Rechtsverstoß kommt für die Spielstätte als solche – eine Halle – nicht in Betracht. Allerdings umfasst die Feststellungswirkung des Bauvorbescheids auch immer die Nutzung eines bestimmten Vorhabens (BVerwGE 47, 185). Somit dürfte auch der Spielbetrieb selbst nicht gegen die öffentliche Sicherheit oder Ordnung verstoßen.

a) Verstoß gegen die öffentliche Ordnung

Unter der öffentlichen Ordnung ist die Gesamtheit jener ungeschriebenen Regeln für das Verhalten des Einzelnen in der Öffentlichkeit zu verstehen, deren Beobachtung nach den jeweils herrschenden Anschauungen als unerlässliche Voraussetzung eines geordneten Zusammenlebens betrachtet wird. Die insoweit herrschenden Anschauungen, die sich im Laufe der Zeit wandeln können, werden auch geprägt durch die Wertmaßstäbe des Grundgesetzes. Vorliegend sind das insbesondere die Menschenwürde (Art. 1 I GG) und das Recht auf Leben und körperliche Unversehrtheit (Art. 2 II 1 GG). Mit der Menschenwürde ist der soziale Wert- und Achtungsanspruch des Menschen verbunden, der es verbietet, ihn zum bloßen Objekt des Staates zu machen oder ihn einer Behandlung auszusetzen, die seine Subjektsqualität prinzipiell in Frage stellt (BVerfGE 87, 209; OVG Münster, BauR 2001, 381).

Da das Grundgesetz den Schutz der Menschenwürde unabhängig davon garantiert, ob der Eingriff vom Staat oder von privater Hand ausgeht, kann auch die Darstellung fiktiver Gewaltakte zu Spiel- und Unterhaltungszwecken das Gebot zur Achtung der Würde des Menschen verletzen. Das ist dann der Fall, wenn beim Spielteilnehmer eine Einstellung erzeugt oder verstärkt wird, die den fundamentalen Wert- und Achtungsanspruch leugnet, der jedem Menschen zukommt. Das geschieht insbesondere dann, wenn Gewaltakte gegen Menschen in der Absicht dargestellt werden, den Beteiligten ein Vergnügen an dem Geschehen zu vermitteln. Denn eine solche Tendenz schließt die Vorstellung von der Verfügbarkeit des Menschen als bloßes Objekt ein, in dessen Leben und körperliche Integrität beliebig eingegriffen werden kann. Demnach ist ein gewerbliches Unterhaltungsspiel, das auf die Identifikation der Spielteilnehmer mit der Gewaltausübung gegen Menschen angelegt ist und ihnen die lustvolle Teilnahme an derartigen – wenn auch nur fiktiven – Handlungen ermöglichen soll, wegen der ihm innewohnenden Tendenz zur Bejahung oder zumindest Bagatellisierung der Gewalt und wegen der möglichen Auswirkungen einer solchen Tendenz auf die allgemeinen Wertvorstellungen und das Verhalten in der Gesellschaft mit der verfassungsrechtlichen Menschenwürdegarantie unvereinbar (BVerwGE 115, 189; OVG Münster, BauR 2001, 381).

Das von E beantragte Paintballspiel verletzt nicht den geschützten und unverzichtbaren Kernbereich der Menschenwürde (OVG Lüneburg, GewArch 2010, 499, 501). Unter besonderer Beachtung der zur Genehmigung gestellten Spielausgestaltung kommt es zu keinen erniedrigenden, den Wert- und Achtungsanspruch des Menschen missachtenden Verhaltensweisen. Vorliegend handelt es sich eben nicht um eine „lustvolle Teilnahme an fiktiven Tötungshandlungen", die den Beteiligten ein „sadistisches Vergnügen" am Spielablauf vermittelt. Assoziationen zu Kampf- und Kriegshandlungen liegen bei einem Paintballspiel wie hier nicht nahe, in dem zwei Mannschaften nicht in Tarnuniformen, sondern in bunten Schutzanzügen gegeneinander antreten, um die gegnerische Flagge zu erobern. Zwar werden auf dem Spielfeld nachgebaute Landschaftselemente als Hindernis oder Deckung benutzt, die starke Ähnlichkeit mit realen Kampffeldern haben. Dies allein reicht aber nicht aus, die erwähnten Assoziationen hervorzurufen. Bei dem beabsichtigten Spielgeschehen stellt überdies das „Ausschalten" des Gegenspielers mit dem „Markierer" nur ein Element in einem mehrschichtigen Spielgeschehen dar. Nach dem Regelwerk ist Gegenstand der Unterhaltung gerade nicht das Ausleben von simulierten Tötungen durch das Markieren. Vornehmliches Ziel ist es, die besten Ergebnisse in einem Wettkampf zu erzielen, der durch Geschicklichkeit und Taktik geprägt ist und dessen besonderer Reiz darin besteht, sowohl Jäger als auch Gejagter zu sein (so auch OVG Lüneburg, GewArch 2010, 499, 501; VG Dresden, Urt. v. 26.1.2007 – 14 K 2097/03, juris, Rn. 46 ff.). Dass hierfür Waffen, die echten Schusswaffen mehr oder weniger ähnlich sehen, verwendet werden, stellt möglicherweise eine Geschmacklosigkeit dar, kann allein die Verwerflichkeit des Paintballspiels aber nicht begründen. Denn es handelt sich letztlich nur um die moderne Ausgestaltung des „Räuber-und-Gendarmen-Spiels", eines spielerischen Kampfes oder Wettstreits untereinander (VG Minden, NVwZ-RR 2008, 378 [379]; *Scheidler,* GewArch 2005, 312 [316]).

Dass dieser Wettkampf für alle Beteiligten erkennbar ein bloßes Spiel bleibt, dazu trägt im Wesentlichen bei, dass im Gegensatz zu einem unkontrollierten Computerspielgebrauch hier nur Volljährige am Paintballspiel teilnehmen können, für die nicht das Vergnügen Spielgegenstand ist, durch simulierte Tötungshandlungen Tabugrenzen zu überschreiten. Zwar wird durch den langfristigen Konsum von Gewaltdarstellungen – sei es in Unterhaltungsspielen oder in Computerspielen – möglicherweise die Hemmschwelle herabgesetzt und dies kann Auswirkungen auf die Wertvorstellungen Einzelner haben. Solange allerdings ein Verstoß gegen die öffentliche Ordnung nicht feststellbar ist, kann ein Verbot des hier streitigen Paintballspiels nicht auf die bauordnungsrechtliche Generalklausel des Art. 3 BayBO gestützt werden. Auch angesichts des gesellschaftlichen Wandels bedarf es hierfür einer ausdrücklichen Entscheidung des Gesetzgebers, die dieser bisher nicht getroffen hat (so auch VG Lüneburg, Urt. v. 14.6.2007 – 2 A 487/06; *Scheidler,* GewArch 2005, 312 [319]; *Beaucamp,* DVBl 2005, 1174 [1179]; *Kramer,* NVwZ 2004, 1083 [1085]). Somit liegt ein Verstoß gegen die öffentliche Ordnung i. S. des Art. 3 I 1 BayBO nicht vor (so i. E. auch VGH München, DVBl 2013, 525 f.).

b) Verstoß gegen die öffentliche Sicherheit

Das Vorhaben des E könnte gegen die öffentliche Sicherheit verstoßen. Die öffentliche Sicherheit umfasst den Schutz von Leben, Gesundheit, Eigentum, Besitz, Vermögen und der grundlegenden Einrichtungen des Staates wie auch der Rechtsordnung insgesamt. Eine ernsthafte Gesundheitsgefährdung der Spieler selbst – als Schutzgut der öffentlichen Sicherheit – ist laut Sachverhalt nicht gegeben. Die Unversehrtheit der Rechtsordnung ist insbesondere auch dann gestört, wenn strafbare Handlungen oder Ordnungswidrigkeiten vorliegen. Das ist hier nicht der Fall. Insbesondere verstößt das Vorhaben nicht gegen § 118 OWiG. Danach handelt ordnungswidrig, wer eine grob ungehörige Handlung vornimmt, die geeignet ist, die Allgemeinheit zu belästigen oder zu gefährden und die öffentliche Ordnung zu beeinträchtigen. Unabhängig davon, ob hier eine grob ungehörige Handlung vorliegt, muss die Handlung aber jedenfalls geeignet sein, die Allgemeinheit zu belästigen oder zu gefährden. Für die Betroffenheit der Allgemeinheit reicht die konkrete Möglichkeit der unmittelbaren Wahrnehmung durch andere unbeteiligte Personen in der

Nähe des Tatortes aus. An dieser Möglichkeit der unmittelbaren Wahrnehmung durch die Allgemeinheit fehlt es hier. Zu der hier beantragten Paintballhalle erhalten weder Kinder und Jugendliche noch allgemein interessierte Zuschauer Zutritt, so dass das Paintballspiel nur die insoweit einwilligenden Spieler wahrnehmen können (OVG Lüneburg GewArch 2010, 499, 501; *Kramer,* NVwZ 2004, 1083 [1085]). Zudem stellt sich der von E beantragte Paintballspielbetrieb nach den obigen Ausführungen nicht als Störung der öffentlichen Ordnung dar. Somit liegt auch kein Verstoß gegen die öffentliche Sicherheit i. S. des Art. 3 I 1 BayBO vor.

Ergebnis: E hat daher einen Anspruch auf Erteilung des beantragten Vorbescheides.

II. Sonstige Formen der Genehmigung

1. Teilbaugenehmigung

68 Nach Einreichen des Bauantrages und vor Erteilung der Baugenehmigung kann die Baugenehmigungsbehörde den **Beginn der Bauarbeiten** für die Baugrube und für einzelne Bauteile oder Bauabschnitte **genehmigen.** Der Erlass dieser besonders zu beantragenden Teilbaugenehmigung (Art. 70 BayBO, § 77 HessBO, § 74 BauO M-V; § 76 BauO NRW) steht im **Ermessen** der Behörde und ermöglicht bei langwierigen Genehmigungsverfahren ein abschnittsweises und damit zügiges Baugeschehen.

Achtung: Da die Teilbaugenehmigung bestimmte Teile des Bauvorhabens als materiell rechtmäßig feststellt und insoweit die Bauausführung freigibt, stellt sie bereits die grundsätzliche Billigung der Gesamtmaßnahme dar (VGH Kassel, NVwZ-RR 1991, 174; OVG Koblenz, NVwZ-RR 1991, 286). Es ist somit vor Erlass der Teilbaugenehmigung die Prüfung der Gesamtmaßnahme in bauplanungsrechtlicher wie auch im Wesentlichen in bauordnungsrechtlicher Hinsicht erforderlich. Für das Gesamtvorhaben muss folglich eine Zulässigkeitsprognose die Genehmigungsfähigkeit ergeben, sog. **vorläufiges positives Gesamturteil** (VGH Kassel, BRS 67 Nr. 25).

69 Ebenso wie der Vorbescheid **bindet** die Teilbaugenehmigung die Behörde insoweit, als hinsichtlich der bereits entschiedenen Fragen die spätere Baugenehmigung nicht mehr versagt werden darf. Sie setzt sich überdies – auch insoweit vergleichbar dem Vorbescheid – gegen zwischenzeitliche, für den Bauherrn ungünstige Änderungen der Sach- oder Rechtslage durch. Im **Gegensatz** zum **Bauvorbescheid** entfaltet die Teilbaugenehmigung indes mit ihrer Erteilung die gleichen Wirkungen wie die endgültige Baugenehmigung, indem sie die **genehmigten Teile** des Vorhabens zur Ausführung **freigibt** (*Hellhammer-Hawig,* in: S/K, BauO NRW, § 76 Rn. 14f.; *Hornmann,* HessBO, § 77 Rn. 17f.).

Achtung: Es können nach den jeweiligen Bauordnungen (etwa § 76 II BauO NRW) auch für die bereits genehmigten und begonnenen Teile des Bauvorhabens nachträglich zusätzliche Anforderungen gestellt werden, wenn sich bei der weiteren Prüfung der Bauvorlagen ergibt, dass dieses zur Abwehr von Gefahren für die öffentliche Sicherheit und Ordnung erforderlich ist.

2. Zustimmung

Ein besonderes bauaufsichtliches Verfahren (Zustimmungsverfahren) gilt **70** nach den Bauordnungen der Länder für bauliche Anlagen **öffentlicher Bauherren,** wenn der öffentliche Bauherr die Leitung der Entwurfsarbeiten und die Bauüberwachung bestimmten öffentlichen Dienststellen und entsprechend qualifizierten Beamten übertragen hat (etwa § 70 LBO BW, Art. 73 BayBO, § 67 BauO Bln, § 79 HessBO, § 79 I BauO NRW). Solche baulichen Anlagen bedürfen der Zustimmung der oberen Bauaufsichtsbehörde, wenn sie nach der jeweiligen landesrechtlichen Vorschrift baugenehmigungspflichtig wären.

Für Bauvorhaben des Bundes und der Länder, bei denen die jeweiligen **71** Voraussetzungen für ein Zustimmungsverfahren nicht gegeben sind, und für Bauvorhaben anderer öffentlich-rechtlicher Körperschaften wie etwa der Gemeinden gilt das normale Baugenehmigungsverfahren. Gemeinden, die zugleich Bauaufsichtsbehörde sind, erteilen sich also für ihre eigenen kommunalen Bauten (Schulen, Sporthallen u.Ä.) die Baugenehmigung selbst, soweit auch die örtliche Zuständigkeit gegeben ist.

Auch diese **verfahrensrechtliche Sonderregelung** entbindet nicht von **72** der Einhaltung der materiell-rechtlichen Voraussetzungen des Vorhabens. Das Zustimmungsverfahren, für das z.T. die Vorschriften über das Genehmigungsverfahren gelten, trägt allein dem Umstand Rechnung, dass juristische Personen des öffentlichen Rechts an materielles Recht gebunden sind, ordnungsbehördliche Verfügungen gegen sie jedoch zumindest nicht durchgesetzt werden können (BVerwG, DÖV 2003, 84 [86]). Aus diesem Grunde trägt der öffentliche Bauherr selbst die Verantwortung dafür, dass Entwurf und Ausführung der baulichen Anlage den öffentlich-rechtlichen Vorschriften entsprechen.

Allerdings verhilft **§ 37 BauGB** bestimmten Bauten des Bundes oder eines **73** Landes zu einer gewissen materiell-rechtlichen Privilegierung (zu der Norm *Pfeffer,* NVwZ 2012, 796; s.a. VG Gelsenkirchen, NWVBl 2005, 146).

Daneben gibt es im Bauordnungsrecht weitere besondere Verfahrensfor- **74** men, die indes für das Examen von geringer Relevanz sind. Es sind dies etwa die **Typengenehmigung,** die **Benutzungsgenehmigung** oder die Genehmigung „fliegender Bauten" (dazu *Grotefels,* in: H/B/G, ÖffBauR, § 16 Rn. 76f.; *F/O/O,* ÖffBauR II, § 8, Rn. 78ff.).

D. Rechtsschutzfragen

75 Bei **Ablehnung des Bauantrages** ist nach Durchführung des Widerspruchsverfahrens die **Verpflichtungsklage** (§ 113 V 1 VwGO) die richtige Klageart zur Durchsetzung des Anspruchs auf Erteilung der Baugenehmigung (des Vorbescheides etc.) (nur *Ortloff,* NVwZ 2006, 999 [1002]; allgemein zur Verpflichtungsklage *Hufen,* VwProzessR, § 15 Rn. 1f.). Dies gilt auch dann, wenn die Baugenehmigung mit einer sog. modifizierenden Auflage erteilt worden ist und der Bauherr die uneingeschränkte Genehmigung begehrt. Geht es zugleich auch um eine Ermessensentscheidung der Behörde (Ausnahme, Befreiung oder Abweichung), dann ist die Bescheidungsklage (§§ 113 V 2, 114 VwGO) die zutreffende Klageform (OVG Koblenz, BauR 2005, 1606; dazu grds. *Detterbeck,* AVR, Rn. 1381; *Hufen,* VwProzessR, § 15 Rn. 15).

76 Das im Zeitpunkt der letzten mündlichen Verhandlung geltende materielle Recht ist maßgeblich für die gerichtliche Entscheidung (VGH München, BayVBl 1999, 179). Ändert sich bei einer anhängigen Klage die Rechtslage zum Nachteil des Bauherrn – etwa durch eine wirksame Veränderungssperre –, so kann dieser seinem (scheiternden) Verpflichtungsantrag hilfsweise den Feststellungsantrag hinzufügen, dass das Vorhaben nach der alten Rechtslage zulässig gewesen ist (BVerwGE 109, 74; VGH Mannheim, NVwZ-RR 1998, 545, 549; zur Fortsetzungsfeststellungsklage s. a. BVerwG, BauR 2005, 1761).

Prüfungsschema 12: Klage auf Erteilung einer Baugenehmigung

Klage auf Erteilung einer (abgelehnten oder unterlassenen) Baugenehmigung

A. Zulässigkeit
- I. Eröffnung des Verwaltungsrechtsweges, § 40 I VwGO
- II. Statthafte Klageart
  - – Verpflichtungsklage, da Erlass eines VA begehrt wird
- III. Klagebefugnis, § 42 II VwGO
  - – abzuleiten etwa aus §§ 74 I BauO NRW, 58 LBO BW etc.
- IV. erfolgloses Vorverfahren (soweit nach Landesrecht erforderlich)
- V. Beteiligten- und Prozessfähigkeit
- VI. Frist, sonstige Voraussetzungen

B. Begründetheit
- I. Anspruchsgrundlage, s. o. A. III.
- II. Formale Anforderungen
  1. Aktiv- und Passivlegitimation
  2. Form (Erfolgloses Antragsverfahren)
  3. Verfahren (etwaige Mitwirkungserfordernisse)

III. Materielle Voraussetzungen
  1. Genehmigungspflicht
  2. Genehmigungsfähigkeit
    a) ggfs. Bindung durch Vorbescheid, Zusicherung o. Ä.
    b) Anspruch etwa aus §§ 58 LBO BW, 74 I BauO NRW etc.
      aa) Bauplanungsrechtliche Zulässigkeit (s. o. §§ 13–17)
      bb) Bauordnungsrechtliche Zulässigkeit
      cc) kein Widerspruch zu sonstigen öffentlich-rechtlichen Vorschriften
  3. Rechtsverletzung des Klägers
IV. Rechtsfolge (gebunden)

Die Form des **vorläufigen Rechtsschutzes** richtet sich nach der Form des Rechtsschutzes in der Hauptsache (§ 123 V VwGO). Für die Verpflichtungsklage regelt **§ 123 VwGO** den vorläufigen Rechtsschutz (dazu umfassend *F/D/K,* Vorläufiger Rechtsschutz, § 3ff.). Zudem bestimmt § 80a VwGO die Besonderheiten des vorläufigen Rechtsschutzes im Dreiecksverhältnis Bauherr – Behörde – Nachbar (dazu unten *§ 21;* zu weiteren Einzelfragen *Ortloff,* 2000, 750 [753]; umfassend *F/D/K,* Vorläufiger Rechtsschutz, § 40, Rn. 792ff.). 77

Verzögert die **Bauaufsichtsbehörde** die **Erteilung der Baugenehmigung,** so kann der Bauherr sein Verpflichtungsbegehren nicht im Wege des vorläufigen Rechtsschutzes durch Erlass einer einstweiligen Anordnung gemäß § 123 VwGO erstreiten. Denn das grundsätzliche Verbot der Vorwegnahme der Hauptsache durch die einstweilige Anordnung steht einer solchen Entscheidung entgegen (OVG Berlin, NVwZ 1991, 1198; VGH München, BRS 30 Nr. 130). In diesem Fall bleibt dem Bauherrn regelmäßig nur der Weg über die **Untätigkeitsklage** gemäß § 75 VwGO (dazu *Detterbeck,* AVR, Rn. 1361, 1379; *Hufen,* VwProzessR, § 15 Rn. 28). 78

Allenfalls ist zulässig, dass der Bauherr die Aushändigung der Baugenehmigung durch Erlass einer einstweiligen Anordnung erzwingen kann, etwa wenn diese aus sachfremden Gründen verzögert wird; dies kommt allerdings nur dann in Betracht, wenn dem Bauherrn durch das Abwarten der Entscheidung in der Hauptsache unzumutbare und irreparable Nachteile entstehen würden, sich andererseits aber mit hinreichender Wahrscheinlichkeit voraussehen lässt, dass er im Verfahren der Hauptsache obsiegen wird (OVG Lüneburg, BRS 35 Nr. 174). Im Übrigen hält es die Rechtsprechung für zulässig, auf Antrag des Bauherrn die Behörde zu verpflichten, einstweilen die Fortführung der Bauarbeiten und die Aufnahme der Nutzung zu gestatten, bis über die Baugenehmigung entschieden ist (OVG Bremen, NordÖR 2005, 52). 79

Fall 17: Erbe mit Hindernissen

Klagefrist (ordnungsgemäße Rechtsbehelfsbelehrung), Erteilung eines Bauvorbescheides, Genehmigungsfähigkeit eines Wohnhauses (§§ 29f. BauGB), Zugehörigkeit eines Grundstücks zu einem im Zusammenhang bebauten Ortsteil, Ortsteilqualität, Ortsrandlage, Außenbereichslage. 80

Sachverhalt

E hat von seiner verstorbenen Tante ein Grundstück im Gebiet der kreisangehörigen Stadt S (NRW) geerbt. Das bislang unbebaute Grundstück (G) liegt unmittelbar westlich der 8,50 m breiten Bundesstraße 1 (B 1). Von der B 1 zweigt in nordöstlicher Richtung eine 5m breite Gemeindestraße ab, in deren oberen Verlauf sich – G 1 unmittelbar gegenüberliegend – drei nebeneinander gelegene Wohnhäuser befinden. Im südlichen Straßenverlauf der Gemeindestraße (Eckbereich zur B 1) liegt kein weiteres Gebäude. Ein Bebauungsplan für die Fläche existiert nicht. Im Flächennutzungsplan der Stadt S ist die Fläche als „Fläche für die Landwirtschaft" dargestellt.

E – der neben diesen Grundstücken von seiner Tante ein großes Vermögen geerbt hat – möchte nunmehr auf dem Grundstück G ein architektonisch einfallsreiches Einfamilienhaus von 10 m Höhe errichten. Er beantragt daher den Erlass einer entsprechenden Bebauungsgenehmigung, um die bauplanungsrechtliche Zulässigkeit der Wohnhausbebauung vorab zu klären Mit Bescheid vom 15. Januar 2013 lehnt S es ab, dem E den gewünschten Vorbescheid zu erteilen. Zur Begründung wird dem E im Einzelnen dargelegt, dass sein geplantes Bauvorhaben gegen die planungsrechtlichen Vorschriften der §§ 29f. BauGB verstoße und daher nicht genehmigungsfähig sei. Dem Bescheid ist folgende Rechtsmittelbelehrung beigefügt: „Gegen diesen Bescheid kann nunmehr binnen vier Wochen Klage erhoben werden. Die Klage ist schriftlich bzw. zu Protokoll beim Verwaltungsgericht X zu erheben." Mit einer beim Verwaltungsgericht X am 7. März 2013 eingegangenen Klage wendet sich E nunmehr gegen die ihn beschwerende Entscheidung.

Begutachten Sie Zulässigkeit und Begründetheit der Klage!

Bearbeiterhinweise: Es ist zu unterstellen, dass der Bescheid noch am gleichen Tag zur Post gegeben worden ist. Im Falle der Unzulässigkeit der Klage ist deren Begründetheit in jedem Fall in einem Hilfsgutachten zu erörtern.

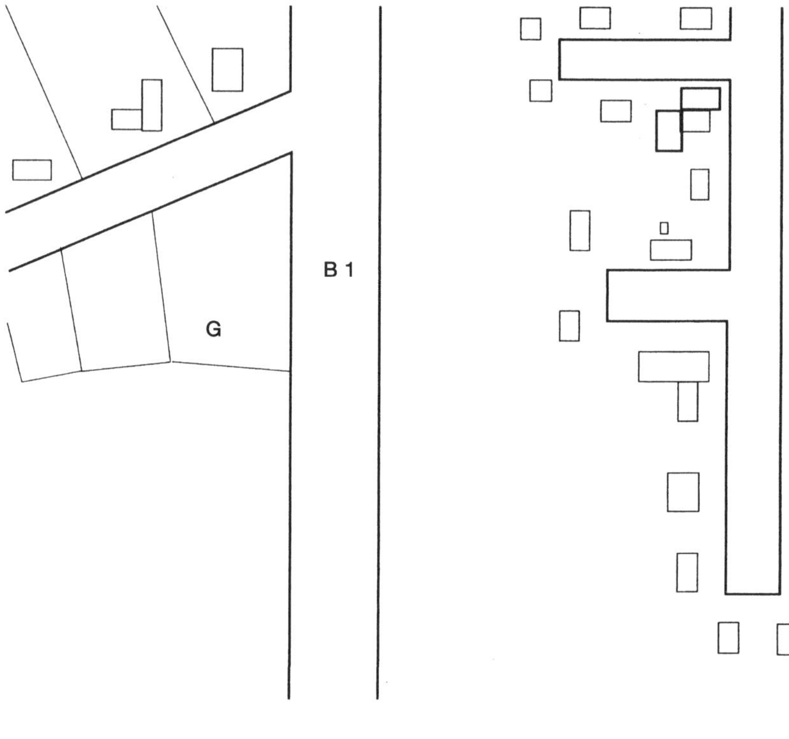

Lösung

Die Klage des E ist erfolgreich, wenn sie zulässig und begründet ist.

I. Zulässigkeit der Klage

Die Klage ist zulässig, wenn die entsprechenden Sachentscheidungsvoraussetzungen vorliegen.

1. Verwaltungsrechtsweg

Für das verwaltungsgerichtliche Klageverfahren müssten zunächst die Voraussetzungen des § 40 VwGO vorliegen. Es müsste sich daher um eine öffentlich-rechtliche Streitigkeit handeln, die im Verwaltungsrechtsweg zu entscheiden ist, § 40 I 1 VwGO. Eine solche liegt vor, wenn die streitentscheidenden Normen dem öffentlichen Recht angehören. Das öffentliche Recht hebt sich vom Privatrecht ab als Inbegriff derjenigen Rechtssätze, deren berechtigtes oder verpflichtetes Zuordnungssubjekt der Staat oder ein anderer Träger öffentlicher Gewalt als solcher, d.h. in seiner Eigenschaft als Hoheitsträger, ist (sog. modifizierte Subjektstheorie, *Kopp/Schenke,* VwGO, § 40 Rn. 11 m.w.N.). Hier geht es um die Erteilung einer Bebauungsgenehmigung nach § 77 I BauO NRW. Diese Norm berechtigt und verpflichtet wird die zuständige Bauaufsichtsbehörde in ihrer Eigenschaft als staatlicher Hoheitsträger gegenüber dem Antragsteller und gehört deshalb dem öffentlichen Recht an. Die sonstigen Voraussetzungen des § 40 I 1 VwGO liegen ebenfalls vor. Damit ist der Verwaltungsrechtsweg gem. § 40 I 1 VwGO gegeben.

2. Statthafte Klageart

Vorliegend kommt als statthafte Klageart eine Verpflichtungsklage (§ 42 I, 2. Alt. VwGO) in Betracht. Dann müsste E den Erlass eines abgelehnten Verwaltungsaktes i.S. des § 35 VwVfG begehren. Die beantragte Bebauungsgenehmigung stellt eine behördliche Entscheidung dar, die sämtliche Begriffsmerkmale eines Verwaltungsaktes i.S. des § 35 S. 1 VwVfG erfüllt. Somit begehrt E den Erlass eines abgelehnten Verwaltungsaktes. Die Verpflichtungsklage ist mithin die statthafte Rechtsschutzform.

3. Klagebefugnis

Nach § 42 II VwGO muss E geltend machen, durch die Versagung des beantragten Verwaltungsakts in seinen Rechten verletzt zu sein. E ist Eigentümer der betreffenden Fläche, die er entsprechend seinen Plänen bebauen will. Auf Grund ders § 77 BauO NRW hat E möglicherweise einen Anspruch auf Erteilung ders begehrten Vorbescheids. In der durch die Stadt S versagten Bebauungsgenehmigung ist die Möglichkeit einer Verletzung dieser Rechtsposition zu sehen. Folglich ist E klagebefugt.

4. Vorverfahren

Nach § 68 I 1, II VwGO ist vor Erhebung einer Verpflichtungsklage ein Vorverfahren (Widerspruchsverfahren) durchzuführen, wenn – wie hier – der Antrag auf Vornahme eines Verwaltungsaktes abgelehnt worden ist. Dies ist allerdings nach dem vorliegenden Sachverhalt unterblieben, so dass die Klage unzulässig sein könnte. Einer solchen Nachprüfung in einem Widerspruchsverfahren bedarf es indes nicht, wenn ein Gesetz dies bestimmt (§ 68 I 2, Halbs. 1 VwGO; dazu *Kopp/Schenke,* VwGO, § 68 Rn. 16f.). Dabei ist der Ausschluss des Vorverfahrens durch Landesgesetz jedenfalls für die Rechtsgebiete möglich, für die dem Land nach der grundgesetzlichen Kompetenzverteilung – so wie etwa für das Bauordnungsrecht – die Gesetzgebungskompetenz zusteht (*Kopp/Schenke,* VwGO, § 68 Rn. 17a). Eine solche verfassungskonforme Bestimmung ist durch § 110 I JustizG NRW erfolgt (zur Problematik grds. *Kamp,* NWVBl 2008, 41 [43f.]). Vor Erhebung einer Verpflichtungsklage bedarf es einer Nachprüfung in einem Vorverfahren abweichend von § 68 II VwGO demnach nicht (§ 110 I 2 JustizG NRW). Damit wäre ein Vorverfahren entbehrlich, zumal auch keine der Ausnahmen nach § 110 II bis IV JustizG NRW einschlägig ist. Das nicht durchgeführte Widerspruchsverfahren führt damit nicht zur Unzulässigkeit der Klage.

5. Klagefrist

Die Klage des E müsste außerdem fristgerecht eingegangen sein.

Gemäß § 74 I 2, II VwGO muss die Klage innerhalb eines Monats erhoben werden, wobei die Frist mit der Bekanntgabe der Ablehnung zu laufen beginnt. Der Bescheid wurde am 15. Januar zur Post gegeben. Somit gilt er am 18. Januar 2013 als bekannt gegeben (§ 41 II VwVfG). Da für die Berechnung der Klagefrist die §§ 57 II VwGO i. V. mit § 222 I ZPO, §§ 188 II, 187 I BGB gelten (*Kopp/Schenke,* VwGO, § 74 Rn. 3), war die Monatsfrist jedenfalls am 7. März, dem Tag der Klageerhebung, verstrichen. Somit wäre die Klage verspätet und damit unzulässig.

Indes setzt die Anwendbarkeit der Monatsfrist voraus, dass der Betroffene gem. § 58 I VwVfG ordnungsgemäß über den Rechtsbehelf belehrt wurde. Ist dies nicht der Fall, so läuft für die Klageerhebung die Jahresfrist des § 58 II VwGO.

Dabei ergeben sich in mehrfacher Hinsicht Bedenken bezüglich der Richtigkeit der Rechtsbehelfsbelehrung. Zum einen könnte es einen Fehler darstellen, dass in der Rechtsbehelfsbelehrung lediglich angegeben wird, die Klage sei bei dem Verwaltungsgericht X einzulegen. An einer konkreten Zustelladresse fehlt es indes. § 58 I VwGO verlangt diesbezüglich, dass über das und dessen „Sitz" belehrt wird. Jedoch wird der „Sitz" des Gerichts, bei dem der Rechtsbehelf einzulegen ist, grundsätzlich mit der Angabe des Ortes ausreichend bezeichnet (BVerwG, NVwZ 1991, 261). Die postalische Anschrift, also die Bezeichnung von Postleitzahl, Straße und Hausnummer, ist regelmäßig nicht erforderlich. Nur wenn Verwechselungsmöglichkeiten bestehen – wofür hier nichts ersichtlich ist – muss neben der Ortsbezeichnung auch die Straßenbezeichnung mit vollständiger Anschrift verlangt werden (BVerwGE 25, 261; 85, 298 [300]). Die Bezugnahme allein auf das Verwaltungsgericht X ist somit als ausreichend anzusehen.

Nach § 74 I 2, II VwGO ist die Klage innerhalb eines Monats nachdem der Verwaltungsakt dem Beschwerten bekannt gegeben worden ist, zu erheben. Vorliegend fehlt die Bezugnahme auf den Anknüpfungspunkt des Fristlaufs („nach Bekanntgabe"). Erforderlich ist jedoch eine exakte Angabe über den Beginn der Frist der Hinweis „nunmehr" ist diesbezüglich zu unbestimmt. Überdies sind „vier Wochen" im gesetzlichen Sinne nicht ein Monat (§ 188 II BGB). Unter diesen beiden Gesichtspunkten liegt folglich eine fehlerhafte Rechtsmittelbelehrung vor.

Es kommt hinzu, dass die Klage nach § 81 I 2 VwGO auch „zur Niederschrift" erhoben werden kann; die Formulierung „zu Protokoll" umschreibt dies nur unzureichend, richtigerweise müsste es heißen „mündlich zu Protokoll". Während aber die letztgenannte Formulierung eine zulässige Umschreibung des gesetzlichen Begriffes der „Niederschrift" darstellt, umschreibt die im vorliegenden Fall verwandte Definition die Gesetzesfassung nur unzureichend (BVerwGE 85, 298). Somit liegt auch in diesem Punkt eine fehlerhafte Rechtsmittelbelehrung vor.

Auf Grund der in mehreren Punkten fehlerhaften Rechtsmittelbelehrung kommt es zur Anwendung der Jahresfrist nach § 58 II 1 VwGO, innerhalb derer E jedenfalls Klage erhoben hat. Mithin ist die Klagefrist gewahrt.

6. Sonstige Zulässigkeitsvoraussetzungen

Von der Erfüllung der sonstigen Zulässigkeitsvoraussetzungen ist mangels gegenteiliger Angaben im Sachverhalt auszugehen.

Zwischenergebnis: Die Klage ist zulässig.

II. Begründetheit der Klage

Die Klage ist begründet, wenn die Versagung der beantragten Bebauungsgenehmigung rechtswidrig ist und E dadurch in seinen Rechten verletzt ist (§ 113 V 1 VwGO).

1. Anspruchsgrundlage

Ein Anspruch auf Erteilung der begehrten Bebauungsgenehmigung könnte sich aus § 77 I BauO NRW ergeben.

2. Formale Anforderungen

Im Hinblick auf die formalen Anforderungen (erfolgloses Antragsverfahren, etwaige Mitwirkungserfordernisse etc.) sind Probleme nicht ersichtlich.

3. Materielle Voraussetzungen

a) Genehmigungspflicht

Das von E geplante Haus, welches eine bauliche Anlage i. S. d. § 2 I 1 BauO NRW dar stellt, müsste zunächst nach § 60 I BauO NRW genehmigungspflichtig sein. Die Errichtung eines Wohnhauses von 10m Höhe fällt weder unter die genehmigungsfreien Bauvorhaben des § 62 BauO NRW noch ist es nach § 63 I BauO NRW von der Baugenehmigung freigestellt. Denn § 63 I Nr. 1 i. V. m. § 2 III Nr. 1–3 BauO NRW erfasst nur Gebäude bis zu einer Höhe von 7m. Folglich handelt es sich um ein genehmigungspflichtiges Bauvorhaben.

b) Genehmigungsfähigkeit

E möchte mit seiner Klage lediglich eine positive Entscheidung über die planungsrechtliche Zulässigkeit des Vorhabens erreichen (grds. BVerwGE 48, 242). Es ist daher zu prüfen, ob sein geplanten Wohnhaus mit dem Bauplanungsrecht vereinbar ist oder nicht.

Der Errichtung des Wohnhauses könnten die §§ 29ff. BauGB entgegenstehen. Bei der von E geplanten Maßnahme handelt es sich um ein Vorhaben i. S. des § 29 I BauGB, so dass die §§ 30 bis 35 BauGB zur Anwendung kommen.

Das geplante Vorhaben liegt nicht im Geltungsbereich eines qualifizierten Bebauungsplans gem. § 30 I BauGB, so dass sich die Genehmigungsfähigkeit nicht nach dieser Vorschrift bestimmt. Es könnte jedoch in einem im Zusammenhang bebauten Ortsteil liegen (§ 34 I BauGB). Dieser Begriff setzt sich aus zwei Elementen zusammen, nämlich dem Ortsteil und dem Bebauungszusammenhang. Zu beachten ist, dass das Grundstück, für welches die Genehmigung beantragt worden ist, selbst einen Bestandteil des durch den Ortsteil vermittelten Bebauungszusammenhangs bilden muss (Schroedter-*Rieger,* BauGB, § 34 Rn. 10 sowie oben *§ 16 Rn. 8*).

Ortsteil ist der Rechtsprechung zufolge ein Bebauungskomplex im Gebiet einer Gemeinde, der nach der Zahl der vorhandenen Bauten ein gewisses Gewicht besitzt und Ausdruck einer organischen Siedlungsstruktur ist (BVerwGE 27, 137f.; 31, 22 [26f.]). Es liegt darin die Abgrenzung zur sog. Splittersiedlung bzw. zur bloßen Streubebauung. Das „gewisse Gewicht" ist nach den siedlungsstrukturellen Gegebenheiten im Gebiet der jeweiligen Gemeinde zu beurteilen (BVerwG, BauR 1984, 493). Es ist abhängig von den örtlichen Verhältnissen, der Eigenart und Funktion der Bebauung sowie deren Verhältnis zur sonst vorhandenen Bebauung. In Anbetracht der lediglich drei nördlich der Gemeindestraße vorhandenen Wohnhäuser wird man diesen Komplex – für sich allein betrachtet – keinesfalls als Ortsteil ansehen können. Zwar lässt sich die Zahl der vorhandenen Bauten, die erforderlich sind, um das Vorliegen eines Ortsteils bejahen zu können, nicht generell festlegen. Die dort vorhandenen drei Gebäude sind für die Bejahung der Ortsteilsqualität indes keinesfalls ausreichend. Als einen Ortsteil wird man angesichts der vorhandenen Bebauung und der relativ komplexen Siedlungsstrukturen allerdings die östlich der B 1 gelegene Ortsrandlage ansehen müssen.

Fraglich ist jedoch, ob G einen Bestandteil des durch diesen Ortsteil vermittelten Bebauungszusammenhangs bildet. Als ein solcher Zusammenhang ist grundsätzlich eine tatsächlich aufeinander folgende Bebauung anzusehen, die trotz vorhandener Baulücken den Eindruck der Geschlossenheit vermittelt (BVerwGE 31, 22; Schroedter-*Rieger,* BauGB, § 34 Rn. 11). Der Bebauungszusammenhang reicht so weit, wie die aufeinander folgende Bebauung nach der Verkehrsauffassung den Eindruck der Zusammengehörigkeit vermittelt. Im Grundsatz endet der Bebauungszusammenhang mit dem zuletzt bebauten Grundstück. Hier lässt sich auf Grund der trennenden Wirkung der B 1 wie auch der Gemeindestraße eine Zugehörigkeit von G zum Bebauungszusammenhang nicht feststellen (allgemein zum Einfluss infrastruktureller oder topographischer Gegebenheiten BVerwG, DVBl 1991, 810; BRS 57 Nr. 93; 48 Nr. 44). Das Grundstück liegt in einer durch die Straßenführung bedingten Randlage. Der südlich und westlich anschließende Bereich ist unbebaut. Dies ist aber der für die bauplanungsrechtliche Einordnung des Grundstücks relevante Bereich. Somit nimmt G nicht am Bebauungszusammenhang teil und liegt damit nicht im unbeplanten Innenbereich. Eine Zulassung nach § 34 BauGB kommt somit nicht in Betracht.

Das Vorhaben liegt also im Außenbereich (zur Negativabgrenzung des Außenbereichs BVerwGE 41, 227; oben *§ 17 Rn. 1*). Somit ist die Vereinbarkeit des Vorhabens mit § 35 BauGB zu prüfen. Eine Privilegierung nach § 35 I BauGB scheidet aus, da keiner der dort genannten Privilegierungstatbestände vorliegt. Folglich handelt es sich um ein sonstiges Vorhaben gem. § 35 II BauGB, welches nur dann zugelassen werden kann, wenn seine Ausführung oder Benutzung öffentliche Belange nicht beeinträchtigt. Vorliegend könnte eine Beeinträchtigung zumindest der in § 35 III 1 Nrn. 1 u. 7 BauGB aufgeführten öffentlichen Belange vorliegen.

Der Flächennutzungsplan stellt den Bereich als Fläche für die Landwirtschaft dar. Die durch E beabsichtigte Wohnnutzung lässt sich darunter nicht subsumieren. Es handelt sich dabei vielmehr um eine Form der Bodennutzung, die die planmäßig vorgesehene landwirtschaftliche Nutzungsmöglichkeit an dieser Stelle unmöglich macht und auch im weiteren Umfeld einschränkt (zu den diesbzgl. Anforderungen an den Widerspruch zu den Darstellungen des Flächennutzungsplans BVerwGE 67, 33 [40]). Somit ist ein Widerspruch zu den Darstellungen des Flächennutzungsplans gegeben (§ 35 III 1 Nr. 1 BauGB).

Darüber hinaus könnte bei einer Zulassung des Vorhabens auch die Entstehung einer unerwünschten Splittersiedlung zu befürchten sein (§ 35 III 1 Nr. 7 BauGB). Unerwünscht in diesem Sinne ist eine Splittersiedlung, wenn mit ihr ein Vorgang der Zersiedelung eingeleitet wird (BVerwGE 25, 161; DÖV 1994, 879). Dies gilt hier gerade vor dem Hintergrund einer möglichen Vorbildwirkung des von E geplanten Wohnhauses. Die südlich der Gemeindestraße und westlich der B 1 gelegene Fläche ist bislang noch von jeglicher Bebauung frei, die Zulassung des von E geplanten Vorhabens würde dementsprechend einen unerwünschten Zersiedelungsvorgang einleiten. Andere Grundeigentümer könnten sich auf das bereits errichtete Haus berufen und so würde der Außenbereich völlig zersiedelt. Somit würde die Zulassung des Vorhabens ebenfalls öffentliche Belange aus § 35 III 1 Nr. 7 BauGB beeinträchtigen. Durch die Ausführung des Vorhabens würden also die in § 35 III 1 Nrn. 1 u. 7 BauGB aufgeführten öffentlichen Belange beeinträchtigt. Eine Genehmigungsfähigkeit nach § 35 II BauGB ist nicht gegeben.

Planungsrechtliche Vorschriften stehen somit der Erteilung der Bebauungsgenehmigung entgegen. E hat keinen Anspruch auf Erteilung der begehrten Bebauungsgenehmigung nach den § 77 I BauO NRW. Die Erteilung des beantragten Vorbescheides ist damit zu Recht versagt worden.

Zwischenergebnis: Die Klage ist unbegründet.

Ergebnis: Die Klage ist zulässig, aber unbegründet.

E. Kontrollfragen

1. Warum bezeichnet man die vorläufige „Bau-Sperre“ durch die Baugenehmigung als ein präventives Verbot mit Erlaubnisvorbehalt?
2. Ist bei einer Befreiung von der Genehmigungspflicht das Vorhaben auch von den materiellen Anforderungen des Bauordnungsrechts oder eines Bebauungsplans freigestellt?
3. Worin besteht der feststellende und worin der verfügende Teil der Baugenehmigung?
4. Was versteht man unter einer modifizierenden Auflage?
5. Nennen Sie Beispiele für die Übernahme einer Baulast!
6. Welche Rechtsnatur hat der Vorbescheid?
7. Die zuständige Behörde hat durch Vorbescheid entschieden, dass einer Bebauung eines Grundstücks keine bauplanungsrechtlichen Gesichtspunkte entgegenstehen. Kann nunmehr die Baugrube ausgehoben werden?
8. Hätte ein Antrag des Bauherrn auf Erteilung der Baugenehmigung im einstweiligen Rechtsschutzverfahren Aussicht auf Erfolg?

(Antworten auf S. 363)

§ 19. Bauaufsichtsbehördliche Eingriffsbefugnisse

A. Allgemeines

1 Mit der Erlaubnis für den Bauherrn, die beantragte Maßnahme durchzuführen, sind die Aufgaben der Bauaufsichtsbehörden regelmäßig nicht beendet. Neben der präventiven Rechtmäßigkeitskontrolle durch die baurechtlichen Genehmigungsverfahren besteht eine weitere Aufgabe der Bauaufsichtsbehörden vielmehr darin, die Übereinstimmung der Vorhaben mit den öffentlich-rechtlichen Vorschriften während und nach ihrer Realisierung zu überwachen und ggf. **repressiv** die zur Wiederherstellung baurechtmäßiger Zustände erforderlichen Maßnahmen zu ergreifen. Nach den Bauordnungen der Länder steht den Bauaufsichtsbehörden dafür ein differenziertes **Überwachungs- und Eingriffsinstrumentarium** zur Verfügung.

2 Allerdings erfordert der Gesetzesvorbehalt für grundrechtsrelevante Maßnahmen das Vorliegen einer entsprechenden **Ermächtigungsgrundlage** für die meisten bauaufsichtsbehördlichen Eingriffsverfügungen. Soweit die Bauordnungen für die jeweilige Maßnahme keine gesonderte Regelung enthalten, ist auf die **bauordnungsrechtliche** oder die polizei- und ordnungsrechtliche **Generalermächtigung** zurückzugreifen.

3 Sind in den Bauordnungen indes Spezialbefugnisse der Bauaufsichtsbehörden enthalten, so schließen sie in ihrem Anwendungsbereich den Rückgriff auf die subsidiären allgemeinen bauordnungsrechtlichen und polizei- oder ordnungsrechtlichen Generalklausel aus (zu den bayerischen Regelungen *Glaser/Weißenberger,* BayVBl 2008, 460f.).

Beispiele: So sehen etwa die Art. 75 BayBO, §§ 64 LBO BW, 79 BauO Bln oder § 81 HessBO den Erlass einer Baueinstellungsverfügung vor; in Art. 76 S. 1 BayBO oder § 82 I 1 HessBO ist eine Ermächtigungsgrundlage für den Erlass einer Beseitigungsanordnung enthalten.

Wichtig: Entsprechend der Lehre vom Gesetzesvorbehalt bedarf es für die bauaufsichtlichen Eingriffsbefugnisse einer Ermächtigungsgrundlage.

B. Bauüberwachung

4 Neben den repressiven Maßnahmen der Bauaufsichtsbehörden zur Wiederherstellung baurechtmäßiger Zustände sehen die Bauordnungen der Länder darüber hinaus auch die sog. Bauüberwachung i. e. S. vor. In diesem Zusammenhang wachen die Bauaufsichtsbehörden darüber, dass die in ihrem Zuständigkeitsbereich errichteten Vorhaben den Anforderungen des öffentlichen Baurechts entsprechen.

5 Für genehmigungspflichtige Vorhaben ist in den Bauordnungen zu diesem Zweck die sog. **laufende Bauüberwachung** vorgesehen, die gewährleisten soll, dass sich die am Bau Beteiligten während der gesamten Dauer der Bauausführung an Inhalt und Grenzen der Baugenehmigung sowie an die einschlägigen Vorschriften halten (etwa Art. 77 BayBO, § 83 HessBO, § 83 BauO NRW). In ihrem Umfang stimmt die laufende Bauüberwachung dabei mit dem Kontrollprogramm des vorab durchgeführten Genehmigungsverfahrens überein.

6 Die Bauüberwachung steht im **Ermessen der Bauaufsichtsbehörde,** das je nach Schwierigkeit und möglichen Gefahren für die öffentliche Sicherheit und Ordnung pflichtgemäß auszuüben ist. Dabei kann sich die Überwachung auch auf Stichproben beschränken, wenn eine weitergehende Überprüfung nicht erforderlich ist (*Grotefels,* in: H/B/G, ÖffBauR, § 16 Rn. 80f.).

C. Ordnungsbehördliche Befugnisse der Bauaufsicht

7 Verstößt eine bauliche Anlage gegen öffentlich-rechtliche Vorschriften, ist die zuständige Bauaufsichtsbehörde gehalten, auf die **Wiederherstellung baurechtskonformer Zustände** hinzuwirken. Je nach dem, aus welchem

Grund und in welchem Maße baurechtswidrige Zustände eingetreten sind, steht den Bauaufsichtsbehörden ein vielgestaltiger Maßnahmenkatalog zur Verfügung. Diese reichen von informellen Absprachen und Anregungen unterhalb der Eingriffsschwelle bis zum Erlass von Ge- oder Verboten, die nötigenfalls auch im Wege des Verwaltungszwangs durchgesetzt werden können. **Eingriffsmaßnahmen** stehen dabei im Mittelpunkt von Ausbildung und Examen.

I. Formelle und materielle Baurechtswidrigkeit

Von herausragender Bedeutung für die Wahl und Intensität einer be- 8
stimmten Eingriffsmaßnahme durch die Bauaufsichtsbehörde ist die Frage, ob eine Bautätigkeit bzw. eine bauliche Anlage formell baurechtswidrig, materiell baurechtswidrig oder formell und materiell baurechtswidrig ist. In diesem Zusammenhang wird – was jedoch identisch ist – auch von formeller und materieller Illegalität gesprochen (zum ganzen *Fischer,* NVwZ 2004, 1057ff.; *Lindner,* JuS 2014, 118ff.).

Wichtig: Eine bauliche Anlage kann somit nur formell illegal, nur materiell illegal, aber auch formell und materiell baurechtswidrig sein.

Formell baurechtswidrig ist ein Vorhaben, wenn es **ohne** die erforderli- 9
che **Genehmigung** oder Zustimmung errichtet wird oder errichtet worden ist oder wenn zwar eine Genehmigung eingeholt worden ist, das Vorhaben aber hiervon abweicht (OVG Münster, BRS 54 Nr. 203; VGH Mannheim, VBlBW 1992, 262; *Lindner,* JuS 2014, 118 [119]). Die Bindung einer Baugenehmigung entfällt dann, wenn diese zurückgenommen oder widerrufen worden ist (dazu oben *§ 18 Rn. 55*). Zudem müssen Rücknahme oder Widerruf unanfechtbar sein oder nach § 80 II 1 Nr. 4 VwGO ausnahmsweise für sofort vollziehbar erklärt worden sein. Die Aufhebung der Baugenehmigung und die Beseitigungsanordnung können überdies in einem Bescheid erfolgen (*Hornmann,* HessBO, § 82 Rn. 17). Für die Feststellung der formellen Baurechtswidrigkeit ist es unerheblich, ob das Vorhaben materiell-rechtlich mit den öffentlich-rechtlichen Vorschriften vereinbar ist.

Achtung: Auch die genehmigungsfreie Anlage, die materiell-rechtlich einer Befreiung bedarf, ist vor Erteilung dieser Befreiung formell baurechtswidrig (VGH Kassel, BRS 49 Nr. 176).

10 Von **materieller Baurechtswidrigkeit** oder Illegalität kann gesprochen werden, wenn Vorschriften des **materiellen** öffentlichen **Rechts** das Vorhaben so, wie es ausgeführt worden ist oder noch ausgeführt wird, **verbieten** (*Lindner,* JuS 2014, 118 [119]; *Schmidt,* ÖffBauR, Rn. 402 s. a. unten *Rn. 23ff.*).

Achtung: Ist eine materiell baurechtswidrige Anlage fälschlicherweise genehmigt worden, so muss zuvor noch die Baugenehmigung zurückgenommen werden, bevor andere Maßnahmen in Betracht kommen.

11 Zu berücksichtigen ist, dass eine Verletzung privater Rechte weder zur materiellen noch zur formellen Baurechtswidrigkeit (Illegalität) führt (VGH Mannheim, NVwZ 1990, 1186).

II. Eingriffsformen

12 Das wichtigste Instrument der Bauaufsichtsbehörde ist die **Ordnungsverfügung,** mit der dem Adressaten ein Tun oder Unterlassen verbindlich aufgegeben wird. Die relevanten Maßnahmen der Bauaufsicht zur Wiederherstellung baurechtmäßiger Zustände und damit auch zur Abwehr von Gefahren sind in diesem Zusammenhang die **Baueinstellungsverfügung,** die **Beseitigungsanordnung** und die **Nutzungsuntersagung** (zu diesen Handlungsformen *Grotefels,* in: H/B/G, ÖffBauR, § 16 Rn. 78ff.; *Glaser/Weißenberger,* BayVBl 2008, 460ff.).

1. Einstellungsverfügung

13 Die meisten Bauordnungen sehen für eine Baueinstellungsverfügung, mit welcher die Ausführung eines illegalen Vorhabens frühzeitig untersagt werden kann, **gesonderte Ermächtigungsgrundlagen** vor, welche die einzelnen Voraussetzungen für eine Stilllegung festlegen (etwa Art. 75 BayBO, § 73 BauO Bbg, § 81 HessBO; § 81 BauO NRW).

14 Die Einstellung der Bauarbeiten kann danach insbesondere für ein **formell illegales Vorhaben** verfügt werden, also etwa dann, wenn für ein genehmigungs- oder zustimmungsbedürftiges Vorhaben trotz Vorliegens einer Baugenehmigung noch nicht alle für den Baubeginn erforderlichen Voraussetzungen erfüllt sind oder wenn bei der Ausführung des Vorhabens von den genehmigten Bauvorlagen **abgewichen** wird (OVG Saarlouis, BRS 39 Nr. 220). Eine andere Bewertung kann unter dem Gesichtspunkt der Verhältnismäßigkeit staatlicher Maßnahmen allenfalls dann gerechtfertigt sein, wenn es sich um ein nur geringfügiges Abweichen handelt (VGH Mannheim, VBlBW 1992, 262).

Beispiel: Bei einem Grenzbau wird die Grundstücksgrenze nur um einige Zentimeter überbaut.

Des Weiteren kann eine Baueinstellung dann erfolgen, wenn eine erforderliche **Baugenehmigung** überhaupt **nicht vorliegt.** Umstritten ist in diesem Zusammenhang allerdings, ob bei Aufhebung einer Baugenehmigung diese vor Erlass einer Baueinstellungsverfügung für sofort vollziehbar erklärt werden muss (OVG Saarlouis, NVwZ 1985, 430; OVG Berlin, LKV 1999, 372; *Ortloff,* NVwZ 2000, 750 [757]). 15

Zu berücksichtigen ist darüber hinaus, dass bei Vorhaben, die einer formellen Legalisierung nicht bedürfen, die Baueinstellung zulässig ist, wenn diese mit den materiell-rechtlichen Anforderungen nicht übereinstimmen (*S/K,* BayBO, Art. 75 Rn. 5; zu den Anforderungen OVG Münster, NWVBl 2007, 23). Bei den genehmigungspflichtigen Vorhaben ist die Frage nach der materiellen Rechtmäßigkeit für die Baueinstellung nicht zu beantworten, weil bereits die formelle Rechtswidrigkeit zu einem Verstoß gegen die öffentliche Sicherheit und Ordnung führt (VGH München, NuR 1991, 283; OVG Münster, BRS 47 Nr. 197). 16

Achtung: Die Befugnis zur Einstellung der Bauarbeiten verleiht den Behörden regelmäßig nicht die Befugnis, durch Verwaltungsakt die Einreichung vollständiger Bauanträge zu verlangen – es sei denn, dies ist ausdrücklich landesgesetzlich (etwa § 82 II HessBO, Art. 76 S. 3 BayBO) geregelt. Dies kann letztlich nur über die Stilllegung der Bauarbeiten erreicht werden. Eine Ausnahme kann etwa dann gelten, wenn die Bauvorlagen erforderlich sind, um eine konkrete Gefährdungssituation zu beurteilen (OVG Münster, NWVBl 2003, 223).

2. Nutzungsuntersagung

Eine Nutzungsuntersagung zur Herstellung rechtmäßiger Zustände kommt in Betracht, wenn der **Widerspruch** zu den geltenden Anforderungen des öffentlichen Baurechts gerade **aufgrund** der **Nutzung** eines Bauwerkes oder eines nicht bebauten Grundstückes besteht. 17

Beispiele:
- Ein Teil des Kellers wird ohne entsprechende Baugenehmigung zu Wohnräumen ausgebaut, die an Studenten vermietet werden sollen.
- Für Wohnzwecke genehmigte Räumlichkeiten werden zur gewerblichen Zimmervermittlung genutzt (OVG Münster, NVwZ 2008, 20).
- Im faktischen allgemeinen Wohngebiet wird ein Gebäude (gebietsunverträglich) als Autohandelsbetrieb genutzt (OVG Berlin, BauR 2004, 796).
- Ein zu Jagdzwecken gebautes Holzhaus im Außenbereich wird zu Erholungszwecken genutzt.

18 Soweit die Bauordnungen entsprechende Vorschriften enthalten, wie etwa Art. 76 S. 2 BayBO und, § 82 I 2 HessBO, regeln sie die Nutzungsuntersagung im Zusammenhang mit der Abrissverfügung und sehen sie entsprechend für den Fall vor, dass eine Nutzung den öffentlich-rechtlichen Vorschriften widerspricht. Soweit es den Bauordnungen an einer speziellen Regelung mangelt (s. o. *Rn. 2*), ist wiederum auf die bauordnungsrechtliche Generalklausel abzustellen (zu einem Klausurfall BayVBl 2005, 157 und 189).

19 In Rechtsprechung und Lehre ist umstritten, ob der Erlass einer Nutzungsuntersagung voraussetzt, dass die bauliche Anlage formell **und** materiell rechtswidrig ist. Eine Minderheitsauffassung macht ein Nutzungsverbot stets von der formellen und der materiellen Baurechtswidrigkeit der Nutzung abhängig (OVG Lüneburg, BauR 2007, 356; VGH Mannheim, NVwZ 1994, 797). Nach h. M. reicht hingegen typischerweise die formelle Illegalität einer bestimmten Nutzung aus, um eine Nutzungsuntersagung zu rechtfertigen (BVerwG, BRS 67 Nr. 70; OVG Lüneburg, NVwZ-RR 2005, 607; VGH München, BayVBl 2005, 117; OVG Münster, NWVBl 2011, 58; OVG Berlin-Bbg., NVwZ-RR 2016, 650 [651]; *Jäde,* ZfBR 2015, 19, 28; *Lindner,* JuS 2014, 118 [120]; *F/O/O,* ÖffBauR II, § 14, Rn. 3). Die materielle Baurechtswidrigkeit einer Nutzung wird nur dann zusätzlich gefordert, wenn die betreffende Nutzung erst nach ihrer Aufnahme unzulässig geworden und damit bestandsgeschützt ist oder wenn sie den einschlägigen materiell-rechtlichen Vorschriften offensichtlich nicht zuwiderläuft (*Lindner,* JuS 2014, 118 [121]; *Schmidt,* ÖffBauR, Rn. 410a; OVG Saarlouis, BRS 42 Nr. 227).

20 Eine Entscheidung der Streitfrage kann entfallen, wenn die Nutzung sowohl materiell als auch formell baurechtswidrig ist. Liegt eine materielle Rechtswidrigkeit nicht vor, sollte man sich am **Gebot der Verhältnismäßigkeit** orientieren (dazu auch OVG Münster, BauR 2005, 853; OVG Lüneburg, NVwZ-RR 2005, 93). Anders als eine Beseitigungsanordnung führt die Nutzungsuntersagung nicht direkt zur Vernichtung eines neu geschaffenen Vermögensgegenstandes. Zudem wirkt die Nutzungsuntersagung grundsätzlich nur vorübergehend, nämlich bis zur Entscheidung über die Genehmigungsfähigkeit. Deshalb sollte in der Regel die formelle Illegalität zum Erlass einer Nutzungsuntersagung ausreichen (so *Erbguth/Schubert,* ÖffBauR, § 13, Rn. 59). Ausnahmsweise können Verhältnismäßigkeitserwägungen zu einem anderen Ergebnis führen. Hier ist etwa an Gewerbebetriebe zu denken, die durch eine Nutzungsuntersagung intensiv getroffen werden können oder an Nutzungsverbote, die Dritte intensiv belasten (OVG Münster, NWVBl 2014, 466 [467]; *Grotefels,* in: H/B/G, ÖffBauR, § 16 Rn. 94; *F/O/O,* ÖffBauR II, § 14, Rn. 3).

Beispiel: Bei der Nutzungsuntersagung gegenüber den Mietern von Wohnraum kann auch materielle Illegalität verlangt werden, weil durch die Wohnraumnutzung elementare Lebensbedürfnisse befriedigt werden (VGH München, NVwZ-RR 2006, 754).

Achtung: Stützt eine Bauaufsichtsbehörde ein Nutzungsverbot sowohl auf die formelle als auch auf die materielle Illegalität der Nutzung bzw. der baulichen Anlage, unterstellt sie diese zweifache Begründung auch dem gerichtlichen Prüfprogramm (OVG Lüneburg, NVwZ-RR 2007, 306).

Schaubild 28: Tatbestandsvoraussetzungen der Eingriffsbefugnisse

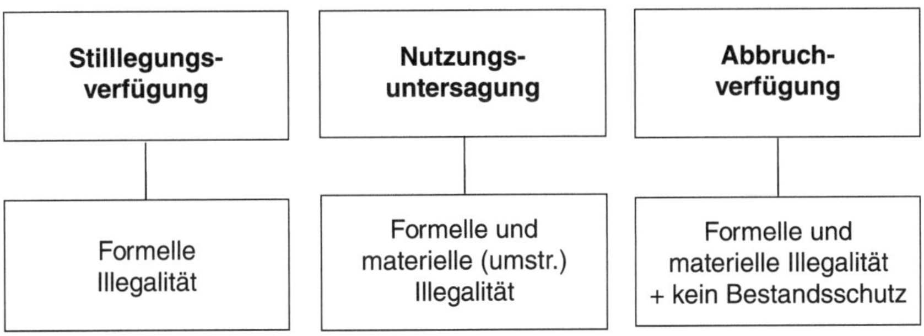

Es stellt keine Voraussetzung für den Erlass einer Nutzungsuntersagung dar, 21
dass die rechtswidrige Nutzung bereits aufgenommen ist. Vielmehr ist es ausreichend, dass die Aufnahme der Nutzung unmittelbar – und hinreichend beurteilungsfähig – bevorsteht.

Beispiel: Dem Eigentümer eines Wohnhauses wird untersagt, eine bordellartige Nutzung einer Wohnung (wieder) aufzunehmen (OVG Koblenz, NVwZ-RR 2007, 308).

Fall 18: Kleingarten-Idyll

(Teil-)Nutzungsuntersagung, bauliche Anlage (Kleintierstall), Umgebungs- 22
schutz, Ermessenserwägungen bei Nutzungseinschränkungen.

Sachverhalt

A wohnt auf einer kleinen Parzelle in einem Kleingartengebiet in einer rheinland-pfälzischen Gemeinde. Er hat auf seinem Grund und Boden ein kleines Schreberhäuschen errichtet und ist darüber hinaus leidenschaftlicher Brieftaubenzüchter. Solange sich die „Leidenschaft" des A in einem vertretbaren Rahmen hielt, hatte sein Umfeld nichts dagegen einzuwenden. In den letzten Monaten hat A indes seinen Bestand von ehemals 20 Tieren auf gut 150 Tiere ausgedehnt. Die Tiere sind in einem ehemaligen Möbelwagen untergebracht und beeinträchtigen durch ihr Gurren, Flügelschlagen sowie die von ihnen ausgehenden Geruchsbelästigungen die umliegenden Schrebergärten ganz beträchtlich. Die zuständige Bauaufsichtsbehörde (B) untersagt dem A daraufhin die Nutzung des Möbelwagens „soweit ein Bestand von 20 Tieren überschritten wird". Ist die Verfügung rechtmäßig?

Lösung

1. Ermächtigungsgrundlage

Eine Befugnis zu baubehördlichem Einschreiten könnte sich für die B aus § 81 LBO RP ergeben. Verstoßen Anlagen gegen baurechtliche oder sonstige öffentlich-rechtliche Vorschriften, so kann nach dieser Bestimmung deren vollständige oder teilweise Beseitigung bzw. die teilweise oder vollständige Aufgabe der Nutzung verlangt werden (s. o. *Rn. 2, 17*).

2. Tatbestandsvoraussetzungen

Bei dem ehemaligen Möbelwagen, der nunmehr als Verschlag für die Tauben genutzt wird, müsste es sich zunächst um eine **Anlage** im **bauordnungsrechtlichen Sinne** handeln. Bauliche Anlagen sind mit dem Erdboden verbundene, aus Bauprodukten hergestellte Anlagen (§ 2 I 1 LBO RP). Dabei ist es nicht erforderlich, dass die Anlage im Erdboden – etwa durch Fundamente – verfestigt ist. Es reicht aus, wenn sie in ihrer Gesamtheit nach ihrem Nutzungszweck zur Fortbewegung entweder nicht geeignet oder wenigstens nicht dazu bestimmt ist (VGH Mannheim, UPR 1993, 397). Dem trägt auch § 2 I 2 LBO RP Rechnung, wonach als bauliche Anlagen auch solche Vorhaben gelten, die nach ihrem Verwendungszweck dazu bestimmt sind, überwiegend ortsfest benutzt zu werden. A will den Möbelwagen nicht mehr zur Fortbewegung, sondern ortsfest als Taubenschlag benutzen. Somit handelt es sich um eine bauliche Anlage.

Diese Anlage müsste darüber hinaus im **Widerspruch** zu **öffentlich-rechtlichen Vorschriften** benutzt worden sein. Als eine solche öffentlich-rechtliche Vorschrift kommt hier § 48 I 1 LBO RP in Betracht. Die Norm lautet: *Ställe müssen so angeordnet und beschaffen sein, dass die Gesundheit der Tiere nicht beeinträchtigt wird und für die Umgebung keine Gefahren oder unzumutbaren Belästigungen entstehen.*

Der Möbelwagen des A müsste zunächst ein Stall sein. Hierunter lassen sich bauliche Anlagen verstehen, die der Unterbringung von Tieren dienen. In seiner Nutzungsweise durch A dient der Möbelwagen der Unterbringung von Tieren, nämlich von 150 Tauben, und ist als Stall anzusehen.

Es ist weiterhin zu prüfen, ob durch die Taubenhaltung eine **unzumutbare Belästigung** entsteht. Die Haltung der 150 Tauben bringt erheblichem Lärm (Gurren, Flügelschlag), Gestank und Dreck mit sich. Die von den Tieren ausgehenden Verunreinigungen führen dazu, dass die Nachbarn ihren eigenen Grund und Boden nicht mehr umfassend nutzen können. Die umliegenden Gärten werden durch die Taubenhaltung erheblich beeinträchtigt. Zwar ist zu berücksichtigen, dass in einer Kleingartensiedlung auch eine Kleintierhaltung zulässig sein muss. In diesem Rahmen haben die Nachbarn auch gewisse Beeinträchtigungen hinzunehmen. Der Umfang der Tierhaltung darf jedoch nicht zu einer unzumutbaren Belästigung werden. Eine solche ist aber laut den Informationen des Sachverhalts anzunehmen. Es liegt folglich ein **Verstoß** gegen die öffentlich-rechtliche Vorschrift des **§ 48 I 1 LBO RP** vor.

3. Ermessensbetätigung

§ 81 LBO RP verpflichtet die Behörde nicht zu bestimmten Maßnahmen, sondern gewährt ihr Ermessen. In Anbetracht der unzumutbaren Situation für die Umgebung war die Entscheidung der B, bauaufsichtlich einzuschreiten, ermessensgerecht. Das **Maß** des **Einschreitens** begegnet ebenfalls keinen rechtlichen Bedenken. Dabei ist zunächst zu berücksichtigen, dass – wenn schon eine vollständige Nutzungsuntersagung durch die Ermächtigungsgrundlage gedeckt ist – eine nur teilweise **Nutzungseinschränkung** erst recht den gesetzlichen Anforderungen genügt (*Köhler-Rott,* in: HdbBauO, Kap. 15 Rn. 273). Die hier verfügte nur teilweise Nutzungsuntersagung trägt dem Verhältnismäßigkeitsprinzip Rechnung. Dem schützenswerten Interesse der Nachbarn an einer entsprechenden Nutzung ihres Eigentums sowie der Erhaltung ihrer Gesundheit steht auf der anderen Seite das anerkennenswerte Interesse des A an einer Kleintierhaltung inmitten einer Kleingartensiedlung gegenüber. Diese Interessengegensätze waren bei der Entscheidung der B miteinander in Einklang zu bringen (s.a. OVG Lüneburg, NVwZ-RR 2005, 524). Dabei ist zu bedenken, dass in der Vergangenheit ein Tierbestand von ca. 20 Tauben beanstandungsfrei war. A konnte auf diese Weise weiterhin seine Zucht betreiben, die Nachbarn waren in einem zumutbaren Umfang betroffen und hatten keinen Anlass zur Beanstandung. Dass sich die B bei ihrer Maßnahme gegen den A ganz offensichtlich von diesen positiven Erfahrungen der Vergangenheit hat leiten lassen und dabei die örtlichen Besonderheiten angemessen in ihre Entscheidung hat einfließen lassen, begegnet keinen rechtlichen Bedenken. Dem A eine intensivere Ausnutzung seines Stalles zuzubilligen wäre jedoch wegen der rechtlich geschützten Umgebungsinteressen nicht akzeptabel.

Ergebnis: Die Verfügung ist rechtmäßig.

3. Beseitigungsverfügung

a) Mit Hilfe einer Beseitigungs- bzw. Abrissverfügung wird die Bauaufsichtsbehörde in die Lage versetzt, bei einem bereits errichteten Vorhaben auf die **Wiederherstellung baurechtgemäßer Zustände** hinzuwirken. Nach den Bauordnungen der Länder setzt eine solche Abrissanordnung voraus, dass das jeweilige Vorhaben im Widerspruch zu öffentlich-rechtlichen Vorschriften errichtet oder geändert worden ist und rechtmäßige Zustände auf andere Weise nicht hergestellt werden können (etwa Art. 76 S. 1 BayBO, § 82 I 1 HessBO; allgemein BVerwG, NVwZ-RR 1999, 364; OVG Münster, NWVBl 2007, 57; *Ramsauer,* NordÖR 2006, 282f.). 23

Im Falle eines genehmigungs-, zustimmungs- oder anzeigepflichtigen Bauvorhabens darf der Abriss regelmäßig nur dann verfügt werden, wenn dieses **formell und materiell illegal** ist und auch nicht für einen bestimmten Zeitraum materiell legal war (BVerwG, BauR 2002, 1520 [1523]; OVG Berlin-Bbg., NuR 2015, 858 [859]; OVG Münster, BauR 2017, 533 [536]; VGH Mannheim, NVwZ-RR 2017, 315; *Lindner,* JuS 2014, 118 [120]; *Jäde,* ZfBR 2015, 19, 26; differenzierend *Wickel,* Jura 2019, 268 [278f.]). Das Vorliegen allein der formellen oder materiellen Baurechtswidrigkeit reicht zum Erlass einer Beseitigungsverfügung typischerweise nicht aus (OVG Münster, NVwZ-RR 2006, 309; *Ortloff,* NVwZ 2004, 934 [942]). 24

Achtung: Ausnahmsweise darf eine Beseitigungsanordnung auch allein auf die formelle Illegalität gestützt werden, vor allem wenn die Anlage – wie eine durch bloßes Auflegen von Bauteilen errichtete Überdachung – ohne Substanzverlust entfernt werden kann (VGH Kassel, ZfBR 2002, 696; *Jäde,* ZfBR 2015, 19, 26).

b) Dies bedeutet im Einzelnen: 25

Die formelle Legalität einer baulichen Anlage schließt einen unmittelbaren Rückgriff auf die materielle Illegalität aus, weil die behördliche Erlaubnis

– soweit sie nicht nichtig ist – ein Recht des Bauherrn zur Errichtung der baulichen Anlage begründet, auch wenn das Vorhaben dem Grunde nach gegen materielles Recht verstößt. (Legalisierungswirkung *Wickel,* Jura 2019, 268 [280]; *Berkemann,* ZfBR 2019, 755 [756]). Wenn ein Bauvorhaben genehmigungsfähig, also materiell rechtmäßig ist, aber keine Baugenehmigung hat, darf es ebenfalls nicht beseitigt werden. Denn eine Beseitigungsanordnung widerspräche der Eigentumsgewährleistung des Art. 14 I GG und dem Grundsatz der Verhältnismäßigkeit, ist doch zu berücksichtigen, dass der Bauherr nach der Beseitigung eine Genehmigung beantragen und das Vorhaben an gleicher Stelle wieder errichten könnte (*Berkemann,* ZfBR 2019, 755 [758]; *Grotefels,* in: H/B/G, ÖffBauR, § 16 Rn. 89; *F/O/O,* ÖffBauR II, § 13, Rn. 11 ff.).

26 Selbst bei einer formellen und materiellen Illegalität des Vorhabens im Zeitpunkt der Entscheidung über den Abriss kann die Behörde nicht ohne weiteres die Beseitigung anordnen. Die Möglichkeit der Beseitigungsanordnung kann vor allem dann ausscheiden, wenn die bauliche Anlage zu einem früheren Zeitpunkt dem materiellen öffentlichen Recht entsprochen hat und deshalb **Bestandsschutz** genießt (VGH Mannheim, NVwZ-RR 1997, 464 [465]; *Wickel,* Jura 2019, 268 [273]; s. zu diesem Thema bereits *§ 2, Rn. 5 und § 17, Rn. 56*).

27 Streitig ist in diesem Zusammenhang, über welchen Zeitraum sich die Übereinstimmung mit dem materiellen Recht erstreckt haben muss. Einer Mindermeinung zur Folge ist ausreichend, dass zu irgendeinem Zeitpunkt materielle Rechtmäßigkeit bestanden hat. Eine erfolgreiche Berufung auf den Bestandsschutz wäre auf Grundlage dieser Beurteilung bereits möglich, wenn sich die Rechtmäßigkeit des Bauvorhabens nur für eine logische Sekunde ergeben hat (OVG Lüneburg, BRS 17 Nr. 150). Von der überwiegenden Auffassung wird indes ein Zeitraum von mindestens drei Monaten vorausgesetzt, um Bestandsschutz gegenüber einer Abrissverfügung zu begründen (BVerwG, BauR 1979, 228 [229]); *Hornmann,* HessBO, § 82 Rn. 26; *Jäde,* BayVBl 2007, 641 [643 f.]). Nur die Anlehnung an die sich aus § 75 S. 2 VwGO ergebende maximale Bearbeitungsdauer für einen Genehmigungsantrag vermeide eine ungerechtfertigte Bevorteilung desjenigen, der im Falle einer zu erwartenden Rechtsänderung schnell noch ohne die erforderliche Genehmigung baue, gegenüber demjenigen, der einen Genehmigungsantrag stelle, über den in Folge der eingetretenen Rechtsänderung abschlägig entschieden werde (*Grotefels,* in: H/B/G, ÖffBauR, § 16 Rn. 90).

28 Eine Beseitigungsverfügung gegen ein formell und materiell rechtswidriges Vorhaben kann zudem nur dann rechtmäßig erlassen werden, wenn rechtmäßige Zustände auf andere Weise nicht hergestellt werden können (OVG Münster, BauR 2006, 90; VGH Mannheim, NuR 2004, 383). Es muss also ausgeschlossen sein, den rechtswidrigen Zustand durch eine Nutzungsuntersagung, die Anordnung von Auflagen, durch Gestattungen oder die nachträgliche Zulassung von Abweichungen zu beseitigen (dazu VGH Mannheim, NVwZ-RR 2017, 315 [316]; *Ramsauer,* NordÖR 2006, 282 [284]; *Horn-*

mann, HessBO, § 82 Rn. 113f.). Die bauordnungsrechtlichen Vorschriften nehmen mit dieser Voraussetzung eine Forderung des **Grundsatzes der Verhältnismäßigkeit** auf, den die Bauaufsicht im Rahmen des ihr eingeräumten Ermessens bei der Entscheidung über das Einschreiten zu beachten hat (dazu unten *Rn. 31ff.;* zur Beseitigungsanordnung in Form einer Allgemeinverfügung („Wagenburg“) OVG Lüneburg, NVwZ-RR 2005, 93).

c) Bedarf eine bauliche Anlage keiner baurechtlichen Genehmigung oder **29**
Zustimmung bzw. ist auch eine entsprechende Anzeige nicht erforderlich, stellt sich die Frage der formellen Legalität mit anderen Worten also nicht, gelten die vorgenannten Grundsätze entsprechend. Indes besteht in diesem Fall unter den weiteren Voraussetzungen bereits wegen materieller Baurechtswidrigkeit die Möglichkeit zum Erlass einer Abrissverfügung (*Hornmann,* HessBO, § 82 Rn. 11; *Wickel,* Jura 2019, 268 [277 u. 280]; *Grotefels,* in: H/B/G, ÖffBauR, § 16 Rn. 93).

Prüfungsschema 13: Anfechtung bauaufsichtlicher Verfügungen

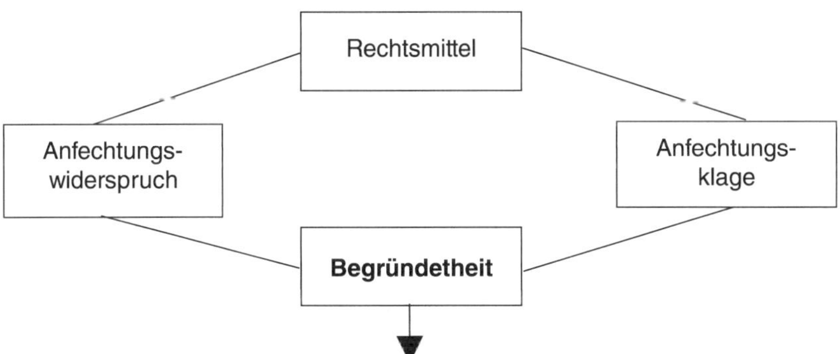

I. Ermächtigungsgrundlage (vgl. oben *Rn. 2f.*)
II. Formale Anforderungen
  1. Zuständigkeit der Behörde
  2. Form (entweder LBO oder jeweiliges OBG)
  3. Verfahren (LBO, ergänzend ggfs. OBG, VwVfG (z.B. § 28 VwVfG)
III. Materielle Anforderungen
  1. Vereinbarkeit des Verwaltungsakts mit der EGL
    – Erfüllung der tatbestandlichen Voraussetzungen
    – richtiger Adressat der Maßnahme
    – Verhältnismäßigkeit
    – fehlerfreie Ermessensausübung
    – ggf. sonstige Voraussetzungen (Bestimmtheit u.ä.)
  2. Rechtsverletzung des Klägers

III. Ermessen

30 Die Entscheidung über das Einschreiten gegen das baurechtswidrige Vorhaben trifft die Bauaufsichtsbehörde regelmäßig nach pflichtgemäßem Ermessen (§ 40 VwVfG; allgemein zum Ermessen im Verwaltungsrecht *Detterbeck,* AVR, Rn. 311 ff.; *Erbguth/Guckelberger,* AVR, § 14 Rn. 36 ff.; speziell hinsichtlich bauordnungsrechtlicher Verfügungen *Hartmann,* in: S/K, BauO NRW, § 71 Rn. 34 f.; *Hornmann,* HessBO, § 82 Rn. 40 ff.; *Erbguth/Stollmann,* JZ 2007, 868 [875 f.]; *Mehde/Hansen,* NVwZ 2010, 14 [15 f.]; OVG Münster, BauR 2005, 853; OVG Lüneburg, NVwZ-RR 2005, 93; VGH Mannheim, NVwZ-RR 2017, 315 [317 f.]). Dieses ist sowohl hinsichtlich des „Ob" als auch hinsichtlich des „Wie" des Einschreitens gegeben **(Handlungs- und Auswahlermessen).** Der Ausübung des Ermessens sind die rechtsstaatlichen Grenzen immanent. Eine **Beschränkung** kann die Ermessensausübung vor allem durch den **Verhältnismäßigkeitsgrundsatz,** den **Gleichbehandlungsgrundsatz** sowie **Rechte Dritter** erfahren.

1. Verhältnismäßigkeitsprinzip

31 **a)** Die **Baueinstellung** ist zur Verhinderung rechtswidriger Bauarbeiten typischerweise ein verhältnismäßiges Mittel. Bei dieser Entscheidung unterliegt die Behörde im Regelfall keinen besonderen Einschränkungen (OVG Greifswald, NordÖR 2009, 123; *Grotefels,* in: H/B/G, ÖffBauR, § 16 Rn. 96). An die Ermessensausübung und deren Begründung (dazu VGH Kassel, BauR 1991, 447; OVG Saarlouis, NVwZ-RR 2007, 58) sind in solchen Fällen daher nur geringe Anforderungen zu stellen.

32 **b)** Im Hinblick auf eine **Nutzungsuntersagung** kann insbesondere der Verhältnismäßigkeitsgrundsatz das Ermessen beeinflussen, wenn die Behörde ein milderes Mittel in Erwägung zu ziehen hat (OVG Lüneburg, BauR 2007, 1214; VGH München, BRS 70 Nr. 189).

Beispiele: Gegenüber einer Nutzungsuntersagung stellt sich eine Nutzungsbeschränkung regelmäßig als milderes Mittel dar (OVG Berlin, LKV 1991, 42). Fehlerhaft kann die Ermessensausübung sein, wenn die Nutzung offensichtlich materiell legal ist oder unter Bestandsschutz steht; unverhältnismäßig kann eine Nutzungsuntersagung auch sein, wenn die Aufgabe der Nutzung unmittelbar bevorsteht (*S/K,* BayBO, Art. 76 Rn. 33).

33 Angesichts der weitreichenden Folgen einer **Beseitigungsanordnung** ist die Bauaufsichtsbehörde bei dieser Eingriffsmaßnahme im besonderen Maße verpflichtet, die Wahrung des Verhältnismäßigkeitsprinzips zu beachten. Zu diesem Problemkreis hat sich eine umfängliche Kasuistik entwickelt (s. a. *Ortloff,* NVwZ 2006, 999 [1006]).

Beispiele:
- Der vollständige Abbruch eines formell und materiell baurechtswidrigen Gebäudes kann nicht gefordert werden, wenn es die notwendige Abstandfläche nur um drei bis sechs

Zentimeter unterschreitet (OVG Lüneburg, BRS 40 Nr. 226; s. a. OVG Münster, NVwZ-RR 2006, 309).
- Ein vollständiger Abbruch kommt ebenfalls nicht in Frage, wenn sich ein baurechtswidriger Zustand bereits durch das Verbot der bestimmungsgemäßen Nutzung einer ungenehmigt errichteten baulichen Anlage verhindern lässt (OVG Münster, BRS 30 Nr. 172).
- Ein milderes Mittel kann im Einzelfall vorliegen, wenn die Behörde in ermessensfehlerfreier Weise eine Ausnahme oder Befreiung (bzw. Abweichung) unter den dafür erforderlichen Voraussetzungen erteilen kann oder die Möglichkeit besitzt, rechtmäßige Zustände durch die Erteilung einer Nebenbestimmung herzustellen (VGH München, UPR 1987, 444; BauR 1998, 115).
- Gegenüber der Anordnung einer Totalbeseitigung stellt sich mitunter die Anordnung eines Teilabbruchs als milderes, ebenso geeignetes Mittel dar (*Grotefels,* in: H/B/G, ÖffBauR, § 15 Rn. 95).

Keine Auswirkung auf die von der Bauaufsichtsbehörde vorzunehmende Verhältnismäßigkeitsgewichtung sollten die **wirtschaftlichen Interessen** des Bauherrn haben. Denn einerseits wird die rechtswidrig errichtete bauliche Anlage von der Rechtsordnung missbilligt, so dass es rechtlich nicht auf die sich für den Betroffenen ergebenden Folgen ankommt. Andererseits kann nur durch das Einschreiten der Umgehung baurechtlicher Vorschriften durch Schaffung vollendeter Tatsachen entgegengewirkt werden (VGH München, BayVBl 2011, 500; OVG Lüneburg, BRS 54 Nr. 46; OVG Berlin, LKV 2002, 184; *Ortloff,* NVwZ 2003, 660 [886]). 34

2. Gleichbehandlungsgrundsatz

Das Gleichbehandlungsgebot gemäß Art. 3 I GG kann sich ausnahmsweise bei der Ermessensbetätigung der Behörde auswirken (sog. **„Selbstbindung der Verwaltung"**) und vor allem dem Erlass einer Abrissverfügung entgegenstehen, wenn gleichzeitig andere, vergleichbare Anlagen geduldet werden, ohne dass hierfür besondere Gründe (wie etwa solche des Bestandsschutzes) eingreifen (BVerwG, NVwZ 1988, 144; NVwZ-RR 1992, 360; BauR 1999, 734; OVG Münster, NVwZ-RR 2011, 351; VGH Kassel, NVwZ-RR 2009, 790; *Hornmann,* HessBO, § 82 Rn. 55 ff.). 35

Beispiele:
- Ein Abbruchgebot für ein einzelnes Gebäude ist ermessensfehlerhaft, solange gewiss ist, dass in einem abgrenzbaren Gelände eine größere Anzahl vergleichbarer illegaler Gebäude vorhanden ist (VGH Mannheim, NVwZ-RR 1997, 465).
- Ebenfalls ermessensfehlerhaft kann eine Beseitigungsverfügung sein, wenn nach Errichtung des formell und materiell illegalen Gebäudes in unmittelbarer Nachbarschaft ein ebenso zu beurteilendes Vorhaben unter Verstoß gegen das Bauplanungsrecht genehmigt worden ist (OVG Münster, BRS 28 Nr. 166; VG Gera, ThürVBl 2002, 288).

Dessen ungeachtet kann es aber auch vergleichbare Fälle geben, in denen ein differenziertes Vorgehen ermessensfehlerfrei ist, ohne dass dadurch gegen das Gleichbehandlungsgebot verstoßen worden ist (*Ortloff,* NVwZ 2000, 750 [757]; *Kuschnerus/Schöler/Stehr,* NWVBl 2004, 207 [303]). 36

Beispiele:
- Mit dem Gleichheitssatz ist es etwa vereinbar, gegen vergleichbare Vorhaben systematisch und in aufeinander folgenden Schritten vorzugehen (OVG Weimar, ThürVBl. 2010, 270 [271]; VGH Kassel, BRS 52 Nr. 221; OVG Berlin-Bbg., NVwZ-RR 2017, 273 [275]).
- Auch das Abwarten eines Musterprozesses vor Erlass weiterer Abrissverfügungen kann nach den Umständen des Einzelfalles ermessensfehlerfrei sein (VGH Kassel, NJW 1984, 318).

3. Rechtsgüter Dritter

37 Eine sich aufgrund einer Ermessensreduzierung ergebende Pflicht zum Erlass etwa einer Abrissverfügung kommt weiterhin dann in Betracht, wenn **erhebliche** und **schwerwiegende Gefahren** für wichtige Rechtsgüter eines Dritten drohen (dazu OVG Bautzen, SächsVBl. 2005, 148; OVG Greifswald, LKV 2004, 188; *Maske,* in: S/K, BauO NRW, § 61 Rn. 36).

Beispiel: So etwa, wenn gegen ein einsturzgefährdetes Haus nicht umgehend eine Abrissverfügung erlassen wird.

4. Behördliche Duldung

38 In manchen Fällen kann es aus Sicht der Behörde zweckmäßig sein, trotz Kenntnis gegen eine illegale bauliche Anlage zunächst nicht einzuschreiten, sondern sie vorübergehend zu **dulden** (ausführlich *Beaucamp,* DÖV 2016, 802ff.; *Guckelberger,* DÖV 2004, 357). Ein bloßes Untätigbleiben reicht für eine Duldung allerdings nicht aus; es muss vielmehr ausdrücklich oder konkludent vermittelt werden, dass die Behörde ein rechtswidriges Verhalten oder einen rechtswidrigen Zustand eine bestimmte Zeit hinnehmen will (aktive Duldung; BGH, DVBl 2003, 1053, 1056). Selten sind schriftliche Duldungsverwaltungaktes, häufiger ergibt sich die Duldung aus mündlichen Abreden oder tatsächlichem Verhalten von Behördenmitarbeitern. Von der behördliche Zusicherung des § 38 VwVfG unterscheidet sich die Duldung dadurch, dass sie keiner Schriftform bedarf und auch keine weiteren formellen Voraussetzungen hat (dagegen § 38 I VwVfG). Die Duldungsentscheidung kann eine Baugenehmigung nicht ersetzen (BVerwGE 85, 368, 372; OVG Koblenz, DVBl 2012, 1185 [1187]; OVG Greifswald, NordÖR 2015, 325 [326]), sondern schafft einen Zwischenzustand vorübergehender Akzeptanz. Für den Zeitraum der Duldung besteht Vertrauensschutz, die Duldung bildet eine Ermessensschranke auf Zeit (*Beaucamp,* DÖV 2016, 802 [806] m.w.N.).

39 Umstritten ist die Frage, ob eine langjährige aktive Duldung zu dauerhaftem Bestandsschutz führen kann. Dies wird überwiegend abgelehnt (BVerwGE 112, 123 [127]; OVG Greifswald, BRS 76 Nr. 211, S. 1013 [1016]; OVG Greifswald, NordÖR 2015, 325 [326]; *F/O/O,* ÖffBauR II, § 13, Rn. 62). Andererseits gibt es entgegenstehende Beispiele aus der Verwaltungspraxis im Baurecht: Es existieren Fälle, in denen über eine Zeit von mehr als 20 Jahren ein rechtswidriger und nicht genehmigungsfähiger Zustand bewusst geduldet

wird (OVG Münster, BRS 30 (1976), Nr. 169, S. 312 (Duldung über mehrere Generationen); OVG Koblenz, DVBl 2012, 250 [252] (Duldung seit 1967); BGH, DVBl 2003, 1053 [1056]). Es erscheint nicht ausgeschlossen, dass sich der bei Duldungen grundsätzlich zeitlich befristete Vertrauensschutz in Bestandsschutz verwandeln kann, wenn die Behörde dem Begünstigten im Lauf eines langen Zeitraums immer wieder Signale dahingehend gibt, dass eine Beseitigung der rechtswidrig errichteten baulichen Anlage nicht verlangt werden wird (z.B. durch routinemäßige Verlängerung der Beseitigungsfrist; (OVG Berlin, NJW 1983, 777 [778]; OVG Münster, BauR 2006, 90 [93]; OVG Münster, OVGE 53, 47 [48]). Dies erscheint in Bezug auf den Vorrang des Gesetzes und die Rechtssicherheit bedenklich, weil ein rechtwidriger Zustand perpetuiert wird (OVG Koblenz, DVBl 2012, 1185 [1187]; *F/O/O,* ÖffBauR II, § 13, Rn. 62). Folglich können nur außergewöhnliche Umstände des Einzelfalls dauerhafte Duldungen rechtfertigen; neben der langen Zeit aktiver Duldung muss die Abwägung ergeben, dass das Interesse der Allgemeinheit und eventuell betroffener Dritter an der Beseitigung der rechtswidrigen Anlage so gering ist, dass das Vertrauen des Bauherrn in den Schutz der getätigten Investitionen und den Fortbestand seiner Anlage dauerhaft überwiegt (*Beaucamp,* DÖV 2016, 802 [807f.] m.w.N.).

Fall 19: Ärger mit der Fischerhütte

Begründetheit einer Anfechtungsklage, Formelle Illegalität (bauliche Anlage, Genehmigungsfreiheit), Materielle Illegalität (Privilegierung nach § 35 I BauGB, sonstiges Vorhaben nach § 35 II BauGB), Bestandsschutz, fehlerfreie Ermessensausübung, Verhältnismäßigkeit 40

Sachverhalt

Der H ist ein begeisterter Hobbyfischer und gleichzeitig Eigentümer eines direkt an einem kleinen Waldsee gelegenen Grundstücks in der Gemeinde G in Baden-Württemberg. Der nächste Ortsteil – in dem H auch sein Wohnhaus hat – liegt in etwa 1600 m Entfernung, ein Bebauungsplan für den fraglichen Bereich existiert nicht. Der Flächennutzungsplan stellt die Fläche als „Fläche für die Land- und Forstwirtschaft“ dar. Im März 2012 errichtete der H auf seinem Grundstück ohne Genehmigung eine Holzhütte mit einer Grundfläche von 2 × 3,5 m und einer Höhe von 2 m. Die Hütte ist mit zwei Fenstern versehen, es befinden sich zudem eine Spüle, ein Kücheneckschrank (incl. Elektrogeräte) sowie eine Essecke in dem Gebäude.

Nachdem die zuständige Bauaufsichtsbehörde im Oktober 2014 auf die Hütte aufmerksam geworden war, gab sie dem H – nach vorhergehender Anhörung – auf, die bauliche Anlage umgehend zu beseitigen. H klagt – nach erfolglosem Widerspruchsverfahren – gegen diese Verfügung. Er trägt vor:

Bei der Hütte handele es sich nicht um eine bauliche Anlage, da sie in leichter Holzbauweise auf einer Holzbalkenanlage errichtet worden sei; es fehle an einer Verbindung mit dem Erdboden.

Die Hütte sei nichts weiter als ein Abstellraum für die zum Fischfang benötigten Utensilien, er halte sich nur vorübergehend darin auf.

Dem Vorhaben komme Bestandsschutz zu, weil seit Erstellung der Hütte über ein Jahr vergangen sei.

Die Entfernung der Hütte würde ihn unverhältnismäßig treffen, da ihn die gesamte Anlage inzwischen etwa 12 000 Euro gekostet habe.

Ist die von H erhobene Klage begründet?

Lösung

Die (Anfechtungs-)Klage ist begründet, wenn die angefochtene Beseitigungsverfügung rechtswidrig ist und der H dadurch in seinen Rechten verletzt wird (§ 113 I 1 VwGO).

I. Ermächtigungsgrundlage

Die Beseitigungsverfügung könnte ihre rechtliche Grundlage in § 65 S. 1 LBO BW finden. Werden demnach bauliche Anlagen im Widerspruch zu öffentlich-rechtlichen Vorschriften errichtet, so kann die Bauaufsichtsbehörde die teilweise oder vollständige Beseitigung der baulichen Anlagen anordnen, wenn nicht auf andere Weise rechtmäßige Zustände hergestellt werden können (so etwa auch Art. 76 S. 1 BayBO; dazu die Fallgestaltung bei VGH München, BayVBl 1998, 695 sowie der Klausurfall, BayVBl 1998, 287 u. 317).

II. Formale Anforderungen

An den formellen Voraussetzungen der Verfügung zu zweifeln gibt der Sachverhalt keinen Anlass.

III. Materielle Anforderungen

In materieller Hinsicht setzt der Erlass einer Beseitigungsverfügung voraus, dass die in Frage stehende bauliche Anlage formell und materiell baurechtswidrig ist und nicht etwa Aspekte des Bestandsschutzes die Existenz der Anlage legitimieren.

1. Formelle Illegalität

Es ist also zunächst zu prüfen, ob die Hütte des H **formell baurechtswidrig** ist. Formell baurechtswidrig ist ein Vorhaben, wenn es **ohne** die erforderliche **Genehmigung** errichtet wird oder errichtet worden ist. Hier könnte bereits fraglich sein, ob die Hütte des H überhaupt einer Baugenehmigung bedarf. Gem. § 49 LBO BW bedarf die Errichtung baulicher Anlagen der Baugenehmigung, soweit nicht in den nachfolgenden Vorschriften Ausnahmen bestimmt sind.

Es müsste sich also bei der Hütte des H um eine bauliche Anlage i. S. des § 49 LBO BW handeln. **Bauliche Anlagen** sind gem. § 2 I 1 LBO BW mit dem Erdboden verbundene, aus Bauprodukten hergestellte Anlagen. Zwar ist die Holzhütte des H nach dessen eigenem Vorbringen nicht mit dem Boden verbunden. Dies ist freilich unschädlich, da § 2 I 2 LBO BW ausdrücklich bestimmt, dass eine Verbindung mit dem Boden auch dann besteht, wenn die Anlage durch eigene Schwere auf dem Erdboden ruht oder nach ihrem Verwendungszweck dazu bestimmt ist, überwiegend ortsfest benutzt zu werden. Beides ist in Bezug auf die Hütte der Fall, so dass es sich um eine bauliche Anlage i. S. der LBO BW handelt.

Somit wäre eine Genehmigungsbedürftigkeit nach § 49 LBO BW gegeben, es sei denn, die Bauordnung würde an anderer Stelle ausdrücklich die **Genehmigungsfreiheit** bestimmen. Vorliegend kommt die Vorschrift des § 50 LBO BW in Betracht, die in ihrem Anhang genehmigungsfreie Vorhaben auflistet.

Nach dem Anhang Nr. 1a zu § 50 LBO BW bedarf die Errichtung von Gebäuden ohne Aufenthaltsräume, Toiletten oder Feuerstätten keiner Baugenehmigung, wenn die Gebäude weder Verkaufs- noch Ausstellungszwecken dienen, im Außenbereich freilich nur bis 20m³ Brutto-Rauminhalt. Das Gebäude liegt im Außenbereich, da vorliegend weder ein Bebauungsplan existiert noch das Gebäude einem im Zusammenhang bebauten Ortsteil zuzurechnen ist (zur Negativabgrenzung s. o. *§ 17 Rn. 1*). Die Hütte des H liegt auch unter dem von der Norm vorgegebenen Raummaß. Fraglich ist jedoch bereits, ob die Hütte nicht über einen Aufenthaltsraum verfügt. Dies ist ein Raum, der zum nicht nur vorübergehenden Aufenthalt von Menschen bestimmt oder geeignet ist (§ 2 VII LBO BW). Zwar hat H eingewandt, er halte sich dort nur vorübergehend auf, so dass es an der Bestimmung mangeln könnte. In Anbetracht der in der Hütte untergebrachten Möbel wäre der Raum aber durchaus zum mehr als vorübergehenden Aufenthalt geeignet. Somit scheitert es bereits aus diesem Grund an der Genehmigungsfreiheit.

Auch eine Genehmigungsfreiheit nach dem Anhang Nr. 1c zu § 50 LBO BW dürfte nicht in Betracht kommen. Genehmigungsfrei sind danach Gebäude ohne Aufenthaltsräume, Toiletten oder Feuerstätten, die einem land- oder forstwirtschaftlichen Betrieb dienen und ausschließlich zur Unterbringung von Ernteerzeugnissen oder Geräten oder zum vorübergehenden Schutz von Menschen und Tieren bestimmt sind, bis 100 m² Grundfläche und einer mittleren traufseitigen Wandhöhe bis zu 5 m. Diesbezüglich ist überdies zweifelhaft, ob es sich bei der Hütte um ein landwirtschaftliches Betriebsgebäude handelt. Jedoch kann gem. § 201 BauGB nur die berufsmäßige Binnenfischerei als Landwirtschaft im baurechtlichen Sinne angesehen werden. H betreibt die Fischerei indes hobbymäßig, so dass es sich bei der Hütte nicht um ein landwirtschaftliches Betriebsgebäude handelt. Somit liegen die Voraussetzungen des Anhangs Nr. 1c zu § 50 LBO BW in mehrfacher Hinsicht nicht vor. Mithin verbleibt es bei der grundsätzlichen **Genehmigungsbedürftigkeit** gem. § 49 LBO BW. H verfügt jedoch über keine Baugenehmigung für die Hütte, so dass die formelle Illegalität der baulichen Anlage zu bejahen ist.

2. Materielle Illegalität

Zu prüfen ist darüber hinaus, ob die Holzhütte auch **materiell baurechtswidrig** ist. Von materieller Baurechtswidrigkeit kann gesprochen werden, wenn Vorschriften des materiellen öffentlichen Rechts das Vorhaben so, wie es ausgeführt worden ist, verbieten (s. o. *Rn. 9*). Der Errichtung der Hütte könnten die planungsrechtlichen Vorschriften der §§ 29 f. BauGB entgegenstehen. Bei der von H errichteten Hütte handelt es sich um ein Vorhaben i. S. des § 29 I BauGB (näher oben *§ 13 Rn. 3*), so dass die §§ 30 bis 35 BauGB zur Anwendung kommen. Es wurde auch bereits festgestellt, dass die Hütte im Außenbereich liegt; somit kommt allein § 35 BauGB als Maßstab für die planungsrechtliche Beurteilung in Betracht. Es ist daher zunächst zu prüfen, ob eine **Privilegierung nach § 35 I BauGB** in Erwägung zu ziehen ist. Mangels des landwirtschaftlichen Charakters der von H betriebenen Tätigkeit scheitert die Anwendung des § 35 I Nr. 1 BauGB. Jedoch könnte es sich hier um ein Vorhaben handeln, welches wegen seiner besonderen Zweckbestimmung nur im Außenbereich ausgeführt werden soll (§ 35 I Nr. 4 BauGB; dazu oben *§ 17 Rn. 26*). In Anbetracht der notwendigen Verbindung zwischen dem Waldsee und der (Fischer-)Hütte könnte man eine Privilegierung hier durchaus in Betracht ziehen. Andererseits ist zu berücksichtigen, dass der H in unmittelbarer Nähe zu dem Fischteich wohnt, so dass er – soweit er etwas benötigt – die Fischgründe in angemessen kurzer Zeit erreichen kann. In einem solchen Fall gebührt der Außenbereichsschonung der Vorrang und es greift die Privilegierung gem. § 35 I Nr. 4 BauGB nicht ein (BVerwG, ZfBR 1986, 48).

Folglich handelt es sich bei der Hütte um ein **sonstiges Vorhaben gem. § 35 II BauGB,** welches nur dann zugelassen werden kann, wenn seine Ausführung oder Benutzung öffentliche Belange nicht beeinträchtigt. Vorliegend könnte eine **Beeinträchtigung** zumindest der in § 35 III 1 Nr. 1 und 7 BauGB aufgeführten **öffentlichen Belange** vorliegen. Der Flächennutzungsplan stellt den Bereich als Fläche für die Land- und Forstwirtschaft dar. Die durch H vorgenommene Nutzung lässt sich unter den Begriff der Landwirtschaft jedoch – wie dargelegt – nicht subsumieren. Somit ist ein Widerspruch zu den Darstellungen des Flächennutzungsplans gegeben (§ 35 III 1 Nr. 1 BauGB). Darüber hinaus könnte bei einer Zulassung des Vorhabens auch die Entstehung einer Splittersiedlung zu befürchten sein. Den Begriff der Splittersiedlung i. S. einer zusammenhanglosen oder aus anderen Gründen unorganischen Streubebauung können alle baulichen Anlagen erfüllen, die zum – evtl. nur gelegentlichen – Aufenthalt von Menschen bestimmt sind (BVerwG, BauR 1976, 344) – und damit auch die Hütte des H. Einem Vorhaben steht der Belang des Entstehens einer Splittersiedlung dann entgegen, wenn das Vorhaben zum Bestehen einer unerwünschten Splittersiedlung führt. Unerwünscht in diesem Sinne ist eine Splittersiedlung, wenn mit ihr ein Vorgang der Zersiedelung eingeleitet wird (BVerwGE 25, 161). Bereits die erste Errichtung eines Gebäudes im Außenbereich kann den Vorgang der Zersiedelung einleiten und damit die Befürchtung begründen, dass eine Splittersiedlung entstehen wird (BVerwG, DÖV 1994, 879). Dies gilt vor allem vor dem Hintergrund einer möglichen Vorbildwirkung der von H errichteten Holzhütte. Andere Hobbyfischer könnten sich auf die bereits errichtete Hütte berufen und so würde der Außenbereich völlig zersiedelt. Somit ist die Entstehung einer Splittersiedlung zu befürchten (§ 35 III 1 Nr. 7 BauGB). Da die Nutzung des Vorhabens öffentliche Belange i. S. des § 35 III BauGB beeinträchtigt, kann die Hütte somit gem. § 35 II BauGB nicht zugelassen werden. Die bauliche Anlage ist somit nicht genehmigungsfähig, die materielle Illegalität mithin gegeben.

3. Aspekt des Bestandsschutzes

Dem Erlass einer Beseitigungsverfügung könnten möglicherweise noch Gesichtspunkte des **Bestandsschutzes** entgegenstehen. Dies setzt allerdings voraus, dass der Bestand des Vorhabens im Zeitpunkt seiner Errichtung oder später dem materiellen Recht entsprochen haben muss (BVerwG, NJW 1987, 1346 [1348]). Für ein Eingreifen des Bestandsschutzes reicht es nicht aus, dass die Anlage unbemerkt von der zuständigen Bauaufsichtsbehörde bereits seit längerer Zeit an der fraglichen Stelle steht. So aber war es im Falle der Hütte des H. Jedenfalls stand die Hütte zu keinem Zeitpunkt in Übereinstimmung mit den materiellen Rechtsvorgaben. Gründe des Bestandsschutzes stehen dem Erlass einer Beseitigungsanordnung mithin nicht entgegen. Somit liegen die tatbestandlichen Voraussetzungen für den Erlass einer Beseitigungsverfügung vor.

4. Fehlerfreie Ermessensausübung

Die zuständige Behörde *kann* die teilweise oder vollständige Beseitigung der Hütte anordnen, wenn nicht auf andere Weise rechtmäßige Zustände hergestellt werden können (§ 65 S. 1 LBO BW). Es handelt sich dabei folglich um eine Ermessensentscheidung, so dass die behördliche Abrissverfügung im Hinblick auf die Einhaltung der Grenzen der Ermessensausübung zu überprüfen ist. Dabei ist angesichts des Wortlauts der Ermächtigungsgrundlage wie auch der Umstände des Falles vor allem die **Wahrung des Verhältnismäßigkeitsprinzips** zu prüfen. Der Abriss ist durchaus **geeignet,** den angestrebten Zweck – die Wiederherstellung baurechtgemäßer Zustände – zu erreichen. Ein **milderes Mittel,** welches in gleicher Weise geeignet wäre, einen baurechtgemäßen Zustand herbeizuführen, ist überdies **nicht ersichtlich.** Vor allem kann der rechtswidrige Zustand nicht durch Anordnung von Auflagen oder die nachträgliche Zulassung von Abweichungen beseitigt werden. Die Maßnahme müsste darüber hinaus **angemessen** sein. In diesem Zusammenhang sind die privaten Belange des H gegenüber den öffentlichen Interessen am Erlass der Beseitigungsverfügung abzuwägen. Zwar kann der H durchaus finanzielle Interessen geltend machen; schließlich hat er auf die finanziellen Aufwendungen verwiesen. Jedoch ist zu berücksichtigen, dass er insoweit nicht schutzwürdig ist, als er damit rechnen musste, dass eine bauliche Anlage im Außenbereich genehmigungspflichtig ist. Jedenfalls hätte er vorher entsprechende Auskünfte einholen müssen. Hinzu kommt, dass die Anlage nicht zerstört werden muss, sondern ohne weiteres an anderer Stelle ohne Substanzverlust wiederaufgebaut werden kann. Und schließlich steht den nicht sonderlich gewichtig einzuschätzenden finanziellen Interessen des H das Interesse des Staates an der Einhaltung der Vorschriften des öffentlichen Baurechts gegenüber, welches vorliegend höher wiegt. Somit ist die Abrissverfügung auch angemessen und damit insgesamt verhältnismäßig. Anderweitige Ermessensfehler sind nicht ersichtlich. Mithin ist die Abrissverfügung materiell rechtmäßig.

Ergebnis: Somit ist die von H erhobene Klage unbegründet.

IV. Allgemeine Voraussetzungen

Für die bauordnungsrechtlichen Eingriffsverfügungen als Verwaltungsakte gilt das Verwaltungsverfahrensgesetz (etwa Anhörungserfordernis nach § 28 VwVfG, dazu *Erbguth/Guckelberger,* AVR, § 14 Rn. 19f.; speziell bezogen auf das Baurecht *Maske,* in: S/K, BauO NRW, § 61 Rn. 9; *Hornmann,* HessBO, § 82 Rn. 130ff.) sowie das jeweilige Ordnungsrecht (etwa OBG NRW). Im Folgenden werden die Aspekte der Bestimmtheit sowie des Adressaten der bauaufsichtlichen Verfügung erläutert. 41

1. Bestimmtheit

Eine Ordnungsverfügung muss **inhaltlich hinreichend bestimmt** sein (§ 37 I VwVfG) und die angeordnete Handlung so eindeutig festlegen, dass sowohl der Pflichtige als auch die Vollstreckungsbehörden allein daraus den Umfang der Verpflichtung im Einzelnen zweifelsfrei entnehmen können (*Detterbeck,* AVR, Rn. 607). Dies bedeutet, dass gegenüber dem durch die Verfügung Betroffenen zumindest das Ziel der Anordnung erkennbar sein muss, damit er sein Verhalten danach ausrichten kann (OVG Münster, BRS 64 Nr. 200; VGH Mannheim, NVwZ-RR 2013, 451 [452]; OVG Berlin- Bbg., NVwZ-RR 2016, 650 [651]; *Kuschnerus/Schöler/Stehr,* NWVBl 2004, 297 [303]). 42

Beispiele:
- Die Aufforderung, auf dem Grundstück „einen rechtmäßigen Zustand" wiederherzustellen, lässt das Anordnungsziel nicht erkennen.
- Eine Baueinstellungsverfügung, die dem Bauherrn untersagt, weitere Arbeiten durchzuführen, kann für die Vollstreckung bestimmt genug sein, wenn für den Adressaten hinreichend klar ist, was mit dem „Unterlassen sämtlicher Bauarbeiten" gemeint ist (OVG Münster, BRS 38 Nr. 199).
- Die Nebenbestimmung, ein Stallgebäude von außen in einer landschaftlich unauffälligen Farbe zu streichen, wurde als zu unbestimmt bewertet (VGH Mannheim, NVwZ-RR 2013, 451 [452]).

Achtung: Hinreichende Bestimmtheit ist nicht gegeben, wenn dem Pflichtigen zwei vertretbare Handlungen zur Erfüllung nach Wahl aufgegeben werden (*Hornmann,* HessBO, § 82 Rn. 136).

2. Adressat der Verfügung

43 Die bauaufsichtliche Verfügung ist an denjenigen zu adressieren, der für den baurechtswidrigen Zustand **verantwortlich** ist. Da es in erster Linie um die Beseitigung eines baurechtlichen Zustandes, wie er in der auf einem Grundstück errichteten baulichen Anlage in Erscheinung tritt, geht, ist für den Zustand verantwortlich, wer für das Grundstück – rechtlich oder tatsächlich – **„zuständig"** ist. Nicht das in der Errichtung dieser Anlage liegende Verhalten steht im Vordergrund, sondern das Ergebnis dieses Verhaltens. Daher geht es um eine Haftung nicht (nur) für ein Verhalten, das einen Zustand herbeigeführt hat, sondern um die Haftung für den Zustand selbst. Es kommen daher in erster Linie der **Bauherr** selbst sowie der **Eigentümer,** der nicht mit dem Bauherrn identisch ist, **als Zustandsstörer** nach den allgemeinen polizei- und ordnungsrechtlichen Grundsätzen in Betracht (*F/O/O,* ÖffBauR II, § 13, Rn. 67; zu einer Bauaufsichtsverfügung gegenüber einer GbR OVG Münster, NVwZ-RR 2009, 364; zum Anscheinsstörer im Baurecht OVG Münster, DÖV 2014, 986).

Wichtig: Grundsätzlich gelten auch im Bau(ordnungs)recht die allgemeinen ordnungsrechtlichen Bestimmungen (z.B. OBG NRW, HSOG).

44 Die **Auswahl** unter mehreren Pflichtigen steht im Ermessen der Behörde (VGH Kassel, NVwZ-RR 2004, 32; OVG Frankfurt, NJ 2004, 477; VGH München, GewArch 2004, 309; OVG Hamburg, ZfBR 2005, 580), die ihre bauaufsichtliche Verfügung an einen oder auch an mehrere adressieren kann. Es ist regelmäßig die verantwortliche Person in Anspruch zu nehmen, die die Gefahr am wirksamsten und schnellsten zu beseitigen in der Lage ist, wobei die Kriterien der Sachnähe, Zumutbarkeit und Billigkeit zu berücksichtigen sind (*Hornmann,* HessBO, § 82 Rn. 82 m.w.N.). Dabei berührt es die Rechtmäßigkeit der nur an einen Verantwortlichen gerichteten Verfügung nicht, wenn dieser nur unter Mitwirkung eines anderen die Anordnung erfüllen kann.

Beispiele: Die Verantwortlichkeit mehrerer Pflichtiger für einen baurechtswidrigen Zustand kann etwa in Betracht kommen für eine Grenzmauer oder für einen zwischen zwei Grundstücken abgerutschten Hang (VGH Kassel, BRS 42 Nr. 211), bei einem auf mehreren fremden Grundstücken errichteten Gebäude wie auch bei Miteigentum an dem Grundstück oder bei Wohnungseigentum.

45 Die **Sicherstellung** dieser **Mitwirkung** ist lediglich eine Voraussetzung der zwangsweisen Durchsetzung der Beseitigungsanordnung. Es ist daher etwa erforderlich, dass dem Dritten gegenüber gleichzeitig – zur Beseitigung eines

Vollzugshindernisses – eine **Duldungsverfügung** ergeht (VGH München, NVwZ-RR 2001, 577; OVG Koblenz, NVwZ-RR 2004, 239; OVG Berlin, LKV 2005, 515; OVG Greifswald, NordÖR 2005, 28; *Grotefels,* in: H/B/G, ÖffBauR, § 16 Rn. 101; *S/K,* BayBO, Art. 54 Rn. 31 f. m. w. N.).

Inwieweit die Eingriffsverfügung auch einem **Rechtsnachfolger** gegen- **46**
über gilt, hängt zunächst einmal vom jeweiligen Landesrecht ab. In einigen Ländern etwa gelten die bauordnungsrechtlichen Verfügungen der Beseitigungsanordnung und Nutzungsuntersagung auch gegenüber dem Rechtsnachfolger (Art. 54 II 3 BayBO, § 61 V HessBO, § 58 II BauO M-V, § 89 II 3 BauO Nds).

In Ermangelung einer Regelung in vielen Bauordnungen ist die Entschei- **47**
dung ansonsten davon abhängig, wie die Frage der Rechtsnachfolge bei der durch eine Ordnungsverfügung konkretisierten Pflicht beantwortet wird. Nachdem man lange Zeit die Polizeipflicht als höchstpersönliche Verpflichtung für nicht übertragbar hielt (noch BVerwGE 10, 285), stellt die Rechtsprechung nunmehr auf den sachbezogenen Charakter der bauaufsichtlichen Verfügungen ab und bejaht im Anschluss daran die Wirkung auch gegenüber einem **Gesamtrechtsnachfolger** (BVerwG, BRS 24 Nr. 193; *Grotefels,* in: H/B/G, ÖffBauR, § 16 Rn. 102 m. w. N.). Als gesetzliche Verankerung wird insoweit für die Gesamtrechtsnachfolge die Regelung der §§ 1922, 1967 BGB herangezogen.

Im Anschluss an diese Rechtsprechung ist der Übergang der durch die Ab- **48**
rissverfügung konkretisierten Beseitigungspflicht heute ebenfalls weitgehend einheitlich für die **Einzelrechtsnachfolge,** z. B. aufgrund eines Kaufvertrages, anerkannt (OVG Saarlouis, BRS 64 Nr. 199; OVG Bremen, NordÖR 1999, 373; OVG Lüneburg, DÖV 2014, 894; BauR 2000, 1030; *Maske,* in: S/K, BauO NRW, § 61 Rn. 21; *Ortloff,* NVwZ 2002, 416 [422]; 2004, 934 [942] jew. m. w. N.]). Der für die Nachfolgefähigkeit erforderliche Rechtsgrund (sogenannter konstitutiver Nachfolgetatbestand) wird, soweit eine gesetzliche Normierung nicht vorhanden ist, in einer Gesetzesanalogie zu den bauordnungsrechtlichen Bestimmungen über die Wirkungen der Baugenehmigung für und gegen den Rechtsnachfolger gesehen.

Beispiel: Gemäß § 58 III BauO NRW gilt die Baugenehmigung auch für und gegen den Rechtsnachfolger des Bauherrn.

Achtung: Zu berücksichtigen ist, dass die Vollstreckungsakte zur Durchsetzung der Verfügungen, wie etwa die Anordnung eines Zwangsmittels, nicht auf den Rechtsnachfolger übergehen, weil die erzwungenen Handlungen, Duldungen und Unterlassungen höchstpersönlicher Natur sind (OVG Münster, BauR 1980, 162; aber auch OVG Lüneburg, DÖV 2014, 894).

V. Durchsetzung bauaufsichtlicher Verfügungen

1. Allgemeines

49 Für die Durchsetzung einer von der Bauaufsichtsbehörde erlassenen Ordnungsverfügung gelten wie für alle Verwaltungsakte die Vorschriften der jeweiligen Verwaltungsvollstreckungsgesetze (dazu allgemein *Detterbeck,* AVR, Rn. 1005ff.; *Erbguth/Guckelberger,* AVR, § 19). Wird die Verfügung vom Adressaten nicht befolgt, so kann sie im Wege der **Verwaltungsvollstreckung** durchgesetzt werden. Die Zwangsanwendung unterliegt ebenso wie die Grundverfügung dem Vorbehalt des Gesetzes. Das bloße Vorhandensein einer wirksamen ordnungsbehördlichen Verfügung rechtfertigt für sich allein noch nicht den Einsatz bestimmter Zwangsmittel. Es muss eine eigenständige gesetzliche Grundlage für die Zwangsanwendung gegeben sein, die selbstständig neben der normativen Grundlage für den Erlass des zu vollziehenden Verwaltungsaktes steht. In Nordrhein-Westfalen etwa sind diese Rechtsgrundlagen im Verwaltungsvollstreckungsgesetz NRW enthalten (§§ 55ff. VwVG NRW).

50 Ordnungsbehördliche Verfügungen werden grundsätzlich in einem **mehrstufigen Verfahren** durchgesetzt (dazu *Detterbeck,* AVR, Rn. 1028ff.; *Erbguth/Guckelberger,* AVR, § 19 Rn. 10ff.; aus spezifisch baurechtlicher Sicht *Hornmann,* HessBO, § 82 Rn. 153ff.; *Maske,* in: S/K, BauO NRW, § 61 Rn. 37; *Ortloff,* NVwZ 2005, 1381 [1387]):

- Erlass der Grundverfügung
- Androhung eines Zwangsmittels
- Festsetzung des angedrohten Zwangsmittels
- (tatsächliche) Anwendung des festgesetzten Zwangsmittels.

Zunächst muss ein bestimmtes Zwangsmittel durch einen, auch mit der Anordnung zu verbindenden, Verwaltungsakt angedroht und für die Erfüllung der Verpflichtung eine zumutbare Frist gesetzt werden (§ 63 VwVG NRW; zur Androhung auch BVerwG, NVwZ 1998, 393; OVG Weimar, LKV 1998, 283). Nach erfolglosem Fristablauf bedarf es der Festsetzung (§ 64 VwVG NRW) des angedrohten – nicht eines anderen – Zwangsmittels, das gemäß der Festsetzung sodann angewendet wird (§ 65 VwVG NRW; dazu OVG Münster, NVwZ-RR 1998, 155).

51 In diesem gestreckten Verfahren setzt die Anwendung ordnungsbehördlichen Zwangs grundsätzlich nicht die **Rechtmäßigkeit der Primärmaßnahme** voraus (etwa OVG Münster, BRS 60 Nr. 171; *Ortloff,* NVwZ 2003, 660 [667]). Der rechtmäßige Verwaltungsakt muss unanfechtbar geworden sein oder ein Rechtsmittel darf keine aufschiebende Wirkung gem. § 80 II Nrn. 2 bis 4 VwGO entfalten (§ 55 I VwVG NRW). Verwaltungsakte der Ordnungsbehörden werden erst mit Ablauf der Widerspruchsfrist nach § 70 I VwGO oder wenn sie in einem Rechtsschutzverfahren endgültig bestätigt worden sind, unanfechtbar. Daneben besteht für die Behörde die Möglichkeit

der Anordnung der sofortigen Vollziehung gemäß § 80 II Nr. 4 VwGO, um die aufschiebende Wirkung eines eingelegten Rechtsmittels zu beseitigen.

Auch für die allgemeine Zulässigkeit des Verwaltungszwangs gilt der **Grundsatz der Verhältnismäßigkeit** (§ 58 VwVG NRW). Ist eine Zwangsmaßnahme überhaupt zulässig, so kann das Zwangsmittel nur aus dem Katalog der gesetzlich vorgesehenen und abschließend aufgezählten Möglichkeiten entnommen werden. Aus der gesetzlich vorgesehenen Reihung der Zwangsmittel Ersatzvornahme, Zwangsgeld und unmittelbarer Zwang lässt sich überdies entnehmen, dass letzterer nur als ultima ratio eingesetzt werden darf, wenn die Ersatzvornahme bzw. das Zwangsgeld nicht in Betracht kommen oder keinen Erfolg versprechen. Auch die sonstigen allgemeinen ordnungsrechtlichen Grundsätze wie etwa das zeitliche Übermaßverbot (§ 65 III VwVG NRW; BVerfG, NVwZ 1999, 290) sind zu beachten. **52**

Als mildestes Mittel ist die **Ersatzvornahme** anzusehen (§ 59 VwVG NRW), welche in Betracht zu ziehen ist, wenn ein Verantwortlicher eine bestimmte Handlung vornehmen soll, deren Vornahme durch einen anderen ebenfalls möglich ist (sog. vertretbare Handlung). Duldungen oder Unterlassungen können mit diesem Zwangsmittel nicht durchgesetzt werden. Die Ersatzvornahme kann auf Kosten des Pflichtigen im Wege behördlicher Selbstvornahme oder durch Beauftragung Dritter mit der Vornahme („Fremdvornahme") erfolgen (*Hornmann,* HessBO, § 82 Rn. 159ff.). **53**

Die Auferlegung eines **Zwangsgeldes** (§ 60 VwVG NRW) kommt vor allem bei nicht vertretbaren Handlungen, Duldungen und Unterlassungen, aber auch bei vertretbaren Handlungen in Betracht (VG Koblenz, NVwZ-RR 2005, 762; *Hornmann,* HessBO, § 82 Rn. 168f.). Das Zwangsgeld muss innerhalb des bestehenden Rahmens (dazu § 60 I 1 VwVG NRW) in bestimmter Höhe festgesetzt werden. Ist das Zwangsgeld uneinbringlich, so kann auf Antrag der Behörde durch das jeweils zuständige Verwaltungsgericht als Beugemittel die Ersatzzwangshaft gemäß § 61 VwVG NRW angeordnet werden (dazu OVG Münster, NJW 1976, 1284; VGH München, BayVBl 1992, 22). Voraussetzung hierzu ist, dass bei Androhung des Zwangsgeldes auf diese Möglichkeit hingewiesen wurde. **54**

Unter **unmittelbarem Zwang** (§ 62 VwVG NRW) versteht man die Einwirkung auf Personen oder Sachen durch körperliche Gewalt, durch ihre Hilfsmittel (wie Fesseln, Wasserwerfer, Hunde, Sprengmittel, Betäubungsstoffe) sowie durch Waffen. **55**

2. Durchsetzung von Baueinstellung und Nutzungsuntersagung

Für die Durchsetzung der **Baueinstellung** besteht regelmäßig ein Interesse an der sofortigen Vollziehung, so dass die Behörde die Anordnung gemäß § 80 II Nr. 4 VwGO treffen und, ohne die Unanfechtbarkeit der Grundverfügung abwarten zu müssen, die Baueinstellung im Rahmen des Verwaltungszwangs nach den einschlägigen Rechtsvorgaben der Verwaltungsvollstre- **56** ckungs-Gesetze der Länder vollstrecken kann (OVG Münster, NWVBl 2011, 58; VGH Mannheim, NVwZ-RR 2006, 168; *Maske,* in: S/K, BauO NRW, § 61 Rn. 44).

Fall 20: Rohbau

57 Voraussetzungen der sofortigen Vollziehung einer Baueinstellungsverfügung

Sachverhalt

Im Rahmen einer Baukontrolle in einer bayerischen Gemeinde fällt Mitarbeitern der zuständigen Behörde (B) auf, dass auf einem Baugrundstück ein Baukörper bis zur Rohbaureife gediehen ist, der insbesondere auf Grund der großen Fensteröffnungen und der darüber angebrachten Rolladenkästen den Eindruck eines Wohngebäudes vermittelt. Eine Genehmigung für ein derartiges Vorhaben liegt nicht vor. B verfügt gegenüber dem Eigentümer (E) umgehend die Einstellung der weiteren Arbeiten, ordnet die sofortige Vollziehung an und droht bei Zuwiderhandlung ein Zwangsgeld i.H. von 10000 € an. E ist der Meinung, für derart weit reichende Maßnahmen lägen nicht genügend Anhaltspunkte vor. Zu Recht?

Lösung

Die Einschätzung des E hält rechtlicher Überprüfung nicht stand. Die Rechtsprechung stellt an den Inhalt und die Vollziehung derartiger Maßnahmen keine besonders hohen Anforderungen. Dies gilt gerade auch bei Baueinstellungen nach Art. 75 I 1 BayBO, mit denen sichergestellt werden soll, dass keine vollendeten Tatsachen geschaffen werden, die später nur schwer wieder rückgängig gemacht werden können. Sie sind in aller Regel für sofort vollziehbar zu erklären (VGH Mannheim, NVwZ-RR 1994, 72), ohne dass es eines Eingehens auf den konkreten Einzelfall bedarf, da sich das besondere öffentliche Interesse unabhängig vom Einzelfall aus der Art der getroffenen Maßnahme und ihrem generellen Zweck ergibt.

Nach diesen Maßstäben begegnet auch die Sofortvollzugsanordnung im Bescheid der B keinen durchgreifenden Bedenken. E verkennt insbesondere, dass Art. 75 I 2 Nr. 1, 68 V BayBO nicht erst dann eine Baueinstellung rechtfertigt, wenn feststeht, dass die Bauarbeiten einem rechtswidrigen Vorhaben dienen. Vielmehr reicht für ihren Erlass der durch Tatsachen belegte „Anfangsverdacht" eines formellen oder materiellen Rechtsverstoßes der betreffenden Anlage aus (VGH Mannheim, VBlBW 1994, 196). Die Bauarbeiten dürfen demgemäß schon dann gestoppt werden, wenn die Frage der Genehmigungsbedürftigkeit oder jedenfalls der Notwendigkeit einer Ausnahmeerteilung ernstlich zweifelhaft ist (OVG Weimar, NVwZ-RR 2000, 578). Solche Zweifel mussten sich vorliegend auf Grund der im Rahmen der Baukontrolle getroffenen Feststellungen aufdrängen. Denn danach war auf dem Baugrundstück ein Baukörper bis zur Rohbaureife gediehen, der nach seinem ganzen Gepräge, insbesondere auf Grund der großen Fensteröffnungen und der darüber angebrachten Rolladenkästen den Eindruck eines Wohngebäudes vermittelte. Bei unbefangener Betrachtung konnte deshalb niemand davon ausgehen, hier entstehe eine Nebenanlage i.S. des § 14 BauNVO und damit eine auf einer nicht überbaubaren Grundstücksfläche gem. § 23 V BauNVO zulässige bauliche Anlage. In jedem Falle aber reichte der äußere Eindruck für den genannten „Anfangsverdacht" eines Baurechtsverstoßes, der eine Baueinstellung rechtfertigte, aus (dazu VGH Mannheim, NVwZ 2006, 168).

Ergebnis: Die Voraussetzungen für die sofortige Vollziehung der Einstellungsverfügung liegen vor.

Auch bei der **Nutzungsuntersagung** besteht vielfach ein besonderes öffentliches Interesse an der Anordnung der sofortigen Vollziehung, um die Effektivität des bauaufsichtlichen Genehmigungsverfahrens zu wahren (OVG Bautzen, SächsVBl 2005, 148; OVG Lüneburg, BRS 54 Nr. 46; OVG Münster, BRS 47 Nr. 198; OVG Bremen, NordÖR 1999, 374). Die Unanfechtbarkeit dieser Verfügung muss dann nicht abgewartet werden. 58

3. Durchsetzung einer Abrissanordnung

Etwas komplexer stellt sich die Rechtslage regelmäßig bei einer **Beseitigungsanordnung** dar (OVG Berlin, LKV 1999, 196; OVG Münster, NVwZ 1998, 977). Im Regelfall wird eine Abrissverfügung erst durchgesetzt, wenn sie unanfechtbar ist, also wenn sie innerhalb der Widerspruchsfrist von einem Monat (§ 70 I VwGO) nicht angefochten oder wenn sie im Rechtsschutzverfahren (Widerspruchsverfahren und Anfechtungsklage, §§ 42, 68f. VwGO) endgültig bestätigt worden ist. Unanfechtbarkeit oder Bestandskraft bedeutet, dass der Verwaltungsakt auch im Falle seiner Rechtswidrigkeit wirksam ist (§ 43 II VwVfG) und Bedenken gegen seine ursprüngliche Rechtmäßigkeit nicht mehr geltend gemacht werden können. 59

Das zwangsweise Vorgehen der Behörde muss in **mehreren Schritten** geschehen (bereits oben *Rn. 51*): 60

Zunächst muss ein bestimmtes Zwangsmittel durch einen, auch mit der Abrissanordnung zu verbindenden, Verwaltungsakt **angedroht** und für die Erfüllung der Abrissverpflichtung eine zumutbare Frist gesetzt werden (zur Androhung BVerwG, NVwZ 1998, 393; OVG Weimar, LKV 1998, 283; OVG Greifswald, NordÖR 1998, 27).

Nach erfolglosem Fristablauf bedarf es der **Festsetzung** des angedrohten Zwangsmittels, das gemäß der Festsetzung sodann **angewendet** wird. Die Anwendung des Zwangsmittels ohne vorherige Festsetzung ist rechtswidrig (OVG Münster, NVwZ-RR 1998, 155). 61

Der Verwaltungszwang kann schon vor der Unanfechtbarkeit der Grundverfügung einsetzen, wenn diese sofort vollziehbar ist. Wegen der aufschiebenden Wirkung von Widerspruch und Anfechtungsklage (§ 80 I VwGO) braucht die Grundverfügung während des Laufs dieser Rechtsbehelfe vom Pflichtigen nicht erfüllt bzw. vollzogen zu werden, so dass während des oft recht langen Zeitraums bis zur Unanfechtbarkeit unter bestimmten Voraussetzungen ein Bedürfnis bestehen kann, die aufschiebende Wirkung entfallen zu lassen (§ 80 II VwGO). 62

Für die Abrissverfügung bedarf es der Anordnung der sofortigen Vollziehung nach § 80 II Nr. 4 VwGO. Das gemäß § 80 III 1 VwGO schriftlich zu 63 begründende besondere Interesse an der sofortigen Vollziehung liegt nicht schon in der Störung der öffentlichen Ordnung durch die Verletzung des Baurechts. Überdies reicht es nicht aus, sich lediglich auf die Erwägungen in der Grundentscheidung zu beziehen. Vielmehr wird gerade im Baurecht auf die mit einer Bautätigkeit, Nutzungsbetätigung usw. verbundenen negativen Vorbildwirkungen, den zusätzlich entstehenden Wettbewerbsdruck, die Wettbewerbsvorteile usw. abzustellen sein. Ein langes Untätigbleiben bzw. Nichtstun der Behörde kann dazu führen, dass die Eilbedürftigkeit i.S. des § 80 II Nr. 4 VwGO nicht vorliegt (OVG Greifswald, DÖV 2008, 874). In jedem Fall müssen besondere, die Anordnung rechtfertigende Gründe hinzutreten, die im öffentlichen Interesse oder im Interesse eines Nachbarn liegen und im Rahmen eines Rechtsschutzverfahrens nach § 80 V VwGO vom Verwaltungsgericht überprüft werden können (OVG Frankfurt, LKV 2004, 232; OVG Berlin, NVwZ-RR 2005, 160; OVG Bautzen, SächsVBl 2005, 148; Beispiel eines Aktenvortrages SächsVBl 2004, 219 und 247).

Wichtig: Anders als die Einstellung von Arbeiten und selbst die Nutzungsuntersagung stellt die Beseitigungsanordnung keinen Verwaltungsakt dar, der seinen Zweck nur erfüllen könnte, wenn er für sofort vollziehbar erklärt würde.

65 Schließlich hat die Behörde die Möglichkeit, anstelle des schrittweisen und damit mehr oder weniger lange dauernden Vorgehens in dem oben dargestellten Sinne unter besonders engen Voraussetzungen den **Verwaltungszwang ohne vorausgehenden Verwaltungsakt** anzuwenden. Dieser sofortige Vollzug, welcher nichts mit der sofortigen Vollziehbarkeit i.S.d. § 80 II VwGO gemein hat, bedeutet, dass sofort und gleichsam „uno acto" gehandelt werden kann: Weder bedarf es einer zeitlich vorangehenden Abrissverfügung noch der Androhung oder Festsetzung des Zwangsmittels. Diese besonders einschneidende Maßnahme wird gemeinhin in zwei Fällen für zulässig erachtet: Der sofortige Vollzug muss entweder zur Verhinderung einer rechtswidrigen Tat, die einen Straf- oder Bußgeldtatbestand verwirklicht, oder zur Abwendung einer drohenden Gefahr notwendig sein (OVG Greifswald, BauR 2009, 482).

Beispiel: In Bezug auf eine bauliche Anlage liegt nicht allein die formelle und materielle Illegalität vor, sondern eine konkrete Gefahr steht durch das Bauwerk unmittelbar bevor, deren Abwendung notwendig ist. Dies ist etwa der Fall, wenn das Bauwerk einzustürzen droht.

66 Im Wege des Sofortvollzugs darf etwa auch die Beseitigung einer baulichen Anlage ausnahmsweise verlangt werden, wenn diese ohne Substanzvernichtung oder erhebliche Beschädigung der Bausubstanz demontiert werden kann (z.B. ein Hundezwinger; *Kuschnerus/Schöler/Stehr,* NWVBl 2004, 297 [304]; ähnlich VGH Kassel, ZfBR 2002, 696).

D. Rechtsschutzfragen

Setzt sich der **Adressat** einer bauaufsichtlichen Eingriffsverfügung mit einer **Anfechtungsklage** (§ 113 I 1 VwGO) zur Wehr (dazu grds. *Hufen,* VwProzessR, § 14), so kommt es für die Beurteilung der Sach- und Rechtslage maßgeblich auf den Zeitpunkt der letzten behördlichen Entscheidung (Widerspruchsentscheidung) an (BVerwG, NVwZ 1993, 476). Da die Bestimmung des maßgeblichen Zeitpunktes jedoch nicht nach dem Prozessrecht, sondern nach dem dem Begehren zugrunde liegende materiellen Recht vorzunehmen ist, muss bei einer Änderung der Rechtslage zugunsten des Klägers (zwischenzeitliche Rechtmäßigkeit der baulichen Anlage) auf den Zeitpunkt der letzten mündlichen Verhandlung des Gerichts abgestellt werden (BVerwG, NJW 1986, 1186; dazu auch *Kuschnerus/Schöler/Stehr,* NWVBl 2004, 297 [304]). 67

Die Form des **vorläufigen Rechtsschutzes** richtet sich nach der Form des Rechtschutzes in der Hauptsache (§ 123 V VwGO). Für die Anfechtungsklage regelt folglich **§ 80 VwGO** den vorläufigen Rechtsschutz. Im Falle der Eingriffsverfügung wird häufig aus bauordnungsrechtlichen Gründen ein berechtigtes öffentliches Interesse für die Anordnung der sofortigen Vollziehung gem. § 80 II Nr. 4 VwGO sprechen (dazu grds. *F/D/K,* Vorläufiger Rechtsschutz, § 39, Rn. 724ff., § 58, Rn. 1301ff.). 68

Beispiel: Aufgrund der besonderen Nachahmungswirkung eines illegalen Vorhabens und einer damit ggfls. verbundenen Veränderung des Gebietscharakters besteht regelmäßig ein besonderes öffentliches Interesse an ofortiger Vollziehung (OVG Greifswald, LKV 2003, 477; OVG Berlin, NuR 2015, 858 [861]; VGH München, BRS 59 Nr. 212; *Ortloff,* NVwZ 2004, 934 [942]).

Gegen eine entsprechende Anordnung der Bauaufsicht steht dem Bauherrn als vorläufiger Rechtsschutz die Möglichkeit eines Antrags nach § 80 IV (Behörde) oder § 80 V (Verwaltungsgericht) VwGO offen (OVG Münster, BauR 1994, 233; OVG Bautzen, LKV 1998, 318; umfassende Kasuistik bei *F/D/K,* Vorläufiger Rechtsschutz, § 58 Rn. 1301i). 69

E. Kontrollfragen

1. Was versteht man unter der sog. Bauüberwachung im engeren Sinne?
2. Definieren Sie den Begriff der formellen/materiellen Illegalität!
3. Kann eine Verletzung privater Rechte zur formellen oder materiellen Illegalität führen?

4. Bedarf es für den Erlass einer Nutzungsuntersagung sowohl der formellen als auch der materiellen Illegalität?
5. Unter welchen Voraussetzungen darf der Abriss eines genehmigungspflichtigen Bauvorhabens regelmäßig nur verfügt werden?
6. Welche Aspekte beeinflussen die Ermessensausübung beim Erlass repressiver Bauordnungsverfügungen?
7. Vermag eine langjährige stillschweigende Duldung durch die zuständige Bauaufsichtsbehörde ein Einschreiten der Behörde dauerhaft zu verhindern?
8. Berührt es die Rechtmäßigkeit der nur an einen Verantwortlichen gerichteten Verfügung, wenn diese nur unter Mitwirkung eines Dritten erfüllt werden kann?
9. Entfaltet die jeweilige bauaufsichtliche Verfügung ihre Rechtswirkungen auch gegenüber dem Rechtsnachfolger des ursprünglichen Adressaten?

(Antworten auf S. 364)

6. Teil. Nachbarschutz im öffentlichen Baurecht

Literatur: *Baars,* Nachbarschutz im Baugenehmigungsverfahren, BauR 2019, 901; *Beckmann,* Neue Rechtsprechung zum Schutz des Nachbarn im öffentlichen Baurecht, BauR 2009, 1525; *Faßbender,* Verbesserung des baurechtlichen Nachbarschutzes, NJW 2019, 2132; *Gaentzsch,* Zur strukturellen Schwäche des öffentlichen Baunachbarrechts im bauaufsichtlichen Vollzug, in: Festschrift Krautzberger, 2008, S. 19; *Hornmann,* Keine Feststellung in der Baugenehmigung zum nicht zu prüfenden Recht, NVwZ 2012, 1294; *Ingold/Lenski,* Umgebungsschutz als Schutz vor der Umgebung, DÖV 2010, 797; *Mohr,* Typisch deutsch? – Der Schutz des Nachbarn im öffentlichen Baurecht –, AL 2012, 181; *Schröer,* Öffentliches Baurecht – Grenzen des Gebietserhaltungsanspruchs, NJW 2009, 484; *Seidel,* Bauordnungsrechtliche Verfahrensprivatisierung und Rechtsschutz des Nachbarn, NVwZ 2004, 139; *Voßkuhle/Kaufhold,* Nachbarschutz im öffentlichen Baurecht, JuS 2018, 764; *Wolf,* Drittschutz im Bauplanungsrecht, NVwZ 2013, 247.

Vielfältige Anknüpfungspunkte für juristische Fragestellungen bieten die (bau-)nachbarlichen Rechtsbeziehungen. Sie finden sich dementsprechend häufig in der Ausbildung und im Examen wieder (aus der Rechtsprechung etwa BVerwG, NVwZ 2008, 1349; VGH Mannheim, BauR 2011, 1800; OVG Berlin- Bbg., BauR 2012, 989, 990; OVG Saarlouis, NVwZ-RR 2008, 770; VGH München, NVwZ-RR 2008, 84; OVG Koblenz, NVwZ-RR 2008, 86). Dabei geht es insbesondere um die Beantwortung der Frage, unter welchen Voraussetzungen der Einzelne sich als Nachbar, ohne Adressat einer belastenden staatlichen Maßnahme zu sein, gegen das Vorhaben eines Bauherrn wenden und behördlichen oder gerichtlichen Rechtsschutz in Anspruch nehmen kann. Im Folgenden sollen neben den grundsätzlichen Erwägungen zum baurechtlichen Nachbarschutz auch die einschlägigen Rechtsschutzfragen erörtert werden. 1

§ 20. Grundlagen des Nachbarschutzes

A. Allgemeines

Um die **Rechtsschutzmöglichkeiten** des **Nachbarn** gegen Einzelentscheidungen im Bereich des öffentlichen Baurechts bestimmen zu können, ist es notwendig, sich vorab die **Grundlagen** des **öffentlichen Baunachbarrechts** vor Augen zu halten. Nahezu zwangsläufig kommt es zwischen dem Bauherrn, der ein Bauvorhaben verwirklicht hat, verwirklichen will oder der eine bestimmte Nutzung seines Grundstücks anstrebt, und dem Nachbarn, der 1 sich durch dieses Vorhaben in der störungsfreien Nutzung insbesondere seines Eigentums gehindert sieht, zu Interessengegensätzen (anschaulich *Mohr,* AL 2012, 181f.). Vor dem Hintergrund dieser praktischen Probleme, die sich in entsprechend vielen Streitfällen niederschlagen, überrascht es beinahe, dass es **kein umfassend kodifiziertes Baunachbarrecht** gibt. Erschwerend bei der rechtlichen Bewältigung dieser Konfliktsituationen kommt hinzu, dass die Rechtsprechung in der Vergangenheit gewissen Unsicherheiten und Schwankungen unterlag.

B. Verhältnis zum privatrechtlichen Nachbarschutz

2 Die Bestandsaufnahme der Grundlagen des öffentlich-rechtlichen Nachbarschutzes wird noch dadurch erschwert, dass der Nachbar daneben die Möglichkeit hat, sein Begehren auf privatrechtlichem Wege durchzusetzen. Den verfassungsrechtlichen Ausgangspunkt der **„Zweispurigkeit"** im baunachbarrechtlichen Rechtsschutz (dazu *Bock,* DVBl 2006, 12 [16f.]); *Voßkuhle/Kaufhold,* JuS 2018, 764, [767] markiert neben Art. 2 II 1 GG, der die höchstpersönlichen Rechtsgüter des Einzelnen unter Schutz stellt, vor allem Art. 14 I GG, der unter anderem auch das (Grund-)Eigentum von Bauherren und Nachbarn gewährleistet. Die Ausgestaltung der Schutzgüter dieser Grundrechte ist jeweils dem Gesetzgeber überlassen. Entsprechende Konkretisierungen finden sich sowohl im öffentlichen Recht, insbesondere im Bauordnungs- und Bauplanungsrecht, als auch im Privatrecht (insbesondere §§ 903ff., 1004, 823 BGB sowie die auf der Grundlage des § 124 EGBGB erlassenen landesrechtlichen Vorschriften).

I. Grundsätze

3 Für das Verhältnis beider Institute gelten die folgenden Grundsätze (weiterführend *Bönker,* in: H/B/G, ÖffBauR, § 18 Rn. 31ff.; *Muckel/Ogorek,* ÖffBauR, § 10 Rn. 85f.; oben *§ 1 Rn. 2f.*):

4 – Mit der Entwicklung des öffentlich-rechtlichen Nachbarschutzes hat sich für den Nachbarn neben dem bis dahin schon gewährleisteten privatrechtlichen Rechtsschutz eine **weitere Möglichkeit** eröffnet, seine Interessen gegenüber Bauvorhaben Dritter zu wahren.

> **Wichtig:** Im Gegensatz zum privatrechtlichen Nachbarrecht, wo der Nachbar seine Ansprüche unmittelbar gegen den Bauherrn richtet, existiert im öffentlich-rechtlichen Baunachbarrecht ein rechtliches Verhältnis des Bauherrn und des abwehrenden Nachbarn jeweils nur zur Bauauf-

sichtsbehörde, aber nicht untereinander. Es können folglich Ansprüche wegen Verletzung öffentlich-rechtlicher Nachbarrechte nur der Behörde gegenüber geltend gemacht werden (sog. „dreipolige" Rechtsbeziehungen; *Seidel,* NVwZ 2004, 139).

- Der öffentlich-rechtliche Baunachbarschutz kann grundsätzlich **neben** privatrechtlichen Rechtsschutzmöglichkeiten in Anspruch genommen werden. Gleichwohl gelten die beiden Regelungsbereiche nicht uneingeschränkt nebeneinander, vielmehr ergänzen und überlagern sie sich. 5
- Es bedarf des **Zusammenwirkens** von privatem und öffentlichem Baunachbarrecht, um das Nachbarschaftsverhältnis umfassend zu regeln und dem Eigentümer dem Art. 19 IV GG entsprechende Rechtschutzmöglichkeiten zu eröffnen. 6

Achtung: Privatrechtlicher und öffentlich-rechtlicher Nachbarschutz stehen einander gleichwertig gegenüber; insoweit besteht ein Wahlrecht des Nachbarn, ob er im dreipoligen Verwaltungsrechtsverhältnis gegen die behördliche Entscheidung klagt, im zweipoligen Nachbarschaftsverhältnis zivilrechtlich direkt gegen den Bauherrn vorgeht oder beides betreibt.

II. Gegenseitige Wechselbeziehung

Während sich privatrechtliche Rechtspositionen auf die Rechtslage und damit die Rechtsschutzmöglichkeiten im Bereich des öffentlichen Baurechts kaum auswirken, werfen die **Auswirkungen öffentlich-rechtlicher Rechtspositionen** auf die **privatrechtliche Rechtslage** mannigfaltige Probleme auf. Diese betreffen vor allem die Frage, ob und inwieweit die öffentlich-rechtliche Zulässigkeit eines Bauvorhabens der Durchsetzbarkeit privatrechtlicher Abwehransprüche entgegensteht. 7

Beispiel: Die Baugenehmigung wird „unbeschadet der privaten Rechte Dritter" erteilt (Art. 68 IV BayBO, § 74 IV BauO NRW); da die Baugenehmigung nur die Vereinbarkeit des Vorhabens mit dem öffentlichen Recht feststellt, lässt sie private Rechte unberührt.

1. Auswirkungen der Baugenehmigung auf das Zivilrecht

So ist etwa umstritten, welche Bedeutung einer einem Bauherrn erteilten Baugenehmigung zukommt, wenn der zivilgerichtlich gegen den Bauherrn 8 vorgehende Nachbar eine Verletzung nachbarschützender Vorschriften des öffentlichen Baurechts als Schutzgesetze i.S.v. §§ 823 II, 1004 I BGB geltend machen will. Nach Ansicht der Zivilgerichte entfaltet nur die rechtskräftig bestätigte Baugenehmigung gegenüber privatrechtlichen, auf öffentlich-rechtliche Schutznormen gestützten Abwehransprüchen des Nachbarn Bindungswirkung (BGHZ 95, 238 [242]; BGH, UPR 2001, 440f.). Demgegenüber kann nach der verwaltungsgerichtlich vertretenen Ansicht auch die gerichtlich nicht überprüfte Baugenehmigung sogar dann, wenn sie rechtswidrig ist, aufgrund ihrer Tatbestandswirkung der erfolgreichen Durchsetzung privatrechtlicher Abwehransprüche entgegenstehen – dies freilich nur unter der Voraussetzung, dass sie bestandskräftig ist (BVerwGE 50, 282 [290]; s.a. *§ 1 Rn. 9;* kritisch zur zivilgerichtlichen Rechtsprechung *Erbguth/Schubert,* ÖffBauR, § 15 Rn. 33; Schroedter-*Rieger,* BauGB, § 31 Rn. 93).

2. Auswirkungen eines Bebauungsplans auf das Zivilrecht

9 Für die Durchsetzung privatrechtlicher Unterlassungsansprüche (§§ 1004, 906 BGB) gegen bauplanungsrechtlich zulässige Vorhaben ist darüber hinaus die Frage relevant, wie sich ein Bebauungsplan auf das private Nachbarrecht auswirkt. In diesem Zusammenhang hält die zivilgerichtliche Rechtsprechung die Festsetzungen eines Bebauungsplans für weitgehend unbeachtlich (BGH, BauR 1983, 181). Maßgeblich für die Bestimmung der Ortsüblichkeit i.S.d. § 906 II 1 BGB seien allein die tatsächlichen Verhältnisse. Noch nicht vorhandene, aber durch die Festsetzungen eines gültigen Bebauungsplanes vorgesehene Nutzungen können demnach mit privatrechtlichen Ansprüchen verhindert werden, wenn sie sich in Anbetracht der bereits realisierten Vorhaben nicht mehr als ortsüblich i.S.v. § 906 II 1 BGB darstellen.

10 Dieser Auffassung steht freilich die überwiegende Ansicht in der Literatur entgegen. Dabei wird zum einen darauf verwiesen, dass die Auslegung des Tatbestandsmerkmals der „Ortsüblichkeit" i.S. des BGB durch die Festsetzungen des Bebauungsplans mitgeprägt sei. Weiterhin wird der Charakter des Bebauungsplans als Rechtsnorm angeführt, der auch als Gesetz i.S. des § 903 BGB gelte und den Eigentumsinhalt bestimme. Letztlich wird zur Begründung der Erheblichkeit der Festsetzungen des Bebauungsplans vorgetragen, sie begründeten privatrechtlich über § 1004 II BGB eine normative Duldungspflicht (zum ganzen *Bönker,* in: H/B/G, ÖffBauR, § 18 Rn. 32; *F/O/O,* ÖffBauR II, § 17, Rn. 5; *Erbguth/Schubert,* ÖffBauR, § 15 Rn. 33). Im Ergebnis wird damit von der Literatur die Möglichkeit, mit privatrechtlichen Abwehransprüchen die Realisierung von Bebauungsplänen, die aufgrund einer Planungsentscheidung der Gemeinde unter Beachtung des Abwägungsgebotes zustande gekommen sind, und damit eine geordnete städtebauliche Entwicklung zu vereiteln, als dem gesetzgeberischen Willen widersprechend abgelehnt.

C. Voraussetzungen des öffentlich-rechtlichen Nachbarschutzes

I. Nachbarschützender Charakter einer Norm

1. Schutznormtheorie

Der Nachbar hat nur dann Rechtsschutzmöglichkeiten, wenn er die Verletzung eigener, **subjektiv öffentlicher Rechte** geltend machen kann (§§ 42 II, 113 I VwGO). Ob eine Vorschrift des öffentlichen Baurechts ein subjektiv-öffentliches Recht für den Nachbarn, also Drittschutz, gewährt, ist nach der Rechtsprechung für den jeweiligen Einzelfall durch Auslegung anhand des **Schutzzwecks der betreffenden Norm** zu ermitteln (sog. Schutznormtheorie; dazu Schroedter-*Rieger,* BauGB, § 31 Rn. 46ff.; *Erbguth/Schubert,* ÖffBauR, § 15 Rn. 36ff.; *Voßkuhle/Kaufhold,* JuS 2018, 764, [765]; *F/O/O,* ÖffBauR II, § 17, Rn. 21ff.; *Baars,* BauR 2019, 901; *Faßbender,* NJW 2019, 2132). 11

Achtung: Ein unmittelbar auf Grundrechte (Art. 14 GG oder Art. 2 II GG) gestützter Abwehranspruch des Nachbarn wird von der ganz h.M. abgelehnt; es gilt insoweit der Anwendungsvorrang des einfachen Rechts (BVerwGE 89, 69 [78f.]; 101, 364 [373]; *Voßkuhle/Kaufhold,* JuS 2018, 764, [766]; *Bönker,* in: H/B/G, ÖffBauR, § 18 Rn. 70; *B/K/L,* BauGB, vor § 29, Rn. 60f., *Koch/ Hendler,* BRL, § 27, Rn. 40ff.; *Heinemann,* NVwZ 2018, 1811; *Beaucamp,* JA 2018, 487 [491]; *Erbguth/Schubert,* ÖffBauR, § 15 Rn. 58). Geboten sein kann aber die verfassungskonforme Auslegung des einfachen Rechts (BVerwG, ZfBR 2009, 580).

Demnach bedarf es jeweils der Klärung, ob eine baurechtliche Vorschrift ausschließlich objektivrechtlichen Charakter hat oder ob sie **(auch)** dem **Schutz individueller Interessen** dient, ob sie also die Rücksichtnahme auf Interessen Privater gebietet. Dies kann sich unmittelbar aus dem Wortlaut der Norm ergeben, etwa dann, wenn von Nachbarn, Nachbarschaft oder näherer Umgebung die Rede ist oder Abwehrrechte Betroffener begründet werden. Außerdem kann der drittschützende Charakter einer Vorschrift aus ihrem systematischen Zusammenhang sowie ihrem Sinn und Zweck abgeleitet werden; gelegentlich wird sich auch aus der Entstehungsgeschichte der Wille des historischen Normgebers ermitteln lassen, die Interessen der Nachbarn zu schützen (dazu etwa BVerwG, NVwZ 1987, 409). 12

Es ist somit eine Auslegung der jeweiligen Norm erforderlich, ob und inwieweit diese **Rücksichtnahme** auf **Interessen Dritter** gebietet. Dabei ist das Gebot der Rücksichtnahme kein eigenständiges rechtliches Gebot, welches 13 neben den Ansprüchen des Nachbarn aus nachbarschützenden Vorschriften zu prüfen wäre. Vielmehr werden sein Inhalt und seine Reichweite durch die einfachen, im Rang unter der Verfassung stehenden Gesetze bestimmt (BVerwG, NVwZ 1999, 879; NVwZ 2018, 509f.; *Voßkuhle/Kaufhold,* JuS 2018, 764, [766]).

Achtung: Wichtig ist vor allem, dass der Nachbarschutz nicht lediglich faktisch (bloßer Rechtsreflex) erfolgt, sondern ausdrücklich vom Normgeber beabsichtigt ist.

2. Generell und partiell nachbarschützende Normen

14 Ungeachtet der Tatsache, dass jeweils im Einzelfall zu prüfen ist, ob eine Norm nachbarschützenden Charakter hat, wird mittlerweile bei der Auslegung der Vorschriften zwischen generell (unmittelbar) nachbarschützenden und partiell (mittelbar) nachbarschützenden Normen **unterschieden** (*F/O/O,* ÖffBauR II, § 17, Rn. 33ff.; *Erbguth/Schubert,* ÖffBauR, § 15 Rn. 39; *Schoch,* JURA 2004, 317).

Schaubild 29: Nachbarschutz im öffentlichen Baurecht

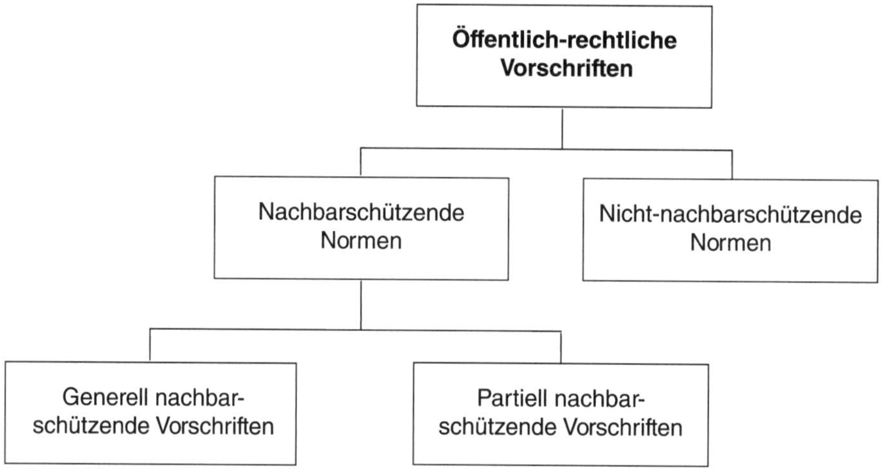

15 Demnach schützen die **generell** (oder auch: **unmittelbar**) **nachbarschützenden Normen** in ihrer **vollen Reichweite,** also generell abstrakt, alle von ihnen erfasste Dritte. Sie stellen eine gesetzliche Konkretisierung des Gebots der Rücksichtnahme dar. Ein konkreter Nachweis einer nicht mehr zumutbaren Beeinträchtigung ist bei diesen Normen nicht notwendig (*Voßkuhle/Kaufhold,* JuS 2018, 764, [765]; *F/O/O,* ÖffBauR II, § 17, Rn. 42).

Beispiel: Hierzu gehören insbesondere die bauordnungsrechtlichen Abstandsregeln, etwa § 6 BauO NRW (VGH München, NVwZ-RR 2007, 578; VGH Kassel, BRS 67 Nr. 138; *Erbguth/Stollmann,* JZ 2007, 868 [878]).

Demgegenüber drücken die **partiell,** also nur **mittelbar, nachbarschützenden Vorschriften** aus, dass sie im **konkreten Einzelfall** den nachbarlichen Interessenausgleich ermöglichen oder verlangen. In diesen Fällen wird die Rücksichtnahme auf nachbarliche Belange aus der Ebene des Gesetzes in diejenige seiner konkreten Anwendung verlagert. In diesem Sinne partiell nachbarschützend sind etwa die Vorschriften, nach denen bei ihrer Anwendung auf das Baugrundstück die Verhältnisse in der Umgebung miteinbezogen werden müssen (*F/O/O,* ÖffBauR II, § 17, Rn. 34f.). In dieser Konstellation muss der Nachbar nachweisen, dass er tatsächlich unzumutbar negativ von der baulichen Anlage betroffen ist (*Voßkuhle/Kaufhold,* JuS 2018, 764, [765]; *F/O/O,* ÖffBauR II, § 17, Rn. 42). 16

Beispiele:
- Nach § 48 LBO RP sind Ställe so anzuordnen, dass die Gesundheit der Tiere nicht beeinträchtigt wird und für die Umgebung keine *Gefahren oder unzumutbaren Belästigungen* entstehen.
- Gemäß § 37 VIII 2 LBO BW darf die Nutzung der Stellplätze und Garagen die Gesundheit nicht schädigen; sie darf auch das Spielen auf Kinderspielplätzen, das Wohnen und das Arbeiten, die Ruhe und die Erholung in der Umgebung durch Lärm, Abgase oder Gerüche *nicht erheblich stören.* (hierzu *Baars,* BauR 2019, 901 [904]).

II. Begriff des Nachbarn

Ist ein subjektiv-öffentliches Recht und damit dem Grunde nach Nachbarschutz zu bejahen, kann sich ein Kläger hierauf i.S. des § 42 II VwGO nur berufen, wenn sein Begehren in den sachlichen und persönlichen Schutzbereich der fraglichen Norm fällt. Um den Kreis der Personen einzugrenzen, die als Träger subjektiv-öffentlicher Nachbarrechte in Betracht kommen, ist der Begriff des Nachbarn zu bestimmen. Eine **allgemeingültige Definition** findet sich im öffentlichen Baurecht **nicht.** Der Kreis der abwehrberechtigten Personen muss folglich jeweils für den Einzelfall durch Auslegung insbesondere nach dem Sinn und Zweck der betreffenden nachbarschützenden Vorschrift ermittelt werden. Für die Bestimmung des Kreises möglicher Nachbarn ist dabei eine **Eingrenzung** sowohl in **personeller** als auch in **räumlicher Hinsicht** vorzunehmen (umfassend *Muckel/Ogorek,* ÖffBauR, § 10 Rn. 4f.; Schroedter-*Rieger,* BauGB, § 31 Rn. 49ff.; *Siegel,* BauR 2017, 42, 48). 17

1. Räumliche Abgrenzung

In räumlicher Hinsicht ist das **Gebiet,** auf das sich die nachbarschützende Vorschrift oder planerische Festsetzung ihren Regelungszweck nach auswirken 18 kann, **zu bestimmen.** Bei den einzelnen Normen folgt aus ihrem Schutzzweck, ob sie nur ein unmittelbar angrenzendes Grundstück, alle an das Baugrundstück angrenzenden Grundstücke oder schließlich weitere Grundstücke in der Umgebung (z.B. im Plangebiet) schützen wollen. (*Voßkuhle/Kaufhold,* JuS 2018, 764, [766])

Beispiele: Geht es um einzuhaltende Abstandflächen, so sind regelmäßig nur die unmittelbar an das Baugrundstück angrenzenden Grundstücke betroffen.

Die Vorschriften etwa über den Schutz gegen Einwirkungen von Rauch oder Ruß begünstigen demgegenüber eine Vielzahl potentiell Betroffener.

Enthält ein Bebauungsplan – um dem Schutzanspruch der angrenzenden Wohnbebauung Rechnung zu tragen – für den Grenzbereich der Wohnnachbarschaft einschränkende Festsetzungen, die nur bestimmte gewerbliche Nutzungen zulassen, ist bei einer Genehmigung eines Gewerbebetriebes das angrenzende Wohngebiet räumlich betroffen (OVG Koblenz, BauR 2000, 527).

Schaubild 30: Bestandteile des Nachbarbegriffs

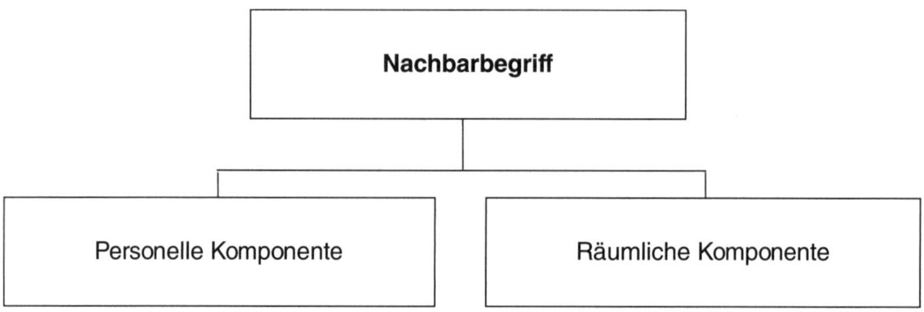

2. Personelle Abgrenzung

19 Da das öffentliche Baurecht grundstücks- und nicht personenbezogen ist, kommen in personeller Hinsicht in erster Linie der **Eigentümer** und die Inhaber **eigentumsähnlicher Rechte,** etwa eines Nießbrauchs oder einer Grunddienstbarkeit, als Nachbarn in Betracht (*Siegel,* BauR 2017, 42, 48; *Muckel/Ogorek,* ÖffBauR, § 10 Rn. 7 ff. m.w.N.).

Achtung: Geschützt ist jedoch nur der dinglich am Nachbargrundstück Berechtigte, also nicht der Eigentümer des Baugrundstücks (etwa als Vermieter gegen die dem Mieter erteilte Baugenehmigung, VGH München, BauR 2005, 1901) und nicht der Inhaber von Wohnungseigentum am Baugrundstück (gegen die einem anderen Wohnungseigentümer erteilte Genehmigung, BVerfG, NVwZ 2005, 801; dazu auch OVG Koblenz, NVwZ-RR 2008, 86).

20 **Umstritten** ist, ob auch **sonstige obligatorische Nutzungsberechtigte** (Mieter, Pächter usw.) Nachbarn i.S.d. öffentlichen Baunachbarrechts sein

können (Schroedter-*Rieger,* BauGB, § 31 Rn. 51). Für eine solche Einbeziehung könnte angeführt werden, dass die Interessen dieser Personen als Bewohner und Benutzer von Grundstücken denen der Eigentümer gleichgewichtig sind (BVerfG, NJW 1993, 2035; explizit *Erbguth/Schubert,* ÖffBauR, § 18 Rn. 44; *Schmidt,* ÖffBauR, Rn. 437). Dagegen lässt sich einwenden, dass der ohnehin schwer abzugrenzende Kreis der Nachbarn durch die Einbeziehung der obligatorischen Nutzungsberechtigten bis zur Unpraktikabilität ausgeweitet und folglich eine erhebliche Rechtsunsicherheit entstehen würde. Hinzu kommt, dass Schutzgut des Baunachbarrechts letztlich immer das Grundeigentum und die in ihm enthaltene Befugnis zur Nutzung des Grundstücks ist (*Muckel/Ogorek,* ÖffBauR, § 10 Rn. 9; *Baars,* BauR 2019, 901 [907]; *Jäde,* ZfBR 2015, 19, 30; *Reidt,* in: B/R/S, BauPlR, Rn. 2204; BVerwG, NVwZ 1998, 956; OVG Berlin, BRS 66 Nr. 187).

Achtung: Enthält der Nachbarschutz nach der zugrundeliegenden Norm bzw. der planerischen Festsetzung erkennbar personenbezogene Elemente, so kommt auch derjenige als Nachbar in Betracht, der nur in obligatorischen Rechtsbeziehungen zu dem Nachbargrundstück steht (VG Berlin, NJW 1978, 1822; *F/O/O,* ÖffBauR II, § 17, Rn. 41).

Zu berücksichtigen ist darüber hinaus, dass, soweit die Verletzung einer **21**
immissionsschutzrechtlichen Vorschrift (etwa § 5 I Nr. 1 BImSchG) gerügt wird, jedenfalls auch der Mieter aufgrund der Nutzung des Grundstücks und der zu besorgenden gesundheitsschädlichen Auswirkungen als Nachbar anzusehen ist (BVerwG, NJW 1983, 2844; 2002, 1638; NVwZ-RR 2005, 227).

D. Kontrollfragen

1. Warum wird die Geltendmachung von Ansprüchen wegen der Verletzung öffentlich-rechtlicher Nachbarrechte auch als sog. dreipoliges Rechtsverhältnis bezeichnet?
2. Welche Bedeutung hat eine einem Bauherrn erteilte Baugenehmigung, wenn der zivilgerichtlich gegen den Bauherrn vorgehende Nachbar eine Verletzung nachbarschützender Normen des öffentlichen Baurechts als Schutzgesetze i. S. der §§ 823 II, 1004 I BGB geltend machen will?
3. Sind obligatorisch Nutzungsberechtigte als Nachbarn i. S. des öffentlichen Baunachbarrechts anzusehen?
4. Wie unterscheiden sich abstrakt-generelle und partiell-konkrete nachbarschützende Vorschriften?

(Antworten auf S. 365)

§ 21. Der Nachbarschutz im Einzelfall

A. Allgemeines

I. Fallgruppen

1 In öffentlich-rechtlichen Klausuren stellt sich die Frage nach dem baurechtlichen Nachbarschutz i. d. R. in den folgenden Situationen:

– Der Nachbar begehrt materiell-rechtlichen Schutz gegen die Baurechtsbehörde durch **Aufhebung** einer dem Bauherrn erteilten **Baugenehmigung** oder eines ihm erteilten **Bauvorbescheides** (öffentlich-rechtlicher Aufhebungsanspruch).
– Der Nachbar verlangt materiellrechtlichen Schutz durch bauaufsichtliches **Einschreiten der Bauaufsichtsbehörde** gegen den Bauherrn wegen einer bestimmten, ihn störenden baulichen oder sonstigen Grundstücksnutzung (öffentlich-rechtlicher Verpflichtungsanspruch).

2 In der juristischen Ausbildung und in den Prüfungen von etwas geringerem Interesse ist die Geltendmachung von **Schutzansprüchen** gegen einen bestimmten **Hoheitsträger,** gerichtet auf die Beseitigung oder auf die Unterlassung von Störungen des Grundstückes infolge der Errichtung oder des Betriebes einer Anlage durch einen Hoheitsträger (*Bönker,* in: H/B/G, ÖffBauR, § 18 Rn. 109; zum Rechtsschutz bei Vorhaben öffentlicher Bauherren unten *Rn. 48f.*).

Schaubild 31: Fallgruppen des baurechtlichen Nachbarschutzes

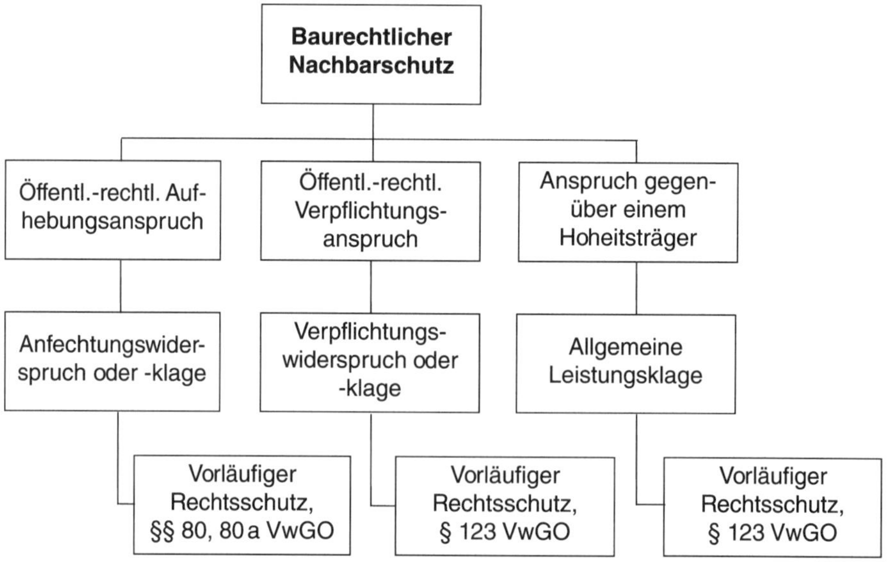

II. Rechtsbehelfe des Nachbarn

1. Hauptverfahren

Rechtlich geschützte Interessen des Nachbarn können vor allem dann betroffen sein, wenn der Bauherr von der zuständigen Behörde eine baurechtliche Genehmigung (Baugenehmigung, Vorbescheid o. Ä.) im Zusammenhang mit der Verwirklichung eines bestimmten Vorhabens erhält. Der Baunachbar kann in diesem Fall die ihm zustehenden Rechtsansprüche verwaltungsprozessual durchsetzen, und zwar den **öffentlich-rechtlichen Aufhebungsanspruch** in der Hauptsache mit der verwaltungsgerichtlichen **Anfechtungsklage** und den **öffentlich-rechtlichen Verpflichtungsanspruch** in der Hauptsache mit der verwaltungsgerichtlichen **Verpflichtungsklage** (weiterführend zu den Klagearten *Hufen,* VwProzessR, §§ 14, 15; *Kopp/Schenke,* VwGO, § 42 Rn. 20ff., 27ff.). In beiden Fällen setzt dies jeweils voraus, dass zuvor – soweit vom Landesrecht noch vorgesehen (dazu *Kamp,* apf 2008, 261f.) – entweder durch Anfechtungs- oder Verpflichtungswiderspruch ein entsprechendes Vorverfahren erfolglos durchgeführt wurde. 3

Die Durchsetzung von Rechtspositionen gegenüber einem **Hoheitsträger** kann mit der verwaltungsgerichtlichen **allgemeinen Leistungsklage** ohne ein entsprechendes Vorverfahren durchgesetzt werden (dazu etwa *Bönker,* in: H/B/G, ÖffBauR, § 18 Rn. 109). 4

Ergeht im Hinblick auf ein und dasselbe Vorhaben sowohl ein Vorbescheid als auch eine Baugenehmigung, so muss der Nachbar gegen beide Entscheidungen fristgerecht vorgehen. Diese „Verfahrensdoppelung" ist in Anbetracht der Bindungswirkung bestandskräftiger Verwaltungsakte unvermeidlich (BVerwG, NVwZ 1995, 894 [895]; OVG Münster, NVwZ 1997, 1006; *Bönker,* in: H/B/G, ÖffBauR, § 18 Rn. 96). Der Nachbar kann auch nicht – selbst dann nicht, wenn er gegen die dort neu gegenüber dem Vorbescheid geregelten Inhalte keine Einwände hat – auf ein Rechtsmittel gegen die Baugenehmigung verzichten. Unterlässt er ein entsprechendes Rechtsbehelfsverfahren und wird die Baugenehmigung in Folge dessen bestandskräftig, fehlt dem Verfahren gegen den Vorbescheid das Rechtsschutzbedürfnis. Andererseits führt der Eintritt der Bestandskraft des Vorbescheides dazu, dass im Rechtsmittelverfahren gegen die Baugenehmigung nur die nicht bestandskräftigen Bestandteile überprüft werden. 5

Achtung: War ein Vorbescheid noch nicht bestandskräftig, so ist sein Inhalt bei einem Nachbarrechtsbehelf gegen die Baugenehmigung mit zu überprüfen.

2. Vorläufiger Rechtsschutz

a) Anfechtungssituation

6 Nach § 212a I BauGB haben die **nachbarlichen Rechtsbehelfe** gegen die bauaufsichtliche Zulassung eines Vorhabens **keine aufschiebende Wirkung.** Die aufschiebende Wirkung ist also gem. § 80 II 1 Nr. 3 VwGO gesetzlich ausgeschlossen, so dass der Nachbar ein Bedürfnis nach vorläufigem Rechtsschutz hat (umfassend dazu *F/D/K,* Vorläufiger Rechtsschutz, § 58, Rn. 1291 ff.).

7 Die aufschiebende Wirkung von Widerspruch und Anfechtungsklage eines Dritten entfällt, wenn sich die Rechtsbehelfe gegen die **bauaufsichtliche Zulassung eines Vorhabens** richten. Damit sind Baugenehmigungen, Teilbaugenehmigungen, Befreiungen und Abweichungen gemeint (*B/K/L,* BauGB, § 212a, Rn. 1).

8 Nicht hierzu gerechnet wird der Bauvorbescheid, weil er nicht unmittelbar die Bauausführung gestattet (so VGH München, NVwZ 1999, 1363; VG Gießen, NVwZ-RR 2005, 232; a.A. OVG Lüneburg, LKV 2005, 69; *B/K/L,* BauGB, § 212a, Rn. 1; HK-BauGB-*Michler,* § 212a, Rn. 3).

9 **Entfällt** die **aufschiebende Wirkung** von Widerspruch und Anfechtungsklage gegen die bauaufsichtliche Zulassung gemäß § 80 II 1 Nr. 3 VwGO i.V. mit § 212a I BauGB (oder auch gemäß § 80a I Nr. 1 i.V. mit § 80 II 1 Nr. 4 VwGO), kann der Nachbar zunächst einen **Antrag** auf Aussetzung der Vollziehung **an die** zuständige **Behörde** gemäß §§ 80a I Nr. 2, 80 IV VwGO richten, um das Bauvorhaben zu stoppen (*Bönker,* in: H/B/G, ÖffBauR, § 18 Rn. 86). Außerdem kann er einen Antrag auf Aussetzung der Vollziehung (§ 80a III 1 i.V.m. § 80a I Nr. 2, § 80 IV VwGO) sowie einen **Antrag** auf Anordnung oder Wiederherstellung der aufschiebenden Wirkung (§ 80a III 2 i.V.m. § 80 V VwGO) **beim Verwaltungsgericht** stellen (VGH Kassel, NVwZ-RR 2005, 228; VG Gießen, NVwZ-RR 2005, 232).

10 Umstritten ist, inwieweit das gerichtliche vorläufige Rechtsschutzverfahren davon abhängig ist, ob sich die Baurechtsbehörde in einem behördlichen Aussetzungsverfahren mit der Sache beschäftigt hat. Die Auslegung der Verweisung des § 80a III 2 VwGO auf § 80 VI VwGO wird insoweit differenziert beantwortet. Unstreitig besteht in dem Fall, dass die Behörde die sofortige Vollziehung der Baugenehmigung angeordnet hat, die Möglichkeit der unmittelbaren Anrufung des Gerichts (VGH Kassel, DVBl 1992, 45; OVG Münster, DVBl 1992, 46f.). Eine direkte Anrufung des Gerichts ist jedoch umstritten, wenn die aufschiebende Wirkung des Drittwiderspruchs **gesetzlich ausgeschlossen** ist.

– Wohl überwiegend wird die Ansicht vertreten, es solle auch insofern die direkte Anrufung des Gerichts möglich sein, weil die Behörde an die Interessenabwägung des Gesetzgebers in jedem Fall gebunden sei (OVG Koblenz, NVwZ-RR 2004, 224; *Bönker,* in: H/B/G, ÖffBauR, § 18 Rn. 87).

– Demgegenüber wird auch vertreten, dass ein erfolgloser Antrag an die Behörde dem gerichtlichen Rechtsschutzbegehren vorausgegangen sein muss (OVG Lüneburg, LKV 2005, 69; NordÖR 2005, 313; VGH Mannheim, NVwZ 1991, 687).
– Eine vermittelnde Ansicht tendiert dazu, unter Heranziehung des Rechtsgedankens des § 80 VI 2 Nr. 2 VwGO das behördliche Aussetzungsverfahren zumindest dann für entbehrlich zu halten, wenn hinreichend sichere Anzeichen darauf hindeuten, dass der Beginn der Bauarbeiten unmittelbar bevorstehe (OVG Koblenz, NVwZ 1993, 591).

Problematisch sind überdies die Fälle, in denen sich der Bauherr über eine 11
aufschiebende Wirkung hinwegsetzt und die Verwirklichung seines Vorhabens in Angriff nimmt oder fortsetzt. Man spricht in diesen, wie auch in Fällen der Missachtung des Suspensiveffekts durch die Behörde, von einer **faktischen Vollziehung** (*F/D/K,* Vorläufiger Rechtsschutz, § 49, Rn. 1083f.).
– Im Hinblick auf § 80a VwGO wird nunmehr – ebenso wie zuvor zur entsprechenden Regelung des § 80 V 3 VwGO – argumentiert, die Vorschrift könne als bloße Verfahrensnorm die für entsprechende Eingriffe gegen „Schwarzbauer" erforderlichen materiellen Ermächtigungsgrundlagen nicht ersetzen. Eine erweiternde Auslegung des für Fälle der vorangegangenen Vollziehbarkeitsanordnung konzipierten § 80a I Nr. 2 VwGO auf Fälle der schlichten Missachtung der aufschiebenden Wirkung scheitere darüber hinaus an der nicht bestehenden Gesetzeskompetenz des Bundes für materielle Ermächtigungsvorschriften sowie an einem fehlenden Analogiebedürfnis. Der Nachbar wird insoweit auf den Antrag auf Erlass einer einstweiligen Anordnung nach § 123 I VwGO verwiesen.
– Nach der Neuregelung des vorläufigen Rechtsschutzes spricht sich demgegenüber die im Vordringen befindliche Auffassung bei Fällen der faktischen Vollziehung für die Möglichkeit eines Antrags an die Behörde bzw. das Gericht, gerichtet auf das Treffen von einstweiligen Maßnahmen – etwa: vorläufiger Baustopp – zur Sicherung nachbarlicher Rechte analog §§ 80a I Nr. 2, III 1 VwGO, aus (VGH München, NVwZ-RR 2010, 346; *Bönker,* in: H/B/G, ÖffBauR, § 18 Rn. 89). Aus der Einfügung des § 80a VwGO ergebe sich eindeutig, dass das Gericht auf Antrag des durch einen begünstigenden Verwaltungsakt belasteten Dritten einstweilige Maßnahmen zur Sicherung der Rechte des Dritten treffe könne. Demgegenüber müsste die einstweilige Anordnung gemäß § 123 V VwGO zurücktreten.

Die **Erfolgsaussichten** im Verfahren des vorläufigen Rechtsschutzes sind 12
davon abhängig, ob die in Streit stehende behördliche Entscheidung offensichtlich rechtmäßig oder rechtswidrig ist sowie im Übrigen von einer Abwägung der Interessen des Nachbarn und der des Bauherrn. Erweist sich die behördliche Entscheidung nach der summarischen Prüfung als offensichtlich rechtmäßig, überwiegt i.d.R. das Interesse des Bauherrn an der sofortigen Vollziehung. Ist die Entscheidung dagegen offensichtlich rechtswidrig und verletzt sie subjektive Rechte des Nachbarn, so überwiegt grundsätzlich dessen

Aufschiebungsinteresse (OVG Münster, NVwZ 1998, 980; OVG Saarlouis, BauR 2009, 854; *Bönker,* in: H/B/G, ÖffBauR, § 18 Rn. 86f.; ausführlich zu dieser Problematik *Huber,* NVwZ 2004, 915ff.).

Achtung: Soweit die Rechtswidrigkeit nicht auf einer Verletzung nachbarschützender Normen beruht, ist das Aufschiebungsinteresse des Nachbarn nicht schutzwürdig. Andererseits ist bei der objektiv rechtswidrigen Baugenehmigung auch das Interesse des Bauherrn an der sofortigen Vollziehung regelmäßig nicht schutzwürdig. In diesem Fall ist eine Interessenabwägung zwischen den für und gegen die alsbaldige Verwirklichung der Genehmigung sprechenden Gründe vorzunehmen.

b) Verpflichtungssituation

13 Vorläufiger Rechtsschutz ist für den Baunachbarn durch den Erlass einer **einstweiligen Anordnung** zu gewähren **(§ 123 I VwGO),** wenn der Baunachbar im Falle seines Verwaltungsantrages auf den Erlass von behördlichen Verwaltungsakten gegen den Bauherrn (etwa von Nutzungsunter-sagungen oder Betriebsbeschränkungen) aus Gründen eines effektiven Rechtsschutzes auf schnelle gerichtliche Hilfe dringend angewiesen ist (aus der Rechtsprechung OVG Berlin, LKV 2005, 227; VG Gießen, NVwZ-RR 2004, 177).

Wichtig: Eine wesentliche Einschränkung für die Geltendmachung nachbarlicher Rechtsansprüche bildet in diesen Verfahren das Verbot der Vorwegnahme der Hauptsache (grds. dazu *Detterbeck,* AVR, Rn. 1535).

3. Besonderheiten bei vereinfachten Verfahren bzw. freigestellten Vorhaben

14 Im vereinfachten Genehmigungsverfahren ist der Prüfumfang der Behörde begrenzt und damit auch der Regelungsumfang der Genehmigung; bei den freigestellten Vorhaben fehlt es sogar gänzlich an einer Baugenehmigung (s.o. *§ 18 Rn. 17*). Bei diesbezüglichen nachbarlichen (Anfechtungs-)Rechtsbehelfe wird nur die jeweilige Regelung überprüft. Wendet der Nachbar sich aber gegen die Verletzung nachbarschützender Vorschriften außerhalb dieses normativen Prüfprogramms, muss er die Baueinstellung nach den Befugnisnormen der jeweiligen Bauordnungen (etwa § 81 BauO NRW, § 71 HessBO) bei der Behörde beantragen und diesen Anspruch im Falle der Ablehnung mit Verpflichtungsrechtsbehelfen erstreiten (VGH München, NVwZ-RR 2013, 301; *Hornmann,* NVwZ 2012, 1294 [1297] m.w.N.).

B. Anfechtungsrechtsbehelfe

Die auf die Aufhebung etwa einer Baugenehmigung oder eines Bauvorbescheides gerichteten Anfechtungsrechtsbehelfe haben Erfolg, wenn sie zulässig und auch begründet sind. 15

I. Zulässigkeitsprobleme

1. Statthaftigkeit

Dem Baunachbarn, der sich durch eine dem Bauherrn erteilte Baugenehmigung oder durch einen diesem erteilten Bauvorbescheid nachteilig betroffen fühlt, steht die **Anfechtungsklage** als der an sich statthafte verwaltungsgerichtliche Rechtsbehelf zur Verfügung. Dieser Rechtsbehelf ist – ebenso wie der Anfechtungswiderspruch – auf die **Aufhebung** (und nicht etwa auf die Rücknahme) der **Baugenehmigung** bzw. des **Bauvorbescheides** gerichtet (§§ 42 I, 68 I 1 VwGO). 16

Achtung: Eine Verpflichtungsklage auf Rücknahme einer Baugenehmigung kommt nur dann in Betracht, wenn die Anfechtungsklage keinen angemessenen Schutz gewährleistet, z.B. bei Verstoß gegen eine dem Nachbarn erteilte Zusage, für das angrenzende Grundstück keine Baugenehmigung zu erteilen oder von einer bestimmten Norm nicht abzuweichen (s.a. *E/M/S,* BesVwR, Rn. 1358).

2. Klagebefugnis

Um klagebefugt i.S.d. § 42 II VwGO zu sein, muss der rechtsschutzsuchende Nachbar geltend machen, dass die erteilte Baugenehmigung ihn möglicherweise in eigenen **subjektiv öffentlichen Rechten aus einer drittschützenden Norm** verletzt (BVerwG, NJW 1988, 3279; *Bönker,* in: H/B/G, ÖffBauR, § 18 Rn. 80). 17

Im Hinblick auf den **personellen Schutzbereich** der angewandten Rechtsnorm ist die Frage zu beantworten, ob der jeweilige Kläger als Nachbar i.S.d. Baurechts einzuordnen ist (s.o. *§ 20 Rn. 18ff.*). Im Hinblick auf den **sachlichen Schutzbereich** der angewandten Rechtsvorschrift ist die Frage zu beantworten, ob von einer nachbarschützenden Funktion der betreffenden Bauvorschrift auszugehen ist (s.o. *§ 20 Rn. 11ff.*). 18

Zur Frage des Drittschutzes durch baurechtliche Normen gibt es eine unüberschaubare Fülle von Entscheidungen, die hier nur in den Grundzügen wiedergegeben werden kann.

19 So sind als **nachbarschützend** aus dem **Bauordnungsrecht** anerkannt:
- die bauordnungsrechtliche **Generalklausel** (z. B. § 3 I BauO NRW) (OVG Münster, NVwZ 1983, 356; OVG Berlin, LKV 1992, 26),
- die Vorschriften über die **Abstandsflächen** (z. B. § 6 BauO NRW); da diese der Belichtung, Belüftung und Besonnung, dem Wohnfrieden und dem Brandschutz dienen (OVG Münster, NWVBl 2009, 102 [103]; VGH München, NVwZ-RR 2007, 578; 2008, 84; *Hornmann,* NVwZ 2018, 1165 [1166 m. w. N.]; *Voßkuhle/Kaufhold,* JuS 2018, 764, [765]; *Baars,* BauR 2019, 901 [905]),
- die Vorschriften über die **Standsicherheit** benachbarter baulicher Anlagen (z. B. § 12 I 2 BauO NRW), OVG Münster, NVwZ 2000, 1064,
- die Vorschriften über die nichtstörende Anordnung von Stellplätzen und Garagen, wenn durch die Anordnung der Stellplätze keine Beeinträchtigungen für die *Umgebung* hervorgerufen werden dürfen (BVerwG, NVwZ 2003, 1516; OVG Münster, BauR 2007, 1550 [1551 f.]; VGH München, BayVBl 2000, 115; VGH Mannheim, VBlBW 2008, 147 [149]),
- die Brandschutzvorschriften (*Hufen,* VerwProzessR, § 14, Rn. 74; OVG Greifswald, NordÖR 2005, 27).

20 **Keine nachbarschützende Wirkung** haben aus dem **Bauordnungsrecht z. B.:**
- das **Eingrünungsgebot** etwa des § 8 I BauO NRW mangels eines konkretisierbaren Personenkreises (VGH Kassel, NJW 1983, 2461; DVBl 2017, 572 [574]);
- die Vorschriften über den **Verunstaltungsschutz** (etwa § 9 BauO NRW; OVG Lüneburg, BRS 44 Nr. 118; OVG Saarlouis, BRS 44 Nr. 162; *Voßkuhle/Kaufhold,* JuS 2018, 764, [765]; *Schmidt,* ÖffBauR, Rn. 483; *Sauthoff,* FS Erbguth 2019, 177 [203]); a. A. zufolge handelt es sich um eine nachbarschützende Vorschrift jedenfalls dann, wenn die Bauordnung nicht die Verunstaltung der baulichen Anlage selbst, sondern der Umgebung dieser Anage verbietet, wie etwa in § 9 II BauO NRW (VG Frankfurt, BauR 2009, 1937; s. a. *Hornmann,* HessBO, § 9 Rn. 46);
- die **Stellplatzverpflichtung,** § 48 BauO NRW, soweit lediglich auf eine unzureichende Zahl von Stellplätzen Bezug genommen wird (OVG Münster, NVwZ-RR 1995, 435; VGH Mannheim, BRS 35 Nr. 33; VGH Kassel, BRS 66 Nr. 190; *Erbguth/Schubert,* ÖffBauR, § 15 Rn. 53);
- die Regeln einer Baumschutzsatzung (VGH Kassel, DVBl 2017, 572 [574]).

21 Folgende Bestimmungen aus dem **Bauplanungsrecht** vermitteln Drittschutz:
- das bauplanungsrechtliche Abwägungsgebot des § 1 VII BauGB, weil es den Privaten die Berücksichtigung ihrer abwägungserheblichen und nicht völlig geringfügigen Belange zusichert (BVerwG, Beschl. v. 10.12.2018, 4 BN 24/18, Rn. 6, juris; *B/K/L,* BauGB, § 10, Rn. 16; *Schmidt,* ÖffBauR, Rn. 451; *F/O/O,* ÖffBauR II, § 18, Rn. 1),

- die Festsetzungen über die **Art der baulichen Nutzung** im Bebauungsplan (§ 30 BauGB i.V.m. §§ 1–15 BauNVO); sie vermitteln den Grundstückseigentümern im Gebiet der Festsetzung den Anspruch auf Einhaltung der in der Beschränkung der baulichen Nutzbarkeit der Grundstücke zugleich liegenden Begünstigung. Man spricht insoweit auch von einem Anspruch auf Wahrung des Gebietscharakters oder von einem Gebietserhaltungsanspruch (BVerwGE 94, 151; 101, 364; BVerwG, NVwZ 2018, 1808, [1809f.]; *Baars,* BauR 2019, 901f.; *Bönker,* in: H/B/G, ÖffBauR, § 18 Rn. 43; *Gatz,* JM 2019, 30 [31]; *Faßbender,* NVwZ 2019, 2132; *Voßkuhle/ Kaufhold,* JuS 2018, 764, [765]; *Schröer/ Kümmel,* NVwZ 2018, 1775 [1776]; *Schröer,* NVwZ 2019, 1458),
- **§ 34 I BauGB;** die Verpflichtung zur Berücksichtigung nachbarlicher Belange folgt aus dem Postulat des „Sich-Einfügens" (BVerwGE 52, 122; OVG Bautzen, DÖV 2013, 397; OVG Berlin- Bbg., BauR 2010, 441 [442]),
- **§ 34 II BauGB** i.V.m. der Eigenart des entsprechenden Baugebiets, sogenanntes faktisches Baugebiet, schützt die nähere Umgebung (BVerwG, NVwZ 2005, 1186; NVwZ 2019, 1456 [1457]; OVG Berlin-Bbg., Beschl. v. 7.12.2018, 10 S 4/18, Rn. 12, juris; *Voßkuhle/Kaufhold,* JuS 2018, 764, [765]; *Baars,* BauR 2019, 901 [901]; *Faßbender,* NVwZ 2019, 2132),
- **§ 35 III 1 BauGB** wird über das in die öffentlichen Belange hineininterpretierte Gebot der Rücksichtnahme als partiell drittschützend betrachtet, falls nämlich das konkrete Außenbereichsvorhaben für den Nachbarn unzumutbar ist (BVerwG, NVwZ 2019, 1520f.; *F/O/O,* ÖffBauR II, § 18, Rn. 20; *Schmidt,* ÖffBauR, Rn. 461f.),
- **§ 31 I und II BauGB sowie § 34 IIIa BauGB;** bei einer Ausnahme oder Befreiung von nachbarschützenden Festsetzungen hat der Nachbar Anspruch darauf, dass sämtliche Voraussetzungen vorliegen; § 31 II und § 34 IIIa BauGB fordern ausdrücklich zur Würdigung nachbarlicher Interessen auf (BVerwG, NVwZ-RR 1999, 8; BVerwG, NVwZ 2018, 1808, [1809]; *E/M/S,* BesVwR, Rn. 1371; *Voßkuhle/Kaufhold,* JuS 2018, 764, [765]),
- **§ 15 I BauNVO** (im Einzelfall, BVerwGE 82, 343; ZfBR 2009, 376).

Umstritten ist die Frage, ob auch Festsetzungen über das **Maß der baulichen Nutzung** (Einzelheiten insoweit in §§ 16ff. BauNVO), also z.B. die im Bebauungsplan erlaubte Anzahl von Vollgeschossen, drittschützend sein können. Bislang wurde dies nur ausnahmsweise dann angenommen, wenn sich ein dahingehender Wille des Plangebers ermitteln lässt (BVerwG, NVwZ 2018, 1808, [1809]; *Schröer/Kümmel,* NVwZ 2018, 1775 [1776]; *Gatz,* JM 2019, 30 [31]). Insbesondere bei älteren Plänen wird ein solcher Wille der Gemeinde in aller Regel nicht festzustellen sein (*Faßbender,* NVwZ 2019, 2132 [2135]; *Schröer/Kümmel,* NVwZ 2018, 1775 [1776]), sodass Festsetzungen über das Maß der baulichen Nutzung bislang überwiegend nicht als drittschützend bewertet wurden (*B/K/L,* BauGB, vor § 29, Rn. 42; *Schmidt,* ÖffBauR, Rn. 445; *Voßkuhle/Kaufhold,* JuS 2018, 764, [765]; *Schröer/Kümmel,* NVwZ 22

2018, 1775 [1776]). Es ist jedoch Nachbarn schwer zu erklären, dass die Überschreitung der nach Bebauungsplan zulässigen Geschosse sie nicht betreffe (*F/O/O,* ÖffBauR II, § 18, Rn. 4). Denn auch insoweit stehen die Nachbargrundstücke in einem Austauschverhältnis, der Vorteil des einen ist der Nachteil des anderen (BVerwG, NVwZ 2018, 1808 [1809f.]; *Faßbender,* NVwZ 2019, 2132 [2134]; *F/O/O,* ÖffBauR II, § 18, Rn. 4). Zudem erwähnt die nachbarschützende Norm des § 34 I BauGB sowohl die Art als auch das Maß der baulichen Nutzung, um zu bestimmen, ob sich ein Vorhaben in die nähere Umgebung einfügt (*Faßbender,* NVwZ 2019, 2132 [2133]). Es sprechen deshalb gute Argumente dafür, auch bei einem Verstoß gegen das Maß der baulichen Nutzung den betroffenen Nachbarn die Klagebefugnis zuzugestehen (*Faßbender,* NVwZ 2019, 2132 [2135]). Dies akzeptiert auch das Bundesverwaltungsgericht, wenn es annimmt, die Festsetzungen über das Maß der baulichen Nutzung könnten subjektiv-rechtlich aufgeladen werden, selbst wenn der Plangeber daran nicht gedacht habe (BVerwG, NVwZ 2018, 1808 [1810]; *Gatz,* JM 2019, 30 [31]; kritisch unter dem Gesichtspunkt der Rechtssicherheit *Heinemann,* NVwZ 2018, 1811 [1812]).

23 Aus dem Bereich des **Bauplanungsrechts** haben etwa folgende Bestimmungen **keine nachbarschützende Wirkung:**

- die in § 1 BauGB enthaltenen **allgemeinen Ziele** der Bauleitplanung (BVerwG, BRS 32 Nr. 117)
- die **Erschließungsvorschriften** (OVG Berlin Bbg., BauR 2009, 1782)
- eine **Veränderungssperre** gemäß § 14 BauGB (BVerwG, BRS 48 Nr. 83).

Achtung: Nachbarrechtsschutz bieten nicht nur viele Vorschriften des öffentlichen Baurechts, sondern auch Vorschriften anderer Rechtsgebiete. Dies können insbesondere Normen des Immissionsschutzrechts, z. B. § 22 BImSchG (*Kuschnerus/Schöler/Stehr,* NWVBl 2004, 253), oder des Wasserrechts (§§ 78 II, 78 V, 78a II WHG) sein (*Schmidt/Gärtner,* NVwZ 2018, 534 [536]; *B/K/L,* BauGB, § 1, Rn. 86a).

3. Vorverfahren und Frist

24 Ein beliebtes Problem in Prüfung und Klausur stellt regelmäßig die mögliche Verfristung der Rechtsbehelfe dar. Diese Problematik rührt insbesondere aus dem besonderen Dreiecksverhältnis zwischen Bauherrn, Baunachbarn und Genehmigungsbehörde.

25 Grundsätzlich muss der Erhebung einer Anfechtungsklage gemäß § 68 I VwGO ein **Vorverfahren** vorausgegangen sein (Überblick zur Abschaffung des Widerspruchsverfahrens in einigen Ländern *Hufen,* VwProzessR, § 5 Rn. 4f.; *Kamp,* NWVBl 2008, 41 [42f.] sowie die Falllösung oben *§ 18 Rn. 80*). Dieses beginnt mit der Erhebung des Nachbarwiderspruchs, für den grundsätzlich die **Monatsfrist** (§ 70 I VwGO) ab Bekanntgabe der (Ausferti-

gung der) Baugenehmigung gilt. In vielen Fällen fehlt indes diese Bekanntgabe gegenüber dem Nachbarn.

Beispiel: Die Behörde hat die Drittwirkung der Genehmigung dem Nachbarn gegenüber nicht erkannt oder eine Bekanntgabe irrtümlich nicht für erforderlich gehalten.

Wird dem Nachbarn die Baugenehmigung **nicht** amtlich **bekanntgegeben,** dann läuft für diesen die **Jahresfrist** zur Einlegung des Widerspruchs (§§ 68 I 1, 70 I, 58 II VwGO analog) erst von dem Zeitpunkt an, zu dem er sichere Kenntnis von der Erteilung der Genehmigung erlangt hat oder hätte erlangen können; denn nach Treu und Glauben kann er sich nicht darauf berufen, dass ihm die Genehmigung nicht amtlich mitgeteilt worden sei (BVerwGE 78, 85; st. Rspr.). Der Nachbar ist in diesem Zusammenhang auch gehalten, sich in geeigneter Weise über das Vorliegen einer Baugenehmigung zu unterrichten, wenn sich dafür Anhaltspunkte ergeben. 26

Beispiel: Der Beginn offenkundig genehmigungspflichtiger Arbeiten auf dem benachbarten Grundstück, die Aufstellung eines Baustellenschildes.

Erlangt der Nachbar aufgrund solcher Erkundigungen von der erteilten Genehmigung Kenntnis, so läuft die Frist nach § 58 II VwGO. Unterlässt er in einem solchen Fall entsprechende Nachfragen, muss er sich so stellen lassen, als hätte er zu dem fraglichen Zeitpunkt Kenntnis erlangt, so dass es ebenfalls zur Anwendung der Jahresfrist kommt (zum ganzen auch OVG Greifswald, NordÖR 2005, 424 [425]; *Bönker,* in: H/B/G, ÖffBauR, § 18 Rn. 79). 27

Achtung: Ist der Widerspruch etwa wegen des Fristversäumnisses unzulässig, darf die Widerspruchsbehörde ihn selbst dann nicht mehr sachlich bescheiden, wenn er im Übrigen offensichtlich begründet ist. Die bestandskräftige Genehmigung vermittelt dem Bauherrn nämlich eine gesicherte Rechtsposition, die ihm nicht mehr entzogen werden darf (BVerwG, NVwZ 1983, 285).

4. Rechtsschutzinteresse

a) Verzicht

Hat der Nachbar wirksam auf seine Rechte verzichtet, entfällt das Rechtsschutzinteresse (*Erbguth/Schubert,* ÖffBauR, § 15 Rn. 62). 28

Beispiel: Der Nachbar erklärt ausdrücklich oder konkludent, etwa durch Unterschreiben der Baupläne (dazu OVG Münster, BauR 2001, 89; *Schlemminger/Fuder,* NVwZ 2004, 129), schriftliche Zustimmungserklärung (OVG Münster, BauR 2000, 86; OVG Lüneburg, NdsVBl. 2003, 212) oder Nachbarvereinbarung (OVG Münster, BauR 2004, 62 [67]; *Baars,* BauR 2019, 901 [908]), sein (uneingeschränktes) Einverständnis mit dem Bauvorhaben.

Wichtig: Aus der Erklärung muss eindeutig und unzweifelhaft hervorgehen, welches Vorhaben in welcher Ausgestaltung gemeint ist, ein genereller und unbestimmter Verzicht ist nicht möglich (OVG Münster, BauR 2001, 89).

Achtung: In der Literatur wird teilweise vertreten, der Nachbar könne in solchen Fällen mangels Rechtsverletzung keinen behördlichen oder gerichtlichen Rechtsschutz mehr erlangen (*Bönker,* in: H/B/G, ÖffBauR, § 18 Rn. 111 m.w.N.).

29 Der Verzicht ist grundsätzlich nicht mehr widerrufbar, aber unter Umständen anfechtbar (OVG Münster, BauR 2001, 89; *Baars,* BauR 2019, 901 [908]). Er bindet zudem auch etwaige Rechtsnachfolger (OVG Greifswald, NordÖR 2001, 480), erlischt aber bei unvorhersehbaren Abweichungen des Vorhabens (OVG Münster, BauR 2001, 89).

b) Verwirkung/Rechtsmissbrauch

30 Eine erfolgreiche Geltendmachung nachbarlicher Abwehrrechte kann aber auch dadurch (mangels Rechtsschutzinteresses) ausgeschlossen sein, dass diese verwirkt werden (zur Verwirkung BVerwG, NVwZ-RR 2004, 314; UPR 2001, 69; VGH Kassel, DÖV 2014, 986; OVG Münster, NWVBl 1999, 218; *Troidl,* NVwZ 2004, 315ff.; *Erbguth/Stollmann,* JZ 2007, 868 [877]) oder sich ihre Verfolgung als rechtsmissbräuchlich darstellt.

31 Eine **Verwirkung** des materiellen Abwehrrechtes kommt dann in Betracht, wenn der Nachbar durch **längeres Untätigbleiben** ein berechtigtes Vertrauen des Bauherrn darauf schafft, dass er sein Abwehrrecht nicht mehr ausüben werde (BVerwG, NVwZ 1988, 532; NVwZ-RR 1997, 522; OVG Münster, NWVBl 1999, 218 [219]; BauR 2005, 1766; OVG Greifswald, NordÖR 2005, 424). Voraussetzung ist, dass der Nachbar die Rechtsverletzung kennt oder kennen muss. Die Frist, die verstrichen sein muss, richtet sich nach den **Umständen des Einzelfalles** und setzt mit der Erkennbarkeit der behaupteten Beeinträchtigung, also ggfs. vor der Erteilung einer Baugenehmigung, ein. Verfahrensrechtliche Rechte des Nachbarn werden mit dem ungenutzten Verstreichen der Rechtsbehelfsfristen verwirkt.

32 Eine Verwirkung setzt allerdings voraus, „dass zum Zeitablauf besondere, auf dem Verhalten des Berechtigten beruhende Umstände hinzutreten, die das Vertrauen des Verpflichteten rechtfertigen, der Berechtigte werde seinen Anspruch nicht mehr geltend machen"; der bloße Zeitablauf reicht in der Regel für eine Verwirkung nicht aus (BVerwG, BauR 2003, 1031; BGH NJW 2003, 824; OVG Koblenz, DVBl 2011, 1107 [108]); *Kuschnerus/Schöler/Stehr,* NWVBl 2004, 297 [301]).

Unter dem Gesichtspunkt des **Rechtsmissbrauchs** scheidet die erfolgreiche Inanspruchnahme behördlichen oder gerichtlichen Rechtsschutzes durch den Nachbarn dann aus, wenn die geltend gemachte Rechtsverletzung gerade auf der unzulässigen Nutzung seines Grundstücks beruht oder wenn der Nachbar vom Bauherrn die Einhaltung genau der nachbarschützenden Norm verlangt, die er selbst nicht einhält oder die er seinerzeit nicht zu beachten hatte (BVerwG, NVwZ 2000, 1054; NVwZ 2018, 1808 [1811]; *Baars,* BauR 2019, 901 [908]; *Heinemann,* NVwZ 2018, 1811 [1812f.]). 33

Beispiele:
- Hat der Nachbar seinerzeit sein Grundstück rechtmäßig bebaut, würde das Gebäude aber z.B. den jetzigen Grenzabstandvorschriften widersprechen, kann er grundsätzlich nur verlangen, dass der Bauherr den gleichen Grenzabstand einhält. Die Forderung nach dem aufgrund des neuen nachbarschützenden Rechts an sich erforderlichen größeren Grenzabstand wäre rechtsmissbräuchlich (OVG Greifswald, NordÖR 2005, 424; OVG Lüneburg, BRS 40 Nr. 113).
- Eine unzulässige Rechtsausübung kann auch vorliegen, wenn ein sogenanntes „Sperrgrundstück" mit der Intention erworben wird, das Bauvorhaben bekämpfen zu können (BVerwG, NuR 1998, 647; OVG Greifswald, NordÖR 2004, 155; OVG Münster, NVwZ-RR 1991, 169).

II. Begründetheitsprüfung

1. Allgemeines

Der **Anfechtungsrechtsbehelf** eines Baunachbarn ist **begründet, soweit** der angefochtene **Verwaltungsakt** (Baugenehmigung, Bauvorbescheid) in einer die Rechte des Baunachbarn verletzenden Weise **rechtswidrig** ist (§ 113 I 1 VwGO). Dies ist der Fall, soweit der Verwaltungsakt unter Verstoß gegen von der Baurechtsbehörde zu prüfende nachbarschützende Rechtsvorschriften bzw. nachbarschützende Tatbestandselemente einer bestimmten Bauvorschrift erteilt worden ist. 34

Bei einem Rechtsbehelf eines Baunachbarn findet demnach **keine umfassende Rechtmäßigkeitskontrolle** statt, sondern es werden nur diejenigen von der Bauaufsichtsbehörde anzuwendenden Rechtsvorschriften zum Zwecke der Prüfung in Blick genommen, die zumindest auch dem Schutze des Nachbarn ganz oder teilweise zu dienen bestimmt sind (BVerwG, NJW 1984, 2174). Der Nachbar ist also gerade nicht „Hüter der Rechtsordnung", er wird nicht allein dadurch in seinen Rechten verletzt, dass die angegriffene Baugenehmigung objektiv gegen Rechtsvorschriften verstößt (BVerwG, NVwZ 1987, 409; *Maier,* VA 2001, P 29). 35

Wichtig: Der Anfechtungsrechtsbehelf eines Nachbarn ist begründet, soweit der Verwaltungsakt unter Verstoß gegen zu prüfende nachbarschützende Rechtsvorschriften bzw. nachbarschützende Tatbestandselemente einer bestimmten Norm erteilt worden ist.

2. Verletzung von nachbarschützenden Normen

36 An dieser Stelle der Begründetheit ist nun die bei der Klagebefugnis als möglicherweise verletzt herangezogene drittschützende Norm im Detail zu untersuchen. Wenn eine generell nachbarschützende Norm missachtet oder übersehen wurde, verletzt dies Rechte des Nachbarn und die Klage ist begründet. Bei nur partiell nachbarschützenden Normen muss noch die Unzumutbarkeit der Beeinträchtigung diskutiert werden, von der dann die Begründetheit der Nachbarklage abhängt (s. zu dieser Unterscheidung bereits oben *§ 20, Rn. 15f.*).

Fall 21: Ruhe sanft

37 Anfechtungsklage, Anlage für kulturelle Zwecke, Ausnahme nach § 8 III Nr. 2 BauNVO, Gebietswahrungsanspruch

Sachverhalt

G ist Eigentümer eines Grundstücks in der kreisfreien Stadt S in Bayern. Das Grundstück ist mit einem von G genutzten Wohnhaus und einem gewerblich genutzten Gebäude bebaut. G betreibt dort eine Werkstatt mit Autozubehörverkauf. Unmittelbar an das Grundstück angrenzend befindet sich das Grundstück des K. Beide Grundstücke und das angrenzende Areal liegen im Geltungsbereich eines Bebauungsplans, der das Gebiet als Gewerbegebiet festsetzt.

S hat dem K nach den bestattungsrechtlichen Vorschriften den Betrieb eines Krematoriums übertragen. Eine Gewinnerzielungsabsicht wird mit dem Betrieb nicht verbunden. Zudem erteilt sie ihm eine Baugenehmigung zur Errichtung eines Krematoriums mit einer Feuerbestattungsanlage und einem Abschiedsraum. Dabei sollen die eher technischen Bereiche der Anlage dem Gewerbegebiet zugewandt werden, der Abschiedsraum hingegen soll in Richtung des angrenzenden Waldgebietes liegen.

Durch Aufstellen des Bauschildes erfährt G von dem geplanten Bauvorhaben. Er ist der Auffassung, in einem Gewerbegebiet dürfe ein Krematorium nicht errichtet werden. Er erhebt fristgerecht Klage gegen diese Entscheidung und beantragt die Aufhebung der Baugenehmigung. Ist die Klage des G begründet?

Bearbeiterhinweis: Auf § 31 II BauGB ist **nicht** einzugehen.

Lösungsskizze

Die Klage ist begründet, wenn die angefochtene Baugenehmigung rechtswidrig und der G dadurch in seinen Rechten verletzt ist (§ 113 I 1 VwGO).

I. Rechtswidrigkeit der Baugenehmigung

Die Baugenehmigung ist rechtswidrig, wenn sie gegen öffentlich-rechtliche Vorschriften verstößt, Art. 68 I 1 BayBO. Das Krematorium als bauliche Anlage i. S. des § 29 I BauGB dürfte gem. § 30 I BauGB den Festsetzungen des Bebauungsplans nicht widersprechen.

Die Festsetzung als Gewerbegebiet nach § 8 BauNVO hat zur Folge, dass § 8 BauNVO Bestandteil des Bebauungsplans ist (§ 1 III 2 BauNVO). Prüfmaßstab ist also § 8 BauNVO.

1. Zulassung nach § 8 II

Bei dem Krematorium mit einem Abschiedsraum handelt es sich nicht um einen Gewerbebetrieb i.S. des § 8 II Nr. 1 BauNVO, weil es an der Gewinnerzielungsabsicht fehlt.

2. Zulassung nach § 31 I BauGB i.V. mit § 8 III Nr. 2 BauNVO

Fraglich ist, ob eine Zulassung nach § 31 I BauGB i.V. mit § 8 III Nr. 2 BauNVO erfolgen durfte.

a) Vorliegend könnte es sich bei dem Vorhaben um eine Anlage für **kulturelle Zwecke** handeln. Der Begriff der „Anlagen für kulturelle Zwecke", der in zahlreichen Bestimmungen der Baunutzungsverordnung Verwendung findet, ist ebenso offen angelegt wie die ebenfalls in der Baunutzungsverordnung genannten Anlagen für kirchliche, soziale, gesundheitliche und sportliche Zwecke. Die Baunutzungsverordnung verwendet die Begriffsgruppe als eine bewusst weit gefasste Kategorie. Sie ist für eine „dem Wandel der Zeiten" anpassungsfähige Auslegung offen. Dem BVerwG zufolge sind „Anlagen für kulturelle Zwecke" daher nicht auf die traditionellen Bereiche der Kunst, Wissenschaft und Bildung beschränkt. Ein Krematorium mit Abschiedsraum hat einen kulturellen Bezug, der in der gesellschaftlichen Vorstellung von dem Umgang mit dem Tod wurzelt und als säkulare Bestattungseinrichtung einem kulturellen Zweck dient. Diese Form der Bestattung ist Ausdruck einer gesellschaftlich anerkannten Bestattungskultur, zu der es auch gehört, in einem kontemplativen Umfeld von den Verstorbenen Abschied nehmen zu können (BVerwG, NVwZ 2012, 825 [826]; OVG Münster, ZfBR 2011, 172 [173f.]; *Thiel,* AL 2012, 174 [175]). Bei dem Krematorium mit einem Abschiedsraum handelt es sich folglich um eine Anlage für kulturelle Zwecke.

b) Als eingrenzendes Tatbestandsmerkmal muss es sich überdies um eine Gemeinbedarfsanlage handeln, die gebietsverträglich ist (BVerwG, NVwZ 2012, 825 [826]; OVG Münster, ZfBR 2011, 172 [173f.]).

Der Begriff des **Gemeinbedarfs** wird in § 5 II Nr. 2a) BauGB näher bestimmt. Danach sind Gemeinbedarfsanlagen solche baulichen Anlagen und Einrichtungen, die der Allgemeinheit dienen (wie etwa Schulen und Kirchen sowie sonstigen kirchlichen, sozialen, gesundheitlichen und kulturellen Zwecken dienende Gebäude und Einrichtungen). Gemeint sind Einrichtungen der Infrastruktur, die der Gesetzgeber dem Oberbegriff der „Einrichtungen und Anlagen zur Versorgung mit Gütern und Dienstleistungen des öffentlichen und privaten Bereichs" zugeordnet hat. Als eine Anlage, die der Versorgung der Bevölkerung mit Bestattungsdienstleistungen dient, genügt das Vorhaben diesen Anforderungen.

Zweifelhaft ist aber, ob ein Krematorium mit Abschiedsraum sich mit der **Zweckbestimmung** eines **Gewerbegebiets** verträgt. Die Zulässigkeit eines bestimmten Vorhabens innerhalb eines Baugebiets der Baunutzungsverordnung richtet sich nicht allein nach der Einordnung des Vorhabens in eine bestimmte Begriffskategorie (Nutzungs- oder Anlagenart), sondern auch nach der Zweckbestimmung des jeweiligen Baugebiets. Die Prüfung der **Gebietsverträglichkeit** rechtfertigt sich aus dem typisierenden Ansatz der Baugebietsvorschriften der Baunutzungsverordnung (st. Rspr., BVerwGE 138, 166; 116, 155 [158]). Durch die Zuordnung von Nutzungen zu den näher bezeichneten Baugebieten sollen die vielfältigen und oft gegenläufigen Ansprüche an die Bodennutzung zu einem schonenden Ausgleich im Sinne überlegter Städtebaupolitik gebracht werden. Dieses Ziel kann nur erreicht werden, wenn die vom Verordnungsgeber dem jeweiligen Baugebiet zugewiesene allgemeine Zweckbestimmung den Charakter des Gebiets eingrenzend bestimmt. Zwischen der Zweckbestimmung des Baugebiets und den jeweils zugeordneten – auch ausnahmsweise zulässigen – Nutzungsarten besteht ein funktionaler Zusammenhang, der für die Auslegung und Anwendung jeder tatbestandlich normierten Nutzungsart maßgeblich ist (BVerwG, NVwZ 2012, 825 [827]).

Von maßgeblicher Bedeutung für die Frage, welche Vorhaben mit der allgemeinen Zweckbestimmung eines Baugebiets unverträglich sind, sind die Anforderungen des jeweiligen Vorhabens an ein Gebiet, die Auswirkungen des Vorhabens auf ein Gebiet und die Erfüllung des spezifischen Gebietsbedarfs. Entscheidend ist, ob ein Vorhaben dieser Art generell geeignet ist, ein bodenrechtlich beachtliches Störpotenzial zu entfalten, das sich mit der Zweckbestimmung des Baugebiets nicht verträgt. Dem liegt der Gedanke zugrunde, dass im Geltungsbereich eines ausgewiesenen Baugebiets grundsätzlich auf jedem Baugrundstück die nach dem Katalog der Nutzungsarten der jeweiligen Baugebietsvorschrift zulässige Nutzung möglich sein soll. Das typische Störpotenzial kann nicht nur im Störgrad, sondern auch in der Störempfindlichkeit eines Vorhabens liegen. Im Rahmen dieser Beurteilung kommt es nicht auf die konkrete Bebauung in der Nachbarschaft an.

Ein Krematorium mit Abschiedsraum verträgt sich nicht mit der allgemeinen Zweckbestimmung eines Gewerbegebiets, das geprägt ist von werktätiger Geschäftigkeit. Gewerbegebiete zeichnen sich dadurch aus, dass in ihnen gearbeitet wird. Nach dem Leitbild der Baunutzungsverordnung ist ein Gewerbegebiet den produzierenden und artverwandten Nutzungen vorbehalten. Es steht Gewerbebetrieben aller Art und damit verschiedenartigsten betrieblichen Betätigungen offen, die vom kleinen Betrieb über Handels- und Dienstleistungsunternehmen bis zu industriellen Großbetrieben reichen können, sofern es sich um nicht erheblich belästigende Gewerbebetriebe handelt. Ein Krematorium mit Abschiedsraum erweist sich in besonderer Weise als störempfindlich. Es stellt – ungeachtet der Immissionsträchtigkeit der Verbrennungsanlagen – ähnlich wie ein Friedhof einen Ort der Ruhe, des Friedens und des Gedenkens an die Verstorbenen dar. Der übliche Umgebungslärm und die allgemeine Geschäftigkeit eines Gewerbegebiets stehen dazu im Widerspruch. Eine derartige Umgebung ist regelmäßig geeignet, den Vorgang der Einäscherung als Teil der Bestattung in einer Weise gewerblich-technisch zu prägen, die mit der kulturellen Bedeutung eines Krematoriums mit Abschiedsraum nicht vereinbar ist. Unerheblich ist in diesem Zusammenhang, dass das streitige Krematorium durch den gewählten Standort, seine bauliche Gestaltung und die Ausrichtung der auf Publikumsverkehr ausgerichteten Bereiche eine pietätvolle Bestattung gewährleistet (so BVerwG, NVwZ 2012, 825 [827]). Auch die Ausrichtung der Ruhebereiche in Richtung der Waldgebiete ist insoweit irrelevant (a. A. OVG Münster, ZfBR 2011, 172 [175 f.]). Somit ist von einer Gebietsunverträglichkeit auszugehen.

Die Baugenehmigung ist rechtswidrig.

Hinweis: Soweit die Gebietsunverträglichkeit verneint wird, müsste geprüft werden, ob ein Verstoß gegen das aus § 15 I 2 (letzter Halbs.) BauNVO abzuleitende Rücksichtnahmegebot vorliegt (dazu verneinend OVG Münster, ZfBR 2011, 172 [176]).

II. Rechtsverletzung des G

Der Gebietswahrungsanspruch des G berechtigt ihn als Nachbarn (Angrenzer) im Baugebiet, sich gegen eine gebietswidrige Nutzung auch dann zu wehren, wenn es an einer unzumutbaren Beeinträchtigung fehlt (BVerwG, NVwZ 2012, 825 [828]).

Ergebnis: Die Klage des G ist begründet.

Fall 22: Handweberei

38 Anfechtungsklage, Klagebefugnis (drittschützende Norm), Nachbar, Verwirkung des Klagerechts, ordnungsgemäßes Widerspruchsverfahren, Verstoß gegen Abstandsflächenrecht, Abweichung, Bestandsschutz, missbräuchliche Rechtsausübung.

Sachverhalt

Die Eheleute E sind Eigentümer eines Wohnhauses im Ortskern der kleinen nordrhein-westfälischen Gemeinde G. Unmittelbar an das Wohnhaus angrenzend befindet sich ein kleineres Gebäude, das exakt auf der Grundstücksgrenze zu dem Nachbargrundstück der Familie N liegt. Bei diesem Gebäude handelt es sich um eine ehemalige Schmiede, die bereits seit Jahrzehnten an dieser Stelle vorhanden ist und mit den seinerzeit geltenden baurechtlichen Bestimmungen übereinstimmte. Die Schmiede war bis zum Anfang der 80er Jahre des 20. Jahrhunderts im Vollerwerb betrieben worden. Dann wurde der Betrieb auch gewerberechtlich abgemeldet. In den nachfolgenden Jahren wurde dort nur noch sporadisch gearbeitet. Zum Ende der 90er Jahre des 20. Jahrhunderts schließlich stürzte ein Teil des Schornsteins ein, woraufhin der damalige Eigentümer am Dach bestimmte Notmaßnahmen durchführte. Nachdem sie ihre Pläne zur weiteren Nutzung dieses Gebäudeteils überdacht haben, beantragen die Eheleute E die Nutzungsänderung dieses Gebäudes in eine Handweberei. In der Zwischenzeit hatte Herr E auch mit Herrn N über das Vorhaben gesprochen. Nachdem er ihm seine Pläne mitgeteilt hatte, erklärte Herr N, er habe keine Einwände. Am 15. September 2014 erteilt die Bauaufsichtsbehörde eine Baugenehmigung betreffend die Nutzungsänderung der ehemaligen Schmiede in eine Handweberei. Die entsprechenden Umbauten werden von den Eheleuten sofort ausgeführt. Nachdem die Eheleute N dies bemerken, erheben sie mit Schreiben vom 31. Oktober 2014 gegen diese Entscheidung Klage und beantragen die Aufhebung der Baugenehmigung. Bei einer Ortsbesichtigung wird festgestellt, dass sich im unteren Geschoss des nunmehr zweigeschossigen Gebäudes ein Webstuhl befindet. Über eine kleine Treppe gelangt man in den oberen Gebäudebereich, wo sich auf mehreren Regalen und Tischen die angefertigten Produkte sowie Ton- und Steingutcrzeugnisse befinden. Es wird weiterhin festgestellt, dass sich das Wohnhaus der Eheleute N in etwa 30m Entfernung von der „Handweberei" befindet. Dazwischen liegen zwei Garagen sowie ein kleiner Holzschuppen und etwas Freifläche. Hat die Klage Aussicht auf Erfolg?

Lösung

Damit die Klage der Eheleute N auf Aufhebung der Baugenehmigung Erfolg hat, müsste sie zulässig und begründet sein.

I. Zulässigkeit der Klage

Die Klage ist zulässig, wenn die Sachentscheidungsvoraussetzungen nach der VwGO vorliegen.

1. Verwaltungsrechtsweg

Damit überhaupt der Rechtsweg zu den Verwaltungsgerichten eröffnet ist, müssten die **Voraussetzungen des § 40 VwGO** gegeben sein. Dann müsste es sich bei dem vorliegenden Rechtsstreit um eine öffentlich-rechtliche Streitigkeit handeln, § 40 I 1 VwGO. Die Eheleute N verlangen von der beklagten Behörde ein bauordnungsrechtliches Handeln, nämlich die Aufhebung der Baugenehmigung, welches sich auf der Grundlage der Vorschriften der BauO NRW bewerten lassen muss. Da die streitentscheidenden Normen somit dem Bauordnungsrecht angehören und dies eine klassische Rechtsmaterie des öffentlichen Rechts darstellt, besteht an dem öffentlich-rechtlichen Charakter der Streitigkeit kein Zweifel. Es handelt sich zudem um eine Streitigkeit nicht-verfassungsrechtlicher Art und eine anderweitige Rechtswegzuweisung ist gleichfalls nicht ersichtlich. Der Verwaltungsrechtsweg gem. § 40 I VwGO ist folglich eröffnet.

2. Statthafte Klageart

Die statthafte Klageart richtet sich nach dem Begehren der Kläger. Den Eheleuten N geht es vorliegend darum, dass die Baugenehmigung aufgehoben wird. Diese Genehmigung stellt eine hoheitliche Maßnahme dar, die sämtliche Begriffsmerkmale eines Verwaltungsaktes i.S. des § 35 S. 1 VwVfG erfüllt. Das Begehren der N ist also auf die Aufhebung eines Verwaltungsaktes gerichtet. Mithin ist die **Anfechtungsklage** gemäß § 42 I VwGO die statthafte Klageart.

3. Klagebefugnis

Gemäß § 42 II VwGO müssen die Eheleute N weiterhin geltend machen, durch den angefochtenen Verwaltungsakt in ihren Rechten verletzt zu sein. Sie sind nicht Adressaten eines belastenden Verwaltungsaktes, sondern wollen erreichen, dass ein ihre Nachbarn begünstigender Bescheid aufgehoben wird. Nun setzt die Klagebefugnis grundsätzlich die **mögliche Verletzung eigener Rechte** der Kläger voraus. Unzulässig ist eine solche Nachbarklage daher, wenn offenkundig unter keinem rechtlichen Gesichtspunkt eine nachbarliche Rechtsverletzung in Betracht kommt. Es ist daher zu fragen, ob sich die Eheleute N auf eine **nachbarschützende Norm** berufen kann.

Im Hinblick auf die **persönlichen Voraussetzungen** bestehen diesbezüglich keinerlei Bedenken. Die N sind **Eigentümer** des an das Grundstück der Familie E angrenzenden Grund und Bodens und können daher die durch das Baurecht geschützten boden- und grundstücksbezogenen Rechte geltend machen. Jedoch müssten die N zudem geltend machen können, dass die Norm (oder die Normen), welche die Baugenehmigungsbehörde bei ihrer Entscheidung objektiv verletzt haben soll, nachbarschützenden Charakter hat. Nachbarschützend ist eine Rechtsvorschrift dann, wenn sie nicht nur öffentliche Interessen verfolgt, sondern – zumindest **auch** – dem **Schutz der Nachbarn** zu dienen bestimmt ist (nur BVerwGE 41, 58 [63]; 52, 122 [129]). Die betreffende Norm muss also das individuelle geschützte private Interesse, die Art seiner Verletzung und den Kreis der unmittelbar geschützten Personen hinreichend deutlich klarstellen und abgrenzen.

Vorliegend könnten sich die Eheleute N u.U. auf das **Abstandsflächengebot** des § 6 BauO NRW berufen; diese Norm könnte die Baugenehmigungsbehörde bei ihrer Entscheidung möglicherweise verletzt haben. Zwar scheint diese Vorschrift mit ihren mathematisch messbaren Geboten der Abstandswahrung auf den ersten Blick eine Norm zu sein, die allein öffentlichen Interessen dient. Dem Wortlaut des § 6 BauO NRW ist jedenfalls eine Bezugnahme auf die subjektiven Interessen der Nachbarn nicht zu entnehmen. Eine solche Interpretation würde jedoch den Sinn und Zweck der Abstandsflächenvorschriften nicht genügend würdigen. Mit den Abstandflächen sollen Licht und Luft für die Bewohner, aber auch die Zufahrt für Feuerwehr und Rettungsfahrzeuge gesichert werden. Abstände sollen auch einen Beitrag zum Wohnfrieden leisten und verhindern, dass durch ein zu enges Aufeinanderrücken der Gebäude Beeinträchtigungen entstehen. Somit dient § 6 BauO NRW zumindest auch dem Schutz der Nachbarn (OVG Münster, BRS 48 Nr. 139; weitere Nachweise s.o. *§ 21, Rn. 19*). Folglich können sich die Eheleute N auf eine nachbarschützende Norm berufen.

Der N könnte aber unter Umständen gehindert sein, diesen möglichen Rechtsverstoß und die Verletzung seiner Nachbarrechte geltend zu machen. Denn er hat dem E gegenüber in einem Gespräch mitgeteilt, er habe gegen das nunmehr genehmigte Projekt in dieser Form keine Einwände. Damit hat sich Herr N mit der erhobenen Klage in Gegensatz zu seinem eigenen vorherigen Verhalten gesetzt. Er hat nämlich gegenüber den Nachbarn in Kenntnis des Vorhabens sein Einverständnis mit der beabsichtigten Nutzungsänderung erklärt. Diese Erklärung durfte und musste bei den Eheleuten E die Annahme entstehen lassen, dass er keine Einwände gegen das Vorhaben hat. Wenn er sich dann, ohne dass weitere auf das Vorhaben bezogene Umstände hinzugekommen wären, später mit Widerspruch und Klage gegen das Vorhaben wandte, setzte er sich zu seinem eigenen vorhergehenden Verhalten in Widerspruch und handelte damit treuwidrig. Somit hat er sein **Klagerecht verwirkt** (ähnlich OVG Münster, BauR 1992, 753f.).

Fraglich ist, ob dies auch für Frau N gilt. Jedoch hat sie keine derartige Erklärung abgegeben und auch nichts getan, was bei den E die Annahme rechtfertigen konnte, sie sei mit dem Vorhaben einverstanden. Es gibt auch keine Anhaltspunkte und erst recht keinen allgemeinen Rechtsgrundsatz dergestalt, dass sie sich das Verhalten ihres Ehemannes zurechnen lassen muss. Somit hat Frau N die Klagebefugnis nicht verwirkt. Mithin ist nur in Bezug auf Frau N die Klagebefugnis gegeben.

4. Ordnungsgemäßes Vorverfahren

Es ist weiterhin zu prüfen, ob Frau N ein **Widerspruchsverfahren** gemäß § 68 VwGO hätte durchführen müssen. Zwar bedarf es einer Nachprüfung in einem Widerspruchsverfahren nicht, wenn ein Gesetz dies bestimmt (§ 68 I 2, Halbs. 1 VwGO; dazu *Kopp/Schenke,* VwGO, § 68 Rn. 16f.). Dabei ist der Ausschluss des Vorverfahrens durch Landesgesetz jedenfalls für die Rechtsgebiete möglich, für die dem Land nach der grundgesetzlichen Kompetenzverteilung – so wie etwa für das Bauordnungsrecht – die Gesetzgebungskompetenz zusteht (*Kopp/Schenke,* VwGO, § 68 Rn. 17a). Eine solche Regelung enthält § 110 I JustizG NRW. Vor Erhebung einer Anfechtungsklage bedarf es einer Nachprüfung in einem Vorverfahren abweichend von § 68 II VwGO nicht (§ 110 I 1 JustizG NRW). Damit ist ein Vorverfahren in Fall der Frau N entbehrlich.

5. Klagefrist

Die fristgerechte Erhebung der Klage könnte aber zweifelhaft sein, weil die Baugenehmigung für die Nutzungsänderung am 15. September 2014 erteilt, die Klage hingegen erst am 31. Oktober erhoben wurde, also in jedem Fall nach **Ablauf der Monatsfrist** des § 70 I 1 VwGO. Nun könnte man daran denken, dass aufgrund der Tatsache, dass die streitige Baugenehmigung der N überhaupt nicht bekanntgegeben wurde, die §§ 70 II, 58 II VwGO zur Anwendung kommen. Jedoch bezieht sich die letztgenannte Vorschrift ausdrücklich auf Fälle der fehlenden oder fehlerhaften Rechtsmittelbelehrung, nicht aber auch darauf, dass der fragliche Verwaltungsakt überhaupt nicht bekanntgegeben worden ist. Daher läuft gegen den auf diese Art und Weise übergangenen Nachbarn zunächst überhaupt keine Rechtsbehelfsfrist (BVerwG NJW 1974, 1269). Nicht zuletzt mit Rücksicht auf das nachbarliche Gemeinschaftsverhältnis ist der Nachbar jedoch gehalten, sich in geeigneter Weise über das Vorliegen einer Baugenehmigung zu unterrichten, wenn sich dafür Anhaltspunkte ergeben. Erlangt der Nachbar aufgrund solcher Erkundigungen oder Beobachtungen von der erteilten Baugenehmigung Kenntnis, so läuft die Frist nach §§ 70 II, 58 II VwGO (s. o. *Rn. 26f.*). Vorliegend musste sich für die N aufgrund der Tatsache, dass die Eheleute E unmittelbar nach Erhalt der Baugenehmigung mit Umbauten begannen, das Vorliegen einer Baugenehmigung geradezu aufdrängen. Folglich begann zu diesem Zeitpunkt der Lauf der Jahresfrist gem. § 58 II VwGO. Da es keine Anhaltspunkte für eine Verwirkung – etwa ein ungebührlich langes Zuwarten der N oder anderweitige Umstände – gibt, war die Klage fristgerecht eingelegt.

Zwischenergebnis: Sonstige Bedenken gegen die Zulässigkeit der Klage bestehen nicht. Die **Klage des Ehemannes** N ist somit **unzulässig,** die seiner **Ehefrau** N hingegen **zulässig.**

II. Begründetheit der Klage

Die Klage ist begründet, wenn der angefochtene Verwaltungsakt rechtswidrig und die N dadurch in ihren Rechten verletzt ist (§ 113 I 1 VwGO). Die den Eheleuten E erteilte Baugenehmigung müsste also zunächst einmal rechtswidrig sein. Da im Hinblick auf formale Aspekte Mängel der Genehmigung nicht ersichtlich sind, ist die **materielle Rechtmäßigkeit** der **Baugenehmigung** zu untersuchen.

1. Verstoß gegen § 6 BauO NRW

Es könnte hier ein **objektiver Verstoß** gegen **§ 6 BauO NRW** gegeben sein. Nach § 6 I 1, II 1, V 5 BauO NRW müssen Gebäude von den Grundstücksgrenzen einen Abstand einhalten, der mindestens 3 m beträgt. Diesem Erfordernis wird das Vorhaben der Eheleute E nicht gerecht, da es unmittelbar an der Grenze zum Grundstück der N steht. Der Anbau gehört auch nicht zu den in § 6 XI BauO NRW genannten Vorhaben, die ausnahmsweise mit geringeren Abstandsmaßen an der Grundstücksgrenze zulässig sind. Es liegt also eine objektive Rechtsverletzung vor.

2. Vorliegen einer Abweichung

Der objektive Verstoß gegen § 6 BauO NRW könnte jedoch unbeachtlich sein, wenn dieser durch eine **Abweichung** nach **§ 69 I BauO NRW** ausgeräumt werden könnte. Dann müsste jedoch der Abweichungstatbestand erfüllt sein. Eine Abweichung kann rechtmäßig nur zugelassen werden, wenn bei der Entscheidung u. a. auch die nachbarlichen Belange ausreichend gewürdigt werden (§ 69 I 1 BauO NRW).

Die **„Würdigung nachbarlicher Interessen"** besteht in der Abwägung mit dem Interesse des Bauherrn auf Zulassung einer Abweichung einerseits und dem Interesse des Nachbarn auf Einhaltung der Vorschriften und damit auf Verhinderung von Beeinträchtigungen oder Nachteilen andererseits. Die Versagung der Abweichung ist dann gerechtfertigt, wenn Belange des Nachbarn von erheblichem Gewicht dies erfordern. Stellt die Bauaufsichtsbehörde – wie vorliegend – einen eindeutigen Verstoß gegen materielle nachbarschützende Vorschriften des Abstandsrechts und damit einen dadurch bedingten Eingriff in die geschützte Rechtssphäre des Nachbarn fest, bedarf es zugunsten des Bauherrn gewichtiger öffentlicher Belange, um die Abweichung rechtfertigen zu können. Denn es ist bereits der Zweck der Abstandsregelungen, die von dem jeweiligen Nachbarn hinzunehmende Bebauung auf ein Maß zu begrenzen, jenseits dessen die Bebauung für den Nachbarn unzumutbar ist. Dementsprechend sind bereits die Abstandsflächenregelungen Maßstab dafür, was dem jeweiligen Nachbarn zumutbar ist. Die Belange des Bauherrn scheiden insoweit im konkreten Fall als Gegengewicht aus. In einer solchen Situation kann ein der gesetzlichen Regelung zuwiderlaufendes Ergebnis nur dann rechtens sein, wenn die Grundstücks- und Bausituation von dem den gesetzlichen Regelungen zugrundeliegenden Normalfall deutlich abweicht. Dies ist vorliegend nicht der Fall. Somit kann die Unvereinbarkeit des Vorhabens der Familie E mit § 6 BauO NRW auch nicht gem. § 69 I 1 BauO NRW im Wege der Abweichung ausgeräumt werden.

3. Aspekt des Bestandsschutzes

Fraglich ist indes, ob sich die von der N angefochtene Baugenehmigung nicht unter dem Gesichtspunkt des Bestandsschutzes rechtfertigen lässt. In der Rechtsprechung ist seit langem geklärt, dass der auf der Eigentumsgarantie des Art. 14 GG beruhende Bestandsschutz eine bauliche Anlage nur in ihrem konkreten Bestand schützt (BVerwGE 36, 296). Dabei begründet der Bestandsschutz, der einer baulichen Anlage zukommt, ohne weiteres die Befugnis, Erhaltungs- und Reparaturmaßnahmen an dieser Anlage vorzunehmen, wenn und soweit dies erforderlich ist, um den vorhandenen Bestand sowie die Funktion dieses Bestandes zu erhalten. Der baurechtliche Bestandsschutz kann sogar eine begrenzte Erweiterung des geschützten Baubestandes rechtfertigen, soweit seine angemessene Nutzung dies erfordert, etwa durch die Errichtung von Garagen für ein in seinem Bestand geschütztes Wohngebäude (BVerwG, BRS 46 Nr. 148). Vom Bestandsschutz sind freilich nur solche Erhaltungs- und Instandsetzungsarbeiten gedeckt, welche die **Identität** des wiederhergestellten mit dem ursprünglichen Bauwerk **wahren.** Dies trifft dann nicht mehr zu, wenn die Instandsetzung eine statische Nachberechnung des gesamten Bauwerks erfordert (qualitativer Gesichtspunkt) oder der mit der Instandsetzung verbundene Arbeitsaufwand den für einen Neubau erreicht oder übersteigt (quantitativer Gesichtspunkt; BVerwGE 61, 112; 47, 126).

Vorliegend war vor Beginn der Baumaßnahme als geschützter Bestand nur noch der eingeschossige Anbau vorhanden. Die ursprüngliche Schmiede war, da sie untergegangen war, für die bauliche Situation auf dem Grundstück nicht mehr von Relevanz. Insoweit ist das nunmehr errichtete Vorhaben nicht identisch mit dem früheren Anbau. Unter Verwendung von Außenmauern des ursprünglichen Objekts wurde praktisch ein Neubau errichtet. Der Gesichtspunkt des Bestandsschutzes kann den Erlass der Baugenehmigung folglich nicht rechtfertigen.

4. Vorliegen einer tatsächlichen Beeinträchtigung

Es ist darüber hinaus zu prüfen, ob hier eine tatsächliche Beeinträchtigung der N – soweit eine solche für eine erfolgreiche Nachbarklage gegeben sein muss – vorliegt. Indes kann die Frage nach dem Erfordernis einer solchen tatsächlichen Beeinträchtigung u. U. offenbleiben (dazu oben *§ 20 Rn. 17*). Zwar dürften zurzeit für das Grundstück der N keine Nachteile entstehen, weil ein genügend großer Freiraum zwischen dem Vorhaben und dem Wohnhaus der N besteht. Die durch § 6 BauO NRW geschützten Belange sind auf diese Weise gegenwärtig tatsächlich nicht beeinträchtigt. Eine für die Geltendmachung eines Abwehrrechts wegen Verletzung des § 6 BauO NRW ausreichende faktische Beeinträchtigung des Nachbarn ist indes bereits dann gegeben, wenn sich das rechtswidrige Vorhaben spürbar negativ auf die künftigen Nutzungsmöglichkeiten des Nachbargrundstücks auswirkt, auch wenn die im Zeitpunkt der Errichtung des Vorhabens tatsächlich ausgeübte Nutzung noch nicht beeinträchtigt ist. Hier ist es ohne weiteres vorstellbar, dass das Grundstück der N **in der Zukunft** in einer Weise genutzt wird, bei der sich das Vorhaben der E als nachteilig erweist. So wäre etwa für eine Wohnnutzung (bei einem weiteren auf dem Grundstück der N zu errichtenden Haus) eine Grenzbebauung in Anbetracht der dann einzuhaltenden Abstandsflächen ohne weiteres nachteilig. Eine tatsächliche Beeinträchtigung ist folglich gegeben.

5. Rechtsmissbrauch

Zu prüfen ist schließlich noch, ob die N unter dem **Gesichtspunkt von Treu und Glauben** gehindert ist, sich auf die Verletzung der Abstandsflächenregelung zu berufen. Das auch im öffentlichen Recht geltende Verbot unzulässiger Rechtsausübung wird der Rechtsprechung zufolge auf die Geltendmachung nachbarlicher Abwehrrechte übertragen und zwar regelmäßig in Form des **Schikaneverbots nach § 226 BGB.** Dies kommt etwa zur Anwendung, wenn der erforderliche Grenzabstand nur um wenige Zentimeter unterschritten wird oder an einer Stelle nicht eingehalten wird, wo sich die Grenzbebauung nicht spürbar auf das Nachbargrundstück auswirkt (OVG Saarlouis, BRS 47, 261 [265]; OVG Koblenz, BRS 35, 346 [348]). In Anbetracht der Einhaltung überhaupt keiner Abstandsfläche in einem für das Grundstück der N durchaus baurechtsrelevanten Bereich kann davon indes keine Rede sein. Auch die Tatsache, dass bei der nunmehr genehmigten Nutzung wahrscheinlich weniger Beeinträchtigungen für die N zu befürchten sind als bei der baurechtlich zulässigen Garagennutzung (ständiges An- und Abfahren, Abgase) führt nicht zu einer anderen Bewertung. Das Begehren der N auf Aufhebung der streitigen Baugenehmigung stellt sich diesbezüglich nicht als schikanöse Rechtsausübung dar.

Somit ist die der Familie E erteilte Baugenehmigung rechtswidrig und verletzt die N in ihren Rechten.

Ergebnis: Die Klage der N ist folglich begründet.

C. Verpflichtungsrechtsbehelfe

I. Allgemeines

Die Frage nach verwaltungsgerichtlichem Rechtsschutz des Baunachbarn stellt sich auch in den Fällen, in denen die Baurechtsbehörde den bei ihr ge- 39 stellten Verwaltungsantrag des Baunachbarn auf ein bestimmtes Einschreiten gegen den Bauherrn schon abgelehnt oder ihn noch nicht einmal beschieden hat. Der vom Baunachbarn von der Baurechtsbehörde begehrte und von dieser an den Bauherrn (Störer) zu richtende Verwaltungsakt besteht in der Regel im **Erlass** einer **repressiven Maßnahme,** etwa im Erlass einer Abbruchsanordnung, einer Nutzungsuntersagung, einer Baueinstellung oder einer allgemeinen bauaufsichtsrechtlichen Anordnung (dazu *§ 19 Rn. 12f.*), ferner auch in der Rücknahme oder im Widerruf einer Baugenehmigung oder eines Vorbescheides. Auch dieser Nachbarschutz ist folglich durch eine Dreiecksbeziehung gekennzeichnet, die durch die jeweiligen Beziehungen des Baunachbarn und des Bauherrn zur Baurechtsbehörde gebildet wird (dazu *Seidel,* NVwZ 2004, 139).

40 Im Hinblick auf die **„freigestellten" Wohnbauvorhaben** (s.o. *§ 18 Rn. 17*) ist folgendes zu beachten: im Unterschied zu einer für ein Bauvorhaben erteilten Baugenehmigung kann bei diesen Maßnahmen nicht ein Verwaltungsakt mit Rechtsmitteln angefochten werden. Der Nachbar muss vielmehr zunächst bei der Bauaufsichtsbehörde die Untersagung des Bauvorhabens ganz oder teilweise oder die Baueinstellung oder die Baubeseitigung anstreben. Wird die Behörde zum Schutz des Nachbarn nicht tätig, kann dieser beim Verwaltungsgericht einen Antrag auf Erlass einer **einstweiligen Anordnung** nach § 123 VwGO stellen (VG Gießen, NVwZ-RR 2005, 166).

41 Soweit eine besondere Eilbedürftigkeit nicht vorliegt, kann die **Verpflichtungsklage,** ggfls. in Form der Untätigkeitsklage, erhoben werden (weiterführend OVG Münster, NWVBl 1999, 220; OVG Bautzen, BRS 58 Nr. 197; VGH Baden-Württemberg, BauR 1995, 219; *Bamberger,* NVwZ 2000, 983). Allerdings lässt die Rechtsprechung mittlerweile – zumindest wenn das Vorhaben keinen Verstoß gegen nachbarschützende Vorschriften erkennen lässt und die Auswirkungen auf das Nachbargrundstück als nicht gravierend anzusehen sind – eine Tendenz erkennen, den klagenden Nachbarn auf den Zivilrechtsweg zu verweisen (OVG Lüneburg, NVwZ-RR 2009, 101).

Schaubild 32: Handlungsmöglichkeiten bei freigestellten Vorhaben

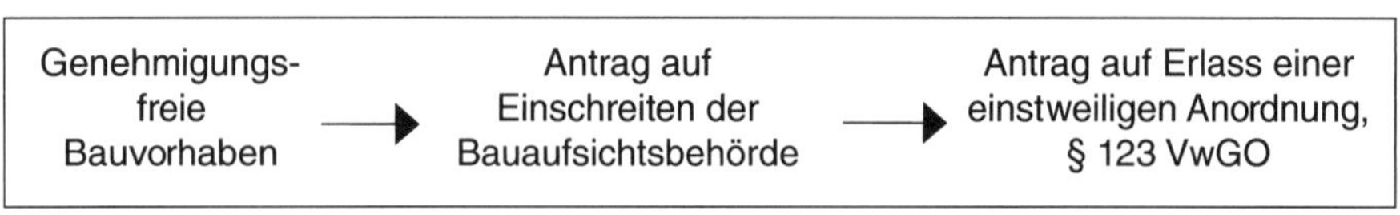

II. Verfahrenseinleitender Antrag

42 Das auf Einschreiten der zuständigen Bauaufsichtsbehörde gerichtete Verwaltungsverfahren wegen Verletzung der baurechtlichen Ordnung wird durch einen Antrag des Baunachbarn bei Behörde eingeleitet. Ohne einen vorherigen Antrag wäre eine Verpflichtungsklage mangels Rechtsschutzbedürfnisses bereits unzulässig (VGH Mannheim, VBlBW 1993, 431 [432]). Der Antrag ist **weder form- noch fristgebunden,** kann indes im Einzelfalle verwirkt sein.

III. Anspruch des Nachbarn

1. Anspruch auf fehlerfreie Ermessensausübung

Das bauaufsichtsrechtliche Einschreiten der Baurechtsbehörde gegen den Bauherrn erfordert eine besondere gesetzliche Ermächtigungsgrundlage. Dies gilt auch dann, wenn die Bauaufsichtsbehörde auf einen Antrag des Nachbarn hin gegen den Bauherrn vorgehen soll. Alle Ermächtigungsgrundlagen für ein Einschreiten der Bauaufsichtsbehörden gegen den Bauherrn sind indes dadurch gekennzeichnet, dass sie die Baurechtsbehörden zum Einschreiten grundsätzlich nicht verpflichten, sondern sie zum **Einschreiten** nach **pflichtgemäßem Ermessen** nur berechtigen. Dementsprechend ist auch der Anspruch des Nachbarn auf ein behördliches Einschreiten gegen die ohne die erforderliche Genehmigung aufgenommenen Bauarbeiten oder die nachbarrechtswidrigen genehmigungsfreien Vorhaben auf fehlerfreie Ermessensausübung beschränkt (BVerwGE 11, 95; OVG Bremen, NVwZ 1991, 1006; OVG Lüneburg, BauR 1994, 86; *Muckel/Ogorek,* ÖffBauR, § 10 Rn. 60f.). 43

Zu beachten bleibt, dass die Ermächtigungsgrundlagen einem Baunachbarn einen **subjektiv-öffentlichen Rechtsanspruch** auf **fehlerfreie Ermessensausübung** durch die Baurechtsbehörden nur in den Fällen einräumen, in denen sie nicht nur dem öffentlichen Interesse an der Wahrung und an der Wiederherstellung der baurechtlichen Ordnung zu dienen bestimmt sind, sondern indem sie daneben auch den Schutz konkreter nachbarlicher Einzelinteressen bezwecken. Bauaufsichtsrechtlichen Eingriffsnormen kommt dementsprechend eine nachbarschützende Wirkung nur zu, soweit materiellrechtliche Vorschriften des öffentlichen Baurechts mit nachbarschützender Wirkung ausgestattet und soweit damit öffentlich-rechtliche Rechtsansprüche des Baunachbarn verletzt sind (BVerwG, NJW 1978, 554; NVwZ 1992, 165; ZfBR 1993, 92). Dabei kommt es im Kern nicht auf die bauaufsichtliche Grundlage für das Eingreifen der Behörde an, sondern auf diejenigen Rechtsvorschriften, die die Baurechtskonformität des Vorhabens regeln (*Bönker,* in: H/B/G, ÖffBauR, § 18 Rn. 103). 44

Wichtig: Der Anspruch des Nachbarn auf ein behördliches Einschreiten gegen den Bauherrn ist auf eine fehlerfreie Ermessensausübung beschränkt.

2. Ermessensreduzierung „auf Null“

45 Der Rechtsanspruch des Baunachbarn kann sich **ausnahmsweise** zu einem **Rechtsanspruch** auf ein **Einschreiten** der zuständigen Baurechtsbehörde verdichten, wenn nämlich jede andere Entscheidung als das Einschreiten gegen den Bauherrn ermessensfehlerhaft wäre (**Ermessensreduktion auf Null;** dazu VG Gießen, NVwZ-RR 2005, 166). Eine derartige Ermessensschrumpfung kommt i. d. R. nur in den Fällen in Betracht, in denen die Störung eine Schädlichkeit in einem Ausmaß angenommen hat oder annehmen würde, dass zugunsten des davon Betroffenen eingeschritten werden muss.

Beispiele:
- So ist eine Ermessensreduzierung auf Null etwa dann angenommen worden, wenn keine sachgerechten Gründe dafür sprachen, von einem behördlichen Einschreiten abzusehen (OVG Münster, NJW 1984, 883).
- Eine Ermessensreduzierung kommt zudem in Betracht, wenn eine Gefährdung elementarer Lebenspositionen, wie etwa von Leben und körperlicher Unversehrtheit (VGH Mannheim, BauR 1979, 222 f.), oder von bedeutenden Sachwerten gegeben ist.
- Bejaht wurde eine Ermessensreduzierung auf Null zudem bei einer unzumutbaren Beeinträchtigung des in seinen Rechten verletzten Nachbarn (VGH München, BRS 48 Nr. 175).

Wichtig: Eine Ermessensreduzierung auf Null zu Gunsten eines Nachbarn tritt nur bei einer besonders qualifizierten Beeinträchtigung seiner Rechtsstellung ein, richtet sich also nach Ausmaß und Schwere des (Nachbar-)Rechtsverstoßes durch die formell und materiell rechtswidrige Anlage auf dem benachbarten Grundstück (BVerwG, NVwZ 1988, 824; 1995, 272).

Achtung: Es verbleibt den Baurechtsbehörden auch in diesen Fällen der massiven Störung oder Gefährdung i. d. R. immer noch ein ausnutzbarer Ermessensspielraum für das anzuwendende Mittel. Nur selten wird das Ermessen auch insoweit auf Null reduziert sein, dass nur eine einzige Maßnahme zur Beseitigung der rechtswidrigen Beeinträchtigung in Betracht kommt (OVG Münster, BRS 39 Nr. 178).

Fall 23: Schweinereien

46 Verpflichtungsklage, Klagebefugnis (drittschützende Norm), allgemeines Rechtsschutzbedürfnis, Anspruch auf bauordnungsrechtliches Einschreiten, Umgebungsschutz (Belästigungen bei Tierställen, Anlagenbegriff, allgemeine

Anforderungen an bauliche Anlagen gem. § 3 BauO NRW), Ermessensausübung

Sachverhalt

E ist Eigentümer eines Einfamilienhauses in der Gemeinde G in NRW. Er hat mit seinem Nachbarn N ständig Ärger, u. a. im Hinblick auf die Einfriedung der gemeinsamen Grundstücksgrenze. Anfang August 2012 errichtet N ohne Genehmigung einen 4m × 4m großen, 3m hohen Anbau (unter Wahrung der erforderlichen Abstandflächen), in dem er ab November 2012 mehrere Schweine mästet, die er im Wesentlichen mit Speiseresten seiner Freunde und Bekannten füttert. Diese Abfälle lagert N in unmittelbarer Nähe zum Nachbargrundstück des E. E befürchtet, dass die Speiseabfälle Ungeziefer und Ratten anziehen; darüber hinaus fühlt er sich durch den Geruch, der von dem „Schweinestall" ausgeht, gestört, zumal N der einzige Anwohner ist, der – von Hunden und Katzen abgesehen – in der Wohnsiedlung Tiere hält. Er teilt der zuständigen Behörde (B) diesen Sachverhalt im August 2013 mit und verlangt, dass dem N aufgegeben wird, eine derartige Grundstücksnutzung zu unterlassen. Bei einer daraufhin erfolgenden Besichtigung der Grundstücke wird festgestellt, dass sowohl auf der Terrasse als auch im Haus des E der Geruch des Schweinestalles deutlich wahrnehmbar ist. B lehnt dennoch den Antrag des E im Januar 2014 mit der Begründung ab, eine gesetzliche Grundlage für ein Einschreiten gegen N sei nicht ersichtlich. E erhebt fristgerecht Klage beim Verwaltungsgericht und beantragt, B unter Aufhebung der Bescheide zu verpflichten, dem N die Nutzung des Anbaues als Schweinestall zu untersagen und ihm aufzugeben, den inzwischen 2m hohen Abfallberg zu beseitigen. Er trägt u. a. vor, zwischenzeitlich seien auf seinem Grundstück Ratten festgestellt worden.

Wie wird das Verwaltungsgericht entscheiden? (Hinweis: Vorschriften der Immissionsschutz- und Abfallgesetze sind nicht zu prüfen).

Lösung

Das VG wird der Klage stattgeben, wenn sie zulässig und begründet ist.

I. Zulässigkeit der Klage

1. Verwaltungsrechtsweg

E begehrt von B den Erlass einer Ordnungsverfügung gegen N. Der Erlass einer derartigen Anordnung richtet sich nach den Vorschriften des (Bau-)Ordnungsrechts. In Betracht kommen hier Maßnahmen der Gefahrenabwehr gem. § 58 I, II BauO NRW. Dieser Rechtssatz berechtigt und verpflichtet die Ordnungsbehörden in ihrer spezifischen Eigenschaft als Hoheitsträger, so dass hier eine öffentlich-rechtliche Streitigkeit (zur modifizierten Subjektstheorie bspw. *Maurer,* Allg. VerwR, § 3 Rn. 17 ff.) vorliegt. Hinsichtlich der weiteren Voraussetzungen des § 40 I 1 VwGO bestehen keine Bedenken. Der Verwaltungsrechtsweg ist somit gem. § 40 I 1 VwGO eröffnet.

2. Klageart

Die Klageart ist abhängig vom tatsächlichen Begehren des E. Das begehrte behördliche Handeln ist ersichtlich nicht auf unmittelbare Beseitigung der behaupteten Störung gerichtet, sondern zielt auf den Erlass von Ge- bzw. Verboten gegenüber N, die als Verwaltungsakte i. S. d. § 35 S. 1 VwVfG zu qualifizieren sind. Richtige Klageart ist daher die **Verpflichtungsklage** gem. § 42 I 1, 2. Alt. VwGO.

3. Klagebefugnis

E müsste nach § 42 II VwGO geltend machen können, dass durch die Ablehnung der Maßnahme eine Verletzung seiner Rechte möglich ist. Hinsichtlich der Geltendmachung der Rechtsverletzung ist es erforderlich – aber auch ausreichend –, dass der Sachvortrag des E eine **Beeinträchtigung eigener Rechte** als möglich erscheinen lässt. E macht geltend, durch die Nutzung des Nachbargrundstücks – insbesondere durch die Geruchsimmissionen – gestört zu werden. Er befürchtet Gefahren für seine Gesundheit und behauptet, B sei verpflichtet, gegen eine derartige Nutzung vorzugehen.

E macht daher geltend, die Nutzung des Grundstücks durch N sei (bau-)rechtswidrig und B müsse zum Schutz seiner Rechtsgüter einschreiten. Mit einer evtl. bestehenden Verpflichtung bzw. Berechtigung der Behörde, die Aufrechterhaltung der objektiven Rechtsordnung zu überwachen und entsprechend einzuschreiten, korrespondiert aber nicht notwendig ein Recht der Bürger, dies (im eigenen oder allgemeinen staatsbürgerlichen Interesse) verlangen zu können, da es einen allgemeinen Gesetzesvollziehungsanspruch des Bürgers gegen den Staat nicht gibt. Eine subjektiv-rechtliche Betroffenheit des E ist somit nur dann möglich, wenn die durch B zu überwachenden Vorschriften der Gefahrenabwehr auch gezielt den Schutz individueller Rechte des E bezwecken (grds. BVerwG BauR 1983, 547 [548]; DVBl 1985, 122).

Nach § 58 II BauO NRW wird die Einhaltung der öffentlich-rechtlichen Vorschriften überwacht. In Betracht kommt hier § 3 BauO NRW. § 3 I 1 BauO NRW erwähnt die **Individualrechtsgüter** Leben und Gesundheit. Es erscheint zumindest möglich, dass die Norm auch individuelle Rechtspositionen des E schützt. E ist daher klagebefugt.

4. Vorverfahren

Nach § 68 I 1, II VwGO ist vor Erhebung einer Verpflichtungsklage ein Vorverfahren (Widerspruchsverfahren) durchzuführen, wenn – wie hier – der Antrag auf Vornahme eines Verwaltungsaktes abgelehnt worden ist. Einer solchen Nachprüfung in einem Widerspruchsverfahren bedarf es nicht, wenn ein Gesetz dies bestimmt (§ 68 I 2, Halbs. 1 VwGO; dazu *Kopp/Schenke,* VwGO, § 68 Rn. 16f.). Dabei ist der Ausschluss des Vorverfahrens durch Landesgesetz jedenfalls für die Rechtsgebiete möglich, für die dem Land nach der grundgesetzlichen Kompetenzverteilung – so wie etwa für das Bauordnungsrecht – die Gesetzgebungskompetenz zusteht (*Kopp/Schenke,* VwGO, § 68 Rn. 17a). Eine solche Regelung enthält § 110 I JustizG NRW. Vor Erhebung einer Verpflichtungsklage bedarf es einer Nachprüfung in einem Vorverfahren abweichend von § 68 II VwGO demnach nicht (§ 110 I 2 JustizG NRW; s. o. Fälle 17 u. 21). Damit ist ein Vorverfahren entbehrlich.

5. Klagefrist

Die Klagefrist des § 74 VwGO ist eingehalten.

6. Allgemeines Rechtsschutzbedürfnis

Bezüglich des allgemeinen Rechtsschutzbedürfnisses darf dem E kein anderes, einfacheres (gerichtliches) Verfahren zur Verfügung stehen, in dem er mit der gleichen materiellrechtlichen Rüge zur Erreichung der gleichen Rechtswirkung oder des gleichen Ziels effektiver zum gewünschten Erfolg gelangen könnte. Ein subjektiv-öffentliches Recht auf Erlass eines belastenden Verwaltungsaktes gegenüber N kann E nur im Verwaltungsrechtsweg geltend machen. Allein unter dem Gesichtspunkt des tatsächlich erstrebten Erfolges – also Unterlassung der störenden Nutzung – könnte hier allerdings der Zivilrechtsweg eröffnet sein (§ 13 GVG i. V. m. §§ 823, 906ff., 1004 BGB). Der **Verwaltungsrechtsweg** ist jedoch gegenüber dem Zivilrechtsweg nicht subsidiär, sondern **rechtlich gleichwertig.** Die Möglichkeit des zivilgerichtlichen Rechtsschutzes lässt daher das Rechtsschutzbedürfnis des E für den Verwaltungsrechtsweg unberührt (s. o. § 1 Rn. 12).

Sonstige Bedenken gegen die Zulässigkeit der Klage bestehen nicht.

Zwischenergebnis: Die Klage ist somit zulässig.

II. Begründetheit der Klage

Die Klage ist begründet, wenn die Ablehnung der begehrten Ordnungsverfügung (objektiv) rechtswidrig und E dadurch in seinen Rechten verletzt ist (§ 113 V 1 VwGO).

E müsste somit in einem subjektiv-öffentlichen Recht betroffen sein. Als beeinträchtigtes subjektives Recht kommt hier der richterrechtlich entwickelte **Anspruch** (erstmals BVerwGE 11, 95; auch OVG Bremen, BRS 27 Nr. 192; OVG Lüneburg, BauR 1994, 86) auf **(bau-)ordnungsrechtliches Einschreiten** in Betracht. Danach wäre B zur Beseitigung rechtswidriger Zustände nicht nur berechtigt, sondern unter bestimmten Voraussetzungen dem E gegenüber auch verpflichtet. Eine derartige Verpflichtung des B gegenüber E hätte aber ihre rechtliche Grenze in der B eingeräumten Befugnis gegenüber N. Hieraus folgt, dass E nur aus solchen Normen eine Verpflichtung des B herleiten kann, die die begehrten Verwaltungsakte gegen N als mögliche Rechtsfolge überhaupt vorsehen (BVerwG, NJW 1978, 554; NVwZ 1992, 165; ZfBR 1993, 92).

1. Anspruchsgrundlage

Als **Rechtsgrundlage** der begehrten Verwaltungsakte käme **§ 58 II BauO NRW** in Betracht, wenn B hierdurch zum Erlass von Ordnungsverfügungen ermächtigt wird. § 58 BauO NRW erwähnt in der Überschrift ausdrücklich neben den Aufgaben die „Befugnisse" der Bauaufsichtsbehörde. § 58 II BauO NRW ist somit eine bauordnungsrechtliche Generalklausel, die die Behörde zum Erlass von Ordnungsverfügungen ermächtigt (OVG Münster, NWVBl 1987, 19 [20]).

Fraglich ist, ob § 58 BauO NRW auch die **Individualrechtsgüter** des E schützen will. Direkt lässt sich ein derartiger Schutz dem § 58 BauO NRW nicht entnehmen, da lediglich auf die zu überwachenden öffentlich-rechtlichen Vorschriften abgestellt wird. Für den Individualschutz des E, also für die Frage, ob die Vorschrift nicht nur Ermächtigungsgrundlage für B, sondern auch Anspruchsgrundlage für E ist, muss daher auf die möglicherweise verletzten öffentlich-rechtlichen Vorschriften abgestellt werden. Hier kommen die Vorschriften des Bauplanungs- und Bauordnungsrechts sowie alle Normen in Betracht, die Anforderungen an Gebäude und sonstige bauliche Anlagen enthalten. Nach Ansicht des BVerwG (BVerwGE 52, 122 [129]) ist es neben dem vom Gesetzgeber gewollten Individualschutz erforderlich, dass die Vorschrift „einen bestimmten und abgrenzbaren, d. h. individualisierbaren und nicht übermäßig weiten Kreis der Berechtigten erkennen" lässt.

Da die konkrete bauplanungsrechtliche Situation nicht bekannt ist, scheiden Vorschriften des Bauplanungsrechts als Anspruchsgrundlage aus. Als **nachbarschützende Vorschriften** des Bauordnungsrechts kommt die Generalklausel des **§ 3 BauO NRW** in Betracht. § 3 I 1 BauO NRW schützt Rechtsgüter des Einzelnen wie Leben und Gesundheit. § 3 BauO NRW könnte daher i. V. m. § 58 II BauO NRW Grundlage für den Anspruch von E sein.

Als Zwischenergebnis ist somit festzuhalten, dass § 58 II i. V. m. § 3 BauO NRW als Ermächtigungs- bzw. Anspruchsgrundlage in Betracht kommt.

2. Tatbestandsvoraussetzungen

Zum Erlass der begehrten Verwaltungsakte müssten die formellen und materiellen Voraussetzungen der aufgezeigten Ermächtigungsgrundlagen vorliegen.

Von der Zuständigkeit der Behörde ist laut Sachverhalt auszugehen.

Materiell fordert § 58 II BauO NRW, dass bei der Errichtung, Änderung oder Nutzungsänderung baulicher Anlagen öffentlich-rechtliche Vorschriften eingehalten werden.

Bauliche Anlagen sind mit dem Erdboden verbundene, aus Baustoffen oder Bauteilen hergestellte Anlagen (§ 2 I 1 BauO NRW). Anhaltspunkte, dass der **Anbau** diese Voraussetzungen nicht erfüllt, enthält der Sachverhalt nicht.

Fraglich ist, ob der Anbau gegen öffentlich-rechtliche Vorschriften verstößt.

Die formelle Illegalität des Anbaues ergibt sich bereits aus der fehlenden Genehmigung (§ 60 BauO NRW), da eine Ausnahme vom Genehmigungserfordernis nicht vorliegt Insbesondere § 62 I Nr. 1a) BauO NRW ist zu verneinen. Denn der Stall des N dient keinem landwirtschaftlichen Betrieb und wird in einer Wohnsiedlung und nicht im Außenbereich betrieben.

Zu prüfen bleibt, ob ein **Verstoß** gegen **§ 3 BauO NRW** vorliegt. Die Geruchsbelästigung durch den Schweinestall ist merkbar, lässt sich jedoch nicht als Gesundheitsgefährdung bewerten. Durch die Anhäufung der Speisereste könnte jedoch eine Gefahr für die Gesundheit des E und anderer Nachbarn gegeben sein (§ 3 I 1 BauO NRW). Durch die offene Lagerung der Speisereste ist jedenfalls mit einer Verschlechterung der hygienischen Verhältnisse zu rechnen. Darüber hinaus wurden bereits Ratten auf den Grundstücken festgestellt, so dass gesundheitliche Gefahren naheliegen. Also ist nicht auszuschließen, dass die Lagerung der „Abfälle" mit hinreichender Wahrscheinlichkeit zu einem Schaden führt. Indes geht es im Rahmen des § 3 BauO NRW um Anforderungen an „bauliche Anlagen sowie andere Anlagen und Einrichtungen i.S. von § 1 I 2 BauO NRW". Es müsste sich also bei der „Speisereste-Anhäufung" um eine bauliche Anlage handeln. Gem. § 2 I 3 Nr. 1 BauO NRW gelten auch Aufschüttungen als bauliche Anlagen. Unter einer Aufschüttung ist eine künstliche Veränderung der Geländeoberfläche durch Erhöhung des Bodenniveaus zu verstehen, die von einer gewissen Dauer sein soll (OVG Lüneburg, BRS 48 Nr. 164). Die Rechtsprechung stellt dabei relativ geringe Anforderungen, so ist etwa schon die Aufschüttung eines Grundstücks mit Erdaushub (VG Freiburg, NVwZ-RR 1995, 636) oder ein aus Gründen der Gartengestaltung angelegter Wall von 60 cm Höhe als Aufschüttung angesehen worden (VGH Kassel, BauR 2003, 866). Angesichts der Höhe des „Resteberges" sowie der auf Dauer angelegten Verwendung „gilt" dieser folglich als bauliche Anlage. Ein Verstoß gegen § 3 I BauO NRW liegt somit vor.

Somit sind die tatbestandlichen Voraussetzungen für eine Ordnungsverfügung nach § 58 II BauO NRW gegeben.

3. Ermessen

Auf der **Rechtsfolgenseite** steht die Entscheidung der Behörde B in ihrem **pflichtgemäßen Ermessen.** B hat Maßnahmen gegen N mit der Begründung abgelehnt, eine gesetzliche Grundlage sei nicht ersichtlich. Sie hat damit die Ermächtigungsgrundlage (§ 58 II BauO NRW i.V.m. § 3 BauO NRW) übersehen, so dass die Ablehnung wegen Ermessensausfalls rechtswidrig ist.

Zu prüfen bleibt, ob E hierdurch in seinen **Rechten verletzt** ist (§ 113 V 1 VwGO). Dies wäre der Fall, wenn E einen Anspruch auf Erlass der begehrten Maßnahmen hat.

Aus der formellen Illegalität ergibt sich für E kein subjektiv-öffentliches Recht, da das Genehmigungserfordernis allein im öffentlichen Interesse besteht.

Im Hinblick auf den Verstoß gegen § 3 I 1 BauO NRW ist fraglich, ob das subjektiv-öffentliche Recht zu einem strikten Anspruch auf Einschreiten in der beantragten Art und Weise erstarkt ist.

Bezüglich der Nutzung als Schweinestall ist die Untersagung geeignet, erforderlich und verhältnismäßig i.e.S., so dass insoweit die Möglichkeit zum Erlass einer derartigen Verfügung besteht, die auch notwendig ist, um die Rechte des E zu wahren. Gleiches gilt für die Beseitigung des Abfallberges. Ein Anspruch auf Einschreiten besteht jedoch nur, wenn der Ermessensspielraum derart reduziert ist, dass eine **Eingreifpflicht** besteht. Diese wird u.a. angenommen, wenn schwere Gefahren für Leib und Leben bestehen (BVerwGE 11, 95 [97]). Fraglich ist daher, ob B unter Berufung auf das Opportunitätsprinzip ein Einschreiten gegen N ablehnen könnte. Eine derartige Ermessensausübung wäre nur rechtmäßig, wenn die Untätigkeit durch sachliche Gründe gerechtfertigt wäre. Tragfähige Gründe hierfür sind jedoch nicht erkennbar und von B auch nicht vorgetragen. Im Übrigen ist auch zu berücksichtigen, dass eine bloße mengenmäßige Reduzierung der Ablagerung nicht ausreichend ist, weil auf diese Weise die Gefahr nicht wirksam eingedämmt und die Einhaltung entsprechender Vorgaben durch die Behörden letztlich nicht effektiv kontrollierbar ist.

Ergebnis: Die Klage ist somit auch begründet.

3. Ermessen beim Wegfall der Baugenehmigung

Problematisch ist, welche Auswirkungen es auf das behördliche Ermessen in Bezug auf die Beseitigung der baulichen Anlage hat, wenn eine Nachbarschutzklage erfolgreich ist und die Baugenehmigung vom Verwaltungsgericht aufgehoben wird. Das Ermessen der Bauaufsichtsbehörde ist hier jedenfalls reduziert, da sie nicht sehenden Auges die Gerichtsentscheidung ignorieren und einen rechtswidrigen Zustand bestehen lassen kann. In aller Regel ist es also geboten, dass die Behörde einschreitet; Nichtstun der Behörde lässt sich nur durch außergewöhnliche Umstände rechtfertigen, etwa wenn der Nachbar nicht spürbar beeinträchtigt ist (BVerwG, NVwZ 2019, 1456 [1458]; vertiefend *F/O/O,* ÖffBauR II, § 20, Rn. 9ff.). 47

4. Anspruch auf Vollzug

Selbst wenn dem Nachbarn ein Anspruch auf Erlass einer Beseitigungsverfügung zusteht, ist damit noch nicht geklärt, ob dies zugleich auch einen Anspruch auf Vollzug – etwa durch Anordnung der sofortigen Vollziehung (§ 80 II 1 Nr. 4 VwGO) und durch Vollstreckungsmaßnahmen – umfasst. Dabei ist in materiellrechtlicher Hinsicht zu beachten, dass Grundverfügung und Vollstreckungsmaßnahmen jeweils selbstständig sind. Aus einem Anspruch auf Erlass einer Beseitigungsanordnung folgt daher nicht ohne weiteres auch ein solcher auf deren Vollzug. 48

D. Rechtsschutz bei Vorhaben öffentlicher Bauherren

Besonderheiten für den Rechtsschutz des Nachbarn ergeben sich bei rechtswidrigen Vorhaben öffentlicher Bauherren. Bedarf das nachbarrechtsverletzende Vorhaben einer die Baugenehmigung ersetzenden **Zustimmung** der oberen Bauaufsichtsbehörde, kann sich der Nachbar mit **Widerspruch** und **Anfechtungsklage** gegen diesen Verwaltungsakt zur Wehr setzen (OVG Münster, NVwZ-RR 1990, 531). Dies gilt auch für den Fall, dass sich eine Gemeinde gegen ein derartiges Vorhaben gerichtlich zur Wehr setzt (VG Gelsenkirchen, NWVBl 2005, 146). 49

Im Falle rechtswidriger Bautätigkeit fehlt der Bauaufsichtsbehörde indes die Befugnis, gegen den hoheitlich handelnden Vorhabenträger mit ihrem ordnungsbehördlichen Instrumentarium einzuschreiten. Deshalb muss sich das Rechtsschutzbegehren des Nachbarn unmittelbar gegen diesen Hoheitsträger richten. Dem Nachbarn steht hierbei ein öffentlich-rechtlicher Abwehr-, Be- 50 seitigungs- und Unterlassungsanspruch als **Unterfall** des **allgemeinen Folgenbeseitigungsanspruchs** zu (OVG Münster, NVwZ-RR 2005, 100; VGH Mannheim, NVwZ-RR 2003, 194; VG Osnabrück, NVwZ 2003, 1010; *Bönker,* in: H/B/G, ÖffBauR, § 18 Rn. 109 m.w.N.).

51 Statthafte Rechtsschutzform ist die **allgemeine Leistungsklage** gegen den öffentlich-rechtlichen Bauherrn. Diese ist als Unterlassungsklage auf die Unterlassung bestimmter Nutzungen bzw. als Leistungsklage auf die Beseitigung der jeweiligen Anlage gerichtet (VGH München, NVwZ-RR 2005, 532; NJW 2005, 1882; OVG Münster, BauR 2004, 1740; OVG Koblenz, NVwZ-RR 2004, 24).

E. Rechtsschutz der (Nachbar)Gemeinde

52 Es ist bereits darauf hingewiesen worden, dass auch Gemeinden sich gegen baurechtliche Einzelentscheidungen zur Wehr setzen können. Die **Rechtsschutzmöglichkeiten** entsprechen denjenigen des privaten Bauherrn, d.h.

- gegen eine dem Bauherrn erteilte baurechtliche Gestattung (Baugenehmigung, Vorbescheid o.ä) ist die Anfechtungsklage – ggfls. nach vorherigem Vorverfahren – der statthafte Rechtsbehelf (dazu etwa BVerwG, BauR 2008, 1844; NVwZ 2000, 1048),

Beispiel: Die Nachbargemeinde befürchtet massive Auswirkungen auf den innerstädtischen Handel durch die Baugenehmigung für ein Einkaufszentrum, ein Kinocenter oder ein Factory-Outlet-Center.

- mit der Verpflichtungsklage kann der Anspruch auf behördliches Einschreiten gegen rechtswidrige Bauvorhaben gerichtlich durchgesetzt werden (BVerwG, BRS 52 Nr. 136),
- der statthafte Rechtsbehelf gegen Vorhaben öffentlicher Bauherren ist – bei rechtswidriger Bautätigkeit – die Unterlassungs- bzw. Leistungsklage (dazu oben *Rn. 49f.*) und
- der vorläufige Rechtsschutz richtet sich nach der Rechtsschutzform in der Hauptsache.

53 Von entscheidender Bedeutung für den Erfolg eines Rechtsbehelfs ist, dass die **Verletzung** eines **subjektiv-öffentlichen Rechts** geltend gemacht werden kann. Als Grundlage kommen vorrangig einfachgesetzliche Normen in Betracht.

Beispiele: Dies können Verfahrensvorschriften sein, wie etwa § 36 BauGB (dazu oben *§ 14 Rn. 37ff.*). Auch materiellrechtliche Vorschriften, wie etwa § 2 II 2 oder § 34 III BauGB kommen in Betracht (BVerwG, NVwZ 2003, 86; OVG Münster, NWVBl 2000, 314; VGH München, BauR 2000, 365; *Hoffmann,* NVwZ 2010, 738 [739]).

Daneben vermittelt aber auch die aus der Selbstverwaltungsgarantie des Art. 28 II 1 GG resultierende kommunale Planungshoheit der Gemeinde wehrfähige, subjektiv-öffentliche Rechte (s.o. *§ 2 Rn. 18, § 9 Rn. 39*).

F. Kontrollfragen

1. Ist das gerichtliche vorläufige Rechtsschutzverfahren davon abhängig, dass sich die Baurechtsbehörde in einem Aussetzungsverfahren mit der Sache beschäftigt hat?
2. Wie ist in Fällen der fehlenden Bekanntgabe einer Baugenehmigung an den Nachbarn die Berechnung der Widerspruchsfrist vorzunehmen?
3. Nennen Sie Beispiele, in denen das Rechtsschutzinteresse des Nachbarn entfallen kann!
4. Nennen Sie Beispiele für nachbarschützende Vorschriften aus dem Bauordnungs- und Bauplanungsrecht!
5. Wann kann sich der Rechtsanspruch des Nachbarn auf fehlerfreie Ermessensausübung zu einem Rechtsanspruch auf ein Einschreiten der zuständigen Bauaufsichtsbehörde verdichten?

(Antworten auf S. 366)

Antworten zu den Kontrollfragen

Antworten § 1

1. § 903 BGB legt fest, dass der Eigentümer einer Sache mit ihr nach Belieben verfahren kann, soweit nicht Gesetz oder Rechte Dritter entgegenstehen (Grundsatz der bürgerlich-rechtlichen Baufreiheit).
2. Die Schranken, die das bürgerliche Recht der privaten Baufreiheit zieht, bedürfen der Geltendmachung durch den Berechtigten. Er kann aber auch von der Wahrnehmung seiner Rechte absehen und das privatrechtswidrige Bauvorhaben hinnehmen. Insoweit ist die private Baurechtsordnung eine nur relative Ordnung *(§ 1 Rn. 7).*
3. Privates und öffentliches Baurecht stehen grundsätzlich selbständig nebeneinander. Sie weisen allerdings auch eine Reihe von Überschneidungsbereichen auf *(§ 1 Rn. 8ff.).*
4. Vor der Erteilung einer Baugenehmigung wird überprüft, ob öffentlich-rechtliche Vorschriften entgegenstehen. Hierbei überprüft die Behörde sowohl die Einhaltung der Normen des bundesrechtlichen Bauplanungsrechts als auch die Einhaltung der Normen des landesrechtlichen Bauordnungsrechts *(§ 1 Rn. 16).*

Antworten § 2

1. Der Eigentümer wird dadurch berechtigt, die bauliche Anlage zu erhalten und wie bisher zu nutzen, auch wenn dies nach dem aktuell geltenden Recht nicht mehr zulässig ist. Instandsetzung und Modernisierung sowie die Anpassung der baulichen Anlage an gewandelte Lebensgewohnheiten sind zulässig. Ergänzungen, Erweiterungen oder Nutzungsänderungen gestattet der Bestandsschutz grundsätzlich nicht.
2. Der grundrechtlichen Dimension aus Art. 14 I 1 GG wird bei der Bauleitplanung dadurch Genüge getan, dass das Eigentum „selbstverständlich und in hervorgehobener Weise" zu den abwägungserheblichen privaten Belangen gehört und in die bei der Aufstellung des Bebauungsplans vorzunehmende Abwägung (§ 1 VII BauGB) eingestellt werden muss.
3. Typische und zulässige Beschränkungen der Baufreiheit sind etwa die Bauleitplanung, Beschränkungen durch die §§ 34, 35 BauGB, das Baugebot, die bauordnungsrechtlichen Abstandsflächen u.a. (*§ 2 Rn. 9ff.*).
4. Gemeinden dürfen grundsätzlich selbst festlegen, wie der Grund und Boden im Gemeindegebiet genutzt werden soll.
5. Ja. Städtebauliche Planung wird heute als Angelegenheit der örtlichen Gemeinschaft i.S. des Art. 28 II 1 GG verstanden.
6. Die Planungshoheit ist gegenüber jedem anderen Planungsträger wehrfähig, d.h. die Gemeinden können Eingriffe in ihre Planungshoheit durch Inanspruchnahme gerichtlichen Rechtsschutzes abwehren. Sie ist zudem

Grundlage für Beteiligungsrechte der Gemeinde im Rahmen sie betreffender Planungen anderer Planungsträger (*§ 2 Rn. 18f.*).
7. *§ 2 Rn. 24.*

Antworten § 3

1. Das BauGB enthält das Recht der städtebaulichen Planung, ihre Sicherung und Verwirklichung, der Enteignung zu städtebaulichen Zwecken, der Erschließung sowie der städtebaulichen Entwicklungsmaßnahmen.
2. Die BauNVO befasst sich mit der baulichen Nutzung der Grundstücke, und zwar mit Art und Maß der baulichen Nutzung, der Bauweise und den überbaubaren Grundstücksflächen in den Bauleitplänen. Sie ergänzt gem. § 1 III 2 BauNVO die gemeindlichen Bebauungspläne.
3. Im Landesrecht bestehen neben dem Bauordnungsrecht weitere für das öffentliche Baurecht bedeutsame Regelungen, wie etwa die Denkmalschutzgesetze, die Naturschutzgesetze oder einzelne Bestimmungen im Landeswasser- oder -straßenrecht. Darüber hinaus haben die einzelnen Bundesländer in unterschiedlicher Intensität aufgrund der Ermächtigungen im BauGB (§ 9 IV oder § 36 I 4 BauGB) Ausführungsgesetze oder -verordnungen zum BauGB erlassen.

Antworten § 4

1. Der Bauleitplan kann definiert werden als die Summe der durch Zeichnungen, Farbe, Schrift oder Text getroffenen rechtserheblichen Aussagen, die zum Zweck städtebaulicher Entwicklung und Ordnung eines bestimmten Gebietes Bodennutzungsregelungen treffen.
2. Als Funktionen der Bauleitplanung werden gewöhnlich unterschieden:
   – die Entwicklungs- und Ordnungsfunktion, d.h. die Vorbereitung und Leitung einer geordneten städtebaulichen Entwicklung,
   – die Koordinierungs- und Integrationsfunktion durch Berücksichtigung sämtlicher für die städtebauliche Entwicklung bedeutsamen Gesichtspunkte (§ 1 V bis VII BauGB),
   – die Inhalts- und Schrankenbestimmung des (Grund-)Eigentums sowie
   – das Planmäßigkeitsprinzip i.S. einer vorrangigen Lenkung der städtebaulichen Entwicklung durch Bauleitpläne.
3. Der Flächennutzungsplan ist der umfassende gemeindliche Entwicklungsplan. In ihm findet eine Fülle der raumrelevanten Maßnahmen, Vorhaben und Absichten der Gemeinden ihren Niederschlag. Er ist die verwaltungsinterne Grundlage für die Entwicklung des Gemeindegebietes, koordiniert und integriert die überörtlichen Planungen und transformiert die landesplanerischen Ziele und Aktivitäten in den örtlichen Bereich.
4. Der Grundsatz der Zweistufigkeit der Bauleitplanung wird von Gesetzes wegen in zwei Fällen (§ 8 II 2 und § 8 IV 1 BauGB), in denen es keines vorherigen Flächennutzungsplans bedarf, durchbrochen (*§ 4 Rn. 14f.*).

Antworten § 5

1. Die nachrichtlichen Übernahmen sind nicht Ausdruck des planerischen Willens der Gemeinde, sondern Beschreibung eines städtebaulich relevanten Befundes, der bei der Bebauungsplanung zu beachten ist.
2. Ein Flächennutzungsplan entfaltet Verbindlichkeit im Hinblick auf die Anpassungspflicht gem. § 7 BauGB und das Entwicklungsgebot gem. § 8 II 1 BauGB.
3. *§ 5 Rn. 14ff.*
4. Nein. Das Vorhaben muss, um genehmigungsfähig zu sein, zudem den Anforderungen des § 34 oder § 35 BauGB genügen, d.h. der einfache Bebauungsplan allein vermag ein Vorhaben nicht zuzulassen.
5. Was Gegenstand der planerischen Festsetzungen sein kann, muss, da diese Inhalt und Schranken des Grundeigentums bestimmen, gesetzlich geregelt sein. Aus diesem Grund bestimmen § 9 I bis IV BauGB und die BauNVO abschließend, was im Bebauungsplan festgesetzt werden kann; ein darüber hinausreichendes „Festsetzungsfindungsrecht" steht der Gemeinde nicht zu.
6. Der Bebauungsplan wird als verbindlicher Bauleitplan nach § 10 I BauGB als Satzung beschlossen. Als Rechtssatz ist er mithin aus sich heraus unmittelbar und für jedermann verbindlich. Während es sich bei dem Bebauungsplan um eine Satzung und damit um eine Rechtsnorm handelt, wird der Flächennutzungsplan als hoheitliche Planungsmaßnahme eigener Art bezeichnet. Ihm kommt in keinem Fall Satzungs- oder Verwaltungsaktcharakter zu.

Antworten § 6

1. Das Verfahren, in dem die Bauleitpläne aufgestellt werden, ist im Wesentlichen im BauGB, daneben (ergänzend) in landesrechtlichen Vorschriften sowie im jeweiligen Ortsrecht geregelt; das städtebaulich formalisierte Verfahren gilt weitgehend gleichermaßen für Flächennutzungspläne und Bebauungspläne. *§ 6 Rn. 4ff., 54* a.E. Die wichtigsten Schritte des Verfahrens finden Sie in Prüfungsschema 1.
2. *§ 6 Rn. 24ff.*
3. Ja, § 4a II BauGB (dazu *§ 6 Rn. 18, 19*).
4. Die Vorschrift bestimmt, dass der rechtliche Maßstab bei der Kontrolle u.a. der Bauleitpläne durch die zuständige staatliche Behörde umfassend ist und nicht durch die §§ 214, 215 BauGB über die Unbeachtlichkeit der Verletzung bestimmter Normen eingeschränkt wird.

Antworten § 7

1. Nach der zweistufigen Systematik des Bauleitplanungsrechts verlangt das Entwickeln eines Bebauungsplanes aus einem Flächennutzungsplan den Übergang von der grobmaschigeren, nicht parzellenscharfen Darstellung des Flächennutzungsplans zur engmaschigeren, normativ präzisierenden Festsetzung des Bebauungsplans *(§ 7 Rn. 19f.)*.

2. Nein! Zwar ist die Festsetzung grundsätzlich gem. § 9 I Nr. 5 BauGB zulässig. Da ohne eine nähere Zweckbestimmung indes eine Vielzahl sehr unterschiedlicher Vorhaben des Gemeinbedarfs zugelassen werden kann (Schule, Krankenhaus, Dorfplatz), entspricht die Festsetzung nicht dem Gebot der Planklarheit und Planbestimmtheit.
3. a) Ja, denn in diesem Fall kommt die Konkretisierungsfunktion des Bebauungsplans vollständig zur Geltung.
   b) Nein, denn hier wird die planerische Grundkonzeption des Flächennutzungsplans verlassen.
4. Im Rahmen des Abwägungsgebotes sollen die unterschiedlichen (öffentlichen und privaten) Interessen bei der Realisierung der Bauleitplanung gegeneinander und untereinander in einem rechtsstaatlichen Verfahren „ausbalanciert" werden.
   Bei der Abwägung werden drei Schritte unterschieden:
   - die Ermittlung der abwägungserheblichen Belange,
   - die Gewichtung der Belange und
   - die Entscheidung über die Bevorzugung und Zurückstellung bestimmter Belange im Konfliktfall *(§ 7 Rn. 39ff.)*.
5. Die Rechtsprechung hat als Abwägungsfehler im Wesentlichen den Abwägungsausfall, das Abwägungsdefizit, die Abwägungsfehleinschätzung und die Abwägungsdisproportionalität entwickelt. Fehlt es überhaupt an einer sachgerechten Abwägung, spricht man von einem Abwägungsausfall. Ein Abwägungsdefizit liegt vor, wenn abwägungserhebliche Belange nicht in die Abwägung eingestellt werden. Ist die Bedeutung eines privaten oder öffentlichen Belangs verkannt, so wird dies Abwägungsfehleinschätzung genannt. Mit dem Begriff der Abwägungsdisproportionalität wird der Fall gekennzeichnet, dass eine evidente Fehlgewichtung der Belange untereinander erfolgt *(§ 7 Rn. 44ff.)*.

Antworten § 8

1. Es ergibt sich folgende Einteilung:
   - Eine Gruppe von Fehlern ist immer unbeachtlich. Zu ihr gehört die Verletzung von Verfahrens- und Formvorschriften des BauGB, die nicht in § 214 I BauGB aufgeführt sind („nur beachtlich"), z.B. § 3 I BauGB.
   - Gewisse Fehler sind immer beachtlich (absolut beachtlich), wie etwa Verstöße gegen § 1 IV BauGB.
   - Daneben existieren Verfahrens- und Formvorschriften, deren Verletzung an sich beachtlich ist; bestimmte Fehler bei der Anwendung dieser Normen sind davon wiederum ausgenommen (etwa § 214 I 1 Nr. 2a) und b) BauGB).
   - Schließlich gibt es Fehler, die nur beachtlich sind, wenn sie innerhalb einer Frist gerügt werden (§ 215 I Nr. 1 u. 2 BauGB).

2. Fehler der Trägerbeteiligung, insbesondere das gänzliche Unterlassen einer Trägerbeteiligung, sind beachtlich. Freilich gilt auch in dieser Hinsicht eine Ausnahme: Gem. § 214 I 1 Nr. 2a) BauGB ist es unbeachtlich, wenn bei ordnungsgemäß durchgeführter Trägerbeteiligung „einzelne Träger öffentlicher Belange" nicht beteiligt wurden, etwa, weil sie übersehen wurden und deshalb nicht beteiligt worden sind. Hat dies jedoch zur Konsequenz, dass ein abwägungserheblicher Belang nicht erkannt und in die Abwägung eingestellt worden ist, kann ein Mangel im Abwägungsvorgang (§ 214 III 2 BauGB) vorliegen.
3. Die Verletzung der in § 214 I 1 Nrn. 1 bis 3 BauGB bezeichneten Verfahrens- und Formvorschriften ist nur bedingt, also relativ, beachtlich. Sie wird nach § 215 I Nr. 1 BauGB unbeachtlich, wenn sie nicht innerhalb eines Jahres seit (also nicht vor) Bekanntmachung des Flächennutzungsplans oder der Satzung schriftlich gegenüber der Gemeinde geltend gemacht worden ist.
4. § 214 II BauGB erklärt die Verletzung einer Reihe von Vorschriften, die das Verhältnis des Bebauungsplans zum Flächennutzungsplan regeln, generell oder unter bestimmten Voraussetzungen für unbeachtlich. Im Einzelnen sind demgemäß folgende Rechtsverletzungen unbeachtlich:
   - die unrichtige Beurteilung der Anforderungen an die Aufstellung eines selbstständigen Bebauungsplans (§ 8 II 2 BauGB) oder an die in § 8 IV BauGB bezeichneten dringenden Gründe für die Aufstellung eines vorzeitigen Bebauungsplans;
   - die Verletzung des Entwicklungsgebots gem. § 8 II 1 BauGB, sofern hierbei die sich aus dem Flächennutzungsplan ergebende geordnete städtebauliche Entwicklung nicht beeinträchtigt worden ist;
   - die Entwicklung des Bebauungsplans aus einem Flächennutzungsplan, dessen Unwirksamkeit wegen Verletzung von Verfahrens- oder Formvorschriften des § 6 BauGB sich nach Bekanntmachung des Bebauungsplans herausstellt;
   - der Verstoß des im Parallelverfahren aufgestellten Bebauungsplans gegen § 8 III BauGB, ohne dass die geordnete städtebauliche Entwicklung beeinträchtigt worden ist.
5. Die Genehmigung muss versagt werden (§ 6 II BauGB). Denn § 216 BauGB stellt klar, dass Abwägungsmängel im planaufsichtlichen Verfahren auch dann beanstandet werden müssen, wenn sie nach § 214 III 2 BauGB nicht erheblich sind.

Antworten § 9

1. Je nachdem ob der Bürger sich gegen einen Flächennutzungsplan oder gegen einen Bebauungsplan zur Wehr setzen will, gestalten sich die Rechtsschutzmöglichkeiten unterschiedlich. Dem Bürger steht grundsätzlich keine unmittelbare Klagemöglichkeit gegen einen Flächennutzungsplan zur Verfügung.

Dessen Rechtmäßigkeit kann allerdings in einem Rechtsstreit, der um die Wirksamkeit des Bebauungsplans, wegen einer auf ihn gestützten Einzelmaßnahme oder um die Zulässigkeit einer Außenbereichsbebauung geführt wird, inzident überprüft werden. Der Bebauungsplan kann nur mittels Normenkontrolle gem. § 47 VwGO angegriffen werden *(§ 9 Rn. 7ff.)*.

2. Ja! Der Vorhaben- und Erschließungsplan ist als Bebauungsplan eine Satzung nach den Vorschriften des BauGB.
3. *§ 9 Rn. 14ff.*
4. Nein! Das Antragsrecht steht nur solchen Behörden zu, in deren Geschäftsbereich die Anwendung der zu überprüfenden Norm fällt, die folglich ein berechtigtes Interesse an der Feststellung der Nichtigkeit der Rechtsnorm geltend machen können.
5. Sie hat – anders als der einzelne Bürger – die Möglichkeit, eine Feststellungsklage zu erheben *(§ 9 Rn. 33)*.
6. Die Gemeinde hat die Möglichkeit, unter Berufung auf eine mögliche Verletzung ihrer Planungshoheit eine Verpflichtungsklage zu erheben.

Antworten § 10

1. Die Gemeinde kann nach § 14 I BauGB eine Veränderungssperre beschließen, sobald sie einen Planaufstellungsbeschluss gefasst hat und ein Sicherungsbedürfnis für den künftigen Planbereich besteht *(§ 10 Rn. 3)*.
2. Auf einen einfachen, qualifizierten oder vorhabenbezogenen Bebauungsplan *(§ 10 Rn. 4)*.
3. Ja! *§ 10 Rn. 10.*
4. Nein. Die Veränderungssperre ist in Bezug auf A außer Kraft getreten, so dass der Versagungsgrund des § 14 I Nr. 1 BauGB nicht greift. Zwar endet die Veränderungssperre grundsätzlich erst nach Ablauf von zwei Jahren. Wird die Bearbeitung eines Bauantrages indes unangemessen – d.h. ohne sachliche Rechtfertigung – verzögert, so ist der Zeitraum der unangemessenen Verzögerung entsprechend § 17 I 2 BauGB auf die Geltungsdauer der Veränderungssperre anzurechnen. Der Bauantrag des A ist bereits am 4.7.2011 bei S eingegangen. Legt man eine durchschnittliche Bearbeitungszeit von sechs Monaten zugrunde, so ist A so zu stellen, als sei Anfang 2012 sein Antrag erstmals zurückgestellt worden. Damit kommt § 17 I 2 BauGB entsprechend zur Geltung.
5. Die Veränderungssperre tritt grundsätzlich spätestens nach zwei Jahren außer Kraft (§ 17 I 1 BauGB). Es besteht eine Verlängerungsmöglichkeit um ein Jahr (§ 17 I 3 BauGB). Die Verlängerung um ein weiteres Jahr ist nur bei Vorliegen besonderer Umstände zulässig, § 17 II BauGB (*§ 10 Rn. 21f.*).

Antworten § 11

1. Während die Veränderungssperre erst mit der Rechtsverbindlichkeit der Satzung wirksam wird, kann durch die Zurückstellung ein Bauvorhaben

unmittelbar unterbunden werden. Dadurch kann vor allem die Zeit überbrückt werden, die der Erlass einer Veränderungssperre erfordert.
2. Es sind alle Entscheidungen rückstellbar, die die „Zulässigkeit von Vorhaben im Einzelfall" zum Gegenstand haben (§ 15 I BauGB). Hierzu gehören insbesondere Anträge auf Erteilung einer Baugenehmigung, eines Vorbescheids oder die Entscheidung über ein angezeigtes Vorhaben. Da nur Entscheidungen „im Einzelfall" einer Zurückstellung zugänglich sind, kann nicht vorsorglich die Zurückstellung aller künftigen Baugesuche beantragt werden *(§ 11 Rn. 6f.)*.
3. Einem Bauherrn wird der auf ein Jahr befristete Zurückstellungsbescheid ein dreiviertel Jahr nach Stellung des Bauantrages zugestellt. Bei ordnungsgemäßer Bearbeitung hätte der Antrag in drei Monaten genehmigt werden können. In den Zeitraum der Zurückstellung ist die Überschreitung der ordnungsgemäßen Bearbeitungsfrist einzurechnen, so dass der Zurückstellungszeitraum ab Zustellung des Bescheides noch sechs Monate beträgt.

Antworten § 12

1. Die Gemeinde besitzt ein gesetzliches Vorkaufsrecht nur beim Kauf von Grundstücken, nicht hingegen bei anderen zum Eigentumswechsel an Grundstücken führenden Rechtsgeschäften (Tausch, Schenkung, Erbschaft, o.Ä.) oder bei Kaufverträgen über andere Gegenstände als Grundstücke (Erbbaurechte, Gesellschaftsanteile, etc.).
2. Es gibt zwei Arten gemeindlicher Vorkaufsrechte, das allgemeine und das besondere Vorkaufsrecht *(§ 12 Rn. 4f.)*.
3. Die in § 1 V, VI BauGB aufgeführten öffentlichen Belange können als Hinweis dafür dienen, welche Gesichtspunkte vom Wohl der Allgemeinheit gem. §§ 24 III, 25 II BauGB erfasst werden.

Antworten § 13

1. § 29 BauGB ist die Einstiegsnorm in das Bebauungsrecht. Sie verklammert Bauordnungs- und Bauplanungsrecht.
2. Auch die Vorhaben, die nicht von § 29 BauGB erfasst werden, sind nicht von den Beschränkungen freigestellt, die sich unmittelbar aus einem Bebauungsplan ergeben. Die Verbindlichkeit und damit die Beachtlichkeit von Bebauungsplänen ergibt sich nämlich nicht erst und nur aus §§ 29, 30 BauGB, sondern ist unmittelbare Folge der Normqualität des Bebauungsplans (§ 10 BauGB). Insoweit ist dieser aus sich heraus verbindlich, ohne dass es noch einer besonderen Anordnung der Verbindlichkeit bedarf (BVerwGE 25, 243 [248f.]).
3. Der Begriff der „Anlage" ist, da er von seinem Wortsinn alles umfasst, was Menschen „angelegt" haben, uferlos und daher weitgehend unbestimmt. Konturen erlangt er erst durch das Beiwort „baulich". Der bundesrechtliche Begriff wird durch zwei Elemente gebildet: durch ein verhältnismäßig weites Element des Bauens und ein aus der Kompetenz des Bundes zur Rege-

lung des „Bodenrechts“ ableitbares einschränkendes Element der bodenrechtlichen Relevanz (grdl. BVerwGE 44, 59; weiterführend *§ 13 Rn. 6f.*).

4. Unter Änderung ist die Änderung der Substanz der baulichen Anlage zu verstehen, d.h. der Umbau, der Ausbau oder die Erweiterung, nicht aber der Abbruch. Umstritten ist, ob Instandsetzungs- und Unterhaltungsarbeiten unter diesen Begriff subsumiert werden können. Eine Nutzungsänderung liegt vor, wenn die bauliche Anlage zu einem anderen als dem ursprünglich genehmigten Zweck genutzt werden soll und die neue Nutzung die in § 1 VI BauGB genannten Belange berühren und damit planungsrechtlich erheblich sein kann *(§ 13 Rn. 12f.)*.
5. Im Rahmen der Systematik der §§ 30f. BauGB gelten die folgenden Grundsätze:
   Bei einer Übereinstimmung mit den Festsetzungen eines qualifizierten Bebauungsplans richtet sich die Zulässigkeit eines Vorhabens nach § 30 I BauGB.
   Im Geltungsbereich eines einfachen Bebauungsplans richtet sich die Zulässigkeit im Übrigen, d.h. neben den bestehenden Festsetzungen, nach § 34 oder § 35 BauGB.
   Liegt das Vorhaben im Geltungsbereich eines Bebauungsplans und widerspricht es dessen Festsetzungen, kommt ggfls. eine Zulassung aufgrund der Ausnahme- oder Befreiungsvorschriften (§ 31 I, II BauGB) in Betracht.
   Ist der Bebauungsplan rechtsungültig, bemisst sich die Zulässigkeit des Vorhabens nach §§ 34, 35 BauGB.
   Fehlt es an einer Zulässigkeit des Vorhabens nach § 30, § 34 oder § 35 BauGB, kann es nach Maßgabe des § 33 BauGB zu genehmigen sein.

Antworten § 14

1. § 30 I BauGB verlangt nicht die positive Zulassung des Vorhabens durch den Bebauungsplan. Ein Vorhaben ist vielmehr bereits planungsrechtlich zulässig, wenn es dem Bebauungsplan „nicht widerspricht“ *(§ 14 Rn. 8f.)*.
2. Ein nach § 30 BauGB an sich städtebaulich zulässiges Vorhaben ist unter den Voraussetzungen des § 15 BauNVO im Einzelfall unzulässig. § 15 I BauNVO bezweckt die einzelfallbezogene „Feinsteuerung“, indem er Anlagen, die nach der Grobabstimmung der §§ 2–14 BauNVO zulässig wären, für unzulässig erklärt, wenn sie dem Baugebiet unter den dort genannten Voraussetzungen widersprechen.
3. Das BauGB verwendet den Begriff der „Erschließung“ nicht in einem einheitlichen Sinn. Der Begriff der Erschließung im Rahmen der §§ 30f. BauGB ist grundstücksbezogen und umfasst zumindest den Anschluss des Grundstücks an das öffentliche Straßennetz, die Versorgung mit Elektrizität und Wasser und die Abwasserbeseitigung. Der Umfang der als Voraussetzung für eine bauliche Nutzung geforderten Erschließung richtet sich insoweit nach dem konkreten Vorhaben, das auf dem Grundstück geplant ist.

4. Es entspricht dem Prinzip der Planmäßigkeit, dass die Ausnahmetatbestände explizit im Bebauungsplan als Festsetzungen getroffen werden müssen. Die Ausnahme muss eindeutig und aus sich heraus verständlich sein. Überdies verlangt § 31 I BauGB zwingend, dass die Abweichungen nach Art und Umfang festgelegt worden sind. Die „Art" der Ausnahme besagt, von welchen Festsetzungen abgewichen werden kann; mit dem „Umfang" der Ausnahme wird die Grenze festgelegt, bis zu der eine Ausnahme zulässig ist.
5. Nach der Rechtsprechung des BVerwG „erfordern" Gründe des Wohls der Allgemeinheit eine Befreiung nicht erst dann, wenn den Belangen der Allgemeinheit auf keine andere Weise als durch eine Befreiung entsprochen werden könnte, sondern nach dem Sinn und Zweck der Vorschrift schon dann, „wenn es zur Wahrnehmung des jeweiligen öffentlichen Interesses vernünftigerweise geboten ist" (BVerwG, BauR 1978, 387). Es reicht folglich nicht aus, wenn die Befreiung dem Gemeinwohl lediglich nützlich ist; andererseits ist aber auch nicht erforderlich, dass die Befreiung das einzige in Frage kommende Mittel ist, um das im jeweiligen Fall verfolgte öffentliche Interesse zu realisieren.
6. Eine solche „Härte" ist gegeben, wenn der Einzelfall in bodenrechtlicher Hinsicht Besonderheiten aufweist, die zur Folge hätten, dass das Grundstück bei Einhaltung des Bebauungsplans aufgrund seiner Lage, seiner Größe oder seines Zuschnitts gar nicht oder nur sehr begrenzt bebaut werden könnte (BVerwGE 40, 268). „Offenbar nicht beabsichtigt" ist die Härte, wenn sie dem Bauwilligen deutlich stärkere Einschränkungen zumutet, als anderen Bauwilligen im Plangebiet *(§ 14 Rn. 51).*

Antworten § 15

1. Formelle Planreife ist gegeben, wenn die Planungen einen Stand erreicht haben, der den hinreichend sicheren Schluss zulässt, dass die in Aussicht genommenen Festsetzungen bestehen bleiben. Innerhalb des Bebauungsplanverfahrens müssen bestimmte Verfahrensschritte abgeschlossen sein. Erst wenn hierdurch feststeht, welchen Inhalt der Bebauungsplan voraussichtlich haben wird, liegt die „formelle Planreife" vor.
2. Die materielle Planreife setzt gem. § 33 I Nr. 2 BauGB voraus, dass die Planungen einen Stand erreicht haben, der zu der sicheren Erwartung („anzunehmen ist") Anlass gibt, dass das Vorhaben den künftigen Festsetzungen des Bebauungsplans entspricht, *§ 15 Rn. 8.*
3. Entspricht das Vorhaben den prognostizierten künftigen Festsetzungen nicht, kann, falls der Bebauungsplanentwurf dies vorsieht, analog § 31 I BauGB durch die Gewährung einer Ausnahme, im Übrigen gem. § 31 II BauGB durch die Erteilung einer Befreiung Plankonformität hergestellt werden *(§ 15 Rn. 10).*

Antworten § 16

1. Grundsätzlich nein, obwohl weniger als fünf zusammenstehende Wohnhäuser nicht mehr als Ortsteil akzeptiert werden. Nicht gefordert wird, dass die vorhandene Bebauung zu einem Schwerpunkt gehört oder dass sie ein gewisses eigenständiges Leben gestattet *(§ 16 Rn. 11)*.
2. Bebauungszusammenhang ist eine tatsächlich aufeinanderfolgende, also eine zusammenhängende Bebauung, die trotz vorhandener Baulücken den Eindruck der Geschlossenheit vermittelt. Es ist nicht erforderlich, dass die Baulichkeiten genehmigt worden sind, vielmehr genügt, dass die zuständige Behörde sich mit ihrem Vorhandensein abgefunden hat (BVerwGE 31, 18). Der Bebauungszusammenhang reicht so weit, wie die aufeinanderfolgende Bebauung nach der Verkehrsauffassung den Eindruck der Zusammengehörigkeit vermittelt (BVerwG, NVwZ 1997, 899; *§ 16 Rn. 12f.*).
3. Die Satzung bewirkt lediglich eine Zuordnung zu dem Anwendungsbereich des § 34 BauGB, die Zulässigkeitsvoraussetzungen für das konkrete Vorhaben richten sich weiterhin nach § 34 I oder II BauGB *(§ 16 Rn. 23)*.
4. Die Ermittlung der „Eigenart" erfolgt in mehreren Schritten (BVerwGE 84, 322): In einem ersten Schritt ist die tatsächlich vorhandene Bebauung, also alles an Bebauung in den Blick zu nehmen, was in der näheren Umgebung vorhanden ist; dabei ist auch das städtebaulich Unerwünschte und Unvertretbare mit heranzuziehen (BVerwGE 55, 369 [381]). Hingegen bleibt eine künftige Bebauung außer Betracht, sofern sie sich nicht bereits in der vorhandenen Bebauung niedergeschlagen hat. In einem zweiten Schritt ist diese Bebauung auf das Wesentliche zurückzuführen, d.h. es bleibt zum einen alles außer Betracht, was die vorhandene Bebauung nicht prägt. Schließlich wird in einem dritten Schritt die tatsächlich vorhandene und durch Ausgrenzung des Unwesentlichen und des Fremdkörperartigen gedanklich korrigierte Umgebung erweitert um ehemals vorhanden gewesene Bebauung und Nutzung, soweit und solange nach der Verkehrsauffassung noch mit einer Wiederbebauung oder Wiederaufnahme der Nutzung zu rechnen ist (BVerwG, NVwZ 1982, 312). Ausgehend von den so ermittelten „Eckdaten" besteht die Eigenart der näheren Umgebung dann aus dem Rahmen, in den sich die im Beurteilungsgebiet vorhandene Bebauung einbinden lässt *(§ 16 Rn. 34f.)*.
5. Das Vorhaben muss sich nicht insgesamt, sondern nur hinsichtlich der Merkmale
   – Nutzungsart,
   – Nutzungsmaß,
   – Bauweise und
   – Grundstücksüberbauung

   in die Eigenart der näheren Umgebung einfügen.
6. Trotz Fehlens des Tatbestandsmerkmals „Einfügen" findet das Gebot der Rücksichtnahme auch in den Fällen des § 34 II BauGB Anwendung. Dies

ergibt sich aus § 15 I BauNVO, einer anerkannten Ausprägung des baurechtlichen Gebots der Rücksichtnahme.

7. Die Erklärung des Einvernehmens bzw. die Versagung ist kein selbstständig anfechtbarer Verwaltungsakt; es fehlt dieser Erklärung die unmittelbare rechtliche Außenwirkung, die einen Verwaltungsakt charakterisiert. Damit scheidet bei Versagung des Einvernehmens eine Verpflichtungsklage speziell auf Erteilung des Einvernehmens aus, d.h. etwa, dass der Bauherr unmittelbar auf Erlass einer Baugenehmigung klagen muss. Der Betroffene kann allein gegen die Genehmigungsbehörde mittels einer Verpflichtungsklage vorgehen, innerhalb derer (inzident) über die Pflicht zur Erteilung des Einvernehmens durch die beizuladende Gemeinde (§ 65 II VwGO) entschieden wird (BVerwG, NVwZ 1986, 556; NVwZ-RR 1989, 6f.; *§ 14 Rn. 39*).

Antworten § 17

1. Aus § 35 I BauGB ergeben sich die folgenden Voraussetzungen für die Zulässigkeit der privilegierten Vorhaben:
   – Erfüllung eines der in Abs. 1 Ziff. 1 bis 8 geregelten Privilegierungstatbestände,
   – Nichtentgegenstehen öffentlicher Belange,
   – Sicherung einer ausreichenden Erschließung,
   – das Vorhaben darf sich nicht im Widerspruch zu den Festsetzungen eines einfachen Bebauungsplans befinden.

   Zulässigkeitsvoraussetzung bei den Vorhaben nach § 35 I Nrn. 2 bis 6 BauGB ist des Weiteren die Abgabe einer Rückbauverpflichtungserklärung (§ 35 V 2 BauGB).
2. Der für Vorhaben nach § 35 I Nr. 1 BauGB zentrale Begriff der Landwirtschaft hat in § 201 BauGB seine – freilich nicht abschließende – Legaldefinition gefunden, *§ 17 Rn. 11.*
3. Ja! An der Privilegierung des § 35 I Nr. 1 BauGB teilnehmen können auch eigentlich landwirtschaftsfremde Vorhaben, die wegen ihrer betrieblichen Zuordnung zu der landwirtschaftlichen Tätigkeit (nämlich der Verarbeitung oder dem Absatz der in der Landwirtschaft erzeugten Güter zu dienen) „mitgezogen werden“.
4. Die Rechtsprechung hat Kriterien entwickelt, deren Vorliegen in der Regel darauf hindeutet, dass die Land- oder Forstwirtschaft in der Form eines „Betriebes“ geführt wird. Diese Kriterien sind (BVerwGE 41, 139; NVwZ 1986, 916):
   – die objektive Möglichkeit der Gewinnerzielung, wobei allerdings die tatsächliche Gewinnerzielung ebenso wenig gefordert ist wie die Berufsmäßigkeit;
   – der mehr oder minder auf Dauer, „für Generationen“, gesicherte Zugriff auf die notwendigen Nutzflächen, was regelmäßig Eigentum erfordert und der Verwendung von Pachtland Grenzen zieht;

– die persönliche, insbesondere fachliche und wirtschaftliche Eignung des Land- oder Forstwirts.

5. Ein Vorhaben „dient" dem land- oder forstwirtschaftlichen Betrieb, wenn es in einer funktionalen Beziehung zu dem jeweiligen Betrieb steht *(§ 17 Rn. 17f.)*. Dies setzt voraus:

– das Vorhaben muss nach der konkreten Wirtschaftsweise dem Betrieb funktional zugeordnet sein. Es reicht nicht aus, wenn es dem Betrieb lediglich förderlich ist; andererseits muss es aber auch nicht für den Betrieb unentbehrlich sein.

– es muss nach Gestaltung und Ausstattung durch den betrieblichen Verwendungszweck geprägt sein.

6. Maßgeblich für die Beantwortung der Frage des „Sollens" ist die Funktion des Außenbereichs i. S. der Wahrung seiner naturgegebenen Bodennutzung und seiner Erholungsfunktionen für die Allgemeinheit. Eine Bewertung aller Umstände des Einzelfalles muss ergeben, dass das Vorhaben wegen der privilegierenden Eigenart „nur im Außenbereich" ausgeführt werden soll. Die Bewertung eines Vorhabens hat infolgedessen negativ auszufallen, wenn es unter Ausschluss der Allgemeinheit Ruhe und Erholung nur wenigen Personen gewährt und dem Außenbereich damit nicht mehr wesensgemäß ist – und wenn nicht an der Ausführung des Vorhabens ein überwiegendes allgemeines Interesse besteht (BVerwG, NVwZ 1995, 64).

7. Die Verfestigung einer Splittersiedlung ist dann nicht zu „befürchten", wenn sich ein Wohnbauvorhaben der vorhandenen Bebauung unterordnet und sich – ohne zusätzliche Ansprüche oder Spannungen auszulösen – organisch in eine bestehende Baulücke einfügt und keine Vorbildwirkung hat (OVG Münster, NWVBl 1997, 13).

8. Ein Gebäude ist i. S. des Abs. 4 S. 1 zulässigerweise errichtet worden, wenn es bauaufsichtlich genehmigt oder zumindest genehmigungsfähig war und so weit fertiggestellt war, dass es bestimmungsgemäß genutzt werden konnte (BVerwG, NVwZ-RR 2000, 758). Dies ist auch dann zu bejahen, wenn das Gebäude zwar tatsächlich genehmigt worden ist, jedoch bei rückschauender Betrachtung mit dem damaligen materiellen Recht nicht

Antworten § 18

1. Weil das Genehmigungserfordernis die Bautätigkeit nicht als generell unerwünscht und „an sich verbotene Tätigkeit" i. S. eines „repressiven Verbots mit Befreiungsvorbehalt" qualifiziert, sondern lediglich ein Verbot ausspricht, ohne vorherige Kontrolle und Erlaubnis zu bauen. Man bezeichnet diese vorläufige Sperre als ein präventives Verbot mit Erlaubnisvorbehalt, welches mit der Genehmigung aufgehoben wird.

2. Nein. Die Bauaufsicht verzichtet lediglich auf die präventive Kontrolle, kann aber einschreiten, soweit die Baumaßnahme etwa gegen die materiellen Anforderungen des Bauordnungsrechts verstößt. Darüber hinaus entbindet die

Freistellung nicht von den Festsetzungen eines Bebauungsplans, der als Rechtsnorm unmittelbar für alle Bauvorhaben gilt.

3. Die Bauerlaubnis enthält eine feststellende Unbedenklichkeitsbescheinigung, in dem sie die Vereinbarkeit des Vorhabens mit dem öffentlichen Recht erklärt. Insoweit, als die Baugenehmigung das präventive Verbot, ohne vorhergehende Verwaltungskontrolle und ohne Erteilung einer Genehmigung mit der Verwirklichung eines Vorhabens zu beginnen, aufhebt und damit das Bauvorhaben zur Ausführung freigibt, wirkt sie rechtsgestaltend und damit verfügend *(§ 18 Rn. 30)*.
4. Eine solche liegt vor, wenn eine beantragte Baugenehmigung qualitativ anders als beantragt gewährt wird, d.h., wenn die Baugenehmigungsbehörde die eingereichten Bauvorlagen abändert und gleichzeitig die Genehmigung für das so geänderte Vorhaben erteilt. Die Modifizierung räumt zwar ebenso wie die „echte" Auflage dem Vorhaben entgegenstehende öffentlich-rechtliche Hindernisse aus, sie unterscheidet sich von dieser aber durch ihren Charakter als unselbstständiger Bestandteil der erteilten Genehmigung. In dogmatischer Hinsicht wird die ursprünglich beantragte Genehmigung – jedenfalls teilweise – versagt und gleichzeitig ein anderes, in dieser Form nicht beantragtes Vorhaben genehmigt bzw. hierfür die Erteilung einer Genehmigung in Aussicht gestellt *(§ 18 Rn. 44)*.
5. Die Übernahme einer Abstandsfläche auf ein Nachbargrundstück oder die Übernahme einer Stellplatzverpflichtung *(§ 18 Rn. 46)*.
6. Seiner Rechtsnatur nach ist der Vorbescheid ein feststellender Verwaltungsakt und vorweggenommener Teil der Baugenehmigung.
7. Nein. Der Vorbescheid ist kein gestattender Verwaltungsakt.
8. Nein. Dies dürfte an dem Verbot der Vorwegnahme der Hauptsache scheitern *(§ 18 Rn. 78)*.

Antworten § 19

1. Neben den repressiven Maßnahmen der Bauaufsichtsbehörden zur Wiederherstellung baurechtmäßiger Zustände sehen die Bauordnungen der Länder die sog. Bauüberwachung i.e.S. vor. In diesem Zusammenhang wachen die Bauaufsichtsbehörden darüber, dass die in ihrem Zuständigkeitsbereich errichteten Vorhaben den Anforderungen des öffentlichen Baurechts entsprechen *(§ 19 Rn. 4f.)*.
2. Formell baurechtswidrig ist ein Vorhaben, wenn es ohne die erforderliche Genehmigung oder Zustimmung errichtet wird oder errichtet worden ist oder wenn zwar eine Genehmigung eingeholt worden ist, das Vorhaben aber hiervon abweicht. Von materieller Baurechtswidrigkeit oder Illegalität kann gesprochen werden, wenn Vorschriften des materiellen öffentlichen Rechts das Vorhaben so, wie es ausgeführt worden ist oder noch ausgeführt wird, verbieten.
3. Nein. *§ 19 Rn. 11.*

4. In Rechtsprechung und Lehre umstritten ist, ob der Erlass einer Nutzungsuntersagung voraussetzt, dass die bauliche Anlage formell **und** materiell rechtswidrig ist. Nach einer Auffassung wird das Nutzungsverbot stets von der formellen und der materiellen Baurechtswidrigkeit der Nutzung abhängig gemacht. Einer vornehmlich in der Rechtsprechung vertretenen Auffassung zufolge reicht hingegen bereits die formelle Illegalität einer bestimmten Nutzung aus, um eine Nutzungsuntersagung rechtmäßig verfügen zu können. Einer weiter differenzierenden Ansicht zur Folge soll zwar i.d.R. die formelle Baurechtswidrigkeit ausreichen, um die Untersagung zu verfügen. Die Nutzungsuntersagung soll aber ausnahmsweise zusätzlich die materielle Illegalität zur Voraussetzung haben, wenn die betreffende Nutzung erst nach ihrer Aufnahme unzulässig geworden und damit bestandsgeschützt ist oder wenn sie den einschlägigen materiell-rechtlichen Vorschriften offensichtlich nicht zuwiderläuft *(§ 19 Rn. 19).*
5. Der Abriss darf regelmäßig nur dann verfügt werden, wenn das Vorhaben formell und materiell illegal ist und auch nicht für einen bestimmten Zeitraum materiell legal war. Zudem darf es nicht möglich sein, auf andere Weise rechtmäßige Zustände herzustellen.
6. Einflussfaktoren sind vor allem der Verhältnismäßigkeits- sowie der Gleichbehandlungsgrundsatz, Rechte Dritter und eine vorhergehende behördliche Duldung *(§ 19 Rn. 30ff.)*.
7. Grundsätzlich ist auch nach einer länger andauernden Duldung eine Ermessensentscheidung i.S. eines nunmehrigen Einschreitens rechtmäßig (OVG Berlin, NVwZ 1990, 176; VGH Kassel, NVwZ 1983, 687; OVG Schleswig, NordÖR 1999, 262). Denn aus einer länger andauernden Duldung kann sich kein Gewohnheitsrecht mit dem – gegen das formelle und materielle Baurecht verstoßenden – Inhalt bilden, der „Schwarzbau" dürfe zeitlich unbegrenzt stehenbleiben und genutzt werden. Ansonsten könnten auf diese Weise die gesetzlichen Bestimmungen über das rechtmäßige Bauen umgangen werden.
8. Nein, grundsätzlich nicht. Die Sicherstellung dieser Mitwirkung ist lediglich eine Voraussetzung der zwangsweisen Durchsetzung der Beseitigungsanordnung. Es ist daher etwa erforderlich, dass dem Dritten gegenüber gleichzeitig – zur Beseitigung eines Vollzugshindernisses – eine Duldungsverfügung ergeht.
9. Grundsätzlich ja. *§ 19 Rn. 47f.*

Antworten § 20

1. Im Gegensatz zum privaten Nachbarrecht, wo der Nachbar seine Ansprüche unmittelbar gegen den Bauherrn richtet, existiert im öffentlich-rechtlichen Baunachbarrecht ein rechtliches Verhältnis des Bauherrn und des abwehrenden Nachbarn jeweils nur zur Bauaufsichtsbehörde, aber nicht untereinander. Es können folglich Ansprüche wegen Verletzung öffentlich-

rechtlicher Nachbarrechte nur der Behörde gegenüber geltend gemacht werden.

2. Nach Ansicht der Zivilgerichte entfaltet nur die rechtskräftig bestätigte Baugenehmigung gegenüber privatrechtlichen, auf öffentlich-rechtliche Schutznormen gestützten Abwehransprüchen des Nachbarn Bindungswirkung (BGHZ 95, 238). Demgegenüber kann nach der verwaltungsgerichtlich vertretenen Ansicht auch die gerichtlich nicht überprüfte Baugenehmigung sogar dann, wenn sie rechtswidrig ist, aufgrund ihrer Tatbestandswirkung der erfolgreichen Durchsetzung privatrechtlicher Abwehransprüche entgegenstehen – dies freilich nur unter der Voraussetzung, dass sie bestandskräftig ist (BVerwGE 50, 282 [290]).
3. Der Begriff des „Nachbarn" wird im öffentlichen Baurecht nicht definiert. Der Kreis der abwehrberechtigten Personen muss folglich jeweils für den Einzelfall durch Auslegung insbesondere nach dem Sinn und Zweck der betreffenden nachbarschützenden Vorschrift ermittelt werden, wobei regelmäßig eine Eingrenzung sowohl in personeller als auch in räumlicher Hinsicht vorzunehmen ist. Eigentümer und dinglich Berechtigte gelten in der Regel als Nachbarn, obligatorisch Nutzungsberechtigte (Mieter, Pächter) typischerweise nicht *(§ 20 Rn. 19ff.).*
4. Die generell nachbarschützenden Normen schützen in ihrer vollen Reichweite, also generell abstrakt, alle von ihr erfassten Dritten. Demgegenüber drücken die partiell, also nicht in voller Reichweite, nachbarschützenden Vorschriften aus, dass sie im konkreten Einzelfall den nachbarlichen Interessenausgleich ermöglichen oder verlangen. In diesen Fällen wird die Rücksichtnahme auf nachbarliche Belange von der Ebene des Gesetzes in diejenige seiner konkreten Anwendung verlagert *(§ 20 Rn. 15f.).*

Antworten § 21

1. Die Beantwortung dieser Frage ist umstritten. Die Auslegung der Verweisung des § 80a III 2 VwGO auf § 80 VI VwGO wird insoweit differenziert beantwortet. Unstreitig besteht in dem Fall, dass die Behörde die sofortige Vollziehung der Baugenehmigung angeordnet hat, die Möglichkeit der unmittelbaren Anrufung des Gerichts (VGH Kassel, DVBl 1992, 45; OVG Münster, DVBl 1992, 46f.). Eine direkte Anrufung des Gerichts ist jedoch umstritten, wenn die aufschiebende Wirkung des Drittwiderspruchs gesetzlich ausgeschlossen ist. Teilweise wird die Ansicht vertreten, es solle auch insofern die direkte Anrufung des Gerichts möglich sein, weil die Behörde an die Interessenabwägung des Gesetzgebers in jedem Fall gebunden sei. Demgegenüber wird auch vertreten, dass ein erfolgloser Antrag an die Behörde dem gerichtlichen Rechtsschutzbegehren vorausgegangen sein muss. Eine vermittelnde Ansicht tendiert dazu, unter Heranziehung des Rechtsgedankens des § 80 VI 2 Nr. 2 VwGO das behördliche Aussetzungsverfahren zumindest dann für entbehrlich zu halten, wenn hinreichend si-

chere Anzeichen darauf hindeuten, dass der Beginn der Bauarbeiten unmittelbar bevorstehe *(§ 21 Rn. 10)*.

2. Wird dem Nachbarn die Baugenehmigung nicht amtlich bekanntgegeben, dann läuft für diesen die Jahresfrist zur Einlegung des Widerspruchs (§§ 68 I 1, 70 I, 58 II VwGO analog) erst von dem Zeitpunkt an, zu dem er sichere Kenntnis von der Erteilung der Genehmigung erlangt hat oder hätte erlangen können; denn nach Treu und Glauben kann er sich nicht darauf berufen, dass ihm die Genehmigung nicht amtlich mitgeteilt worden sei (BVerwGE 78, 85; st. Rspr.).
3. Das Rechtsschutzinteresse entfällt etwa im Falle einer wirksamen Verzichtserklärung durch den Nachbarn; eine erfolgreiche Geltendmachung nachbarlicher Abwehrrechte kann aber auch dadurch ausgeschlossen sein, dass diese verwirkt werden oder sich ihre Verfolgung als rechtsmissbräuchlich darstellt *(§ 21 Rn. 28ff.)*.
4. *§ 21 Rn. 19ff.*
5. Der Rechtsanspruch des Baunachbarn kann sich ausnahmsweise zu einem Rechtsanspruch auf ein Einschreiten der zuständigen Baurechtsbehörde verdichten, wenn jede andere Entscheidung als das Einschreiten gegen den Bauherrn ermessensfehlerhaft wäre (Ermessensreduzierung auf Null). Eine derartige Ermessensschrumpfung kommt regelmäßig nur in den Fällen in Betracht, in denen die Störung eine Schädlichkeit in einem Ausmaß angenommen hat oder annehmen würde, dass zugunsten des davon Betroffenen eingeschritten werden muss.

Schaubild 33: Die wichtigsten Vorschriften der Bauordnungen im Überblick

	LBO BW	BayBO	BauO Bln	BbgBO	BremLBO	Hmb BO	Hess BO	LBO MV	NBauO
Bauliche Anlage und weitere Definitionen	2	2	2	2	2	2	2	2	2
Allgemeine Anforderungen (Generalklausel)	3	3	3	3	3	3	3	3	3
Abstandsflächen	5–7	6–7	6 f	6	6	6–7	6	6	5 ff.
Verunstaltungsschutz	11	8	9	9	9	12	9	9	10
Werbeanlagen	2 IX, 11	2 I, 8, 56 f.	10	10	10	13	10	10	50
Brandschutz	15	12	14	14	14	17	14	14	14
Stellplätze	37	47	49	49	49	48 f.	52	49	46 ff
Baugenehmi-gung/Baubeginn	58 f.	68	71 f.	72	72	72 f.	74 f.	72	70 ff.
Genehmigungsfreie Vorhaben u. ä.	50 f.	57 f.	61	59 ff.	61 f.	60	62 f. u. Anl.	61 f.	59 ff.
Vereinfachtes Genehmigungsverfahren.	–	59	63 f.	63	63	61	65	63	63
Abweichungen/Ausnahmen	56	63	67	67	67	69	73	67	66
Vorbescheid	57	71	75	75	75	63	76	75	73
Baueinstellung	64	75	79	79	78	75	81	79	79
Nutzungsuntersagung u. Beseitigungsverfügung	65	76	80	80	79	76	82	80	79

	BauO NRW	LBO RP	LBO Saar	SächsBO	BauO LSA	LBOSH	ThürBO
Bauliche Anlage und weitere Definitionen	2	2	2	2	2	2	2
Allgemeine Anforderungen (Generalklausel)	3	3	3	3	3	3	3
Abstandsflächen	6	8–9	6–8	6	6	6	6
Verunstaltungsschutz	9	5	4	9	9	10	9
Werbeanlagen	10	52	12	10	10	11	10
Brandschutz	14	15	15	14	14	15	14
Stellplätze	48	47	47	49	48	50	49
Baugenehmigung/Baubeginn	74	70, 77	73	72	71	73	71
Genehmigungsfreie Vorhaben u. ä.	60 ff.	62, 67	61, 63	61 f.	60 f.	63, 68	60 f.
Vereinfachtes Genehmigungsverfahren	64	66	64	63	62	69	62
Abweichungen/Ausnahmen	69	69	68	67	66	71	66
Vorbescheid	77	72	76	75	74	66	74
Baueinstellung	81	80	81	79	78	59	78
Nutzungsuntersagung u. Beseitigungsverfügung	82	81 f.	82	80	79	59	79

Sachverzeichnis

(Zahlen fett = §; Zahlen mager = Rn.)